Peter Amann

ento und Amalfiküste

» Ich bin der Meinung, dass alles besser gehen würde, wenn man mehr ginge. «

Johann Gottfried Seume (1763–1810), „Mein Sommer“

Impressum

Peter Amann
Reise Know-How Cilento und Amalfiküste

erschienen im
Reise Know-How Verlag Peter Rump GmbH,
Osnabrücker Str. 79
33649 Bielefeld
Deutschland
+49-521-946490
info@reise-know-how.de

2., neu bearbeitete und aktualisierte Auflage 2024

ISBN 978-3-8317-3890-8

Gestaltung und Bearbeitung
Umschlag: Peter Rump, der Verlag
Inhalt: Günter Pawlak, Wayan Rump, der Verlag (Layout);
Michael Luck (Realisierung)
Fotonachweis: Peter Amann (pa)
Kartografie: Catherine Raisin
Lektorat: Michael Luck

Druck und Bindung
Druck- und Verlagshaus
Zarbock GmbH & Co. KG,
Frankfurt am Main

Bibliografische Information der Deutschen Nationalbibliothek
Die Deutsche Nationalbibliothek verzeichnet diese Publikation in der Deutschen Nationalbibliografie; detaillierte bibliografische Daten sind im Internet über http://dnb.dnb.de abrufbar.

Anzeigenvertrieb
KV Kommunalverlag GmbH & Co. KG,
Alte Landstraße 23, 85521 Ottobrunn,
Tel. 089 928 096-0, info@kommunal-verlag.de

Bildlegende Umschlag und Vorspann
(alle Bilder von P. Amann)
Titelbild: Amalfiküste, Vettica Maggiore
Vordere Umschlagklappe (kleines und großes Bild):
Unterwegs auf dem Sentiero degli Dei („Götterweg“)
S. 1: Nebensaison in Marina di Camerota
S. 2/3: Wandern an der Costa della Masseta

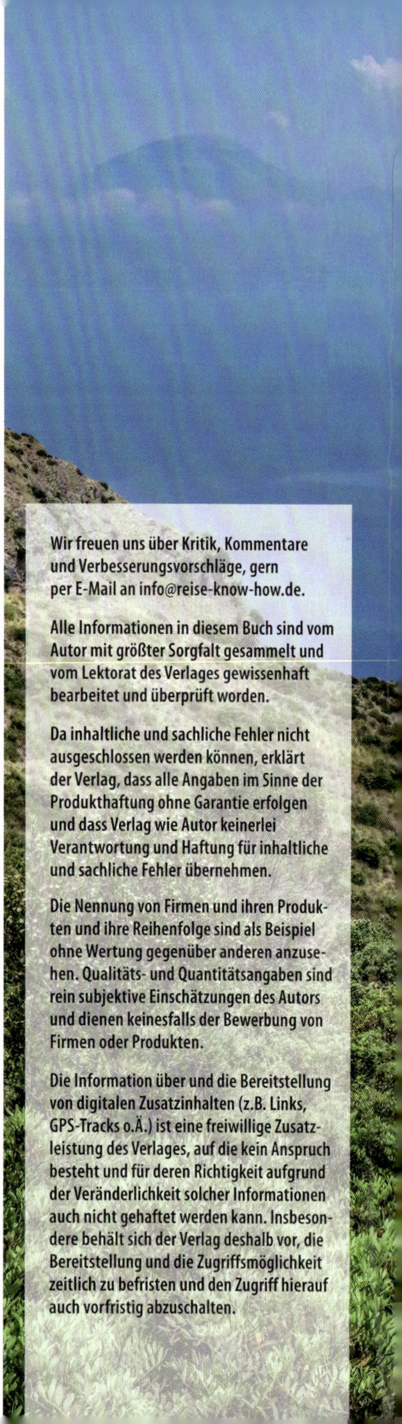

Wir freuen uns über Kritik, Kommentare und Verbesserungsvorschläge, gern per E-Mail an info@reise-know-how.de.

Alle Informationen in diesem Buch sind vom Autor mit größter Sorgfalt gesammelt und vom Lektorat des Verlages gewissenhaft bearbeitet und überprüft worden.

Da inhaltliche und sachliche Fehler nicht ausgeschlossen werden können, erklärt der Verlag, dass alle Angaben im Sinne der Produkthaftung ohne Garantie erfolgen und dass Verlag wie Autor keinerlei Verantwortung und Haftung für inhaltliche und sachliche Fehler übernehmen.

Die Nennung von Firmen und ihren Produkten und ihre Reihenfolge sind als Beispiel ohne Wertung gegenüber anderen anzusehen. Qualitäts- und Quantitätsangaben sind rein subjektive Einschätzungen des Autors und dienen keinesfalls der Bewerbung von Firmen oder Produkten.

Die Information über und die Bereitstellung von digitalen Zusatzinhalten (z.B. Links, GPS-Tracks o.Ä.) ist eine freiwillige Zusatzleistung des Verlages, auf die kein Anspruch besteht und für deren Richtigkeit aufgrund der Veränderlichkeit solcher Informationen auch nicht gehaftet werden kann. Insbesondere behält sich der Verlag deshalb vor, die Bereitstellung und die Zugriffsmöglichkeit zeitlich zu befristen und den Zugriff hierauf auch vorfristig abzuschalten.

Peter Amann

CILENTO UND AMALFIKÜSTE

Vorwort

Dieser Reiseführer handelt vom **Golf von Salerno,** der im Titel jedoch unerwähnt bleibt. Während der Golf von Neapel als Reiseziel seit dem 18. Jh. omnipräsent ist, fällt viel weniger Glanz auf die südlich anschließende, weitaus größere Meeresbucht. Zu Unrecht!

Drei unterschiedliche Küstenlandschaften öffnen sich zum Golf von Salerno. Kaum einer Vorstellung bedarf die weltberühmte **Amalfiküste,** die ironischerweise in keinem Reiseführer mit dem Titel „Golf von Neapel" fehlen darf. Italiens spektakulärste Steilküste raubt den Atem: den Betrachtern vor Begeisterung, den Autofahrern vor Aufregung. Maurische Architektur prägt die Orte, und auch der Zitronenanbau auf terrassierten Hängen ist Frucht eines intensiven Kulturaustausches mit dem Orient. Ein gut unterhaltenes Netz alter Wirtschaftswege durchzieht das gebirgige Hinterland – heute Wanderwege zwischen Himmel und Meer. Die UNESCO hat dieses harmonische Miteinander von Kultur und Natur zum Welterbe erklärt. Doch die **Costiera Amalfitana** besitzt noch viele weitgehend unbekannte Facetten, deren Entdeckung und Erkundung lohnen.

Über den Golf hinweg blickt man im Süden auf die Küsten und Berge des **Cilento** – dieses ursprüngliche Stück Süditalien ist vom Massentourismus noch weitgehend verschont geblieben. Hier liegen die schönsten Strände Kampaniens, der zweitgrößte Nationalpark Italiens und die Wiege der mediterranen Diät. Nichts wie hin!

Zwischen Amalfitana und Cilento erstreckt sich eine fruchtbare Küstenebene mit der Provinzhauptstadt **Salerno** an dem nördlichen und **Paestum** am südlichen Ende. Im Hinterland der Piana del Sele erheben sich als touristisches Neuland die **Monti Picentini,** der wildeste und ursprünglichste Teil des kampanischen Apennin. Das antike Paestum zählt zu den Highlights jeder Studienreise, während die alte Hafen- und hippe Universitätsstadt Salerno das Ziel von Individualisten ist.

Ob Familienferien, Aktivurlaub, Reisen mit kulinarischer Note und geistiger

ama068 pa

Nahrung – der Golf von Salerno bietet wirklich alles. Nur ausreichend Zeit sollte man mitbringen und das **richtige Tempo, „Ci-lento“** eben.

Auch für Süditaliener gewinnt das Wandern zunehmend an Attraktivität, Wege werden in Stand gesetzt und neu markiert. Junge lokale Initiativen setzen auf **nachhaltigen Tourismus.** Und eine erfreuliche Zuwendung zur **Bio-Landwirtschaft** ist zu erkennen. Oft sind es junge, akademisch gebildete Menschen, die in der Agri-Kultur ihre Zukunft sehen, Olivenhaine pflegen, alte Getreide- und Gemüsesorten anbauen, Ziegen oder Schafe halten und dabei pfiffige Ideen der Weiterverarbeitung und Vermarktung entwickeln. Dieser Entwicklung trägt dieser Reiseführer für individuelles Entdecken Rechnung.

Buon viaggio e buone scoperte!

Peter Amann

Reisen mit allen Sinnen

Inhalt

„In Italien, um glücklich zu sein" heißt ein wunderbares Reisebuch von Jean Giono – da braucht es gar kein Lottoglück

Karten

ama295 pa

Hinweise zur Benutzung

Nicht verpassen!
In jedem Kapitel sind **(touristische) Highlights** hervorgehoben – man erkennt sie an der **gelben Markierung.**

MEIN TIPP: steht für **spezielle Empfehlungen des Autors Peter Amann,** von ihm nach persönlichem Geschmack ausgewählt.

Mit dem **Schmetterling** werden Unterkunfts- und Gastro-Betriebe hervorgehoben, die sich durch Anbau und Verwendung lokaler **Bio-Produkte,** durch ihre **baubiologische Ausrichtung** und die Pflege regionaler Küche auszeichnen und/oder sich anderweitig für einen ethisch korrekten und **nachhaltigen Tourismus** einsetzen.

Der **Kinder-Tipp** kennzeichnet Angebote, bei denen vor allem kleine Gäste und ihre Familien auf ihre Kosten kommen.

4 Die **Ziffern** in den farbigen Kästchen bei den **praktischen Informationen zu den Orten** verweisen auf den jeweiligen Legendeneintrag im entsprechenden Stadtplan.

Updates nach Redaktionsschluss: Auf der Produktseite dieses Reiseführers im Internetshop des Verlages finden sich zusätzliche Informationen und wichtige Änderungen.

Preiskategorien

- **Übernachten** (→ S. 483): durchschnittliche Preise für ein **Doppelzimmer mit Bad/Dusche und Frühstück** (DZ/F); in der Regel kostet ein Einzelzimmer (EZ/F) 60–70% des Preises für ein Doppelzimmer:

①	bis 60 €
②	60–120 €
③	120–200 €
④	ab 200 €

- **Gastronomie** (→ S. 459): durchschnittliche Kosten für eine Mahlzeit bestehend aus **Antipasto, Primo und Secondo** im Restaurant bzw. einer **Pizza,** jeweils ohne Getränke:

①	bis 20 €
②	20–40 €
③	40–70 €
④	ab 70 €

Zwei Hinweise

- Die **GPS-Koordinaten** in diesem Buch sind als geografische Koordinaten (Breite und Länge, Lat./Lon.) in Dezimalgrad angegeben, also z.B. so: GPS N 52.00017, E 8.49119. Weitere Infos zum Thema unter www.reise-know-how.de/gps.
- Ist ein Hotel oder Restaurant auf **Facebook** präsent, wird das in diesem Buch mit **fb** angegeben; für **Instagram** steht **[i]**.

... und noch ein Wort zu diesem Reiseführer

In den **Ortskapiteln** werden klassische und weniger bekannte Sehenswürdigkeiten beschrieben, immer auch mit einem Augenmerk für Alltag und Gegenwart. Als grüner Faden ziehen sich die Beschreibungen zahlreicher **Wanderungen** durch das Buch, 15 Touren ist ein eigenes Kapitel gewidmet – zu Fuß (und beim Essen und Trinken) lernt man ein Land und seine Menschen oft am besten kennen!

Exkurse liefern Hintergrundinfos und bieten (hoffentlich) unterhaltsamen Lesestoff.

Am Ende der Ortsbeschreibungen finden sich aktuell recherchierte **praktische Reisetipps** zu Infostellen, Verkehrsverbindungen, Festen, Events, Badegelegenheiten, Sport- und Wandermöglichkeiten. Die besprochenen **Unterkünfte** wurden persönlich ausgewählt und bieten ein breites Spektrum; familiengeführten Betrieben wurde der Vorzug gegeben. Eine Vorliebe des Autors und seiner Freunde für die süditalienische **Küche** spiegelt sich in der Auswahl der Restaurants, Trattorien, Osterien, Pizzerien, Caffès und Weinkellereien wider.

Steckbrief Provinz Salerno

Entsprechend ihrer Flächenausdehnung ist die Provinz Salerno die größte der fünf Provinzen der Region Kampanien und entspricht der 1287 von *Karl v. Anjou* geschaffenen, bis 1862 bestehenden Verwaltungsprovinz Principato Citra mit **Salerno** als **Hauptstadt.**

Provinz Salerno (SA)

- **Fläche:** 4954 km²
- **Einwohner:** 1.055.863, pro km² 213

Stadt, Land, Fluss

- **Salerno** ist mit ca. 127.000 Einwohnern die **bevölkerungsreichste Stadt** der Provinz, gefolgt von Cava de'Tirreni mit ca. 50.000 und Battipaglia mit ca. 49.000 Einwohnern. Die **bevölkerungsärmsten Kommunen** liegen **im Cilento:** Serramezzana mit ca. 290 Einwohnern und Valle dell'Angelo mit knapp 220. Als kleinste Kommune Italiens gilt Atrani an der Amalfiküste mit einer Fläche von gerade mal 0,1 km².
- Der **Monte Cervati** im Cilento ist mit 1899 m der höchste Berg Kampaniens, der höchste Gipfel der Monti Lattari ist mit 1444 m der **Monte San Michele.**
- Der wasserreichste Fluss der Provinz Salerno ist der nach einem Lauf von 64 km bei Paestum ins Tyrrhenische Meer mündende **Sele,** seine wichtigsten Zuflüsse sind der **Calore** (63 km) und der **Tanagro** (92 km), der das Vallo di Diano entwässert. Das Quellwasser des Sele wird z.T. über den Acquedotto pugliese abgeleitet und hilft, die Trinkwasserversorgung Apuliens sicherzustellen. Die **Piana del Sele,** auch Piana di Paestum oder Piana di Eboli genannt, ist eine 500 km² große fruchtbare Schwemmlandebene, die seit den Entwässerungsmaßnahmen im Faschismus intensiv landwirtschaftlich genutzt wird. Hier ist das Gros der kampanischen Wasserbüffelfarmen angesiedelt.
- Kampanien weist die höchste durchschnittliche **Bevölkerungsdichte** aller italienischen Regionen auf. Im Großraum Neapel leben offiziell 4,4 Mio. Menschen (zuzüglich einer hohen Dunkelziffer nicht amtlich registrierter Personen).
- Mit einem **Bruttoinlandsprodukt** (BIP) von über 2 Billionen Euro ist **Italien** die neuntgrößte Volkswirtschaft der Welt und viertgrößte Wirtschaftsnation der Europäischen Union. Es herrscht ein starkes Nord-Süd-Gefälle – das BIP pro Kopf ist in Kampanien nur etwa halb so hoch wie in der Lombardei.
- Die **Arbeitslosenquote** in Süditalien gehört mit (offiziell) 10,85% zu den höchsten in ganz Europa. In Norditalien liegt sie mit gut 5% deutlich niedriger als der Durchschnitt in der Eurozone von über 8%. In den letzten Jahren stieg die Quote in Italien wieder an, besonders hohe Werte bis zu 60% (!) erreicht die **Jugendarbeitslosigkeit** in Süditalien, Kampanien liegt im negativen Trend. Von der Statistik nur unzulänglich erfasst ist der hohe Anteil der **Schattenwirtschaft.**
- In der Region Kampanien und damit auch in der Provinz Salerno hat sich der Anteil der **Mülltrennung** in den letzten Jahren deutlich verbessert – gelöst ist das Problem der Müllbeseitigung/-verwertung jedoch noch lange nicht.
- Die durchschnittliche **Lebenserwartung** der Männer beträgt in Italien 78 Jahre, die der Frauen 83 Jahre. Dabei gibt es kaum Unterschiede zwischen Nord- und Süditalien. Die Italiener erweisen sich im internationalen Vergleich damit als besonders langlebig. Gelegentlich wird die hohe Lebenserwartung auf die mediterrane Ernährung zurückgeführt (siehe „Welterbe zum Essen" auf S. 226).

Die Region im Überblick

1 Amalfiküste | 30

Italiens spektakulärste Steilküste raubt den Atem: den Betrachtern vor Begeisterung, den Autofahrern vor Aufregung. Die schmale, in den Fels geschlagene **Küstenstraße** existiert erst seit Mitte des 19. Jh. – auf kaum 50 km bieten sich 1001 Blicke. Auf ein eigenes Fahrzeug zu verzichten, schont die Nerven, Fahrten mit öffentlichen Bussen sind aufregend genug. Linienschiffe sind das Fortbewegungsmittel der Wahl. Vom 10. bis ins 12. Jh. beherrschte **Amalfi** (S. 92) als erste Seerepublik Italiens diesen zauberhaften Küstenstrich und unterhielt an der östlichen Mittelmeerküste ein weit verzweigtes Handelsnetz. Maurische Architektur prägt Städte wie Amalfi, **Ravello** (S. 74) oder **Positano** (S. 123), und auch der Zitronenanbau auf terrassierten Hängen ist Frucht des intensiven Kultur- und Warenaustausches mit dem Orient. Ein gut unterhaltenes Netz alter Wirtschaftswege zieht sich durch das gebirgige Hinterland der **Monti Lattari** (S. 39) – heute Wanderwege zwischen Himmel und Meer. Die UNESCO hat dieses Miteinander von Kultur und Natur zum Welterbe erklärt. Ein noch zu entdeckender Winkel der Amalfitana ist das **Tramonti-Tal** (S. 64).

2 Salerno und Paestum | 134

Die alte Hafenstadt **Salerno** (S. 139) ist zu neuem Selbstbewusstsein erwacht. Die seit den 1990er-Jahren laufende Altstadtsanierung zeigt Erfolge, die Uni-Stadt gilt als lebendigstes Pflaster südlich von Neapel. Den Spuren großer Vergangenheit begegnet man auf Schritt und Tritt: Etrusker und Römer machten Salernum zum überregionalen Wirtschaftszentrum, im Mittelalter war Salerno Hauptstadt von Langobarden und Normannen und Sitz der berühmten Ärzteschule. Man erlebt aber auch eine pulsierende Gegenwart, an der Star-Architekten wie *Zaha Hadid* oder *Santiago Calatrava* bau(t)en. Nach Süden ziehen sich kilometerlang **Dünenstrände,** in der Sele-Ebene begegnet man schwarzen **Wasserbüffeln,** Milchlieferanten für echte Mozzarella di Bufala. Noch bis Mitte des 18. Jh. schlummerten die Tempel von **Paestum** (S. 158) im Dickicht immergrüner Küstenmacchia, bis bourbonische Straßenbaumeister sie zufällig entdeckten. Wie durch ein Wunder sind die drei perfekt erhaltenen Griechentempel nie umgestürzt und künden heute von der Meisterschaft antiker Baumeister. Faszinierend und berührend ist das Fortleben des antiken Hera-Kults im Gewand der katholischen *Maria*. Reisen nach Kampanien sind eben immer auch Zeitreisen. Das **Archäologische Museum** (S. 170) präsentiert eine umwerfende Bilderschau, das „Grab des Tauchers" ist ein Höhepunkt antiker Freskomalerei. Einen Vorgeschmack auf den Cilento bietet der Besuch von **Capáccio** (S. 158), **Trentinara** (S. 190) und **Giungano** (S. 190), mittelalterliche Nachfolgesiedlungen des antiken Paestum.

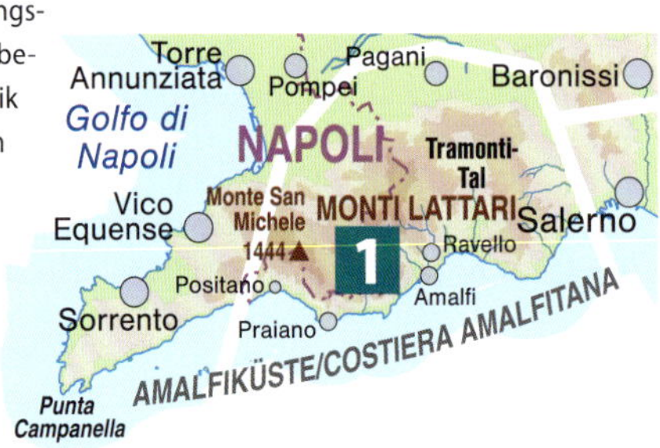

3 Eboli und Monti Picentini | 198

Der Gebirgszug im Hinterland von Salerno wartet noch auf seine (Wieder-)Entdeckung. In den **Monti Picentini** (S. 200) zeigt sich der kampanische Apennin noch wild und ursprünglich. Viele seltene Pflanzen- und Tierarten haben sich hier ein letztes Refugium bewahrt, der Parco dei Monti Picentini wacht darüber, dass das auch in Zukunft so bleibt. Auch wenn nach dem großen Beben von 1980 und dem oft unsensibel erfolgten Wiederaufbau das eine oder andere Stadtbild nicht den romantischen Vorstellungen mancher Italienreisender entspricht, sind bei genauerer Betrachtung doch einige Kulturschätze zu entdecken. **Olevano sul Tusciano** (S. 208) kann gleich mit zwei Highlights aufwarten: Die Ruinen des Castellum Olibanum liegen in luftiger Höhe mit herrlicher Aussicht, die mystischen Grotta di San Michele hingegen führen in die Tiefe. Und kulinarisch reicht den Picentini ohnehin niemand so schnell das Wasser.

4 Cilento | 222

Der urwüchsige Cilento ist die große Überraschung im Süden der Region Kampanien: **Nationalpark,** UNESCO-Biosphärenreservat und Weltkulturerbe zugleich. **Traumstrände** und ein kristallklares Meer, bäuerliches Hinterland und wilde Berglandschaften. Man hat die Wahl zwischen entspanntem Familienurlaub

und abwechslungsreichen Aktivferien. Über den familienfreundlichen Stränden wehen Blaue Flaggen als Zeichen hoher Wasserqualität. Und wer nach dem Baden Lust auf geistige Höhenflüge hat, geht in die Philosophenschule von **Velia** (S. 273) – bei einem romantischen Ruinenspaziergang kommt man auf neue Gedanken.

Pioppi (S. 263) ist der Geburtsort der „mediterranen Diät", seit 2010 ist das amtlich. Da hat die UNESCO die **„dieta mediterranea"** zum Weltkulturerbe erklärt. In Pioppi hatte der Ernährungswissenschaftler *Ancel Keys* jahrzehntelang seine Forschungen betrieben und hier die Grundlagen der mediterranen Diät gelegt, einer

Ernährungsweise, die nicht nur mundet, sondern lebensverlängernd wirkt. Das wusste man im Cilento schon längst. Mit einem eigenen Fahrzeug bleibt man in dem ursprünglichen Stück Süditalien flexibler beim Erkunden der schönsten Strände, entlegener Dörfer und abwechslungsreicher Wanderrouten.

ama297 pa

5 Vallo di Diano | 368

Das Vallo di Diano zählt als eigenständiger Landschaftsraum zum Parco Nazionale del Cilento, Vallo di Diano e Alburni, wie der Name des zweitgrößten italienischen Nationalparks vollständig lautet. Das **Hochtal** flankieren zur cilentanischen Seite hin die Monti Alburni und das Cervati-Massiv, im Südosten erheben sich die Monti della Maddalena. Über ihre Kämme verläuft die Grenze zur Nachbarregion Basilikata, Kernland des antiken Lukanien. In der Antike zählte das Gebiet des Cilento noch zu Lukanien, woran Ortsnamen wie Atena Lucana oder Vallo della Lucania erinnern. Am Rande des Hochtals liegen kulturhistorisch bedeutsame Orte wie **Polla** (S. 373), **Atena Lucana** (S. 376) und **Padula** (S. 384) mit der weltberühmten Kartause, auch sie Teil des UNESCO-Weltkulturerbes. Eine Sonderstellung nimmt die alte Festungsstadt **Teggiano** (S. 379) ein, die sich auf isolierter Anhöhe hoch über dem Tal erhebt. Sie ist ein zu Unrecht noch wenig bekanntes Kunstkleinod. Oder hätten wir das an dieser Stelle nicht verraten sollen?

◁ In Pioppi am Strand – manchmal braucht es nur wenig zum perfekten Urlaubsglück

Reiserouten und Touren

An der Amalfiküste wird das eigene Automobil in der Hochsaison schnell zum Klotz am Bein, zu eng und zu befahren ist die weltberühmte Küstenstraße, zu knapp sind die teuren Parkplätze. Umso besser funktioniert der **öffentliche Nahverkehr** mit Bus und Fähren, Wanderer sind ohnehin klar im Vorteil. Ein dichtes Netz alter Wirtschaftswege, inzwischen fast durchgängig als **Wanderwege** markiert, durchzieht die Monti Lattari und verbindet die Küsten- und Bergorte miteinander. Ums Treppensteigen kommt man allerdings nie herum, dafür wartet am Ende der Tour oft ein Bad im Meer zur Belohnung. Am südlichen Horizont grüßt die Silhouette der Cilento-Berge.

Salerno und Paestum sind bestens an das **Schienenetz** angeschlossen, die Hafenstadt Salerno ist darüber hinaus eine Drehscheibe im **Schiffsverkehr** in Richtung Amalfitana und Capri. Im Sommer fahren zusätzlich Fähren nach Neapel und in den Cilento.

Mit Zeit und Geduld sind die meisten Orte im Cilento öffentlich zu erreichen, ein **eigenes Fahrzeug** bringt jedoch klare Mobilitätsvorteile. Die abgelegene Strandbucht, der Ausgangspunkt für die Gipfelbesteigung, die tolle Trattoria im Hinterland – mit dem Auto kommt man oft besser hin. Küstenkurven und verkehrsarme Straßen im Hinterland versprechen großes Landschaftskino. Das freut auch **Radreisende,** für sie ist der Cilento wie Mallorca ohne Rummel. Mit ausreichend Kondition und dem richtigen (E-)Bike lassen sich die entlegensten Ecken und Winkel erreichen. Wie die Milchberge an der Amalfiküste ist auch der Cilento ein absolutes Wanderparadies (siehe Kapitel „15 Wanderungen"). Und der nächste Strand ist selten weit entfernt.

Der Golf von Salerno bietet eine solche **Fülle an Möglichkeiten,** dass eine Reise nie reicht sie alle auszukosten. Also einfach Cilento-slow und nach der Devise „Weniger ist mehr!" vorgehen. Der nächste Urlaub kommt bestimmt!

Tour 1: Öffentlich reisen zwischen zwei Golfen

- **Dauer:** eine gute Woche.
- **Reisezeit:** Mai bis Juli und Sept. bis Nov., von Juli bis Aug. verkehren Linienschiffe in den Cilento.

Vom Flughafen Neapel geht es mit dem Bus direkt **nach Salerno,** alternativ mit dem ALIBUS in die Stadt und weiter mit der Bahn. Einchecken in der alten Hafen- und Universitätsstadt, dann zum Sehen und Gesehenwerden an den palmengesäumten Lungomare, weite Blicke aus dem Giardino della Minerva werfen und abends auf eine Pizza bei Criscemunno mit Dom-Blick. Angekommen!

Nach dem Frühstück in Salerno *moda italiana* auf dem Corso und dann ins Centro storico, wo sich nostalgische Ladengeschäfte neben hippen Shops reihen. Ähnlich lebhaft ging es einst auch im antiken **Pompeji** zu. Mit der Bahn ist es nur eine Dreiviertelstunde bis ins moderne Pompei und vom Bahnhof zum Amphitheater 1 km zu Fuß. Vorher lohnt der Blick vom Campanile des Santuario della Beate Vergine hinab auf das Ausgrabungsgebiet und ins weite Umland. Und noch ein Tipp: Den besten Caffè gibt es zwei Schritte weiter in der Pasticceria De Vivo! Vor oder nach dem Rundgang. Am besten beides. Zurück in Salerno klingt der Tag an der Piazza Flavio Gioia, früher Fischmarkt und heute Zentrum der *movida salernitana,* in einem der angesagten Ristoranti aus.

Pompeji, Forum mit Vesuv

ama296 pa

ama298 pa

Eine ehemalige Seerepublik erreicht man standesgemäß mit dem Schiff. Vormittags ist **Amalfi** gut besucht, also lieber gleich hoch nach **Ravello** mit dem Linienbus. In der Villa Cimbrone hält die Terrazza dell'Infinito, was ihr Name verspricht. Von dieser Warte ist auch der alte Treppenweg zu erkennen, der hinunter nach **Atrani** führt – die schönste und sportlichste Annäherung an dieses Amalfitana-Kleinod. Nach einem Bad im Meer ist die Treppengasse bis Amalfi nur ein Klacks. Am Abend auf ins Keramikstädtchen **Vietri,** von Amalfi oder Salerno aus mit dem Linienbus. Das Gourmetrestaurant Re Maurì bietet als Beilage Landschaftsgenuss pur – von der Terrasse reichen die Blicke über den Golf von Salerno bis in den Cilento.

⌃ Die Amalfiküste?
Am besten auf dem Wasserweg zu erreichen

Von Salerno fährt die Bahn nach **Paestum.** Die berühmten Griechen-Tempel und das Archäologische Museum mit seinen lebensfrohen Fresken liegen nur wenige Hundert Meter vom Bahnhof entfernt. Kunst macht hungrig, Mozzarella di Bufala DOC satt. Danach noch ein köstliches Büffelmilch-Gelato? Gute Adressen sind La Bottega del Gusto mit Tempelblick oder die Masseria Lupata an der Porta Marina.

Von Juli bis August fahren Schnellfähren in den Cilento, von Salerno nach **San Marco di Castellabate** sogar täglich (alternativ mit dem Linienbus ab Salerno oder Paestum bis Santa Maria di Castellabate). In dem kleinen Fischerborgo kann man es gut aushalten. Erst mal an den Strand. Und wenn die Füße weiter tragen, bis ins benachbarte **Santa Maria di Castellabate.** Das beste Eis? Bei Baffo im Rücken des Ristorante PerBacco oder doch Il Gelatiere am Corso Matarazzo? Und weil es hier filmreif schön ist, könnte man gleich zum Abendessen bleiben. Der Verdauungsspaziergang führt zurück über den Strand – vielleicht sogar im Mondschein.

Luxus: Das erste Bad im Meer noch vor dem Frühstück! Danach heißt die Devise (Ci)lento, schön langsam. Von **San Marco** aus lässt sich das Sirenenkap **Punta Licosa** entspannt zu Fuß erreichen. Ein Picknick hier ist eine gute Idee. Zurück in San Marco zur Tiefenentspannung in die Approdo Thalasso Spa und abends zum Sardellen-Schmaus ins Ristorante K. Dolce vita!

Einlaufen im **Golfo di Napoli:** An manchen Tagen fahren Schiffe mit Zwischenstopp in Salerno bis **Neapel.** Eine Taxifahrt vom Hafen ins Hotel kostet nicht die Welt und spart Zeit. Ideal wäre eine Unterkunft in zentraler Lage, etwa das intime Costantinopoli 104 oder das coole Piazza Bellini, beide nur wenige Schritte vom Museo Archeologico und der Piazza Bellini entfernt. Am besten kauft man sich ein Tagesticket, mit dem man alle öffentlichen Verkehrsmittel inklusive Metro und Funicolare (Standseilbahn) benutzen kann, und auch schon das ALIBUS-Ticket für den Abreisetag. Den besten Blick auf Stadt, Golf von Neapel und Vesuv genießt man vom Vomero; den höchsten Punkt des Stadthügels beherrscht das Castel Sant'Elmo. Zurück in der Unterstadt, streift man nach Herzenslaune umher. Kommt der Hunger, schafft eine klassische Pizza oder ein Besuch der hippen Salumeria Upnea Abhilfe. Oder doch beim experimentierfreudigen *Mario Avallone* in dessen Kuoco Mercante vorbeischauen? Zu später Stunde ist die Piazza Bellini angesagter Treff der *movida napoletana* …

Im Falle eines späten **Rückflugs** bleibt nach dem Frühstück Zeit für einen Besuch des Museo Archeologico, das Pompeji noch einmal lebendig werden lässt. Mit dem bereits erworbenen ALIBUS-Ticket kann man öffentlich bis zur Piazza Garibaldi fahren und dort in den Flughafen-Shuttle steigen. Das nächste Mal dann eine Woche Zeit für Neapel nehmen und als Lektüre den Reiseführer „Golf von Neapel" (Reise Know-How Verlag P. Rump, Bielefeld) einpacken!

Tour 2: Berge und Meer im Parco Nazionale del Cilento mit dem Auto (oder Motorrad)

- **Länge:** 600–800 km.
- **Dauer:** ein bis zwei Wochen.
- **Reisezeit:** Frühjahr bis Herbst, möglichst nicht im August (Ferienzeit und sehr heiß).

Wandern und Wildschwimmen, Chillen und Schlemmen und auf tollen Kurvenstrecken cruisen! **Auf der Autostrada del Mediterraneo** geht es **von Neapel in Richtung Süden,** Ausfahrt Sala Consilina. Reicht die Zeit, lohnt der Abstecher in die alte Festungsstadt **Teggiano,** ein zu Unrecht wenig besuchtes Juwel mit Traumblick über den Vallo di Diano, die Monti della Maddalena und das Cervati-Massiv.

Großes Landschaftskino bietet auch die Weiterfahrt über die Sella del Corticato nach **Valle dell'Angelo.** Der winzige Bergort liegt mitten im Parco Nazionale del Cilento, und für den Besuch der Osteria La Piazzetta ist kein Weg zu weit! Gut, dass es hier auch ein paar nette Übernachtungsmöglichkeiten gibt, denn von Valle dell'Angelo aus lässt sich eine Reihe schöner Ausflüge unternehmen – zu Fuß oder mit dem Auto. Eine Landpartie auf kaum befahrenen Provinzstra-

ßen durch das Calore-Tal führt über Laurino nach **Felitto** mit seiner tollen Schlucht (Badesachen einpacken!), dann nach Bellosguardo und **Roscigno Vecchia,** die schönste Geisterstadt des Cilento. Bergfexe machen sich auf den Weg zum **Monte Cervati,** mit 1899 Metern der höchste Gipfel Kampaniens, und auch die unmittelbare Umgebung hält schöne Wanderungen bereit. Den geweckten Hunger stillt man immer wieder gerne in der Osteria La Piazzetta.

Szenenwechsel: **Pisciotta** liegt auf einem Hügel von Oliven umgeben direkt über dem Meer. Ein feines Hotel und einladende B&Bs versprechen ländlichen Luxus, die Auswahl vorzüglicher Restaurants ist überaus erfreulich, ebenso die kilometerlangen Strände, die sich Richtung Palinuro erstrecken. Wer will hier wieder fort?

Wer häufigeren Quartierwechsel nicht scheut, könnte weiter reisen in den Süden, nach **Palinuro, Marina di Camero-**

ta und an den **Golf von Policastro.** Die cilentanischen Küsten laufen hier zu absoluter Hochform auf, und an tollen Wanderwegen herrscht kein Mangel.

Meer oder Berge? Wen es erneut ins Landesinnere zieht, findet im wilden Bussento-Tal sein Glück. **Morigerati, Sicilí, Tortorella** oder **Casaletto Spartano** heißen einige der hübschen Bergorte, die Quartier, gutes Essen und viel Erholung bieten. Und die schöne Küste ist nie mehr als eine Autostunde entfernt.

Über Caselle in Pittari lässt sich auf der Schnellstraße entweder die **Autostrada del Mediterraneo** auf Höhe der berühmten Kartause von Padula erreichen oder der **Cilento-Highway,** der von Policastro Bussentino nach Norden Richtung Agropoli und Paestum führt. Man könnte noch so viel erleben und sehen im Cilento! Aber vielleicht war es ja auch nicht die letzte Reise hierher.

Tour 3: Via Silente, in bis zu 15 Etappen mit dem Rad durch den Cilento

- **Länge:** ca. 170 km.
- **Dauer:** 5 Tage.
- **Reisezeit:** April bis Juni und Sept. bis Nov.
- **Leihräder:** *Italy Bike Rental,* siehe S. 189, 228.
- **Info:** Eine auf Papier gedruckte Karte mit Höhenprofilen der einzelnen Etappen ist gratis vor Ort erhältlich, bei Ediciclo Editore ist das Buch „La Via Silente in bicicletta" erschienen. Tracks im Gratis-Download auf www.laviasilente.it; fb, [i].

Der „leise Weg" geht auf eine Initiative von *Simona Ridolfi* zurück. Die begeisterte Radsportlerin hat einen 600 km langen Parcours in **13 Etappen durch den Parco Nazionale del Cilento** gelegt. Konditionsstarke Biker können zusätzlich die Gipfel des Monte Gelbison und des Monte Cervati stürmen. Es ist möglich, die durchgängig beschilderte Route völlig autonom abzufahren oder sich die Tour vom lokalen Reiseveranstalter ArcheoTrekking aus Ascea organisieren zu lassen. Die vorgeschlagenen **Abschnitte** sind **20 bis 60 km lang** und können kombiniert werden. Auf www.laviasilente.it finden sich Höhendiagramme, GPS-Tracks und weitere Routeninfos. Über **Italy Bike Rental** kann man professionelle Trekkingräder mieten, auch als E-Bike – sie werden auf Wunsch an die Urlaubsadresse geliefert. Sitz der Non-Profit-Organisation **La Via Silente** ist Veli-

ama299 pa

☒ Die Via Silente ist gut ausgeschildert

na, ein Ortsteil von Castelnuovo Cilento wenige Kilometer südlich des Bahnhofs Vallo della Lucania-Castelnuovo.

Auf der Via Silente erlebt man nicht nur den landschaftlichen Reichtum des Cilento und große und kleine Geschichte(n) am Straßenrand, sondern man begegnet Menschen auf der Dorfpiazza, in der *Alimentari* beim Einkaufen des Tagesproviants oder abends in einem der netten B&Bs. Im Folgenden wird eine **auf fünf Tage verkürzte Route** vorgeschlagen, die durch Ferientage am Strand, Bergausflüge oder Seitenschlenker beliebig verlängert werden kann.

Die **erste Etappe** führt von Castelnuovo Cilento (275 m) im Rücken des Monte della Stella (siehe Exkurs „Monte della Stella – ein Berg stiftet Identität“ auf S. 260) über Stella Cilento (386 m) bis Pollica (370 m).

Tags darauf ist Küstencruisen angesagt, vorbei am Hemingway-Hafenort Acciaroli und an Agnone. Kurz vor Santa Maria di Castellabate schwingt sich die Straße in die Höhe und erreicht Castellabate (289 m), einen filmreifen Borgo. Im Auf und Ab, den Monte della Stella im Blick, geht es über Perdifumo – im alten Brunnenhaus die Wasserflasche auffüllen! – bis Vatolla (465 m).

Auf der **dritten Etappe** sind wir bereits auf der Höhe und entsprechend weit die Blicke ins Alento-Tal und auf den Golf von Salerno. Unterhalb vorbei am Festungsstädtchen Rocca Cilento und über Copersito – Feigen von Santomiele in Prignano Cilento geben Energie! – gelangen wir nach Cicerale (475 m). Giungano (160 m) oder – nach steilem Anstieg – Trentinara (606 m) liegen noch in erreichbarer Distanz.

Der **vierte Tag:** In Trentinara gibt es von der Terrazza del Cilento Ausblick satt und als Draufgabe ein Gelato. Rock and Roll: Die SP 13/b n verläuft an der Flanke des Monte Chianello vorbei an Monteforte Cilento und Magliano Vetere (650 m) – Radlgenuss pur. Am Ortsschild „Magliano Nuovo" biegen wir auf der SR 488 ab nach Stio (715 m), dem vielleicht schönsten Bergort auf dieser Route (siehe Info-Kasten rechts).

Während die Via Silente weiter Richtung Felitto ins Val Calore führt, schlagen wir am **letzten Tag** von Stio den Bogen unterhalb vorbei an Gioi (684 m) zurück zu unserem Ausgangspunkt, unterwegs tolle Blicke durchs Alento-Tal bis auf den Golf von Salerno und dann auf Gioi genießend. Schließlich folgt die Genussabfahrt über Moio della Civitella (515 m) nach Vallo della Lucania (380 m), der inoffiziellen Hauptstadt des Cilento. Auf der SS 18 vorbei an der Badia di Pattano schließt sich der Kreis in Castelnuovo Cilento.

Casa, dolce casa

Am Kreuzungspunkt antiker Handelswege gelegen, ist **Stio** (715 m, 780 Ew.) ein entzückender mittelalterlicher Ort, der heute etwas abseits liegt und daher von Reiseführern meist ignoriert wird. Seit Jahrhunderten wird Anfang September die **Fiera della Croce** abgehalten, zeitweise die bedeutendste Handelsmesse des Cilento. Deutlich jüngeren Datums ist die **Sagra dei Ciccimmaretati** in der zweiten Augusthälfte, auf der bäuerliche Gerichte des Cilento die Hauptrolle spielen. Bei Stio liegen einige der Rebflächen von *Giuseppe Pagano* (siehe Exkurs „Jazz in Flaschen und andere gute Tropfen" auf S. 516) – eines der Spitzengewächse trägt den Namen *Pian di Stio,* ein reinrassiger Fiano. Im Ort ansässig ist auch der Holzschnitzer und Lautenbauer *Domenico Campitiello* (Via Trieste e Trento 23, Mobil 33 98 70 95 64, www.bottegacampitiello.it), der zusammen mit seinem Zwillingsbruder den alten Cilento musikalisch „erzählt". Und mitten im Centro storico empfängt **Francesca Menna** Gäste im historischen Palazzo ihrer Vorfahren (rechtzeitig vorher Kontakt aufnehmen, da *Signora Francesca* nicht ständig in Stio anwesend ist). Überschreitet man die Schwelle der **Casa di Stio,** betritt man einen großen Innenhof, früher pulsierendes Herz der wirtschaftlichen Aktivitäten. Im Rücken des Palazzo öffnet sich ein überraschend großer Garten, der Olivenhain ist nur einen Sprung entfernt. Vier gemütliche Gästezimmer, das Kaminzimmer und der urige Speisesaal mit modernem Touch versprechen einen angenehmen und gerne längeren Aufenthalt.

■ **La Casa di Stio②**, Via Roma 16 – Stio, Mobil 33 57 47 03 38, francescac.menna@gmail.com.

LEGENDE

- Winter
- Frühjahr/Herbst
- Sommer

San Cono
Teggiano feiert seinen Stadtpatron dreimal im Jahr: am 3. Juni, 27. Sept. und 17. Dezember – am ausgiebigsten im Juni.

Wandern
April und Mai eignen sich wunderbar zum Wandern.

Luci d'Artisa
Von November bis Januar illuminierte Straßen und Plätze in Salerno – Kunst & Kommerz.

Frühling
Drei grüne Monate lang ist die Landschaft in ein einziges Blütenmeer getaucht.

Zitronengärten
An der Amalfitana stehen sie bis in den Frühsommer in voller Pracht.

JAN | FEB | MÄR | APR | MAI | JUN

Gran Carnevale Maiorese
Im Februar lockt am Lungomare von Maiori der größte Karnevalsumzug der Amalfiküste.

Osterprozessionen
an der Amalfitana,
Festa Madonna delle Galline
in Pagani.

Ravello Concert Society
Die intimen Kammerkonzerte sind ein Genuss.

Madonna delle Galline
Am Wochenende nach Ostern steigt in Pagani ein orgiastisches Marienfest.

I Suoni degli Dei
Wandern auf dem Götterweg mit Konzertbegleitung.

Festa di Sant'Andrea
Vom 25. bis 27. Juni lässt Amalfi seinen Patron zu Wasser und zu Lande hochleben.

Palio del Grano
Das cilentanische Weizenfest in der zweiten Julihälfte lädt zum Mitmachen ein.

Festa della Madonna del Granato
Paestums antiker Hera-Kult lebt am 15. August in Capáccio Vecchio fort.

I Suoni degli Dei
Wandern auf dem Götterweg mit Konzertbegleitung.

Festa di Santa Trofimena
Am 27. November wird in Minori die Weihnachtszeit eingeläutet.

Zeit der Feste
Nicht verpassen: Konzerte in Ravello, Festival della Dieta mediterranea in Pioppi, Cucina Clandestina in Valle dell'Angelo.

Wandern
Im Spätsommer und Herbst zieht es Wanderer in die Milchberge und den Cilento.

JUL | AUG | SEP | OKT | NOV | DEZ

Besichtigungen
Eine warme Unterkunft vorausgesetzt, ideale Monate für Stadttouren, Museumsbesuche und archäologische Zonen.

Baden
Das Meer und die Flüsse des Cilento sorgen für willkommene Abkühlung.

Hauptferienzeit
Ganz Italien macht Urlaub, Temperaturen und Preise steigen in ungeahnte Höhen.

Baden
Im September ist die Saison fast schon vorbei, man hat die Strände am Meer und die Ufer der Flüsse (fast) für sich.

Fünf Orte zum Staunen

ama064 pa

Atrani – Spaziergang durch M.C. Eschers Metamorphosen | 88

Mehrfach bereiste der niederländische Grafiker *M.C. Escher* (1898–1972) Süditalien. An der Amalfiküste fand er in den maurischen Würfelhäusern, steilen Treppengassen und verwinkelten Passagen Inspiration für seine weltberühmten Grafiken, die vertraute **Raumwahrnehmungen auf den Kopf** stellen. In Atrani erlebt man *Eschers* Bilder real und in 3-D.

ama063 pa

Amalfi – wo bitte geht's zum Paradies? | 95

„Der Tag des Jüngsten Gerichts wird für die Amalfitaner, die ins Paradies eingehen, ein Tag sein wie jeder andere." Vielleicht dachte der Dichter *Renato Fucini* an den **Chiostro del Paradiso,** 1266–1268 als Begräbnisstätte amalfitanischer Adeliger angelegt, die sich hier in Erde aus dem Heiligen Land bestatten ließen. Der von blendend weißen Spitzbögen umgebene Hof ist ein Traum aus 1001 Nacht.

ama067 pa

Hingucker im Museo Diocesano von Salerno | 147

Es gibt in Salerno Sehenswürdigkeiten, die sofort ins Auge fallen, wie *Zaha Hadids* aufsehenerregender Hafenterminal oder die Kathedrale mit ihrem himmelstürmenden Campanile. Andere liegen etwas versteckt, z.B. der **Giardino della Minerva.** Im Falle der geschnitzten Elfenbeintafeln im **Diözesanmuseum** muss man schon genau hinsehen. Dann aber taucht man ein in die faszinierende Welt von Altem und Neuem Testament.

ama066 pa

Die schönsten Griechen-Tempel stehen in Paestum | 165

Kaum vorstellbar: Die Tempel von Paestum wurden **1752** beinahe zufällig bei Straßenbauarbeiten **entdeckt.** In *Jacob Burckhards* „Cicerone", dem unentbehrlichen Begleiter kunstbeflissener Italienreisender des 19. Jh., war der Neptuntempel die N° 1. Auch heute zählen die Tempel nicht zu den alten Steinen. Dafür sorgte auch das innovative Management des jungen Direktors *Gabriel Zuchtriegel.*

ama065 pa

Padula – ein Omelett aus 1000 Eiern | 384

Kaiser *Karl V.* und Gefolge machten 1535 auf ihrer triumphalen Rückkehr von Tunis Halt in der **Kartause von Padula.** Aus diesem feierlichen Anlass und weil die Krieger wohl hungrig waren, sollen die Mönche ein Omelett aus 1000 Eiern gebacken haben. Vielleicht ist es nicht wahr, aber die imposante **Küche** lässt sich heute noch bewundern, ebenso der mit 9 x 130 m weltweit größte Kreuzgang.

Fünfmal Perspektivwechsel

Kreuzfahrt mit eigener Muskelkraft | 39, 58

Es ist sicher angemessen, die alte Seerepublik **Amalfi** per Boot anzusteuern, Fahrten mit Linienschiffen sind Kreuzfahrten für kleines Geld. Viel mehr Spaß macht es mit dem **Seekayak.** Unterwegs kann man in verschwiegenen Buchten „parken" und den lieben *Poseidon* einen guten Seemann sein lassen. Individuelle und organisierte Kayaktouren bietet Genius Loci Travel aus Salerno an.

ama059 pa

Urlaub machen, wenn keine Touristen da sind | 100

Zu Ostern rollt auch an der Amalfiküste die erste Urlaubswelle, im Hochsommer ist es heiß, voll und teuer, und im Herbst rollen wieder die Touristenbusse. Wie wäre es mit **Urlaub im Winter?** Einige der Hotels in Amalfi bleiben das ganze Jahr über geöffnet, andere haben eine lange Saison. Übrigens: Der späte Herbst ist eine ideale Jahreszeit zum Wandern!

ama56 pa

Arbeiten, wo andere Urlaub machen | 74

Es gab Zeiten, da fuhren Deutsche nicht in den Urlaub an die Amalfiküste, sondern zum Arbeiten. In den 1920er-Jahren fanden deutsche Künstler hier Arbeit und Inspiration. In **Minori** hat **Marco Fusco** in seinem **Studio Fës** ein „Open Lab" eingerichtet. Groß und Klein können unter seiner Anleitung das **Keramikhandwerk** ausprobieren und ihre gebrannten Kunstwerke anschließend mit nach Hause nehmen. Das beste Reisesouvernir!

ama060 pa

Die Magazine des Archäologischen Museums Paestum | 170

Das Museo Archeologico di Paestum ist eine **Schatzkammer,** die lukanischen Grabfresken aus dem 4. Jh. v.Chr. sind eine Schau, das „Grab des Tauchers" aus dem 5. Jh. v.Chr. eine Weltsensation. Geführte Besuche in den **gut gefüllten Depositi** bieten Blicke hinter die Kulissen des Museumbetriebs und Einblicke in den Alltag von Museumswärtern und Restauratoren.

ama061 pa

Über das Verfertigen der Speisen beim Kochen | 292

In **Pisciotta** gibt es eine Reihe guter Restaurants, nicht wenige mit Slow-Food-Prädikat. Hervorgehoben sei die **Cantina Lamadè,** von *Enza* und *Daniele* mit Herz und ökologischem Verstand betrieben. Zu kommunikativen Kochkursen werden Frauen aus dem Ort, Bauern oder Fischer eingeladen. Ganz nebenbei lernt man deren Alltag kennen und ein bisschen Italienisch. *Buon appetito e salute!*

ama062 pa

Fünf Orte zum Bleiben

ama054 pa

Hotel Margherita in Praiano | 120

Dieses aufmerksam geführte, **öko-freundliche Hotel** ist die Quintessenz gehobener Gastlichkeit **an der Amalfiküste.** Es vereint die Erfahrung zweier Generationen, das **Ristorante M'ama!** folgt der Slow-Food-Philosophie und wird auch von Einheimischen zu Recht geschätzt. Nicht alle der komfortablen Zimmer bieten den direkten Blick aufs Meer, den gibt es von der Dachterrasse satt.

ama57 pa

B&B Palazzo Galotti in Battaglia | 343

Dieser „Umweg" in den tiefsten Cilento lohnt sich unbedingt! Sollten *Roberto* und *Miriam* gerade kein Zimmer in ihrem **Palazzo** frei haben, so liegt es vielleicht daran, dass sie **Wandergruppen** beherbergen. Einfach mitmachen! Direkt vor der Haustür beginnen schöne Touren, so z.B. auf den 1371 m hohen Monte Cocuzzo.

ama58 pa

B&B Il Cannito bei Capáccio | 181

Im 21. Jh. stilvoll unterkommen im Geiste der Grand Tour: 15 ha duftende Macchia umgeben das **einsam gelegene Anwesen** der Familie *Gorga*, ein mit Respekt und Mut zur Moderne wieder aufgebauter Basilianerkonvent aus dem Mittelalter. Luxus, das ist auch WLAN im Schatten 500-jähriger Eichen und Pool con vista. Lassen Sie sich von *Nicola* bekochen! Zum Reich der Geschwister *Gorga* gehört auch der lässige **Lido EcoVillage MareMirtilli** am Strand von Paestum.

ama056 pa

Palazzetto Florio 1810 in Santa Maria di Castellabate | 242

Der elegante Fischerborgo zog im 19. Jh. das gehobene Bürgertum aus Neapel und Salerno an. Seit den 1970er-Jahren zählt er zu den bekannteren „Geheimtipps" des Cilento, als Schauplatz der Filmkomödie „Benvenuti al Sud" avancierte Santa Maria zum Star. Ohne Allüren, dafür mit hohen, **hellen und klug möblierten Apartments** empfängt der Palazzetto Florio zwei Schritte von der schönen Bucht.

ama055 pa

La Casa sul Blu in Pisciotta | 291

Der **Palazzo Saulle** aus dem späten 17. Jh. ist das Herz dieses entzückenden **Albergo diffuso,** die alte Ölmühle (1707) wurde perfekt restauriert. Der junge Patron *Luigi Incarnato* engagiert sich für den Wandertourismus und hat in Kooperation mit dem Consorzio Cilento di Qualità ein Wegenetz ins Leben gerufen, das sich bis Camerota erstreckt. Im Herbst können Gäste bei der Olivenernte helfen.

Fünfmal blaue Wunder

ama048 pa

Beachlife an der Amalfiküste | 57, 122, 132

Die Amalfiküste ist nicht in erster Linie als Badedestination bekannt, obschon ein Sprung ins Meer nach einer Wanderung das höchste ist. Größere Strände sind an der Steilküste rar, im Sommer meist überfüllt und mit Liegen und Sonnenschirmen vollgestellt. Das gilt auch für **Positano,** seit Jahren mit der Blauen Flagge ausgezeichnet. 1950er-Jahre-Strandflair versprechen **Marina di Praia** und **Erchie.**

ama049 pa

Die Dünen von Paestum | 188

Vor Paestum breitet sich ein schier endloser, familienfreundlicher Sandstrand aus – aber Achtung vor Strömungen! Dem Schutz der **sensiblen Dünenlandschaft** dient das Projekt „Oasi Dunale Paestum". Der Strandabschnitt mit Umweltsiegel ist von der Via Poseidonia auf Höhe des Camping Paestum Pineta Mare zu erreichen.

ama051 pa

Santa Maria di Castellabate – Fischerborgo mit Flair | 236

Cilentanischer Kleinstadtcharme trifft kilometerlange Sandstrände trifft Strandbars für den perfekten Sundowner – Dolce vita rustikal. Santa Maria di Castellabate ist wirklich ein netter Badeort, jedoch **am schönsten im Herbst,** wenn das Meer immer noch warm ist, aber das Gros der Touristen abgezogen. Und wer es noch ein bisschen einsamer mag, fährt um die Halbinsel und springt bei Casa del Conte ins Meer.

ama050 pa

Costa degli Infreschi bei Marina di Camerota | 318

Im Süden des Cilento laufen die Küsten zu Hochform auf, man hat die Qual der Wahl. Entlang der Costa degli Infreschi öffnen sich **paradiesische Buchten,** nur zu Fuß oder mit dem Taxi-Boot zu erreichen. Ob Spiaggia di Pozzallo, Cala Bianca oder Porto degli Infreschi – sie alle sind eine Sprung ins Blau wert. Gleiches gilt für die wilde Costa della Masseta, die sich zum Golfo di Policastro öffnet.

ama052 pa

Villammare am Golf von Policastro | 326

Fährt man an einem windstillen Tag am Ufer des Golfo di Policastro entlang, fühlt man sich fast an einen Schweizer Bergsee versetzt. Diesen Eindruck verstärken die nah am Meer aufragenden Gebirge. Diese herrliche Aussicht genießt man auch am **langen Sand- und Kiesstrand** von Villammare. Hier weht die Blaue Flagge und außerhalb der Saison ist es erstaunlich leer – Riviera-Feeling Cilento-Style.

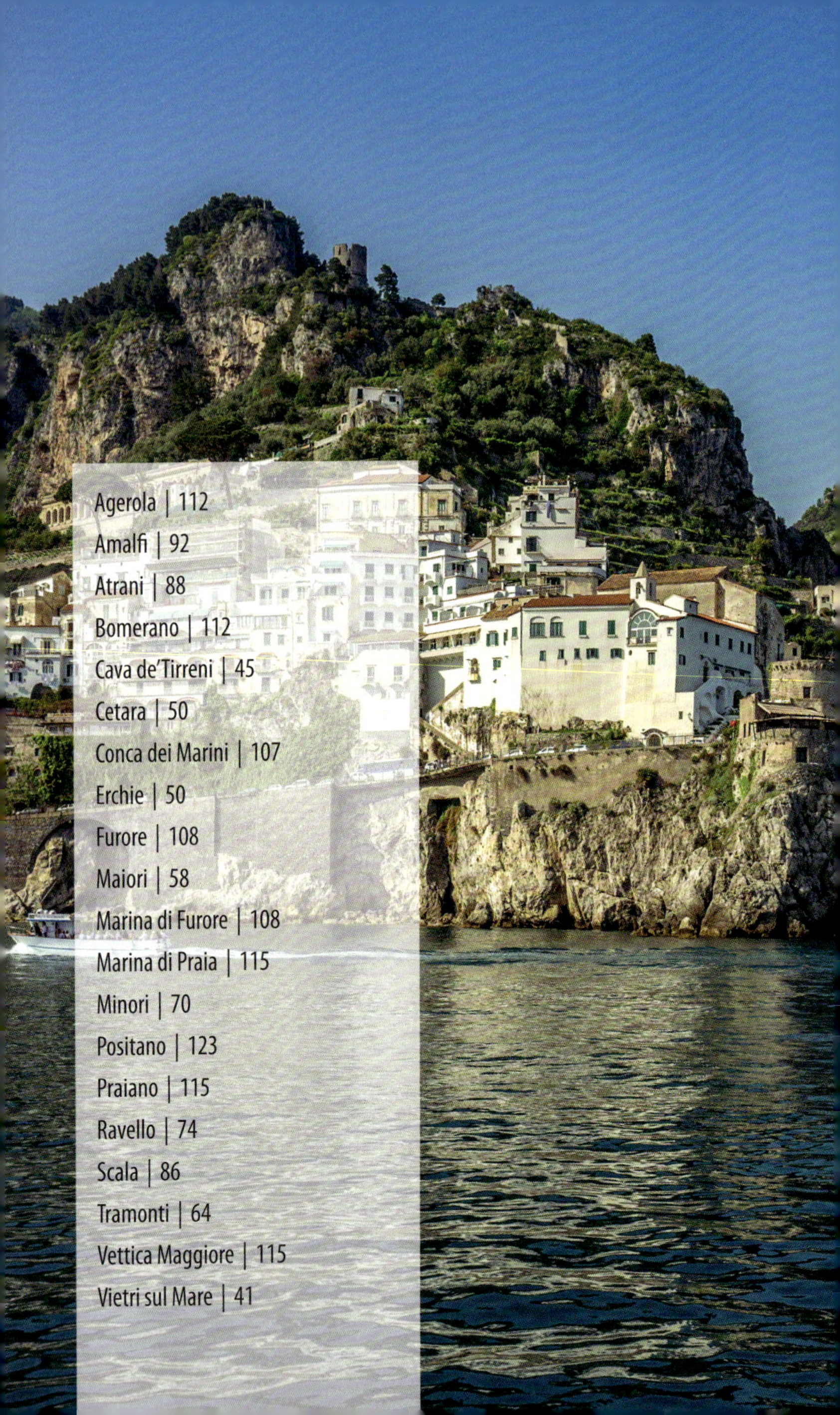

ama01 pa

1 Amalfiküste

»Italiens schönste Steilküste raubt den Atem: den Betrachtern vor Begeisterung, den Autofahrern vor Aufregung. Mittelalterliche Städtchen inmitten von Zitronenhainen verbreiten Orientflair, auf alten Wirtschaftswegen kann man die „Milchberge“ fern aller Touristenströme zu Fuß durchstreifen.

< Amalfiküste – die schönste Annäherung erfolgt vom Wasser

COSTA DIVINA – DIE „GÖTTLICHE KÜSTE“

Italiens spektakulärste Steilküste raubt einem den Atem, so schön ist sie und so abenteuerlich sind ihre (Straßen-)Kurven. Auf das eigene Auto zu verzichten, schont die Nerven! Man kann lokale Linienbusse nehmen oder das unvergleichliche Panorama vom Meer aus genießen. Schiffe legen in Amalfi, Positano und z.T. auch in den kleineren Küstenorten an. Positano, Amalfi, Atrani und Ravello sind Bilderbuchorte mit orientalischem Flair und einem Maximum an Belvedere. Auf alten Wirtschaftswegen kann man zu Fuß weitab von Touristenströmen durch die Berge streifen. Die UNESCO hat die Amalfitana 1997 zum Weltkulturerbe erklärt, seit 2003 stehen die Monti Lattari unter Naturschutz.

Der **Costiera Amalfitana** eilt der Ruf voraus, eine der schönsten Landschaften der Welt zu sein, mit Sicherheit ist sie die **aufregendste Steilküste Italiens.** Sie wird gerne als „Costa Divina“, „Göttliche Küste“, apostrophiert. Die kalkweißen **Monti Lattari** („Milchberge“) stürzen beinahe senkrecht ins azurblaue **Tyr-**

NICHT VERPASSEN!

- **Linienschiff ahoi:** Kreuzfahrt für kleines Geld | 36
- **Milchberge zu Fuß:** es lockt nicht nur der Götterweg | 39
- **Villa Cimbrone in Ravello:** der Garten gilt als das schönste Antidepressivum der Medizingeschichte | 79
- **Atrani:** das zauberhafteste Städtchen an der Costa Divina | 88
- **Sirenen und Badenixen in Marina di Praia:** Paolo Sandullis Terrakotta-Geschöpfe besitzen Witz und Charme | 120

Diese Tipps erkennt man an der gelben Markierung.

rhenische Meer** und schützen den von der Sonne verwöhnten Küstenstreifen vor kalten Nordwinden. Enge Handelsbeziehungen, welche die Seerepublik Amalfi in den östlichen Mittelmeerraum pflegte, brachten im Mittelalter den Orient in diesen Landstrich. Ein **maurischer Baustil** prägt die Städtchen, Reisende wähnen sich in einem Reich aus 1001 Nacht. Aus dem Orient kommen auch die **Zitronen,** die seit dem Mittelalter auf sorgfältig angelegten Terrassen gedeihen. Diese Landschaft kennt kaum Verebnungen, Städte und Landwirtschaft wachsen in die Senkrechte.

Erst seit Mitte des 19. Jh. verbindet eine **Straße,** die der steilen Felsküste Kurve für Kurve mühsam abgerungen wurde, die malerischen Costiera-Orte. In einem Artikel für „Harper's Bazar“ beschrieb sie *John Steinbeck* 1953 treffend als „carefully designed to be a little more narrower than two cars side by side“.

Die Amalfitana wurde von **romantischen Reisenden** entdeckt, mittelalterliche Klöster wurden zu Grand Hotels, spleenige Engländer ließen sich für immer nieder. Ab den 1920er-Jahren kamen **deutsche Künstler** in Scharen in das „Land, wo die Zitronen blühen“, Ende der 1950er-Jahre landete der internationale **Jet-Set** in Positano. Heute überbieten sich die Reiseveranstalter in der Formulierung immer neuer Klischees, die Sonne, Fels, Meer und Fischerromantik besingen – und die meisten treffen sogar zu! 1997 wurde die Amalfi-Küste zum **UNESCO-Welterbe** erklärt, seit 2003 besteht das **Naturschutzgebiet Parco Regionale dei Monti Lattari.**

Um die Amalfitana kennenzulernen, kann man getrost auf ein eigenes Auto verzichten und sich den Kurvenkünsten lokaler **SITA-Busfahrer** anvertrauen. Das weniger bekannte Gesicht dieser Traumlandschaft entdeckt, wer auch zu Fuß geht. Ein **dichtes Netz alter Wirtschaftswege und Treppenwege** durchzieht die steilen Berghänge. Vorbei an Weinterrassen und duftenden Macchia-Sträuchern wandert man mit spektakulären Ausblicken auf Küste und Meer. Weniger schweißtreibend und kaum ein geringerer Genuss ist eine **Bootsfahrt** entlang der Küste.

Schöne Kurven

Praktische Tipps zur Amalfiküste

Information

- Die **Fremdenverkehrsämter** vor Ort sind gut organisiert. Praktisch sind die Gratis-Stadtpläne, die auch die Einstiegspunkte der Wanderwege zeigen.
- **www.authenticamalficoast.it,** nachhaltige (Reise-)Bicke hinter die Kulissen der weltbekannten Küste. Interessante Hintergrundartikel auch in englischer Sprache.
- **www.parcoregionaledeimontilattari.it,** auf der Website des Naturparks finden sich unter „Il Trekking del Parco" Hinweise zu Wanderungen.

ama015 pa

An- und Weiterreise

Mit dem Auto

Eine Warnung vorweg: Die unter König *Ferdinand II.* 1853 fertiggestellte **Küstenstraße** war ursprünglich nur für Fuhrwerke konzipiert. Niemand ahnte damals das Verkehrsaufkommen und den Touristenansturm unserer Tage voraus. Die Straße konnte seither nicht wesentlich verbreitert werden, denn auf der einen Seite ragen die Felswände steil auf, auf der anderen stürzen sie ebenso steil ins Meer. Trotz Einbahnregelungen für Touristenbusse in der Hauptreisezeit kommt es auf der kurvenreichen Strecke immer wieder zu Verkehrsstaus. Immerhin, es gibt wohl kaum eine schönere Straße, um im Stau zu stecken.

Problematisch ist das **Parken** an der Amalfitana, in den Orten sind Parkplätze rar und teuer. Jetzt könnte hier zwar als „Insider-Tipp" stehen, bei einem Besuch von Ravello gratis im nahen Scala zu parken, aber die Amalfitana besucht man am besten ohne eigenes Auto. Amalfi verfügt über ein großes Parkhaus, den Parcheggio Luna Rossa, mit Zufahrt zwischen Amalfi und Atrani. Der öffentliche Verkehr mit Bussen und Schiffen (wetterabhängig) ist gut organisiert.

Die **Strada statale 163,** wie die **Amalfitana** auf Straßenkarten profan heißt, ist am schnellsten über die Autobahn von Salerno aus zu erreichen. Von Westen führt die SS 163 über die Bergrücken der Sorrentiner Halbinsel heran, alternativ kann man eine der reizvollen **Passstraßen** wählen, die in beiden Richtungen mit Traumblicken verwöhnen. Von Castellamare di Stabia geht es über den Pasta-Ort Gragnano auf die Hochebene von Agerola (Startpunkt des Götterwegs!) und in schwindelerre-

ama230 pa

genden Kurven durch das Furore-Tal hinab nach Amalfi. Kaum weniger beeindruckend ist die Passstraße über den Válico di Chiunzi nach Ravello.

Mit dem Bus

- **SITA,** www.sitasudtrasporti.it. Effizienter Linienverkehr an Costiera Amalfitana und Costiera Sorrentina. Mehrmals tägl. nach Neapel, Sorrent und Salerno; tagsüber stündlich zwischen den einzelnen Küstenorten mit Amalfi als Drehscheibe. Die Straße ist kurvenreich, bei Neigung zur Reisekrankheit besser Vorsorge treffen. Fahrkarten und Fahrpläne in Tabacchi-Läden, Bars oder am Kiosk.
- **FS Busitalia,** www.fsbusitalia.it. Salerno und Umgebung (z.B. von/nach Vietri).

Für frischen Fisch ist man bei Franscesco Tammaro in Cetara genau richtig

Mit der Bahn

Keine direkte Bahnverbindung an die Amalfitana. In Sorrent endet die **Circumvesuviana** (www.eavsrl.it), Salerno wird von der **FS** (www.trenitalia.it) und **Italo** (www.italotreno.it) erreicht.

Mit dem Schiff

Bedenkt man Amalfis ruhmreiche Vergangenheit als Seerepublik, besteht kein Zweifel: Schiffe sind das angemessenste Verkehrsmittel, um die Divina Costiera anzusteuern. Eine Seefahrt entlang der spektakulären Steilküste zählt darüber hinaus sicher zu den schönsten Urlaubserlebnissen und kostet nicht die Welt. Die **Saison** dauert **von Ostern bis Oktober.** In dieser Zeit verkehren mehrmals täglich Kleinfähren zwischen Positano, Amalfi und Salerno. In den Sommermonaten erhöht sich das Angebot um zusätzliche **Fähren** nach Capri, Sorrent und Neapel und es werden auch die Bootsanleger in Cetara, Maiori und Minori angelaufen. Direkt an den Anlegestellen stehen die Kioske der Schifffahrtsgesellschaften; hier erhält man Fahrkarten, Fahrpläne hängen aus. Fahrpläne auch in den Touristenbüros und in Tageszeitungen. Abhängig von Wetter und Seegang kann es zu Änderungen kommen.

- **www.alicost.it**
- **www.coopsantandrea.com**
- **www.travelmar.it**

Übernachten

An der Costiera ist das **ganze Jahr** über **Saison,** entsprechend bleiben einige Unterkünfte auch über den Winter geöffnet. Eine **rechtzeitige Reservierung** empfiehlt sich in jedem Fall. Während sich im nahen Sorrent das Gros des organisierten Gruppentourismus konzentriert, ist das Übernachtungsangebot an der Costiera überwiegend auf Einzelreisende zugeschnitten, eine **Exklusivität,** die sich nicht selten im Übernachtungspreis niederschlägt – oft auch im Fall von Airbnb und B&Bs. Etliche Hotels blicken auf eine über 170-jährige Geschichte zurück, in den Gästebüchern stehen Namen wie *Richard Wagner, Henrik Ibsen, D.H. Lawrence, Otto von Bismarck, Ingrid Bergman, Greta Garbo* oder *Scarlet Johannson,* um nur einige zu nennen. Campingplätze sind an der steilen Amalfitana rar gesät, es gibt aber ein paar neue Glamping-Adressen!

Einkaufen

Majolikakuppeln, Kirchenfassaden und in herrlichen Farben leuchtende Fußböden – die Erzeugnisse eines der ältesten Kunsthandwerke sind an der Amalfitana nicht zu übersehen. **Vietri** ist seit jeher als **Keramikzentrum** bekannt, viele der heute gebräuchlichen Motive entstammen interessanterweise dem „periodo tedesco", als deutsche Künstler in den 1920er-Jahren in den Werkstätten von Vietri arbeiteten (siehe Exkurs „Der Esel kam 1923 auf die Welt", S. 40) und ihrer Italienromantik in naiv-fröhlichen Bildern Ausdruck verliehen. Neben traditionellen Majoliken aus Vietri, die man am besten vor Ort erwirbt, ist Massenware aus Sizilien genauso wie hochwertige und teure Keramik aus Urbino im Angebot, letztere für betuchte amerikanische Touristen. Ein Keramikkünstler mit Witz und Charme ist *Paolo Sandulli* in Praiano (siehe Exkurs „Ein Küstenwachturm als Künstleratelier", S. 120). In **Amalfi** kann man **handgeschöpftes Papier** kaufen, **Positano** ist für seine **Mode** bekannt – auch wenn heute vieles „Made in China" ist – und überall an der Costiera werden **Zitronen,** Zitronenmarmeladen, kandierte Zitronenschalen, vor allem aber der **Zitronenlikör Limoncello** angeboten. Ein geschmacksintensives Mitbringsel ist ein Fläschchen *colatura di alici* aus Cetara (s. Exkurs „Garum, das Maggi der Antike", S. 56).

ama002 pa

☒ Atrani – Annäherung auf dem Treppenweg von Ravello

Cucina amalfitana, limoni e vino

Landschaft und Geschichte der Amalfitana spiegeln sich, wie könnte es auch anders sein, in der Küche wider. So spektakulär wie Fels und Meer sich an dieser schönsten italienischen Steilküste begegnen, so nah sind sich hier **cucina di mare** und **cucina di terra.** Die salzig-würzigen Sardellen von Cetara vertragen sich erstaunlich gut mit der milden Mozzarella von Agerola, Tintenfische mit Kartoffeln sind ein Klassiker. Die intensiven Handelskontakte des mittelalterlichen Amalfi mit dem **Orient** bereicherten den Speisezettel um **Zitronen,** Zucker und Kaffee. Zitronen sind aus der Landschaft heute nicht mehr fort zu denken. Früchte und Blätter finden in unzähligen Gerichten Verwendung, nicht nur als Dessert. Jedes Mahl beschließt der Zitronenlikör *Limoncello*. Sorbets sorgen im Sommer für erfrischende Abkühlung, z.B. die *granita di limone*. Ob Hartweizennudeln durch die Araber nach Italien gelangten oder doch schon in der Antike bekannt waren, ist Gegenstand gelehrter Diskussionen. Ab dem 19. Jh. jedenfalls war die Amalfitana ein bedeutendes **Zentrum der Pasta-Produktion,** zahlreiche Wasserläufe sorgten für den Antrieb der Mühlen. *Scialatielli* heißen die spaghettiähnlichen Amalfi-Nudeln, und in kaum einer Soße fehlen die kirschgroßen, aromatischen **Tomaten.** In fotogenen Büscheln hängen die roten *pomodorini a piennolo* an weiß gekalkten Hauswänden. Die Entstehung einer anderen amalfitanischen Nudelsorte ist gut dokumentiert: 1924 erfand der Koch des Hotels „Convento Cappuccini" die **cannelloni.** Glücklicherweise ist das Meer sehr fischreich, den Beweis erbringen Tag für Tag die appetitlichen Auslagen der Fischlokale. **Auberginen,** hier *melenzane* genannt – Araber brachten sie aus Indien mit –, sind vom *antipasto* bis zum *dolce* Hauptprotagonist der *cucina amalfitana.* Aus dem Kloster Santa Rosa oberhalb von Conca de Marini hat die *sfogliatella,* ein mit Ricotta gefüllter, muschelförmiger Blätterteig, ihren Siegeszug durch die Pasticcerie Neapels angetreten.

Seit Jahren überzeugen die **D.O.C.-Weine Costa d'Amalfi** durch hohe Qualität. Die idealen Begleiter der *cucina amalfitana* gibt es weiß, rot und rosè. Neben Weinen aus Ravello haben die organisch erzeugten Tropfen der Cantine Gran Furore aus dem Vallone del Furore einen besonders guten Ruf.

ama001 pa

Baden

Entlang der Steilküste öffnen sich **reizvolle Buchten,** einige davon nur mit dem Boot zu erreichen. Breitere **Kiesstrände** bieten Positano, Amalfi und Cetara. Maiori hat für Costiera-Verhältnisse einen geradezu luxuriös langen Sandstrand. Fast alle zugänglichen Strände sind im Sommer an **bagni** oder **lidi** (Strandbäder) verpachtet. Gegen Gebühr können Umkleidekabinen, Liegestühle, Sonnenschirme und Duschen benutzt werden. Die **Wasserqualität** ist im Allgemeinen **sehr gut,** doch kann sich das Meer strömungsbedingt oder nach heftigem Regen für einige Tage trüben. Seit Jahren darf Positano über seinen Stränden die Blaue Flagge hissen.

Kajakfahren/Tauchen/Surfen

Mein Tipp: **Kajakfahren:** Der Aktiv-Reiseveranstalter Genius Loci Travel aus Salerno organisiert See-Kajaktouren und Individualtörns entlang der Amalfiküste. Infos: www.italykayaktours.com.

- **Tauchen:** Eine malerisch zerklüftete Kalkfelsküste mit zahlreichen Meeresgrotten, kristallklares Wasser und eine artenreiche Fauna machen die Amalfitana zum lohnenden Tauchrevier. Professionelle Tauchbasen in Positano und Praiano.
- **Surfen:** Cetara und Erchie sind im Sommer beste Surfreviere. Bei Sonnenschein entwickeln sich tagsüber auflandige Winde. Da es kaum Verleiher vor Ort gibt, ist eine eigene Ausrüstung von Vorteil.

Wandern

Wanderschuhe gehören bei einem Amalfitana-Urlaub unbedingt ins Gepäck! Die **abwechslungsreiche Küsten- und Berglandschaft** lässt sich am besten zu Fuß entdecken. Viele Tipps finden sich in den **Ortskapiteln** unter dem Stichwort „Wandern", außerdem detaillierte Beschreibungen von 15 Wanderungen im **Kapitel „15 Wanderungen".**

Milchberge zu Fuß

Giovanni Visetti kennt die Wege am Golf von Neapel und an der Costiera Amalfitana wie kein Zweiter. Auf seiner Website bietet er detaillierte Routenbeschreibungen sowie Karten und Höhenprofile zum Gratis-Download. *Grazie mille!*

Als nützlich erweist sich auch die Website, welche die **CAI-Karte „Monti Lattari"** begleitet. Insgesamt 124 Wege werden im Detail auf Italienisch beschrieben. GPX-, KML-Daten und PDFs stehen zum Gratis-Download bereit. Von Januar bis Ende April bietet der CAI „Monti Lattari" unter dem Motto „Mercoledi del CAI in Costa d'Amalfi" jeden Mittwoch eine andere Wanderung an, eine tolle Gelegenheit, um neue Bekanntschaften zu schließen und auch weitgehend unbekannte Winkel der Amalfiküste zu Fuß zu entdecken.

Auch zum **Fernwanderweg 300 „Alta Via dei Monti Lattari"** kursieren eine Vielzahl von Beschreibungen, so wie es auch eine Reihe von Varianten des Weges gibt. Die liebevoll gestaltete und mit einer Fülle nützlicher Informationen gespickte Website von *Christiane* und *Frank Ehlers* ist in diesem Zusammenhang sehr zu empfehlen.

- **www.amalfi-wanderweg.de**
- **www.caimontilattari.it, www.facebook.com/caimontilattari**
- **www.giovis.com**

ama02 pa

Der Esel kam 1923 auf die Welt

Vietri liegt in Pole Position am Beginn der **Strada Amalfitana** – zumindest wenn man von Osten kommt – und wird trotzdem von den meisten Urlaubern übersehen. Zu stark ist wohl der Sog der berühmteren Orte Amalfi, Positano und Ravello. Dabei ist Vietri sul Mare allgegenwärtig, auf jeden Fall in Gestalt der auffälligen **Keramik.** Die Tradition reicht zurück in die Antike, Etrusker waren hier wohl die ersten „Industriellen". Aus Vietri, dem Freihafen der mächtigen Abtei von Cava de'Tirreni, wurde im Mittelalter Keramik in den gesamten Mittelmeerraum exportiert. Einen erneuten Aufschwung nahm das Handwerk im Barock. Kunsthandwerker aus den Abruzzen gaben damals den Impuls. Die **glänzenden Majolikakuppeln** entlang der Küste sind seither ein Markenzeichen der Amalfitana. Das 19. Jh. war das Zeitalter der **Piastrelle,** der reich verzierten Bodenfliesen, wie sie in Kirchen und altehrwürdigen Hotelpalazzi verlegt sind. Die fruchtbarste künstlerische Periode Vietris fällt jedoch in die Zeit zwischen den beiden Weltkriegen. **Deutsche Künstler** wie *Richard Dölker, Marianne Amos, Irene Kowalski-Wegner* oder *Barbara Margarete Thewalt-Hannasch* kamen ab den 1920er-Jahren an die Amalfitana und fanden hier Anregungen, Arbeit und günstige Lebensbedingungen – später auch Zuflucht vor der Verfolgung durch das Naziregime. Mit offenen Sinnen reagierten sie auf Sonne, Meer, Zitronen, Esel und die alten Mythen und entwickelten eine **fröhlich-naive Bilderwelt,** die bis heute die Keramik Vietris prägt. Mit dem Kauf eines Keramik-Souvenirs schließt sich der Kreis – was vor mehr als drei Generationen aus Italien-Begeisterung entstand, gefällt den Touristen heute. Es war übrigens *Richard Dölker,* der 1923 die Ur-Ikone des beliebten Vietri-Esels schuf. Der **ciuciariello** zählt seither zum unverzichtbaren Bildinventar der *ceramica vietrese.* Der Ort Vietri ist eine einzige Open-Air-Galerie und beim Bummel über den Corso lässt sich die eine oder andere schöne Entdeckung machen.

Das Auge für Qualität und den Sinn für Historie schult der Besuch der **Villa Guariglia in Raito** oberhalb von Vietri. Das hier untergebrachte **Museo della Ceramica** zeigt barocke Keramik und besonders schöne Arbeiten von Dölker & Co. Was (bislang) fehlt, sind jedoch Beispiele zeitgenössischer Keramikkunst, z.B. die Auseinandersetzungen *Ottomar Kiefers* mit dem *periodo tedesco.*

ama003 pd

◁ Der Esel, ein Sympathieträger

Einen fröhlich-lässigen Umgang mit traditionellen Bildmotiven beweisen in Vietri heute die **Fratelli Liguori;** der berühmte Esel taucht hier z.B. als zungenreckende Nixe auf. Eigene künstlerische Wege geht der 1980 geborene **Mirkò.** Von *Gore Vidal, Robert Zemecki* und *Rupert Murdoch* entdeckt und gefördert, wird er heute von internationalen Galerien vertreten. Keramik ist auch der Stoff, aus dem **Paolo Sandulli** seine poetischen Werke formt. Ein Küstenwachturm in Praiano dient ihm als Atelier, die Fischer von Marina di Praia und die sommerlichen Badenixen als Modelle. Charme, Erotik und Witz durchziehen sein Œuvre, Meeresschwämme formen die hochgetürmten Frisuren seiner Sirenen.

Keramiker für einen Tag? In Minori betreibt **Marco Fusco** in seinem Studio Fës ein „Open Lab"; seine modernen Keramiken sind voller Witz. Zusammen mit dem Designer *Giuseppe Palermo* hat *Marco* das Label Lovethesign kreiert. Es können aber auch Groß und Klein während eines Nachmittags-, Tages- oder Wochenkurses unter *Marcos* Anleitung das Keramikhandwerk ausprobieren und die selbst gestalteten Objekte anschließend mit nach Hause nehmen. Ein perfektes Souvenir!

Eine schier unendliche Auswahl bietet in Vietri **Ceramica Artistica Solimene.** Bereits das Gebäude, das Laden und Werkstatt umfasst, zieht am nördlichen Ortsausgang die Blicke auf sich. Der mutige architektonische Entwurf stammt von *Paolo Soleri,* einem Schüler *Frank Lloyd Wrights.*

Vietri sul Mare

Es gab Zeiten, da fuhren Deutsche nicht zum Urlaubmachen an die Amalfiküste, sondern zum Arbeiten. In den 1920er-Jahren fanden deutsche Künstler Inspiration, günstige Arbeits- und Lebensbedingungen in den Keramikfabriken von Vietri. Bis heute prägen die Bildideen des sogenannten *periodo tedesco* den Stil der **Vietri-Keramik** (siehe Exkurs „Der Esel kam 1923 auf die Welt"). Von welcher Seite man sich **Vietri sul Mare (80 m, 7300 Ew.)** auch nähert, überall begegnen einem die bunten Auslagen von Keramik-Geschäften. **Traditionalisten und Avantgardisten** arbeiten mit dem uralten Werkstoff Ton. Der hübsche Ort ist ein „begehbares Keramik-Bilderbuch". Hauswände und Passagen schmücken Fliesen, auf denen Fischer ihre Netze einziehen, Frauen Körbe mit Limonen auf dem Kopf tragen und reife Trauben einem in den Mund wachsen. **Kitsch und Kunst** liegen in den Läden nah beieinander. **Sympathisch** sind auch die altmodischen Lebensmittel- und Eisenwarenläden, die Pasticcerie und Brotbäckereien, die Lottoannahmestellen und Bars am Corso Umberto I. Die bunte Majolikakuppel der **Chiesa S. Giovanni Battista** ragt über ein Meer von Ziegeldächern, ein freundliches Gassengewirr überzieht den Altstadthügel.

Italienische Sommergäste schätzen die breiten Sandstrände von **Marina di Vietri,** Salernitaner schauen am Nachmittag und Wochenende vorbei. Intimer ist die **Spiaggia della Crestarella** zu Füßen des gleichnamigen Küstenwachturms. Das Flüsschen Molina teilt den

ama005 pa

Strand. Nach der Unwetterkatastrophe von 1954 und der großen Schlammflut ist vom nostalgischen Flair der alten Fischersiedlung nicht viel übrig geblieben. Verschwunden sind auch die kleinen Bootswerften, in denen über Generationen die typischen *gozzi* auf Kiel gelegt wurden.

Im oberhalb von Vietri gelegenen Ort **Raito** ist in einem mittelalterlichen Turm, der Torretta di Villa Guariglia, ein sehenswertes **Keramikmuseum** eingerichtet. Es präsentiert traditionelle Erzeugnisse und die künstlerische Produktion des *periodo tedesco.* Ein bedeutender Vertreter war *Richard Dölker* (1896–1955), der am Dessauer Bauhaus Malerei studiert hatte und von 1923 bis 1933 in Vietri wirkte und viele Künstlerkollegen nach sich zog. Im Sommer finden im stimmungsvollen Garten Konzerte statt.

■ **Museo della Ceramica,** Via Nuova Raito (Villa Guariglia), Tel. 089 21 18 35, Stadtbusse aus Vietri, Di bis So 9–14.30 Uhr, Eintritt frei.

Einmal in Raito, sollte man weiter in den Bergort **Albori** fahren, wo die Straße endet und die Aussicht herrlich ist. Wanderwege laden zu Spaziergängen ein.

Praktische Tipps

Information

■ **Pro Loco Vietri sul Mare**
Tourist-Info im Palazzo della Guardia. Mo bis Sa 10–13 und 16.30–20 Uhr.
Via O. Costabile 4, Mobil 33 16 23 68 28, www.prolocovietrisulmare.it, fb, [i]

An- und Weiterreise

■ **Auto:** A 3 Ausfahrt „Vietri sul Mare", A 2 Ausfahrt „Salerno" bzw. SS 18 aus Salerno. Vietri ist End- bzw. Anfangspunkt der SS 163 „Amalfitana". Gebührenpflichtiger Parkplatz auf der Piazza Matteotti, Parkmöglichkeiten auch in der Altstadt.

■ **Bus:** SITA in Richtung Amalfi und Salerno. FS Busitalia von und nach Salerno und Cava de'Tirreni, die innerstädtischen Linien fahren von der Piazza Matteotti zur Marina di Vietri sowie in die benachbarten Bergorte Raito und Albori.

■ **Bahn:** Lokalzüge der Linie Neapel – Salerno halten am Bahnhof „Vietri sul Mare". Vom Bahnhof „Salerno" Busse nach Vietri.

Übernachten

■ **Palazzo Pinto②**

Die Familie *Pinto* betreibt seit Mitte des 19. Jh. im Palazzo Pizzicara die älteste Keramikmanufaktur am Ort. Die zum Corso Umberto I. weisende Fassade ziert ein großer Keramikfries, der Zugang zu *Raffaele Pintos* freundlichem B&B liegt an der Rückseite. Moderne, komfortable Zimmer; das italienische Frühstück wird allerdings in einem fensterlosen Raum serviert. Vielleicht geht man besser in die nächste Bar. Mit einem elektronischen Schlüssel sind die Gäste autonom. Wer mit eigenem Fahrzeugt anreist, kann gegen Gebühr einen Parkservice buchen. Gebührenpflichtige und Gratis-Parkplätze in der Nähe. 8 Zi. März bis Dez.

Via Giuseppe Mazzini 137,
Mobil 34 01 01 22 55, www.palazzopinto.it, fb, [i]

Palazzo Suriano③

Vietris schönste Schlafstatt liegt in einem Adelspalazzo des 18. Jh. mit terrassenförmig angelegten Gärten und Blick auf Ort und Meer. Fresken schmücken die hochherrschaftlichen Räume, auf den bemalten Keramikböden tummeln sich Blumen und Vögel, die Sirenen in vietresischem Grün hat die polnisch-deutsche Künstlerin *Irene Kowaliska* in den 1920er-Jahren geschaffen. Bei gut gefüllter Reisekasse ist dies ein wunderbarer Platz für Familien mit Kindern. *Carlo de Felice* versorgt seine Gästen zudem mit allerbesten Tipps. Unmittelbar über dem Strand gelegen. 7 Zi.

Via Madonna dell'Arco 30,
Tel. 08 98 42 33 34, www.palazzosuriano.it, fb, [i]

Essen und Trinken

■ **Bruschetteria Albori①**

Tolle *bruschette!* Nicht mehr und nicht weniger. Vor dem Lokal liegt die Endhaltestelle für die Mini-Linienbusse, hier endet auch die Straße. Nur abends.

Via Capo di Muro 31 – Albori, Tel. 089 21 04 44,
Mobil 33 37 20 16 57 *(Stefano Riviello)*, fb, [i]

■ **Evù②-③**

Signora *Anna* und Sohn *Riccardo* haben ein Faible für farbenfrohes Dekor. Die Antipasti, Pasta-Primi und der frische Fisch sind delikat zubereitet und ansprechend angerichtet. Die Weinauswahl ist exzellent. Tische auch im Freien in einer stillen Seitengasse des Corso. An der Piazza Ferrigno haben die beiden das **Japit** (https://japit.eatbu.com) eröffnet, das in ähnlich schönem Ambiente amalfitanisch-japanische Fusion-Küche anbietet.

Via Diego Taiani 1,
Tel. 089 21 02 37, Mobil 34 50 75 06 90, [i]

■ **Re Maurì④**

Lorenzo Cuomo hat für seine Kochkünste einen Michelin-Stern erhalten. Das Panorama-Restaurant neben dem **Lloyd's Baia Hotel** liegt an der Küstenstraße Richtung Salerno, jedoch noch in angenehmer Gehdistanz zu Vietri. Die Küche ist essenziell, der Bezug zum Territorium – Land und Meer – klar gesetzt. Di Ruhetag, Mi mittags geschl.

Via Benedetto Croce (SS 18) – Salerno,
Tel. 08 97 63 36 87, www.remauri.it

■ **Ristorante 34 „da Lucia"②**

Vorzügliche Fisch-Trattoria oberhalb der Via Mazzini direkt neben der Osteria Sesta Stazione. Bei gutem Wetter stehen die Tische auf der Piazza. Die *antipasti* und die *frittura di paranza* sind absolut zu empfehlen! Jan./Febr. geschl.

Via Scialli 48 (Piazza A. Ferrigno), Tel. 089 76 18 22,
www.risto34dalucia.altervista.org, fb

◁ Ristorante Re Maurì –
und wenn der Teller erst gefüllt ist …

Sesta Stazione②-③
Die Slow-Food-Osteria in den Räumen einer alten Töpferei bietet exzellenten Fisch und Meeresfrüchte. Bei der Auswahl der Zutaten und ihrer respektvollen Zubereitung geht *Matteo Cardamone* keine Kompromisse ein, die *colatura* (siehe Exkurs „Garum, das Maggi der Antike", S. 56) bereitet er nach eigenem Rezept. Abends gibt es auch Sauerteig-Pizza aus bestem Hartweizenmehl. Bei gutem Wetter stehen die Tische auf der schönen Piazza zu Füßen der Chiesa Madre, im Sommer Jazz-Konzerte im Freien. Mo Ruhetag.
Via G. Mazzini 99 (Piazza A. Ferrigno),
Tel. 098 21 08 33, Mobil 33 93 21 87 64, fb

Einkaufen

Keramik, was sonst? An der zentralen Piazza Matteotti und am Corso Umberto I. gibt es unzählige Keramik-Geschäfte, altmodisch-sympathisch sind die Alimentari am Corso und in der Via Diego Taiani.

La Vecchia Bottega
Lokale Feinkost, toller Käse, Würste aus eigener Produktion, kampanische Weine und Liköre. *Carmine Ricciardi* hat im traditionellen Feinkostladen den Tischverzehr eingeführt.
Corso Umberto I. 110, Mobil 34 06 26 65 39, fb, [i]

Ceramica Artistica Solimene
Der Keramik-Showroom am Ortseingang ist nicht zu übersehen und lohnt auch den architektonischen Blick von innen.
Via Madonna degli Angeli 7,
Tel. 089 21 02 43, www.ceramicasolimene.it, fb

Mirkò Art Gallery & Little Art Museum
Mirkò wurde früh als Künstler entdeckt und von *Frans Brugman* gefördet, mit dem ihn eine lebenslange Freundschaft verband. Als Keramiker pflegt er einen sehr eigenen Stil.
Corso Umberto I. 35,
Mobil 339 46 64 55 85, www.mirkoart.it, fb

Pasquale Liguori
Teller, Tassen und Majoliken – traditionelle Vietri-Motive mit Witz.
Corso Umberto I. 80, Tel. 089 21 17 08

Kultur

Concerti d'Estate a Villa Guriaglia, in Raito im Juli klassische Konzerte, Kammermusik und Jazz bei freiem Eintritt.

Baden und Wandern

Am breiten Sandstrand von **Marina di Vietri** reiht sich im Sommer Lido an Lido.

Aus **Albori** (264 m), mit Linienbus aus Vietri zu erreichen, führt ein **Höhenweg** mit schönen Ausblicken in Richtung Cetara. Der Abschnitt bis zur Cappella Vecchia trägt die CAI-Bezeichnung 303 A, von Corpo di Cava ist die Cappella Vecchia auf dem Höhenweg Alta Via dei Monti Lattari mit der CAI-Bezeichnung 300 zu erreichen. Anstatt nach Cetara abzusteigen, ist es auch möglich den Weg bis zum Santuario dell'Avvocata und weiter nach Maiori fortzusetzen (siehe **Wanderung 2** im Kapitel „15 Wanderungen").

Weinbergstour

Le Vigne di Raito
Als *Patrizia Malanga* anfing, ihr frisch erworbenes Stück Land urbar zu machen, ahnte sie noch nichts vom alten Flurnamen San Vito ad Torcle (lat. *torculum,* Kelter). Der Entschluss war schnell gefasst, nach Expertenrat legte sie einen Bio-Weinberg an und richtete die Kellerei ein. 2007 konnte sie ihre ersten Edelgewächse abfüllen, den roten Ragis – eine Cuvée aus Aglianico und Piedirosso – und Vitamenia als *rosato.* Beim Besuch im Rebgarten erfährt man Wissenswertes über alte und neue Me-

thoden in Weinberg und -keller und kann die edlen Tropfen auch in Verbindung mit einem feinen Mahl auf der Terrasse verkosten. *Patrizia* erweist sich als ebenso vorzügliche Gastgeberin wie Köchin. Schöne Blicke über Raito, Vietri sul Mare und den Golf runden das genussvolle Erlebnis ab. I.d.R. April bis Ende Okt. Besuche bis max. 10 Pers., je nach Umfang der Verkostung ist mit 30–95 € zu rechnen.
Via S. Vito 9 – Raito, Mobil 32 88 65 14 52 *(Patrizia)*, 34 72 34 11 03 (*Alessia* führt die Weintour auf Englisch), www.levignediraito.com, fb

☐ Le Vigne di Raito – gelegentlich gibt es auch Konzerte im Weinberg

Cava de'Tirreni

Die Autostrada folgt einer seit der Bronzezeit genutzten Passage im Rücken der Monti Lattari und zerschneidet das ausufernde Gemeindegebiet von **Cava de' Tirreni (180 m, 50.200 Ew.)** in zwei Teile. Auf Grund seiner **verkehrsgünstigen Lage** ist der Ort seit der Antike durchgängig besiedelt, Etruskern – nach griechischer Leseart Tyrrhenern – verdankt er seinen Namen.

Wenige Kilometer nördlich von Vietri und damit **am Eingang der Amalfitana** gelegen, entwickelte sich Cava im 18. Jh. zu einer beliebten Etappe der Grand Tour. Ein französischer Dichter beschrieb die Gegend als „Schweizer Tal mit Oliven und dem Meer und der Sonne Neapels“. Wer die Autobahn verlässt, lernt eine **belebte Altstadt** und die **Ab-**

ama004 pa

bazia della Santissima Trinità im Ortsteil Corpo di Cava kennen. Die **Geschichte** Cava de'Tirrenis ist eng mit der benediktinischen Abtei von Corpo di Cava verknüpft. 1058 gab der langobardische Fürst *Gisulf II.* die Stadt dem Kloster zum Lehen und stattete den dazugehörigen Hafen Vietri mit weitreichenden Handelsprivilegien aus. Cava besaß lange Zeit ein Seidenmonopol, die Schiffe seiner Handelsflotte waren in Konkurrenz zur Seerepublik Amalfi im einträglichen **Orienthandel** aktiv. Die charakteristischen Laubengänge der Altstadt, unter denen die reichen Händler ihre Waren ausbreiteten, stammen noch aus dem 14. und 15. Jh. **Scacciaventi,** „Windverscheucher", heißt der leicht geschwungene Straßenzug, der den kalten Nordwind abhält. An der verkehrsberuhigten Flaniermeile reihen sich heute edle Geschäfte, einladende Cafés und Restaurants aneinander.

Nach umfangreicher Restaurierung wurde der **ehemalige Klarissinenkonvent** am Corso Umberto I. mit seinem großen Garten Bürgern und Besuchern als Kulturraum zur Verfügung gestellt. Hier finden Ausstellungen und Konzerte statt. Darüber hinaus soll im Complesso monumentale di S. Giovanni Battista ein Hotel einziehen.

Im Süden öffnet sich der Corso auf die **Piazza San Francesco.** Noch bis vor wenigen Jahren durfte die gleichnamige **Klosterkirche** für sich inAnspruch nehmen, das weltgrößte **Weihrauchfass** zu besitzen. Auch wenn das Primat im Guinness-Buch der Rekorde z.Z. einer Pfarrkirche nahe Karlsruhe gebührt, bleibt der 70 kg schwere *botafumiero* eindrucksvoll genug. Zehn erfahrene *tiraboleros* bringen ihn während der Heiligen Messen am 6. Januar, 15. März, 15. August, 4. und 5. Oktober, 8. und 26. Dezember sowie an jedem 13. des Monats an langen Ketten zum Schwingen.

■ **Chiesa di San Francesco e Sant'Antonio,** Piazza San Francesco 1, Tel. 08 99 84 97 77, www.conventofrancescano.it.

Wenige Kilometer südwestlich von Cava de'Tirreni liegt **Corpo di Cava (386 m, 1000 Ew.),** ein kleiner mittelalterlicher Ort, der einen gepflegten Eindruck macht. Corpo entwickelte sich als Sitz der Klosterverwaltung, des Corpus Magistratum, um die **Abbazia della Santissima Trinità** herum. Über den alten Verteidigungsmauern breiten sich die Gartenterrassen des **Grand Hotels Scapoliatello** (s.u.) aus. Die **benediktinische Abtei** wurde im Jahr 1011 von dem salernitanischen Adeligen und später heiliggesprochenen *Alfiero Papacarbone* gegründet, der als ihr erster Abt 1050 im wahrlich gesegneten Alter von 120 Jahren starb. Unter seinem Neffen und dritten Abt *Pietro Papacarbone* begann der kometenhafte Aufstieg der Abtei, der zeitweilig mehr als 500 Klöster und Kirchen zwischen Rom und Palermo unterstanden. Der später ebenfalls heiliggesprochene Abt gab 3000 Glaubensbrüdern das Mönchshabit. Die Bedeutung der Abtei Cava im Mittelalter ist nur mit jener von Cluny oder Montecassino zu vergleichen. Der vierte Abt des Klosters, *Costabile Gentilcore,* stammte aus dem Cilento. In seinem Geburtsort ließ er 1123 ein Kastell zum Schutze der Bevölkerung errichten, seither trägt dieser Ort den Namen Castellabate. Erwähnt werden sollte auch Abt *Benincasa,* der zur Zeit des Normannenkönigs *Wilhelm II.*

über 100 Mönche in das neu errichtete Kloster Monreale nach Sizilien entsandte. Nach der endgültigen Aufhebung der Abtei 1866 wurde die gewaltige Anlage zum **Nationalmonument** erklärt und entging dadurch Plünderung und Zerstörung.

In Anwesenheit von Papst *Urban II.* wurde 1092 die **Klosterkirche** geweiht. Die musste im 18. Jh. zu großen Teilen neu errichtet werden. Somit präsentiert sich der Bau heute mit einer großzügigen Barockfassade und barocker Innenausstattung. Der schöne Ambo mit reichem Mosaikschmuck stammt noch aus dem 13. Jh. Bei einem Rundgang durch das Kloster beeindrucken der **mittelalterliche Kreuzgang,** der teils in den Fels gebaut ist, und der unter dem Kreuzgang liegende, von Fledermäusen bevölkerte langobardische **Friedhof.** Kirchenmänner und Adelige wurden hier in Erde aus dem Heiligen Land bestattet, die auf Schiffen nach Cava gebracht worden war. In der **Cappella del Crocifisso** und im Kapitelsaal sind prachtvolle Majolikaböden zu bewundern. Der Besuch der **Bibliothek** ist Forschern vorbehalten. Über 80.000 Bücher und mittelalterliche Pergamente werden hier verwahrt, darunter zahlreiche langobardische und normannische Schriften, Dokumente von unermesslichem Wert für die Geschichte Süditaliens.

■ **Abbazia Benedettina della Santissima Trinità,** Via M. Morcaldi 6 – Badia di Cava, Mobil 34 71 94 69 57, www.badiadicava.it, alle halbe Stunde Stadtbusse aus Cava de'Tirreni, Besichtigung des Klosters im Rahmen einer Führung Di bis So 9, 10, 11 und 12 Uhr auf Vorbestellung, Eintritt 3 €. Die Basilika öffnet tägl. 6.15–12 und 15.45–18.30 Uhr, Messe um 11 Uhr.

Praktische Tipps

Information

■ **Campania Turismo**
Fremdenverkehrsamt in der Nähe des Complesso Monumentale di S. Giovanni Battista, Info auch zu Wanderwegen. Mo bis Fr 8.30–14.30 und 16–18.30 Uhr, Sa unterschiedliche Öffnungszeiten.
Via della Repubblica 11–13, Tel. 089 34 16 05, www.cavaturismo.it

An- und Weiterreise

■ **Auto:** A 3, Ausfahrt „Cava de'Tirreni". Gebührenpflichtiger Parkplatz auf der Piazza S. Francesco am südlichen Altstadtrand.
■ **Bus:** *SITA* von und nach Neapel (Piazza Municipio). *FS Busitalia* vom Viale Crispi (Piazza Duomo) nach Corpo di Cava, Vietri sul Mare und Salerno (Stazione) bzw. nach Pompeji.
■ **Bahn:** Lokalzüge der Linie Neapel – Salerno halten in Cava de'Tirreni. Der Bahnhof liegt zentrumsnah – Pompeji und Paestum sind bestens zu erreichen.

Übernachten

■ **Scapolatiello**②-④
Das Gästebuch des vornehmen Grand Hotel reicht ins Jahr 1821 zurück. Geschmackvoll eingerichtete, komfortable Zimmer von Classic bis Suite, schöne Aufenthaltsräume und weitläufige Terrassengärten mit herrlicher Aussicht. Pool & Spa. Das vorzügliche **Restaurant Locanda 18.21** bedient sich frischer Zutaten aus dem eigenen Garten. 44 Zi.
Piazza Risorgimento 1 – Corpo di Cava,
Tel. 089 44 36 11, www.hotelscapolatiello.it, fb

■ **Il Casone**②
Hier sagen sich Fuchs und Hase „Gute Nacht": Der sympathische Agriturismo im restaurierten Gebäu-

de einer ehemaligen Kalkbrennerei liegt einsam in einem engen Tal. Der gemütliche Speisesaal verfügt über Kamin und Terrasse und ist bei Einheimischen als rustikales Ausflugsrestaurant beliebt. Übernachtungsgäste finden einfache Zimmer mit Holzmöbeln und anständigen Betten vor. Direkt hinter dem Haus führt der CAI-Weg 308 auf den 1145 m hohen Monte Finestra. Anfahrt: auf der Straße Richtung Abbazia ausgeschildert, Zufahrt über eine steile Straße. 6 Zi.
Via Sant'Antuono – Frazione Sant'Arcangelo,
Tel. 089 34 36 70, Mobil 32 81 89 19 18,
https://agriturismoilcasone.it, fb, [i]

Victoria②-③
Das charmante, in den 1920er-Jahren errichtete und mit Respekt restaurierte Hotel liegt am Altstadtrand in Gehdistanz zum Bahnhof und wird bereits in dritter Generation von der Familie *Maiorino* geführt, seit 1886 Hoteliers. Gäste-Parkplatz, eigenes Restaurant. 30 Zi.
Corso Mazzini 4, Tel. 089 46 53 27,
www.victoria-hotel.it

Essen und Trinken

Botte Piccola②
Francesco Boves kleines Ristorante schräg gegenüber vom Bahnhof lässt kaum Wünsche offen. Kein Ruhetag.
Via XXV Luglio 10, Tel. 08 99 48 37 59,
Mobil 33 18 01 96 05, www.bottepiccola.it, fb, [i]

Casa Rispoli③
Das elegante Familienlokal am südlichen Ende des Corso ist längst in den fähigen Händen der nächsten Generation. Der neapolitanische Klassiker, *pasta alla genovese,* wird traditionell mit Rindfleisch oder innovativ mit Thunfisch serviert. Mit Einfallsreichtum wird zwischen Tradition und Moderne agiert. Gute Weinberatung! Mo Ruhetag.
Piazza San Francesco 7, Tel. 08 99 95 12 61,
Mobil 33 48 91 58 96, www.casarispoli.it

Prisco a Cava②
Flotte Pizzeria am östlichen Altstadtrand. *Antonio Prisco* stammt aus dem Cilento, wo sein Bruder bei San Mauro La Bruca den gleichnamigen Agriturismo führt. Die Verbundenheit mit dem Territorium spiegelt sich in der sorgfältigen Produktauswahl wider, auf Intoleranzen wird geachtet. I.d.R. abends, Do bis Sa auch mittags.
Corso Principe Amedeo 183/185,
Tel. 089 34 53 07, www.pizzaprisco.it, fb, [i]

Snacks, Kaffee und Eis

Il Moro – MoRhum Cafè
Im Borgo Sciacciaventi treffen sich die besten Jazzer unter dem Vesuv! In der Regel jeden Freitagabend Live-Konzerte. Nebenan serviert die Cioccolateria dunkel-aromatischen Aztekentrank, im Ausschank bester Karibik-Rum. Tapas-Bar. Im Sommer Tische im Hof. Mo bzw. Di Ruhetag.
Corso Umberto I. 56, Tel. 08 94 45 63 52,
www.pubilmoro.it, fb, [i]

MEIN TIPP: **Lamberti**
Wer einmal die frisch gebackenen *Diplomatici* dieser familiengeführten Pasticceria gekostet hat, findet immer wieder den Weg hierher! Köstlich auch die Caprese in Zitronen-Variante. Di Ruhetag.
Viale Garibaldi 4, Tel. 089 46 49 55,
www.lambertipasticceria.it

L'Angolo del Paradiso
Bar-Pizzeria mit Fußball-Kicker am unteren Ortsrand. *Davide Senatore* kennt die Wanderwege der Umgebung und kann Tipps geben. Mittags Kleinigkeiten zum Sattwerden. Mo Ruhetag.
Via Michele Morcaldi – Corpo di Cava,
Tel. 089 46 50 37

Gelateria Marco Adinolfi
Marco Adinolfi gilt als einer der besten *gelatai* Italiens, und das will was heißen. Für sein cremiges Speiseeis verwendet er Milch und Sahne aus den Monti Picentini (gäbe es bessere Milch aus den heimischen Milchbergen, würde er sie aus Lokalpatriotimus vorziehen). Für sein Tiramisù-Gelato backt er

sogar die Löffelbiskuits selbst. Auch Kuchen, wie z.B. eine köstliche *torta di fichi.*
Corso Umberto I. 184, Tel. 08 99 95 30 72, www.gelateriamarcoadinolfi.it, fb, [i]

Einkaufen

■ **CartoLibrEdicola**
Gut sortierte Buchhandlung, der Besitzer *Pasquale Pisapia* ist ein passionierter Landschaftsfotograf und kennt die umliegenden Berge wie seine Hosentasche.
Corso Umberto I. 81, Tel. 089 34 12 89

La Bottega delle Api
Angela Ronca und *Francesco Apicella* schicken ihre Bienen an den blütenreichsten Plätzen der Costiera Amalfitana und des Cilento auf Bio-Weiden, z.B. in den Zitronengarten der Familie *Aceto* in Amalfi (siehe Exkurs „Zitronen – ein gelbes Stück vom Paradies", S. 102). Außer Zitronen- und Orangenblütenhonig gibt es Kastanien-, Kirschblüten-, Baumheide- und den von Kennern geschätzten bitteren Erdbeerbaumhonig. Östlich der A 3 nahe der Autobahnausfahrt „Cava de'Tirreni". Mo bis Fr 9–20 Uhr.
Via Basilio Lamberti 1/a – San Giuseppe al Pozzo, Tel. 08 94 68 93 77, Mobil 33 94 23 72 56, www.bottegadelleapi.com, fb

Si Wine
Bei *Simona de Pisapia* können auch versierte Kenner süditalienischer (Bio-)Weine noch etwas lernen. Verkostung und Verkauf. Mo bis Sa 9–13 und 16–20 Uhr.
Via Generale Castaldi 11, Tel. 089 76 10 12, Mobil 33 37 06 70 24, www.si-wine.it, fb, [i]

Feiern/Kultur

■ **Disfida dei Trombonieri,** mit schweren Vorderladern bewaffnet treten Ende Juni Vertreter der einzelnen Kontraden zum Wettschießen an. Das Historienspektakel in Kostümen geht auf das tapfere Eingreifen der Cavesi zurück, die am 7. Juli 1460 dem aragonesischen König von Neapel, *Ferrante I.,* gegen die *Anjous* beistanden. Der König war so

⊻ Die Berge um Corpo di Cava bieten hervorragende Wandermöglichkeiten

ama03 pa

dankbar, dass er ein blankes Pergament überreichte, in das die Bürger von Cava ohne jede Einschränkung alle Wünsche und Forderungen hätten eintragen können. Die unausgefüllte *pergamena bianca* wird im Städtischen Archiv verwahrt. Vielleicht erweist sich der Blankoscheck eines Tages noch als nützlich ...! www.atsc-cava.it

- **Le Corti dell'Arte,** in der zweiten Julihälfte Kammermusik in Höfen der Alstadtpalazzi.
- **Festival Organistico Internazionale,** jeden Samstagabend im August Orgelkonzerte in der Abbazia della SS. Trinità. In den Pausen werden Führungen durch die Räume der Abtei veranstaltet.

Wandern

Die **Berge um Cava de'Tirreni** bieten ideale Wandermöglichkeiten und vor Ort sind mehrere **Wandervereine** aktiv, z.B. die *Amici di Monte Finestra* (www.facebook.com/amicimontefinestra) oder die seit 1939 bestehende Sektion des *Club Alpino Italiano* (Corso Mazzini 6, Tel. 089 34 51 86, www.caicava.it). Zuverlässige Dienste als **Bergführer** bieten *Luigi Abate* (Mobil 32 81 21 95 78, www.trekkingamalficoast.com, fb) und *Enzo Masullo* (Mobil 35 10 14 30 77, www.facebook.com/vincenzo.masullo).

Monte Finestra (1145 m)

Auf den aussichtsreichen Hausgipfel von Cava führt der steile und **anspruchsvolle CAI-Weg 308,** der einen Höhenunterschied von 750 m überwindet. Start ist auf Höhe des Agriturismo *Il Casone* in der Località Sant'Arcangelo. Über den Gipfelgrat zieht sich der **Fernwanderweg „Alta Via dei Monti Lattari 300".** Am Nordgipfel des Monte Finestra gibt es eine Biwakhütte.

Corpo di Cava (348 m) – Cappella Vecchia (683 m)

An der Abtei von Corpo di Cava beginnt einer jener zahlreichen **Pilgerwege,** wie sie aus allen Himmelsrichtungen das Santuario dell'Avvocata (siehe **Wanderung 2** im Kapitel „15 Wanderungen") erreichen. In unserem Abschnitt entspricht er der **„Alta Via dei Monti Lattari 300".** Der Weg führt bis kurz vor der Cappella Vecchia überwiegend durch schattigen Kastanienwald, um sich dann mit weitem Blick auf die Monti Picentini, Salerno, den Golf von Salerno und die Berge des Cilento zu öffnen (ca. 250 Höhenmeter, reine Gehzeit hin und zurück 2–3 Std.). An der **Cappella Vecchia** laden eine Wiese und ein blechbezogener Tisch zum Picknick ein. Zu dieser Stelle führen auch Wege vom Küstenstädtchen Cetara hoch bzw. aus dem Bergort Albori heran. Auf bekanntem Weg geht es wieder zurück.

Cetara und Erchie

An **Cetara (10 m, 1960 Ew.)** rauscht der organisierte Tourismus förmlich vorüber und niemand macht Anstalten, ihn anzuhalten. Aus dem Busfenster sieht man nur kurz – es sei denn, man steht im Stau – die schöne Majolikakuppel von S. Pietro, und schon ist der kleine Ort verschwunden und das Staunen gehört wieder der hier besonders spektakulären Küste. Dabei kann das ausnehmend **hübsche Hafenstädtchen** nordöstlich des Capo d'Orso auch den verwöhntesten Costiera-Besucher noch überraschen. **Ferdinand Gregorovius** kam im Jahr 1853 vorbei, und die meisten seiner **Eindrücke** treffen immer noch zu: „Aber nun sind wir vor Cetara am Ufer angelangt, einem unbeschreiblich reizenden Ort, ja einer elysischen

☒ Cetara, Landeplatz für Feinschmecker

Fruchtoase in rauhfelsigen Bergmassen. Mir fiel gleich die maurisch pittoreske Bauart auf. Die Häuser sind klein und einstöckig, mit Logen und Verandas versehen, welche Weinreben umschlingen; ihre Dächer gewölbt und schwarz übertüncht. Die bizarre Architektur der kleinen Kirchen hebt sich fantastisch aus dem dunklen Laube der Orangenbäume. Es war eine so fremde Erscheinung, dass man wohl wähnen mochte bei Kairewan zu sein, mitten in einer uneuropäischen Kultur. (…) Das schöne Cetara war der erste Ort an dieser Küste, wo sich Sarazenen niederließen, worauf sie dann weiter bis nach Amalfi hinauf über Maiori und Minori, bis nach Scala und Ravello Kolonien gründeten. Denn schon vor der Eroberung Siziliens streiften sie an diesem Strande. (…) Sie schwanden aus diesen Gegenden nicht einmal zur Zeit der Normannenherrschaft. Viele waren Christen geworden, andere blieben im Dienste Ruggieros, und so brachten sie in das Land Salerno orientalische Sitten und Kultur."

Cetara blickt auf eine Jahrtausende alte **Fischfangtradition** zurück, der Name des Ortes leitet sich wohl vom lateinischen *cetaria* ab, der Bezeichnung für die Gebäude, in denen **Thunfisch** verarbeitet wird, auf Italienisch heißen sie *tonnara.* Die Fischfabrik von Erchie war noch bis Anfang des 20. Jh. in Betrieb. Heute besitzt Cetara die einzige große **Fischfangflotte** der Amalfiküste. Die Kutter sind wochenlang auf hoher See und machen Jagd auf Thunfisch. Im Ort gibt es kleine Manufakturen, die den geschätzten Speisefisch nach alter Tradition in Olivenöl konservieren – kein Vergleich mit den geschmacksneutralen Dosenprodukten aus dem Supermarkt! Mit kleinen Booten, die dem Strand einen pittoresken Anstrich geben, werden die ebenso geschätzten *alici* **(Sardellen)** ge-

ama008 pa

fangen. Sie werden eingesalzen oder zur *colatura di alici* verarbeitet (siehe Exkurs „Garum, das Maggi der Antike", S. 56).

Franco Tammaro war der Erste im Ort, der vor über 30 Jahren ein Restaurant eröffnete. Inzwischen sind andere seinem Beispiel gefolgt. **An Wochenenden** kommen die Salernitaner nach Cetara, um besonders guten Fisch zu essen. Danach geht es zur *passegiata* an den Strand. Der trutzige **Küstenwachturm** am nördlichen Ende der Bucht wurde Ende des 16. Jh. errichtet. 1551 hatte der türkische Korsar *Sinan Pascha* 300 Männer des Ortes in die Sklaverei verschleppt und viele weitere getötet. Gegen solche Gefahren wollte man sich für die Zukunft wappnen. Heutzutage geht es in Cetara glücklicherweise ausgesprochen friedlich zu. Die **Torre di Cetara** erhielt als „Wächter der lokalen Identität" einen neuen Daseinszweck und beherbergt ein kommunales **Kunstmuseum.** Neben Veduten des 19. Jh. sind vor allem die Werke von **Ugo Marano** (1943–2011) ein Blickfang. Kunstkritiker verglichen den

Keramikkünstler mit *Picasso* und *Mirò*. Ein weiterer Raum dokumentiert die Geschichte des Fischfangs in Cetara.

■ **Torre di Cetara – Museo Civico,** Corso Umberto I. 2, Tel. 089 26 29 11, www.torredicetara.it, fb, Di bis Sa 17–23 Uhr (zumindest im Sommer), Eintritt 3 €.

… und abends treffen sich die Männer zum Kartenspiel

ama009 pd

Der östlichste Abschnitt der Costiera Amalfitana läuft noch einmal zu landschaftlicher Höchstform auf. Freeclimber rücken dem **Capo d'Orso** auf den „Pelz". Senkrecht fallen Kalkfelsen zum Meer hin ab, nur an wenigen Stellen fänden Boote eine Zuflucht. Landete *Herkules,* mythischer Gründer von **Erchie (4 m, 120 Ew.),** in einer solchen Bucht? Seit der Antike ist hier der Fang von Thunfischen bezeugt, im Mittelalter wachte die mächtige Benediktinerabtei Santa Maria de Irchi, errichtet über den Resten eines antiken Tempels, über die fischreichen Gründe. Die letzten Netze der Tonnara wurden in den 1930er-Jahren ausgelegt. Heute präsentiert sich der **weltvergessene Fischerborgo** mit ein paar Lidi am Kiesstrand und Strandlokalen – die meisten eher romantisch als kulinarisch gehoben – als filmreife Location. Wie das benachbarte Cetara ist auch Erchie ein Treff der Windsurfer und Seekajakfahrer. Ist der Hochsommer vorbei, geht es hier mehr als entspannt zu.

Praktische Tipps

Information

■ **Assessorato Cultura e Turismo**
Corso Umberto I. 47, Tel. 089 26 29 15, www.cetaraturistica.it, www.comune.cetara.sa.it

■ **Pro Loco**
Sympathischer Altherren-Club. Einen Stadt- und Umgebungsplan von Cetara gibt es gratis.
Corso Garibaldi 15, Tel. 089 26 15 93, www.prolococetara.it

An- und Weiterreise

■ **Auto:** Cetara liegt direkt an der SS 163. In Hafennähe gibt es *parcheggi gratta e sosta,* d.h. man kauft für jede Stunde Parkzeit am Kiosk bzw. in der Bar einen Parkschein, auf dem man die Ankunftszeit freirubbelt.

■ **Bus:** Regelmäßig SITA-Busse in Richtung Amalfi und Salerno.

■ **Schiff:** Von Ende März bis Okt. halten die Mini-Fähren von Travelmar (www.travelmar.it) auch in Cetara. In den Sommermonaten Schnellbote der Alicost nach Capri.

Übernachten

Cetara Albergo Diffuso②-③

Albergo Diffuso mit mehreren über den Ort verteilten komfortablen Zimmern und Suiten. Mit diesem Begriff werden in Italien Hotels bezeichnet, die eigentlich gar keine Hotels sind. Bereits existierende Häuser bieten als Feriendomizile den Menschen vor Ort neue wirtschaftliche Perspektiven und den Gästen Einblicke in den italienischen Alltag. Zentrale Rezeption am Brunnenplatz oberhalb der SS 163. Parkplatzservice, für Gäste werden Bootsausflüge u.Ä. organisiert.

Piazza Martiri Ungheresi 14/16 (Corso Federici), Tel. 089 26 20 14, Mobil 32 96 68 43 52, www.cetaraalbergodiffuso.com, fb, [i]

MEIN TIPP: **Cetus**③-④

Edles (Hochzeits-)Hotel direkt an der Steilküste (unterhalb der SS 163!), etwas nördlich des Ortes. Zimmer mit tollem Ausblick, privater Mini-Strand an einer klaren Kiesbucht. Das **Ristorante Falalella** ist zu empfehlen, auch als Pizzeria; gute Wein- und Bierauswahl. Gästeparkplatz gratis. Der Aktiv-Reiseveranstalter Genius Loci aus Salerno wählt diese Panorama-Bleibe als Basis für seine Kajaktouren (www.italykayaktours.com). 37 Zi. April bis Okt.

Corso Umberto I. 1, Tel. 089 26 13 88, www.hotelcetus.com, fb, [i]

■ **Carol**②

Maria Giuseppina Benicasa vermietet auf Anfrage ganzjährig ordentlich ausgestattete Zimmer in einem modernen Apartmenthaus im oberen Ortsteil. Autos können im Rücken der Chiesa S. Maria di Costantinopoli parken, es gibt eine Garage für Motorräder und Fahrräder, zudem stehen eine Küche und eine große Terrasse zur Verfügung. 4 Zi.

Via Sangineto 4, Mobil 38 94 40 59 29, 37 70 89 33 90, www.carolcostadamalfi.it, fb, [i]

Essen und Trinken

Cetara ist ein Mekka der **guten Fischküche.** Die Auswahl an Restaurants ist groß, aber auch bei kleinem Hunger muss man auf Gaumengenüsse nicht verzichten. Bei **Cetara Punto e Pasta** (Corso Garibaldi 14, Tel. 089 26 11 09, Mobil 38 99 82 56 35, [i]) gibt es beste Pasta – zu kaufen oder frisch zubereitet an kleinen Tischen serviert. Köstlich sind hier auch die Fisch-Frikadellen! Im winzigen **Pane e Coccós** (Corso Federici 3, Mobil 32 86 05 10 17, fb, Mi Ruhetag) unter der Brücke serviert der sympathische *Luigi Torrente* beste lokale Küche, in der Thunfisch und Sardellen ganz vorne mitmischen. Frittierte Fische und Meeresfrüchte auf die Hand gibt es in der **Cuopperia del Convento** (Piazza Grotta 13, Tel. 089 26 12 75, fb) – man kann sich aber auch mit Blick aufs Meer einen Tisch aussuchen –, leckere Pizza vom Blech hat **Marepizza** (Corso Garibaldi 47, Tel. 08 92 59 06 01, fb).

■ **A Cianciola**②-③

Rustikales Fischlokal, etwas versteckt hinter dem Hafen, mit Tischen auf einer hübschen Piazza. Auch offener Bauernwein. Eine Spezialität des Hauses ist die *parmigiana di alici e zucchine.* Mo Ruhetag.

Piazzetta Cantone 13, Tel. 089 26 18 28, fb

[>] Der Küstenfischfang gehört in Cetara noch zum Alltag

MEIN TIPP: **Acquapazza②-③**
Kleines, modern-kreativ eingerichtetes und zu Recht hoch gelobtes Fischlokal am Corso. Serviert wird ausschließlich frisch gefangener Fisch, z.T. auch roh. Die exquisite *colatura* stammt aus eigener Produktion! Den Wein lässt man sich am besten von Sommelier *Gennaro Castiello* empfehlen. In der Küche wirkt dessen Cousin *Gennaro Marciante*. Leckere Dolci. Kleine Gruppen von vier bis sechs Personen lädt *Gennaro* zum gemeinsamen Kochen, Trinken und Speisen ein, wobei im Mittelpunkt die berühmten Sardellen stehen. Mo Ruhetag, Nov. geschl.
Corso Garibaldi 38, Tel. 089 26 16 06,
Mobil 34 72 28 71 86, www.acquapazza.it, fb, [i]

Al Convento②-③
Pasquale Torrente ist ein weiterer Stützpfeiler der gastronomischen Tradition Cetaras, die auf der stilvollen Küchenveredelung des *pesce azzuro* beruht. Roter Thun wird mit Zwiebeln langsam eingekocht, Sardellen kommen in vielerlei Varianten auf die Teller, auch flüssig als *colatura di alici*. Wer sich traut, probiert als Dolce die berühmten *melenzane al cioccolato* (Auberginen im Schoko-Mantel). Der Speisesaal ist nichts anderes als der überdeckte Kreuzgang des ehemaligen Franziskanerklosters – freskengeschmückt! Im Winter Mi Ruhetag.
Piazza San Francesco 16, Tel. 089 26 10 39,
WhatsApp 327 55 99 707,
www.alconvento.net, fb, [i]

MEIN TIPP: **Armatore – La Dispensa②**
Vom 24. Mai bis 24. Juni ist im Mittelmeer der Fang des Roten Thuns erlaubt. Dann ist auch die „Luigi Padre“, das Thunfischfangboot der Familie *Della Monica,* auf hoher See. Mit kleinen *cianciole* werden im Juli und August Sardellen gefischt. Seit 1973 haben die *Della Monica* es in der Verarbeitung und Konservierung von Fischen zu großer Meisterschaft gebracht, die *colatura* reift 24 Monate heran. Eine alte Holzwerkstatt über dem Hafen wurde in eine flotte Fisch-Bar mit kleinem Verkaufsraum verwandelt. Mittags wird ein Aperitif serviert, abends ist das kulinarische Angebot gehaltvoller. Zu den Antipasto-Köstlichkeiten zählen Salzsardellen auf Butterbrot oder eine verführerische Kombination aus Tomaten,

ama010 pa

Mozzarella und in Olivenöl eingelegtem Thun. Feine Weine auch glasweise im Ausschank. Das Ambiente ist lässig, aus der kleinen Loggia genießt man den Blick auf den Küstenwachturm. Mi Ruhetag.
Via Cantone 1, Tel. 089 26 20 34, www.armatorecetara.it, fb

La Frittura del Golfo②
Nicht nur die frittierten Fische und Meeresfrüchte können sich bei *Francesco* und *Antonella* schmecken lassen, auch die Antipasti und Pasta munden hier einfach köstlich. Bei gutem Wetter stehen die Tische im Freien auf dem Pflaster. Und das Dessert? Am besten in der Gelateria nebenan. Mo Ruhetag.
Corso Garibaldi 13, Mobil 33 34 62 45 62, fb

San Pietro②-③
In diesem prima Fischrestaurant treffen *mare* und *terra* der Amalfitana häufig überraschend, immer aber mit viel Gusto aufeinander, im Antipasto z.B. in Form gesalzener Sardellen und Ricotta aus den Monti Lattari. *Francesco Tammaro* legt höchsten Wert auf die Verwendung allerbester lokaler Produkte, deren Herkunft er in jedem Fall kennt (kein Wunder, dass man von ihm auch tolle Tipps für Wanderungen und Bootstouren erhält). Von der schönen Terrasse kann man das Treiben auf dem Corso verfolgen. Di Ruhetag, Jan. bis Febr. geschl.
Piazza San Francesco 2, Tel. 089 26 10 91, www.sanpietroristorante.it, fb, [i]

Garum, das Maggi der Antike

Kein anständiges Rezept kam im alten Rom ohne Garum aus. Und **Marcus Gavius Apicius** muss es wissen. Er lebte im 1. Jh. n.Chr. zur Zeit des Kaisers *Tiberius* und galt als Feinschmecker und Schöpfer ausgefallener Gerichte. Extravagant war auch sein Tod. Sagenhaft reich, gab er Unsummen für seine Gastmähler aus, und als er feststellen musste, „nur" noch 10 Millionen Sesterzen zu besitzen (eine Summe von unvorstellbarer Kaufkraft!), setzte er seinem Leben mit Gift ein Ende. Von *Apicius* haben sich **zwei Kochbücher** erhalten, und in der Tat findet sich kaum ein Rezept, dass ohne *garum* – manchmal auch *liquamen* genannt – auskommt. Selbst Erdbeeren wurden damit aromatisiert.

Garum wurde in der Antike fabrikmäßig **aus Sardellen, Makrelen und Sardinen hergestellt,** Fische mit einem hohen Gehalt an Omega-3-Fettsäuren, die man in Italien heute unter dem Begriff *pesce azzurro* zusammenfasst. Die zerkleinerten Fische wurden eingesalzen und unter freiem Himmel in großen Becken einem mehrmonatigen Fermentierungsprozess unterzogen (Archäologen behaupten, ausgegrabene Garum-Fabriken würden heute noch stinken). Pompeji war übrigens bis zu seinem Untergang eine der Hauptproduktionsstätten. Das Endprodukt, eine **goldgelbe Flüssigkeit,** diente dem Würzen wie Salzen von Gemüse-, Fleisch- und Fischgerichten. Vergleichbare Saucen werden in der südostasiatischen Küche verwendet.

In Cetara werden die Sardellen nicht nur eingesalzen, wie es in vielen Mittelmeerländern üblich ist, sondern nach alten Rezepten zur **Colatura di Alici** verarbeitet. Jede Hausfrau, die auf sich hält, stellt mindestens einmal die Woche *spaghetti con la colatura di alici* auf den Tisch. Das Garum von Cetara lässt sich in den lokalen Restaurants verkosten, in Flaschen steht es in Geschäften oder direkt vom Erzeuger zum Verkauf. Achtung, **zum Würzen genügen wenige Tropfen!**

Einkaufen

■ **Antico Borgo Saraceno**
Colatura di Alici, feine Fischkonserven und Liköre. So weit, so lecker. Für Gäste, die etwas Besonderes erleben möchten, bietet *Aniello D'Uva* Ausflugsfahrten auf schicken Motorjachten mit Übernachtung an, B&Boat in anderen Worten. Mo bis Fr 9–13.30 und 15–20 Uhr, Sa/So 10–21 Uhr.
Corso Garibaldi 37, Mobil 33 37 57 05 64, www.anticoborgosaracenocetara.it

■ **Armatore,** siehe „Essen und Trinken".

MEIN TIPP: **Cetarii**
Lokale Fischprodukte nach alten Methoden konserviert, u.a. *bottarga di tonno* (Thunfisch-Rogen) und *colatura.* Von April bis Okt. lädt *Gennaro Benincasa* unter dem Motto „Aperigusto" zur Degustation. Dazu werden beste Küstenweine ausgeschenkt. April bis Okt.
Via Largo Marina 48/50, Tel. 089 26 18 63, Mobil 33 55 24 61 25, www.cetarii.it

■ **Sapori Cetaresi**
Wer immer schon einmal ausprobieren wollte, wie das Garum der alten Römer schmeckte, hier kann man es kaufen. Wenige Tropfen der *Colatura di Alici* genügen, um Speisen ein einzigartiges Aroma zu verleihen (s. Exkurs „Garum, das Maggi der Antike").
Corso Garibaldi 44, Tel. 089 26 20 10, www.delfinobattistasrl.it, fb, [i]

Feiern

■ **Festa di S. Pietro,** in Tanzschritten wird die Statue des Stadtpatrons am 29. Juni aus der Kirche San Pietro hinunter an den Strand und anschließend auf ein Schiff getragen.

■ **A tutto Tonno – Sagra delle Acciughe,** Cetara feiert im Sommer kulinarisch, Thunfisch und Sardellen stehen im Mittelpunkt.

Baden

Am Fuße des imposanten Küstenwachturms breitet sich ein **schmaler Kiesstrand** aus. Eine schöne Sandbucht gibt es auch im westlich gelegenen Nachbarort **Erchie,** zu winzigen Nachbarbuchten pendeln Taxiboote – die **Spiaggia del Cauco** können gute Schwimmer aus eigener Kraft erreichen.

Bootsausflüge/Kajak

■ Bootsverleih, Boots-Taxi und Pescaturismo c/o **Sea Sun,** Via Cantone 10, Mobil 32 75 63 85 50, www.seasuncetara.it.

ama007 pa

⊡ Schnell kommt man mit den Einheimischen in Kontakt

■ Der Aktiv-Reiseveranstalter **Genius Loci Travel** wählt das Hotel Cetus als Basis für seine See-Kajaktouren. Auch Individualtörns sind möglich. www.italykayaktours.com, www.genius-loci.it, fb

Windsurfen

Cetara und das benachbarte Erchie sind die **bevorzugten Windsurf-Reviere an der Amalfitana.** An Sommernachmittagen entwickelt sich ein beständig wehender auflandiger Wind. Tipps und von Mai bis Sept. Anfängerkurse durch die **Associazione Windsurf Cetara,** Via Salita Grotte 13, Tel. 089 71 23 28 *(Marco),* Mobil 32 88 76 20 35 *(Riccardo),* www.windsurfingcetara.com. Ein weiterer Surfer-Treff nebenan ist **Wind's Amici di Guido,** Via Grotta 5, Mobil 33 82 93 43 51, www.windsamicidiguido.it.

Wandern

Von Cetara kann man auf alten Wirtschaftswegen das **reizvolle Hinterland** entdecken. Vorbei am Friedhof – auf dem **CAI-Weg 303b** aufsteigend – lässt sich der **Fernwanderweg 300** auf Höhe der Cappella Vecchia erreichen (siehe bei Cava de'Tirreni). Am oberen Ortsrand von Cetara steigt der **CAI-Weg 305a** über den Altopiano di Viesco zur Pilgerkirche Santuario dell'Avvocata auf (siehe **Wanderung 2** im Kapitel „15 Wanderungen"). Der Stadt- und Umgebungsplan von Cetara, den es gratis bei der Pro Loco, aber auch in den Hotels gibt, hilft bei der Planung der Touren.

[>] Maiori verfügt über den längsten Costiera-Strand

Maiori

„Der Strand bei Minori und Maiori ist das Reizvollste, was die Ufer der Golfe von Salerno, Amalfi und Sorrent zu bieten haben", stellte der Kulturreisende *Gregorovius* 1853 fest. Dann kam die **Schlammkatastrophe** des 26. Oktober **1954,** und die Wasser des Flusses **Reginna Maior** spülten weite Teile der Stadt ins Meer. Die für Amalfitana-Verhältnisse ungewöhnlich breite Küstenebene und Bauspekulation bestimmten den Wiederaufbau – von Costiera-Charme ist hier auf den ersten Blick wenig zu spüren. **Maiori (5 m, 5320 Ew.)** ist heute ein vor allem von italienischen Badegästen gerne frequentierter Urlaubsort. Genau darin liegt aber auch der Reiz – und das „Film-Italien" der 1950er-Jahre liegt irgendwie noch in der Luft, vor allem wenn man durch die höher gelegenen alten Ortsteile streift. **Roberto Rosselini** war Ende der 1940er- und Anfang der 1950er-Jahre oft in Maiori und hat hier eindrucksvolle Schwarzweiß-Szenen von „Paisà", „Miracolo", „La Macchina Ammazzacativi" und schließlich „Viaggio in Italia" gedreht. Ihm hat Maiori ein Festival und einen Filmpreis gewidmet.

Festungsartig erhebt sich auf einer Anhöhe über dem Zentrum die **Kollegiatskirche S. Maria a Mare.** Der ursprünglich aus dem 12. Jh. stammende Bau gibt sich mit bunter Majolikakuppel ganz barock. Auf einer eleganten Freitreppe schreitet man von der Piazza Raffaele D'Amato zur Kirche hinauf und blickt dabei von oben auf den **Palazzo Mezzacapo** mit seinem originellen, in Form eines Malteserkreuzes angelegten

Wassergarten hinab. In der Krypta der Kollegiatskirche ist ein schöner Majolikafußboden zu bewundern. Ein bescheidenes Museum in der Krypta birgt sakrale Kunst.

■ **Collegiata S. Maria a Mare,** Piazzale Mons. Nicola Milo, Tel. 089 87 70 90, Mobil 32 87 48 21 92, Kirche tägl. 8.30–12 und 17–20 Uhr, Krypta/Museum April bis Juni und Sept. bis Okt. tägl. 14–19 Uhr, Juli und Aug. tägl. 14–20 Uhr, März sowie Nov. und Dez. tägl. 15.30–17.30 Uhr, Eintritt frei.
■ **Palazzo Mezzocapo – Palazzo delle Arti,** Corso Reginna, Di bis So 10–13 und 16–20 Uhr.

Im oberen Ortsteil erhebt sich als einzige große erhaltene Festung der Amalfitana das **Castello di S. Nicola de Thoro Plano.** Zur Zeit der Seerepublik war es zum Schutz der Arsenale von Maiori errichtet worden, im 15. Jh. gelangte es in den Besitz der *Piccolomini,* die es ihren Ansprüchen als neue Feudalherren des Herzogtums Amalfi anpassten. Noch heute befindet es sich in Privatbesitz, ein Besuch ist nur nach Voranmeldung möglich.

■ **Castello di S. Nicola,** Via Castello – Località S. Pietro, Mobil 33 89 40 35 52 *(Crescenzo De Martino),* i.d.R. März bis Okt. tägl. 8–13 und 15–18 Uhr, Eintritt gegen Spende. Vorübergehend geschl.

Etwa 3 km östlich von Maiori nistet an der Felswand direkt über der SS 163 ein frühmittelalterliches Juwel, die **Badia Santa Maria di Olearia.** Ende des 10. Jh. erhielt der aus Sizilien (oder Kalabrien) vor Sarazenen geflohene Einsiedlermönch *Pietro* die Erlaubnis des Erzbischofs *Leone von Amalfi,* hier an Stelle

ama013 pa

einer alten Olivenölmühle eine Klause zu errichten. Mit dem Zuzug weiterer Anachoreten erweiterte sich die Anlage auf drei in den Fels geschlagene Kirchen und eine Serie von Mönchszellen, in denen man seit 2017 in einem exklusiven B&B auch übernachten kann. Im Jahr 1087 wurde das orthodoxe Kloster der Benediktinerabtei von Cava unterstellt. Besonders sehenswert sind die **Fresken** aus dem 10. bis 12. Jh. Auf der ersten Ebene haben sich eine **Kapelle** mit quadratischem Grundriss und drei Apsiden erhalten. Hier überlagern sich zwei Freskenzyklen, der jüngere zeigt die *Jungfrau Maria* flankiert von zwei Heiligen. Die Figur im römischen Militärgewand zur Linken wird als der *hl. Demetrius* angesehen. Auf der zweiten Ebene befindet sich die **Hauptkirche,** die sich zu einer großen Terrasse hin öffnet. Die Bildthemen kreisen um die Verkündigung, Heimsuchung und Geburt *Christi,* die Ikonografie folgt apokryphen Evangelien. Prachtvoll ausgeschmückt ist auch die **Cappella di S. Nicola,** die sich unter der überhängenden Felswand duckt. In der Apsis regieren die *Jungfrau Maria* und *Christus,* auf den Seitenwänden werden Szenen aus der Vita des *hl. Nikolaus* erzählt.

■ **Badia Santa Maria di Olearia,** Mi und Sa 15.30–18.30 Uhr, So 10–13 Uhr, Eintritt frei.

Der hl. Nikolaus als Wunderheiler

ama011 pa

Praktische Tipps

Information

■ **Pro Loco Maiori**
Fremdenverkehrsverein am Corso im Palazzo Mezzocapo, in der Saison öffnet zusätzlich ein Info-Kiosk am Lungomare.
Corso Reginna 71, Tel. 089 81 42 10,
www.proloco.maiori.sa.it

■ **www.maiori360.it,** virtuelle Rundgänge durch Maiori und seine Monumente.

An- und Weiterreise

■ **Auto:** Maiori liegt direkt an der SS 163. Auf der Höhe des Ortes zweigt die SP 2/b ab und führt über Tramonti ins Landesinnere. Gebührenpflichtige Parkplätze am Lungomare, private Bezahl-Parkplätze in der Stadt.

■ **Bus:** Regelmäßig SITA-Busse in Richtung Amalfi bzw. Salerno und nach Tramonti.

■ **Schiff:** Von Ostern bis Okt. täglich mehrmals Fähren Richtung Amalfi und Salerno. In den Sommermonaten zusätzliche Schiffsverbindungen nach Capri und Sorrent.

Übernachten

In Maiori gibt es über 20 Hotels aller Kategorien, aber nur wenige haben den Charme, den man aus anderen Orten der Costiera gewöhnt ist. Ein Plus sind die **günstigen Nebensaisonpreise.**

■ **Badia Santa Maria di Olearia**④
Einfach luxuriös: Acht elegant-zurückhaltend möblierte und mit modernem Komfort ausgestattete ehemalige Mönchszellen in der Abtei S. Maria di Olearia ca. 3 km östlich von Maiori. Am Abend, wenn der Verkeht auf der SS 163 nachlässt, verbreitet sich eine herrliche Ruhe. Das Frühstück wird auf der tollen Terrasse serviert und auf Wunsch auch ein Abendessen. Die Abtei, in der sich auch das edle B&B befindet, ist seit Generationen im Besitz der Familie *Cimini,* die in Maori das Hotel Botanico San Lazzaro führt. Privat-Shuttle nach Maiori, für Parkplätze wird gesorgt. Es empfiehlt sich in jedem Fall rechtzeitig vorher anzurufen! Linienbusse der SITA halten direkt an der Straße. 8 Zi. April bis Ende Okt. GPS: N 40.639925, E 14.668296.
Via Diego Taiani 45 (SS 163), Tel. 089 85 27 70,
www.santamariadeolearia.com, fb

■ **Casa Raffaele Conforti**②-④
Die Sommervilla des reichen Zitronenexporteurs *Raffaele Conforti* verströmt die gediegene Atmosphäre des 19. Jh. Heute ist die Villa ein komfortables Mini-Hotel, das auch über einen kostenpflichtigen Parkplatz verfügt. Als Rezeption fungiert das Hotel Miramare in der Via Nuova Provinciale Chiunzi (SP 2/b) wenige Schritte vom Lungomare. 9 Zi. Mai bis Ende Okt.
Via Casa Mannini 10, Tel. 089 85 35 47,
089 85 24 92, www.casaraffaeleconforti.it

■ **Hotel Botanico San Lazzaro**④
Mit weiten Ausblicken erhöht am südlichen Ortsrand im Grünen gelegen, kann das aufmerksam geführte Hotel auch verwöhnte Gäste überzeugen. Mehrere Themen-Gärten umgeben das gepflegte Haus. Allein 2000 Kakteen und Sukkulenten wachsen auf den alten Zitronen-Terrassen. Exklusiv sind auch das romantische **Ristorante Donna Clelia,** der Pool und der Lemon SPA. Von der Via G. Capone 27 führt ein Aufzug hoch, um das Auto kümmern sich die Gastgeber. 20 Zi. April bis Ende Okt.
Via Lazzaro 25, Tel. 089 87 77 50,
Mobil 33 39 13 04 00, www.hbsl.com

■ **La Finestra sul Cortile**②
Geschmackvoll restauriertes Altstadthaus in Strandnähe, darin zwei Schlafzimmer, jeweils mit eigenem Bad, eine Küche und ein Aufenthaltsraum. Ein ideales Plätzchen für Selbstversorger, eine Familie oder Gruppe von Freunden. *Anna* und *Sergio* emp-

fangen ihre Gäste i.d.R. am Nachmittag und verraten ihnen eine Reihe nützlicher Tipps. Gegen Gebühr kann man das eigene Fahrzeug sicher parken.
Via Casa Imperato inferiore 7,
Mobil & WhatsApp 33 34 94 62 29, fb

■ **Residence Hotel Panoramic**②
Das Apartmenthotel nimmt zwei Stockwerke eines gesichtslosen Wohnblocks in zweiter Reihe zurückversetzt vom Lungomare ein. Der Vorteil: Es ist ruhig hier. Die Apartments sind nicht charmant möbliert, aber mit allem Notwendigen ausgestattet und es gibt die tolle Panoramaterrasse. Gästeparkplätze und Einkaufsmöglichkeiten in unmittelbarer Nähe. 26 Ap. April bis Ende Okt.
Via Santa Tecla 12, Tel. 08 98 54 23 01,
www.residencehotelpanoramic.it, fb

Mein Tipp: **Bella Baia Glamping**①-②
Zelten mit Glamour an der Costa Divina – *Bonaventura Landi* macht es möglich. 15 Stellplätze im Schatten von Zitronen, dazu zehn fertig montierte geräumige Leinenzelte in Out-of-Africa-Optik auf eigenen Terrassen mit Liegestühlen, Hängematten und Grill. Saubere sanitäre Anlagen, eine Bar und Treppenwege zum Meer – gute Schwimmer erreichen die einsame Bella Baia. Alternativ stehen fünf komfortable **Apartments**②-③ in sorgsam restaurierten alten Wirtschaftsgebäuden zur Verfügung. Auf halber Strecke zwischen Maiori und Erchie unterhalb der SS 163. Das Land gehörte einst zum Besitz der Badia Santa Maria Olearia. Ostern bis Anfang Okt.
Via Diego Taiani 26 (Km 37,500 der SS 163),
Mobil 33 37 73 75 95,
www.amalficoastglamping.com, fb

Essen und Trinken

■ **Casa Ferraiuolo**②
Der nostalgische Kurzwarenladen am Corso erlebt seine Wiedergeburt als vorzügliche Cocktail-Bar cum Spaghetteria. Mo bis Fr abends, Sa und So ab Mittag.
Corso Reginna 102, Mobil 34 82 92 80 13, fb, [i]

Mein Tipp: **Chiosco Bar S. Francesco**①-②
Einfach toll! Die familiengeführte Strandbar am nördlichen Lungomare auf Höhe des Fähranlegers wird von den Einheimischen als eines der besseren Fischrestaurants im Umkreis geschätzt. Der Clou aber ist das von *Francesco Ferrara* unter dem Label Terra Mia selbst gebraute Bier! Mai bis Nov.
Via Lungomare Amendola,
Mobil 33 56 61 18 76, fb, [i]

Mein Tipp: **Mammato 1890**②-③
Seit 1890 am Platz, präsentiert sich das familiengeführte Fischristorante in elegant-modernem Ambiente. Delikate Meeresantipasti, Pasta aus Gragnano und frischer Fisch. Bei schmälerem Budget empfiehlt sich die leckere Holzofenpizza. Im Winter Di Ruhetag.
Via Arsenale 6, Tel. 089 85 36 83, fb, [i]

ama014 pa

Für Musik ist immer Zeit – auch im Obst- und Gemüseladen

Pineta 1903①-②
Mit tatkräftiger Unterstützung seiner Familie hat *Carlo De Filippo* 2015 die historische Bar Pineta wiederbelebt und um eine wunderbare Trattoria-Pizzeria bereichert. Die Tische im Freien stehen im Schatten einer Zitronenpergola. Die Atmosphäre ist lässig, die Speisen sind authentisch und auch die Holzofenpizza muss sich vor ihren neapolitanischen Schwestern nicht verstecken. Große Sorgfalt bei der Produktauswahl, ein besonderes Gaumenmerk gilt den Slow-Food-Presidi der Costiera und des Cilento! Im Sommer Konzerte.
Corso Reginna 53, Mobil 32 88 81 53 93, www.ristorantepineta1903.it, fb

Feiern

■ **Gran Carnevale Maiorese,** Karnevalsumzüge am Lungomare. www.grancarnevaledimaiori.it
■ **Festa dell'Avvocata,** am Montag nach Pfingsten finden sich Aberhunderte Pilger am Bergheiligtum *(Santuario)* der *Madonna dell'Avvocata* ein. Die Legende erzählt vom Hirten *Gabriele Cinnamo,* dem die Madonna 1485 in einer Felsgrotte erschienen war und ihn um die Errichtung eines Altars gebeten hatte. Im Gegenzug versprach sie ihm und allen Gläubigen ihren Schutz.
■ **Festa di Santa Maria a Mare,** Mitte Aug. wird die Stadtpatronin mit großem Pomp gefeiert. Das Fest geht auf das Jahr 1769 zurück.

Baden

In Maiori erstreckt sich der **längste Sand- und Kiesstrand der Amalfitana.** Der Lungomare ist gepflegt, romantischer sind allerdings kleinere Buchten, etwa in Cetara oder Erchie.

☐ Francesco serviert selbst gebrautes Craft-Bier an seinem Strandkiosk

ama012 pa

Wandern

Santuario dell'Avvocata (865 m) – Monte dell'Avvocata (1014 m)

Weithin sichtbar erhebt sich über Maiori das **Heiligtum der Madonna dell'Avvocata.** Am Montag nach Pfingsten strömen die Pilger zu Hunderten am Berg zusammen und treffen sich zu einem großen Fest. Aber auch zu anderen Zeiten ist der aussichtsreiche Berg ein bei Einheimischen **beliebtes Wanderziel** (siehe **Wanderung 2** im Kapitel „15 Wanderungen").

Sentiero dei Limoni

Maiori und Minori liegen umgeben von Zitronengärten. Auch wenn die Pflege der Gärten und die Vermarktung der Zitronen in heutigen Zeiten schwer geworden sind, werden die **alten Treppen- und Maultierwege** immer noch genutzt und erleben zugleich ihre Renaissance als Wanderwege (siehe **Wanderung 1** im Kapitel „15 Wanderungen"). Unterwegs besteht die Möglichkeit eines Abstechers zum verlassenen Kloster S. Nicola (468 m).

Gleitschirmfliegen

■ **Paragliders Amalfi Coast**
Giovanni Proto ist Imker (!) und bietet Kurse im Gleitschirmfliegen und Tandemflüge an. Der Startplatz auf dem Monte dell'Avvocata ist von Maiori aus in ca. 3 Std. zu erreichen (siehe **Wanderung 2** im Kapitel „15 Wanderungen") – ein Anstieg von über 1000 Höhenmetern. Umso toller ist der anschließende Flug! Landeplatz ist der Strand von Maiori. Anfang bis Ende März.
Mobil 33 11 53 27 76,
www.paraglidersamalficoast.com, fb, [i]

⊡ Ida Giordano ist eines der jungen Gesichter der Winzerszene von Tramonti

Tramonti

Tramonti ist die **andere Seite der Amalfitana** und vielen Reisenden noch weitgehend unbekannt. Das wird sich ändern. Seit Jahren arbeitet eine Gruppe engagierter Menschen konsequent am Ausbau der alten Wirtschaftswege zu einem **Wanderwegenetz** und setzt sich ein, die gastronomische Kultur Tramontis erlebbar zu machen: Slow Food und Slow Travel geben sich hier die Hand.

Nur wenige Kilometer zurückversetzt vom weltberühmten Küstenstreifen, öffnet sich in dem von Bergen umgebenen fruchtbaren Talkessel des Torrente Reginna Maior eine **bäuerliche Welt voller stiller Überraschungen.** Das Meer blitzt nur gelegentlich in der Ferne auf. Grüne Weiden, Zitronengärten, weinbestandene Terrassen und Kastanienwälder prägen das Landschaftsbild.

Tramonti ist eine **Streusiedlung mit antiken Wurzeln.** Die **13 Borghi,** jeder mit eigener Pfarrkirche und viele mit vorzüglichen Trattorien, sind weniger herausgeputzt als die berühmten Küstenorte. Ihre Namen lauten Campinola, Capitignano, Cesarano, Corsano, Figlino, Gete, Novella, Paterno Sant'Arcangelo, Paterno Sant'Elia, Pietre, Ponte und Pucara. **Polvica** ist Sitz der Kommune (4090 Ew.).

Als erste Siedler werden Etrusker und Picentiner vermutet, in römischer Zeit entstanden große Gutshöfe, Keimzellen der heutigen Weiler. Im Mittelalter waren die Geschicke Tramontis eng mit der Seerepublik Amalfi verknüpft, die Wälder lieferten das Bauholz für die Galeeren, die fruchtbaren Felder Nahrung. Als

Nordwind „Tramontana" hat sich der Ortsname auf der italienischen Windrose eingeschrieben. Vom **Castrum di Montalto** oberhalb von Paterno Sant' Elia stehen nur noch Grundmauern. Die einst mächtige Grenzfestung leistete bis zum Schluss Widerstand gegen die Normannen. Ihr Fall im Jahr 1127 besiegelte zugleich das Ende der Seerepublik.

Von der Küste schraubt sich die SP 2/b, gesäumt von kleinen Weilern, in weiten Schwüngen zum **Válico di Chiunzi** hoch. Die strategisch gelegene Passhöhe, von der man einen weiten Blick auf die **Sarno-Ebene** (Hauptanbaugebiet der San-Marzano-Tomaten, ohne die ein guter Pizzabelag nicht vorstellbar ist!) und den Vesuv genießt, war im September 1943 Schauplatz heftiger Auseinandersetzungen zwischen den Truppen der deutschen Wehrmacht und den vorrückenden Alliierten.

Das **Tramonti-Tal** ist das größte **Weinbaugebiet** der Amalfitana und die Käser waren immer schon als Erzeuger eines vorzüglichen **fior di latte** (Kuhmilch-Mozzarella) bekannt. Inzwischen braut Tramonti sogar sein eigenes **Bier.** Insbesondere den aus Tramonti stammenden **Pizzabäckern** ist es zu verdanken, dass der runde Teigfladen seit der Nachkriegszeit auch außerhalb Kampaniens viele Liebhaber gefunden hat!

In **Campinola** liegt ein privater Garten, im Gegensatz zur Villa Cimbrone in Ravello fast unbekannt. Vor einem Vierteljahrhundert begannen *Enza Telese* und *Antonio De Marco* mit der Verwandlung ihres alten Rebgartens in ein **zauberhaftes Gartenreich.** Die weit gereisten Amateurgärtner haben mit Schweiß, Liebe und Passion acht Terrassen in traditioneller Trockenmauertechnik restauriert, Pergolen errichtet, Wein,

ama04 pa

Glyzinien und weit über 300 Rosensorten angepflanzt, von *Gertrude Jeckyll* inspirierte Gartenräume geschaffen und einen Nutzgarten angelegt, der die *Cucina Antichi Sapori* mit aromatischen Kräutern versorgt. Gartenfreunde werden einen Besuch bei *Enza, Antonio* und ihrem Sohn *Giancarlo* so schnell nicht vergessen!

■ **Giardino Segreto dell'Anima,** Via Telese – Campinola, Mobil 34 78 79 00 07, fb. Der Garten öffnet nach vorheriger Vereinbarung von Mitte März bis Anfang Okt. Eintritt frei, Spenden für Erhalt und Pflege werden dankbar entgegengenommen.

Praktische Tipps

Information

ACARBIO – Associazione Costiera Amalfitana Riserva Biosfera
Der engagierte Verband setzt sich für die Wertschätzung der lokalen Tomatensorte *Fiascone* ein, für die Anerkennung der Amalfiküste als Biosphärenreservat, und er fördert traditionelle Landwirtschaft in Verbindung mit nachhaltigem Tourismus – auch im Rahmen von Erasmus-Projekten.
Via Grisignano 12 – Corsano, Tel. 089 87 62 36, Mobil 32 80 31 18 84 *(Antonio Di Martino)*, www.acarbio.org

■ **Comunità Montana Monti Lattari**
Via Municipio 7 – Polvica,
Tel. 089 87 63 54, www.cmmontilattari.it

■ **Associazione „I 13 Borghi"**
Tipps für den Aktiv-Urlaub und Vermittlung von Unterkünften. *Nicola Asprella* spricht auch deutsch. Mo bis Fr 8.30–20 Uhr, Sa 8.30–14 Uhr.
Via Raimondo Orsini 4 – Polvica,
Tel. 089 87 67 24, Mobil 39 21 44 97 04, fb

Enza Telese und Antonio De Marco in ihrem Garten

ama017 pa

■ **Pro Loco di Tramonti** und **Associazione Tramonti Amalfi Coast Trekking** Engagierter Fremdenverkehrsverein, jeden Montagabend Treff ab 20 Uhr, nützliche Infos auf der Website. Tramonti Amalfi Coast Trekking kümmert sich um Pflege und Markierung der Wanderwege und organisiert schöne Ausflüge (siehe „Wandern").
Piazza Cesarano – Polvica,
Mobil 35 00 80 08 55, www.prolocotramonti.it, fb

■ **www.comune.tramonti.sa.it**

An- und Weiterreise

■ **Auto:** In Maiori zweigt von der SS 163 „Amalfitana" die SP 2/b ab und führt durch die Weiler von Tramonti zur Passhöhe Válico di Chiunzi, von Ravello auf der SP 1 zu erreichen.

■ **Bus:** SITA-Busse ab Maiori.

Übernachten/Essen und Trinken

■ **Pucarè Apartments**②
Renoviertes Landhaus mitten im Zitronengarten im Rücken der Chiesa di S. Erasmo, von der Frühstücksterrasse genießt man den Blick durchs Tal zum Meer: Hier empfangen *Maria* und *Mattia,* die jahrelang in der gehobenen Hotellerie der Costiera gearbeitet haben, ihre Gäste und stehen ihnen mit guten Tipps zur Seite. Das Auto kann man auf dem öffentlichen Parkplatz unterhalb des Borgo abstellen, die letzten paar 100 m geht es zu Fuß (siehe **Wanderung 3** im Kap. „15 Wanderungen"). 3 Ap., 2 Zi.
Via S. Erasmo 11 – Pucara, Mobil 37 92 02 63 97, fb

Il Tintore②
Raffaella, Aniello und Sohn *Claudio* betreiben ihr kinderfreundliches **B&B** mitten im Winzerort Capitignano. Das angeschlossene **Agriturismo-Ristorante** öffnet nur auf Anfrage, jedoch auch schon für zwei Personen – ein idealer Platz, um die lokale Küche kennen und lieben zu lernen. *Raffaella* schöpft aus dem Vollen, viele Zutaten kommen frisch aus dem Bio-Garten und auch der Wein ist selbst erzeugt – *Tintore* ist übrigens die lokale Bezeichnung

☑ Im Agriturismo Il Tintore sind kleine Gäste die Größten

ama018 pa

Die Madonna ist geleidigt*

Auf der Rückseite der Monti Lattari wird in **Pagani** am Wochenende nach Ostern die **Madonna delle Galline** gefeiert. Von allen wilden religiösen Festen Süditaliens trägt dieses eines der dünnsten christlichen Gewänder. Die Hauptprozession mit der Madonnenstatue vollzieht sich am Weißen Sonntag, wenn es regnet eine Woche später, und wenn es wieder regnet eine weitere Woche später. Den Zug der Madonna begleiten lebende Hühner, aber auch Enten, Gänse, Tauben, Truthähne oder gar Pfaue, die sich trotz des höllischen Lärms völlig unbeteiligt geben. Denn das zweite charakteristische Element des Festes ist die **tammuriata,** orgiastische Tänze begleitet von frenetischem Tamburingetrommel, die drei Nächte und drei Tage andauern.

Einer volkstümlichen **Legende** nach befand sich in einer der Kirchen Tramontis ein Tafelbild der **Madonna del Carmelo.** Eines Nachts sprach die Madonna zum Sakristan und mahnte die Renovierung der baufälligen Kirche an, andernfalls würde sie fortziehen, dahin, wo wenigstens Hühner sie respektieren würden. Der Pfarrer jedoch ignorierte die Warnung. Es geschah, was geschehen musste: Bei einem Unwetter stürzte die Kirche ein und das Tafelbild verschwand in den Schlammfluten. Jahre später wurde es an einem Weißen Sonntag in Pagani von scharrenden Hühnern freigelegt. Es ereigneten sich acht bezeugte Wunder und der Madonna wurde daraufhin eine neue große Kirche errichtet. Ihre Verehrung ist seit dem 17. Jh. nie abgerissen.

* Im Film „Ich denke oft an Piroschka" fällt der schöne Satz „Musste kissen Herrn Pfarrer, sonst ist geleidigt!".

für die Aglianico-Rebe. Den leckeren fior-di-latte-Käse steuert *Raffaellas* Bruder bei. Für Übernachtungsgäste steht als Dependance auch ein schönes **Steinhaus** mitten im Weinberg zur Verfügung, eine Oase der Ruhe. 2 Zi., 1 Ap. Febr. bis Nov.
Via Vitagliano 20 – Capitignano,
Mobil 33 34 52 72 20 *(Raffaella),*
33 41 90 74 06 *(Aniello),* 36 64 08 84 69 *(Claudio),*
www.iltintorecostadamalfi.it

■ **Cucina Antichi Sapori**②

Giuseppe Francese und *Antonietta Mandara* verwöhnen ihre Gäste mit raffinierter Berg- und Meeresküche zu angemessenen Preisen. Der eigene Garten liefert frisch die Grundzutaten, darunter auch Kastanien und Walnüsse, die Pastagerichten ihr spezifisches Aroma geben. Das Fleisch stammt von lokalen Züchtern, der Fisch frisch von der Küste. Im Brotkorb Selbstgebackenes, beste Weinauswahl. Übernachtungsgästen steht ein gut ausgestattetes Apartment zu Verfügung. Di Ruhetag, Jan. geschl.
Via San Sebastiano 14 – Campinola,
Mobil 34 75 94 33 89, 33 95 38 58 79, fb

■ **La Violetta**②-③

Ristorante-Pizzeria auf der Passhöhe. In den 1940er-Jahren hielt die deutsche Wehrmacht hier die Stellung, nach Landung der Alliierten im September 1943 diente das Gebäude als „Fort Schuster" zeitweise als kleines Lazarett. Eine ehrliche Territorialküche hält hier heute Leib und Seele zusammen. Die Pasta ist hausgemacht, abends gibt es auch Pizza. Anfahrt: beschilderter Abzweig Richtung Carpinola bergseitig der SP 2/b. Mo Ruhetag.
Via Válico di Chiunzi 95,
Tel. 089 87 63 84, Mobil 33 31 97 03 98, fb

MEIN TIPP: **Osteria Reale**②-③

Luigi Reale ist einer der engagierten Winzer von Tramonti (preisgekrönter Rosé Getis!). Er hat den generationenalten Betrieb übernommen und das Landhaus der Familie in eine einladende Osteria mit zwei Gästezimmern verwandelt. Die Küche folgt den Jahreszeiten und bedient sich nur der allerbesten lokalen Produkte. Frisches Gemüse steht immer auf der Speisekarte, bei den Secondi gibt es die Aus-

wahl zwischen frischem, an der Costiera gefangenem Fisch oder Fleisch aus lokaler Aufzucht. Selbstverständlich wird auch vorzügliche Holzofenpizza serviert. Als Verdauungsspaziergang empfiehlt sich der Besuch des nahen Weinbergs mit über 100-jährigen Rebstöcken wirklich gigantischen Ausmaßes! Anfahrt: auf halber Strecke zwischen Maiori und dem Válico di Chiunzi, Abzweig bergseitig der Bäckerei von Sal Di Riso (siehe **Wanderung 3** im Kap. „15 Wanderungen"). Mi Ruhetag, Mo bis Fr nur abends, Sa und So auch mittags, Nov. geschl.
Via Cardamone 75 – Gete,
Tel. 089 85 61 44, www.aziendaagricolareale.it

■ **Il Raduno**②
Sympathischer Familienbetrieb in einem der höher gelegenen Casali von Tramonti. Seit vier Generationen bewirtschaftet die Familie *Giordano* ihre Terrassen und baut alte Rebsorten, Obst und Gemüse an. Von den Gaben der Erde profitieren die Gäste des netten Agriturismo, aber auch Passanten. Für die Güte des Weines bürgt die junge, engagierte Winzerin *Ida Giordano*, die unter eigenem Namen eine **Weinkellerei** eröffnet hat. Im Winter i.d.R. nur an Wochenenden. 4 Zi.
Via De Matteis 11 – Capitignano,
Tel. 089 85 61 02, Mobil 32 06 35 79 28,
www.ilraduno.it, www.idagiordano.it, fb, [i]

Sanfrancisco②
Exzellente Trattoria-Pizzeria, die mit Leib und Seele den Slow-Food-Prinzipien anhängt. *Pamela Viggiano* ist eine Hüterin alter lokaler Küchentraditionen, *Francesco Maiorano* ein vorzüglicher Pizzaiolo. Die beiden haben das alte Gutshaus ihrer Vorfahren mit Liebe restauriert und in eine gastliche Oase verwandelt. Damit nicht genug, brauen sie auch noch ein süffiges Craft-Bier mit Dinkel und Kastanien als Ingredienzen. Im Winter nur von Fr bis So.
Via Comunale Polvica-Paterno 17 – Polvica,
Mobil 33 94 40 10 41, fb

Einkaufen

■ **Antica Cartiera**
Traditionelle Papiermühle, seit Beginn des 18. Jh. am ursprünglichen Standort. Unter Einsatz originalgetreu restaurierter Gerätschaften wird handgeschöpftes Bütten erzeugt.
Pucara di Tramonti, Tel. 089 85 54 32,
www.anticacartiera.it, fb

■ **Cantine Giuseppe Apicella**
Auf sieben Hektar Land baut *Giuseppe Apicella* traditionelle Rebsorten wie Piedirosso und Tintore an, aus deren Trauben Tramonti Rosso gekeltert wird.
Via Castello S. Maria 1 – Capitignano,
Tel. 089 85 62 09, www.giuseppeapicella.it, fb, [i]

■ **Badia**
Kleine & feine Limoncello-Fabrik.
Piazza Cesarano 42 – Cesarano, Tel. 089 85 53 44,
Mobil 33 81 82 41 09, www.liquoribadia.it

ama019 pa

[>] Giuseppe Francese
in der Küche seiner Cucina Antichi Sapori

Wandern

Die Menschen in Tramonti fühlen sich seit jeher mit ihren Bergen verbunden und kennen sie wie ihre Hosentasche, sei es als Holzarbeiter, Kastanien- und Pilzesammler, in Begleitung ihrer Herden oder als Pilger und Wanderer. So ist es vielleicht kein Wunder, dass die **Associazione Tramonti Amalfi Coast Trekking,** ein Zusammenschluss engagierter Leute in Kooperation mit der Pro Loco, sich seit Jahren konsequent um die Pflege von Wanderwegen kümmert und Besuchern geführte Touren anbietet. Das **Ausflugsprogramm** wird auf www.facebook.com/giovanipertramonti veröffentlicht. Einer der engagierten Bergführer, der Gästen seine Heimat näher bringt, ist **Matteo Giordano** (www.instagram.com/matteo_giordano_hiking, Mobil 32 02 72 25 99, giordanomatteo580@gmail.com, assgiovanipertramonti@gmail.com). Mit Begeisterung führt er z.B. den **Sentiero delle Formichelle** von Polvica nach Minori und hält damit das Andenken an die Frauen lebendig, die früher über 50 kg schwere Zitronenkörbe auf ihren Köpfen aus den Bergen bis zur Küste transportierten, wo sie auf Schiffe verladen wurden. Tramonti liegt an den Fernwanderwegen CAI-300 „Alta Via dei Lattari" und „Sentiero Giustino Fortunato".

Sentiero delle 13 Chiese

Siehe **Wanderung 3** im Kapitel „15 Wanderungen". Der Track des kompletten Rundwegs findet sich z.B. auf www.caimontilattari.it/sentiero/310.

[>] Römische Villa in Minori

Minori

Oft übersehen: **Minori (10 m, 2550 Ew.)** ist ein unspektakuläres Küstenstädtchen fast ohne Glamour, an dem die Reisenden meist schnell vorbeifahren. Die Ursprünge des Ortes sind antik, wovon man sich beim Besuch der lange Zeit einzig bekannten **archäologischen Stätte** der Costiera überzeugen kann. Vor dem Vesuv-Ausbruch 79 n.Chr. gab es wohl zahlreiche *Villae marittimae* an der Küste – darauf deuten antike Säulen in den mittelalterlichen Kirchen und Palästen der Costiera hin. Spätestens seit der partiellen Freilegung der spektakulären römischen Villa in Positano herrscht darüber Gewissheit.

Auch der **Ortsname** geht auf die Antike zurück und nimmt Bezug auf den Fluss **Reginna Minor** – der Reginna Maior fließt durch den Nachbarort Maiori. Beide Flüsse können nach heftigen Regenfällen gefährlich anschwellen, und beide Städte wurden wiederholt von Flutwellen heimgesucht, zuletzt 1954.

In Ufernähe erhebt sich die zum Meer gewendete **Basilika S. Trofimena.** Der Bau aus dem 12. Jh. wurde im 19. Jh. neu errichtet. In der Krypta werden die **Reliquien der hl. Trofimena** aufbewahrt, früher die Schutzpatronin von Amalfi. Der **Legende** nach handelt es sich um eine junge Sizilianerin, die von ihrem eigenen Vater umgebracht wurde, nachdem sie sich geweigert hatte, einen Heiden zum Mann zu nehmen. Die Urne mit ihren sterblichen Überresten soll um das Jahr 640 an den Strand von Minori gespült worden sein, wo sie von einer Wäscherin gefunden wurde. Gesicherte historische Notizen gibt es aus dem Jahr 838, als Langobarden die Reliquien nach Benevent entführten. Nach ihrer glücklichen Rückkehr im darauffolgenden Jahr wurden sie so sicher versteckt, dass sie erst am 27. November 1793 zufällig wiedergefunden wurden.

Zur Zeit der Seerepublik waren in Minori Werftanlagen angesiedelt, später entwickelte sich der Ort zu einem wichtigen Zentrum der **Pasta-Produktion** und des **Agrumen-Anbaus.** In dieser Tradition steht die prämierte **Pasticceria Sal De Riso** (s.u.).

Bei Bauarbeiten wurden 1932 die **Reste einer römischen Villa marittima** entdeckt, die Ausgrabung fand dann in den 1950er-Jahren statt. Die Villa war vermutlich infolge des Vesuvausbruchs im Jahr 79 – vielleicht durch einen Tsunami – beschädigt und anschließend durch einen Erdrutsch begraben worden. Am 26. Oktober 1954 erneut von Schlamm verschüttet, musste sie ein weiteres Mal freigelegt werden. Die ursprünglich zweigeschossige Anlage aus augustäischer Zeit besitzt einen großen, von einer Kollonade umgebenen Garten. Einige Räume tragen noch den alten Freskenschmuck. Gut erhalten ist das Nymphäum mit schwarz-weißen Bodenmosaiken.

■ **Villa Romana,** Via Capo di Piazza 28, Tel. 089 85 28 93, [i], tägl. 9 Uhr bis 1 Std. vor Sonnenuntergang, Eintritt frei.

Praktische Tipps

Information

■ **Pro Loco di Minori**

Zuverlässsige Infos, auch zu Unterkünften und Wanderwegen. Tägl. 9–13 und 16–20 Uhr.

Via Roma 30, Mobil 33 37 15 13 70,

www.prolocominori.it

ama021 pa

An- und Weiterreise

- **Auto:** Minori liegt an der SS 163. Am Lungomare und nahe der Villa Romana gibt es *parcheggi gratta e sosta,* d.h. man kauft für jede Stunde Parkzeit am Kiosk oder in der Bar einen Parkschein, auf dem man dann die Ankunftszeit freirubbelt.
- **Bus:** SITA in Richtung Amalfi und Salerno.
- **Schiff:** Von Ostern bis Oktober täglich mehrmals Fähren Richtung Amalfi und Salerno. In den Sommermonaten zusätzliche Schiffsverbindungen nach Capri und Sorrent.

Übernachten

Villa Marietta②
Carmela und *Vincenzo Ruocco* (spricht deutsch) empfangen ihre Gäste in einer alten Villa im oberen Ortsteil. Herrliche Ausblicke von den Weinterrassen und aus dem Zitronengarten. Dieser gastfreundliche Platz ist ideal für Familien mit (sportlichen) Kindern. Es sind knapp 350 Treppenstufen zum Strand hinunter! Mit dem Auto zu erreichen, Parkplatz direkt über der Villa. 2 Zi. April bis Ende Okt.
Via Torre 15, Mobil 33 93 15 54 46, fb

Essen und Trinken

MEIN TIPP: **AiLAiKit**②
Marco Fusco hat sein Keramikstudio (siehe „Einkaufen") am Lungomare um die erfrischend unkonventionelle Wine-Bar „Eat and drink in the factory" ergänzt, die er zusammen mit seinem Bruder, dem Architekten *Giuseppe Fusco,* betreibt. Im Ausschank beste Weine der Costiera und Craft-Biere, verarbeitet werden ausschließlich Produkte lokaler Erzeuger. Gelegentlich Konzerte. I like it!
Via Roma 24, Tel. 08 98 54 16 07,
Mobil 33 83 13 76 83,
www.studiofes.com/ailaikit, fb, [i]

■ **Giardiniello**②-③
In zweiter Generation geführtes Ristorante, das von Einheimischen nicht zuletzt wegen der guten Pizza aufgesucht wird. Auch die Pasta- und Fischgerichte müssen sich nicht verstecken. Mi Ruhetag, Febr. bis Ende Okt.
Corso Vittorio Emanuele 17, Tel. 089 87 70 50,
https://ristorantegiardiniello.com, fb, [i]

MEIN TIPP: **Sal De Riso**
Eine Botschaft der Limoni Costa d'Amalfi IGP, süße Kreationen von Weltruhm. Der verführerische Dolci-Tempel der Familie *De Riso* blickt auf eine über 100-jährige Tradition zurück. Delikate Snacks für den Hunger zwischendurch, Tische am Lungomare.
Via Roma 80, Tel. 089 85 36 18,
www.salderiso.it, fb

☑ Festa di Santa Trofimena

ama020 pa

Erfrischung unterwegs

Einblicke in das Gestern, Heute und vielleicht Morgen der Zitronenkultur an der Amalfiküste gewährt ein Besuch bei der **Familie Ruocco,** deren **Zitronengarten** direkt am **Sentiero dei Limoni** (siehe **Wanderung 1** im Kapitel „15 Wanderungen") auf halber Strecke zwischen Minori und Maiori liegt. Zur Erfrischung werden frisch gepresste Zitronenlimonade, zum Naschen Zitronensalat und Zitronenkuchen gereicht. I.d.R. von Mai bis Sept.

■ Via Torre 27, Mobil 32 92 03 84 49,
www.facebook.com/agricolaRuoccos,
www.instagram.com/agricolaruoccos

Einkaufen

Studio Fës
Marco Fusco betreibt in seinem Keramikstudio ein „Open Lab". Seine modernen Keramiken sind voller Witz, Protagonist ist auch bei ihm der Esel, im Dialekt *ciuccio*. Es können Groß und Klein in einem Nachmittags-, Tages- oder Wochenendkurs unter seiner Anleitung das Keramikerhandwerk ausprobieren und die selbst gestalteten Objekte nach dem Brennen mit nach Hause nehmen. Ein perfektes Souvenir! Und tolle T-Shirts mit dem Eselmotiv gibt es auch!
Via Roma 24, Tel. 08 92 14 36 59,
Mobil 33 83 13 76 83, www.studiofes.com, fb

Feiern

- **Festa di Santa Trofimena,** die Stadtpatronin wird dreimal im Jahr gefeiert, am 13. Juli, am 5. und am 27. November, dem Tag der wundersamen Wiederauffindung der Reliquien. Das Fest mit Prozession, Blas- und Dudelsackmusik, Feuerwerk und Markt läutet die Weihnachtszeit ein.
www.santatrofimena.it
- **Gusta Minori,** kulinarischer Kirmes mit Food-Ständen am Lungomare und Freilufttheater Ende Aug./Anfang Sept. www.gustaminori.it

Baden

Hinter der von Dattelpalmen gesäumten Promenade lädt ein **kurzer Sand- und Kiesstrand** zum Baden ein.

[>] Ravello – beste Aussichten von der Terrazza dell'Infinito

Wandern

Minori liegt nicht nur verkehrsgünstig an der SS 163 und verfügt über einen eigenen Schiffsanleger, sondern ist auch eingebunden in das Netz der **alten Wirtschafts- und Treppenwege.** Über Stufen gelangt man in einer guten Stunde hoch nach Ravello, eine ausgedehnte Wanderung in das Sambuco-Tal folgt dem **CAI-Weg 315/a** (unterwegs kann man einen Abstecher zum verlassenen Kloster S. Nicola unternehmen). Am bekanntesten ist der **Sentiero dei Limoni** (siehe **Wanderung 1** im Kapitel „15 Wanderungen").

Ravello

Ravello ist dem Himmel näher als dem Meer.
André Gide

Seine Lage adelt **Ravello (365 m, 2380 Ew.).** Was den Handelsaristokraten des Mittelalters recht war, war den Romantikern des 19. Jh. billig. Das **über der Küste beinahe schwebende Hochplateau** war, ist und bleibt an der Amalfitana „the place to be". Verzauberte Gartenparadiese, ein Wagner-Festival, das längst ein Ohr für Jazz hat, und das futuristische Alterswerk des Architekten *Oscar Niemeyer* laden ein. Von den Terrassen reichen die Blicke über den Golf von Salerno weit bis in den Cilento.

Abgehobener Luxus

Die sichere Lage zog römische Siedler auf der Flucht vor den Wirren der Völkerwanderung an. Zahlreiche antike Architekturfragmente fanden spätere Verwendung in den mittelalterlichen Bauten der Stadt. Seine **Blüteperiode** erlebte Ravello **zur Zeit der Seerepublik.** Die Bevölkerungszahl betrug damals das Zehnfache von heute. Der Adel ließ sich luxuriöse Villen errichten. Ravellos Verhältnis zu Amalfi war dabei nicht immer ungetrübt, der Ortsname soll sich von „Rebello" herleiten. Das Selbstbewusstsein der aufrührerischen Stadt stieg immens, als Papst *Viktor III.* im Jahr 1086 Ravello zum Bistum erhob.

Ravello besaß eine **eigene Flotte** und wie Amalfi **weitreichende Handelsverbindungen in den Orient.** Zu den märchenhaft reichen Kaufleuten ihrer Zeit zählte die Familie *Rufolo. Boccaccio* berichtet in seinem „Decamerone" von den eigenwilligen Handelspraktiken eines ihrer Mitglieder. Als persönlicher Bankier *Karl v. Anjous* finanzierte **Matteo Rufolo** dessen Kampf gegen die Staufer und seinen Aufstieg zum König von Neapel. Die Königskrone behielt er zeitweise als Pfand ein.

1851 kaufte der damals 25-jährige **Sir Francis Neville Reid** die Ruinen der **Villa Rufolo** und ließ sie im orientalisch-romantischen Stil wieder aufbauen. Die Villa und ihre **prachtvollen Gärten** zogen schnell Reisende aus aller Welt an, und mit *Richard Wagners* begeistertem Ausruf „Klingsors Zaubergarten ist gefunden!" begann die Karriere Ravellos als **mondäner Luftkurort.** *Neville Reid* hatte auch großen Anteil an dem Bau der Straße, die nach Ravello hochführt. Einen Großteil der Kosten streckte er aus eigener Tasche vor. Außerdem brachte er seinen Bediensteten die Kunst des Teekochens bei, heute noch ein entscheidender Standortvorteil im angelsächsisch dominierten Tourismus!

ama05 pa

Ravello

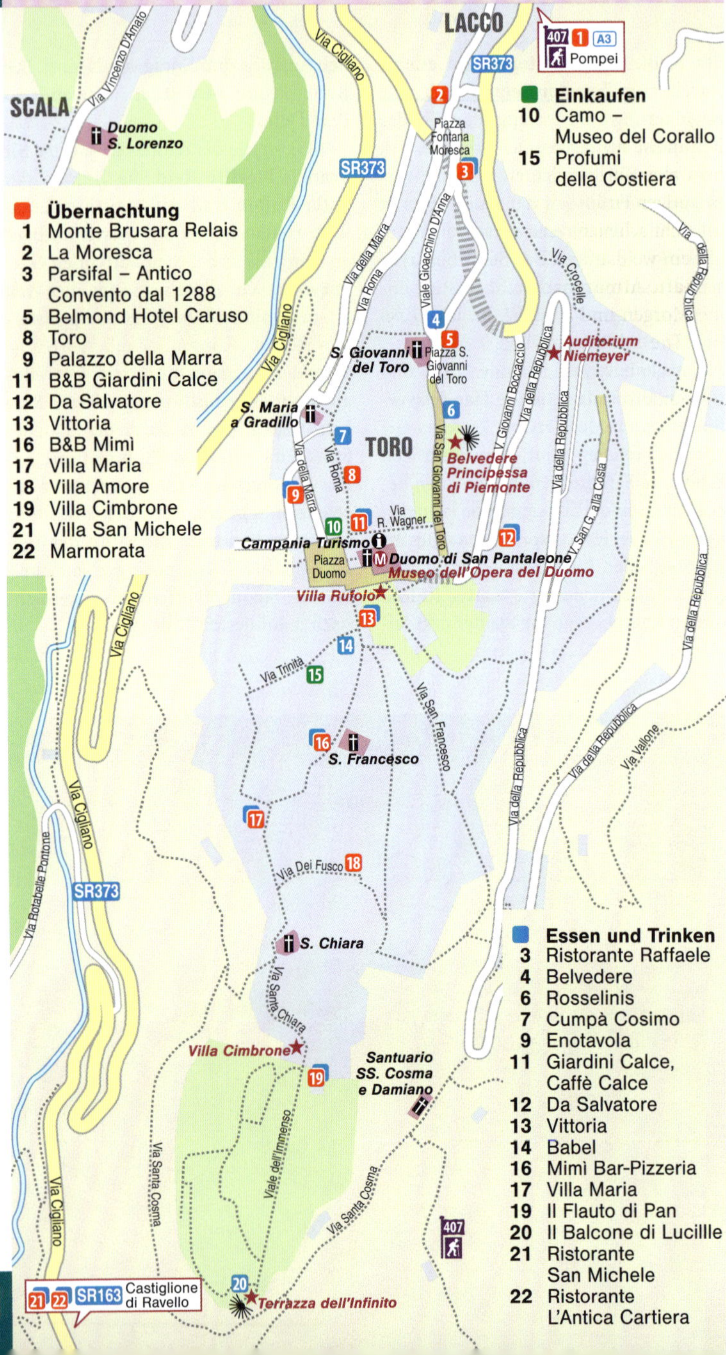
0 100 m
©Reise Know-How
Amalfi10 2/24
LACCO
407 1 A3 Pompei
SCALA
Duomo S. Lorenzo
TORO
Übernachtung
1 Monte Brusara Relais
2 La Moresca
3 Parsifal – Antico Convento dal 1288
5 Belmond Hotel Caruso
8 Toro
9 Palazzo della Marra
11 B&B Giardini Calce
12 Da Salvatore
13 Vittoria
16 B&B Mimì
17 Villa Maria
18 Villa Amore
19 Villa Cimbrone
21 Villa San Michele
22 Marmorata
Einkaufen
10 Camo – Museo del Corallo
15 Profumi della Costiera
Essen und Trinken
3 Ristorante Raffaele
4 Belvedere
6 Rosselinis
7 Cumpà Cosimo
9 Enotavola
11 Giardini Calce, Caffè Calce
12 Da Salvatore
13 Vittoria
14 Babel
16 Mimì Bar-Pizzeria
17 Villa Maria
19 Il Flauto di Pan
20 Il Balcone di Lucillle
21 Ristorante San Michele
22 Ristorante L'Antica Cartiera
SR373
Via Vincenzo D'Amato
Via Cigliano
Piazza Fontana Moresca
Viale Gioacchino D'Anna
Via della Marra
Via Roma
S. Giovanni del Toro
Piazza S. Giovanni del Toro
Auditorium Niemeyer
Via Crocelle
Via della Repubblica
V. Giovanni Boccaccio
S. Maria a Gradillo
Via San Giovanni del Toro
Belvedere Principessa di Piemonte
V. San G. alla Costa
Via R. Wagner
Campania Turismo
Piazza Duomo
Duomo di San Pantaleone
Museo dell'Opera del Duomo
Villa Rufolo
Via Trinità
Via San Francesco
S. Francesco
Via Vallone
Via Rotabelle Pontone
Via Dei Fusco
S. Chiara
Via Santa Chiara
Villa Cimbrone
Santuario SS. Cosma e Damiano
Via Santa Cosma
Viale dell'Immenso
407
SR163 Castiglione di Ravello
Terrazza dell'Infinito

Ravello wird in geringerem Maße als Amalfi von **Tagestouristen** aufgesucht. Diejenigen, die kommen, beschränken sich meist auf den Besuch der Villa Rufolo, aber auch diejenigen, die den 15-minütigen Fußmarsch zur Villa Cimbrone nicht scheuen, verlaufen sich schnell in dem weitläufigen Park. Ravellos **zauberhafte Atmosphäre** ist vor allem früh am Morgen und am Abend zu verspüren. Die schönsten Blicke auf Ravello selbst genießt man übrigens aus dem Nachbarort Scala.

Klingsors Zaubergarten

Der **Dom von Ravello,** eine Basilika des 12. Jh., gründet auf einem Vorgängerbau aus dem Jahre 1086. Der schlichten Fassade fehlt seit dem 18. Jh. die Vorhalle. Von kunstgeschichtlich herausragender Bedeutung sind die **monumentalen Bronzepforten des Hauptportals.** Im Auftrag einer reichen Patrizierfamilie wurden sie 1179 von dem **Meister Barisano da Trani** gegossen. In künstlerischer Technik unterscheiden sie sich von den etwas älteren, in Ritztechnik ausgeführten, aus Konstantinopel importierten Bronzetüren Amalfis, Atranis und Salernos. *Barisano* war nicht nur ein herausragender Künstler, sondern auch ein guter Geschäftsmann. Aus 54 einzelnen Reliefplatten zusammengesetzt, sind auf den Türflügeln Heilige und Szenen der Passion Christi zu erkennen. *Barisano* arbeitete wie andere Kunsthandwerker auch mit der **„Technik der verlorenen Form".** Das heißt, er fertigte zunächst ein Wachspositiv der zukünftigen Reliefplatte, dieses umgab er mit einer Gussform aus Sand, in die er die flüssige Bronze goss. Das Wachs schmolz aus und ging verloren, die Bronze nahm seinen Platz in der Hohlform ein. *Barisano da Trani* vervielfältigte allerdings seine Wachsformen vor dem Gießvorgang. Das erklärt, wieso sich auf der gleichen Tür einige der Reliefplatten wiederholen und wieso zwei fast identische Bronzeportale aus seiner Werkstatt auch in Trani in Apulien und Monreale auf Sizilien zu sehen sind.

Zwei prachtvolle Kanzeln ziehen **im Inneren der dreischiffigen Basilika** die Blicke auf sich. Den niedrigeren Ambo (1130) schmückt eine fantasievolle Darstellung des Jonaswunders in byzantinischem Stil. Die Ähnlichkeiten des „Wals" mit dem langobardischen Meeresungeheuer in Positano sind auffallend. Gegenüber erhebt sich auf sechs Löwensäu-

☑ Im Dom von Ravello sind die Löwen los

ama022 pa

len die **prunkvolle Kanzel,** ein Meisterwerk von *Niccolo di Bartolomeo* aus Foggia, 1272 im Auftrag des *Nicola Rufolo* geschaffen. Solche Kanzeln, deren detailverliebte Mosaikausschmückung an islamische Kunst erinnert, findet man in einigen Kirchen Kampaniens, z.B. in Salerno. Diese Kanzel ist jedoch die mit Abstand prächtigste. In der barocken **Cappella S. Pantaleone** links vom Hauptaltar wird in einer Ampulle das Blut des Märtyrers, Kirchen- und Stadtpatrons aufbewahrt, das sich pünktlich jedes Jahr am 27. Juli in einer feierlichen Zeremonie verflüssigt.

In Seitenräumen ist das kleine, aber feine **Dommuseum** eingerichtet. Eine herausragende Porträtbüste zeigt *Sichelgaita della Marra*, Gemahlin des Kanzelstifters *Nicolo Rufolo.*

■ **Duomo di San Pantaleone,** Piazza Duomo, Tel. 089 85 83 11, tägl. 9–12 und 17.30–19 Uhr (von 12–17.30 Uhr wird der Eintrittspreis für das Museum erhoben!).

■ **Museo dell'Opera del Duomo,** Piazza Duomo, Tel. 089 85 80 29, fb, April tägl. 11.30–17.30 Uhr, Mai bis Okt. tägl. 10–18 Uhr, Nov. bis März 10–18 Uhr, Eintritt 3/2 €.

Von der Piazza Duomo durchschreitet man einen mittelalterlichen Turm und gelangt auf diesem Weg in den **verzauberten Garten der Villa Rufolo** (den wahren Zauber erlebt man frühmorgens, abends und im Winterhalbjahr, wenn kaum Touristen unterwegs sind). Im Jahr 1851 hatte der Schotte *Neville Reid* den einstigen Wohnsitz (13. Jh.) der mächtigen und unvorstellbar reichen Familie *Rufolo* als Ruinenlandschaft erworben. Unter Anleitung von *Michele Ruggiero,* später Leiter der archäologischen Ausgrabungen in Pompeji, wurden die mittelalterlichen Gebäudereste vom meterhohen Schutt befreit und teilweise wieder aufgebaut. *Ferdinand Gregorovius,* der Ravello kurz darauf im Jahr 1853 besuchte, war begeistert und nannte die Villa eine **„kleine Alhambra"** (siehe Exkurs „Gregorovius gefällt die Villa Rufolo", S. 80). *Sir Neville Reid* widmete sich mit besonderer Liebe der Gestaltung des Gartens; aus der ganzen Welt ließ er **exotische Pflanzen** einführen. Auch die hohen Schirmpinien, die auf keinem Ravello-Foto fehlen, pflanzte er selbst. Bei einem Streifzug durch die Villa, einem Potpourri antiker und mittelalterlicher Architekturfragmente, gibt es **viel zu entdecken.** Der zentrale Innenhof gibt sich mit arabesk verschlungenen Bögen orientalisch. Spätestens auf dem Terrassengarten ist das Entzücken grenzenlos – der Ausblick auf den Küstenstreifen, der sich von Minori bis Cetara zieht, und den Golf von Salerno ist schlichtweg großartig! Auch **Richard Wagner,** der am 26. Mai 1880 hier weilte, ließ sich verzaubern. Hier „fand" er den lang gesuchten Zaubergarten Klingsors und konnte seine Oper „Parzifal" zu Ende komponieren. Zu Ehren *Wagners* finden jeden Sommer Freiluft-Konzerte statt. Noch grandioser sind die Ausblicke vom Dach der **Torre Grande,** zugleich ein multimediales Museum.

■ **Villa Rufolo,** Piazza Duomo, Tel. 089 85 76 21, www.villarufolo.com, fb, tägl. 9–20 Uhr, im Winter bis 17 Uhr. Eintritt 8/6 €.

[>] Posen in der Villa Cimbrone

Unendlich schön

Zur **Villa Cimbrone** am südlichen Ortsende führt ein angenehmer Spaziergang, vorbei an der **Konventskirche S. Francesco** mit ihrem gotisch-maurischen Kreuzgang und einer überraschend breit sortierten Klosterbibliothek (ein Tipp, sollte es einmal regnen!).

Dem Reiz der Amalfitana verfallen, erwarb der schwermütige **Ernest William Becket** und spätere *Lord Grimthorpe* im Jahr 1904 das ausgedehnte Grundstück mit den Resten einer alten Villa. Die mit **viel Fantasie** wieder aufgebaute Villa Cimbrone und der **ausgedehnte Landschaftsgarten** gerieten ihm zum schönsten Antidepressivum der Geschichte. Zu den Gästen des Lords gehörten Mitglieder der Bloomsbury-Gruppe aus London, Maler, Schriftsteller und Lebenskünstler. Im Frühjahr 1938 erkoren die Hollywood-Diva *Greta Garbo* und Dirigent *Leopold Stokowski* die Villa zu ihrem Liebesnest. Als noch der alte Gärtner lebte und auf die *Garbo* angesprochen wurde, antwortete er nur mit „Ah, ma certi urli faceva!“ …

Während das Gebäude der Villa selbst den Gästen des **exklusiven Hotels** (s.u.) vorbehalten bleibt, stehen das Sterne-Restaurant (s.u.) und vor allem der **Park** zahlenden Besuchern offen. An dessen Gestaltung war möglicherweise die englische Gartenkünstlerin *Vita Sackville-West* beteiligt, eine Freundin des Hauses. Unter einer lang gezogenen Glyzinien-Pergola zieht sich der **Viale dell'Immenso** zu dem wohl spektakulärsten und schwindelerregendsten Aussichtspunkt der mit großartigen Belvedere wahrlich reich gesegneten Amalfitana: Die Terras-

ama024 pa

ama025 pa

se trägt den vielversprechenden Namen **Terrazza dell'Infinito** („Terrasse der Unendlichkeit"). Direkt darunter lädt die nette Bar Il Balcone di Lucille zu Kaffee und Tee (s.u.). Für den Besuch des Gartens sollte man **Zeit und Muße mitbringen.** Immer wieder laden Bänke zum Verweilen ein, Reproduktionen antiker Statuen aus der Villa dei Papiri (Herkulaneum) setzen ästhetische Akzente, Inschriften inspirieren zur Meditation, etwa der Vierzeiler des persischen Poeten *Omar Khayyam* aus dem 11. Jh.: „Ah moon of my delight that knows no wane/the moon of heaven is rising once again/how often hereafter rising shall she look/through this same garden after us again."

- **Villa Cimbrone,** Via Santa Chiara 26, Tel. 089 85 74 59, www.villacimbrone.com, tägl. 9 Uhr bis zum Sonnenuntergang, Eintritt 10/7 €.

Gregorovius gefällt die Villa Rufolo

Ferdinand Gregorovius bereiste die Amalfitana im Jahr **1853.** Die Straße, die zum ersten Mal die Küstenorte miteinander verband, war gerade in Bau. Über Vietri gelangte er nach Cetara, Maiori, Minori und Atrani. Einen langen Abschnitt in seinem **Buch „Wanderjahre in Italien"** widmet er der Beschreibung von Ravello, damals nur „auf einem schwierigen Pfade, durch bedeckte Galerien und über Felsgestein" zu erreichen. Gregorovius war fasziniert von den zahlreichen maurischen Bauwerken des Mittelalters. 1851 erst hatte der Schotte *Francis Neville Reid* ein ebensolches, völlig ruinöses Anwesen von der Familie *d'Aflitto* erworben, um es wieder in Stand zu setzen, die heute weltberühmte Villa Rufolo.

„Ich fand in dem kleinen Ravello fast ebensoviel moreske Bauten als in Palermo selbst, wo die Schlösser Cuba und Zisa bis auf die Umfassungsmauern geschwunden sind. Da ist gleich der Palast Ruffuli eine wahre Fundgrube sarazenischen Baustils jener Zeit und Gegenden. Er liegt in einem Garten und gehört seit drei Jahren dem Engländer *Sir Francis Neville Reid*, der ihn erst aus dem Schutt hat ausgraben lassen. Der schöne Palast ist eine kleine Alhambra zu nennen, ein Gebäude von mehr als 300 Gemächern in drei Stockwerken, die alle von moresken Säulen getragen werden. Die Säle sind mit Arabesken reich verziert und haben ganz den sizilianisch-arabischen Charakter. Sie müssen von einer feenhaften Pracht gewesen sein. Daneben steht noch eine Rotunde in sarazenischem Stil mitten im Garten, ein Rest von Mauern und ein viereckiger Turm; Bogen und halbversunkene Hallen lassen auf andere Anlagen von Bädern und Höfen schließen, die ein wohlgeschlossenes und zugleich kastellartiges Ganzes müssen gebildet haben. Man kann sich hieraus eine Vorstellung von dem Reichtum machen, der bei den Familien Ravellos zu jener Zeit aufgehäuft lag. (...) Ich könnte noch mancherlei Dinge von Ravello erzählen, zumal vom alten Dom, den *Niccolo Ruffuli* im 11. Jh. erbaute, wo eine seltsam mosaizierte Kanzel und alte Bronzetüren zu sehen sind, und in einer Ampolla das Blut des San Pantaleo so gut flüssig wird wie jenes des San Gennaro; aber es sei genug, denn man muß weder zu viel sehen noch zu viel erzählen."

Zurück im Ort kann man seitlich des Doms mit wenigen Schritten auf der Via R. Wagner zum **Toro-Viertel** aufsteigen. Auf diesem Höhenrücken konzentrierten sich im Mittelalter die **Adelspaläste,** hinter deren ehrwürdigen Mauern heute einige der luxuriösesten Hotels der Costiera residieren: Palazzo Avino, Caruso oder Palumbo. Letzteres wird seit 1875 von der schweizerisch-italienischen Familie *Vuilleumier* geführt. Umsonst und draußen kann man den herrlichen Küstenblick vom **Belvedere Principessa di Piemonte** goutieren. Auf der Via S. Giovanni del Toro gelangt man zur gleichnamigen sehenswerten **Kirche** (12. Jh.) mit einer wunderschönen Kanzel. Der Kirche gegenüber steht das alte **Hotel Caruso,** in dem *Richard Wagner* zu Gast war. Ein kurzes Stück weiter nördlich liegt die hübsche **Piazza Fontana Moresca,** dahinter schließt sich der ruhige **Ortsteil Lacco** an.

Ravellos jüngste Attraktion ist das **Auditorium Niemeyer,** einer der letzten Entwürfe des brasilianischen Stararchitekten *Oscar Niemeyer* (1907–2012). Viel zu selten wird das futuristische Gebäude am östlichen Ortsrand auch genutzt.

Praktische Tipps

Information

- **Campania Turismo**

Engagiertes Info-Büro in den sogenannten *Giardini del Vescovo,* einem schönen Park im Rücken des Doms. Stadtpläne mit eingezeichneten Hotels, Restaurants und Wanderwegen. Tägl. 9–17 Uhr, im Sommer länger.

Via R. Wagner 4, Tel. 089 85 70 96,

An- und Weiterreise

- **Auto:** Von der SS 163 führt die kurvenreiche SS 373 nach Ravello und setzt sich über den Válico di Chiunzi Richtung Pompeji und Neapel fort. Gebührenpflichtiger (teuer!) Parkplatz unterhalb der Piazza Duomo.
- **Bus:** Orangefarbene SITA-Busse verkehren regelmäßig zwischen Amalfi, Ravello und Scala.

Übernachten

5 Belmond Hotel Caruso④

Was für eine Karriere! 1893 eröffnete der Weinhändler *Pantaleone Caruso* in den angemieteten Räumen des mittelalterlichen Palazzo d'Aflitto die Fünf-Zimmer-Pension „Belvedere", die sich schnell zur In-Adresse der Reichen und Schönen entwickelte. In den 1940er-Jahren gaben sich hier u.a. *Greta Garbo* und *Humphrey Bogart* die Hotelschlüssel in die Hand und die kleine Pension wurde zum Hotel ausgebaut. Im Zuge des aufwendigen *restauro* 2005 wurden die Deckenfresken aus dem 17. und 18. Jh. wieder freigelegt. Göttlich ist der Infinity-Pool! Das *Caruso* zählt zu den besten und damit auch teuersten Adressen Italiens. Das trifft auch für das **4 Belvedere-Restaurant** zu. 26 Zi., 24 Suiten.

Piazza S. Giovanni del Toro 2,

Tel. 089 85 88 01, www.hotelcaruso.com, fb, [i]

MEIN TIPP: **2 La Moresca**②-③

Das entzückende Mini-Hotel mit seiner großartigen Frühstücksterrasse liegt an einem der schönsten und zugleich stillsten Plätze von Ravello. 9 Zi. April bis Anfang Nov.

Piazza Fontana Moresca 8,

Tel. 089 85 79 12, www.lamorescaravello.com, fb

22 Marmorata③-④

Gepflegtes Hotel an der Felsküste direkt unterhalb der SS 163 (Km 32,500) und daher ohne Verkehrslärm. Die ehemalige Papierfabrik ist mit Gusto umgestaltet worden, die Innendekoration maritim. Terrassen mit Golfblick, kleiner Pool und Treppe ins

Meer, 22 **Ristorante L'Antica Cartiera.** Das Hotel verfügt über einen eigenen Boostanleger und Parkplatz, SITA-Busse halten vor dem Haus. Nach Ravello sind es auf steilen Treppenwegen ca. 30 Min. zu Fuß. 39 Zi.
Via Bizantina 3 – Località Marmorata,
Tel. 089 87 77 77, www.marmorata.it, fb, [i]

MEIN TIPP: 1 **Monte Brusara Relais**③-④
Filomena Mansi spricht schweizerdeutsch(!) und betreibt zusammen mit ihrer Tochter *Elena* dieses schicke Relais (der Agriturismo wurde leider aufgegeben) mit herrlicher Aussicht. Zum Frühstück kommt frisches Obst und Gemüse aus dem Garten auf den Tisch. Anfahrt: von Ravello ca. 2,5 km in Richtung Válico di Chiunzi, bergseitig auf die Ausschilderung achten. 4 Zi.
Via Monte Brusara 32, Mobil 33 81 69 47 54,
www.montebrusara.com, fb, [i]

9 **Palazzo della Marra**②
Gerardo Foti beherbergt seine Gäste in einer mittelalterlichen Adelsvilla. Innen präsentiert sich das B&B eher nüchtern, die Zimmer aber sind sehr ordentlich: „Vescovado" z.B. mit kleiner Terrasse sowie Blick auf die Dompiazza und über das Dragone-Tal. Allen zugänglich ist die Mini-Dachterrasse mit Bellavista. Eine Pizza, eine Flasche Wein, und der Abend ist gerettet! Den Gästen steht eine Waschmaschine zur Verfügung. (Für Ravello mehr als) moderate Preise! 4 Zi.
Via della Marra 3, Tel. 089 85 83 02,
Mobil 33 93 44 74 53, www.palazzodellamarra.it

MEIN TIPP: 3 **Parsifal – Antico Convento dal 1288**②-④
Freundliches, aufmerksam geführtes Haus am nördlichen Ortsrand. Die ehemaligen Klosterzellen des mittelalterlichen Augustinerkonvents sind mit einfachen, geschmackvollen Holzmöbeln ausgestattet. Das 3 **Ristorante Raffaele** öffnet auch für externe Gäste und bietet feine *cucina amalfitana* und eine superbe Aussicht aufs Meer. 17 Zi.
Viale Gioacchino d'Anna 5,
Tel. 089 85 71 44, www.hotelparsifal.com, fb, [i]

MEIN TIPP: 8 **Toro**③
Die engagierte *Giulia Schiavo* führt das sympathische Albergo in vierter Generation. Behagliche Zimmer, die meisten nicht sehr geräumig. Der Komponist *Edward Grieg* und der Grafiker *M.C. Escher* zählten zu den Gästen. Zentrale Lage nur wenige Schritte vom Domplatz. 12 Zi. April bis Mitte Nov.
Via Roma 16, Tel. 089 85 72 11,
www.hoteltoro.it, [i]

18 **Villa Amore**③
Das kleine Hotel liegt ca. 10 Min. zu Fuß vom Zentrum etwas versteckt auf dem Weg zur Villa Cimbrone (Gepäcktransfer gegen Aufpreis, für Hotelgäste Ermäßigung auf dem öffentlichen Parkplatz). Die Ruhe, der schöne Garten, die Aussicht – mehrere Zimmer mit eigener Terrasse –, die Freundlichkeit und gute Küche machen die etwas lieblos möblierten Zimmer wett. 13 Zi. April bis Mitte Okt.
Via dei Fusco 5,
Tel. 089 85 71 35, www.villaamore.it

19 **Villa Cimbrone**④
Das Privileg, in einem der schönsten Hotels von Ravello zu wohnen und durch eine der schönsten Gartenanlagen der Welt zu wandeln (absolut ungestört außerhalb der Öffnungszeiten des Parks), bezahlt man mit einem zehnminütigen Fußmarsch aus dem Zentrum und aus einer hoffentlich gut gefüllten Urlaubskasse. Die Zimmer in *Lord Grimthorpes* ehemaliger Villa sind edel eingerichtet, einige bieten einen Traumblick aufs Meer. In der „Greta-Garbo-Suite" nächtigte u.a. *Hillary Clinton*. Den Hubschrauberlandeplatz begrüßen nicht alle, den Pool schon. Das **Sterne-Restaurant** 19 **Il Flauto di Pan** öffnet auch für externe Gäste. 19 Zi. April bis Okt.
Via Santa Chiara 26, Tel. 089 85 74 59,
www.hotelvillacimbrone.com, fb, [i]

17 **Villa Maria**④
Freundliches Hotel auf dem Weg zur Villa Cimbrone. Die hellen, geräumigen Zimmer sind geschmackvoll eingerichtet. Von der Terrasse und aus dem Garten herrliche Blicke durchs Dragone-Tal aufs Meer. Das gute **Panorama-Restaurant** (s.u.) zieht auch Gäs-

te von auswärts an. Parkplatz und Pool des **Hotels Giordano** können mitbenutzt werden. Für die (betuchten) Gäste werden Koch- und Pizzakurse im Bio-Garten veranstaltet. 23 Zi.
Via Santa Chiara 2, Tel. 089 85 72 55,
www.villamaria.it, www.cookingravello.com

MEIN TIPP: **21 Villa San Michele**③
Das entzückende Hotel schwebt zwischen Himmel und Meer auf den Felsen direkt über der Küste, die meisten Zimmer mit Veranda oder Terrasse. Das ausgezeichnete **21 Ristorante** wird von der Familie *Dipino* mit derselben Hingabe geführt wie das Hotel. Von einer Sonnenplattform geht eine Badeleiter ins Meer. Parkplatz. Faire Preise! Unterhalb der Küstenstraße SS 163, von Amalfi kommend unmittelbar nach dem Abzweig Richtung Ravello. 12 Zi. März bis Anfang Nov.
Via Carusiello 2 – Castiglione di Ravello,
Tel. 089 87 22 37,
www.hotel-villasanmichele.it, fb, [i]

Essen und Trinken

7 Cumpà Cosimo②-③
Hausgemachte Pasta, abwechslungsreiche Gemüsegerichte und exzellente Fleisch-Secondi aus der hauseigenen Metzgerei, Kaninchen ist die Spezialität. Das gemütliche Ambiente einer Trattoria, die Preise eines (gehobenen) Restaurants, seit 1929 am Platz. Auch Kinderportionen.
Via Roma 44, Tel. 089 85 71 56

MEIN TIPP: **9 Enotavola**②
Zurückhaltend-edles Ambiente in den sorgsam restaurierten Gewölben des mittelalterlichen **Palazzo della Marra** (s.o.), kombiniert mit leichter traditioneller Küche – köstlich z.B. die mit Ricotta und Zitrone gefüllten Ravioli oder der in Zitronenblättern gegrillte Provola-Käse. Große Weinauswahl, jeden Mo und Do 18–20 Uhr Sommelier-Verkostungen. *Angela Donantonio* führt das Lokal zusammen mit ihren Töchtern *Giorgia* und *Paola*. An den Wänden hängen schöne alte Fotografien in gedämpften Sepiatönen. Bei gutem Wetter wird im schönen Garten serviert. März bis Dez.
Via della Marra 7, Tel. 089 85 74 82,
Mobil 33 87 42 50 15, www.winebaravello.it, fb

MEIN TIPP: **16 Mimì Bar-Pizzeria**②
Das junge Team bringt frischen Wind in Ravellos Gastroszene. Sympathisches Gartenlokal, beste neapolitanische Pizza, frisch zubereitete Pasta mit saisonalen Produkten, leckere Kleinigkeiten, ausgewählt gute Weine, Drinks und Craft-Biere. Angeschlossen ist das nette **16 B&B Mimì.** Mo Ruhetag, März bis Nov.
Via San Francesco 12,
Tel. 089 85 71 34, www.mimiravello.it, fb, [i]

6 Rosselinis④
Sollte die Urlaubskasse für die Übernachtung im prachtvollen **Hotel Palazzo Alvino** nicht reichen, könnte man sich vielleicht den Luxus eines Kerzenschein-Dinners auf der Panoramaterrasse leisten. Die kulinarischen Kreationen von Küchenchef *Michele De Leo* garantieren höchsten Genuss. Die Weinkarte genügt wissenschaftlichen Ansprüchen (leider hohe Aufschläge!). Das Ristorante glänzt mit einem Stern. Nur abends, März bis Okt.
Via S. Giovanni del Toro 28,
Tel. 089 81 81 81, www.palazzoavino.com

12 Da Salvatore②-③
Große Auswahl an hausgemachter Pasta, Fisch und Holzofenpizza, am besten ist der Blick auf den Golf. *Salvatore* hält für seine Gäste **12 sechs freundliche Zimmer** mit kleiner Terrasse und Küstenblick oberhalb des Restaurants bereit. Mo Ruhetag, Jan. bis Okt.
Via della Repubblica 2, Tel. 089 85 72 27, fb

17 Villa Maria②-③
Restaurant des gleichnamigen **Hotels** (s.o). Auf der herrlichen Terrasse genießt man den Ausblick und eine schmackhafte *cucina amalfitana*. Spezialität des Hauses sind *crespelle*, mit Käse überbackene hauchdünne Crêpes. Zu empfehlen ist auch der *fritto misto*. Gemüse und Salate kommen aus dem ei-

genen Bio-Garten. Touristenmenüs locken hin und wieder Reisegruppen an. Softe Barockmusik als Hintergrundberieselung.

13 Vittoria②

Zwei Schritte von der Piazza Duomo garantieren *Gianfranco* und *Maria Cioffi* seit Jahrzehnten eine solide Lokalküche, die Pasta ist hausgemacht, als Secondo Lamm oder Fisch. Die Pizza kommt aus dem Holzofen. *Signora Maria* vermietet **13 einfache Apartments,** eines mit Blick auf die Villa Rufolo. In der Saison (zu) gut von Touristengruppen besucht. Di Ruhetag, März bis Mitte Nov.

Via dei Rufolo 3, Tel. 089 85 79 47,
www.ristorantepizzeriavittoria.it,
www.casevacanzeravello.it

Bar, Café und Snacks

14 Babel

Fröhliche Adresse wenige Schritte von der Piazza Duomo: Drinks, leckere Kleinigkeiten und ausgefallene Keramik. Mitte Juni bis Mitte Sept.

Via Santissima Trinità 13, Mobil 37 91 13 85 24,
www.babelravello.com

ama026 pa

11 Caffè Calce

Ein Klassiker mit Tischen auf der Dompiazza. Ein Klassiker ist auch die *delizia al limone.* An der Treppe des Viale Wagner liegt der Zugang zur **Gartenbar 11 Giardini Calce mit edlem 11 B&B** (Mobil 32 99 75 65 00, www.giardinicalce.com; 5 Zi.).

Via Roma 2, Tel. 089 85 71 52,
www.caffecalce.com

20 Il Balcone di Lucille

Im Gartencafé der **Villa Cimbrone** verweilt man gerne. Ein Tipp ist der namengebende Balkon!

Via Santa Chiara 26, www.hotelvillacimbrone.com

Einkaufen

An jeder Ecke werden hochpreisige Antiquitäten, Keramiken, Souvenirs, Limoncello und meist überteuerte Weine feilgeboten.

10 Camo – Museo del Corallo

Giorgio Filocamo war der „Korallenkönig" Kampaniens, seine Tochter führt den schönen Laden fort. Eigene Entwürfe und antike Stücke. Herausragend bestücktes kleines Museum mit Korallenschnitzereien und Kameen.

Piazza Duomo 9, Tel. 089 85 74 61,
www.museodelcorallo.com

15 Profumi della Costiera

Die Familie *Mansi* produziert einen der besseren Limoncelli der Costiera.

Via Trinità 37, Tel. 089 85 81 67,
https://profumidellacostiera.cloud, fb

[<] Antike Statuen (und die Kopien antiker Statuen) bevölkern die Villa Cimbrone

Feiern/Kultur

- **Ravello Concert Society,** Kammerkonzerte zu anständigen Preisen in der Annunziata-Kirche (13. Jh.) zu Füßen der Villa Rufolo oder im ebenso stimmungsvollen Ravello Art Center, den ehemaligen Gran-Caruso-Weinkellern. Mai bis Okt. www.ravelloarts.org
- **Ravello Festival,** das gesellschaftliche Event zu (fast) volksnahen Preisen findet seit 1953 statt. Ursprünglich ein reines Wagner-Festival, werden heute von April bis Okt. musikalische und tänzerische Darbietungen bekannter italienischer und internationaler Künstler geboten. Die Freiluftaufführungen finden meist in den Gärten der Villa Rufolo statt und neuerdings auch im Auditorium Niemeyer. Im Juli werden symphonische Konzerte aufgeführt, im August wird auf der Dompiazza gejazzt, im September ist Kammermusik zu hören. Karten können telefonisch oder online reserviert werden. Shuttle-Busse zu den Konzerten von allen Orten der Amalfitana und aus Sorrent. www.ravellofestival.com.
- **Festa di S. Pantaleone,** Patronatsfest am 27. Juli und als Spektakel die Blutverflüssigung.

Wandern

Ravello – Scala – Amalfi

Reizvolle Kontraste zwischen dem mondänen Ravello und den bäuerlichen Ortschaften um Scala: Der **abwechslungsreiche Weg** führt durch Ortschaften und vorbei an Zitronenhainen über viele (!) Treppenstufen nach Amalfi hinab.

Aus Ravello folgt man der **Straße nach Scala;** auf dieser geht es, vorbei am Duomo S. Lorenzo und weiter durch den Ort bis zu den Häusern von Minuta. Unterwegs herrliche Aussicht über das Dragone-Tal zurück auf Ravello!

In **Minuta** beginnt der eigentliche **Abstieg Richtung Amalfi,** unzählige Treppenstufen sind zu bewältigen! Es geht über die hübsche Piazza mit Wasserbrunnen und rechts an der Kirche S. Annunziata vorbei, um gleich darauf rechts dem Schild „Pontone-Amalfi" zu folgen. An der nächsten Gabelung links weiter bergab (rechts setzt sich der CAI-Weg 323 in Richtung Valle delle Ferriere fort; siehe **Wanderung 4** im Kapitel „15 Wanderungen"). Unter der Vorhalle der Kirche S. Maria del Carmine hindurch erreicht man die Piazzetta von Pontone mit der Kirche S. Giovanni. Hier lohnt der **Abstecher zur Torre dello Zirro.**

Der **Hauptweg nach Amalfi** folgt dem Treppenweg ins Tal. Vorbei an einem Votivschrein mit drei Kreuzen stößt man von oben auf einen querenden Weg; links weiter. Amalfi, der Campanile des Doms und das Meer kommen zum Vorschein. An einem Haus mit Marienbild stößt man auf einen querenden Weg, dem man nach links folgt, vorbei an vereinzelten Häusern und Zitronengärten. An der nächsten Gabelung links gehen und auf dem Treppenweg Salita dei Patroni nach rechts zum Corso von Amalfi absteigen.

Ravello – Atrani –Amalfi

Den Bus nach Amalfi verpasst? Kein Problem! Von der Piazza Duomo in Ravello geht es **vorbei am Santuario SS. Cosma e Damiano** (Trinkwasser-Quelle) am zweiten Abzweig Richtung Amalfi über steile Treppen bergab und mitten durch Zitronenhaine. Ein alternativer Einstieg erfolgt nach der Chiesa di Santa Chiara und noch vor der Villa Cimbrone. Nach dem Ortsteil Castiglione erreicht man Atrani. Nach einer Erfrischungspause mit Granita auf der Piazza Umberto I. folgt man den orientalisch verwinkelten Gassen und Stufen bis Amalfi (siehe **Wanderung 4** im Kapitel „15 Wanderungen").

Scala

Das Dragone-Tal trennt das stille **Scala (360 m, 1540 Ew.)** von Ravello. Von Ravello aus präsentiert sich Scala von seiner besten Seite, wie umgekehrt Scala die schönste Sicht auf Ravello bietet. Dabei mutet der Blick auf Scala wie ein mittelalterliches Tafelbild an. Streng und würdig erheben sich die Apsiden des **Duomo S. Lorenzo** (1196) über gepflegten Weinterrassen. Das Kircheninnere lohnt den Besuch, die Krypta schlägt alle in den Bann. Als Mitglied der Seerepublik kam Scala im Mittelalter zu Reichtum. In jener Zeit besaß der Ort über 130 Kirchen. Einige davon stehen noch.

Aus Scala stammte *Gerardo Sasso*, Gründer des Johanniterordens. Die Plünderungen und Zerstörungen durch die Pisaner Anfang des 12. Jh. leiteten den **Niedergang** ein.

Ein dörflicher Friede liegt heute über Scala und den benachbarten Borghi. Besonders schön ist das südlich gelegene **Minuta** (oder Minuto). Die **Kirche S. Annunziata** birgt in ihrer Krypta bedeutende Fresken aus dem 12. Jh., sie zeigen byzantinische Einflüsse. Zwei der Szenen aus dem Leben des **hl. Nikolaus** gehen auf eine lokale Legende zurück und sind andernorts unbekannt. Erzählt wird die Geschichte eines reichen Mannes, dem dank der Fürsprache des Heiligen noch im hohen Alter ein Sohn geboren wird. Zum Dank errichtet dieser in seinem Palast eine Kapelle, wo jedes Jahr am 6. Dezember ein Dankgottesdienst abgehalten wird. Der Sohn wird Jahre später entführt, muss als Sklave am Hof eines muslimischen Herrschers dienen und kehrt

Scala – Blick von Ravello

ama06 pa

schließlich dank des Eingreifens des *hl. Nikolaus* zu seinem Vater zurück.

Eindrucksvoll sind auch die Apsisruinen der **Kirche S. Eustachio** (12. Jh.).

Durch Minuta führt ein schöner Treppenweg nach **Pontone,** dem alten Scallella, Kreuzungspunkt aller Treppenwege zwischen Scala, Amalfi und Atrani. Hier beginnt auch der zauberhaft schöne Weg Richtung Valle delle Ferriere.

Praktische Tipps

Information

- **www.discoverscala.com**

Übernachten/Essen und Trinken

MEIN TIPP: **Dint'a Torre**②

Nette Gästezimmer mit schönem Blick, die Möglichkeit, Zeit in dem hübschen Borgo zu verbringen, v.a. aber der herzliche Empfang durch *Angela* und *Antonio*. Ihren Gästen empfehlen sie nette Lokale in fußläufiger Entfernung, z.B. die **Trattoria-Pizzeria Antico Borgo.** Leckeres Frühstück mit frischen Früchten aus dem Garten. Privater Parkplatz. 3 Zi.
Via Valle delle Ferriere 52 – Pontone,
Tel. 089 87 13 10, Mobil 32 02 63 83 17,
34 65 13 31 37, www.dint-a-torre.com, fb

- **Hotel La Margherita**②-③

Annamaria Del Pizzo und *Luigi Di Lascio* führen mit ihrer Familie dieses freundliche Hotel und die benachbarte (etwas teurere) Villa Giuseppina. Kleiner Pool, **Restaurant** und Gäste-Parkplatz. 26 Zi.
Via Toricella 31, Mobil 33 86 49 93 15,
33 94 91 17 81, www.lamargheritahotel.it

- **Palazzo Pascal**④

Stilvolles Fünf-Sterne-Logis in mittelalterlichen Mauern, ursprünglich Nebengebäude der Annunziata-Kirche. Einige der Zimmer mit französischen Balkonen, andere mit privaten Terrassen. *Madaleni Grigorie* und *Pasquale Sorrentino* planen die Erweiterung ihres *albergo diffuso* durch die sorgsame Restaurierung weiterer alter Häuser. Kleines & feines Ristorante, Lounge-Bar, Mini-Pool und Traumblick auf Ravello und das Meer. Parkplatz in der Nähe. 5 Suiten. April bis Anfang Nov.
Via Piazza Minuta 1 – Minuta,
Tel. 089 85 83 12, www.palazzopascal.it

- **Trattoria da Lorenzo**②-③

Der alteingeführte Familienbetrieb serviert Klassiker der *cucina amalfitana* mit Gemüse aus dem eigenen Garten und natürlich frischen Fisch. In der Nebensaison nur wochenends. März bis Okt.
Via Frà Gerardo Sasso 10 – Scala, Tel. 089 85 20 90,
www.trattoriadalorenzo.com, fb, [i]

An- und Weiterreise

- **Auto:** Von der SS 163 führt eine kurvenreiche Straße nach Scala hoch, Parkmöglichkeiten an der Straße.
- **Bus:** SITA-Busse verkehren regelmäßig zwischen Amalfi, Ravello und Scala.

Einkaufen

In Scala und Potone gibt es nette, kleine Lebensmittelläden, in denen man sich für ein Picknick bestens eindecken kann.

Wandern

Scala, Minuta und Pontone sind gut eingebunden in das Netz der **alten Wirtschafts- und Treppenwege.** Sie sind i.d.R. als Wanderwege ausgewiesen und auf den Gratiskarten verzeichnet, die man vor Ort erhält. Ravello und Amalfi sind zu Fuß schnell erreicht, besonders reizvoll ist von Pontone aus die Erkundung des **Valle delle Ferriere** flussaufwärts von Amalfi. Auf Höhe der alten Eisenhütte (siehe **Wanderung 4** im Kapitel „15 Wanderungen") zweigt der Stichweg zum Eingang der **Riserva Naturale Orientata Valle delle Ferriere** ab. Das umzäunte Naturschutzgebiet ist nur im Rahmen einer Führung zu besichtigen, zu den Attraktionen zählen der 25 m hohe Wasserfall und eine feenhafte Farnschlucht. Der Infopoint befindet sich am Ortsrand von Pontone (Via Valle delle Ferriere 62, Mobil 33 85 60 55 50, www.lavalledelleferriere.com, Eintritt 5 €). Der Abstecher weiter hoch ins Tal lohnt jedoch auch ohne Besuch des Naturschutzgebietes!

Oberhalb von Scala führen aus den Weilern Santa Caterina bzw. Campidoglio bezeichnete Wege hoch zu dem i.d.R. von April bis Okt. an den Wochenenden bewirtschafteten **Rifugio Santa Maria dei Monti** (GPS: N 40.665677, E 14.585905, Mobil 35 18 96 04 74, www.rifugiosantamaria.com), das auf einem 1000 m hohen, aussichtsreichen Plateau des Monte Campanaro liegt und seit dem 19. Jh. die Bergtouristen anzieht. Übernachtungsgäste finden auch einfache Betten vor. Von Agerola ist das Rifugo auch mit dem Mountainbike zu erreichen.

[>] Atrani, ein Bilderbuchstädtchen mit eigenem Strand

Atrani

Dicht an dicht drängen sich die weiß gekalkten Häuserkuben von **Atrani (21 m, 790 Ew.).** Das Labyrinth der Treppengassen und überdachten Passagen inspirierte den Grafikkünstler *M.C. Escher* zu seinen die Sinne verwirrenden geometrischen Architekturbildern. Kenner halten Atrani für das **schönste Städtchen der Costiera Amalfitana.**

Rote Mützen

Nur ein Felsvorsprung, auf dem das Hotel Luna Convento thront, trennt Atrani von Amalfi. Zu Zeiten der Seerepublik war Atrani bevorzugtes Wohnquartier des Adels und in der **Kirche San Salvatore de'Birecto** wurden die Dogen gewählt, gekrönt – sie bekamen die **Dogenmütze,** den roten *berretto,* aufgesetzt – und bestattet. Bronzepforten aus dem 11. Jh. öffnen sich zum weitläufigen Innenraum, der schöne Marmorfragmente und eine 1299 gegossene Bronzeglocke mit gotischen Inschriften birgt.

- **Chiesa San Salvatore de'Birecto,** Piazza Umberto I., fb, Mai bis Okt. tägl., im Winter Sa/So, jeweils 10.30–13 und 15–18 Uhr, Eintritt 2 €.

Von den Pisanern 1135 verwüstet, erblühte das Städtchen erst wieder unter König *Manfred,* Sohn von Kaiser *Friedrich II.* Aus dieser Zeit stammt die **Kollegiatskirche S. Maria Maddalena.** Der später barockisierte Bau beherrscht mit seinem schönen Campanile und grünen Majolikakuppeln das Stadtbild. Die elegante Freitreppe ist filmverdächtig, das hatte Regisseur *Roberto Rosselini* natürlich längst erkannt. Besonders stolz ist Atrani auf den neapolitanischen **Volkshelden Masaniello,** der 1647 einen Aufstand gegen die Spanier anführte. Er soll hier geboren sein. Seine rote Fischermütze stand Modell für die **Jakobinermützen** der französischen Revolutionäre von 1789.

Mit einer Fläche von knapp 0,2 km² ist Atrani die zweitkleinste Gemeinde Italiens. Unter und zwischen den Häusern entwickelt sich ein fantastisches **Labyrinth schmaler Gassen und Treppenwege.** Nicht nur Kindern macht es Spaß sich zu verirren. Für Autos ist kein Durchkommen. Das Herz des Ortes schlägt auf der hübschen **Piazza Umberto I.** Unter der SS 163 hindurch gelangt man an den kleinen Strand. Hoch über Atrani schweben auf einem steil aufragenden Felsplateau die Gärten der Villa Cimbrone.

Auf dem hohen Berggrat zwischen Atrani und Amalfi erhebt sich die imposante **Torre dello Zirro.** Der aussichtsreiche Platz ist von Pontone aus über den Grat zu erreichen.

Praktische Tipps

An- und Weiterreise

- **Auto:** Atrani liegt direkt an der SS 163. Am Strand gibt es *parcheggi gratta e sosta,* d.h. man kauft für jede Stunde Parkzeit am Kiosk oder in der Bar einen Parkschein, auf dem die Ankunftszeit freigerubbelt werden muss.
- **Bus:** SITA-Busse in Richtung Amalfi, Ravello und Salerno.

ama029 pa

Übernachten

34 'A Scalinatella②
Sympathisches, jugendherbergsähnliches Ostello. Im Ort (und auch in anderen Orten der Costiera) werden weitere Apartments mit Kochgelegenheit vermietet. Rezeption an der Hauptpiazza. Von März bis Okt. auch mit Frühstück. 12 Zi.
Piazza Umberto I. 5/6, Tel. 089 87 14 92,
Mobil 33 84 73 92 00, www.hostelscalinatella.com

MEIN TIPP: **30 Palazzo Ferraioli②-③**
Entzückendes Albergo inmitten des Häuserlabyrinths in einer mustergültig restaurierten Adelsresidenz des 19. Jh. Komfortable, modern möblierte Zimmer, schicker Spa und Dachterrasse mit tollem Blick über den Ort. April bis Okt. 25 Zi.
Via Campo 16, Tel. 089 87 26 52, 089 87 15 51,
www.palazzoferraioli.it, fb, [i]

Der stärkste Mann der Welt

Diverse Filmemacher haben **Lello Criscuolo,** dem „Held der Treppen", liebenswerte Porträts gewidmet. Elf Monate des Jahres arbeitet(e) *Lello* als Fuhrunternehmer in Atrani. Mit anderen Worten: Er schleppt(e) auf seinen starken Schultern Betten, Kühlschränke, Tische, einfach alles, selbst die Toten auf den Friedhof. Denn in den schmalen Gassen und Treppenwegen ist für Autos kein Durchkommen. *Lellos* Frau hält große Stücke auf ihren starken Mann, der sie in den letzten Monaten der Schwangerschaft jeden Tag die 130 steilen Stufen hochschleppte. „Das habe ich aus Liebe getan", bekräftigt *Lello.* Sein Rekord beim Lastentragen liegt bei 350 Kilo und bleibt unerreicht. Ohne *Lello* wäre auch Weihnachten nicht vorstellbar. Anfang Dezember stellt er den Christbaum auf der Piazza Umberto I. auf. Dann hilft er ein Drahtseil spannen, vom Dom bis zu einer Kapelle auf dem gegenüberliegenden Berg, und am 24. Dezember lässt er gegen Mitternacht einen großen, leuchtenden Stern, der an jenem Drahtseil hängt, ganz langsam auf die Piazza hinunterschweben.

Essen und Trinken

MEIN TIPP: **35 'A Paranza②-③**
Ausgezeichnetes, alteingessenes Fischlokal, das Ambiente vornehm zurückhaltend. Als Antipasto sind die *alici marinati* zu empfehlen. Hausgemachte Nudeln, köstliche Risotti, Fisch-Secondi und *dolci della casa.* Als Hauswein wird ein guter Ravello Bianco aufgetischt. Di Ruhetag, Jan. geschl.
Traversa Dragone 2, Tel. 089 87 18 40,
www.ristoranteparanza.com, fb

29 Le Arcate②
Man sitzt wunderschön mit Blick auf die kleine Hafenbucht, im Winter stehen ein paar Tische in der Grotte. Fischgerichte und gute Holzofenpizze. Mo Ruhetag, März bis Dez.
Largo Orlando Buonocuore, Tel. 089 87 13 67,
www.learcateatrani.it, fb

[>] Die Piazza Umberto I. ist das Herz von Atrani, mit wenigen Schritten gelangt man an den Strand

31 Ristorante Savò③

Gerardo Savò ist Überzeugungstäter und rennt Trends nicht hinterher. Zusammen mit seiner Familie bemüht er sich jeden Tag aufs Neue, seinen Gästen eine möglichst unverfälschte Fischküche zu offerieren. Bei der Auswahl bester lokaler Zutaten geht er keine Kompromisse ein. Gute Weinauswahl, die meisten Tropfen stammen von Winzern der Costiera Amalfitana. Gemütlicher kleiner Gastraum voller Kunst, Tische stehen an der zentralen Piazza. Di bis So mittags und abends, Mo nur mittags, März bis Anfang Nov.
Supportico Marinella 6, Tel. 089 87 27 12, Mobil 34 87 96 66 21, www.ristorantesavo.it, fb, [i]

Bars

33 Bar Birecto

Snacks, Salate, Cocktails und köstliche Zitronengranita. An Sommerabenden Live-Musik.
Piazza Umberto I. 13, Tel. 089 87 10 17, Mobil 36 62 53 76 07, fb

32 La Risacca

Die Bar an Atranis Hauptpiazza ist auch Treff der Einheimischen. Leckere Snacks, z.B. *bruschette.* Im Winter Mi Ruhetag.
Piazza Umberto I. 16, Tel. 089 87 28 66, fb

Baden

Atrani bietet eine **kleine Kiesbucht,** im Sommer stehen die Liegestühle hier dicht an dicht.

Wandern

Atrani und Amalfi verbindet ein wunderschöner **verkehrsfreier Treppenweg,** der im Rücken des Hotels Luna Convento entlangführt (siehe **Wanderung 4** im Kapitel „15 Wanderungen"). Auf steilen Treppenwegen und vorbei an Zitronenhainen kann man von Atrani nach Ravello aufsteigen.

ama028 pa

Amalfi

Der Tag des Jüngsten Gerichts wird für die Amalfitaner, die ins Paradies eingehen, ein Tag sein wie jeder andere.

Renato Fucini, 1877

Der **Hauptstadt der ehemaligen Seerepublik** nähert man sich standesgemäß mit dem Schiff, tatsächlich aber machen Bustouristen in der Saison das Gros der Besucher aus. Von steilen Gebirgskämmen eingefasst, drängen die hellen Häuser Amalfis aus dem engen Talgrund ans Meer. Über die ziegelroten Dächer ragen die gold glänzende Domfassade und der majolikaverzierte Campanile hinaus. Trotz zahlloser Tagesbesucher aus dem In- und Ausland hat sich Amalfi noch viel von seinem **Charme** bewahrt. Wer hier übernachtet, teilt die Stadt frühmorgens und ab spätem Nachmittag fast nur mit Einheimischen.

Amalfi war die Hauptstadt der ersten Seerepublik Italiens

Papier, Kompass und Zitronen

Vom 10. bis zum 12. Jh. mächtige Hauptstadt der ältesten Seerepublik Italiens, ist **Amalfi (6 m, 4700 Ew.)** heute das **touristische Zentrum der gleichnamigen Küste.** Über die Ursprünge Amalfis ist wenig bekannt, möglicherweise ließen sich hier im 4. Jh. n.Chr. römische Siedler aus Melphe nieder, einem heute verschwundenen Ort am Capo Palinuro im Cilento. Ab dem 6. Jh. stand Amalfi unter dem Einfluss des byzantinischen Herzogtums Neapel, begann aber bald eigene **Handelskontakte in den Orient** zu knüpfen. Die Rivalitäten zwischen byzantinischen Statthaltern und Langobarden ausnutzend, wurde Amalfi 920 eine Seerepublik, ab 958 selbstständiges Herzogtum. Die Oberherrschaft von Byzanz war lediglich formal, der Adel konnte als Stadtoberhaupt seine Dogen frei wählen. Amalfi beherrschte zeitweise den gesamten Landstrich, der noch heute als Amalfitana bezeichnet wird, sowie weite Teile der Sorrentiner Halbinsel und die Insel Capri. Dabei unterhielt die *Repubblica marinara* eine starke Kriegs- und Handelsflotte.

ama07 pa

Eine **Seerepublik** kann man sich als international agierendes, weit verzweigtes Handelsunternehmen vorstellen, mit einem gewählten Dogen als „Vorstandsvorsitzenden" an der Spitze. Kontore und Niederlassungen amalfitanischer Händler gab es in allen bedeutenden Städten des östlichen Mittelmeerraums, in Konstantinopel, Beirut, Tripolis, Jaffa, Alexandria und auf Zypern. Arabische Chronisten des Mittelalters beschrieben Amalfi als **prächtigste Stadt des christlichen Süditalien** mit über 50.000 Einwohnern, zehnmal mehr als heute. Amalfitanische Handelsherren stifteten im Orient **glanzvolle Kirchen,** darunter 1020 in Jerusalem das Hospiz des *hl. Johannes,* Keimzelle des Johanniterordens, der späteren Malteserritter (daher das Malteserkreuz im Wappen von Amalfi!). Die amalfitanischen Galeeren importierten Seidenstoffe, Teppiche, Gewürze und Zucker aus dem Orient, Waren, die im Westen mit hohem Gewinn losgeschlagen werden konnten. Aus dem Orient übernahm Amalfi die Technik der **Pa-**

pierherstellung, von arabischen Seefahrern den Gebrauch des **Magnetkompasses.** *Flavio Gioia,* den Amalfi wie Positano als Sohn ihrer Stadt reklamieren, wird gerne die Erfindung dieses nautischen Instrumentes angedichtet. Die charakteristische Architektur der amalfitanischen Küstenstädte, aber auch die Kultur der **Zitronen,** die bis heute die Terrassenlandschaft prägt, ist Frucht dieses intensiven Kontaktes mit der arabischen Welt. Die in Amalfi geprägten Goldtari fanden als Zahlungsmittel weite Verbreitung. In der **„Tabula amalfitana“** wurde zum ersten Mal in Italien das Seerecht schriftlich niedergelegt. Die 66 Verordnungen behielten im Mittelmeer ihre Gültigkeit bis ins 16. Jh., noch lange nach dem Niedergang der Seerepublik.

Das Ende der amalfitanischen Selbstständigkeit wurde durch innere Konflikte eingeleitet. Im 11. Jh. rebellierte Ravello gegen Amalfi und verbündete sich mit den **Normannen.** 1131 konnte *Roger II.* Amalfi endgültig seinem normannischen Königreich einverleiben. Die junge Seerepublik Pisa stieg auf Kosten von Amalfi und Ravello zur dominierenden Handelsmacht im Tyrrhenischen Meer auf. 1135 und 1137 plünderten die Pisaner Amalfi, Atrani, Minori, Maiori, Scala und Ravello. Den Todesstoß versetzte Amalfi am 25. November **1343** ein **Erd- und Seebeben,** dem der Hafen mit den Werftanlagen und große Teile der Bevölkerung zum Opfer fielen. Neuere Forschungen gehen davon aus, dass ein Erdrutsch auf der Insel Stromboli Auslöser

Amalfi und Atrani

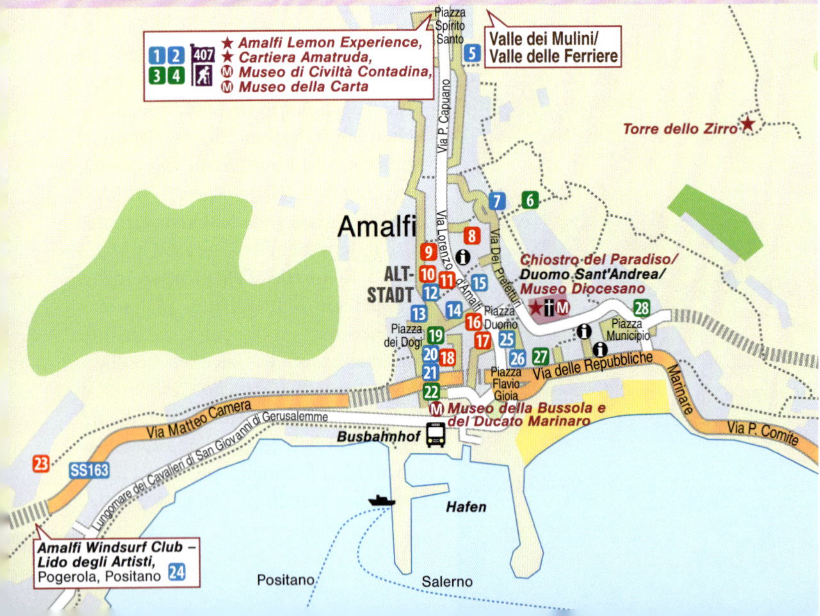

des verheerenden Tsunamis war. Der Dichter *Petrarca* erlebte den „Meeressturm“ in Neapel.

Ab dem 19. Jh. weckten schwärmerische **Reisende aus Deutschland und England** Amalfi aus seinem Dornröschenschlaf. Amalfis edelste und älteste Herberge Luna Convento ging aus einem mittelalterlichen Franziskanerkonvent hervor und steht seit über 200 Jahren unter Leitung der Familie *Barbaro*. Das Gästebuch liest sich wie ein Who's who des internationalen Geld- und Kulturadels. Das **heute bei Amerikanern besonders beliebte „Ämälfei“** wird von Busflotten und Kreuzfahrtschiffen angesteuert und ist längst ein absolutes Massenreiseziel, das sich trotz alledem viel von seinem Charme bewahrt hat.

Wo bitte geht's zum Paradies?

Kommt man nach Amalfi, empfiehlt es sich, von der **Piazza Flavio Gioia** mit dem Denkmal des vermeintlichen Kompass-Erfinders, wo Touristen- und SITA-Busse halten, erst auf die Hafenmole hinauszutreten. Reist man mit dem Schiff an, ergibt sich diese ideale Perspektive von selbst. Der Lärm der Busse und die Scharen von Touristen verwandeln sich in der Fantasie zum Hämmern auf den Werften und geschäftigen Treiben im Hafen der alten Seerepublik. Bevor man durch die **Porta Marina** die eigentliche Stadt betritt, kann man einen Blick in den **Arsenale della Repubblica** werfen,

ama032 pa

einen Rest der mittelalterlichen Werfthallen. Hier wurden Galeeren mit bis zu 116 Ruderbänken auf Kiel gelegt. Die spitzbögigen Gewölbe beherbergen eine **Ausstellung zur Geschichte der Seerepublik.** Zu sehen ist eine mittelalterliche Handschrift der „Tabula Amalfitana", jenes Gesetzes, das alle Aspekte der christlichen Seefahrt regelte.

■ **Museo della Bussola e del Ducato Marinaro,** Largo Cesareo Console 3, i.d.R. Di bis So 11–18.30 Uhr, Eintritt 2 €.

Chiostro del Paradiso, ein Stück 1001 Nacht

Von der Piazza del Duomo führt eine imposante Freitreppe zum **Duomo Sant' Andrea,** steingewordene Chronik der reichen und selbstbewussten Stadt. Die farbenprächtige Fassade aus dem 19. Jh., mit Schmuckelementen im byzantinischen und maurischen Stil, ist eine ebenso eindrucksvolle wie umstrittene Rekonstruktion des mittelalterlichen Originals. Der **freistehende Campanile,** dessen Markenzeichen ineinander verschränkte maurische Spitzbögen sind, wurde 1267 vollendet. Ein Rundgang, welcher die Besichtigung des berühmten **Chiostro del Paradiso** mit einschließt, beginnt auf der linken Seite der Loggia. Errichtet von 1266 bis 1268, ist der winzige Kreuzgang, in dem sich Amalfis Adel bestatten ließ, ein Traum aus „1001 Nacht". Die an der Seite aufgestellten, reich skulpierten Sarkophage sind antik.

Im Mittelalter wurden sie neu verwendet. Fresken schmücken die Seitenwände, eine Kreuzigungsszene sticht qualitativ hervor. Sie wird *Roberto d'Oderisio* zugeschrieben, im 14. Jh. einer der führenden Maler Neapels. Er hatte *Giottos* Stil in Kampanien verbreitet. Blendend weiße, ineinander verwobene spitzbogige Arkaden ruhen auf zierlichen Doppelsäulen. In der Mitte öffnet sich ein exotisches Gärtlein.

Aus dem Kreuzgang gelangt man in die **Chiesa del Crocifisso** (8. Jh.). Direkt daneben wurde anlässlich der Republikgründung im 10. Jh. die dem *hl. Andreas* geweihte Kathedrale errichtet. Dadurch entstand ein sechsschiffiger Kirchenbau, der erst in der Barockzeit wieder getrennt wurde. Nachdem die heute entweihte Kirche ihres barocken Schmucks entledigt und aufwendig restauriert wurde, konnte die bemerkenswerte Sammlung des **Museo Diocesano** hier eine würdige Bleibe finden. Aus der Chiesa del Crocifisso führt eine Treppe in die Krypta mit den **Reliquien des hl. Andreas.** „Saintnapping" stand im Mittelalter hoch im Kurs, und die Seerepublik wollte nicht hinten anstehen. Im Jahre 1208 ließ Kardinal *Pietro Capuano* die heiligen Knochen des späteren Stadtpatrons aus Konstantinopel (Patras?) nach Amalfi überführen (entführen?). Der Besitz wertvoller Reliquien war mit höchstem Prestige verbunden, Pilgerströme spülten willkommene Devisen in die Kassen. Seit Anfang des 14. Jh. dringt eine *manna* genannte Flüssigkeit aus dem Sarkophag des Apostels, ihr werden wundertätige Eigenschaften zugeschrieben. Aus der Krypta führen breite Stufen in den barock ausgeschmückten Dom. **Kunstwerke aller Epochen** zeigen den Apostel. Auf einem der Gemälde ist er gemeinsam mit dem Evangelisten *Matthäus* zu sehen, wie sie Amalfi vor dem gefürchteten Korsaren *Khair-ad-Din Barbarossa* retten, heute noch Anlass, Ende Juni das Fest des Schutzpatrons zu feiern. Beim Verlassen des Doms wird die Verehrung des *hl. Andreas* am **Bronzeportal** noch einmal augenfällig. Im Jahre 1066 von dem Syrer *Simon* gegossen, wurde dieses kunsthistorisch bedeutende Werk von dem reichen *Pantaleone*

ama08 pa

☒ Im Rücken des Duomo zieht sich ein labyrinthisches Gassengewirr

ama033 pa

di Mauro Comite, Haupt der amalfitanischen Handelsniederlassung in Konstantinopel, gestiftet. Von den vielen Berührungen ist das Bild des *hl. Andreas* blank gescheuert.

■ **Chiostro del Paradiso/Museo Diocesano/ Duomo Sant'Andrea,** Piazza del Duomo, Tel. 089 87 13 24, www.museodiocesanoamalfi.it, www.parrocchiaamalfi.com, Mai bis Sept. tägl. 9–21 Uhr, Okt. bis April tägl. 10–17 Uhr, Eintritt 3/1 €.

Gesäumt von Läden, Bars und Restaurants zieht sich die **Via Lorenzo d'Amalfi** durch den Talgrund, abschnittsweise von der gedeckten Rua Nova Mercatorum begleitet. Amalfis **Altstadt** erinnert nicht zufällig an eine arabische Medina. Leicht kann man sich vorstellen, wie hier im Mittelalter Händler aller Länder und Religionen ihre Waren feilboten. Seitlich locken schmale Gassen, und zwischen weiß gekalkten Häusern kann man auf Treppenwegen aufsteigen. Schnell wird man sich verlaufen, doch ebenso unversehens wieder zum Corso zurückfinden. Jenseits der Piazza Spirito Santo liegt ein modernes Wohn- und Geschäftsviertel, eine Art Miniatur-Peripherie.

Als **Via delle Cartiere** setzt sich die Hauptstraße im Tal fort. Amalfi war vermutlich die erste Stadt Italiens, in der im Mittelalter Papier geschöpft wurde. Das Wasser des Fiume Canneto trieb zeitweise über ein Dutzend Papiermühlen an, übrig geblieben ist die **Cartiera Amatruda.** Im **Museo della Carta,** eingerichtet in den Räumen einer der mittelalterlichen Papiermühlen, werden alle Arbeitsschritte der **Papierherstellung** vorgeführt.

■ **Cartiera Amatruda,** Via delle Cartiere 100, Tel. 089 87 13 15, WhatsApp 33 45 80 38 28, www.amatruda.it, fb, Mo bis Fr 8–12.30 und 15–17 Uhr.

■ **Museo della Carta** (Palazzo Pagliara), Via delle Cartiere 23, Tel. 08 98 30 45 61, www.museodellacarta.it, fb, März bis Okt. tägl. 10–18.30 Uhr, Nov. bis Febr. Di bis So 10–15.30 Uhr, Eintritt 4/2 €.

⌃ Sant'Andrea – blank vor lauter Berührungen

Wenige Schritte hinter dem Papiermuseum präsentiert die Familie *Aceto* ihre liebevoll arrangierte Sammlung bäuerlicher Geräte, bietet Einblicke in die **Kultur der Zitronen** und verrät, wie echter Limoncello gemacht wird. Die von *Salvatore* geführte Tour durch den Bio-Zitronengarten ist ein Erlebnis (siehe Exkurs „Zitronen – ein gelbes Stück vom Paradies", S. 102)!

■ **Museo di Civiltà Contadina,** Via delle Cartiere 55, Mo bis Sa 9–13 und 15–19 Uhr, Eintritt frei.

Die Wasserkraft des Flusses diente auch dem Antrieb von Eisenhammerwerken, daher die doppelte Bezeichnung **Valle dei Mulini** („Mühlental") oder **Valle delle Ferriere** („Tal der Eisenhütten"). Vor dem Gestank und Lärm, denen er seinen Reichtum zu verdanken hatte, floh der Adel in das nahe Atrani oder ins hoch gelegene Ravello.

Praktische Tipps

Information

■ **Campania Turismo**
Unterkunftsverzeichnis, Stadtplan mit Hotels und Restaurants, gute Wandertipps. Mo bis Fr 8.30–13.30 und 15–17 Uhr, Sa 8.30–13 Uhr.
Via delle Repubbliche Marinare 27,
Tel. 089 87 11 07, www.amalfitouristoffice.it

■ **Centro di Cultura e Storia Amalfitana**
Seit 1975 aus dem Kulturleben Amalfis nicht weg zu denken: Zu den Aufgaben des Studienzentrums zählt die Herausgabe von Texten zu Kultur, Geschichte und Landschaft der Amalfitana, Sitz ist die von *Giuseppe Cobalto* geleitete Bibliothek.
Supportico Sant'Andrea 3, Tel. 089 87 11 70,
www.centrodiculturaestoriaamalfitana.it

☐ Im Museo della Carta wird die Papierherstellung erklärt

ama231 pa

ama09 pa

■ **L'Altra Costiera**
Private Tourist-Info, Unterkunftsvermittlung, Fahrzeugverleih und Gepäckaufbewahrung.
Via Lorenzo d'Amalfi 34, Tel. 08 98 30 45 36,
Mobil & WhatsApp 35 11 44 45 67,
www.altracostiera.com

An- und Weiterreise

■ **Auto:** Amalfi liegt direkt an der SS 163. Gebührenpflichtige Parkplätze am Hafen und im Parkhaus Luna Rossa (www.amalfimobilita.com), das von der SS 163 zwischen Amalfi und Atrani zu erreichen ist – ein Fußweg führt durch einen Tunnel auf die Piazza Municipio.

■ **Bus:** Amalfi ist der Knotenpunkt der SITA (www.sitasudtrasporti.it) an der Amalfitana. Regelmäßig Verbindungen über Positano Richtung Sorrento bzw. über Vietri Richtung Salerno und über Agerola Richtung Neapel (blaue Busse). Linienbusse nach Ravello und Scala (orangefarbene Busse). Busbahnhof am Hafen, Tickets und Fahrpläne in der Tabacchi-Bar gegenüber.

■ **Fähre:** Ostern bis Okt. tägl. Fähren Richtung Positano und Salerno, im Sommer zusätzlich auch nach Capri und Sorrent. Die Fährgesellschaften haben ihre Kioske am Hafen: Coop. Sant'Andrea, Tel. 089 87 31 90, Mobil 33 56 19 80 77 *(Marcello Gambardella)*, www.coopsantandrea.it; Tra.Vel.Mar., Tel. 089 87 29 50, www.travelmar.it, fb.

⌃ Aus dem Hotel Terrazza Duomo oder der Pension Sant'Andrea genießt man diesen Blick

Übernachten

9 Antica Repubblica ③-④
Kleines, feines Stadthotel der Familie *Lucibello* in einem alten Palazzo am Corso, *a due passi* von der Piazza Duomo. Bei gutem Wetter wird das Frühstück auf der Dachterrasse serviert. 7 Zi.
Salita Truglio 1, Tel. 08 98 73 63 10,
Mobil 33 31 01 59 25, www.anticarepubblica.it

17 Terrazza Duomo ③-④
Zentraler geht kaum! Das ehemalige Centrale wurde komplett renoviert. Geräumige Zimmer, einige

mit Blick auf den Dom. Von der Dachterrasse genießen alle Gäste den Blick auf Domfassade, Treppe und Piazza. Das **Restaurant** öffnet von März bis Nov., das Hotel ganzjährig. 7 Zi.
Largo Duchi Piccolomini 1, Tel. 089 87 26 08, www.terrazzaduomo.com, fb, [i]

23 Grand Hotel Convento di Amalfi④
Das Grand Hotel blickt auf 800 Jahre Baugeschichte zurück und über einen der schönsten Küstenstreifen, Sujet zahlloser Gemälde aus der Zeit der Grand Tour. 1826 aus einem Kapuzinerkonvent hervorgegangen, wurde es vor einigen Jahren sorgsam restauriert und bietet nun entspannten Luxus in 52 Zimmern und Suiten.
Via Annunziatella 46, Tel. 08 98 73 67 11, www.anantara.com, fb, [i]

8 L'Antico Convitto②-④
Ruhiges, mitten in der Altstadt gelegenes Albergo. Einige der Zimmer und die Dachterrasse bieten den Blick auf Campanile und Meer. Hier stehen Liegestühle zur Verfügung und abends kann man ein Picknick machen. Das Hotel liegt wenige Schritte zurückversetzt vom Corso, nebenan befinden sich ein kleiner Supermarkt und im selben Gebäude das **B&B Sharon House** (www.amalfisharonhouse.com). 15 Zi. April bis Okt.
Via Salita dei Curali 4, Tel. 089 87 18 49, www.lanticoconvitto.com, fb

18 Lidomare③
Stilvoller Palazzo aus dem 15. Jh. an stiller Piazza wenige Schritte vom Dom. Geschmackvolle, komfortable Zimmer, einige mit Blick aufs Meer (und den Busparkplatz) und Balkon. Charmant antiquiert. 15 Zi.
Largo Duchi Piccolomini 9, Tel. 089 87 13 32, www.lidomare.it

10 Residenza del Duca②-④
Die charmante Bleibe in der 4. Etage eines Adelspalazzo (kein Aufzug!) nahe der hübschen Piazza dei Dogi wird von *Carmela* und *Gerardo Lucibello* liebevoll geführt. Mit alten Möbeln und gutem Geschmack eingerichtete Zimmer, einige mit Balkon. Schöne Dachterrasse mit tollem Blick über die Dächer aufs Meer. Trotz der zentralen Lage absolut ruhig. Gebührenpflichtiger Parkplatz. 5 Zi., 2 Ap.
Via Mastalo II. Duca 3, Tel. 08 98 73 63 65, Mobil & WhatsApp 32 48 26 40 02, www.residencedelduca.it, fb

MEIN TIPP: **11 Residenza Luce**②
Einladende Frühstückspension mit toller Dachterrasse oberhalb des Corso. Einige Zimmer mit Zwischengeschoss sind ideal für Familien mit Kindern. Die Inhaberfamilie führt an der nahen Piazza dei Dogi das empfehlenswerte Ristorante **13 L'Abside** (www.ristorantelabside.it). 10 Zi. Anfang März bis Mitte Nov.
Via Frà Gerardo Sasso 4, Tel. 089 87 15 37, Mobil 33 81 55 47 47, www.residenzaluce.it, fb, [i]

16 Sant'Andrea②
Nette Pension im gleichen Gebäude wie das **Terrazza Duomo.** Auch hier bieten einige der Zimmer den Blick auf die Dom-Piazza. 9 Zi. April bis Ende Okt.
Salia Costanzo d'Avalos 1, Tel. 089 87 11 45, www.albergosantandrea.it, fb

Essen und Trinken

20 Da Baracca②-③
Alteingesessene Familien-Trattoria mit hübscher Glasveranda und Blick auf Amalfis Marktplatz. Die neue Generation, vertreten durch *Antonella, Paola* und *Bartolo,* bringt frischen Wind in den Laden. Leckere Antipasti, hausgemachte Nudeln und Fisch. Mi Ruhetag.
Piazza dei Dogi 12, Tel. 08 99 84 00 43, www.anticatrattoriabarracca.it, fb, [i]

15 Da Maria②
Auf den ersten Blick nur eines der vielen Lokale am Hauptcorso, die sich dem internationalen Massenpublikum verschrieben haben. Tatsächlich wird hier aber gute kampanische Küche geboten und auch die Holzofenpizza ist nicht zu verachten. Mo Ruhetag, Nov. geschl.
Via Lorenzo d'Amalfi 14, Tel. 089 87 18 80, www.amalfitrattoriadamaria.com

Zitronen – ein gelbes Stück vom Paradies

Wohl spätestens seit *Goethes* Mignon-Gedicht „Kennst Du das Land, wo die Zitronen blühen" sind die gelb leuchtenden Zitrusfrüchte **werbewirksames Sinnbild einer Süditalien-Sehnsucht,** die kaum an Attraktivität eingebüßt hat. Gäbe es den mühsamen Anbau von Zitronen an der Amalfi-Küste, auf der Sorrentiner Halbinsel und auf den Inseln im Golf von Neapel nicht, die Tourismusindustrie müsste ihn erfinden.

Die vielleicht älteste Abbildung eines Zitronenbaumes am Golf von Neapel findet sich in der **Casa del Frutteto** in Pompeji. Im dem Atriumhaus von bescheidenen Ausmaßen geben detailverliebte Wandfresken Blicke auf fantastische Gartenszenen frei. Vor 2000 Jahren noch ein exotischer Zierbaum, prägen Zitronen seit dem 11. Jahrhundert die von der **UNESCO** 1997 zum Welterbe erklärte Kulturlandschaft der Costiera Amalfitana. Die **Terrassierung der Steilhänge** und die **Anlage ausgeklügelter Bewässerungssysteme** waren ebenso wie der Zitronenanbau selbst Frucht eines Kultur- und Techniktransfers aus dem Orient.

Nachhaltiger Genuss

Seit sechs Generationen pflegt die **Familie Aceto** ihren **Zitronengarten** in Amalfis Mühlental. Die meisten der alten Papiermühlen sind längst Ruinen, und auch viele der Zitronengärten wurden aufgegeben. **Mühsam ist die Arbeit** auf den schmalen, aus Trockensteinen aufgerichteten Terrassen, zu gering der Erlös aus dem Verkauf der Früchte, zu stark die Konkurrenz aus Spanien und Brasilien. Zur Erntezeit schleppen Männer und Frauen 50 Kilo schwere Kisten auf steilen Treppenwegen bis zur nächsten Straße.

ama10 pa

Luigi Aceto hat sich früh Gedanken gemacht, wie er seinen Garten über wirtschaftlich schwierige Zeiten bringen kann, 1969 eine Seilbahn zur Erleichterung der Erntearbeit montiert und in den 1980er-Jahren seinen Garten zahlenden Besuchern geöffnet. Unter der begeisternden **Führung** seines Sohnes *Salvatore* erfahren kleine Gruppen alles Wissenswerte über den biologischen Anbau der **Limoni Costa d'Amalfi IGP,** deren geschützte Herkunftsbezeichnung ebenfalls ein Verdienst von *Luigi Aceto* ist. Die Bäume wachsen unter Pergolen. Im Winterhalbjahr werden sie abgedeckt, um die empfindlichen Blüten und Früchte vor starkem Regen und Hagel zu schützen. Wie Hochseilartisten balancieren Männer über die dünnen Kastanienstangen, die alle 20 Jahre ersetzt werden müssen. Über die fast unendliche **kulinarische Verwendbarkeit** der gar nicht so sauren Früchte erfährt man auch Praktisches. Eine delikate **Degustation** beschließt den Rundgang. Und diejenigen, die gar nicht mehr fort möchten, können sich bei Familie *Aceto* in einem **Ferienhaus** inmitten von Zitronen einmieten.

3 **Amalfi Lemon Experience,** Via delle Cartiere 55/59, Mobil 33 51 21 82 92, www.amalfilemonexperience.it, März bis Okt. Mo bis Sa „Lemontour" mit Degustation ab 25 €, inkl. „Cooking class" 200 €.

[<] Im Mai hängen die Bäume voller Zitronen

5 **Donna Stella**①-②
Gemütliche, hervorragende Pizzeria-Trattoria zwei Schritte oberhalb des Corso und weit weg vom Trubel. Die Tische stehen im Zitronengarten. Nach dem leckeren *fritto misto* schleckt man sich die Finger ab! So Ruhetag, nur abends.
Salita Rascica 2, Mobil 36 63 68 96 66, fb, [i]

MEIN TIPP: 2 **Il Mulino**①
Volksnahe Trattoria-Pizzeria nahe dem Museo della Carta. Zitronen tauchen in fast allen Gerichten auf, ein Must sind *Signora Orlandas* Scialatielli mit Herzmuscheln! Hier stimmen Qualität und Preis. Über das nicht so schicke Ambiente sieht man da gerne entspannt hinweg. Mo Ruhetag.
Via delle Cartiere 36, Tel. 089 87 22 23

21 **La Caravella**④
Hier bezahlt man ausschließlich für Qualität und nicht für die Aussicht, die gibt es nämlich nicht. Herausragend bestückter Weinkeller! Di Ruhetag, Jan. bis Mitte Nov.
Via Matteo Camera 12, Tel. 089 87 10 29, www.ristorantelacaravella.it, fb, [i]

MEIN TIPP: 26 **Sensi**③-④
Die Amalfitana war immer offen für Innovation. Vielleicht kreiert *Alessandro Tormolino* ja heute die Küchentraditionen von morgen! Das Sensi lädt jedenfalls zur sinnenfrohen Reise, und manche verzichten sogar auf die *bella vista* von der Terrasse, um am intimen *Chef's Table* in der „Vorratskammer" Platz zu nehmen. Der Weg ins Gaumenparadies führt durch das edle **Hotel Residence.** Seit 2020 kommt das Gemüse aus einem Bauerngarten hoch über der Stadt. März bis Ende Okt.
Via Pietro Comite 4,
Tel. 08 99 87 11 83, www.sensiamalfi.it, fb, [i]

MEIN TIPP: 7 **Taverna Buonvicino**③
Romantische Lage an der ältesten, ruhig und etwas versteckt gelegenen Piazza Amalfis, bei gutem Wetter stehen die Tische im Freien. Gemütlich speist sich aber auch im lang gestreckten Gewölbe, von den Wänden blicken *Marco Fuscos* Esel munter auf die appetitlich angerichteten Teller. *Enza Scocca* und ihr kleines Frauen-Team präsentieren eine fantasie-

ama037 pa

volle Territorialküche, dazu beste Weine der Costiera. Aber warum nicht mal einen Cocktail zum Fisch? Mit *pesce all'acqua pazza* harmoniert ein Gin Tonic aromatisiert mit Amalfi-Zitronenschalen erstaunlich gut. Schwer zu toppen sind *Enzas linguine al limone!* Di Ruhetag, Ende Nov. u. Anfang Jan. geschl.
Largo S. Maria Maggiore 1–3, Tel. 08 98 73 63 85, www.tavernabuonvicino.it, fb, [i]

Snacks, Cafés, Bars und Street Food

1 Agricola Fore Porta

Halb Bio-Bauernhof, halb Café-Bar im Grünen: Der sympathische Familienbetrieb im Mühlental liegt einen angenehmen Spaziergang von der Piazza Duomo entfernt (siehe **Wanderung 4** im Kapitel „15 Wanderungen"). *Mena, Gino* und ihre Tochter *Silvia* bieten ihren Gästen mittags einfache und schmackhafte Gerichte mit Zutaten frisch aus dem Garten und zur Erfrischung frisch gepresste Zitronenlimonade und *granita di limone* an. Wer über Nacht bleiben möchte, kann sich im schönen **Gästezimmer**② einmieten und findet auf dem gut gedeckten Frühstückstisch auch den hauseigenen Honig vor. Besser vorher anrufen! April bis Anfang Nov.
Via Paradiso 22, Mobil & WhatsApp 33 92 43 64 50, www.agriturismoamalfi.it, fb, [i]

12 A'Sciulia

Erfrischendes Zitronensorbet und frisch zubereitete Obstsalate. März bis Mitte Nov.
Via Frà Gerardo Sasso 2, Mobil 33 15 65 18 84, [i]

14 Cuoppo d'Amalfi

Zwischen Corso und Piazza dei Dogi liegt etwas versteckt in den Räumlichkeiten einer mittelalterlichen Kirche dieser feine Imbiss, in dem an kleinen Tischen oder auf die Hand frittierte Fische, Meeresfrüchte oder Gemüse in Papiertüten *(cuoppo)* serviert wird. Di geschl.
Supportico Dei Ferrari 12, Mobil 33 46 26 14 40

25 Pasticceria Andrea Pansa 1830

Verführerisch türmen sich Berge kandierter Zitronen- und Orangenschalen in der Auslage der Traditionspasticceria, der ältesten an der Amalfitana. Die *Delizie al Limone* ist ein Gedicht! Quelle der gelben Früchte ist der seit fünf Generationen liebevoll gepflegte Zitronengarten Villa Paradiso (nomen est omen) am Eingang zum Mühlental!
Piazza del Duomo 40, Tel. 089 87 10 65, www.pasticceriapansa.it, fb

Einkaufen

Geschäfte und Boutiquen säumen den Hauptcorso. Feuerrote **Peperoncini** werden als „Viagra Naturale" angepriesen, vor allem aber sieht man **Zitronen** in allen Variationen und Zubereitungen. In Amalfi wird **handgeschöpftes Papier** nach alter Tradition gefertigt und verkauft. An der Piazza dei Dogi gibt es ein paar kleine Lebensmittelgeschäfte.

⌃ Taverna Buonvicino, eine Garantie für bestes Essen

› Andrea Pansa im Zitronengarten der Familie

3 Amalfi Lemon Experience, Via delle Cartiere 55/59, Mobil 33 51 21 82 92, www.amalfilemonexperience.it. Limoncello aus eigenen Bio-Zitronen (siehe Exkurs „Zitronen – ein gelbes Stück vom Paradies", S. 102).

28 Cioccolato

Andrea Pansa, Spross der alteingesessenen Pasticceria-Dynastie, produziert zusammen mit *Annarita Mansi* edelste Schokolade.
Piazza Municipio 12, Tel. 089 87 32 91, www.andreapansa.it

19 La Bottega dei Ferrari

In *Luisa Damascos* Feinkostladen am Marktplatz kann man sich köstliche Panini belegen lassen. Dazu vielleicht eine Flasche Craft-Bier? Oder zum Nachtisch Gebäck von *Pietro Macellaro!*
Piazza dei Dogi 24, Tel. 089 87 12 49, www.amalfifinefoods.it

22 La Scuderia del Duca

Geschäft mit Gusto am östlichen Rand der Piazza Flavio Gioia. *Andrea De Lucas* Angebot hebt sich wohltuend von dem vieler Souvenirläden ab. Schöne alte Stiche. *Andrea* betreibt in einer historischen Papiermühle am oberen Stadtrand in der Via Cardinale Marino del Giudice einen zweiten schönen Museums-Laden: **4 Dalla Carta alla Cartolina.** Largo Cesareo Console 8, Tel. 089 87 29 76, www.carta-amalfi.it

27 Libreria – Mondadori Point

In diesem gut sortierten Zeitschriften- und Buchladen gibt es Wanderführer und -karten.
Via Repubbliche Marinare 17, Tel. 089 87 11 80

Feiern

- **Ostern,** stimmungsvolle Karfreitagsprozession in den Gassen der Altstadt.
- **Festa di Sant'Andrea,** vom 25. bis 27. Juni wird Amalfis Stadtpatron mit Umzügen und einem großen Feuerwerk gefeiert. Der Bischof segnet das Meer und die Fischerboote. Die Feiern zum Namenstag am 30. November werden am frühen Morgen von Dudelsackbläsern eingeleitet, die Prozession wird von Blasmusik begleitet, und auch dieses Fest endet mit einem pyrotechnischen Spektakel.

ama038 pa

■ **Palio delle Quattro Repubbliche Marinare,** seit 1955 messen sich die vier ehemaligen italienischen Seerepubliken Amalfi, Pisa, Genua und Venedig im sportlichen Ruderwettkampf. Die Rennen werden im regelmäßigen Turnus in den einzelnen Städten ausgetragen. Im Jahr 2001 gewann Amalfi im Heimspiel. 2024 und 2028 finden die nächsten Rennen in Amalfi statt (i.d.R. am ersten Sonntag im Juni). Das Rennen wird von einem historischen Kostümfest begleitet, die Zimmer vor Ort sind oft ausgebucht.

Baden

Kleine Kiesstrände finden sich westlich des Hafens. Den großen Sandstrand östlich der Piazza Flavio Gioia nehmen im Sommer **Strandbäder** in Beschlag. Zu abseits gelegenen **Badebuchten** pendeln Taxi-Boote.

Bootsausflüge/Kayaktouren/ Windsurfen/Schnorcheln

■ Vom Hafen starten Bootsausflüge **entlang der Küste,** u.a. zur Grotta dello Smeraldo, z.B. von der **Coop. Sant'Andrea** (siehe „An- und Weiterreise") oder dem **Gruppo Battellieri** (www.gruppobattellieriamalfi.com, fb); auch Taxi-Boote zu Strandbuchten.

6 **Amalfi Outdoor Experience** (Plan S. 94)
Vier Freunde, die die Begeisterung für Outdoor-Aktivitäten teilen, bieten geführte Kayak-, Schnorchel- und Wandertouren an.
Salita Santa Maria dei Castaldi 16,
Mobil 33 13 15 91 77,
www.amalfioutdoorexperience.com

■ **Amalfi Windsurf Club – Lido degli Artisti**
Der Treff der lokalen Surferszene liegt westlich des Hafens am Douglie-Strand.
Km 28,200 der SS 163, Mobil 34 77 33 73 26,
33 19 96 56 35, www.lidodegliartisti.it, fb, [i]

Wandern

Zahlreiche **alte Wirtschafts- und Treppenwege** starten und enden in Amalfi. Ein kurzer, schöner Spaziergang führt im Rücken des Hotels Luna Convento in den Nachbarort Atrani. Reizvoll ist auch eine **Erkundung des Mühlentals** (Valle dei Mulini bzw. Valle delle Ferriere) talaufwärts von Amalfi (siehe **Wanderung 4** im Kapitel „15 Wanderungen"), im ersten Abschnitt ein leichter Spaziergang.

Da einige der benachbarten Orte wie z.B. Pogerola oder Scala auch mit SITA-Bussen zu erreichen sind, kann man wahlweise für den **Hin- oder Rückweg** den **Bus** benutzen. Wanderkarten gibt es vor Ort in Bücher- und Zeitungsläden, Wanderbeschreibungen, GPS-Tracks im Download, Tipps und Karten auch auf www.caimontilattari.it und www.giovis.com.

Amalfi (5 m) – Pogerola (326 m)

Landschaftlich beeindruckender Treppenaufstieg durch lichte Wälder mit schönen Blicken auf Amalfi und ins Valle delle Ferriere. Ein weiterer Anreiz ist die empfehlenswerte, bereits in zweiter Generation geführte 24 **Trattoria Da Rispoli**② (Plan S. 94, Via Riulo 3, Tel. 089 83 00 80, Mi Ruhetag).

In Amalfi von der Piazza del Duomo der Hauptstraße aus dem Zentrum folgen, bis sie den Namen **Via delle Cartiere** annimmt. Nach links, vorbei an Carabinieri-Station und Schule, aufsteigen. Die Straße mündet in den alten Treppenweg, der in sanften Spitzkehren, vorbei an Gemüsegärten und durch lichten Wald, bis Pogerola aufsteigt.

Von Pogerola setzt sich der **CAI-Weg 359** fort und führt in die wunderschönen Laubwälder des oberen Valle delle Ferriere und weiter nach Pontone, während der **CAI-Weg 361** mit herrlichen Blicken weit über der Küste nach San Lazzaro di Agerola „schwebt".

Conca dei Marini

Die kleinen weißen Würfelhäuser von **Conca dei Marini (400 m, 670 Ew.)** verlieren sich in der terrassierten Landschaft. Ein echter Ort ist nicht auszumachen, und doch besaß Conca – als Cossa von den Etruskern gegründet – im Mittelalter eine Handelsflotte, die jener von Amalfi nicht nachstand. Das **Monastero Santa Rosa,** wo im 17. Jh. Nonnen in Klausur lebten und als Erfinderinnen der *sfogliatella,* des erotischsten Gebäcks Kampaniens, Küchengeschichte schrieben, ist nach ebenso aufwendiger wie liebevoller Restaurierung nun eines der edelsten Hotels der Amalfitana (s.u.).

Die **Marina di Conca,** vom vorspringenden **Capo di Conca** geschützt, gilt vielen als der schönste Fischer-Borgo der Costiera. Als größte Touristenattraktion wird die **Grotta dello Smeraldo** beworben, von der SS 163 über einen Aufzug oder von Marina di Conca bzw. aus Amalfi mit dem Boot zu erreichen. 1932 entdeckte ein Fischer die Karsthöhle und konnte damit Capris Monopol auf spektakuläre Meeresgrotten brechen. Stalagmiten, die bis unter die Meeresoberfläche reichen, beweisen, dass die Grotte sich im Laufe der Zeit abgesenkt hat. Durch einen Felstunnel unter dem Meeresspiegel filtert smaragdgrünes Licht in die Höhle. Auf einem Kahn fährt man über den Grottensee, Lokalführer bieten fantasievolle Interpretationen der Tropfsteingebilde.

■ **Grotta dello Smeraldo,** Km 24 der SS 163, April bis Okt. tägl. 9–16 Uhr, Nov. bis März bis 15 Uhr, Eintritt 5 €.

☑ Diese „limone di pane" genannte Zitronenart wird zum Salat verwendet

ama039 pa

Marina di Furore und Furore

Wer dem Trubel an der Küste entfliehen möchte, sollte einen Ausflug in die Höhe unternehmen. Das Gemeindegebiet von **Furore (250 m, 700 Ew.)** erstreckt sich von der Marina bis auf 650 m über dem Meer. Der **Vallone del Furore,** das „Tal des Zorns", stand bei dem Namen Pate. Die Küstenstraße SS 163 führt kühn über den wilden **Fiordo di Furore,** der gar kein Fjord ist – Gletscher gab es nie an dieser Küste. Wenn es stürmt oder der Schiato nach schweren Regenfällen anschwillt, tobt es im tief eingeschnittenen Canyon und die Wellen brechen sich mit wütendem Widerhall und ohrenbetäubendem Getöse am Fels.

Eine Gruppe kleiner Würfelhäuser duckt sich in der Klamm, ein Bach mündet über den schmalen Kiesstrand ins Meer. An der abweisend steilen Felsküste bot sich dieser schmale Einschnitt als natürlicher Hafen an, und an der **Marina di Furore** herrschte früher geschäftiges Treiben. Im Mittelalter wurden hier alle erdenklichen Waren umgeschlagen, das Wasser des Schiato trieb Papier- und Getreidemühlen an. Das enge Tal diente auch immer wieder Outlaws zum Rückzug. Der Dichter *Boccacio* erwähnt in seinem „Decamerone" den Banditen *Ruggeri di Agerola,* und im 18. Jh. versteckte sich hier der gefürchtete **Fra Diavolo,** mit bürgerlichem Namen *Michele Pezza* (1771–1806), ein Kämpfer gegen die französische Vorherrschaft in Süditalien zur Zeit *Napoleons.* **Roberto Rosse-**

Praktische Tipps

Übernachten/Essen und Trinken

■ **Belvedere④**
Gepflegtes Albergo, das seinem Namen Ehre macht. Man fühlt sich wie auf einem Ozeanliner. In den 1960er-Jahren von *Rubens Lucibello,* einem der touristischen Urgesteine der Costiera, erbaut. Meerwasserpool und Treppenweg ans Meer mit Badeplattform. 35 Zi. Mitte April bis Mitte Okt.
Via Smeraldo 19, Tel. 089 83 12 82,
www.belvederehotel.it, fb

■ **Monastero Santa Rosa Hotel & Spa④**
Zurückhaltender Luxus im Kloster: Gäste und Fachjournalisten zählen das Ausnahme-Hotel zu den besten Italiens. Ebenso exquisit ist das **Sterne-Ristorante Reffetorio.** Als Küchenchef wirkt der Braunschweiger *Christoph Bob,* ehemals Sous-Chef von *Heinz Beck* in Rom. Seit 2018 trägt das Restaurant einen Stern. Gemüse, Kräuter und Zitronen kommen frisch aus dem eigenen Bio-Garten. Und zum Frühstück gibt es frisch gebackene *sfogliatelle,* außen knusprig, innen herrlich zart. Ehrensache. Neapels berühmtestes Gebäck wurde hier vor Hunderten von Jahren von Klosterschwestern erfunden. Es gibt eine Einschränkung: Gäste müssen das 16. Lebensjahr überschritten haben. 12 Zi., 8 Suiten. April bis Anfang Nov.
Via Roma 2, Tel. 08 98 32 11 99,
www.monasterosantarosa.com

MEIN TIPP: **La Tonarella②-③**
Romantisches Strandlokal in einem Magazin der alten Thunfischfabrik. Die Speisen sind von überzeugender Schlichtheit und leben von den frischen Zutaten. Taxi-Shuttle ab Amalfi c/o *Sig. Augusto* (Mobil 33 94 01 87 23). Mai bis Nov., So abends und Mo geschl.
Via Marina di Conca, Tel. 089 83 19 39,
www.ristorantelatonnarella.com, fb, [i]

lini drehte an diesem wildromantischen Ort mit seiner damaligen Lebensgefährtin *Anna Magnani* zwei Filme. Die alten Fischerhäuser, *monazzeni* genannt, wurden restauriert und eine der alten Papiermühlen gibt als **„Ecomuseo"** interessante Einblicke in altes Handwerk. Im Sommer bietet ein Lokal Erfrischungen an. Über einen steilen Treppenweg lassen sich die hoch gelegenen Ortsteile zu Fuß erreichen.

- **Ecomuseo del Fiordo di Furore,** Via Anna Magnani, Tel. 089 87 41 00, www.fiordodifurore.it, (wenn nicht geschl.) Juni bis Sept. tägl. 9–18 Uhr, Eintritt frei.

Auf der Höhe von Vettica Minore zweigt die SS 366 von der Küstenstraße ab und führt in unzähligen Kurven hinauf in das Gebiet der alten **Terra Furoris,** trotz des furchterregenden Namens eine der lieblichsten Gegenden der Amalfitana. Verstreut liegen die **Häuser von Vettica Minore und Furore** auf den steilen Hängen, umgeben von Zitronen- und Weinterrassen. Furore nennt sich stolz **„paese dipinto"**, „bemaltes Dorf". Seit Jahren werden bekannte und weniger bekannte Künstler eingeladen, Hauswände, Stützmauern und Laternenmasten farblich zu schmücken. Die verblassten *murales* haben es allerdings schwer, sich gegen das prachtvolle landschaftliche Panorama durchzusetzen.

Die SS 366 setzt sich fort nach **Bomerano,** dem Ausgangspunkt des **Sentiero degli Dei.** Keiner, der mit dem SITA-Bus hier hochgefahren ist, wird die abenteuerliche Fahrt je vergessen! Im **Vallone di Praia** gedeihen die Reben, aus denen der gute Furore-Wein gekeltert wird.

Praktische Tipps

Information

- **www.comune.furore.sa.it**

An- und Weiterreise

- **Auto:** Die SS 163 führt über den Furore-Fjord, aber wer mit dem eigenen Auto unterwegs ist, wird enttäuscht sein. Im Vorbeifahren erhascht man zwar einen schnellen Blick in die interessante Schlucht, nur kann man nirgends vernünftig parken. Hier zahlt es sich aus mit dem SITA-Bus oder zu Fuß unterwegs zu sein. Von der SS 163 schwingt sich die SS 366 in atemberaubenden Serpentinen an Furore vorbei nach Agerola hinauf.
- **Bus:** SITA-Busse der Linie Positano – Amalfi halten auf Wunsch an der Brücke über den Furore-Fjord. Vettica Minore und Furore liegen an der Strecke Amalfi – Agerola.

Übernachten/Essen und Trinken

Albergo di Bacco – Hostaria di Bacco②-③
Die Terrasse der **Hostaria** schwebt 450 m über dem Meer. Bereits in vierter Generation betreiben die *Ferraiolis* ihr ausgezeichnetes Restaurant. Die Menschen hier oben waren immer Bauern und Fischer. In dieser Tradition steht die Küche, wie das Hausgericht *totani con patate* (Pfeilkalmare mit Kartoffeln) beweist. Köstlich sind auch die *cavatelli* mit Kapernblättern. Der exzellente Käse aus Agerola findet vielfältig Verwendung, andere Zutaten stammen aus dem eigenen Garten. Die *dolci* sind himmlisch, als Digestif wird der hausgemachte *nannasino,* ein Kaktusfeigenlikör, kredenzt. Den Namen des Weingottes trägt das Lokal nicht zufällig! Wer sich nicht mehr fortbewegen mag, kann in den freundlichen **Gästezimmern** logieren. Unmittelbar an der SS

366, SITA-Busse der Linie Amalfi – Agerola halten vor dem Haus. März bis Dez.
Via G. B. Lama 9, Tel. 089 83 03 60, Mobil 34 71 54 70 36, www.baccofurore.it, fb

■ **La Locanda del Fiordo**②-③
Eliana und *Luigi* betreiben ihre hübsche Frühstückspension wenige hundert Meter westlich des Furore-Fjords direkt über dem Meer. Alle Zimmer mit Balkon und kleiner Kochnische (bei manchen dient die Tür als Fenster). Auf der Sonnenterrasse werden mittags Snacks serviert, das gute **Fisch-Ristorante** öffnet von April bis Nov. Treppen bis ans Meer. Ein absolutes Plus ist der Parkplatz! 11 Zi.
Via Trasita 9/13 (Km 23 der SS 163), Tel. 089 87 48 13, www.lalocandadelfiordo.it, fb

■ **Le Marelle**②
Nicht weit vom Albergo di Bacco führt die Familie *Cuomo* ihr nettes B&B mitten im Zitronenhain. Aus einigen der Zimmer blickt man aufs Meer, die grandiose Aussicht bietet sich allen Gästen von der großen Sonnenterrasse. Es werden Mahlzeiten angeboten. Abzweig von der SS 366. 7 Zi.
Via G. B. Lama 50, Tel. 089 83 02 63, Mobil 33 88 18 15 07, www.lemarelle.it, fb

MEIN TIPP: **San Giacomo Relais**③
Enza Ruocco und *Angelo Cavaliere* haben ihr schönes altes Haus, das mit herrlicher Aussicht auf Höhe der Chiesa di San Pasquale und direkt oberhalb der Cantine Marisa Cuomo liegt, modernisiert und zahlenden Übernachtungsgästen geöffnet. Die Zimmer sind sehr ordentlich, der große Garten liefert alles, was der Bauch begehrt, und auf Wunsch wird vorzüglich gekocht. *Angelo* bereichert das Frühstück mit Backwerken und Sohn *Umberto,* der in Ravello im **Grand Hotel Caruso** die gehobene Hotellerie kennengelernt hat, erweist sich als vollendeter Gastgeber. 5 Zi. April bis Nov.
Via San Pasquale 5, Tel. 089 20 09 67 96, Mobil 34 71 51 06 77 *(Enza)*, 33 82 03 63 99 *(Umberto)*, www.sangiacomorelais.com, fb

ama040 pa

MEIN TIPP: **Agriturismo Sant'Alfonso**②
Die historischen Gebäude des von *Luigi Cuomo* und seiner Tochter *Michelina* geführten Agriturismo waren früher der Konvent der nahen Kirche S. Alfonso. Ruhige Lage mit schönem Blick auf Praiano, die Zimmer geräumig und ansprechend möbliert. Die gute Küche bedient sich frischer Zutaten aus der eigenen Landwirtschaft und nach telefonischer Anfrage öffnet das Agriturismo-Ristorante auch für externe Gäste. Köstlich ist der *coniglio in folgie di limone* (Kaninchen in Zitronenblättern gebraten). Anfahrt: von der SS 366, vorbei am **B&B Marella,** ein kurzes Stück auf der Via Centena und dann noch 120 Stufen aufsteigen. 8 Zi. März bis Dez.
Via Sant'Alfonso 6,
Tel. 089 83 05 15, Mobil 33 38 91 05 63,
www.agriturismosantalfonso.it, fb, [i]

Agriturismo Serafina②
Seit 1996 betreiben *Domenico* und *Giuseppina Fusco* diesen sympathischen Agriturismo unterhalb der Kirche S. Alfonso. Alle Köstlichkeiten, die auf den Tisch kommen, werden auch selbst produziert. Die *Fuscos* haben Kühe, Schweine und Hühner, bewirtschaften eine große Rebfläche, Oliven- und Zitronenhaine sowie den Gemüsegarten. Ein prima Platz für Familien mit Kindern, der viel landschaftlichen Auslauf bietet! Anfahrt: auf Höhe der Comune Furore von der SS 366 in die Via Li Summonti einbiegen und dieser ca. 1,5 km folgen. 5 Zi.
Via Piccola 3 – Località Vigne,
Tel. 089 83 03 47, Mobil 33 38 21 67 72,
www.agriturismoserafina.it

Einkaufen

■ **Cantine Marisa Cuomo**
Hier werden die besten Tropfen der Costiera gekeltert, ein Wein, der im Wortsinn Furore macht. Die Cantina liegt oberhalb der Hostaria da Bacco direkt oberhalb der SS 366. Weinbergbesuche und Degustationen April bis Okt. tägl. 9–18 Uhr, Nov. bis März Mo bis Sa 9–17 Uhr nach Anmeldung (Mobil 33 34 31 36 67, reservation@marisacuomo.com).
Via G. B. Lama 16/18, Tel. 089 83 03 48,
www.marisacuomo.com, fb, [i]

☒ In Furore reifen die besten Tropfen der Costiera heran

Baden

Den kleinen Kiesstrand an der **Marina di Furore** erreicht man am besten mit dem SITA-Bus oder auf langen Treppenwegen zu Fuß aus dem hoch gelegenen Ort. *Jacqueline Kennedy* verbrachte hier manchen Sommer.

Wandern

Auch rund um Furore hat sich das dichte Netz der **alten Wirtschafts- und Treppenwege** gut erhalten, nur kurze Abschnitte sind auf der Asphaltstraße zu laufen. Die Kommune hat einige dieser Wege markiert. Nahe der Hostaria di Bacco führt der **Sentiero della Volpe Pescatrice** zum Fjord hinab, der **Sentiero dei Nidi di Corvo** führt an den Agriturismi Sant'Alfonso und Serafina vorbei nach Bomerano hoch und findet dort Anschluss an den Sentiero degli Dei. Auf einem anderen Weg kann man bis zur Marina di Praia absteigen. Die Wege sind auf den Gratis-Karten verzeichnet, die es vor Ort in Hotels und Restaurants gibt.

Zip-Line

■ **ZipLine Furore**
Stahlseil-Hängebrücken – oft *ponti tibetani* genannt – und Zip-Lines sind in Süditalien der letzte Schrei. Termine und Preise auf der Website.
Via Aldo Moro – Furore,
Tel. 08 92 02 72 09, www.ziplineitalia.it, fb, [i]

Agerola und Bomerano

In **Agerola (630 m, 7730 Ew.)** kommen die **Monti Lattari** zu ihrem Namen. Die fruchtbare Hochebene ist von hohen bewaldeten Bergen umgeben. Seit der Antike wird hier Milchvieh auf die saftigen Weiden geschickt (auch die Wollmanufakturen Pompejis bezogen ihren Rohstoff aus dieser Gegend), und ohne die frische Ricotta hätten die Nonnen des Klosters Santa Rosa Conca dei Marini wohl nie die **sfogliatella** erfunden. Die Häuser haben, anders als die kubischen Sarazenenhäuser der Küste, spitze Giebeldächer – die Alpen lassen grüßen. In den appetitlichen Lebensmittelgeschäften hat man die Qual der Wahl zwischen Mozzarella, Fior di Latte, Caciotta, Caciocavallo, Ricotta, Provola und all den anderen **lokalen Käseköstlichkeiten** – die beste Gelegenheit, sich ein gutes Panino machen zu lassen. Touristen verirrten sich bislang nur selten nach Agerola, mit Ausnahme natürlich der Wanderer, die aus dem **Ortsteil Bomerano** in Scharen zum Sentiero degli Dei („Götterweg") aufbrechen. Einige der alteingesessenen Geschäfte haben hier inzwischen schicken Bars und Bergsportläden Platz gemacht. Der **Ortsteil San Lazzaro** rühmt sich schönster Ausblicke, und mit Stolz und Überzeugung trägt Agerola das Prädikat „Città slow"!

Bereits die **Anfahrt** (mit Linienbus von Amalfi) nach Agerola bietet großes Landschaftskino. Mehrmals war die **kurvenreiche SS 366** eine Etappe des Giro d'Italia, dem Radchampion *Fausto Coppi* (1919–1960) wurde in Furore ein Denkmal gesetzt. In den 1960er-Jahren war die Straße wiederholt Schauplatz einer waghalsigen Fiat-500-Abarth-Rallye.

Praktische Tipps

Information

- **Pro Loco Agerola**

Gratis-Karte mit Beschreibung der schönsten Wanderungen (auch als Download), käuflich zu erwerbende Wanderkarten und Unterkunftstipps. Mo bis Sa 8–13 und 14–19 Uhr, So 8–13 Uhr.
Piazza P. Capasso 7,
Tel. 08 18 79 10 64, www.proagerola.it, fb, [i]

An- und Weiterreise

- **Auto:** Agerola liegt an der Passstraße SS 366, die von der Amalfitana über Gragnano und Castellamare di Stabia Richtung Pompeji und Neapel führt.
- **Bus:** SITA von und nach Amalfi, Castellamare di Stabia und Neapel.
- Die Schifffahrtsgesellschaft **Tra.Vel.Mar.** bietet von April bis Okt. die Kombination aus Bustransfer Amalfi – Bomerano und Schiffspassage Positano – Amalfi an. Ticketshop in der Via T. Mannini 3 auf Höhe des Albergo Gentile, Tel. 089 87 29 50, www.travelmar.it.

Übernachten/Essen und Trinken

- **Albergo Gentile②**

Die Familie *Gentile* (nomen est omen) führt seit Jahrzehnten dieses einfache, freundliche Hotel direkt an der Hauptpiazza. *Marios* Urgroßvater hatte es 1930 mit dem in Amerika verdienten Geld eröffnet und nebenbei den Fremdenverkehrsverein ge-

gründet. Die ruhigen Zimmer im oberen Stockwerk der Dependance bieten einen schönen Ausblick auf den Ort. Das **Ristorante** überzeugt mit guter lokaler Küche und kräftigem Hauswein. 37 Zi.
Piazza P. Capasso 50 – Bomerano,
Tel. 08 18 79 10 41, www.hotelgentile.com, fb

Agriturismo Luna d'Agerola②
Ferdinando, der als Kellner in Praiano touristische Erfahrung gesammelt hat, führt zusammen mit Schwester *Giovanna* und Bruder *Valentino* diesen Agriturismo am südöstlichen Ortsrand von San Lazzaro. Die Eltern betreiben weiterhin Landwirtschaft, d.h. fast alles, was auf den Tisch kommt, ist auch selbst erzeugt. Das **Ristorante** öffnet auch für externe Gäste. Schlichte, angenehme Zimmer. 10 Zi. GPS: N 40.625786, E 14.571618.
Via Radicosa 35 – San Lazzaro,
Tel. 08 18 02 50 09, Mobil 34 97 68 57 20,
www.lunadagerola.it, fb

MEIN TIPP: **Mamaral**②
Die gepflegte Frühstückspension der gastfreundlichen Familie *Ruocco* ist ein toller Tipp, v.a. für Wanderer und Reisende, die ein paar Tage fern vom Trubel in guter Bergluft ausspannen wollen. Im Garten steht den Gästen ein Grill zur Verfügung. Sicherer Parkplatz. *Laura* kennt sich in den Bergen zu Fuß bestens aus und empfiehlt ihren Gästen auf Wunsch nette Restaurants und Pizzerien. SITA-Bushaltestelle und Piazza Capasso in Gehdistanz. 9 Zi.
Via Pendola 11 – Bomerano, Tel. 08 18 79 19 38,
Mobil & WhatsApp 33 96 22 88 22 *(Laura),*
www.mamaral.it, fb

MEIN TIPP: **Nido Verde**②
Das von *Roberto Somma* und Familie geführte B&B ist tipptopp. Leckeres Frühstück mit frischen Sachen aus dem Garten. Solarpaneele liefern Strom und Warmwasser. Der Großvater hatte am gleichen Ort bereits in den 1960er-Jahren ein Hotel-Ristorante geführt. SITA-Bushaltestelle und Piazza Capasso in Gehdistanz. 7 Zi. April bis Nov.
Via Villani 17 – Bomerano,
Mobil 38 91 70 35 45,
www.hotelnidoverde.it

Nonna Martina②
Neubau-Villa am südlichen Ortsrand im Grünen mit einfachen, geräumigen Zimmern. Bio-zertifizierter Anbau von Heilkräutern, Gemüse und Waldbeeren. *Nicola Brancati* ist Bergführer und verrät seinen Gästen tolle Wander-Tipps. 4 Zi.
Via degli Ontanelli 3 – Pianillo,
Tel. 08 18 73 14 95, Mobil 33 83 47 21 74,
www.nonnamartina.com

Jugendherberge/ Camping Beata Solitudo①-②
Die Jugendherberge in den Stallungen des Palazzo Avitabile existiert seit 1949. General *Paolo Avitabile* (1791–1850) hatte sich den Palast als Ruhesitz errichten lassen. Der Sohn eines Bauern aus Agerola diente im napoleonischen Heer und später dem Schah von Persien. Als Gouverneur von Peshawar regierte er mit aller Härte und kehrte am Ende seiner Dienstzeit als reicher Mann nach Italien zurück. Die Gäste der Jugendherberge erwartet kein orientalischer Luxus, dafür eine aufmerksame Leitung, ordentliche kleine Schlafsäle bzw. Zimmer mit Küchenbenutzung, gutes Frühstück, Bungalows und Zeltplätze. Vom nahen Belvedere di San Lazzaro hat man einen weiten Blick über den Golf von Salerno. SITA-Busse aus Neapel oder Amalfi.
Piazza G. Avitabile 10 – San Lazzaro,
Mobil 33 38 37 29 59,
www.beatasolitudo.it

Einkaufen

Im Ortsteil Bomerano kann man toll einkaufen für ein Picknick auf dem Götterweg. Absolut köstlich ist die Mozzarella von Agerola! Frisch gebackenes Brot gibt es z.B. im **Panificio Manna,** Piazza P. Capasso 12, Tel. 08 18 79 14 94. Exzellente frische Pasta für Selbstversorger direkt nebenan im **Pastificio La Tagliatella** der Familie *Gentile,* Piazza P. Capasso 10, Tel. 08 18 79 11 87. Nur die feinen Weine von *Marisa Cuomo* sind hier kaum zu kriegen, die müsste man vorher besorgen.

ama11 pa

Feiern

Von Mitte Juni bis Ende Aug. findet das **Festival Sui Sentieri degli Dei** (www.agerolaonline.com) statt. Noch reizvoller ist die Veranstaltung **I Suoni degli Dei** im Mai und Sept. mit Konzerten im Freien, im Convento San Domenico und geführten Wanderungen entlang des Götterwegs (www.isuonide glidei.com).

Wandern

Der als CAI-Weg 327 bezeichnete „Götterweg" (s.u.) ist der mit Abstand bekannteste, aber mitnichten der einzige schöne Wanderweg von Agerola. Aus dem Ortsteil Bomerano führt der **CAI-Weg 329** über den Monte Tre Calli auf den 1444 m hohen Monte S. Michele – eine Schau! In Bomerano startet auch der **CAI-Weg 354,** der vorbei an der Grotta S. Barbara zum Fiordo di Furore absteigt. Auf dem **CAI-Weg 361** gelangt man aus dem östlichen Ortsteil San Lazzaro über Pogerola nach Amalfi.

Die Pro Loco Agerola hat ein nützliches **Faltblatt** herausgegeben, auf dem die genannten Routen verzeichnet sind, die **Gratis-App Agerola Experience** bietet GPS-Tracks. Vor Ort gibt es auch das „Agerola Hiking Guide Book" zu kaufen.

Sentiero degli Dei – von Bomerano nach Positano

Dem süditalienischen Bergpionier, Schriftsteller und Politiker *Giustino Fortunato* (1848–1932) verdankt der **schönste Wanderweg der Costiera Amalfitana** seinen griffigen Namen: Sentiero degli Dei – **„Götterweg".** Es ist mehr als nur eine gute Marketingidee: Fern vom Straßenstress auf der SS 163 schwebt man zwischen Himmel und Erde, genießt Traumblicke auf Küste und Meer und atmet würzige Bergluft. Die touristische Nutzung ist eine Renaissance für den alten Wirtschaftsweg. Doch mittlerweile ist der „Klassiker" so bekannt, dass an manchen Tagen die Überfüllung droht.

Der **Startpunkt in Bomerano** ist mit SITA-Bussen zu erreichen. Die als **CAI-Weg 327** bezeichnete Streckenwanderung folgt gut ausgebauten Wegen, die an einigen Stellen allerdings leicht ausgesetzt sind. Spektakuläre Blicke bis Capri! Insgesamt sind **ca. 10 km** zu bewältigen, über 300 m im Auf- und ca. 800 m im Abstieg, von Montepertuso nach Positano über viele Stufen. Gehzeit **ca. 4 Std.** Es gibt Wasserstellen unterwegs, trotzdem sollte man genügend **Wasser** und entsprechende **Bergausrüstung** dabeihaben.

Wanderung: In Bomerano (630 m) auf der Via Pennina bergab und kurz nach der Unterführung rechts über die moderne Holzbrücke die Talmulde queren und zur Straße aufsteigen. Die Straße geht in den alten Maultierpfad über. Am Wegrand öffnet sich die **Grotta Biscotto,** die, wie andere Grotten auch, als Viehunterstand diente. An Weinbergen vorbei geht es fast eben bis zur **Colle La Serra** (578 m). Hier an der Passhöhe gabelt sich der Weg. Nach links, aus dem Sattel ein paar Treppenstufen rechts bergab, erreicht man eine T-Kreuzung mit Wasserstelle. Von links führt der Weg aus Praiano heran. Der Blick reicht bis zur Sorrentiner Halbinsel. Rechts geht es weiter, ohne Orientierungsschwierigkeiten, dafür mit immer grandioserer Aussicht. Unterwegs stößt ein Weg vom Convento di San Domenico dazu (siehe **Wanderung 5** im Kapitel „15 Wanderungen"). Über aufgelassene Ackerterrassen führt der deutliche Pfad nun in ständigem Auf und Ab weiter. Zu Füßen einer imposanten Felswand sieht man zum ersten Mal auf Positano hinab. Nach einem kurzen Gegenanstieg stößt an einer Steinpyramide bergseitig eine Variante des Götterwegs dazu. Nach Nocelle behalten wir die Gehrichtung bei. Der Weg führt abschnittsweise im willkommenen Waldschatten, danach folgen wieder einige Auf und Abs. In **Nocelle** (440 m) darauf achten, an der Kapellen-Kreuzung rechts zu gehen! Zwischen Nocelle und Montepertuso folgen wir der Asphaltstraße. Von **Montepertuso** (352 m) kann man auf Treppenwegen nach Positano absteigen bzw. knieschonend mit dem Linienbus fahren (Tickets in der Bar bzw. im Bus). In **Positano** gelangt man über die Via dei Mulini zum Strand und Schiffsanleger hinunter. Vorher aber zur Belohnung eine frische Granita von *Mastro!* Der berühmte Eisstand in Form eines Bootes steht von März bis Okt. bei gutem Wetter tägl. unterhalb der Piazza dei Mulini. Von Positano weiter mit SITA-Bussen oder dem Boot.

Vettica Maggiore, Praiano und Marina di Praia

Als südlichster Ausläufer des Monte S. Angelo a Tre Pizzi reckt sich das **Capo Sottile** ins Meer. Die ineinander übergehenden Ortsteile Vettica Maggiore und Praiano gehören zu den sonnenverwöhntesten der Costiera. **Vettica Maggiore** wendet sich in Richtung Positano und ist von Weitem an der Majolikakuppel der Kirche S. Gennaro zu erkennen. Die Piazza lädt zum Verweilen ein. Während man kickenden Kindern und älteren Herren beim Bocciaspielen zusieht, kann man die herrliche Aussicht auf Positano, die Punta Campanella und Capri genießen. Ein wunderschönes Plätzchen am Meer ist die **Cala della Gavitella,** die einzige Badebucht der Amalfiküste, von der man den Sonnenuntergang erleben kann. Hoch über dem Ort erhebt sich der **Convento San Domenico** mit der freskengeschmückten Chiesa di S. Maria a Castro. Dem Bildnis der *Madonna delle Grazie* in der Apsis werden wundersame Wirkungen zugeschrieben. Weitaus beeindruckender noch sind das himmelweite Panorama und der stille Friede, der an diesem Ort herrscht. Der Aufstieg aus dem Ort zum Götterweg führt am Kloster vorbei (siehe **Wanderung 5** im Kapitel „15 Wanderungen").

☐ Antonio Milo weidet eine Herde von 100 Ziegen am Götterweg, Wanderer empfängt er in seiner Höhle zum Spuntino

Auf der Conca dei Marini zugewandten Seite ziehen sich die Häuser des Hauptortes **Praiano (120 m, 2000 Ew.)** locker den Hang hinauf. Den Ortskern bildet die Pfarrkirche S. Luca (16. Jh.) mit schönem Majolika-Fußboden. „Der Weg ist das Ziel", so könnte das Motto des Kunstprojektes **Praiano NaturARTe** lauten. Keramikkünstler wie *Paolo Sandulli, Enzo Caruso, Lucio Liguori* oder *Patrizia Marchi* wurden eingeladen, die Gassen und Treppenwege zu schmücken. Seither begegnen einem auf Streifzügen durch Vettica und Praiano Meeresnixen, *Odysseus* und die Sirenen, fabelhafte Figuren der lokalen Mythologie und Szenen des Fischfangs. Die Tourist-Info hält einen Gratis-Plan bereit, man kann sich aber auch einfach überraschen lassen.

Am östlichen Ortsende liegt am Ende einer tiefen Schlucht die malerische Fischersiedlung **Marina di Praia,** die jederzeit die Kulisse für einen Film aus

den 1950er-Jahren abgeben könnte. Am beliebten kleinen Badestrand gibt es eine Reihe einladender Fischlokale, Bootsverleiher und Tauchschulen. Als Plagianum („offenes Meer") war die Bucht in der römischen Antike bekannt.

Vettica und Praiano bleiben weitgehend verschont von der Masse der Tagestouristen. Es gibt keine Busparkplätze, nur wenige Boutiquen und keine großartigen Kunstdenkmäler, wie sie Amalfi und Ravello reichlich zu bieten haben. Dafür genießt man hier die **schönsten Sonnenuntergänge der Costiera.** Das wussten bereits die Dogen von Amalfi und Neapels König *Karl v. Anjou* zu schätzen, die ihre Sommerresidenzen hierher verlegt hatten. Vettica und Praiano sind ideale Standortalternativen zu Positano und Amalfi.

ama043 pa

Praktische Tipps

Information

- **Ufficio Informazioni – Authentic Amalfi Coast**
Mit Verve geführte Tourist-Info direkt an der Durchfahrtsstraße SS 163 und oberhalb der Kirche S. Gennaro. *Rosalba Irace* kennt sich in jeder Hinsicht ausgezeichnet aus, ihre Sicherheitshinweise an Wanderer sind dezidiert. Sie organisiert seit Jahren die zauberhafte Musikveranstaltung „I Suoni degli Dei". Mo bis Fr 9–13 und 16.30–20.30 Uhr.
Via Capriglione 116/b – Vettica Maggiore, Tel. 089 87 45 57, Mobil 34 20 60 26 74, www.praiano.org, fb, [i]

An- und Weiterreise

- **Auto:** Praiano liegt direkt an der SS 163, Parkplätze im Ort sind begrenzt und meist gebührenpflichtig.
- **Bus:** SITA nach Positano, Sorrent und Amalfi. Stadtbusse im Gemeindegebiet von Praiano und nach Positano.

[<] Vom „Götterweg" blickt man hinab auf den Convento San Domenico von Praiano

Übernachten

14 Alfonso a Mare③
Die Familie *Fusco* hat ihre bereits existierende Pension oberhalb des gleichnamigen **Ristorante** (s.u.) an der kleinen Fischerbucht zum hübschen Albergo ausgebaut. Sechs der gut eingerichteten Zimmer haben direkten Meerblick. Kostenpflichtiger Parkplatz. 17 Zi. Mitte März bis Anfang Nov.
Via Marina di Praia 6 – Marina di Praia,
Tel. 089 87 40 91, www.alfonsoamare.it, fb, [i]

4 Ca' P'a – Casa Privata④
Das Boutique-Hotel entzieht sich einer schnellen Einordnung. Was als privates Retreat der Architekten-Familie *Ortner-Hareiter* geplant war, hat sich zum Glück für betuchte Reisende zu einem äußerst kultivierten Gästehaus entwickelt. Unnötig zu erwähnen, dass die Renovierung des Gebäudes sehr behutsam und mit viel Geschmack erfolgt ist. Die drei Räume im zweiten Stock verfügen über große Terrassen. Alle Zimmer sind mit guten Heizungen versehen, hohe, kuppelgewölbte Räume machen eine Air Condition überflüssig. Es ist auch möglich, ein zusammenhängendes Stockwerk oder das ganze Haus zu mieten. Überhaupt ist man im Erfüllen von Wünschen groß, auch wenn der Blick auf Meer und Himmel aus dem von dem belgischen Landschaftsarchitekten *Jacques Wirtz* angelegten Garten bereits wunschlos glücklich macht. Weitere Pluspunkte: intimes **Restaurant,** Bar, externer Park-

Vettica Maggiore, Praiano und Marina di Praia

platz. 5 Zi., 2 Suiten. I.d.R. März bis Dez., auf Anfrage auch ganzjährig.
Via Rezzola 41 – Praiano,
Tel. 089 87 40 78, www.casaprivata.it, fb, [i]

16 La Conchiglia③

Von der netten Pension der Familie *De Falco* erreicht man in wenigen Schritten das Meer. Im gleichnamigen Lokal genießt man solide kampanische Küche. Das **16 Ristorante** öffnet auch für externe Gäste. Hier is(s)t man gerne. 13 Zi.
Via Simonetta Lamberti 1 – Marina di Praia,
Tel. 089 87 43 13, www.laconchigliapraiano.it, [i]

6 Locanda Costa Diva②-③

Restaurierter Casale aus dem 19. Jh. unterhalb der Durchfahrtsstraße umgeben von Oliven und Zitronen. Die geschmackvoll bis kitschig eingerichteten Zimmer gehen alle mit eigener Terrasse aufs Meer und mit Blick auf die Torre del Mare. *Filippo Milo* und seine Schwester *Caterina* organisieren für ihre Gäste Bootsausflüge mit Fischern. Prima **Ristorante,** die Zutaten kommen z.T. aus dem eigenen Bio-Garten! Beliebte Hochzeits-Location. 10 Zi. März bis Dez.
Via Roma 12 – Praiano, Tel. 089 81 30 76,
www.hotelspraiano.com, fb

Mein Tipp: **7 Maresca Hotel②-③**

Antonio Maresca, der mit seinen Brüdern jahrelang die Pensione Continentale betrieb, vermietet ein schönes Apartment oberhalb der Durchfahrtsstraße. Auf der Meerseite wurde die neue Frühstückspension eröffnet. Alle Zimmer freundlich eingerich-

Essen und Trinken
1 Café Mirante
2 La Brace
3 Tramonto d'Oro
5 M'ama!
9 Il Pirata
10 Ristorante Franchino
13 La Praia – da Armandino
14 Alfonso a Mare
16 La Conchiglia

Sonstiges
8 Paolo Sandulli

Die Majolika-Kuppel von S. Gennaro in Vettica Maggiore

ama12 pa

tet, Kunst an den Wänden und mit Meerblick, einige sogar mit Terrasse. 15 Zi., 1 Ap. Ostern bis Okt.
Via Roma 61 – Praiano,
Tel. 089 87 40 84, Mobil 33 81 37 31 54,
www.marescahotelpraiano.com,
www.amalficoastapartment.com

MEIN TIPP: 5 **Margherita**②-③

Signora Margherita führte in den 1960er-Jahren mit ihrem Mann in Positano ein Strandrestaurant. Der neapolitanische Komiker *Totò* und *Rudolf Nurejew* zählten zu den Stammgästen. Mit dem Ersparten bauten sie das im oberen Ortsteil von Praiano gelegene Haus der Familie zum Hotel aus. Heute wird das öko-freundliche Hotel mit Hingabe von Tochter *Suela* und ihrem Mann *Antonio* geführt, der seinerseits einer lokalen Winzer- und Gastronomenfamilie entstammt. Viele der komfortablen Zimmer weisen mit schönem Blick auf den Golf, ein himmelweiter Blick bietet sich allen Gästen von der Terrasse mit Pool. Das **À-la-carte-Restaurant M'ama!** (s.u.) ist absolut zu empfehlen. *Signora Margherita* steht immer noch für „Cooking classes" zur Verfügung. Für Übernachtungsgäste werden Ausflüge und Bootsfahrten nach Capri organisiert, Parkplatz und Shuttle zum Strand gratis. Stadtbusse halten vor dem Haus. Gäste, die mit SITA-Bus anreisen, werden unten an der Straße abgeholt. 28 Zi.
Corso Umberto I. 70 – Praiano, Tel. 089 87 46 28,
Mobil & WhatsApp 33 37 16 66 31,
www.hotelmargherita.info, fb

10 **Onda Verde**③-④

Absolut ruhig unterhalb der Straße direkt über dem Fischerhafen Marina di Praia gelegen. Fast alle der gemütlichen Zimmer mit kleinem Balkon und schönem Blick auf die Marina. Gästeparkplatz (reservieren!) an der SS 163, hier halten auch SITA-Busse, ein Aufzug führt zum Hotel hinunter. Schöner Fußweg in den Ort, zum Meer sind es nur wenige Schritte. Vorzüglich ist auch das 10 **Ristorante Franchino!** 25 Zi. April bis Anfang Nov.
Via Terramare 3 – Marina di Praia,
Tel. 089 87 41 43, www.ondaverde.it,
www.ristorantefranchino.com

Küstenwachturm als Künstleratelier

1260 unter den *Anjou* errichtet, wachte der **mächtige Torre Asciola** jahrhundertelang über diesen Abschnitt der Amalfitana. Tauchten am Horizont Piratenschiffe auf, verbreitete sich die Nachricht durch Signalfeuer buchstäblich wie ein Lauffeuer von Turm zu Turm, und die Bevölkerung konnte sich meist rechtzeitig in Sicherheit bringen.

Völlig friedlich haben die **naiv-verspielten Terrakotta-Figuren von Paolo Sandulli** von der Torre und dem Kap Besitz ergriffen. Seit den 1960er-Jahren in Praiano zu Gast, hat sich der Maler und Keramik-Künstler nach Aufenthalten in Rom, Mailand und Paris 1989 endgültig hier niedergelassen. Das Meer, die Fischer und die Badenden des Sommers sind seine Sujets, Meeresschwämme formen die hoch getürmten Frisuren seiner Sirenen. Schauen Sie auf einem Spaziergang zur Marina di Praia einfach vorbei!

8 **Paolo Sandulli,** Via Terramare – Torre Asciola, Tel. 089 87 41 49, Mobil 33 94 40 10 08, www.paolosandulli.com, fb

Essen und Trinken

14 **Alfonso a Mare**③

Das Terrassenrestaurant über dem Fischerhafen an der Marina di Praia ist ein Costiera-Klassiker und bürgt für eine kompetente Fischküche. Im Sommer steigen kitschig-romantische Hochzeitsfeiern. Mitte März bis Anfang Nov.
Via Marina di Praia 6 – Marina di Praia,
Tel. 089 87 40 91, www.alfonsoamare.it, fb, [i]

MEIN TIPP **1 Café Mirante③**

Sympathische Terrassen-Bar mit Blick aufs Meer, die Galli-Inseln und Positano. Tolle Drinks *(Amalfi Coast Mojito!)*, Bier und Wein. *Ciro Rispoli* vermietet nebenan von April bis Ende Nov. zwei hübsche Apartments im **1 B&B Casa Mirante.** Gemüse frisch aus dem Garten. Mai bis Ende Okt.

Via Masa 55 – Praiano, Mobil 36 61 71 85 93, fb

9 Il Pirata③

Schickes Fischlokal und Lounge Bar mit Tischen in der Grotte oder direkt über dem Meer. Auch wenn die Kellner Piraten-T-Shirts tragen, bleiben die Preise noch zivil. Vor dem leckeren Essen erfrischt ein Sprung ins Meer! April bis Ende Okt.

Via Terramare – Marina di Praia,
Tel. 089 87 43 77, www.ilpiratamalficoast.com, [i]

MEIN TIPP **2 La Brace②**

Gianni di Ieraces einladende Trattoria verwöhnt seit 1975 mit ehrlicher *cucina amalfitana*, hausgemachtem Limoncello und einem atemberaubenden Blick auf Positano. Zu den Spezialitäten zählt *zuppa di pesce*. Am Abend Holzofenpizza. Mi Ruhetag. Im Winter geschl.

Via G. Capriglione 146 – Vettica Maggiore,
Tel. 089 87 42 26, fb

MEIN TIPP **13 La Praia – da Armandino②-③**

Auch von Einheimischen gerne besuchte Fisch-Trattoria und Bar. Ein köstlicher Klassiker: *totani con patate,* prima sind auch die *risotti ai frutti di mare*. Gute Weinauswahl! Direkt über der Strandbucht. März bis Nov.

Via Marina di Praia 1 – Marina di Praia,
Tel. 089 87 40 87, www.daarmandino.it, fb, [i]

5 M'ama!②-③

Das Restaurant des **Hotels Margherita** (s.o.) serviert à la carte und ist auch Gästen, die nicht hier übernachten, absolut zu empfehlen! Das junge Küchenteam präsentiert eine frische mediterrane Küche und folgt der Slow-Food-Philosophie, die Weinauswahl lässt kaum Wünsche offen. Im Sommer wird auf der Panoramaterrasse eingedeckt.

Corso Umberto I. 70 – Praiano,
Tel. 089 87 46 28, fb

Marina di Praia

ama042 pa

3 Tramonto d'Oro③ (Plan S. 118)
Das Ristorante des gleichnamigen, von der Familie *Esposito* seit 1952 mit großer Aufmerksamkeit geführten **3 Hotels** öffnet für alle Gäste und macht seinem Namen zum Sonnenuntergang alle Ehre. Beste lokale Produkte werden fein zubereitet. Ende April bis Okt.
Via G. Capriglione 119,
Tel. 089 87 49 55, www.tramontodoro.it, fb, [i]

Feiern

■ **I Suoni degli Dei,** Konzerte früh am Tag bei freiem Eintritt im Freien oder im Convento San Domenico und geführte Wanderungen entlang des Götterwegs im Mai und Sept./Okt.
www.isuonideglidei.com

■ **Luminaria di San Domenico,** das Lichterfest vom 1. bis 4. August, bei dem im Ort Aberhunderte Kerzen und Öllämpchen zu Ehren des *hl. Dominikus* angezündet werden, geht auf das Jahr 1599 zurück.
www.luminariadisandomenico.it

■ **San Luca,** der Ortspatron wird am ersten Juli-Sonntag und am 18. Okt. gefeiert.

Gastronomic Trekking

Giacomo Miola organisiert jeden Di, Do, Fr und Sa bzw. nach Absprache **Wanderungen** in den Milchbergen **mit kulinarischer Note.** Dazu zählt der Besuch lokaler Produzenten und Winzer, unterwegs werden Wildpflanzen erklärt, gesammelt und abschließend gemeinsam im **Hotel Margherita** (s.o.) zubereitet und verspeist. Ein horizonterweiterndes Naturerlebnis! Ca. 100 € pro Person, Kinder bis 5 Jahre frei, bis 12 Jahre ermäßigt, Familienrabatte.

■ **Infos:** Mobil & WhatsApp 33 33 42 02 63, www.gastronomictrekking.com, fb, [i]

■ **San Gennaro,** am 18. und 19. Sept. lässt Vettica Maggiore den Märtyrerbischof (am 19. Sept. 305 in Pozzuoli bei Neapel enthauptet) mit einem Jahrmarkt, Umzügen und einem Feuerwerk hochleben.

Baden

In Vettica Maggiore findet sich unterhalb der Kirche S. Gennaro eine romantische Kiesbucht: Die **Cala della Gavitella** ist der einzige Strand der Küste, der von morgens bis abends von der Sonne beschienen wird. Am östlichen Ortsende liegt zwischen hohen Kalkklippen die Fischersiedlung **Marina di Praia** mit Kiesstrand und einladenden Lokalen.

Windsurfen/Kajak

11 Windsurf Praiano (Plan S. 118)
Luca Marino bietet Windsurf-Kurse für Anfänger und Fortgeschrittene an und organisiert Kajak-Ausflüge entlang der Küste. Auch Verleih.
Marina di Praia, Mobil & WhatsApp 37 77 47 40 89,
https://windsurfpraiano.com, fb, [i]

Tauchen

12 Boa Diving (Plan S. 118)
Raffaele Donnarumma hat Wochenkurse (PADI, SSI) und geführte Tauchgänge im Programm. Verleih von Ausrüstung, Boots- und Schnorchelausflüge zu den Isole Le Galli und Charter.
Marina di Praia, Tel. 089 81 30 34,
Mobil 34 06 54 96 21, www.laboa.com, fb

15 Centro Sub Costiera Amalfitana (Plan S. 118)
Gaetano Milano bietet Tauchgänge vor den Isole Li Galli und in der Riserva Marina Punta Campanella an. Die Ausrüstung kann gestellt werden.
Via Marina di Praia 13 – Marina di Praia,
Mobil & WhatsApp 36 69 26 83 70,
https://centrosubcostieraamalfitana.com, fb, [i]

Wandern/Klettern

■ **Convento San Domenico – Sentiero degli Dei,** siehe **Wanderung 5** im Kapitel „15 Wanderungen".

■ **Am „Götterweg"** haben *Francesco Galasso* und Freunde in den Steilwänden der Località Li Cannati zwei Dutzend **Felsrouten** in den Schwierigkeitsgraden 4b bis 7b eingerichtet. www.facebook.com/sentierodeglideiclimbing, www.direzioneverticale.it.

Positano

Einige Sirenen, die halbe Fische und halbe Frauen waren, sangen und sangen ein schönes Lied. Und Odysseus läßt in die Ohren von seinen Freunden zwei Flaschenkorkser reinstopfen, aber selber läßt er sie sich nicht reintun, und wie diese halben Fische singen, will er sich ins Meer stürzen, aber er ist festgebunden und alle lassen ihn zappeln.

Marcello d'Orta, In Afrika ist immer August

Positano (30 m, 3730 Ew.) blickt auf eine steile Karriere zurück, vom verarmten Fischernest zum mondänen Ferienidyll. Der Ort steigt wie ein kubistischer Architekten-Traum aus dem Meer, **pastellfarbene Würfelhäuser** türmen sich am Steilhang übereinander. Dieser Anblick begeistert Reisende, spätestens seit Nobelpreisträger *John Steinbeck* 1953 in „Harper's Bazaar" seinen berühmt gewordenen Reiseessay publizierte. Doch bereits in den 1920er-Jahren „entdeckten" Schriftsteller, Maler und Musiker den damals pittoresk verschlafenen Fischerort. Mit wenig Geld ließ es sich hier prächtig leben. Einige blieben für immer und liegen auf dem **hübschen Friedhof** hoch über der Stadt begraben, ein Positano im Kleinformat, zu dem man unbedingt hinlaufen sollte und sei es nur der Aussicht wegen. Ende der 1950er-Jahre hielten die Filmstars, der Jet-Set und der Bikini Einzug. Positano galt **zeitweise** als **Italiens mondänster Spot.** Nach wie vor beliebt bei der Film- und Fernsehprominenz und den Stars der internationalen Politik, gibt sich Positano als Urlaubsort inzwischen demokratisch. Touristen posen und posten Bilder mit dem Hashtag #positano in die Welt. Wer es sich leisten kann, genießt die **Dolce Vita** in den wunderbaren und sündhaft teuren Hotels (glücklicherweise gibt es günstigere und durchaus charmante Alternativen), verbringt die Tage in Motorjachten auf dem Meer, die Abende in den besten Restaurants und die Nächte in exklusiven Nachtclubs. Das Gros der Touristen stellen jedoch **Tagesausflügler.** Morgens

ama13 pa

▷ Positano, ein kubistischer Traum

kommen sie in Bussen und mit Schiffen und bummeln eilig durch die von Boutiquen gesäumten Gassen. Bald geht es weiter, denn Amalfi und Ravello stehen ja auch noch auf dem Programm. „Overtourism" ist hier kein Fremdwort mehr. Am Nachmittag finden sich nach und nach die Wanderer ein, von Weitem an bunter Funktionskleidung und dem Klackern der Wanderstöcke zu erkennen. In Positano endet der berühmte Sentiero degli Dei.

Um Positano zu **erkunden,** muss man **gut zu Fuß** sein. Außer zwei Straßen – der SS 163, die den Ort umfährt, und der Viale Pasitea, die in engen Kurven durch Positano führt – gibt es nur Treppenwege. Die einzigen Richtungsangaben, die Sinn machen, lauten bergauf oder bergab. Ohne jede Anstrengung genießt man das wunderschöne Panorama von der **Spiaggia Grande,** bunte Fischerboote bilden den pittoresken Vordergrund. Oberhalb des Strandes leuchtet grüngelb die Majolikakuppel des **Duomo S. Maria Assunta.** Neben der Kirche steht ein gedrungener Campanile, eine Gedenktafel erinnert an *Flavio Gioia,* den vermeintlichen „Erfinder des Kompasses", um den sich Amalfi und Positano streiten. Ein Blickfang ist das **langobardische Relief** aus dem frühen Mittelalter. Es zeigt ein Meeresungeheuer, halb Fuchs, halb Fisch, hier *volpepescatrice* genannt. Ähnliche Abbildungen kann man in kampanischen Kirchen des 12. und 13. Jh. entdecken, so auch in Ravello. Im Duomo S. Maria Assunta wird auf dem Hauptaltar eine Schwarze Madonna aus dem 13. Jh. verehrt. Mit diesem Bildnis verbindet sich eine der Gründungslegenden der Stadt. Das Bild der Muttergottes soll sich als Beute auf einem Sarazenenschiff befunden haben. Dieses ge-

ama14 pa

riet in ein schweres Unwetter, und erst nachdem die Seeleute das heilige Bild endlich an den Strand gebracht hatten – wiederholt hatte es deutlich die Worte „Posa, posa!" („Setzt ab, setzt ab!") geäußert –, legte sich der Sturm.

Vor einigen Jahren ist Positano um eine Sehenswürdigkeit reicher geworden. Bei Restaurierungsarbeiten in der Krypta des Domes stieß man auf den mit prachtvollen Fresken im Vierten pompejianischen Stil ausgeschmückten **Speiseraum einer imposanten römischen Villa,** deren Reste sich unter weiten Teilen des heutigen Altstadtzentrums in einer Tiefe von acht Metern unter dem Boden erstrecken. Das Anwesen wurde während des Vesuvausbruchs 79 n.Chr. von Asche bedeckt und durch einen anschließenden Erdrutsch völlig verschüttet. Auf einem geführten Rundgang erlebt man die farbintensiven Wandfresken. Sie zeigen imaginäre Paläste und Küstenlandschaften, in denen sich Seeungeheuer, springende Delfine und Amoretten tummeln. Etwas gruselig ist der Besuch der **Krypta.** Vermeintliche Latrinen entpuppen sich als letzte Ruhestätten verstorbener Mitglieder der Bruderschaft Monte dei Morti, deren Körper auf den steinernen Sitzen mumifizierten. Durch den Fund der Villa erhält auch der Name Positano eine neue Deutung: Antike Historiker berichten von einem reichen Besitzer zahlreicher Villen am Golf von Neapel namens *Posides Claudi Cesaris libertus,* der als Freigelassener bei Kaiser *Claudius* in hoher Gunst stand. Er könnte auch Eigentümer der Villa von Positano gewesen sein. Die durch das Erdbeben von 62 verursachten Schäden nahm er zum Anlass, sein luxuriöses Feriendomizil im neuesten Stil der Zeit renovieren zu lassen.

- **MAR Positano,** Piazza Flavio Gioia 7, Mobil 33 12 08 58 21, ticketoffice@marpositano.it, www.marpositano.it, April bis Okt. tägl. 9–21 Uhr, Nov. bis März tägl. 10–16 Uhr, Führungen alle 30 Min. für max. 10 Besucher, Eintritt 15 €, bis 12 Jahre frei.

Herrliche Ausblicke und ausgezeichnete Trattorien locken nach **Montepertuso** (352 m). Aus Positano ist „Lochberg" über etliche Hundert Treppenstufen zu Fuß oder mit dem Stadtbus zu erreichen. Der Ortsname? Ein großes Felsloch stand Pate. Stiller noch liegt das freundliche Dorf **Nocelle** (440 m). Die Straße endet oberhalb des Ortes auf einem Gratis-Parkplatz (!), nur zu Fuß geht es weiter über Treppenwege. Die einzigen Verkehrsgeräusche stammen von Lasteseln und Wanderschuhen auf dem Pflaster. Nocelle ist End- bzw. Ausgangspunkt des CAI-Wegs 327, besser bekannt als „Götterweg".

Praktische Tipps

Information

- **Ufficio del Turismo Positano**
Am Ort des alten Tourismusbüros unterhalb des Duomo erteilen die engagierten Mitarbeiter des **MAR Positano** (s.o.) Auskunft. Juni bis Ende Okt. Via del Saracino
- **www.comune.positano.sa.it/turismo-e-cultura-a-positano**

☒ Positano ist am besten übers Meer zu erreichen (oder zu Fuß)

An- und Weiterreise

■ **Auto:** Positano wird von der SS 163 umfahren. Westlich des Ortes gibt es einen schönen Belvedere!

■ **Bus:** SITA-Busse fahren von/nach Sorrent und Amalfi. Richtung Sorrent halten die Busse unterhalb der Chiesa Nuova (Fahrkarten gibt es in der Bar Internazionale); bei der Kirche biegt der Viale Pasitea

in den Ort ein. Richtung Amalfi liegt die Haltestelle an der Stelle, wo die gleiche Straße unter dem Namen Via Cristoforo Colombo zurück auf die SS 163 stößt.

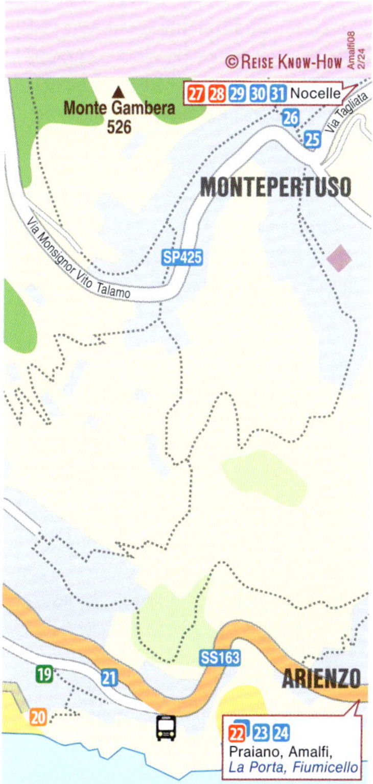

22 La Taverna del Leone
23 Bagni d'Arienzo Beach Club
24 Da Adolfo
25 Donna Rosa
26 Il Ritrovo
29 La Tagliata
30 Santa Croce
31 Il Chiosco del Sentiero degli Dei

Nachtleben
18 Franco's Bar
20 Music on the Rocks

Einkaufen
19 Profumi di Positano

Schiff: Bootsanleger westlich der Spiaggia Grande. Von Ostern bis Okt. tägl. nach Amalfi, Salerno, Capri und Sorrent, von Juni bis Sept. zusätzlich Schnellfähren von/nach Neapel. Fahrpläne und Tickets direkt an der Anlegestelle.

Unterwegs in Positano

Parken: Die wenigen Parkplätze in Positano liegen am Viale Pasitea und sind privat organisiert, Gebühr ab 20 €/Tag. Nur wenige Hotels und Pensionen verfügen über einen eigenen Parkplatz. Im Falle einer Übernachtung vor Ort empfiehlt es sich, den Parkplatz rechtzeitig zu buchen.

Stadtbus: Die Alternative zum Treppensteigen – Stadtbusse drehen jede halbe Stunde die Runde auf den einzigen Straßen des Ortes (Viale Pasitea, Via Cristoforo Colombo und SS 163). Nicht ganz so häufig fahren Busse in die hoch gelegenen Ortsteile Montepertuso und Nocelle sowie nach Praiano. Abfahrtszeiten und Streckenplan an allen Haltestellen, Tickets im Bus oder am Kiosk, Fahrpläne auf www.positanomap.it.

Bootstour: Vom Kai oder der Spiaggia Grande werden Ausflugsfahrten entlang der Küste, etwa zur Grotta dello Smeraldo. Man kann sich auch in eine einsame Bucht bringen und zu einem späteren Zeitpunkt wieder abholen lassen. Ruderboote, Motorboote und Kanus auch zum Mieten (mehrere Anbieter, kaum Preisunterschiede).

Übernachten in Positano

3 Brikette Hostel①-②
Günstiger schläft man in Positano nicht! Bar, Sonnenterrassen, viele Tipps. Abends auch Essen, dazu offener Wein. Nahe der SITA-Bushaltestelle „Chiesa Nuova" an der SS 163. 6 DZ, mehrere Schlafsäle. Mitte März bis Nov.
Via G. Marconi 358, Tel. 089 87 58 57, www.hostel-positano.com, [i]

MEIN TIPP: 14 **Casa Cosenza**③
Charmanter alter Palazzo ein paar Stufen oberhalb der Hafenmole, das Zimmer N° 7 hat eine Privatterrasse. Ideal für Selbstversorger. Freundlicher Empfang durch *Josephine* und *Rafaella*. Keine Parkmöglichkeit. 7 Zi., 4 Suiten, 2 Ap. mit Küche.
Via Trara Genoino 20, Tel. 089 87 50 63,
Mobil 33 32 88 12 46, www.casacosenza.it, fb

MEIN TIPP: 9 **Casa Guadagno**②-③
Hübsche Familienpension: *Filoteo Ferrara* und *Floriana* empfangen ihre Gäste in gepflegten, fröhlich gefliesten Zimmern mit schönen alten Holzmöbeln und guten Betten. Balkone bzw. Terrassen mit Meerblick. Das Frühstück wird auf Wunsch glutenfrei serviert. 7 Zi. März bis Nov.
Via Fornillo 36, Tel. 089 87 50 42,
www.pensionecasaguadagno.it, fb, [i]

18 **Le Sirenuse**④
Der alte Palazzo verbindet den Charme einer privaten Patriziervilla mit dem unaufdringlichen Luxus eines Top-Hotels. Ruhige, stilvolle Zimmer mit Traumblick aufs Meer, auf die Majolikakuppel des Doms und die pastellfarbenen Häuserwürfel von Positano. Dieselbe Aussicht bietet der Pool. Auch der Besuch im 18 **Ristorante Sponda** wird kaum enttäuschen, und sollte die Reisekasse knapper bemessen sein, bleibt immer noch die Möglichkeit, sich in 18 **Franco's Bar** einen Drink zu gönnen – ein Schluck Luxus! 62 Zi.
Via C. Colombo 30, Tel. 089 87 50 66,
www.sirenuse.it, www.francosbar.com, fb, [i]

10 **Maria Luisa**②-③
Einfache, außerhalb der Saison preisgünstige Pension nahe der **Casa Guadagno** – zu empfehlen

Sirenengesang, sterbensschön!

Im türkisblauen Meer vor Positano liegen drei winzige Inseln. **Li Galli** („die Hähne") steht auf modernen Seekarten, **Sirenuse** nannte sie die Antike. Dem Mythos nach sind es die versteinerten Leiber von **Sirenen,** *Loreleys* der antiken Seefahrt. Mit ihrem unwiderstehlichen Gesang lockten sie Seemänner ans felsige Ufer und in den sicheren Tod. Im homerischen Epos erfährt man, wie *Kirke* den listenreichen **Odysseus,** dessen unbezwingbare Neugier sie kennt, vor ihnen warnt. Die Zauberin rät ihm, seinen rudernden Gefährten die Ohren mit Wachs zu verschließen, sich selbst aber fest an den Mast binden zu lassen. *Odysseus* folgt dem Rat und hört die Sirenengesänge, ohne ihnen zu verfallen. Für ihn und seine Gefährten geht das Abenteuer gut aus, während die enttäuschten Sirenen sich in den Tod stürzen. In der Antike stellte man sie sich als **Mischwesen** vor, halb Vogel, halb Frau. Auf der Sorrentiner Halbinsel wurden Vasen mit solchen Darstellungen gefunden; in der Villa Fondi in Piano di Sorrento sind sie ausgestellt. Nüchterne Betrachter sehen im Sirenenmythos personifizierte Naturgewalten, z.B. windumtoste und für Seefahrer gefährliche Klippen.

1924 ließ sich der russische Choreograf und Tänzer **Leonide Massine** (1896–1979) von den Felseninseln verzaubern und kaufte die größte, **Gallo Lungo.** *Strawinsky* und *Picasso* waren hier zu Gast. Nach *Massines* Tod erwarb der Tänzer **Rudolf Nurejew** (1938–1993) Villa und Insel und verbrachte hier die letzten Sommer seines bewegten Lebens. Immer noch in Privatbesitz, kann man sich den Inseln nur im Boot nähern. Fischer schwören, in Vollmondnächten ertöne immer noch der Gesang der Sirenen.

sind die Zimmer mit Terrasse und Meerblick! Frühstückssaal mit Kühlschrank und kleine Terrasse. 10 Zi. März bis Okt.
Via Fornillo 42, Tel. 089 87 50 23,
Mobil 33 48 57 55 02 *(Carlo Milo)*,
www.pensionemarialuisa.com, fb, [i]

17 Palazzo Murat④
Barocker Stadtpalast und ehem. Sommerresidenz des neapolitanischen Königs und Napoleon-Schwagers *Joachim Murat*. Bei gut gefülltem Portemonnaie können heute auch ungekrönte Häupter den Luxus dieses stilvollen Hotels oberhalb des Duomo S. Maria Assunta genießen. Frühstück im Schatten von Palmen und Orangenbäumen. Top ist das Restaurant **17 Al Palazzo.** 31 Zi. März bis Ende Okt.
Via dei Mulini 23, Tel. 089 87 51 77,
www.palazzomurat.it, fb, [i]

MEIN TIPP: **11 Pupetto**③-④
Von der Familie *Celentano* aufmerksam geführtes Strandhotel an der Spiaggia del Fornillo, die Zimmer sind geräumig und haben Meerblick. Das Beste aber – man kann jederzeit ins Meer springen. Das gute **Strandrestaurant** und die **Strandbar** (s.u.) öffnen auch für externe Gäste. Von oben über Treppenwege und den Fahrstuhl der Dependance **Vittoria** bzw. über den küstenparallelen Spazierweg Via Positanesi d'America ab der Marina Grande zu erreichen. Für den Gepäcktransport wird gesorgt. 34 Zi. Mitte April bis Ende Okt.
Via Fornillo 37, Tel. 089 87 50 87,
www.hotelpupetto.it, fb, [i]

MEIN TIPP: **7 Villa delle Palme**③
Die Frühstückspension ist seit 1959 am Platz und top in Schuss. Die netten Zimmer weisen mit Balkon oder Terrasse aufs Meer. Herzlicher Empfang durch die polyglotte *Manuela Esposito*, die ihren Gästen mit guten Tipps weiterhilft. Das Haus flankieren die **Restaurants 6 Mediterraneo** und **8 Saraceno d'Oro,** von *Manuelas* Familie mit Verve geführt. 9 Zi. März bis Nov.
Viale Pasitea 252, Tel. 089 87 51 62,
Mobil 32 02 11 26 22, www.inpositano.com, fb, [i]

MEIN TIPP: **5 Villa Verde**③
Die sympathische Frühstückspension von *Rosaria Mandara* ist eine im wahren Wortsinn preiswerte Adresse! Ruhige Zimmer mit guten Betten, Air Condition, Balkon bzw. Terrasse. SITA-Bushaltestelle „Chiesa Nuova" in der Nähe. Eigener, kostenpflichtiger Parkplatz. 12 Zi. März bis Anfang Nov.
Viale Pasitea 338, Tel. 089 87 55 06,
www.pensionevillaverde.it

Übernachten in Nocelle

MEIN TIPP: **27 Casa Cuccaro**②
Für Ruhesuchende! Gemütliches B&B an der einzigen Wegkreuzung mitten im winzigen Nocelle, wo auch der Sentiero degli Dei vorbeiführt bzw. der Treppenweg zur Spiaggia di Arienzo absteigt. Tolle Sonnenterrasse mit Traumpanorama. Die sympathischen Besitzer *Giuseppe* (der über Jahre im 5-Sterne-Hotel San Pietro gearbeitet hat und englisch spricht) und *Gerardina Cuccaro* wohnen im gleichen Haus. Nur zu Fuß zu erreichen, öffentlicher Parkplatz oberhalb von Nocelle. 3 Zi.
Via Pizzillo 2, Tel. 089 87 54 58, www.casacuccaro.it

28 Villa La Quercia②
Salvatore Casulas hübsches B&B liegt schräg unterhalb der Casa Cuccaro. Die blitzsauberen, freundlich möblierten Zimmer bieten eine großartige Aussicht. Ruhig im großen Garten gelegen und nur zu Fuß zu erreichen, Parkplatz oberhalb des Ortes. 8 Zi. Ostern bis Ende Okt.
Via Nocelle 5, Tel. 08 98 12 34 97,
Mobil 33 92 71 94 05, http://villalaquercia.com

Essen und Trinken in Positano

24 Da Adolfo②
Ein paar klapprige Tische auf dem Strand und auf den Tellern hausgemachte Pasta und frischer Fisch. Nur via *mare* (ein Boot mit dem Namen des Lokals

ama15 pa

pendelt ab 11 Uhr von der Spiaggia Grande) oder über 450 Stufen von der SS 163 aus zu erreichen. Ende Mai bis Sept. bei gutem Wetter tägl. mittags. Via Laurito 40, Tel. 089 87 50 22, www.daadolfo.com, fb, [i]

1 Da Costantino②

Fußlahmen Gästen wird sogar ein Shuttle-Service angeboten, dabei liegt diese Trattoria gerade mal fünf Minuten zu Fuß von der Chiesa Nuova entfernt am oberen Ortsrand an der Zufahrtsstraße Richtung Montepertuso und Nocelle. Seit 1978 beglückt die Familie ihre Gäste mit guter lokaler Fisch- und Gemüseküche, leckerer Holzofenpizza, einem wunderbaren Ausblick (wenn man das Glück hat, einen Tisch nah am Fenster zu ergattern) und nicht überzogenen Rechnungen.
Via Corvo 107, Tel. 089 87 57 38, www.dacostantino.net

23 Bagni d'Arienzo Beach Club①-③

Lässiges Strandrestaurant mit Lido am hübschen Arienzo-Strand östlich von Positano. Von der SS 163 zu Fuß über Treppen oder von der Spiaggia Grande mit dem Gratis-Taxi-Boot zu erreichen (10–13 und ab 16 Uhr). April bis Okt.

Trattoria Il Ritrovo in Montepertuso – Salvatore Barba erntet im eigenen Garten

Via Arienzo 16, Tel. & WhatsApp 089 81 20 02, www.arienzobeachclub.com, fb

2 C'era una volta …①-②

Gaetano Celentanos einfach nette Pizzeria-Trattoria liegt in einer touristisch eher unverdächtigen Lage am westlichen Ortsrand. Große Pasta-Portionen, solide Fischküche, hausgemachte Dolci und schöne Aussicht von der Terrasse. Di Ruhetag.
Via G. Marconi 127, Tel. 089 81 19 30, Mobil 33 32 82 28 45, www.ristoranteceraunavolta-positano.com, fb

MEIN TIPP: **13 Da Vincenzo②-③**

Familien-Ristorante, seit 1958 am Platz! Schnörkellose *cucina amalfitana* zu fairen Preisen. Gute Fisch-Primi, leckere Gemüsegerichte wie z.B. *parmigiana di melenzane* und köstliche Dolci. Di Ruhetag, April bis Nov.
Viale Pasitea 172/178, Tel. 089 87 51 28, www.davincenzo.it

22 La Taverna del Leone②-③

Das Ristorante der Familie *Guida* besteht seit 1970. Es kann nicht mit einer tollen Lage punkten, hat es aber auch nicht nötig. Das Menü listet eine kleine & feine Auswahl traditioneller Gerichte, die mit Pfiff zubereitet und angerichtet werden. Abends gibt es auch leckere Pizza. Direkt an der SS 163 auf halber Strecke zwischen Positano und Praiano gelegen, daher am besten mit eigenem Fahrzeug (kleiner

Parkplatz), dem Stadtbus oder Taxi zu erreichen. Übernachtungsgästen stehen vier nette 22 **Zimmer**② zur Verfügung. Di Ruhetag, Jan. geschl.
Via Laurito 43, Tel. 089 81 13 02,
www.latavernadelleone.com

12 **Lo Guarracino**②-③
Luftig-romantisches Terrassenlokal über dem Meer. Trattoria-Atmosphäre plus Restaurant-Qualität und entsprechende Preise. Auch Holzofenpizza. Am Steiluferweg Richtung Spiaggia del Fornillo. Di Ruhetag, Ostern bis Nov.
Via Positanesi d'America 12, Tel. 089 87 57 94,
www.loguarracinopositano.it, fb, [i]

MEIN TIPP: 6 **Mediterraneo**②-③
Enzo Esposito führt die Familientradition fort und tischt ausgewählt gute kampanische Küche zu fairen Preisen auf. Die Weinauswahl ist beachtlich, der Service freundlich. Das Lokal war immer schon ein Treff lokaler Künstler. Febr. geschl.
Viale Pasitea 236, Tel. 08 98 12 28 28,
www.mediterraneopositano.com, fb

8 **Saraceno d'Oro**②-③
Von der Familie *Esposito* mit Elan geführtes Restaurant. Es wird v.a. frischer, lokal gefangener Fisch serviert. Leckere Holzofenpizza auch schon mittags! März bis Anfang Nov.
Viale Pasitea 254, Tel. 089 81 20 50,
www.saracenodoro.it, fb

Essen und Trinken in Montepertuso und Nocelle

25 **Donna Rosa**③
Es war einmal eine einfache Trattoria … Positano-Schick hin oder her, immer noch eine der besten Adressen! Auch vegetarische Gerichte. Kochkurse. Di Ruhetag, Ostern bis Jan.
Via Montepertuso 97/99 – Montepertuso,
Tel. 089 81 18 06, www.donnarosapositano.it, fb, [i]

MEIN TIPP: 26 **Il Ritrovo**②-③
Edel-Trattoria an der Piazza: Gemüse aus dem eigenen Garten wird zu frischen Antipasti, als Secondo gibt es Huhn, Zicklein oder Lamm vom Grill. *Salvatore Barbas* gebackenes Kaninchen sollte man probieren! Man kann in einem Kochkurs auch lernen, wie es zuzubereiten ist. Mi Ruhetag, März bis Dez.
Via Montepertuso 77 – Montepertuso,
Tel. 089 87 54 53, www.ilritrovo.com, fb, [i]

29 **La Tagliata**②-③
Ausschließlich Produkte aus dem eigenen Garten bzw. Stall (auch Strauße!). Spezialitäten des Hauses sind Nudeln mit Steinpilzen und *grigliata mista*. Herrliche Blicke auf Positano und die Küste. Die Freundschaft der Familia *Barba* mit Ex-Bundeskanzler *Schröder* ist in die Lokalchronik eingegangen. Komfortable **Gästeapartments.** Do Ruhetag.
Via Tagliata 32b – Montepertuso,
Tel. 089 87 58 72, WhatsApp 33 39 37 92 32,
www.latagliata.com, fb

30 **Santa Croce**②
Die Familientrattoria ist zum Ristorante mutiert. Die Küche bleibt absolut empfehlenswert: köstliche Pasta und Fleisch aus eigener Zucht. Gute Weinauswahl, schließlich ist *Paolo* Sommelier. Von der verglasten Veranda Traumblick auf die Costiera. Kein Ruhetag!
Via Nocelle 19 – Nocelle, Tel. 089 81 12 60, fb, [i]

Snacks und Cafés

4 **Bar Internazionale**
Bar mit internationaler Presse, Fahrkartenverkauf und gutem Gelato. Sie liegt unterhalb der Chiesa Nuova direkt an der SS 163 und der SITA-Bushaltestelle. Im Winter Mo Ruhetag.
Via G. Marconi 306/308 – Positano,
Tel. 089 87 54 34

15 **Casa e Bottega**
Superfreundliche Bio-Bar etwas abseits der touristischen Rennstrecke. Frühstück wird bis zur Mittagszeit serviert, leichte Snacks bis in den frühen Nachmittag. Frisches Obst und Gemüse werden zu leckeren Smoothies oder Salaten verarbeitet, auch selbst gebackene Kuchen und hausgemachtes Eis

gibt es – und Kunsthandwerk aus Frauenhänden. April bis Ende Okt.
Via Pasitea 100, Tel. 089 87 52 25,
Mobil 33 87 09 75 00,
www.casabottegapositano.it, fb, [i]

31 Il Chiosco del Sentiero degli Dei
Kiosk mit luftiger Veranda am östlichen Ortsrand. Ideal für eine Erfrischungspause oder einen kleinen Snack. Frische Zitronenlimonaden und Granita.
Via Pizzillo – Nocelle, Mobil 33 83 19 38 13 *(Giulio)*, 32 89 67 05 81 *(Valentina)*,
www.chioscosentierodeglidei.com, fb

21 Li Galli Bar Bistrò
Die Tische stehen auf dem schmalen Gehsteig direkt an der befahrenen Straße, und doch ist es eine der besten Adressen in Positano (nicht zu verwechseln mit dem Sterne-Restaurant gleichen Namens)! Der Blick auf das Meer und die Galli-Inseln und die Stimmung ab dem späten Nachmittag sind bezaubernd, außerdem lässt dann der Verkehr deutlich nach. Man kann sich nur zu einem Glas Wein oder auf einen Cocktail niederlassen oder delektiert sich an leckerer Pasta oder Fisch-Secondi.
Via C. Colombo 207, Mobil 33 47 08 42 72, fb

11 Pupetto Caffè-Pizzeria
Nette Strandbar des **Hotels Pupetto** (s.o.) an der Spiaggia del Fornillo. Panini, Gemüse- und Obstsalate, gegrilltes Gemüse. Mai bis Mitte Okt.
Via Fornillo 37, Tel. 089 87 50 87,
www.hotelpupetto.it, fb

MEIN TIPP: **16 Mastro, Antonietta**
Eine bessere *granita di limone* ist kaum zu finden. Die Familie *Mastro* hat es in vier Generationen zur Meisterschaft in der Zubereitung des Zitroneneises gebracht. Zitronenschalen geben der geschmeidigen Granita ihren erfrischenden, etwas bitteren Beigeschmack. Der Eisstand in Gestalt eines halben Fischerbootes steht an der Piazza dei Mulini. Bei gutem Wetter tägl. April bis Okt.

Götterweg – Wandern zwischen Himmel und Erde (und Meer)

Einkaufen

Ende der 1950er-Jahre schlug die Geburtsstunde der **Moda di Positano.** 1959 feierte der Bikini hier seinen italienischen Einstand, die traditionellen spitzenbesetzten Leinenkleider wurden zu neuen, gewagteren Kreationen weiterentwickelt.

MEIN TIPP: **19 Profumi di Positano**
Seit 1922 produziert die Familie *Barba* Parfum und Seifen. Zitrusaromen überwiegen.
Via C. Colombo 175, Tel. 089 87 50 57,
www.profumidipositano.it

Feiern/Kultur

20 Music on the Rocks
Coole Grotten-Disco am östlichen Ende der Spiaggia Grande. April bis Sept.
Via Grotta dell'Incanto 51, Tel. 089 87 58 74,
www.musicontherocks.it, fb, [i]

- **Ostern,** die stimmungsvolle Karfreitagsprozession zieht die Menschen an.
- **Festa di S. Vito,** am 15. Juni wird der Stadtpatron mit einer Prozession gefeiert.
- **Premio Leonide Massine,** Balletfestival im September. www.positanopremialadanza.it

Baden

Unterhalb der Kirche S. Maria Assunta breitet sich die **Spiaggia Grande** aus. Pittoresk liegen bunte Fischerboote auf dem für Amalfitana-Verhältnisse langen Kiesstrand, den im Sommer fast vollständig *bagni* mit Umkleidekabinen, Liegestühlen und Sonnenschirmen belegen; für deren Benutzung sind ab 15 €/Tag zu entrichten. Am östlichen Ende der Spiaggia Grande finden sich nette Strandbars. Mit Booten bzw. zu Fuß auf der SS 163 sind die östlich gelegenen **Buchten La Porta, Fiumicello** oder **Arienzo** (nettes Strandlokal!) zu erreichen. Oberhalb der

Mole führt ein hübscher Fußweg an die schöne **Spiaggia del Fornillo.** Die Strände von Positano tragen das Umweltsiegel der „Blauen Flagge".

Wandern

Oberhalb von Positano steigen die **Monti Lattari** mit dem Massiv des **Monte S. Angelo a Tre Pizzi** fast in den Himmel. Der Blick vom Monte San Michele (1444 m), dem höchsten der drei Pizzi, umfasst die Golfe von Neapel und Salerno, den Vesuv, die Monti del Matese, die Monti Picentini und reicht bei klarem Wetter weit bis in den Cilento. Der Monte San Michele lässt sich von Bomerano, Monte Faito und Montepertuso besteigen – die Wanderwege sind ausgeschildert und auf Karten verzeichnet.

Der **Sentiero degli Dei** – der vielleicht schönste, sicher aber bekannteste Höhenweg der Costiera – startet in Bomerano und führt über Nocelle und Montepertuso bis Positano.

Montepertuso (352 m) – Nocelle (440 m)

An **Positano** kann man sich kaum sattsehen. Es macht Spaß, auf den alten Treppenwegen durch den Ort zu streifen, unterwegs öffnen sich immer wieder tolle Blicke. **Zwei Treppenwege** führen in den hoch gelegenen Ortsteil Montepertuso und es spielt eigentlich keine Rolle, welchen man wählt. **Von der Spiaggia Grande** geht man auf der schmalen, von Boutiquen gesäumten Via dei Mulini zur Via Cristoforo Colombo hoch und auf dieser nur ein kurzes Stück nach rechts bergauf. Bald darauf biegt man links in eine Gasse ein und folgt ab hier den Treppenstufen bergauf, unterwegs die Via Marconi im Ort querend. Auf Höhe der letzen Häuser verzweigt sich der Treppenweg. Der eine führt etwas weiter nördlich unterhalb der Steilwand hoch, der andere kommt in der Nähe des schön gelegenen *cimitero* (Friedhof) vorbei, dem man bei dieser Gelegenheit einen Besuch abstatten könnte. Von Montepertuso führt die kaum befahrene Straße bis an das stille Dorf **Nocelle.** Ab hier setzt sich der **Sentiero degli Dei** als traumhaft schöner Höhenweg in Richtung Bomerano fort (siehe bei Bomerano und **Wanderung 5** im Kap. „15 Wanderungen").

Rundweg

Ein Rundweg führt von Montepertuso durch den namesgebenden **Pertuso** (im Dialekt „Loch") oberhalb des Ortes. Als Einstieg dient der Treppenweg Via Gradoni auf Höhe der **Trattoria Il Ritrovo.**

ama16 pa

ama17 pa

2

Salerno und Paestum

Salerno ist das lebendigste Pflaster südlich von Neapel und nur einen Bootssprung von der Amalfiküste entfernt. In Paestum stehen die schönsten Griechen-Tempel Süditaliens, und hier gibt es die beste Mozzarella di Bufala, während die Bergorte Giungano und Trentinara einen Vorgeschmack auf den Cilento bieten.

Fast vollständig erhalten sind die Tempel des antiken Paestum

SÜDITALIENISCHES FLAIR UND GRIECHISCHE TEMPEL

Die alte Hafenmetropole Salerno spielte touristisch lange Jahre in der B-Liga und diente nur als „Sprungbrett" an die Amalfiküste oder als Etappenort auf dem Weg nach Paestum. Allenfalls Kunstkenner verirrten sich hierher auf der Suche nach langobardischen und normannischen Baudenkmälern. Das ist passé. Mutige Stadtsanierung und kreative Kulturpolitik haben Salerno zu einem lebendigen Pflaster gemacht und dem Centro storico mit seinen Palazzi und mittelalterlichen Kirchen neuen Glanz verpasst, Street Art macht die Straßen bunt und quirlig. Weiter südlich zeigt sich das UNESCO-Welterbe Paestum lebendiger denn je. Im Schatten der schönsten Griechen-Tempel Unteritaliens ist einiges los, Slow Food meets Yoga meets Musik. Und jüngste Ausgrabungen haben die Reste eines weiteren Tempels zu Tage gebracht. Das Archäologische Museum ist eine Schau und das „Grab des Tauchers" alleine eine Reise wert. Feinschmecker locken die Mozzarella di Bufala D.O.C. und feine Weine. Den schwarzen Wasserbüffeln begegnet man auf Bio-Farmen und entdeckt ganz nebenbei, dass sich ihre Milch auch in köstliches Gelato verwandeln lässt. Auf Ausflügen ins nahe Hinterland lernt man die Bergorte Capáccio, Giungano und Trentinara kennen – im Mittelalter als Fluchtsiedlungen von Paestum entstanden, haben sie nicht nur kulinarisch viel zu bieten.

NICHT VERPASSEN!

- **Giardino della Minerva** (Salerno): grüner Hort mittelalterlicher Gelehrsamkeit | 147, 151
- **Botteghelle 65** (Salerno): speisend reisen | 154
- **Tempel von Paestum:** die schönsten Ruinen Süditaliens | 164
- **Grab des Tauchers** (Paestum): transzendenter Turmsprung | 172
- **Mozzarella – „weißes Gold":** die besten Käsereien in der Piana di Paestum | 184

Diese Tipps erkennt man an der gelben Markierung.

> Es gibt sie noch, die Fischeridylle im geschäftigen Hafen von Salerno

Sichelförmig spannt sich der **Golf von Salerno** von der Spitze der Sorrentiner Halbinsel bis zum Sirenen-Kap **Punta Licosa,** dem westlichsten Vorsprung des Cilento. Landschaft ist die Bühne, auf der sich Geschichte abspielt, und Paestum und Salerno verbindet mehr als nur ihre gemeinsame Lage am Golf. Bei oberflächlicher Betrachtung scheint es kaum gegensätzlichere Orte zu geben. Das **antike Paestum,** im 10. Jh. verlassen und lange Zeit vergessen, avancierte nach seiner Wiederentdeckung Mitte des 18. Jh. schnell zu einer der bekanntesten Ruinenstätten Süditaliens, neue Forschungen eröffnen Blicke in den antiken Alltag. Im Mittelalter fanden die Säulen römischer Villen Paestums Wiederverwendung beim Neubau des Normannendoms von Salerno. Ab dem 9. Jh. erlebte **Salerno** eine erneute Blütezeit als **Herrschaftssitz** erst der Langobarden und dann der Normannen. Der Ruf seiner **Ärzteschule** verbreitete sich in ganz Europa und verhalf der Stadt zeitweise zu dem Beinamen *Civita Hippocratica* („Hippokratische Stadt").

Die selbstbewusst in die Zukunft blickende **Hafen- und Provinzhauptstadt Salerno,** nach Neapel zweitgrößte Metropole der Region Kampanien, verrät ihren antiken Ursprung erst auf den zweiten Blick. Seit Ende der 1990er-Jahre erlebt die Stadt ihr kulturelles „Coming Out" und es locken eine lebendige Kulturszene, tolle Lokale und pfiffige Einkaufsmöglichkeiten. Stararchitekten wie *David Chipperfield, Paolo Portoghesi, Zaha Hadid* oder *Santiago Calatrava* haben Zeichen gesetzt. Die Veranstaltung **Luci d'Artista** zieht in den Wintermonaten Abertausende Besucher an und der Hafen Salerno wird inzwischen (leider) auch von Kreuzfahrtschiffen angelaufen.

ama070 pa

Salerno und Paestum

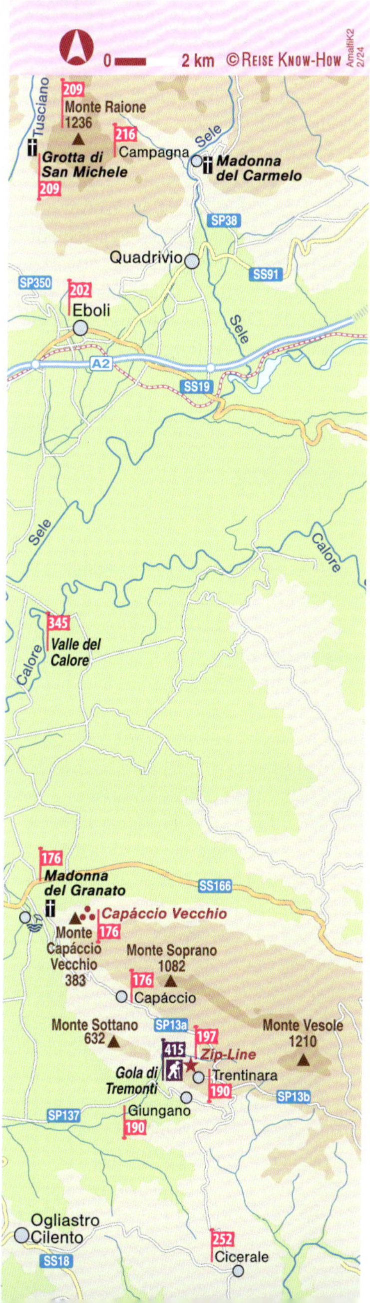

Salerno

Pfeilschnelle Fernzüge erreichen Salerno aus dem Norden, der Flughafen bleibt auch Jahre nach seiner Eröffnung provinziell, prima sind die Schiffsverbindungen an die Costiera Amalfitana, nach Capri und im Sommer sogar bis in den Cilento. An **Salerno (4 m, 126.500 Ew.)** führte früher schon kein Weg vorbei. **Etrusker** erkannten die Gunst der Lage und trieben einträglichen Handel mit den Griechen von Poseidonia (Paestum). Als **römische Kolonie** entwickelte sich Salernum ab dem 2. Jh. v.Chr. zum wichtigen militärischen Stützpunkt, Kultur- und Wirtschaftszentrum. Im frühen Mittelalter stritten Byzantiner und Goten um den Besitz der strategischen Hafenstadt. Eine erneute Blütezeit erlebte Salerno unter **langobardischer Herrschaft.** 1076 von den **Normannen** erobert, erhob sie *Robert Guiscard* zur Hauptstadt seines süditalienischen Reiches. Der Ruhm ihrer **Medizinschule** (siehe Exkurs „Die Medizinschule von Salerno", S. 150) verbreitete sich in ganz Europa. Baudenkmäler dieser Epoche sind in der Altstadt zu entdecken. Im 15. und 16. Jh. gehörte die Stadt dem mächtigen Geschlecht der *Sanseverino,* deren Einfluss bis ins Vallo di Diano und den Cilento reichte. Eine **Pestepidemie** und schwere **Erdbeben** forderten im 17. Jh. ihren Blutzoll. Im 19. Jh. zog die wirtschaftsfreundliche Politik der Bourbonen zahlreiche Schweizer Unternehmer an. 1861 beschäftigte die **Textilindustrie** von Salerno in mehr als 70 Betrieben über 80.000 Menschen, deutlich mehr als Turin zur gleichen Zeit. Mit dem Anschluss an das Königreich Italien setzte der **Niedergang** ein, die Verstaatlichung der letzten Betriebe 1918 brachte das Aus. Einige der Jugendstilvillen Schweizer Industrieller, heute gefragte Locations für Empfänge, und das Einkaufszentrum Le Cotoniere im Ortsteil Fratte erinnern an die Zeit, als Salerno als das „Manchester der beiden Sizilien" galt.

Inzwischen ist das lebenslustige und an Kunstschätzen reiche Salerno erneut eine **Stadt im Aufbruch.** Dabei hatte ihr das 20. Jh. übel mitgespielt: Wirtschaftskrise, Bomben im 2. Weltkrieg, verheerende Überschwemmungen, die in den 1950er-Jahren Hunderte Todesopfer forderten und auf einen Schlag 20.000 Menschen obdachlos machten, schließlich das Erdbeben von 1980. Am stärksten veränderte der massenhafte **Zuzug aus ärmeren Provinzen** das Gesicht der Stadt. Der hohe Bedarf an Wohnraum wurde mit einer ungezügelten Bauentwicklung in der Peripherie beantwortet, die Altstadt verfiel und entvölkerte sich zusehends. Der **Umschwung** kam, wie in Neapel auch, **Anfang der 1990er-Jah-**

Der Sheriff von Kampanien

Am 26. Mai 2011 wurde **Vincenzo De Luca** zum vierten Mal im Amt des **Bürgermeisters von Salerno** bestätigt – mit 74% der Stimmen! Als er 1993 zum ersten Mal *sindaco* wurde, durchlebte ganz Italien ein politisches Beben in Folge der in Mailand aufgedeckten Schmiergaldaffäre „Tangentopoli". Salerno litt nicht nur unter landesüblicher Korruption, sondern auch unter den Spätfolgen des Erdbebens von 1980.

Vincenzo De Lucas erste Amtshandlungen sorgten für eine Verschlankung des aufgeblasenen Amtsapparates. Für die **Neugestaltung der** unkontrolliert gewachsenen **Stadt** holte er international angesehene Architekten wie *Santiago Calatrava, Ricardo Bofil, David Chipperfield, Massimiliano Fuksas* oder *Zaha Hadid.* Der Urbanist *Orihol Bohigas* gab der Stadt das Meer zurück. *De Luca* gelang es aber auch, die **Bürger zum Mitmachen** zu **motivieren.** Während 2009 und 2010 die Müllkrise Neapels Negativschlagzeilen machte, konnten Salerno und seine Bewohner stolz auf eine vorbildliche Mülltrennung verweisen.

De Luca hat früh und viel in das **Kulturleben** der alten Hafenstadt investiert. Die Idee, den Centro storico im Winter in ein von Künstlern gestaltetes Lichtermeer zu verwandeln, sorgt auch in dieser Jahreszeit für begeisterte Besucher.

Einer Umfrage der italienischen Wirtschaftszeitung „Sole 24 Ore" zufolge galt *Vincenzo De Luca* 2013 als beliebtester Bürgermeister Italiens. 2015 wurde er nicht ohne Polemik mit 41% der Stimmen zum **Präsidenten der Regione Campania** gewählt. Der selbstherrliche Politiker ist ein beliebtes Sujet der Satiriker. Als *sceriffo* steuerte er in der Coronakrise einen besonders rigiden Kurs, der ihm Kritik, aber auch Anerkennung einbrachte. Sogar vor dem Einsatz des Militärs schreckte *De Luca* nicht zurück. 2020 wurde er mit deutlicher Stimmenmehrheit in seinem Amt als Regionspräsident bestätigt. Mit dem Versprechen **Covid-freier Inseln** und einer Wiederbelebung des Tourismus setzte er gegen anfängliche Kritik im Mai 2021 eine groß angelegte Impfaktion auf Procida, Ischia und Capri durch.

re. Die neue Stadtverwaltung beschloss einen **Bebauungsplan** – im Süden Italiens ein revolutionärer Akt! Urbanisten aus aller Welt wurden zur Mitgestaltung eingeladen. Die Wahl fiel auf den Katalanen **Oriol Bohigas,** der mit der städtebaulichen Neubestimmung Barcelonas anlässlich der Olympischen Spiele 1992 sein Engagement und soziales Einfühlungsvermögen bewiesen hatte. *Bohigas* und Salernos damaliger Bürgermeister *Vincenzo De Luca* (siehe Exkurs „Der Sheriff von Kampanien") waren sich einig, die Priorität galt dem Machbaren. Der mondäne **Lungomare Trieste,** Visitenkarte der Hafenstadt Salerno, wurde einer Schönheitskur unterzogen. Als weniger geglückt gilt die Neugestaltung der Piazza della Libertà, die den Hafenbereich mit der Alstadt verbindet. An dem überdimensionierten *Crescent* – einer Shopping-Arkade mit Luxusapartments – entzünden sich die Geister. Internationale Anerkennung erfährt hingegen das neue Fährterminal; die feierliche Einweihung der flotten „Auster" konnte die britisch-irakische Stararchitektin *Zaha Hadid* (1950–2016) leider nicht mehr erleben. Augenfällig vollzieht sich die **Sanierung** auch in **der Altstadt.** Die gezielte Instandsetzung einzelner Bauten, das Aufwerten einer Gasse oder eines Platzes soll eine Kettenreaktion privater Initiativen auslösen. Der Plan scheint aufzugehen. Innerhalb weniger Jahre ist Leben ins Centro storico zurückgekehrt. Geschäfte, Werkstätten, hippe Bars, Birrerie und Slow-Food-Ristoranti haben neu aufgemacht, die Menschen bevölkern bis spät nachts die Plätze und Straßen ihrer Stadt. Das Madrid der 1980er-Jahre lässt grüßen – als *movida salernitana* wird die Aufbruchsstimmung beschrieben.

Ein erster Überblick

Der Ausflug auf den **263 m hohen Monte Bonadies** mit dem **Castello di Arechi** belohnt mit herrlicher Sicht auf Stadt und Golf. Byzantiner befestigten den strategischen Hügel, die stolze Burg trägt allerdings den Namen des langobardischen Prinzen *Arechi.* Normannen, Staufer, Anjou und Aragonesen bauten sie

Altstadtgasse direkt an der Kathedrale

ama232 pa

weiter aus. Ein **Museum der mittelalterlichen Stadtgeschichte** präsentiert Funde der jüngsten Ausgrabungskampagne. Ein schickes Café bietet Erfrischungen, das Ristorante Küche des Territoriums. Kulturelle Veranstaltungen erfüllen die Burg mit neuem Leben.

■ **Castello di Arechi,** Località Croce, Tel. 08 92 96 40 15, www.ilcastellodiarechi.it, Bus 19 ab Via Ligea/Hafen, Di bis Sa 9–17 Uhr, So 9–15.30 Uhr, im Sommer und bei Veranstaltungen länger, Eintritt 5/2,50 €.

Hippe Gegenwart, Glanz des Mittelalters

Die **Altstadt** breitet sich am Fuße des Monte Bonadies aus. Davor erstrecken sich mit zahlreichen Lokalen die **Via Roma** und der großzügig angelegte, palmengesäumte **Lungomare Trieste.** Die beiden **Plätze Sedile di Portanova** und **Flavio Gioia** markieren die Grenze zwischen Alt- und Neustadt. Auf der ursprünglich zusammenhängenden Platzanlage wurde im Mittelalter die Fiera di

San Matteo abgehalten, die Händler und Kaufleute aus dem gesamten Mittelmeerraum anzog. Hier fanden auch die Hinrichtungen statt.

Von der Piazza Portanova zieht sich der von Modegeschäften gesäumte **Corso Vittorio Emanuele** als Fußgängerzone Richtung Bahnhof. Er ist die moderne Fortsetzung der pittoresken **Via dei Mercanti,** die auf der anderen Seite ins Herz des Centro storico führt. Urige Handwerkerläden, Traditionsgeschäfte und shabby-schicke Boutiquen wechseln sich ab. Gegenüber vom Museo della Scuola Medica Salernitana (siehe Exkurs „Die Medizinschule von Salerno", S. 150) beherbergt der **Palazzo Pinto** die **Städtische Gemäldegalerie** mit Werken von der Renaissance bis zum Futurimus. Sehenswert sind Bilder aus dem *periodo tedesco,* z.B. die Landschaftsansichten von *Richard Dölker.* In den 1920er-Jahren hatte sich in Raito bei Vietri eine deutsche Künstlerkolonie etabliert, deren Keramikstil bis heute stilbildend ist.

■ **Pinacoteca Provinciale di Salerno,** Via dei Mercanti 63, Tel. 08 92 58 30 73, fb, Di bis So 9–19.45 Uhr, Eintritt frei.

Entlang der Via dei Mercanti und in verwinkelten Nebengassen sind zahlreiche Kirchen zu entdecken. Sie waren einst mit den 36 innerhalb der Stadtmauer gelegenen Klöstern oder den langobardischen bzw. normannischen Palästen verbunden. Hinter der barocken Fassade der **Chiesa del Santissimo Crocifisso** verbirgt sich eine romanische Basilika des 10. Jh., antike Säulen stützen eine offene Holzbalkendecke, gotische Fresken schmücken Apsis und Krypta. Die ehemalige Kirche San Gregorio beherbergt das **Museo della Scuola Medica Salernitana** (siehe Exkurs „Die Medizinschule von Salerno"). Kurz bevor die Via dei

Via dei Mercanti, Einkaufsmeile mit langer Tradition

ama072 pa

Mercanti die Via Duomo schneidet, locken die süßen Auslagen der **Antica Dolceria Pantaleone** in einer ehemaligen Kapelle. Am westlichen Ende der Via dei Mercanti erhebt sich der **Arco Arechi,** einziger Rest des vom Langobardenfürsten *Arechi II.* im 8. Jh. erbauten Palastes. Die nahe **Kirche S. Pietro a Corte** war die Palastkapelle. Der kleine Bau mit dem schönen Campanile steht auf den Resten römisch-kaiserzeitlicher Thermen, im Inneren haben sich Fresken des 11. Jh. erhalten. Einen Blick lohnt die mittelalterliche Seitenfassade des **Palazzo Fruscione** gegenüber. Westlich der Via Canali birgt die **Kirche Santa Maria de Lama** ebenfalls Fresken aus langobardischer Zeit.

■ **Chiesa di S. Pietro a Corte,** Vicolo Adalberga/Ecke Via Canali, Mobil 34 76 88 97 01 *(Giovanni Celano),* Di bis So 10–18 Uhr, Eintritt frei.

■ **Chiesa di Santa Maria de Lama,** Via Gradoni della Lama, Mobil 33 96 92 32 51, Sa/So 10–13 Uhr, Eintritt frei.

Unterhalb der Via dei Mercanti steht in der Via Duomo das barocke Kleinod der **Chiesa di San Giorgio.** Der dazugehörige Konvent, ursprünglich eine Benediktinergründung des 9. Jh., dient heute der Guardia di Finanza als Kaserne. Auf dem Weg zum Dom liegt in einer Querstraße das **Museo Alfonso Tafuri.** Ein privater Sammler hat Keramiken der letzten vier Jahrhunderte aus Vietri und Salerno zusammengetragen. Einige besonders schöne Stücke stammen aus dem sogenannten *periodo tedesco* (siehe bei Vietri im Kapitel zur Amalfiküste).

■ **Collezione Ceramiche „Alfonso Tafuri“,** Largo Cassavecchia 11, Tel. 089 22 77 82, fb, Di, Do und Sa 10–12.30 Uhr, Eintritt frei.

San Pietro a Corte, Palastkapelle langobardischer Fürsten

ama071 pa

ama073 pa

Die unter *Robert Guiscard* errichtete und 1084 von Papst *Gregor VII.* geweihte **Kathedrale** ist **eine der bedeutendsten romanischen Kirchen Süditaliens.** Anlass für den prachtvollen Bau war die Erhebung Salernos zur Hauptstadt des normannischen Herzogtums Apulien, das damals ganz Süditalien umfasste. Der **Campanile** aus dem 12. Jh. erhebt sich über die Dächer der umliegenden Gebäude. Seine Verzierung mit arabischen Spitzbögen wurde zum viel kopierten Markenzeichen zahlreicher mittelalterlicher Kirchtürme Kampaniens. Über eine barocke Freitreppe und durch ein **romanisches Löwenportal** betritt man den weiten Atriumhof. Einer Legende nach hatten sich die steinernen Löwen bei einem Angriff der Sarazenen in Raubtiere aus Fleisch und Blut verwandelt und die Ungläubigen in den Tod gerissen. **Antike Säulen aus Paestum** stützen die doppelgeschossigen Arkaden, die bunten Einlegearbeiten aus Stein zeigen maurische Einflüsse. Eine 1099 in Konstantinopel gegossene **Bronzetür,** in typisch byzantinischer Ritztechnik verziert, verschließt das Hauptportal. Nach starken Erdbebenschäden wurde der Dom im 18. Jh. barock umgestaltet. Die Restaurierung nach den Bombenschäden des 2. Weltkriegs hat dem Bau soweit möglich seine ursprünglich romanische Gestalt zurückgegeben. Die schlanken Spoliensäulen zwischen Haupt- und Seitenschiffen wurden in massive Pfeiler vermauert. Während man in den Längsschiffen die stuckierten barocken Gewölbedecken beließ, konnte die **offene Holzbalkendecke im Querschiff** im romanischen Original wiederhergestellt werden. **Zwei mit Mosaiken reich verzierte Kanzeln** stehen sich im Mittelschiff gegenüber. Wie der prachtvolle Osterleuchter zeigen sie sizilianische Einflüsse. Im Altarbereich hat sich der **normannische Mosaikboden** erhalten, in den Apsiswölbungen mischen sich mittelalterliche mit modernen Mosaiken. Die rechte Seitenapsis wird **Capella delle Crociate** genannt; vor ihrem Aufbruch ins Heilige Land ließen die Kreuzritter hier ihre Waffen segnen. Unter dem Altar ruhen die Gebeine des 1085 im salernitanischen Exil verstorbenen **Papstes Gregor VII.,** dessen Amtszeit mit dem Beginn des Investiturstreits zusammenfällt. Eine im barocken Stil **opulent ausgeschmückte Krypta** birgt die am 6. Mai 954 aus dem Santuario della

Belesener Barockputto in der Krypta di San Matteo

Madonna del Granato aus Capáccio bei Paestum nach Salerno überführten **Gebeine des Apostels Matthäus,** Schutzpatron der Stadt. Ihm ist der Dom geweiht.

Das benachbarte **Diözesanmuseum** besitzt den größten mittelalterlichen Zyklus geschnitzter Elfenbeintafeln aus den Jahren 1090–1130. Die 67 detailverliebten Reliefs waren Teil eines Altarvorsatzes und zeigen Szenen aus dem Alten und Neuen Testament. Eine Schau sind auch die berühmten Exultet-Pergamentrollen, um 1260 im Auftrag von *Giovanni da Procida* geschaffen. Eine der Miniaturen zeigt einen Herrscher inmitten seines Hofstates – Kaiser *Friedrich II.?*

■ **Duomo di Salerno,** Piazza Alfano 1, Mo bis Sa 8.30–20 Uhr, So 8.30–13 und 16–20 Uhr, Messen am So 10, 12 und 19 Uhr, Eintritt zur Krypta 1 € (Tickets, auch Sammeltickets inkl. **Museo Diocesano,** im Atriumhof rechts).

■ **Museo Diocesano,** Largo Plebiscito 12, Tel. 089 23 91 26, www.museodiocesanodisalerno.it, Sept. bis Juni Do bis Mi 9–13 und 15–19 Uhr, Aug. tägl. 9–13 Uhr, Eintritt 4/2 €.

Hort(us) der Gelehrsamkeit

Vom Dom führt ein lauschiger Spaziergang in westliche Richtung über die Via Trotula de Ruggiero zum **Giardino della Minerva** (siehe Exkurs „Die Medizinschule von Salerno", S. 150). Durch privates Engagement wurde einem mittelalterlichen Lehrgarten neues Leben eingehaucht. Wo noch Anfang der 1990er-Jahre Müll lag, sprudeln heute arabische Brunnen und sprießen heilkräftige Pflanzen, wie sie bereits *Matteo Silvatico,* Leibarzt des Königs *Roberto D'Angiò,* zur Zubereitung von Arzneien gezogen hatte. Der Giardino della Minerva darf als **ältester Botanischer Garten Europas** gelten. Die Anordnung der Gewächse folgt den pragmatischen Prinzipien der Vier-Elemente- bzw. Vier-Säfte-Lehre. Die Anlage der ebenfalls liebevoll restaurierten Terrassen und Pergolen stammt

☑ Duomo di Salerno (Campanile)

ama074 pa

aus der Barockzeit. Es gibt in ganz Salerno kaum einen einladenderen Ort, um ein friedliches Stündchen zu verbringen – z.B. auf der Terrasse bei einer Tasse Kräutertee. Ein Aufzug verbindet die Via Torquato Tasso mit der tiefer gelegenen Piazza Matteo D'Aiello; von ihr erreicht man in wenigen Schritten die **Villa Comunale,** den großzügigen Stadtgarten in der Nähe des Opernhauses.

■ **Giardino della Minerva,** Via Ferrante Sanseverino 1, Tel. 089 25 24 23, www.giardinodellaminerva.it, im Febr. bis 13 Uhr, Nov., Dez. und Jan. bis 16.30 Uhr, ab März sukzessive länger, Juni bis Aug. dann bis 20 Uhr, Mo geschl., Eintritt 3/1,50 €.

Östlich des Doms zeigt das vor einigen Jahren komplett neu gestaltete **Archäologische Museum** am Ort einer langobardischen Abtei Ausgrabungsfunde aus der Provinz Salerno, darunter bronzezeitliche Grabfunde vom Monte Pruno bei Roscigno und der Kopf eines Apoll, der 1930 Fischern ins Netz ging.

■ **Museo Archeologico Provinciale,** Via San Benedetto 28, Tel. 089 23 11 35, www.museoarcheologicosalerno.it, fb, Di bis So 9–19.30 Uhr, Eintritt 4/2 €.

Die Ausgrabungen im nördlichen **Stadtteil Fratte** mögen für Laien nur von geringem Interesse sein. Sie belegen jedoch eine Besiedlung durch Etrusker seit dem 6. Jh. v.Chr. Das etruskische Irnthi war ein wichtiges Zentrum der Keramikerzeugung, ein Kunsthandwerk, das im nahen Vietri fortlebt. Den Rohstoff liefern bis heute die tonhaltigen Hügel im Hinterland von Salerno. Seit Generationen stellt die Familie *De Martino* im **Ortsteil Rufoli** in traditioneller Handarbeit Bodenfliesen her. Die Zusammenarbeit von örtlichen Kunsthandwerkern und zeitgenössischen Künstlern fördert das Projekt **Museo Città Creativa.**

Der **Vorort Pontecagnano** wenige Kilometer bzw. eine Bahnstation südlich von Salerno wäre keine weitere Erwähnung wert, gäbe es nicht die Ausgrabung aus etruskisch-römischer Zeit, vor allem aber ein mustergültig bestücktes **Archäologisches Museum** zu besichtigen. Der Archäologische Park – die Ausgrabungen sind noch im Gange – dient zugleich als Stadtpark und Picknickzone, die Umweltschutzorganisation Legambiente fördert die biologische Bewirtschaftung der Stadtgärten. Funde aus über 9000 Gräbern geben Einblick in die

ama076 pa

Plätschernder Brunnen im Giardino della Minerva

Siedlungsgeschichte seit Beginn der Kupferzeit (3500–2300 v.Chr.). Im 9. Jh. v.Chr. setzte der Zuzug aus Etrurien ein, im 8./7. Jh. v.Chr. erlebte das **etruskische Pontecagnano** seine Blütezeit. Luxuriöse Beigaben aus aristokratischen Gräbern zeugen von engen Handelskontakten in den östlichen Mittelmeerraum. Begräbnisrituale orientierten sich an griechischen Vorbildern, so wie *Homer* sie in der „Ilias" beschreibt. Wie das südlich benachbarte Paestum geriet auch Pontecagnano ab Mitte des 5. Jh. v.Chr. unter die Herrschaft der Samniten und 268 v.Chr. unter die Kontrolle Roms; die Römer ließen den Ort als **Picentia** neu gründen und die ursprünglich aus den Marken stammenden Picener hier zwangsansiedeln. Im Zweiten Punischen Krieg ergriff Picentia die Partei *Hannibals* und wurde nach dem Sieg Roms über die Punier hart bestraft.

Parco Eco-Archeologico di Picentia, Via Stadio, Tel. 089 38 32 02, Mai bis Sept. tägl. 8.30–17.30 Uhr, Okt. bis April tägl. 9–13.30 und 14.30–19.30 Uhr, Eintritt frei.

- **Museo Archeologico Nazionale di Pontecagnano,** Via Lucania 1 (einige 100 m westlich der Staatsstraße), Tel. 089 84 81 81, https://map.beniculturali.it, Di bis So 9–19 Uhr, Eintritt 2/1 €.

Praktische Tipps

Information

- **Campania Turismo**

Das Fremdenverkehrsbüro im ehemaligen Cinema Diana liegt am westlichen Ende des Lungomare (Mo bis Fr 9–13 und 16–19 Uhr). Das frühere Porno-Kino erlebt als Avantgarde-Theater seinen zweiten Frühling. Ein weiterer Info-Pavillon steht zentral vor dem Bahnhof auf der Piazza Vittorio Veneto (Tel. 08 92 09 53 40, Mo bis Sa 9–19 Uhr).

Lungomare Trieste 13, Tel. 089 23 14 32

- **www.salernotoday.it, www.salernoturistica.it,** Nachrichten, Verkehrsverbindungen, Kultur- und Szenetipps.
- **www.livesalerno.com,** Tourismus-Site mit Infos zu Salerno, Amalfiküste und Cilento.

An- und Weiterreise

- **Auto:** A 2 bzw. A 3, Ausfahrt „Salerno". Ab Salerno ist die A 2 Richtung Reggio di Calabria (noch) gebührenfrei. Autobahnähnlich ausgebaute Superstrada nach Avellino. Küstenstraße SS 163 „Amalfitana" über Vietri an die Costiera Amalfitana. SS 18 über Paestum in den Cilento.

☐ Der Bronzekopf des Apoll ist das Aushängeschild des Archäologischen Museums

ama075 pa

Die Medizinschule von Salerno

Die Geschichte der berühmten **Scuola Medica Salernitana** ist zugleich auch die Geschichte der Stadt Salerno. Eine Legende schreibt die Gründung der Schule vier Ärzten zu, dem Juden *Helinos,* dem Griechen *Pontus,* dem Araber *Abdela* sowie dem Lateiner *Salernus* und benennt damit die vier an ihrer Entstehung beteiligten Kulturen.

Einen wichtigen Beitrag leistete das im 7. Jh. gegründete **Benediktinerkloster S. Benedetto.** Dort war es Ordenspflicht, sich mit Wissenschaften zu beschäftigen; das **Studium des Hippokrates** wurde ausdrücklich empfohlen. Damit setzte sich eine Tradition wissenschaftlichen Denkens fort, die mit der **antiken Philosophenschule von Elea (Velia)** südlich von Salerno begründet wurde. Die Anwesenheit heilkundiger Benediktinermönche und jüdischer Ärzte zog Kranke und Genesende nach Salerno. Im Laufe der Zeit schlossen sich die Ärzte zu einem Bund zusammen, dem **Collegium hippocraticum.** Aus dem 10. Jh. stammen erste gesicherte Berichte von der Medizinschule. Bemerkenswert ist, dass während in Europa alle Gelehrsamkeit hinter Klostermauern lag, diese Schule als erste von Laien geleitet wurde. **Männer, Frauen, Christen, Juden und Araber** traten gleichberechtigt als Lehrer und Schüler auf. Die Texte der Ärztin *Trotula De Ruggero* aus dem 11. Jh. zählten noch Jahrhunderte später zur medizinischen Standardliteratur. Neben Medizin wurden in Salerno auch Recht, Philosophie und Theologie gelehrt.

Seiner geografischen Lage und den weit verzweigten Handelsbeziehungen in den Orient verdankt Salerno eine **wichtige Mittlerrolle im Kulturaustausch zwischen Abend- und Morgenland.** Im Widerspruch zu islamischer wie christlicher Ärztetradition, die das Blutvergießen aus religiösen Gründen scheuten, entwickelte der im 11. Jh. in Karthago geborene *Constantinus Africanus* die **Chirurgie als wissenschaftliche Disziplin.** Der arabische Einfluss verstärkte sich noch in normannischer Zeit, 1140 erließ König *Roger II.* eine Studienordnung. Auch Kaiser *Friedrich II.* förderte die Medizinschule, doch die von ihm veranlasste Gründung einer zweiten Universität in Neapel leitete unabsichtlich den allmählichen Niedergang der Schule von Salerno ein. Den Schlussstrich zog *Joachim Murat,* als er 1812 bei der Neuorganisation des öffentlichen Erziehungswesens ausschließlich der Universität Neapel zugestand, medizinische Diplome zu erteilen. So erklärt sich die kuriose Situation, dass die Universität Salerno mit heute über 50.000 eingeschriebenen Studenten lange Zeit keine Fakultät für Medizin aufwies.

Wenn die Bedeutung der Medizinschule in Salerno selbst ab dem 13. Jh. schwand, so lebte ihr Geist andernorts fort. Ein Bestseller in allen europäischen Sprachen blieb das bis ins 19. Jh. vielfach aufgelegte **„Regimen sanitatis Saler-**

ama077 pa

[<] Gekrönte und nicht gekrönte Häupter suchten den Rat der Medizinschule von Salerno

nitanum" aus dem 12. Jh., eine in der Tradition von *Hippokrates* stehende Anleitung zur Gesundheit. Die Ratschläge des „Regimen" sind von herzerfrischender Praxisnähe, Hinweise zur Körperpflege und Diät lassen an Deutlichkeit nichts zu wünschen übrig. Verwunderlich ist allenfalls die **Warnung vor dem Mittagsschlaf** in dem Land, das heute der Siesta so hingebungsvoll huldigt! Vers III. lautet: „Nach der Mahlzeit schlummere du wenig oder auch gar nicht. Trägheit und Fieber, ein Schnupfen gar samt Schmerzen des Kopfes: Solches erblüht dir all vom faulen Schlafe nach Mittag." Hier wirkt der benediktinische Leitspruch **„Ora et labora"** („Bete und arbeite") nach. Mehr als 800 Verse beschreiben detailliert die Heilwirkungen einzelner Pflanzen. Inzwischen wurde ein Heilpflanzengarten der Medizinschule am westlichen Altstadtrand restauriert und zugänglich gemacht: Der **Giardino della Minerva** steigt oberhalb der Villa Comunale in Terrassen den Hang des Monte Bonadies hinauf. Man genießt herrliche Blicke über Altstadt und das Meer. In der *Tisaneria Nemus* werden Kräutertees ausgeschenkt.

In der entweihten **Chiesa San Gregorio** erzählt ein multimediales **Museum** mit zahlreichen Dokumenten und Abbildungen die Geschichte der Scuola Medica Salernitana.

- **Giardino della Minerva,** siehe S. 147.
- **Museo della Scuola Medica Salernitana,** Via dei Mercanti 74, Tel. 08 92 57 61 26, www.lascuolamedicasalernitana.beniculturali.it, www.museovirtualescuolamedicasalernitana.beniculturali.it, Di bis Sa 9–13 Uhr, Do, Fr und Sa auch 17–20 Uhr, So 10–13 Uhr, Eintritt 3/2 €.

- **Bus: FS Busitalia** (www.fsbusitalia.it) von der Piazza della Concordia (südlich vom Bahnhof) über Cava de'Tirreni nach Pompei bzw. über Paestum, Agropoli in den Cilento. **SITA** (www.sitasudtrasporti.it) von der Piazza della Concordia über Vietri, Cetara und Maiori nach Amalfi bzw. vom zentralen Busbahnhof Via Vinciprova (östlich vom Bahnhof) über die Autobahn nach Neapel. Von Mitte Juni bis Mitte Sept. **Italobus** (www.italotreno.it) mit drei Linien über Paestum in den Cilento. **Buonotourist** (www.buonotourist.it) mehrmals täglich zwischen Salerno und Flughafen Neapel, die Busse starten am zentralen Busbahnhof Via Vinciprova und halten auch an der Piazza XXV. Maggio. Tickets jeweils in Bars und Tabacchi.
- **Bahn:** Der FS-Bahnhof liegt zentrumsnah an der Piazza Vittorio Veneto. Fast stündlich Züge nach Neapel und Rom – auch die Hochgeschwindigkeitszüge Frecciarossa (www.trenitalia.it) und die ebenso schnellen roten Italo-Züge (www.italotreno.it). Gute Verbindungen nach Avellino und Benvento sowie über Paestum in den Cilento.
- **Flug:** Der Aeroporto di Salerno-Costa d'Amalfi (www.aeroportosalerno.it), auf halber Strecke zwischen Pontecagnano und Battipaglia gelegen, hat 2008 den Betrieb aufgenommen, wieder aufgegeben und wieder aufgenommen – und soll 2024 als einer der modernsten und nachhaltigsten Europas endgültig in Betrieb gehen.
- **Fähre:** Gute Anbindungen an die Costiera Amalfitana, nach Capri, Ischia, Sorrent und im Sommer auch in den Cilento (www.salernostazionemarittima.it). Von April bis Okt. legen Fähren und Tragflügelboote am Molo Masuccio/Piazza della Concordia (Travelmar, Tel. 089 87 29 50, www.travelmar.it) bzw. am Molo Manfredi (Alicost, Tel. 089 87 14 83, 08 14 97 22 38, www.alicost.it/en/aliscafi-per-capri) ab. Ebenfalls ab Molo Manfredi verkehren von Mitte Juni bis Anfang Sept. Schnellschiffe zu den Liparischen Inseln (www.alicost.it/aliscafi-per-isole-eolie). Autofähren Salerno – Messina (www.carontetourist.it) und Salerno – Palermo (www.grimaldilines.com). Tickets und Fahrpläne am Hafen. Ab-

ama079 pa

hängig von Wetter und Seegang kann es zu kurzfristigen Änderungen kommen.

■ **Fahrzeugverleih:** Nahe Bahnhof an der Piazza Vittorio Veneto und am Corso Garibaldi.

Unterwegs in Salerno

■ **Parken:** Großparkplätze mit Ticketautomaten in Zentrumsnähe: Piazza Alvarez nicht weit vom Molo Manfredi, Piazza Mazzini am Bahnhof bzw. Piazza della Concordia am Porto Turistico. Am Altstadtrand kostenpflichtig innerhalb der blauen Streifen. www.salernomobilita.it

■ **Bus:** Gute innerstädtische Verbindungen der FS Busitalia (www.fsbusitalia.it). Zentrales Ticket-Büro an der Piazza Vittorio Veneto vor dem Bahnhof.

⌃ Das Hafenterminal mit elegantem Schwung ist das letzte Werk von Zaha Hadid (1950–2016)

Übernachten

In Bahnhofsnähe gibt es eine Reihe ordentlicher 3-Sterne-Hotels, die in erster Linie von Geschäftsleuten aufgesucht werden. Ansonsten boomt auch in Salerno das Airbnb- und B&B-Business.

MEIN TIPP: **22 B&B Il Reticolo**②
Stylisches und komfortables B&B, Altstadt, Bahnhof und Porto Turistico in Gehdistanz. *Carmine* und sein Bruder *Giuseppe* servieren ein feines Frühstück, für das Mittag- oder Abendessen empfehlen sie z.B. die Trattoria Scusate il Ritardo oder das Bistrot Mercato Banco & Cucina. Privater Parkplatz. 4 Zi.
Via Giovan Angelo Papio 14,
Mobil 34 84 61 33 80, 32 95 33 04 68,
www.ilreticolobebsalerno.it

24 Plaza②-③
Besitzergeführtes Business-Hotel, das zentral gegenüber vom Bahnhof am Ende der Fußgängerzone und in der Nähe eines der Fähranleger liegt. Reich bestücktes Frühstücksbuffet, und nicht zuletzt dank der guten Lage zu empfehlen! 46 Zi.
Piazza Vittorio Veneto 42,
Tel. 089 22 44 77, www.plazasalerno.com

16 Salerno Centro②
Francesco Manzos B&B liegt zentral und ruhig im 1. Stock eines Palazzo am östlichen Altstadtrand. Bei gutem Wetter wird das Frühstück auf der Veranda serviert. Herzlicher Empfang durch die Mamma, das Mobiliar ist etwas kitschig. Eines der Zimmer mit Bad über den Flur. 3 Zi.
Piazza Sedile di Portanova 10,
Mobil & WhatsApp 32 99 63 62 88,
www.salernocentro.it, fb, [i]

2 Villa Avenia②
Paola Pagano beherbergt ihre Gäste in einem herrschaftlichen Palazzo in direkter Nachbarschaft des Giardino della Minerva. Das Frühstück wird bei gutem Wetter auf der kleinen Terrasse mit Ausblick serviert. Die Betreiber haben eine eigene Landwirtschaft im Hinterland und kochen auf Wunsch für ihre Gäste. Eine Quelle speist den kleinen Pool im Garten. Zur anderen Seite genießen die komfortablen Zimmer den Blick über die Dächer der Altstadt auf Hafen und Meer. Vater *Pino* kennt die Wanderwege der Provinz wie seine Hosentasche und ist um gute Tipps nie verlegen. Das B&B ist mit dem Auto nicht zu erreichen. Rechtzeitig anrufen! 3 Zi.
Via Porta di Ronca 5 bzw. Via T. Tasso 83,
Tel. 089 25 22 81, Mobil 34 03 61 18 13, [i]

Essen und Trinken

Auf der Altstadtseite der **Via Roma** gibt es zahlreiche Bars und Restaurants. Auch in den verwinkelten Gassen des **Centro storico** lassen sich kulinarische Treffer landen. Bio- und Slow-Food-Lokale sind im Kommen. Die stimmungsvolle **Piazza Flavio Gioia** ist auch als Rotonda bekannt. Wo früher der Fischmarkt abgehalten wurde, tummeln sich heute nette Ristoranti.

Lasst Mauern sprechen

2015 stand der **Quartiere Fornelle** am westlichen Altstadtrand im Fokus der Stadtsanierer – damit verbindet sich ein sehens- und lesenswertes **Street-Art-Projekt.** In eleganter Kalligrafie überziehen Verse des hier zur Welt gekommenen Dichters **Alfonso Gatto** (1909–76) die Hauswände. *Gattos* Gedichte, flankiert von Songzeilen *Pino Danieles* oder Auszügen aus den Komödien *Eduardo De Filippos,* haben inzwischen auch andere Viertel erreicht.

ama18 pa

ama19 pa

6 BAI – Birra Artigianale Italiana①-②
Winziges Lokal mit ein paar Tischen auf der Gasse, im Ausschank über 200 handwerklich gebraute italienische Biere, auch gluten- und alkoholfreie. Dazu leckere, aufs Bier geschmacklich abgestimmte Kleinigkeiten und gute Territorialküche aus *Paolo Del Pizzos* Küche. In Anwesenheit von Bierbrauern und Slow-Food-Produzenten organisiert *Luigi Manzo* Degustationen. Nur abends.
Via Arechi 25, Mobil 34 50 86 81 56, www.baitalia.it, fb

8 Botteghelle 65①-②
Als Lebensmittelgeschäft seit 1919 am Platz, der Tresen und die Regale mit besten kampanischen Produkten in Bio-Qualität reich bestückt. Im shabby-schicken Speiseraum serviert *Pino Adinolfi* seinen Gästen Käse- und Wurstplatten, Omeletts, Reisaufläufe, Getreidesalate oder Gemüsesuppen und dazu vorzügliche Weine der Region auch glasweise. Es finden Lesungen und Konzerte in lockerer Atmosphäre statt. Mo bis Sa 9–15 und 19–23 Uhr.
Via delle Botteghelle 65, Tel. 089 23 29 92, WhatsApp 32 99 89 14 10, www.botteghelle65.it, fb, [i]

Botteghelle 65 –
Pino legt Wert auf frische Bio-Zutaten

10 Criscemunno②
Junge Pizzeria in alter Bäckerei mit Veranda über dem Dom. Sorgfältige Produktauswahl, Bio-Käse liefern der Agriturismo I Moresani und die Azienda Agricola Starze aus dem Cilento, San-Marzano-Tomaten von *Vincenzo Egizio* kommen vom Vesuv, handwerkliche Fischkonserven von Aura aus Palinuro oder von Delfino aus Cetara. Dazu Craft-Biere. So und Mo geschl.
Via Romualdo II Guarna 15, Tel. 08 92 96 61 64, fb, [i]

9 Hostaria Il Brigante①
Nur stehlen wäre billiger! Die unaufdringlich-sympathische Altstadt-Osteria in Domnähe hat einen winzigen Gastraum mit einfachen Holztischen und -bänken, die Wände zieren verblichene Fotos berühmt-berüchtigter Briganten. *Antonietta* und *Alessandro* halten der *cucina povera* die Treue. Haus-

gemachte Pasta, Suppen und kräftige Gemüseeintöpfe stehen auf dem täglich wechselnden Menü. Als *secondo* deftige Fleischgerichte, Innereien und manchmal Fisch. Hausgemachte *dolci*, offener Weiß- oder Rotwein. Mo Ruhetag, August geschl.
Via Fratelli Linguiti 4,
Mobil 36 69 31 57 33, 38 92 62 57 56

14 L'Unico②
Romantisch gelegene Osteria-American Bar in einer Quergasse der Via Duomo. Die Speisekarte wechselt fast täglich, der frische Fisch kommt (meist) vom Kutter des Padrone. Mo Ruhetag.
Largo San Giorgio 14 (Via Duomo),
Tel. 08 92 96 26 71, Mobil 39 25 97 49 96,
www.lunicoristorante.com, fb

19 Mamma Rosa①-②
Rosa Marotta pflegt die gemüsebetonte *cucina salernitana*. Mittags kommen v.a. Bankangestellte, Professoren und Studenten und essen für ein Spottgeld. Die Speisekarte wird mündlich vorgetragen, die Gerichte flott serviert. Alles ist frisch zubereitet, je nach Marktangebot auch frischer Fisch. Abends ist es à la carte etwas teurer. So abends geschl.
Via Alberto Pirro 22, Tel. 08 92 58 05 55, fb

Mein Tipp: **7 Osteria Canali**②
Beste Cilento-Küche im Centro storico: Die sympathische Trattoria von *Sabrina Prisco*, deren Schwester bei Pisciotta eine Buchhandlung führt, folgt Slow-Food-Prinzipien und ist aus einem kulinarischen Kulturverein hervorgegangen. Im Ausschank Cilento-Weine und handwerklich gebraute Biere – wie wäre es mit einem *Birramisù* als Dolce? In San Mauro la Bruca hat *Sabrina* mit Hilfe von *Bruno De Conciliis* (siehe Exkurs „Jazz in Flaschen und andere gute Tropfen", S. 516) den alten Weinberg der Familie wieder zum Leben erweckt und öffnet das Elternhaus im Sommer als **Cantina Socievole** (ein Wortspiel, welches aus der Winzergenossenschaft – ital. *cantina sociale* – einen geselligen Weinkeller macht). Von Ende Juli bis Ende Aug. findet hier das **Piccolo Festival delle Cose Minime** statt, Termine auf Facebook. So und Mo Ruhetag.
Via Canali 34, Mobil 33 95 25 26 72, fb, [i]

18 Pizzeria Trianon①
Ableger der bekannten neapolitanischen Pizzeria am alten Fischmarkt. Gut & günstig. So mittags geschl.
Piazza Flavio Gioia 22, Tel. 089 25 25 30, [i]

3 Resilienza①-②
Gennaro Coppetas Pizzeria folgt der von *Carlo Petrini* vertretenen Philosophie der lokalen Bindung. Den Slow-Food-Prinzipien entspricht die sorgfältige Auswahl lokaler Produkte, inklusive Craft-Biere. Köstlich die Gemüse- und Fischfritturen! Im Rücken des Hafens westlich des Stadtparks mit Plätzen auch im Freien. Gelegentlich finden hier Jazz-Konzerte statt. Mo Ruhetag.
Via Santa Teresa 1, Mobil 34 76 07 37 35,
www.resilienza.pizza, fb

20 Suscettibile③-④
Mediterrane Diät 2.0: *Antonio* und *Enrico Morinelli* stellen ihre Produktkenntnis gepaart mit hoher Küchenkunst seit Jahren in Pioppi (siehe dort) unter Beweis. In Salerno haben sie sich der Mithilfe von *Mario Quarto* versichert, eines jungen Küchenchefs aus Battipaglia. À la Carte bzw. Degustationsmenüs *di mare* oder *di terra* an die Jahreszeiten angepasst – auf Wunsch mit Weinbegleitung. Auch wenn Fisch regiert, gibt es köstliche vegetarische Alternativen. Beachtliche Auswahl an Champagner und Weinen, darunter auch erschwingliche Flaschen. Zurückversetzt vom Corso, intimes Ambiente. Mi Ruhetag.
Via dei Principati 45, Mobil 39 21 77 99 07,
https://suscettibilesalerno.it, fb, [i]

17 Trattoria del Padreterno③
Gehobenes Fisch-Ristorante auf der ehemaligen Fischmarkt-Piazza. *Ciro Napolitano* und Sohn *Stefano* verwenden in ihrer delikaten und doch bodenständigen Küche ausschließlich frischen Golf-Fisch. Auch die Antipasti sind ein Genuss! Di Ruhetag.
Piazza Flavio Gioia 12, Tel. 089 23 93 05, fb

Snacks, Cafés und Bars

Am **Corso Vittorio Emanuele** zwischen Bahnhofsplatz und Centro storico reihen sich zahllose Bars, Bäckereien, Burger-Shops und Salumerie, in denen man sich leckere Panini belegen lassen kann – in der bestens sortierten 21 **Salumeria del Corso** (Corso V. Emanuele 64, Tel. 089 25 43 77, fb) z.B. kann man auch an Tischen Platz nehmen und sich gemischte Platten und Salate servieren lassen.

4 089 – Bar Zerottonove
Zwei Schritte von der Altstadt entfernt und 24 Stunden am Tag geöffnet. Je nach Uhrzeit Cafeteria, Cornetteria, Ristorante oder Cocktailleria.
Via Roma 51, Tel. 089 22 18 44, fb, [i]

MEIN TIPP: **13 Antica Dolceria Pantaleone**
Süße Verführungen seit 1868 in den schönen Räumen der ehemaligen Cappella S. Antonello: im Sommer *scazzetta* (Erdbeertörtchen), im Winter *Monte Bianco,* ein kalorienhaltiger Berg Kastanien- und Schokocreme. Tägl. 8.30–14 und 16.30–20.30 Uhr, Di und So nachmittags geschl.
Via dei Mercanti 75, Tel. 089 22 78 25, fb

15 Bar-Gelateria Nettuno
Beliebter Eis-Tempel an der Meerespromenade. Auch Diabetiker kommen hier in den Genuss von köstlichem *gelato.* Mittags *Tavola calda* mit *salsiccia con broccoli* (Bratwürsten mit Brokkoli) oder *arancine* (sizilianische Reiskugeln). Mi Ruhetag.
Lungomare Trieste 136 (Ecke Via Velia),
Tel. 089 22 83 75, fb

11 Dòmo
Für die kleine Stärkung auf dem Weg zum Dom, erfreulich ist vor allem die Weinauswahl.
Via Duomo 45, Tel. 08 92 96 14 16, fb

1 Tisaneria Nemus
Auf einer Terrasse im lauschigen Giardino della Minerva (geringe Eintrittsgebühr) gibt es Kräutertees, handwerklich gebraute Klosterbiere und frisch gebackene Kekse. April bis Sept. Di bis So 10–13 und 17–20 Uhr, Okt. bis März Di bis So 9.15–13 Uhr.
Via F. Sanseverino,
Tel. 089 25 24 23, www.nemus.eu, fb

Einkaufen

Klassisch italienische Mode- und Schuhgeschäfte und eine Feltrinelli-Buchhandlung finden sich in der **Fußgängerzone Corso Vittorio Emanuele,** edle Boutiquen, trendige Shops, Juweliere, Konfek-

Verführerisches Erdbeertörtchen („scazzetta")

ama082 pa

tionsgeschäfte und altehrwürdige Alimentari und bestens sortierte Öko-Food-Shops wie *Taste Land* in der Altstadt entlang der **Via dei Mercanti.**

12 Antica Cappeleria di Russo Giosuè
In dritter Generation stattet das Familienunternehmen Londoner Banker, Männer von Welt und Monsignori mit passender Kopfbedeckung aus.
Via Duomo 41, Mobil 32 00 77 14 71

23 Fornace De Martino
Seit 1479 formt und brennt die Familie *De Martino* in traditioneller Technik Terrakottafliesen.
Via Rufoli 32 – Ogliara,
Tel. 089 28 10 08, www.fornacedemartino.it, fb

Feiern/Kultur

Zwischen Altstadt und Lungomare tummeln sich unzählige Bars und Lokale – hier spielt sich die *movida salernitana* ab.

■ **Luci d'Artista,** von Künstlern entworfene Lichtgebilde illuminieren im Winter die Stadt. Dazu ein buntes Kulturprogramm und viele Marktstände. Für viele überwiegt inzwischen der Kommerz. Anfang Nov. bis Mitte Jan.
www.lucidartistasalerno.com

■ **Salerno porte aperte,** im Mai öffnen sich die Türen sonst verschlossener Monumente. Schulklassen „adoptieren" einzelne Denkmäler und bieten engagiert Führungen an. Hinzu kommt ein abwechslungsreiches kulturelles Begleitprogramm.
www.comune.salerno.it

■ **San Matteo,** am 21. Sept. wird der Stadtpatron und Apostel *Matthäus* mit einer Prozession und einem Feuerwerk gefeiert.

■ **Teatro Municipale Giuseppe Verdi**
Das Theater, Konzert- und Opernhaus macht seit seiner Wiedereröffnung im Jahr 1994 Furore, z.B. inszenierte *Lina Wertmüller* hier „Storia d'Amore e d'Anarchia". Tickets Mo bis Sa 10–13 und 17–20 Uhr. Sept. bis Juni.
Piazza Matteo Luciani, Tel. 089 66 21 41,
www.teatroverdisalerno.it, fb

☑ Die Luci d'Artista sind am schönsten, wo sie unspektakulär sind und Recyling-Material verwenden

ama20 pa

Sprachschule

■ **Accademia Italiana Salerno,** Via Roma 39, 84121 Salerno, Tel. 089 25 69 65, www.accademia-italiana.it.

Aktivitäten/Baden

Associazione Cycling Salerno, ökologisch engagierter Fahrradclub, der ein abwechslungsreiches Ausflugsprogramm anbietet. Infos online und jeden Do im Bio-Laden in der Via Iannelli 20. www.cyclingsalerno.it, fb

7 **CAI Salerno**
Die Sektion Salerno des Italienischen Alpenvereins liegt in der Altstadt. Jeden Di von 20–21 Uhr und jeden Fr von 20–21.30 Uhr treffen sich Mitglieder und Gäste. Das Ausflugsprogramm wird auf der Homepage veröffentlicht.
Via Porta di Mare 26,
Tel. 089 25 27 88, www.caisalerno.it

MEIN TIPP: **Genius Loci Turismo,** Spezialist für Aktivreisen in Italien! Der holländische Landschaftsökologe *Peter Hoogstaden* organisiert Wander-, Fahrrad- und Kajakreisen an der Amalfiküste und im Cilento. Die Touren richten sich an kleine Gruppen bzw. werden individuellen Wünschen angepasst. Tagestouren im Hinterland von Salerno sind eine gute Gelegenheit, um lokale Bekanntschaften zu schließen.
www.genius-loci.it, www.wandernitalien.com, www.italykayaktours.com, fb

■ Die **Strände** südlich von Salerno sind sauberer als noch vor einigen Jahren. Ungetrübteres Badevergnügen bieten die nahen Küsten der Amalfitana, von Paestum und vor allem des Cilento.

▷ Die „nilpferdischen Büffel" (Goethe)

Paestum, Capáccio und die Ebene des Sele

Beim frühsten Morgen fuhren wir auf ungebahnten, oft morastigen Wegen einem Paar schön geformten Bergen zu, wir kamen durch Bach und Gewässer, wo wir den nilpferdischen Büffeln in die blutroten wilden Augen sahen.

J.W. Goethe, Italienische Reise, 23. März 1787

Majestätisch überragen die **Monti Picentini** und **Monti Alburni** die fruchtbare Schwemmlandebene des Sele am Golf von Salerno. Die zu *Goethes* Zeiten versumpfte Landschaft ist längst entwässert und wird inzwischen landwirtschaftlich intensiv genutzt. Der erste Eindruck der **Piana del Sele** ist trist, Foliengewächshäuser so weit das Auge reicht und gesichtslose Zweckbauten am Straßenrand der SS 18. Dann entdeckt man neben alten, festungsähnlichen Gutshöfen die Protagonisten dieser Landschaft: **Wasserbüffel** *(Bubalus bubalis).* Möglicherweise benutzten bereits die Langobarden die muskulösen Rinder als Zugtiere und brachten sie im 6. Jh. auf ihrem langen Treck aus der ungarischen Tiefebene nach Süditalien. In den Maremmen Kampaniens fanden sie eine zweite Heimat und machen heute Karriere als exklusive Lieferanten der echten **Mozzarella di Bufala D.O.P.** Auf einem Agriturismo oder ökologischen Musterbetrieb wie der *Tenuta Vannullo* kann man die sanften Büffel aus nächster Nähe betrachten, gute Mozzarella kosten und zusehen, wie der *casaro* mit flinken Händen faustgroße Mozzarella-Stücke von einem Laib warmer Frischkäsemasse abreißt. Daher kommt auch der Name – *mozzare* bedeutet nämlich abzupfen (siehe Exkurs „Mozzarella – weißes Gold", S. 184).

Geschichte von Paestum

Jahrhundertelang standen die Ruinen des antiken Paestum vergessen im Sumpf, bis sie **1752 bei Straßenbauarbeiten wieder „entdeckt"** wurden – als Seezeichen waren die hoch aufragenden Tempel wohlbekannt. Die Nachricht von den **drei hervorragend erhaltenen griechisch-dorischen Tempeln,** nur einen Tagesausflug südlich von Neapel, war eine Sensation, welche die Gemüter der Antikenbegeisterten erregte. In Scharen machten sich kunstsinnige Reisende, Architekten und Vedutenzeichner auf nach Paestum, und bald kursierten Reisebeschreibungen und Stiche in Europa. Die architektonischen Studien der Tempel lieferten die Vorlage vieler klassizistischer Bauten und hatten erheblichen Einfluss auf die Kunstentwicklung des 18. und 19. Jh. **Goethe** notierte am 23. März 1787: „Endlich, ungewiß, ob wir durch Felsen oder Trümmer führen, konnten wir einige große länglich-viereckige Massen, die wir in der Ferne schon bemerkt hatten, als überbliebene Tempel und Denkmale einer ehemals so prächtigen Stadt unterscheiden. (…) Ja, ich pries den Genius, daß er mich diese so wohl erhaltenen Reste mit Augen sehen ließ, da sich von ihnen durch Abbildung kein Begriff geben läßt. Denn im architektonischen Aufriß erscheinen sie eleganter, in perspektivischer Darstel-

ama21 pa

lung plumper, als sie sind, nur wenn man sich um sie her, durch sie durch bewegt, teilt man ihnen das eigentliche Leben mit.“

Die großartigen Tempel, denen heute noch die damals verliehenen Namen anhaften, versperrten lange Zeit den Blick auf die restliche Stadt. Die über weite Strecken gut erhaltene antike **Stadtmauer** umgibt eine Fläche von 25 ha, davon ist nur ein geringer Teil im Zentrum rund um die drei Tempel freigelegt. Mit **Ausgrabungen** wurde 1805 begonnen, einen systematisch-wissenschaftlichen Charakter erhielten sie erst zu Beginn des 20. Jh. Neue Impulse gab *Gabriel Zuchtriegel,* von 2015 bis 2021 Direktor des Archäologischen Parks. Während die Tempel griechisch sind, stammen die Grundmauern fast aller ausgegrabener Bauten aus römischer Zeit. Faszinierende Einblicke in Kult und Alltag der Antike bietet das 1952 eröffnete, viel später um eine prähistorische und römische Abteilung erweiterte **Archäologische Museum.** Die Tempel sollte man wenn möglich früh am Morgen oder am späten Nachmittag besuchen; zu diesen Tageszeiten fällt das Licht am schönsten, die großen Reisebusse sind noch nicht da oder schon wieder weg, und fast stellt sich beim Besucher das Gefühl ein, selbst einer jener romantischen Reisenden auf Grand Tour zu sein.

Im 7. Jh. v.Chr. begegneten sich **Griechen und Etrusker** als Wirtschaftspartner in der Ebene des Sele. Der Fluss bildete die Grenze, an der die beiden Völker aufeinander trafen, um miteinander Handel zu treiben. Aus dem etrurischen Kernland, der heutigen Toskana, hatten die Etrusker ihren Einfluss nach Süden bis in den Bereich von Salerno ausgedehnt. Griechen unterhielten an der Mündung des Sele zunächst nur einen Handelsposten, Keimzelle der späteren Stadt **Poseidonia** (Paestum). Der griechische Geograf und Historiker *Strabon* beschrieb den Ablauf der Gründung in zwei Phasen. Eine erste Ansiedlung griechischer Seefahrer und Händler bestand auf einem Kap, auf dem sich heute die Altstadt von Agropoli erhebt. Die felsige Halbinsel war *Poseidon,* dem Schutzgott der Seefahrer, geweiht. Nachdem der Ort

ama084 pa

kurze Zeit später aufgegeben wurde, stand *Poseidon* Pate für eine wenige Kilometer südlich des Sele durch Kolonisten aus Sybaris neu errichtete Stadt.

Das antike griechische **Sybaris,** an der heutigen kalabrischen Südküste gelegen, war einer der größten Handelsplätze seiner Zeit. Poseidonias Gründung Ende des 7. Jh. v.Chr. erlaubte Sybaris, seinen Einfluss am Tyrrhenischen Meer auszudehnen. Von fruchtbarem Schwemmland umgeben, entwickelte sich Poseidonia rasch zu einer wohlhabenden Hafenstadt, die nicht nur vom Zwischenhandel mit den Etruskern profitierte, sondern auch die eigenen landwirtschaftlichen Produkte gewinnbringend ausführte.

Ein ausgeprägter Sinn für Ästhetik zeichnet die Griechen-Tempel von Paestum aus

Das griechische Poseidonia erlebte seine **Blüteperiode im 6./5. Jh. v.Chr.** Aus jener Zeit stammen die drei großen Tempel. Entsprechend der Bedeutung des Ackerbaus für das wirtschaftliche Wohl der Stadt waren zwei der Sakralbauten der Fruchtbarkeitsgöttin *Hera* geweiht. 540 v.Chr. veranlasste Poseidonia die Gründung von **Elea** (siehe bei Velia). Als 510 v.Chr. Sybaris im Krieg *Kroton* unterlag und zerstört wurde, flüchtete ein Teil der Überlebenden nach Poseidonia.

Um 400 v.Chr. geriet die Stadt unter den Einfluss der **Lukaner,** eines italischen Stammes. Bis heute ist unklar, ob

Die Rosen von Paestum

von *Johann Gottfried Seume*, „Spaziergang nach Syrakus im Jahre 1802"

Ich hielt mich hier nur zwei Stunden auf, umging die Area der Stadt, in welcher nichts als die drei bekannten großen, alten Gebäude, die Wohnung des Monsignore, eines Bischofs, wie ich höre, ein elendes Wirtshaus und noch ein anderes jämmerliches Haus stehen. Das ist jetzt ganz Pästum. Hier dachte ich mir *Schillers* Mädchen aus der Fremde; aber weder die Geberin noch die Gaben waren in dem zerstörten Paradiese. Ich suchte, jetzt in der Rosenzeit, Rosen in Pästum für Dich, um Dir ein klassisch sentimentales Geschenk mitzubringen; aber da kann ein Seher keine Rose finden. In der ganzen Gegend rund umher, versicherte mich einer von den Leuten des Monsignore, ist kein Rosenstock mehr. Ich durchschaute und durchsuchte selbst alles, auch den Garten des gnädigen Herrn, aber die Barbaren hatten keine einzige Rose. Darüber geriet ich in hohen Eifer und donnerte über das Piakulum an der heiligen Natur. Der Wirt, mein Führer, sagte mir, vor sechs Jahren wären noch einige dagewesen, aber die Fremden hätten sie vollends alle weggerissen. Das war nun eine erbärmliche Entschuldigung. Ich machte ihm begreiflich, daß die Rosen von Pästum ehedem als die schönsten der Erde berühmt gewesen, daß er sie nicht mußte abreißen lassen, daß er nachpflanzen sollte, daß es sein Vorteil sein würde, daß jeder Fremde gern etwas für eine pästische Rose bezahlte; daß ich, zum Beispiel, selbst jetzt wohl einen Piaster gäbe, wenn ich nur eine einzige erhalten könnte. Das Letzte besonders leuchtete dem Manne ein; um die schöne Natur schien er sich nicht zu bekümmern, dazu ist die dortige Menschheit zu tief gesunken. Er versprach darauf zu denken, und ich habe vielleicht das Verdienst, daß man künftig in Pästum wieder Rosen findet, wenigstens will ich hiermit alle bitten, die nämlichen Erinnerungen eindringlich zu wiederholen, bis es fruchtet.

ama086 pa

es sich um eine rasche militärische Eroberung oder einen langsamen Assimilationsprozess handelte; lange Zeit hatten sich die Lukaner bei den Griechen als Söldner verdingt. Während die Stadtanlage ihren hellenischen Charakter weitgehend behielt, deuten Grabfunde auf eine intensive **Verschmelzung griechischer und italischer Kulturformen** hin. Die prachtvoll ausgemalten Kriegergräber im Archäologischen Museum stammen aus dieser Zeit. Wirtschaftlich scheint **Paistos,** wie die Stadt damals hieß, unter der Herrschaft der Lukaner nicht gelitten zu haben.

Tiefgreifendere Folgen hatte die Einrichtung der **römischen Kolonie Paestum** 273 v.Chr. Viele Einheimische büßten ihren sozialen Status ein, das Ackerland wurde umverteilt, das städtische Erscheinungsbild den neuen Machtverhältnissen angepasst. Im Zentrum blieben zwar aus Pietätsgründen die griechischen Tempel stehen, alle öffentlichen Einrichtungen einer typisch römischen Stadt, wie Forum, Macellum, Kapitolstempel, Curia, Comitium, Thermen oder Amphitheater, wurden jedoch neu errichtet. Mit anderen Worten: Das antike Paestum ist eine römische Stadt mit griechischen Tempeln.

Bis in die Kaiserzeit genoss Paestum relativen Wohlstand und erfuhr im 1. Jh. n.Chr. einen bescheidenen Aufschwung als Produktionsstätte eines von *Ovid* besungenen **Rosenparfüms.** Heute wachsen nahe der Tempel wieder alte Rosensorten, die *Johann Gottfried Seume* (siehe Exkurs „Die Rosen von Paestum") bei seinem Besuch in Paestum 1802 so vermisst hatte. Das **Christentum** fasste früh Fuß, um 370 gelangten die Reliquien des

☑ Im Schatten der griechischen Tempel standen prachtvolle römische Villen

ama22 pa

Apostels *Matthäus* in die Stadt (heute im Dom von Salerno). Im 5. Jh. wurde Paestum **Bischofssitz,** doch der Niedergang der Stadt war nicht aufzuhalten. Entwaldungen im Hinterland und das Absinken der Küstenebene hatten die **Versandung des Hafens** zur Folge. **Sümpfe** und mit ihnen die **Malaria** breiteten sich aus. Nach Sarazenenüberfällen wurde Paestum im 10. Jh. endgültig aufgegeben, die Bevölkerung floh in die angrenzenden Monti Alburni nach Capáccio. Im 11. Jh. ließ *Robert Guiscard* Säulen und Marmor aus Paestum zur Ausschmückung seines Domes nach Salerno bringen. Dann versanken die Ruinen in einen Dornröschenschlaf, aus dem sie erst im 18. Jh. geweckt wurden. Seine **zweite „Aufweckung“** erlebte Paestum nach 2015 unter seinem engagierten Direktor *Gabriel Zuchtriegel*, der 2021 die Leitung des Archäologischen Parks von Pompeji übernommen hatte.

Besichtigung von Paestum

Die archäologische Zone

Das Gebiet der antiken Stadt ist vollständig von der **gut erhaltenen Stadtmauer** umschlossen, die 4750 m lang und mit insgesamt 28 Wachtürmen ein unregelmäßiges Geviert umgibt. Vier Stadttore

wiesen in Richtung der Windrose, die monumentale **Porta Marina** öffnete sich im Westen auf eine mit dem Meer verbundene Lagune, die zu Beginn der römischen Kaiserzeit anfing zu verlanden. Die **Porta Aurea** im Süden wurde beim Straßenbau im 18. Jh. zerstört. Von Parkplätzen, Souvenirläden und Bars gesäumt, zerschneidet die **Via Magna Graecia** heute das Ausgrabungsgebiet und führt parallel zu den Tempeln über das römische Amphitheater hinweg am Archäologischen Museum vorbei.

Auf Initiative des lokalen Umweltschutzverbandes Legambiente (siehe auch „Wandern") wurde der Mauerabschnitt von der **Porta Sirena** in Richtung Via Magna Graecia als Parcours freigelegt. Der **Hauptzugang** ins Ausgrabungsgelände liegt auf Höhe des Poseidon-Tempels. Nichts verwehrt jedoch die Blicke von der Via Magna Graecia auf die Tempel, Einheimische und Besucher genießen die beliebte Gratis-Passeggiata zum Sonnenuntergang.

Das **Amphitheater** wurde während der Regierungszeit *Cäsars* errichtet und ist damit eines der ältesten Italiens (siehe Exkurs „Gladiatoren – Superstars der Antike", S. 168). Es wurde im 1. und 2. Jh. erweitert, neue Ausgrabungen sollen es vollständig wieder ans Tageslicht bringen. Nördlich davon liegt das griechische **Ekklesiasterion.** In dem kreis-

runden offenen Ratsgebäude traf die *ekklesia* (Volksversammlung) des griechischen Poseidonia zusammen, um über Gesetze abzustimmen. Nach Einrichtung der römischen Kolonie wurde das Ekklesiasterion verfüllt und überbaut.

Auf einer leichten Anhöhe erhebt sich im Norden der Stadt der kleinste von drei Tempeln. Früher als Ceres-Tempel bezeichnet, konnten ausgegrabene Votivgaben belegen, dass er in griechischer Zeit der Göttin *Athena* geweiht war. Um 500 v.Chr. errichtet, ist der zierliche **Athena-Tempel** deutlich jünger als die sogenannte Basilika (s.u.). Im Vergleich der beiden Bauten lassen sich einige stilistische Fortschritte erkennen. Die Säulenabstände des Athena-Tempels sind an Front und Langseiten genau ausgewogen, die Entasis (Schwellung der Säule) weniger ausgeprägt und alle Bauelemente in ein genaues Maßverhältnis gebracht. Der Bau war ursprünglich reich verziert und mischte in ungewöhnlicher Weise dorische mit ionischen Elementen. Im Mittelalter diente der Tempel zeitweise als Kirche, ein Umstand, der zu seiner guten Erhaltung beigetragen hat. Im Faschismus wurden die christlichen „Bauzutaten" aus ideologischen Gründen leider vollständig entfernt.

Vom Athena-Tempel zieht sich die gepflasterte **Via Sacra** gen Süden. An der Straße liegt ein rätselhaftes Grab, in dem nie ein Leichnam gefunden wurde. Das ziegelgedeckte **Heroon** diente als **symbolische Grabstätte des Gründers von Sybaris.** Vermutlich wurde es erst nach der Zerstörung von Sybaris, der Metropole (Mutterstadt) Poseidonias, zwischen 520 und 510 v.Chr. errichtet. Ein unterirdischer Raum enthielt acht honiggefüllte Bronzevasen (heute im Museum). In römischer Zeit wurde der griechische Heroenkult nicht fortgeführt, doch die Würde der Stätte gewahrt.

Kurz vor dem Forum liegt eine große *piscina* (Wasserbecken), die entweder als Sportanlage oder – plausibler noch – als **Heiligtum der Fortuna Virilis** gedeutet wird. Die Teilnahme am populären Fruchtbarkeitskult war ausschließlich

ama088 pa

Frauen vorbehalten. In einem rituellen Bad, welches eine glückliche Geburt begünstigen sollte, folgten sie einer Venus-Statue ins Wasser. An manchen Orten Süditaliens hat der Kult im christlichen Gewand bis auf den heutigen Tag überlebt. In diesem Zusammenhang erhellend ist auch eine Filmszene aus *Anthony Minghellas* „The talented Mr. Ripley", in der junge Männer während einer Prozession die Statue der *Maria Immaculata* aus dem Meer entsteigen lassen.

Anstelle der Agora, über mehrere Jahrhunderte hinweg Markt- und Versammlungsplatz der Griechen, errichteten die römischen Kolonisten ihr **Forum.** Ein Portikus mit vornehmen Ladengeschäften umgab den 60 x 200 m messenden Freiplatz, eines der größten Foren in Italien. Auf der nördlichen Forumsseite erhebt sich auf einem Podium der **republikanische Tempel** im korinthischen Stil, dessen Fries (heute im Innenhof des Museums) jedoch dorisch ist. Eine absichtsvolle Kultursynthese und der Versuch, die neue römische Herrschaft mit der griechischen Vergangenheit zu versöhnen? Den Tempel flankiert das **Comitium,** politischer Versammlungsort römischer Bürger. Auf der gegenüberliegenden Seite des Forums reihen sich **Thermen,** die **Curia** und das **Macellum,** eine Markthalle für Lebensmittel. Die Grundmauern weiter östlich gehören zum **Asklepieion,** eine zu ihrer Zeit bedeutende Medizinschule. Sie erlebte, ebenso wie die Schule der Eleaten (siehe Exkurs „Gedanken, schneller als eine Schildkröte", S. 280), ihre Renaissance in der mittelalterlichen Medizinschule von Salerno (siehe Exkurs „Die Medizinschule von Salerno", S. 150). Zwischen niedrigen Mauern erstreckte sich der Wandelgarten, in bewässerten Beeten wurden Heilpflanzen gezogen und eine halbrunde Sitzbank lud zum (therapeutischen?) Gespräch.

Südlich an das Forum schließt sich der **heilige Bezirk des griechischen Heraion** an. Ursprünglich von einer niedrigen Mauer umgeben, standen neben den beiden größten Tempeln der Stadt zahlreiche weitere Votivbauten, Schatzhäuser und Altäre, viele dem Kult der Göttin *Hera* geweiht. Der sogenannte **Poseidon-Tempel** ist das am besten erhaltene Zeugnis klassisch griechischer Baukunst. Um 470 v.Chr. errichtet, ist er der jüngste der drei dorischen Ringhallentempel. Alle Bauabmessungen stehen in einem mathematisch präzisen und harmonischen Verhältnis zueinander. Wenn *Goethe* im „Faust II." dichtete: „Der Säulenschaft, auch die Triglyphe klingt, ich glaube gar, der ganze Tempel singt", so dachte er an dieses Bauwerk. Ursprünglich war auch dieser Tempel mit weiß glänzendem Marmorstuck überzogen, während Fries und Giebel in Gelb-, Blau-, Rot- und Schwarztönen bemalt waren. Bislang ist ungewiss, welcher Gottheit er geweiht war, möglicherweise *Apollon* als Gott der Heilkunst.

Die um 550 v.Chr. errichtete sogenannte **Basilika** ist der älteste der drei großen Kultbauten Paestums und zugleich einer der größten der bis dahin aus Stein gebauten griechischen Tempel. Zunächst wurde der breit gelagerte Bau für eine Basilika gehalten, seit Entdeckung des Altars und zahlreicher Votivgaben konnte zweifelsfrei bewiesen wer-

◁ In der Antike waren die Tempel bunt, moderne Videoinstallationen hauchen ihnen neues Leben ein

Gladiatoren – Superstars der Antike

Unsere Vorstellungen von Gladiatoren sind stark von **Klischees** geprägt, die oft auf Hollywood-Verfilmungen zurückgehen. So bedeutete der hochgereckte Facebook-Daumen nicht etwa die Begnadigung eines Gladiators, sondern das genaue Gegenteil. Wollte der Plebs das Leben des unterlegenen Kämpfers retten, so umschloss es den Daumen mit der anderen Hand – „Schwert in die Scheide" hieß der Gestus.

Die Betrachtung der **lukanischen Grabfresken** im Archäologischen Museum von Paestum bietet die einzigartige Gelegenheit, im Geiste zu den **Ursprüngen der Gladiatorenspektakel** zurückzukehren, als bewaffnete Kämpfe zu Ehren eines aristokratischen Verstorbenen noch zum Bestattungsritual gehörten. Von den bislang über tausend freigelegten lukanischen Kammergräbern des 4. Jh. v.Chr. weisen etwa 100 eine prachtvolle Bemalung auf. Die Darstellungen zeigen die Aufbahrung der Verstorbenen oder die Rückkehr des Kriegers. In Männergräbern sind zusätzlich Jagdszenen und Wagenrennen, häufig aber auch Faustkämpfe und Duelle mit scharfen Waffen bis aufs Blut dargestellt. Diese **Leichenspiele** erscheinen wie Illustrationen zu *Homers* „Ilias", ähnliche Rituale pflegten auch die Etrusker. Die Lukaner verbanden – wie auch in anderen Bereichen – griechische und etruskische Kultureinflüsse und gaben diese an die Römer weiter.

Im Jahre 273 v.Chr. eroberte Rom das lukanische Paistos. Bereits 264 v.Chr. fand in Rom das erste Gladiatorenspiel statt, das *Decius Junius Brutus* zu Ehren seines verstorbenen Vaters gab. *Titus Livius* berichtet von weiteren Leichenspielen im Verlauf des 3. und 2. Jh. v.Chr., die anlässlich der **Bestattung von angesehenen römischen Bürgern** organisiert wurden. Bald überbot sich die Aristokratie in der Ausrichtung immer aufwendigerer Kämpfe. Dabei war die ursprüngliche Absicht nicht die Unterhaltung des Publikums; das für uns befremdliche Ritual unterstrich die Bedeutung des Blutopfers. Im 1. Jh. v.Chr. begannen Politiker die beim Plebs bald sehr beliebten Gladiatorenspektakel für ihre politischen Zwecke einzusetzen. **„Panem et circenses"**, die Grundversorgung der Bürger mit Getreide und die Organisation von Massenvergnügungen, wurden zu den Pfeilern römischer Innenpolitik. Frühe Meister auf dieser Klaviatur

ama23 pa

waren *Sulla* und *Cäsar.* Letzterer hatte 49. v.Chr. eine aus 5000 Mann bestehende **Gladiatorenschule** *(ludus)* gründen lassen, die sein Adoptivsohn *Octavian,* der spätere *Augustus,* erbte. Kaiser *Augustus* regelte später die finanziellen Aspekte der Veranstaltungen und ließ die Bewaffnung der Gladiatoren normieren. Es entstanden die **festen Kampfpaare,** die bis zur Spätantike typisch blieben. Dabei orientierten sich die Rüstungen an den besiegten Völkern, den Galliern, Thrakern oder Samniten. Zum Kreis der **bestens ausgebildeten und hochspezialisierten Gladiatoren** gehörten in erster Linie kriegsgefangene Sklaven, es konnten sich aber auch Freiwillige zum Schaukampf verdingen, der oft den Tod brachte, aber neben einer hervorragenden medizinischen Versorgung auch Ruhm und Reichtum. Der Kampf der Gladiatoren sollte **römische Tugenden** veranschaulichen: Mut und Todesverachtung.

Zu den bekanntesten Monumenten römischer Kultur gehören zweifellos die **Amphitheater.** Sie wurden spezifisch für die Veranstaltung von Arenaspielen entwickelt, Gladiatorenkämpfe und *venationes,* Tierhetzen. Das Amphitheater von Paestum stammt aus dem 1. Jh. v.Chr. und ist damit eines der ältesten Bauwerke dieser Art.

Die letzte Schlacht des Thrakers **Spartakus,** des berühmtesten aller Gladiatoren (siehe Exkurs „Spartakus und die soziale Frage", S. 192), soll sich am Ufer des nahen Silarus (Sele) ereignet haben.

◁ Kampf auf Leben und Tod – erst Kult, dann Show

den, dass dieses Bauwerk als **Tempel der Hera** geweiht war. In direktem Kontrast zum klassischen Poseidon-Tempel treten die archaischen Baumerkmale deutlich hervor, am auffälligsten zu erkennen an der stark ausgeprägten Entasis (Schwellung) der Säulen und dem gequetschten Kapitellkissen. Fast scheint es, als drücke das Dach mit großem Gewicht auf die Säulen.

Wie auch der Athena-Tempel, erheben sich die Basilika und der Poseidon-Tempel auf **künstlich aufgeschütteten Anhöhen.** Wie jüngste Ausgrabungen ergeben haben, fußt der Poseidon-Tempel auf einem Fundament aus sieben Steinschichten.

Im offenen Gelände zwischen Poseidon-Tempel und Basilika hat 2019 *Mimmo Paladinos* **Cavallo di Sabbia** Stellung bezogen. Pferdeskulpturen spielen eine wichtige Rolle im Œuvre des international bekannten kampanischen Künstlers, der seine Themen im Mythologischen findet. Das hochbeinige Ross aus dem Jahr 1999 besteht aus einem Glasfaserkorpus, überzogen mit dem Dünensand von Paestum, das einst Poseidonia hieß – *Poseidon* war nicht nur der Meeresgott, sondern auch Herr der Rösser.

Wenig beachtet liegt westlich der Via Sacra ein **römisches Wohnviertel,** wobei einige der luxuriösen Villen beachtliche Ausmaße und riesige Swimmingpools aufweisen. Anders als in Pompeji haben sich die Mauern der Häuser nur bis zu einer geringen Höhe erhalten, dafür sind die Grundrisse gut zu erkennen. Es fällt auf, dass in den Atrien, den zentralen Innenhöfen, nur noch selten Säulen stehen. Die meisten wurde im Mittelalter abtransportiert und fanden Aufstellung in Salerno. Jüngste Ausgrabungen

ama089 pa

erreichen das Niveau der griechischen Stadt. So wurden z.B. im Bereich **griechischer Wohnhäuser** Schächte endeckt, die der Lagerung von Vorräten dienten und in römischer Zeit mit Abfall verfüllt wurden – für Archäologen wahre Fundgruben.

■ **Area Archeologica – Templi,** Via Magna Graecia, https://museopaestum.cultura.gov.it, fb, [i], Öffnungszeiten und Eintrittspreise siehe Museo Archeologico Nazionale, S. 173.

⌃ Die Antike war farbig, auch wenn das vielen immer noch merkwürdig erscheint

〉 „Grab des Tauchers" – Sprung in ein anderes Leben?

Das Archäologische Museum

In großen bronzenen Lettern steht das Wort „MVSEO" über dem Eingang. **Archaische Bauskulpturen, Votivgaben, Grabfresken** aus griechischer und lukanischer Zeit bilden den Schwerpunkt der Kollektion. Dabei ist der während des Faschismus geplante und erst 1952 eingeweihte Bau mehr als nur das Behältnis einer der umfangreichsten und schönsten archäologischen Sammlungen Großgriechenlands, sondern selbst ein Tempel. Darauf spielt(e) auch die Neon-Leuchtschrift **„Ceci n'est pas un musée"** an der **Rekonstruktion des Heraions** an, dem Herzstück des Museums. Dieser vermeintliche Tempel existierte allerdings nur in der Fantasie der Archäologen, wie wir heute wissen. Die berühmten **Reliefmetopen** – als Metopen bezeichnet man die Schmuckplatten aus dem Fries eines dorischen Tempels – zierten möglicherweise eine offene Halle im Santuario di Hera Argiva. Die zwischen 570 und 560 v.Chr. geschaffenen Bildwerke zeigen mythologische Szenen. Auf vielen ist *Herakles* zu erkennen, dessen zwölf Taten man sich ebenso wenig merken kann wie z.B. die Namen aller zwölf Apostel.

Keine Heldentat, aber amüsant ist die Geschichte von den **Kerkopen,** Zwillingen, die als Strauchdiebe die Gegend um Thessalien unsicher machten. Ihre Mutter hatte sie vor einem *melampygos,* einem Mann mit schwarzem Hintern, gewarnt. Dummerweise vergriffen sich die beiden eines Tages an den Kleidern des *Herakles.* Dieser erwischte sie und band sie kopfüber an ein Joch, um sie dem *Apoll* zu opfern; diese Szene ist auf einer der Metopen zu erkennen. In ihrer misslichen Lage blickten die beiden Kerkopen auf das schwarz behaarte Gesäß des Helden (seinen Gürtel hatte *Herakles* in der Eile wohl verloren) und erinnerten sich der Worte ihrer Mutter. Anstatt vor Angst zu schlottern, ergossen sie sich in obszönen Bemerkungen, die *Herakles* ein Grinsen entlockten. Er ließ sie wieder laufen. Als die Kerkopen eines Tages sogar *Zeus* betrogen, verwandelte dieser sie in Affen. *Ovid* erzählt, dass die Insel Pithekussai (Affeninsel), das heutige Ischia, nach ihnen benannt sei.

An den Wänden sind weitere reliefgeschmückte Metopen aus dem **Flussheiligtum der Hera Argiva** zu sehen, ferner **farbiger Tempelschmuck,** der die im Klassizismus gehegte Vorstellung von einer „weißen" Antike widerlegt.

Einen unverstellten Blick auf die archaischen Reliefmetopen genießt man übrigens aus dem Zwischengeschoss, das zudem eindrucksvolle **Funde aus dem Bereich der großen Heiligtümer** präsentiert, denen immer noch die im 19. Jh. verliehenen Namen anhaften. Im Umfeld der sog. Basilika wurden zahlreiche Votivfiguren der Göttin *Hera* gefunden, aus dem Bereich des sog. Poseidon-Tempels stammen Votivgaben, die auf einen Heilkult unter Schutz von *Apoll* (?) hindeuten. Fragmente von bronzenen Waffen und Schilden wiederum waren Weihgeschenke an die Göttin *Athene.*

Im nächsten Saal im Erdgeschoss sind die ursprünglich mit Honig gefüllten Bronzevasen aus dem Heroon und eine Reihe preziöser Vasen zu sehen. Um die Mitte des 4. Jh. v.Chr. produzierte Paestum **luxuriöse Keramik** und war nicht mehr auf Importe aus Athen angewiesen. Der Vasenmaler *Assteas* gehörte zu den wenigen im antiken Italien tätigen Keramikkünstlern, die ihre Werke auch firmierten. Einige der rotfigurigen Gefäße aus seiner Werkstatt sind in Paestum zu bewundern, andere schmücken die berühmtesten Museen der Welt.

Mit großen Fenstern öffnet sich das Museum auf die Berge von Capáccio, und in der Distanz ist auf dem Grat der altrosa Bau einer Basilika zu erkennen, wo seit dem Mittelalter die **Madonna del Granato** verehrt wird. Durch diesen absichtsvollen Ausblick verbindet der Besuch des Antikenmuseums die Vergan-

ama090 pa

genheit mit der Gegenwart. Heute, wie vor 2500 Jahren, wird jedes Jahr Mitte August von Frauen der Kult der granatapfeltragenden Madonna begangen. In einer nächtlichen Prozession werden der Madonna in Gestalt der Göttin Hera aus Wachs geformte Schiffe als Votivgabe dargebracht.

Eine absolute Sensation ist das von *Mario Napoli* 1968 entdeckte **„Grab des Tauchers“**, das einzige bislang bekannte Beispiel griechischer Freskomalerei aus der Zeit der Klassik (um 480 v.Chr.). Im Aufbau entspricht das Grab den lukanischen Grabkammern, die Seitenwände zeigen Szenen eines Gastmahls. Der Grabdeckel wird von einer Darstellung unvergleichlicher Ausdrucksstärke geschmückt. Ein Jüngling springt voller Kraft und mit weit geöffneten Augen von einem Turm in die Leere, unter ihm nur ein schmaler Streifen Wasser. Ein Sprung ins Leben? Die Deutung bleibt dem Betrachter überlassen. Nur wenige Besucher wenden dem Taucher den Rücken, um auch einen Blick auf den von *Carlo Alfano* 1972 gestalteten „Brunnen“ (der Künstler verbat sich diese Bezeichnung) zu werfen – es ist die erste **Installation zeitgenössischer Kunst** in einem archäologischen Museum Italiens. Fünf Zylinder, drei aus Plexiglas, zwei aus Edelstahl, stehen in einem flachen Wasserbecken und reflektieren die flirrende Wasserfläche, den Himmel, das Bild des Tauchers und den Betrachter.

Die **freskengeschmückten Kammergräber aus lukanischer Zeit** (4. bis 3. Jh. v.Chr.) sind ein Höhepunkt antiker Malerei. Die farbkräftigen, detaillierten Darstellungen verraten eine Menge über das Leben und den Totenkult dieses kriegerischen Volkes. Der Verstorbene wird häufig zu Pferd, in voller Manneskraft und zum Kampf gerüstet abgebildet. Zahlreiche Beispiele blutiger Faust- und Schwertkämpfe sind zu sehen. Die

Paestum mit Gusto

Gabriel Zuchtriegel, von 2015 bis 2021 Direktor des **Parco Archeologico di Paestum e Velia,** hat eine Fülle von Initiativen ins Leben gerufen und die Mitarbeiter mit seiner Begeisterung angesteckt. Ein gutes Beispiel sind die auf Vorbestellung Mo bis Sa 11 und 16 Uhr, sowie an Sonn- und Feiertagen 10, 12, 15 und 17 Uhr stattfindenden Besuche der reich bestückten Magazine, die unter dem Motto **„Dietro le Quinte del Museo“** einen Blick hinter die Kulissen und Einblicke in den Alltag von Museumswärtern und Restauratoren erlauben. An Sommerabenden werden Nachtspaziergänge bei Laternenschein unternommen, während sich andere Angebote speziell an Kinder und Familien richten. Auf Höhe des Poseidon-Tempels wurde der **Parco dei Piccoli,** ein intelligenter Spielplatz für alle Altersstufen, eingerichtet. Modelle von Baumaschinen laden (leider nur in Anwesenheit des Museumspersonals) zum Ausprobieren ein. Und wer hat die Hängeschaukel erfunden? Ein doppelter Genuss waren die in Kooperation mit Slow Food veranstalteten Seminare mit dem Titel „Food for Change“ und die **Slow-Food-Aperitive,** die bei gutem Wetter im Freien vor den Tempeln stattfanden. In Zukunft hoffentlich wieder!

- **https://museopaestum.cultura.gov.it, fb, [i], www.slowfoodcilento.it**
- **Buchtipp:** Ein lesenswerter Sprung in die Lebenswelt junger griechischer Aristokraten der Antike ist „Der Taucher von Paestum“ von *Tonio Hölscher* (Klett-Cotta, Stuttgart 2021).

bei den Römern später beliebten Gladiatorenkämpfe haben ihren Ursprung in solchen **Bestattungsspielen** (siehe Exkurs „Gladiatoren – Superstars der Antike“, S. 168). Frauengräber zeigen die Verstorbene auf einem Totenbett, umgeben von Klageweibern und Dienerinnen. Wie auch auf estruskischen Gräbern zu sehen, werden die lukanischen Frauen gleichberechtigt neben ihren Männern dargestellt, für Griechen oder Römer damals undenkbar.

Das Kellergeschoss birgt **Ausgrabungsfunde der Stein- und Bronzezeit.** Bemerkenswert ist, dass die Nekropole von Gaudo 1943 entdeckt wurde, als die Alliierten im Zuge der „Operation Avalanche“ (siehe Museum of Operation Avalanche in Eboli, S. 203) ein Flugfeld nur einen Kilometer südlich von Paestum anlegten. Der britische Luftwaffenoffizier und Archäologe *John G. S. Brinson* sicherte unter feindlichem Beschuss eine Fülle von Artefakten, darunter Obsidianklingen aus Lipari. Dem Einsatz einer auf Kunstraub spezialisierten Carabinieri-Einheit ist die Rückkehr eines prachtvoll ausgemalten Kammergrabes nach Paestum zu verdanken.

Das oberste Stockwerk ist der **römischen Periode Paestums** gewidmet. Außer Marmorstatuen und Baufragmenten sind Votivgaben des vor den Mauern gelegenen Venusheiligtums zu sehen.

Am Ausgang gibt es einen gut sortierten **Book-Shop,** die **WCs** befinden sich im Keller. Dort können auch die gut gefüllten **Magazine des Museums** im Rahmen regelmäßig stattfindender Sonderführungen (siehe Info-Kasten „Paestum mit Gusto“) besucht werden.

■ **Museo Archeologico Nazionale,** Via Magna Graecia, Tel. 08 28 81 10 23, https://museopaestum.cultura.gov.it, fb, [i], tägl. 9–19.30 Uhr. Seit Paestum und die Ausgrabungen von Velia (S. 273) im Cilento zu einem einzigen archäologischen Park zusammengeschlossen sind, gilt ausschließlich das 3 Tage gültige Sammelticket; März bis Nov. 15 €/2 €, Dez. bis Febr. 10 €/2 €.

ama091 pa

☑ Slow-Food-Aperitif vor der Kulisse antiker Tempel

Ansichten eines Cicerone

von *Peter Peter*

Seit dem ebenso romantischen wie burlesken Film **„Pane e tulipani"** („Brot und Tulpen", 1999) von *Silvio Soldini* ist **Tempelführer Nunzio Daniele*** aus Paestum zum berühmtesten Cicerone Italiens geworden. Dabei hat er in der Anfangsszene des Films nur sich selbst gespielt, seine Liebe zur Antike in wohlgesetzten, mitreißenden Worten gepredigt, wie er das seit Jahren fast jeden Tag mit den Reisegruppen aus Germania, Frankreich oder Japan tut bzw. tat. Denn irgendwie ist es seine zugleich pathetische und authentische Begeisterung für das Echte, Schöne, Wahre, die in einer nicht mehr jungen italienischen Frau, die mit ihrer banausenhaft-heruntergekommenen Familie einen Paestum-Besuch macht, etwas auslöst. Als der Reisebus sie an einer Autobahntankstelle vergisst, macht sie sich auf den Weg nach dem wahren Leben und verliebt sich als Blumenverkäuferin in Venedig in einen isländischen Kellner, der ihr endlose italienische Ritterepen aufsagen kann.

Soweit Brot und Tulpen. Der Star aus Paestum war übrigens billig zu haben, *Nunzio* hat nur sein Führerhonorar verlangt, um vor dem Athena-Tempel seinen mittlerweile Kultstatus genießenden **„Chromosomenmonolog"** zu halten:

ama092 pa

„Quando i Romani sono venuti a Paestum e qui essi hanno incontrato i Greci … Als die Römer nach Paestum kamen und dort die Griechen das erste Mal getroffen haben, hat die Welt einen großen Satz nach vorn gemacht. Der griechische Idealismus, d.h. die Zivilisation des Gefühls, der Musik, der Kunst und der Philosophie, d.h. die Zivilisation von *Sokrates, Platon* und *Aristoteles,* und der römische Pragmatismus, d.h. die Zivilisation der Rationalität, der militärischen Strategie und des Rechts, haben sich gut amalgamiert, und das hat eine neue Kultur geschaffen, die die fundamentale **Basis der westlichen Zivilisation** ist und von der wir Italiener, das größte Volk auf Erden, stolze Erben sein müssten. Vergesst daher nicht, dass uns Italienern die Griechen die romantische und leidenschaftliche Ader gegeben haben, d.h. die Poesie, die Einbildungskraft und die Kreativität; die größten Künstler auf Erden sind Italiener. Die Römer haben uns stattdessen die rationale Komponente gegeben. In Norditalien herrscht aus historischen, geografischen, landschaftlichen und umweltlichen Gründen die rationale Komponente vor. Und es ist richtig, dass es so ist. Denn, wer in einer geografischen Zone wohnt, wo die Sonne nicht 330 Tage im Jahr brennt, wo an jeder Straßenecke eine Montagekette hängt und der Nebel das Herz traurig macht, da muss man sich notwendigerweise in einer Sphäre großer Rationalität bewegen. Im südlichen Italien hingegen herrscht die romantische und leidenschaftliche Ader der Griechen vor, d.h. die Fantasie und die Einbildungskraft. Warum all das? Weil wir in unserem Blut die **Chromosomen der Griechen und der Römer** haben, und aufgrund dieser Chromosomen seid ihr stimuliert, für einige Tage den Zug der Rationalität auf eurem Heimatbahnhof stehenzulassen und die Barke der Poesie und der Einbildungskraft zu besteigen, um auf den Spuren antiker Völker zu segeln und an Bord die Flasche der Begeisterung zu entkorken!"

Nunzio Daniele, kleiner Grandseigneur mit Strohhut, der fast sein ganzes Berufsleben täglich in der Aura griechischer Tempel verbracht hat, ist einzigartig und doch zugleich ein **typischer Süditaliener.** Sein Stolz auf die Antike weist auch ganz **patriotisch** auf das, was viele im Mezzogiorno fühlen: dass sie nämlich trotz aller wirtschaftlichen Rückständigkeit aufgrund ihrer großgriechischen Seele letzten Endes doch den keltisch-germanischen „Barbaren" Norditaliens kulturell überlegen sind, dass die *grandezza* und Treffsicherheit des Gefühls in Süditalien zu Hause ist – ein Gedanke, den so wohl auch *Luciano de Crescenzo* unterschreiben würde. In logischer Folgerung ergibt sich daraus eine intellektuelle und spontane **Fremdenfreundlichkeit,** die das Reisen in der ehemaligen Magna Graecia bis heute so angenehm macht. Denn instinktiv freuen sich die Süditaliener, die mental weit mehr am Rande Europas als im Herzen des Mittelmeers leben, dass die Gäste aus dem Norden zu ihren Tempeln kommen und gerade dadurch eine Solidarität zu bekunden scheinen, die ihnen ihre norditalienischen Landsleute oft verweigern.

* **Nunzio Daniele** kam 1942 in Capáccio zur Welt, 1973 fing er an, in Paestum als Fremdenführer zu arbeiten. Er starb 2015 und bleibt unvergessen (Abb. links).

Flussheiligtum der Hera

Das Heiligtum an der Mündung des Sele war **Hera Argiva,** d.h. der aus Argos (bei Mykene) stammenden *Hera* geweiht, die Paestum über das Meer erreicht hatte. Von den Tempeln, Schatzhäusern und Altären haben sich nur noch Grundmauern erhalten. Sie sind jederzeit frei zugänglich.

Laut dem Historiker *Strabon* hatte *Jason,* mythischer Anführer der *Argonauten,* der *Hera* hier einen Tempel errichtet. Er gilt als **Keimzelle von Paestum,** dessen Tempel sich heute 8 km weiter südlich erheben. Die Flussmündung liegt durch Verlandung inzwischen 1 km weiter westwärts. Der Fund der **archaischen Reliefmetopen** Mitte der 1930er-Jahre war eine archäologische Weltsensation; heute sind sie im Archäologischen Museum von Paestum zu bewundern. In der **Masseria Procuriali** rekonstruiert ein **multimediales Museum** eindrücklich die antike Kultstätte. Genial ist die Einbindung der beiden Futtersilos in den Ausstellungsparcours: Während man eine der Wendeltreppen aufsteigt, begleiten einen an den Wänden Reproduktionen antiker Votivgaben und aus Lautsprechern die Anrufungen der in erster Linie von Frauen verehrten

Digitaler Cicerone

Die **Gratis-App „Paestum"** ist ein geduldiger Begleiter in der archäologischen Ausgrabung und lässt sich im Museum sogar als Audioguide verwenden. Wer liest da noch gedruckte Reiseführer?

Göttin in griechischer Sprache. Im zweiten Silo geht es wieder hinunter, hier wird das Fortleben des antiken Kultes in der Verehrung der **Madonna del Granato** in Capáccio sinnfällig. Ein kurzer Fußweg führt zu den südlich gelegenen Fundamentresten des **Santuario di Hera Argiva,** eingebettet in ein ländliches Idyll mit Wasserbüffeln.

■ **Museo Narrante del Santuario di Hera Argiva,** Via Barizzo 29 – Località Foce Sele (Km 5 der SP 43), https://museopaestum.cultura.gov.it. Auf unabsehbare Zeit leider geschl.

Capáccio Vecchio und Capáccio

Vor Malaria und den Sarazenen flüchteten im 10. Jh. die letzten Bewohner Paestums nach Capáccio. Der Ort lag wenige Kilometer entfernt am Fuße der Monti Alburni oberhalb der Quellen des Capodifiume, des römischen Caput acque. In der **Anbetung der Madonna mit dem Granatapfel** (**Madonna del Granato**) lebt bis heute der griechische Hera-Kult fort. Zu ihrem Fest Mitte August kommen die Frauen wie schon vor 2500 Jahren und schenken ihrer „Göttin" aus Wachskerzen gefertigte Schiffe und Körbe. Das mittelalterliche Heiligtum liegt an der SP 13b in Richtung Capáccio. Vom Kirchplatz genießt man einen herrlichen Blick auf den Golf von Salerno und die Sele-Ebene mit den Ruinen von Paestum. Oberhalb der Kirche liegen die Ruinen von Capáccio Vecchio.

■ **Santuario Madonna del Granato,** Via Sferacavallo 20, Tel. 08 28 72 36 11. Tägl. 7.30–12.30 und 15–18 Uhr, Messen 7 Uhr, So 10 und 18 Uhr.

Capáccio Vecchio wurde von Kaiser *Friedrich II.* zerstört, nachdem er 1246 einen gegen ihn gerichteten Aufstand grausam niederschlug. Die Bewohner flüchteten wieder, diesmal ins nahe San

ama24 pa

Pietro, das sie in **Capáccio** (441 m) umbenannten. Das freundliche Bergstädtchen ist ein charmanter Auftakt einer Cilento-Erkundung. Viele der schönen alten Häuser und Paläste in der Altstadt stehen leer, seitdem ein Großteil der Bewohner ab den 1960er-Jahren nach **Capáccio Scalo** in die Küstenebene umgesiedelt ist. Vielleicht bringen neu eröffnete B&Bs und Trattorien ein bisschen Leben zurück in die alten Mauern und auf die Plätze. Am südöstlichen Ortsrand, wo die barocke **Fontana dei Tre Delfini** steht, ist der vielleicht schönste Friseursalon Kampaniens zu entdecken, den *Giuseppe Marino* (1930–2017) zuletzt mit Herz und Seele als privates Touristenbüro betrieben hatte. Die Inneneinrichtung aus dem frühen 20. Jh. ist original. Heute kümmert sich *Giuseppes* Tochter mit ihrem Kulturverein um den Erhalt des **Salone Rizzo.** Schade nur, dass hier keine Haare mehr geschnitten und keine Bärte mehr rasiert werden.

■ **Antica Barberia Salone Rizzo,** Via G. D'Alessio 11 (Piazza Orologio), Mobil 32 98 08 97 30 *(Angelina Marino)*, fb.

Praktische Tipps

Information

■ **Cilentomania**
Privatwirtschaftlich organisiertes Tourismusbüro, das auch in Capáccio von Juni bis Sept. einen Info-Kiosk unterhält. Verleih von Rädern und Scootern. Tägl. 9–13 und 14.30–18.30 Uhr.
Via Magna Graecia 823,
Tel. 082 81 99 98 72, www.cilentomania.it

◁ Blick auf die Ruinen von Capáccio Vecchio, die Küstenebene und den Golf von Salerno mit der Amalfitana und Capri am Horizont

▽ Ragazzi in Capáccio

ama093 pa

■ **Infopoint Paestum**
Kommunales Tourismusbüro im Bahnhof von Paestum. Tägl. 8.30–18.30 Uhr.
Stazione di Paestum,
www.discoveringpaestum.it, fb

Osservatorio sul Paesaggio
Früher diente die Torre Laura, ein restaurierter Turm der antiken Stadtbefestigung, dem engagierten Umweltschutzverband **Legambiente Paestum** als Dokumentationszentrum, auch zum Thema Archäologie. Mit Hilfe von Freiwilligen und einer Gruppe Asylsuchender hatte Legambiente den *decumanus maximus* von Gestrüpp befreit und einen ca. 2 km langen Wanderweg geschaffen, der aus dem Zentrum der antiken Stadt durch die Porta Marina, vorbei an Schwarzbauten der 1960er-Jahre, bis an den Dünenstrand von Paestum führt. 1934 entdeckten *Paola Zancani Montuoro* und *Umberto Zanotti Bianco* die Reste eines Hera-Heiligtums an der Mündung des Sele, dessen Gründung antike Autoren *Jason* und den Argonauten zugeschrieben hatten. Diese mythologische Erinnerung wollte die Initiative wachhalten und zugleich ein Stück aktiven Umweltschutz betreiben. Leider hat die aktuelle Altertümerverwaltung wenig Interesse an solchen Projekten, und Legambiente ist auf der Suche nach einem neuen Sitz.
Via Magna Graecia,
WhatsApp 33 97 85 09 42, 36 63 76 20 44 *(Roberto Paolillo)*, www.legambientepaestum.it

An- und Weiterreise

■ **Auto:** A 2, Ausfahrt „Battipaglia“, und weiter auf der SS 18. Von Salerno führt die Via Litoranea küstenparallel nach Paestum. Gebührenpflichtige Parkplätze an der archäologischen Zone, u.a. in der Nähe der Bar Anna.
■ **Bus:** FS Busitalia (www.fsbusitalia.it) aus Salerno über Paestum und Agropoli in den Cilento.
■ **Bahn:** Lokalzüge und gelegentlich auch die schnellen Intercitys halten an der Stazione FS „Paestum“ auf Höhe der Porta Sirena. Die Tempel liegen ca. 10 Min. zu Fuß entfernt.
■ **Taxi:** *Michele Pecora* bietet seinen zuverlässigen Taxi-Service auch ab Bahnhof Paestum an.
Mobil 33 35 98 16 36, fb

Übernachten in/bei Paestum

14 **Casa del Geco**②
Maria Bellelli hat die alten Pferdeställe auf dem elterlichen Gut in nette Unterkünfte verwandelt. Ruhig und inmitten von Feldern gelegen, haben Kinder hier viel freien Auslauf. Mit guten Tipps bereichert *Maria* den Aufenthalt und organisiert Rad- und Wanderausflüge. Für kleine Gruppen kocht sie vorzüglich! Eines der Zimmer steht Gästen zur Verfügung, die ihren Aufenthalt mit Arbeit „bezahlen“ möchten. Anfahrt: knapp 2 km nordwestlich der Porta Aurea von der Via Magna Graecia (SP 276) auf Höhe der Ristopescheria 15 **Marechiaro** in die Via Seliano nach Südwesten abzweigen. 5 Zi.
Via Seliano – Capáccio Scalo,
Tel. 082 81 99 03 46, Mobil 32 88 32 40 32,
www.casadelgeco.it, fb, [i]

12 **Casa Rubini**②
Domenico Tanza hat als einer der Ersten mit seiner grundsympathischen Locanda zur Wiederbelebung der alten Tavernen-Straße beigetragen. Das Gutshaus auf Höhe der Porta Aurea, einem der vier antiken Stadttore Paestums, ist seit Generationen im Familienbesitz und diente in den 1980er-Jahren dem Künstler *Gillo Dorfles* als Atelier. Die fünf Zimmer im 1. Stock wurden modernisiert. Um den laufenden Betrieb kümmert sich *Antonio Monzo*, Patron des 11 **Antiche Mura Grill & Wine** gegenüber. Das Frühstück wird in der 22 **Bar Anna** vis-à-vis vom Athena-Tempel serviert. 5 Zi. März bis Dez.

☒ Il Cannito bei Capáccio –
Antonella und Nicola empfangen ihre Gäste
in einem umgebauten Basilianerkonvent

Via Tavernelle 5,
Tel. 082 81 99 22 55, Mobil 33 34 08 48 98,
www.casarubinipaestum.com, fb, [i]

2 Esplanade②-③
Gepflegtes Hotel westlich der archäologischen Zone. Exotischer Park, großer Pool, Privatstrand mit dem schicken **Beach Club 93** jenseits der kaum befahrenen Straße. Im vorzüglichen **1 Ristorante Tre Olivi** des Schwesterhotels Savoy Beach nebenan werden die Bio-Weine des Besitzers *Peppino Pagano* kredenzt (siehe Exkurs „Jazz in Flaschen und andere gute Tropfen", S. 516). 24 Zi.
Via Poseidonia 271, Tel. 08 28 85 10 43,
www.hotelesplanadepaestum.com

7 Hotel dei Templi②
Ebenso freundliches wie gepflegtes Mini-Hotel wenige Schritte von der Porta Aurea, die Tempel einen kurzen Spaziergang entfernt. Der Patron *Piermatteo Stromillo* ist seinen Gästen mit guten Tipps behilflich. 10 Zi. Mitte März bis Nov.
Via Tavernelle 64, Tel. 082 88 81 17 47,
Mobil 33 32 12 11 03, www.hoteldeitempli.it

MEIN TIPP: **6 Il Granaio dei Casabella**③
Schön restauriertes Gutshaus direkt außerhalb der nördlichen Stadtmauer von Paestum. Geräumige, komfortable Zimmer mit Cottoböden und schönen Holzmöbeln, einige mit Tempelblick. Ruhiges Ambiente (außer bei Hochzeitsfeiern …), auch Mehrbettzimmer für Familien. Ein Getreidesilo wurde zum dreistöckigen Apartment ausgebaut. Schöner Frühstückssaal und ein ebenso feines Frühstücksbuffet. Nette Sitzplätze im Grünen, sicherer Parkplatz. 14 Zi. März bis Mitte Nov.
Via Tavernelle 84,
Tel. 08 28 72 10 14, Mobil 34 64 03 91 82,
www.ilgranaiodeicasabella.com

5 Tenuta Duca Marigliano③-④
Edle Bleibe in einem alten Gutshaus mit großem Garten, feinem Restaurant **5 Casa Coloni** und Spa im Rücken des Hotels Il Granaio di Casabella. Etwa die Hälfte der komfortablen Zimmer liegt unter der Mansarde. 19 Zi. Febr. geschl.
Via Tavernelle 86, Tel. 08 28 72 12 97,
www.tenutaducamarigliano.it, [i]

32 Locanda del Mare②-③
Biancaluna Bifulco bezeichnet ihr lässiges Strandhotel als „Hotel Litteraire" und hat am liebsten *poeti, buongustai* und *viaggiatori* als Gäste, kurz: geistvolle Genussmenschen. Helle, fröhlich möblierte Räume in Bungalows im Pinienschatten, jeder mit Sitzplatz im Freien. Davon getrennt ist das Restaurant, das eine leichte mediterrane Küche pflegt, auf der

ama25 pa

Weinkarte gute Tropfen des Cilento. Ambitionierte Lesungen mit Musik, ein Habitué ist der DJ und Bio-Winzer *Salvatore Magnoni*. 19 Zi. April bis Ende Okt.
Via Linora (Km „4" der SP 278), Tel. 08 28 81 11 62, 082 81 99 00 08, www.lalocandadelmare.net, fb, [i]

28 Villa Rita②-③
Ein großer Park umgibt das freundliche Hotel der Familie *Pisani*, die nahebei auch das **Ristorante Nettuno** (s.u.) betreibt. Wenige Schritte von den berühmten Tempeln entfernt, kann man hier die Ruhe genießen. Pool im großen Garten, gutes Restaurant. Radreisende steigen hier gerne ab. 22 Zi. April bis Ende Okt.
Via Nettuno 9, Tel. 08 28 81 10 81, www.hotelvillarita.it, fb, [i]

Übernachten in/bei Capáccio

Antica Forneria②
Agriturismo-B&B einen knappen Kilometer landeinwärts vom Bahnhof Paestum (von Paestum zu Fuß durch die Unterführung zu erreichen, mit dem Auto aus Capáccio bzw. von der SS 18 am Abzweig Km 95,400). *Anna Sabia* und ihr Mann *Fausto Mandetta* (spricht deutsch) bieten ihren Gästen einen herzlichen Empfang und tischen auf Nachfrage ehrliche Landküche auf. Die Zutaten stammen aus eigenem Anbau, der Schinken ist köstlich! 5 einfache Gästezimmer, z.T. mit Küche.
Via Ponte Marmoreo 57,
Mobil 33 37 58 98 00 *(Anna)*, fb

Borgo La Pietraia③-④
Die Familie *Scariati* hat an der aussichtsreichen Serpentinenstraße nach Capáccio eine ausgesprochen einladende Bleibe geschaffen. Komfortable Zimmer in neu errichteten, vom Architekten *Antonio Pagliara* entworfenen Steinhäusern, feines **Ristorante Food** und Pool. 11 Zi. Nov. geschl.
Via Provinciale 13, Tel. 082 81 99 19 99, www.borgolapietraia.com, fb, [i]

B&B Casa Tommasini②
Unterhalb der Hauptstraße betreibt *Roberta Tommasini* ihr stylisches B&B. Für Selbstversorger, eine Familie oder Gruppe von Freunden bietet sich das gut ausgestattete Apartment mit schöner Dachterrasse und Meerblick an. Italienisches Frühstück wird im nahen Caffé Centrale serviert. 3 Ap.

ama095 pa

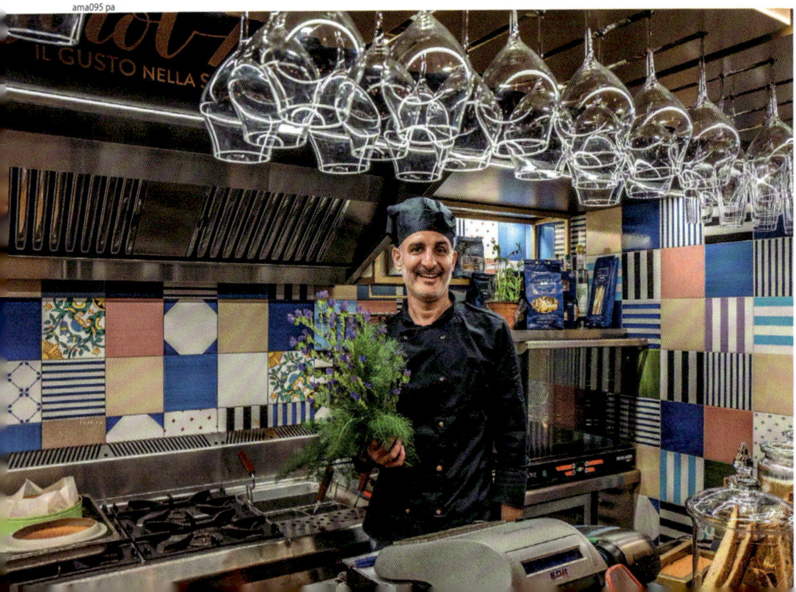

Corso Costabile Carducci 90,
Mobil 32 74 56 77 30, fb

Casale Giancesare②-③

Enzo Vozza und Familie vermieten in einem renovierten Steinhaus in den Hügeln über Paestum gut ausgestattete Zimmer und Apartments mit Küche für 4 bis 5 Personen. Aus einigen der Zimmer und aus dem Olivengarten mit großem Pool herrliche Blicke über die Piana del Sele auf den Golf. Großer Gemüsegarten, aus dem sich die Gäste versorgen können, auf Wunsch kocht *Anna* und das prima! Das Haus liegt gut ausgeschildert südwestlich außerhalb von Capáccio. 5 Zi., 3 Ap.
Via Giancesare 8, Tel. 082 81 99 96 14,
Mobil 32 84 63 42 78, www.casalegiancesare.com

MEIN TIPP: **B&B Il Cannito**④

Wahrer Luxus: 15 ha duftende Macchia umgeben das absolut einsam gelegene Anwesen der Familie *Gorga*, ein mit Respekt und Mut zur Moderne wiederaufgebauter Basilianerkonvent aus dem Mittelalter. Helle, geräumige, modern designte Zimmer mit allem Komfort. Luxus, das ist auch WLAN im Schatten 500-jähriger Eichen und der Pool *con vista*. Die Geschwister *Antonella, Santa* und *Nicola* bereiten ihren Gästen einen besonders herzlichen Empfang, auf Wunsch kocht *Nicola* und zwar vollendet! Die Grundzutaten kommen frisch aus eigener Landwirtschaft oder von den besten Erzeugern des Cilento. Für die Dolci sorgt *Santa*, während *Antonella* sich v.a. um den **Lido EcoVillage MareMirtilli** am Strand von Paestum kümmert. Anfahrt: aus Paestum kommend von der Straße nach Capáccio an einem Betonmast rechts auf die geschotterte Via Cannito abbiegen und dieser 700 m bis zum Tor folgen. 4 Zi. April bis Okt.
Località Cannito, Tel. 082 81 96 22 77,
Mobil 33 33 65 23 24, www.ilcannito.com, fb, [i]

Camping

An der Via Nettuno, südöstlich der Tempel, ist neben dem Parkplatz ein **Stellplatz für Wohnmobile** ausgewiesen. Wohnmobilstellplätze bietet auch das **Hotel-Ristorante Mandetta** (s.u.).

31 **Villaggio dei Pini**

Zelt-, Camperstellplätze und Bungalows im Schatten der Pineta mit direktem Zugang zum feinsandigen Strand. Beachvolleyball. Vom ADAC empfohlen. Einkaufsmöglichkeit und einfaches Ristorante mit Pizzeria. Der Besitzer will in Giungano einen Glamping eröffnen. Anfahrt: ca. 2 km südwestlich der Tempel. Ganzjährig geöffnet.
Via Urano 10 (Via Torre di Paestum),
Tel. 08 28 81 10 30,
www.campingvillaggiodeipini.com

Essen und Trinken in/bei Paestum

In der Via Tavernelle von Paestum haben in der letzten Zeit mehrere Lokale und Restaurants eröffnet. So haben z.B. die Fischhandlung Marechiaro aus Capáccio Scalo mit dem **Marechiaro Concept** und der Meistergelatiere *Raffaele Del Verme* aus Torchiara mit der 8 **Gelateria Sanacore** flotte Dependancen aufgemacht.

11 **Alici – Trattoria di Mare**②-③

Nachdem *Giovanni Prearo* jahrelang im Ausland und in Italien in Restaurants gearbeitet hat, erfüllte er sich 2020 im Schatten der antiken Stadtmauer von Paestum endlich seinen Traum vom eigenen Lokal. Vorzügliche Fischküche, feine Desserts und eine gute Weinauswahl in angenehmem Ambiente. Im Sommer nur abends, Sept. bis Mitte Juni auch mittags. Di Ruhetag.
Via Tavernelle 6 – Via Magna Graecia 564,
Tel. 082 81 99 62 04, Mobil 38 82 48 01 41,
www.alicitrattoriadimare.it, fb

☒ Bistrot 73 – Blumen zum Essen

11 Antiche Mura Grill & Wine②-③
Der Himmel für Karnivoren: Am Eingang begrüßt einen die Theke mit prächtigen Fleischstücken, die auf offener Glut auf den Punkt gegrillt werden. Auch leckere Pasta-Gerichte. Bis auf So nur abends, Mi Ruhetag.
Via Tavernelle 20, Tel. 082 81 99 85 35, www.paestumantichemura.com, fb

8 Bistrot 73②-③
Roberto und *Manuela* haben die Gäste ihres 2017 eröffneten Bistrots schnell begeistert. Das Rezept ist einfach: frische lokale Zutaten und eine pfiffig interpretierte, den Jahreszeiten folgende *cucina cilentana*. Auf der Weinkarte interessante lokale Tropfen, zudem Craft-Bier. Köstliche Desserts! Mo Ruhetag.
Via Tavernelle 48,
Mobil 33 89 83 79 76, 39 34 10 01 27, [i]

Giangaleazzo, eine Fundgrube

ama096 pa

3 Da Nonna Sceppa②-③
Das in kulinarischen Führern zu Recht gelobte Restaurant hat sich der gehobenen Regionalküche verschrieben und kann auf Erzeugnisse der eigenen Öko-Landwirtschaft zurückgreifen. Abends auch Holzofenpizza. Die einst kleine Locanda ist längst ein großes Restaurant, das gerne auch im Rahmen von Familienfeiern aufgesucht wird und an Wochenenden und Feiertagen immer gut besucht ist. Anfahrt: von der archäologischen Zone ca. 3 km Richtung Salerno der küstenparallelen Straße folgen. Do Ruhetag, Nov. bis März nur mittags.
Via Laura 45 (Km 27 der SP 175),
Tel. 08 28 85 10 64, www.nonnasceppa.com, fb

9 Giangaleazzo – Bottega Cilentana②
Wenn das antike Paestum grandioser kultureller Auftakt einer Cilentoreise ist, so gilt das im kulinarischen Sinn erst recht für diesen Foodtempel. *Maurizio* hat sich Zeit gelassen, den Cilento und seine Erzeuger kennenzulernen. Sein Motto lautet: „Ci sento, vado lento, Cilento". In den Regalen versammeln sich ungeahnte Slow-Food-Schätze dieser entdeckenswerten Region: Aberdutzende Weine engagierter Kleinerzeuger, Craft-Biere, Bio-Marmeladen, Honig, handwerklich gemachte Konserven mit Gemüse oder Fisch, Käse von Büffeln, Schafen oder Ziegen, würzige, in Bergluft gereifte Würste und Schinken, Pasta, Kekse und Brot aus dem Mehl wieder zu Ehren gekommener alter Getreidesorten. Nach kundiger Beratung kann man sich all die Köstlichkeiten auf Tellern und im Glas kredenzen lassen oder zum Verzehr daheim erwerben. In den oberen Stockwerken empfangen einladende Séparées, bei gutem Wetter stehen Tische an der Straße bzw. im Schatten der antiken Stadtmauer. Im Sommer bis spät abends. Di Ruhetag.
Via Tavernelle 46, Tel. 08 28 21 36 20,
Mobil 34 98 01 48 78 *(Maurizio)*, [i]

23 La Bottega del Gusto②
Bio-Snacks vom Feinsten: *Antonio Monzo* legt größten Wert auf beste lokale Produkte und ihre klassische Zubereitung – auch zum Mitnehmen. Tische unter einer Pergola mit Tempel-Blick. Direkt neben-

an die 22 **Bar Anna** seiner Mutter *Pia Vozza*, ein „Urgestein" von Paestum. Tägl. 9–20 Uhr.
Via Magna Graecia 847, Mobil 33 34 08 48 98, fb

16 La Madia – Agricola Tommasini

Am Abzweig zur **Casa del Geco** (s.o) und auf Höhe der Fischhandlung **Marechiaro** (s.u.), knapp 2 km nördlich des antiken Paestum, bietet *Francesco Tommasini* die köstlichen Produkte seiner Azienda Agricola tagsüber zum Verkauf an und ab 18 Uhr mit einem Glas Wein zur Verkostung. Di Ruhetag.
Via Magna Graecia 390 (Ecke Via Seliano), Mobil 34 79 76 08 31, www.agricolatommasini.it, fb,

30 Mandetta②

Hotel-Ristorante am Strand, seit 1962 familiengeführt. Ordentliche Zimmer, wenn auch nicht unbedingt inspiriert möbliert, einige gehen aufs Meer. Das 30 **Fisch-Ristorante** suchen auch die Einheimischen gerne auf, abends gibt es Holzofenpizza. Stellplätze für Camper.
Via Torre di Mare 2, Tel. 08 28 81 11 18, Mobil 33 45 97 90 02, www.mandetta.it, fb, [i]

15 Marechiaro②

Frischer Fisch: Das flotte Lokal fungiert als **Ristopescheria** (= Fischhandlung mit angeschlossenem Ristorante). Man wählt sich den Fisch bzw. die Meeresfrüchte aus, ebenso die Zubereitungsart (gedünstet, frittiert, gegrillt oder als Crudité). Direkt an der SP 276, ca. 1,7 km nördlich von Paestum. In der Via Tavernelle von Paestum hat das **Marechiaro Concept** als Dependance aufgemacht. Im Winter Mo Ruhetag.
Via Magna Graecia 461 (Ecke Via Seliano), Tel. 082 81 99 30 79, fb

27 Masseria Lupata②

Bei gutem Wetter lässt sich mittags prämierte Mozzarella aus eigener Bio-Produktion im Schatten einer Veranda mit Blick auf die Porta Marina verkosten. Zusätzlich werden warme Gerichte serviert, z.B. Parmiggiana oder Crespelle. Alternativ gibt es Büffelmilchjoghurt mit Früchten oder Honig und leckere Kuchen. Nebenan öffnet abends der 27 **Ritrovo della Masseria Lupata** zu Füßen der antiken Stadtmauer mit einem ähnlichen Angebot. Meist finden hier jedoch gebuchte Veranstaltungen statt.
Via Porta Marina 29, Tel. 08 28 72 20 02, Mobil 348 36 90 17, www.masserialupata.it, fb, [i]

26 Nettuno②-③

Seit den 1920er-Jahren betreibt die Familie *Pisani* ihr ausgezeichnetes Restaurant mit Blick auf die Tempel von Paestum. Von den vielen Touristengruppen sollte man sich nicht abschrecken lassen. Spezialität des Hauses sind *crespelle*, hauchdünne, mit Mozzarella gefüllte Pfannkuchen. Im Garten gibt es auch eine Bar, auf Liegestühlen kann man im Schatten Siesta halten und dabei die Tempel bewundern. Mo Ruhetag, März bis Okt., Juni bis Aug Di bis Sa auch mittags.
Via Nettuno 2, Tel. 08 28 81 10 28, www.ristorantenettuno.com, fb, [i]

MEIN TIPP: **4 Osteria Arbustico**③-④

Nachdem es den Brüdern *Cristian* und *Tomaso Torsiello* gelungen ist, Valva, ein salernitanisches Bergstädtchen von kaum 1500 Einwohnern, auf die kulinarische Landkarte zu setzen, darf man sich auf ihr neues Abenteuer in der Küstenebene von Paestum freuen. Das intime Restaurant befindet sich auf dem Gelände des **Hotels Royal** wenige Kilometer nordwestlich von Paestum direkt an der SP 175. Das Rezept, das *Cristian* und *Tomaso* bereits einmal den Michelin-Stern einbrachte, haben sie mitgenommen: großen Respekt vor Produzenten und ihren Erzeugnissen und damit verbunden eine profunde Kenntnis des Territoriums. Mi und Do Ruhetag.
Via Francesco Gregorio 40, Tel. 08 28 85 15 25, www.osteriaarbustico.it, www.hotelroyalpaestum.it, fb, [i]

Essen und Trinken in/bei Capáccio

■ BorgOtto②

Einladende Bio-Pizzeria am südöstlichen Altstadtrand in Nähe der Fontana dei Tre Delfini. *Federica* und *Ottavio* verwenden für ihre knusprigen Teigfladen das Mehl alter, lokaler Getreidesorten. Bei

Mozzarella – „weißes Gold"

Goethe blickt während seiner „Italienische(n) Reise" auf der Fahrt nach Paestum zwar den nilpferdischen Büffeln in ihre blutroten Augen, von Mozzarella weiß er aber nichts zu berichten. Heute kennt Mozzarella jedes Kind. Sie liegt in allen Supermärkten im Kühlregal und auf jeder Pizza. Nur handelt es sich fast nie um die echte **Mozzarella di Bufala Campana D.O.P.** Auf der Pizza landet im schlimmsten Fall Analogkäse aus Pflanzenfett, und in den Kühlregalen bekommt selbst beste Büffel-Mozarella eine gummiartige Konsistenz. Dazu später mehr.

Milchlieferanten für die echte Mozzarella sind **asiatische Wasserbüffel** *(Bubalis bubalis)*. In ihrer ursprünglichen Heimat wurden die stämmigen Tiere bereits vor 7000 Jahren für die Arbeit in sumpfigem Gelände gezähmt. Als lebende Traktoren helfen sie heute noch, die Ernährung der halben Weltbevölkerung, die vom Grundnahrungsmittel Reis lebt, sicherzustellen. Wie die sanftmütigen schwarzen Riesen nach Kampanien kamen, bleibt Gegenstand gelehrter Diskussionen. Möglicherweise benutzten die **Langobarden** die muskulösen Rinder als Zugtiere und brachten sie im 6. Jh. auf ihrem langen Treck aus der ungarischen Tiefebene nach Süditalien. Vielleicht wurde bei der Gelegenheit bereits die Mozzarella „erfunden".

Die Mozzarella ist ein **Pasta-Filata- oder Brühkäse,** das heißt, der Käsebruch (durch Zugabe von Lab eingedickte Milch) wird aus der Molke gehoben und mit 80°C heißem Wasser überbrüht. Anschließend wird die heiße Masse durch Kneten und Rühren zu einem **geschmeidigen Teig** verarbeitet. Davon reißt mit flinken Händen der *casaro* kugelige Mozzarella-Stücke ab. Daher auch der Name des Käses, *mozzare* bedeutet nämlich „abzupfen". Für 1 kg Mozzarella braucht man bis zu 10 l Büffelmilch. Das entspricht übrigens in etwa dem täglichen Milchertrag einer Büffelkuh. Frische Mozzarella di Bufala wird am besten in ihrer eigenen Molke schwimmend aufbewahrt. So hält sie sich **bei Zimmertemperatur etwa zwei Tage** und bleibt **zart und aromatisch im Geschmack.** Im Kühlschrank hingegen nimmt sie schnell eine gummiartige Konsistenz an.

Lebensmittelskandale verhelfen zur Qualitätssteigerung

In den 1990er-Jahren erhielt die Mozzarella di Bufala Campana die begehrte D.O.P.-Anerkennung. Für die **Camorra,** die organisierten Verbrecherclans um Neapel, ein gefundenes Fressen. 2007 wurden in der Provinz Caserta mehrere 10.000 Büffel entdeckt, die mit Brucellose-Bakterien infiziert waren. Ein großer Teil der Zuchtbetriebe stand unter direkter oder indirekter Kontrolle organisierter Verbrecherclans, die auch tierärztliche Untersuchungen manipulierten. Ein Jahr später erschütterte ein Artikel der „New York Times" ein weiteres Mal das Vertrauen in die Qualität des teuren Käses. Bald griffen Blogs und andere Medien den Bericht über **Dioxinbelastung der Büffelmilch** in der Provinz Caserta auf. Mehrere Länder verhängten daraufhin einen Einfuhrstopp. Mutmaßlich hatten die Tiere Gras in der Nähe illegaler Giftmülldepo-

› Mozzarella, handgezupft

nien gefressen. 2010 mussten erneut dioxinbelastete Mozzarelle aus dem Verkehr gezogen werden.

Am Rande: 2010 machte auch eine **blau anlaufende Mozzarella** Schlagzeilen. Die schnell auf den Namen „Schlumpf-Käse" getaufte Mozzarella kam aus Deutschland!

Die Krisen hatten auch ihr Gutes. Inzwischen sind die **Kontrollen** deutlich **strenger** und die Qualität ist besser bzw. sicherer geworden. Von den Skandalen nie betroffen war die Sele-Ebene um Paestum, dem neben der Provinz Caserta wichtigsten Erzeugungsgebiet italienischer Büffel-Mozzarella. Da sich entlang der SS 18 zwischen Battipaglia und Paestum zahllose Käsereien reihen, heißt die Landstraße im Volksmund **„strada della mozzarella".** Viele der Betriebe sind biologisch zertifiziert. Den Trend setzte Anfang der 1990er-Jahre die **Tenuta Vannulo** (siehe S. 187).

niedrigen Temperaturen werden sie langsam gebacken, das macht sie bekömmlicher. Craft-Biere im Ausschank. Mo Ruhetag.
Via Giuseppe D'Alessio 19,
Tel. 082 81 99 08 19, Mobil 33 14 30 14 45, fb, [i]

Caffé Centrale①-②
Die schöne Belvedere-Piazza von Capáccio säumen mehrere Bars. Im Lokal der Geschwister *Tommasini* gibt es nicht nur leckeres Gebäck und Gelato aus eigener Produktion, abends wird auch Holzofenpizza serviert! Im Sommer stehen die Tische im Freien. Fassbier und ausgewählte Cilento-Weine. Das charmante Retro-Ambiente hat durch die letzte Renovierung leider stark gelitten. Angeschlossen ist das **B&B Casa Tommasini** (s.o.). Mo Ruhetag.
Piazza Tempone 12, Tel. 08 28 81 30 14, fb, [i]

Fattoria Cavallo②
„In goat we trust" lautet das Motto von *Nicola Cavallo* und *Elena Marino.* Die beiden produzieren exquisiten Bio-Käse und köstliches Gelato aus der Milch eigener Ziegen, dazu Gemüse und Getreide. Diese wunderbaren Lebensmittel gibt es im Hofverkauf, sie lassen sich in rustikalem Ambiente aber auch vor Ort verkosten. Mit einem bunten Reigen toller Veranstaltungen, die von Live-Konzerten, DJ-

ama097 pa

Acts, Yoga-Kursen und geführten Wanderungen in Kooperation mit *Raissa Riviello* (Mobil 33 48 25 31 40, www.facebook.com/raissa.riviello) reichen, hat sich die Fattoria Cavallo als ein Treff politisch und ökologisch engagierter Lebensfreunde etabliert. Termine auf Facebook. Wenige 100 m östlich von Capáccio im Grünen direkt unterhalb der SP 13/a.
Via Strettina Scorzello 21, Mobil 33 96 34 24 80, fb

■ **L'Oasi del Granato**②
Die Trattoria direkt unterhalb des Santuario Madonna del Granato bei Capáccio Vecchio ist ein Treff der Gleitschirmflieger. *Cucina cilentana* und offener Wein. Mo bis Fr nur abends, Sa/So auch mittags, Mi Ruhetag. Nov. geschl.
Via Sferacavallo, Tel. 082 81 99 23 27,
Mobil 33 98 43 98 64, fb

Snacks, Cafés und Bars

Die **Via Magna Graecia** in der archäologischen Zone säumen mehrere Bars, die mittags auch Mozzarella-Snacks servieren, z.B. die 22 **Bar Anna.** Mit Tempel-Blick und leckerem Gelato sitzt man vor der 25 **Bar Museo** etwas näher am Museum. Stylish bis hin zu den WCs ist die Wine-Bar 13 **Porta Aurea** an der Ecke Via Magna Graecia und Via Tavernelle. Ebenfalls in der Via Tavernelle ist der Name der Bar 10 **GinGin** Programm. Im 29 **Caseificio Barlotti** in der Via Torre di Paestum wenige 100 m südwestlich der antiken Stadtmauer lässt sich der Genuss frischer Büffelmozzarella mit der Betrachtung von Wasserbüffeln verbinden. Das in der Degusteria servierte Gemüse wird im eigenen Bio-Garten gezogen.

ama099 pa

Einkaufen

MEIN TIPP: 24 **Bazar Cerere**
Das Angebot hebt sich von dem der anderen Souvenirläden in der archäologischen Zone angenehm ab. Auch alte Stiche, Reiseführer und archäologische Fachpublikationen.
Via Magna Graecia 849/851 – Paestum,
Tel. 08 28 81 12 73, www.bazarcerere.com

21 **Biancamore**
Mit den Abschlüssen Mailänder Spitzen-Universitäten in der Tasche sind die Geschwister *Daniela* und *Pasquale Senatore* ins heimische Paestum zurückgekehrt, um ein eigenes Projekt auf die Beine zu stellen: Sie verarbeiten Büffelmilch und Auszüge von Granatäpfeln zu wunderbarer Naturkosmetik.
Piazza della Basilica – Paestum,
Tel. 082 81 99 88 65, www.biancamore.it, fb, [i]

MEIN TIPP: **Enzo Cursaro**
Enzo Cursaro kam 1953 als Sohn kalabrischer Eltern in Paestum zur Welt. Nach seinem Diplom an der Kunstakademie Neapel lebte und arbeitete er drei

< Strandverkäufer haben oft eine lange Reise hinter sich

> Die Sandstrände von Paestum sind kilometerlang

Jahrzehnte als Künstler und Kunstlehrer in Verona, bevor er nach Paestum zurückkehrte. Anregungen findet er nicht zuletzt in seiner Auseinandersetzung mit der Antike, seine viel beachteten Werke wurden vielfach im Archäologischen Museum von Paestum ausgestellt. Nach Vereinbarung kann der Künstler in seinem Atelier besucht werden.

Via Luca 12 – Capáccio,
Mobil 33 56 38 86 77, www.enzocursaro.com, fb

18 La Dispensa

Vor den Augen der Gäste produzierte Mozzarella sowie die Weine der Azienda San Salvatore 1988 (siehe Exkurs „Jazz in Flaschen und andere gute Tropfen", S. 516), köstlich sind auch Joghurt und Gelato! Verkauf und Verkostung. Das Ristorante serviert raffinierte Bauernküche. Am Km 94 der SS 18 bzw. Ausfahrt „Cafasso".

Località Cafasso – Capáccio Scalo,
Tel. 082 81 99 88 88, www.ladispensa1988.it, fb

9 Giangaleazzo – Bottega Cilentana

Verkauf auserlesener cilentanischer Bio-Produkte und Bistrot (s.o.). Alleine die Wein-Auswahl begeistert, die guten Tropfen können auch an Ort und Stelle verkostet werden. Dasselbe gilt für die handwerklich gemachten Konserven, Marmeladen, Käse, Würste und Schinken. *Maurizio* zieht persönliche Kontakte sogenannten sozialen Netzwerken vor. Bei ihm lernt man nicht nur vorzügliche Produkte kennen, sondern erfährt auch einiges über die Menschen, die dahinter stehen. Ganzjährig von früh bis spät, im Winter Di Ruhetag.

Via Tavernelle 46, Tel. 08 28 21 36 20

19 Tenuta Vannulo

Antonio Palmieris ökologischer Musterbetrieb hat längst Schule gemacht. Verkauft werden ab Hof frische *mozzarella di bufala,* knusprige Sauerteigbrote aus alten Hartweizensorten und Schokolade aus eigener Herstellung. In der Bar gibt es Eiscreme und Joghurt aus Büffelmilch und in einem weiteren Laden werden Objekte aus vegetabil gegerbtem Büffelleder angeboten. Kleines Bauernmuseum. Direkt an der SS 18 am Km 93.

Via G. Galilei 101 – Capáccio Scalo,
Tel. 08 28 72 47 65, www.vannulo.it

ama26 pa

Feiern

■ **Festa della Madonna del Granato,** Paestums antiker Hera-Kult lebt heute in katholischem Gewand fort. Am 2. Mai und am 15. August pilgern die Gläubigen zu der Madonna, die wie *Hera* einen Granatapfel in der Hand hält. Das Heiligtum der Madonna del Granato liegt an der SP 13b in Richtung Capáccio.

■ **Nuova Esposizione Ex Tabacchificio**
Ursprünglich dienten die imposanten, im rationalistischen Stil des Faschismus errichteten Hallen der Tabaktrocknung. Nach Landung der Alliierten 1943 bezog General *Mark Wayne Clark* hier zeitweise Quartier. Seit Jahren erlebt dieses Denkmal der Industriearchäologie 2 km nördlich des antiken Paestum seine Wiedergeburt als **NEXT,** ein lebendiger Ausstellungs- und Veranstaltungsort.
Via Cafasso 21 – Capáccio Paestum,
Tel. 08 28 81 22 45, www.nextpaestum.it, fb

Strandbar MareMirtilli – öko und schick

ama098 pa

Baden und Windsurfen

Von Salerno bis Agropoli zieht sich ein **kilometerlanger, breiter Sandstrand,** Richtung Agropoli wird die Wasserqualität zunehmend besser. Auf Strömungen achten! Zum Schutz der sensiblen Dünenlandschaft hat der Umweltschutzverband *Legambiente* das Projekt **Oasi Dunale Paestum** ins Leben gerufen.

Ein toller Badeplatz an heißen Tagen ist der **Quellteich in der Località Capo di Fiume** (von der S 18 über die SS 166 in Richtung Roccadaspide zu erreichen) zu Füßen des Monte Calpazio mit dem Santuario della Madonna del Granato. An Sommerwochenenden ist die Liegewiese ein bei Einheimischen beliebter Tummelplatz und dient Gleitschirmfliegern als Landeplatz. Hochzeitsfotografen wissen das romantische Ambiente zu schätzen, das **Restaurant 17 Le Trabe** zieht Gourmets an. In der kühlen Karstquelle sind Reste eines antiken Heiligtums zu erkennen, der Ortsname Capáccio leitet sich von *Caput acquea* („Ursprung des Wassers") ab.

■ **Beach Club 93**
Der schicke Lido des umtriebigen Hotelier-Winzers *Pagano* (siehe Exkurs „Jazz in Flaschen und andere gute Tropfen", S. 516, sowie bei Giungano) hat sich aus dem Stand zu einer angesagten Sommer-Adresse entwickelt. Das **Strandrestaurant** serviert Pizza und Sushi, frischer Fisch wird auf dem offenen Grill zubereitet. Zum Übernachten stehen drei luxuriöse Strandsuiten bereit. Mai bis Ende Sept.
Via Marittima – Paestum, Tel. 082 81 99 73 94,
www.beachclub93.com, fb

EcoVillage MareMirtilli
Der Lido der Familie *Gorga,* die in den Hügeln unterhalb von Capáccio das exklusive **B&B Il Cannito** (s.o.) betreibt, beweist besten Geschmack und Umweltbewusstsein. Obst und Gemüse kommen in der Saison aus dem eigenen Permakultur-Garten. Feine Drinks. Natur-Romantiker können in öko-schicken Spannzelten übernachten (50 € inkl. leckerem Frühstück). An der SP 278. Mai bis Sept.

Via Linora 84 – Paestum,
Mobil 33 33 65 23 24 *(Antonella)*,
33 49 53 51 58 *(Santa)*, 33 51 55 58 81 *(Nicola)*, fb

Lido Dum Dum Republic

Beliebter Hangout der alternativen Szene 4,5 km südlich der Sele-Mündung. Live-Acts mit großen Namen und DJ-Sets, coole Drinks, Sonnenschirme und Liegestühle am Strand. Das Restaurant serviert fangfrischen Fisch, Mozzarella und vegetarische Gerichte. Im Süden von Paestum führt *Biancaluna Bifulco* ihr lässiges **Strandhotel Locanda del Mare** (s.o.). Mai bis Sept.
Via Laura Mare (Via Cristoforo Colombo) – Paestum, Tel. 08 28 85 18 95, Mobil 39 11 00 39 62, www.dumdumrepublic.com, fb, [i]

Radfahren

Auf der brettebenen **Piana del Sele** lässt sich leicht in die Pedale treten, etwa bei einer Umrundung des antiken Paestum oder bei einem Ausflug zum Flussheiligtum der Hera 8 km weiter nördlich. Eine besonders reizvolle Bergstrecke führt mit einem Abstecher zum **Santuario Madonna del Granato**, nach Capáccio (tolle Aussichtsplattform!) und weiter bis Trentinara. Auf rasanten Serpentinen geht es vorbei an Giungano zurück nach Paestum.

MEIN TIPP: **20 Italy Bike Rental**

Der **Profi-Radladen Ciclidea** mit Werkstatt befindet sich in einem modernen Glasgebäude an der SS 18 (Schild „La Nuova Contadina – Mozzarella di Bufala") am Kreisverkehr nördlich von Capáccio Scalo. Hier verkaufen *Raffaele Taddeo* und *Pino Giovinal* Räder der besten italienischen Manufakturen zu erstaunlich fairen Preisen und fertigen Räder nach Maß. Ebenso professionell ist auch der Radverleih. Mountainbikes, Rennräder oder E-Bikes werden auf Wunsch im Minibus bis zur Urlaubsadresse gebracht – auch überall im Cilento. Wertvolle Routentipps gibt es gratis dazu! Italy Bike Rental arbeitet mit dem Aktiv-Reiseveranstalter **Genius Loci** (www.genius-loci.it) aus Salerno und der Non-Profit-Organisation **La Via Silente** (siehe „Reiserouten und Touren, Tour 3", S. 21) zusammen. Mo bis Sa 8.30–13 und 16–20 Uhr.
Km 90 der SS 18 – Capáccio Scalo,
Tel. 08 28 72 35 64, Mobil 34 84 03 05 75,
www.italybikerental.it, www.ciclidea.eu, fb

Wandern

Monte Capáccio Vecchio (383 m)

Der Besuch des **Santuario Madonna del Granato** lässt sich mit einer kleinen Wanderung verbinden. Bereits von der Kirche aus genießt man einen herrlichen Blick auf die Ebene des Sele und die Tempel von Paestum, dahinter öffnet sich der weit geschwungene Golf von Salerno. Folgt man der kaum befahrenen Straße im Rücken der Kirche ca. 1 km ins Landesinnere, erreicht man auf der Höhe einer Betontränke den Abzweig, von dem es in 15 Min. in den Sattel am Monte Capáccio Vecchio hochgeht. Von hier lässt sich der darüberliegende Hügel (383 m) erklimmen. Im Grün der Macchia schlummern die **Ruinen von Capáccio Vecchio.** Über den Grat lässt sich die Tour – etwas abenteuerlicher – bis zum **Monte Soprano** (1082 m) fortsetzen.

Infos & Tipps: www.cilento-aktiv.info/cilento-aktiv/wanderungen.

Drachen- und Gleitschirmfliegen

Eine der Top-Locations für Drachen- und Gleitschirmflieger liegt nur wenige Autominuten von den antiken Tempeln von Paestum entfernt. Am langen Bergrücken, der sich vom Monte Capáccio Vecchio über den Monte Soprano bis zum Monte Vesole (1210 m) zieht, entwickelt sich tagsüber ein starker Aufwind. Bereits wenige Minuten nach dem Start lassen sich Höhen von 650 bis 700 m, in Ausnahmefällen auch über 1000 m erreichen. Man kann **stundenlang in der Luft** bleiben und genießt dabei von oben den Blick auf die Tempel, über den Golf von Salerno auf die Amalfitana und Capri, und im Landesinneren scheinen die Berge des Cilento zum Greifen nah. Die Startplätze für Drachen- und Gleitschirmflieger lassen sich vom Parkplatz am Santuario Madonna del Granato zu Fuß erreichen. Auf dem Parkplatz bzw. am Landeplatz in der Nähe des **Edel-Ristorante Le Trabe** in der Località Capo di Fiume bekommt man schnell Kontakt zu anderen Drachen- und Gleitschirmfliegern.

■ **Parapendio Tandem**
Carlo Raito und sein professionelles Team bieten Tandemflüge an.
Via Madonna del Granato – Capáccio Vecchio, Mobil 33 45 35 79 31, carlo.raito@gmail.com, http://parapendiotandempaestum.com, www.facebook.com/parapendiotandem

⊻ Quellteich Capo di Fiume zu Füßen von Capáccio Vecchio

ama27 pa

Giungano und Trentinara

Wie Capáccio ist auch **Giungano (250 m, 1280 Ew.)** eine der Nachfolgesiedlungen des antiken Paestum. Von kleinen Bausünden abgesehen, präsentiert sich der **mittelalterliche Borgo** am Hangfuß des Monte Catenna recht intakt. „Visitenkarte“ des freundlichen Städtchens ist der Benediktinerkonvent aus dem 12. Jh. am Ortseingang. Vom Baronalspalast zieht sich der schmale Corso bis an das nordwestliche Ortsende mit einigen Palazzi des 17./18. Jh. und der Chiesa dell'Assunta mit hübschem Campanile. Weiter im Nordwesten öffnet sich eine imposante Talschlucht, die **Gola di Tremonti.**

Hoch über Giungano breitet sich **Trentinara (606 m, 1570 Ew.)** auf dem Hochplateau des **Monte Catenna** aus. In römischer Zeit war hier eine Garnison stationiert. Lokalhistoriker leiten den Ortsnamen von der Zahl der Soldaten bzw. der Höhe ihres Soldes ab – *trenta denari a punto.* Die strategische Lage nutzte 1943 auch die deutsche Wehrmacht und richtete hier einen Beobachtungsposten ein, der wiederum heftigen Angriffen der Alliierten ausgesetzt war. Schaden nahm das Ortsbild auch durch das Erdbeben 1980, vor allem aber wegen des unsensiblen Wiederaufbaus. Fairerweise muss man erwähnen, dass die Gastarbeiter sich ihre modernen Villen sauer verdient haben. Von der Piazzetta

⊳ Giungano – Idyll mit Esel (des Autors)

degli Eroi mit Gefallenen-Denkmal und der Chiesa dell'Annunziata geht es zu Fuß in den Borgo antico mit der Chiesa di S. Nicola aus dem 11. Jh. Von der **Terrazza sul Cilento,** einem monströs konstruierten Belvedere mit Ausflugslokal, öffnet sich der **Traumblick** in die Gola Tremonti, auf die Sele-Ebene, den Golf von Salerno, die Amalfitana und Capri. Wem das als Spektakel noch nicht genügt, saust mit beinahe 120 km/h an der **Zip-Line** über die Tremonti-Schlucht hinweg.

Praktische Tipps

Information

- **APS Trentinara**

Der Info-Kiosk öffnet im Aug. tägl. 17–20 Uhr, ansonsten in der Saison So 10–12 und 17–20 Uhr.
Via Roma (Ecke Piazzale della Pace),
Mobil 35 18 00 53 92, www.apstrentinara.org

An- und Weiterreise

- **Auto:** Südlich von Paestum zweigt die SP 137 ab und führt über Giungano bis Trentinara.

Übernachten in/bei Giungano

- **Casa Martina**②

Moderne Landvilla, ruhig und mit weiten Blicken südwestlich des Ortes. Der freundliche Betreiber *Giuseppe Coppola* ist einer der Organisatoren der Festa dell'antica Pizza Cilentana. Prima Frühstück! Anfahrt: auf der SP 137 Richtung Giungano und vor der Bar degli Amici rechts Richtung San Giuseppe abzweigen und nach wenigen 100 m links die Via Serri hochfahren. 3 Zi.
Via Serri 19, Mobil 33 82 54 15 69, fb

- **Country House Felicia**②

Ein idealer Platz für entspannte (Familien-)Ferien zu Füßen von Giungano. *Rosario Guglielmotti* und sein Bruder *Franco* haben zwei alte Landhäuser, eines davon eine ehemalige Mühle, sorgsam restaurieren lassen und darin mit allem Komfort ausge-

ama101 pa

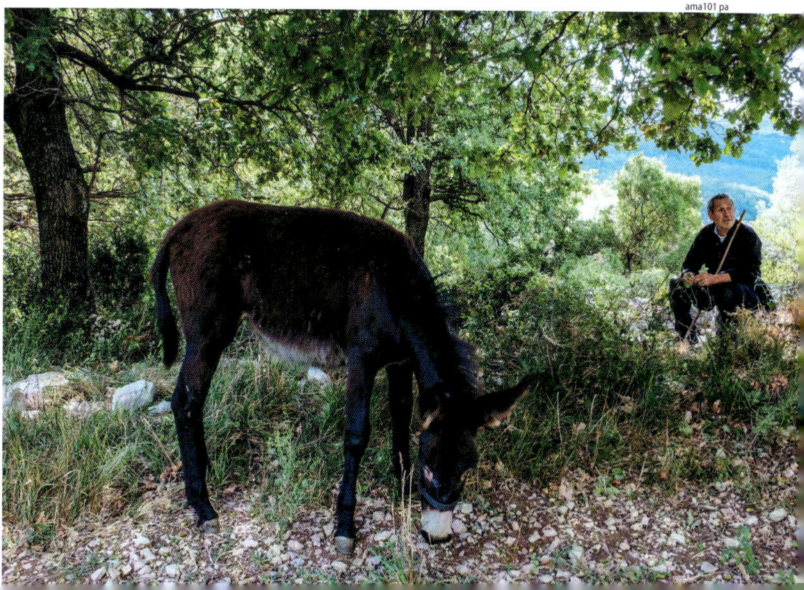

Spartakus und die soziale Frage

Als *Spartakus* im Sommer 73 v.Chr. zusammen mit etwa 70 Schicksalsgenossen der Ausbruch aus Capuas berühmtester Gladiatorenschule gelang, waren erst wenige Jahrzehnte vergangen, seit sich das **uralte italische Begräbnisritual** bewaffneter Kämpfe in ein **durchchoreographiertes Spektakel** verwandelt hatte, in ein gewaltiges Instrument politischer Propaganda. Mit dem Sponsoring blutiger Gladiatorenkämpfe suchten römische Politiker die Gunst der Wähler zu gewinnen (siehe Exkurs „Gladiatoren – Superstars der Antike", S. 168).

Der nach *Spartakus* benannte **Sklavenaufstand** hielt Rom zwei Jahre lang in Atem und fasziniert bis heute Historiker, Militärs und Filmschaffende. Bis zu seiner endgültigen Niederlage 71 v.Chr. am Silarus (Fiume Sele) gegen *Crassus* hatte das von *Spartakus* geführte Sklavenheer mehrere römische Legionen besiegt. Antike Autoren berichten, dass er die Beute seiner Feldzüge unter allen Angehörigen seines Heeres gleichmäßig verteilte. *Karl Marx* hielt ihn für den „famosesten Kerl, den die ganze Antike aufzuweisen hat". Wer hat da nicht *Kirk Douglas* vor Augen?

Dabei war *Spartakus* nicht als **Sozialrevolutionär** angetreten, zur politischen Symbolfigur machten ihn erst *Rosa Luxemburg* und *Karl Liebknecht* mit der Gründung des **Spartakusbundes** 1918. Trotzdem erklärt sich sein Erfolg nicht allein durch sein militärisches Genie und Charisma, sondern auch durch den massenhaften Zulauf verarmter Bauern, Viehtreiber und Hirten aus den Tälern und Wäldern des Apennin, kampferprobte Nachfahren jener Samniten und Lukaner, die vom römischen Feldherren *Sulla* im Bundesgenossenkrieg 91 bis 88 v.Chr. geschlagen, aber nicht vernichtet worden waren.

ama28 pa

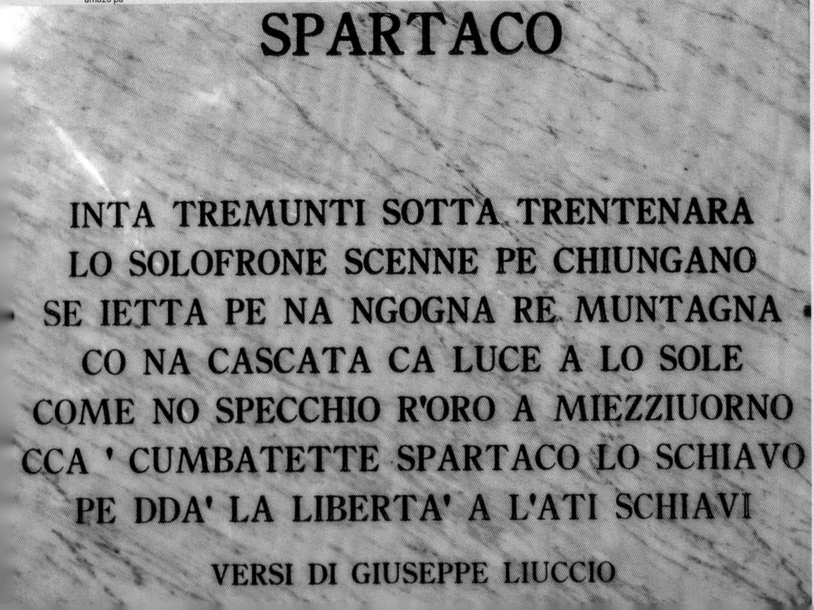

Die **soziale und wirtschaftliche Schieflage Süditaliens** sollte immer wieder Anlass zu Aufständen sein, so auch 1848 im Cilento. Bezeichnenderweise wird auf der Piazza dei Martiri e degli Eroi in Trentinara nicht nur der Märtyrer von 1848 gedacht, sondern auch *Spartakus*. Lokalhistoriker und Kommunalpolitiker glauben, **Spartakus letzte Schlacht** habe sich in der Gola di Tremonti zugetragen. Andere halten Buccino im Hinterland von Salerno für den wahren Schauplatz, einige favorisieren Senerchia in der Provinz Avellino. Im Cilento erinnern alte Flurnamen heute noch an *Spartakus*.

Der **Anschluss Süditaliens an das neue Königreich Italien im Jahr 1861** beseitigte das Nord-Süd-Gefälle nicht, im Gegenteil. (Am Rande: Der italienische Freiheitsheld *Giuseppe Garibaldi* (1807–1882) hatte das Vorwort zu einem Spartakus-Roman geschrieben, der vom zionistischen Revolutionär *Vladimir Jabotinsky* (1880–1940) ins Hebräische übersetzt wurde.) Erst mit der **Landreform 1950** des christdemokratischen Ministerpräsidenten *Alcide De Gasperi* und der Einrichtung der *Cassa per il Mezzogiorno* wurden Instrumente geschaffen, um Süditalien den Anschluss an den wirtschaftlich entwickelteren Norden zu ermöglichen. Ob mit Erfolg, ist eine andere Frage.

◁ In Trentinara bleibt Spartakus bis heute unvergessen – der Dialektdichter Giuseppe Liuccio erinnert an seinen Freiheitskampf

stattete Ferienapartments komplett mit Küche eingerichtet. Weitläufiges Gelände mit eigenem Weinberg und schönem Landschaftsblick. Pool und frei zugänglicher Grill plus Pizzabackofen. Einmal die Woche wird für alle Gäste Pizza gebacken, ein lockeres Come together. Anfahrt: auf der SP 137 Richtung Giungano und direkt nach der Brücke links abbiegen. 5 Ap. (weitere Apartments im Ort in dem von außen schönen Stadtpalazzo). März bis Dez.
Strada Provinciale 137 N° 12, Mobil 34 55 84 86 42 (*Emanuele*, auch engl.), 32 96 22 77 58 *(Rosario)*, www.countryhousefelicia.com, fb

■ **Domus Laeta**②-③
Nobel absteigen im Geiste der Grand Tour: Unterhalb der Chiesa dell'Annunziata erhebt sich der befestigte Palazzo Aulisio aus dem 17. Jh., den *Camilla Aulisio* seit 2003 behutsam restauriert und seither als Gastgeberin als B&B betreibt. Das Haus ihrer Vorfahren blieb durchgehend in Benutzung, daher haben sich auch Mobiliar und Einrichtung, darunter die Backöfen und eine Bibliothek mit 1500 Pergamentbänden, perfekt erhalten. An kühlen Abenden wird im Kamin ein Feuer entzündet. Die geräumigen Zimmer sind komfortabel, die Möbel antik, die Betten top. Im Sommer locken die Mansardenräume mit privaten Sonnenterrassen. Den herrlichen Ausblick aufs Meer genießt man auch im liebevoll gestalteten Zitrusgarten. Der Brunnen, aus dem sich früher die Bevölkerung des Ortes mit Trinkwasser versorgte, speist heute einen kleinen Pool. Tochter *Isabella* hat als Architektin der alten Ölmühle und einem Gewölbekeller unter geschickter Verwendung von Cortenstahl einen neuen Look verpasst, der Keller soll als Ristorante auch für externe Gäste öffnen. Gelegentlich kocht *Signora Camilla* für ihre Gäste und lüftet in ihrer „Cooking class" die Geheimnisse der neapolitanischen Adelsküche. Um den Empfang der Gäste kümmert sich vornehmlich *Camillas* Schwiegersohn. 10 Zi. April bis Nov.
Via Flavio Gioia 1/2, Tel. 08 28 88 01 77,
Mobil 33 98 68 79 83 *(Camilla)*,
34 72 44 08 67 *(Antonello)*,
www.domuslaeta.com, fb, [i]

ama103 pa

■ **Giardino Dionysos**②
An der Zufahrtsstraße Richtung Giungano liegt kurz vor der Brücke über die Gola di Tremonti das B&B des weltgewandten *Franco Russomando*. Neben drei gemütlichen Gästezimmern und einer kleinen Gemeinschaftsküche steht den Gästen ein Pool inmitten des weitläufigen exotischen Gartens zur Verfügung. Mit eigenem Schlüssel ist man autonom, ohne eigenes Fahrzeug isoliert. Im Sommer vermietet *Franco* eine Gartenvilla am Meer bei San Marco di Castellabate. 3 Zi.
Via Provinciale 31, Mobil 33 89 49 37 69, fb

Übernachten in Trentinara

■ **La Chiocciola**②
Sympathisches Altstadtlogis auf halber Strecke zwischen Via Roma und Chiesa di San Nicola. *Giovanni D'Angelo* verwaltet sein B&B von Mailand aus, um die Gäste kümmert sich vor Ort reizend und sehr hilfsbereit *Signora Carmela*. Drei gut ausgestattete Apartments mit Küche, im Innenhof stehen Räder und Motorräder sicher. Juni bis Sept.
Via Sansalone 16, Mobil 33 32 02 72 78 *(Giovanni)*, https://la-chiocciola.business.site, fb

■ **PietrAntica**②
Paola und ihre Tante empfangen ihre Gäste im Haus ihrer Vorfahren. Der geschmackvoll restaurierte Palazzo De Biasi liegt mit schönem Innenhof und großem, schattigem Garten wenige Schritte von der zentralen Altstadtpiazza. Die geräumigen Zimmer sind bestens ausgestattet, das Frühstück lässt kaum Wünsche offen. Anlässlich der Festa del Pane wird der alte Backofen entzündet. Parkplatz in der Nähe und mit Glück gibt es freie Stellplätze sogar direkt vor dem Haus. 4 Zi. April bis Anfang Nov.
Via Roma 8, Mobil 34 08 01 72 75, 337 43 82 55, www.pietrantica.blogspot.com, fb

Essen und Trinken in Giungano

La Panoramica①-②
Ristorante-Pizzeria im Grünen, von der großen Terrasse Blick auf den Golf. Der rührige Padrone *Pietro Manganelli* ist ein begnadeter *pizzaiolo* und Organisator der Festa dell'antica Pizza Cilentana. Seinen Gästen serviert er eine schmackhafte Jahreszeitenküche auf Basis genuiner Lokalprodukte, die Pasta ist *fatta in casa*, Fleisch kommt vom Grill. Abends Holzofenpizza – auch meterweise! Gute Weinliste

und solider *vino della casa*. Anfahrt: von der Brücke nördlich des Ortes 1,3 km nach links bergauf. I.d.R. nur abends, So auch mittags. Di Ruhetag.
Via Difesa Gaudo 14, Tel. 08 28 88 04 95,
Mobil 33 42 07 94 61, 33 95 38 69 98, fb

MEIN TIPP: **La Torretta**①-②
Trattoria-Bar-Tabacchi im Palazzo Baronale. Unterstützt von ihren Kindern kocht die sympathische *Signora Anna* in ihrer winzigen *cucina* traditionelle Gerichte und kulinarische Eigenkreationen, z.B. *carciofi all'aqua pazza,* gut gewürztes Artischockengemüse aus der Pfanne. Feine Gemüseantipasti und die leckersten *bruschette* überhaupt! Zum Lokal steigt man in das Gewölbe hinab, bei gutem Wetter stehen Tische im Freien im Schatten eines Granatapfelbaums. Übernachtungsgästen stehen zwei geräumige Apartments im Palazzo zur Verfügung. Die **Dimora del Duca**②-③ (www.ladimoradelduca.it) ist auf den einschlägigen Buchungsportalen gelistet. Im Winter Mo Ruhetag.
Piazza Vittorio Veneto 5,
Tel. 08 28 88 03 76, Mobil 33 41 40 03 87, fb

Essen und Trinken in Trentinara

■ **Antiche Mura**②
Giuseppe Marino ist dem Trend gefolgt, hat im Borgo eine nette Trattoria eröffnet und sich damit einen Jugendtraum erfüllt. Schmackhafte *cucina di terra e di mare* (der Fisch ist wirklich gut!), eigenes Olivenöl, solide Weinauswahl. Mo Ruhetag.
Via Forno Antico 8,
Tel. 082 81 81 80 26, Mobil 33 92 65 26 83, fb, [i]

MEIN TIPP: **La Tana del Monaco**
Sympathischer Pub des Volksmusikers und Straßenkünstlers *Domenico Monaco* „Il contastorie di Trentinara". Craft-Biere, leckere Kleinigkeiten zum Naschen, Tomaten aus dem eigenen Garten. Einmal die Woche Live-Konzerte. Und sollte *Domenico* auf Tournee sein, verwandelt sich sein Pub zurück in eine schlichte Dorfbar unter Ägide seiner Eltern.
Via Roma 28, Mobil 34 93 17 42 55, fb

Paolino 848
Donato D'Angelo kommt als Spirituosenvertreter viel rum in Süditalien. Mit Sohn *Mauro* betreibt er im Gassengewirr des Centro storico diese lässige Winebar. Jutesäcke auf den Treppenstufen dienen als Sitze, ausrangierte Weinfässer als Stehtische. Im Ausschank vorzügliche süditalienische Weine und Drinks, dazu gibt es kampanischen Käse und Würste. Das Haus, in dem *Donato* seine Gäste willkommen heißt, hält die Erinnerung an die Aufständischen des Jahres 1848 wach. Charmant sind auch die **Gästezimmer,** die als #paolinoshome firmieren – vom Balkon genießt man Blicke über die Ziegeldächer aufs Meer und Capri. Juni bis Sept. tägl. ab 18 Uhr, ansonsten nur am Wochenende.
Via Fratelli Paolino 1, Mobil 33 89 84 90 93 *(Mauro),* 33 34 72 09 94 *(Donato),* www.paolino848.it, [i]

■ **Porta Soprana – Food & Drink**②
Die Suche lohnt sich! Etwas versteckt im Gassengewirr des Centro storico liegt diese entzückende Freiluftbar, in der auch frisch zubereitete Köstlichkeiten gegen den kleinen Hunger kredenzt werden. Ebenso einladend ist das angeschlossene B&B mit drei Zimmern. *Luana* und ihre Mutter *Katja* kümmern sich reizend um ihre Gäste. Mitte Juli bis Ende Aug. tägl. ab 18 Uhr, sonst von Fr bis So abends.
Via M. Di Canto 3,
Mobil 38 95 84 89 96 *(Luana),* fb, [i]

■ **Sentieri del Gusto**①-②
Pietro d'Alessio ist Garant einer grundehrlichen Bauernküche, die Pasta ist hausgemacht, abends auch leckere Holzofenpizza. Am nordöstlichen Ortsrand, nahe der Provinzstraße. I.d.R. nur abends, am Wochenende auch mittags. Mo Ruhetag.
Via Roma 197 (SP 13/b), Tel. 08 28 83 13 37,
Mobil 38 02 82 47 84, fb

[<] Gute Stimmung
auf der Festa del Pane in Trentinara

Einkaufen

Azienda Agricola San Salvatore 1988
Vorzeigekellerei (siehe Exkurs „Jazz in Flaschen und andere gute Tropfen“, S. 516) im Gewerbegebiet von Giungano mit Direktverkauf und der Möglichkeit zur Degustation. Mo bis Sa 8–19 Uhr.
Via Dionisio – Giungano, Tel. 082 81 99 09 00, www.sansalvatore1988.it, fb, [i]

Cantina Tredaniele
Die akkurat gepflegten Weinberge der Brüder *Pietro, Gianni* und *Francesco Daniele* liegen zwischen Giungano und Trentinara bzw. an der aussichtsreichen Südwestflanke des Monte Vesole. Neben französischen Rebsorten werden in erster Linie die lokalen Gewächse Fiano und Aglianico angebaut und die handverlesenen Trauben zu eleganten Weinen und Sekt veredelt, die auch direkt im Weinberg am Fuße des Vesole (GPS: N 40.4073452, E 15.1394616) verkostet werden können – am besten im Rahmen eines Jazz-Konzertes bzw. im Centro storico in der **Villa Tredaniele.**
Piazza dei Martiri e degli Eroi 2 – Trentinara, Tel. 082 81 99 50 03, Mobil 34 04 74 31 76, www.tredaniele.it, fb

cA' – Casa Artigiani
Roberto Paolantonio, der mit seinen Brüdern die **Bäckerei La Tradizione** (s.u.) betreibt, und *Stefano Marino,* Besitzer der **Wurst-Manufaktur La Cilentana,** haben sich zusammengetan, um am Corso ausgewählte kulinarische Produkte des Cilento zu verkaufen und zur direkten Verkostung anzubieten. Tägl. 11–23 Uhr.
Via Roma 22/A – Trentinara, Tel. 082 81 99 58 25, [i]

Cilento & Tradizione
Trentinara ist Hüterin alter Traditionen, zu denen der Getreideanbau und die Backkunst zählen. Dieses Erbe halten *Giovanni Paolantonio* und seine Brüder *Roberto* und *Alessandro* lebendig. Die drei sind ein gutes Beispiel dafür, dass der junge Cilento seine Zukunft erneut in der Landwirtschaft sieht. Zum Verkauf stehen traditionell cilentanische Kekse, getrocknete Feigen mit oder ohne Schokolade. Mehrmals die Woche wird der Holzofen für Brot eingeschürt. Den Hartweizen bauen Freunde auf den Feldern von Trentinara an. Für kleine Gruppen werden Workshops organisiert. Am östlichen Ortsrand. Mo bis Sa 8.30–12.30 und 16–20 Uhr.
Via Europa 100 – Trentinara, Mobil & WhatsApp 32 03 83 11 35, 32 94 14 30 50 *(Roberto),* www.saporidelcilento.com, fb

La Bottega del Formaggio
Die Ziegen und Schafe von *Vincenzo Passaro* weiden in den Hügeln von Giungano. Die frische Milch wird zu traditionellem Caccioricotta-Käse und Pecorino verarbeitet, Slow Food zollt Respekt. An der Zufahrtsstraße zum Ort.
Via A. Renna 22 – Giungano, Mobil 33 91 12 52 86, fb

Luigi Maffini
Vor Jahren bereits haben *Luigi* und *Raffaela Maffini* zusätzlich zu ihren Lagen bei Castellabate neue Rebhänge auf dem Gemeindegebiet von Giungano angelegt. Auf 15 ha gedeihen in bester Lage die Cilento-Klassiker Aglianico und Fiano. Der weiße, vier Monate auf Barrique gereifte *Pietraincatenata* ist eine Wucht. Der 2020 erstmals abgefüllte rote *Siopè* ist bereits eine Legende. Besuche und Verkostungen in der Kellerei – ein ebenso mutiges wie funktionales Stück Architektur an der Landstraße Richtung Cicerale – sind Mo bis Sa auf Anfrage möglich.
Via Serri 34 D – Giungano, Tel. 082 81 99 75 68, www.luigimaffini.it, fb, [i]

Feiern

Festa dell'antica Pizza Cilentana, *Pietro Manganelli,* Padrone der Trattoria-Pizzeria *La Panoramica,* hat in Giungano ein Pizzafest etabliert, das im August die Bevölkerung mit einbezieht. Alle Holzbacköfen des Ortes werden eingeheizt, und keiner, ob Einheimischer oder Gast, bleibt in diesen Tagen hungrig. Anders als die weltberühmte *Pizza napoletana* wird ihre bislang wenig bekannte cilentanische Schwester aus einem Sauerteig aus Hartweizenmehl gebacken und mit Tomaten und *caccio ricotta* (frischer Ziegenkäse) belegt. Auch in der Form unterscheiden sich die beiden Teigfladen, die *Pizza cilentana* ist länglich. www.cilentumpizza.it

Festa del Pane e della civiltà contadina, Mitte August verwandelt sich der mittelalterliche Borgo von Trentinara in eine orgiastische Fressmeile, Backstuben und versteckte Hinterhöfe sind zu entdecken. Volksmusik in den Gassen, tolle Konzerte auf der Bühne. www.festadelpane.eu

Wandern

Gola di Tremonti

Alte, teils verfallene Wirtschaftswege verbinden Giungano mit dem 350 m höher gelegenen Trentinara. Der schönste führt an den Wasserfällen in der Tremonti-Schlucht nach oben (siehe **Wanderung 6** im Kapitel „15 Wanderungen").

Monte Vesole (1210 m)

Auf den **Hausberg von Trentinara** führt ein schöner Wanderweg. Früher wurde in den *nevere* (Schneegruben) über den Winter der Schnee gesammelt und zu Eis gepresst, um anschließend auf Maultieren ins Tal gebracht zu werden. Von der Passhöhe führt eine breite Forststraße fast bis auf den Gipfel. Im letzten Abschnitt folgt man einfach dem Grat. An klaren Tagen ist das Panorama schwer zu toppen! Anfahrt: Nordöstlich von Trentinara zweigt von der SP 13a eine Straße Richtung Roccadaspide ab; nach 5 km und etlichen Kurven sind die Passhöhe und der Ausgangspunkt der Wanderung erreicht – einfach der breiten Forststraße nach rechts bergauf folgen.

■ **Infos & Tipps:** www.cilento-aktiv.info/cilento-aktiv/wanderungen.

☒ Adrenalinkick gefällig?

Radfahren

An Trentinara führt die **Via Silente** (siehe „Reiserouten und Touren, Tour 3", S. 21) vorbei, ein 600 km langer Radparcours durch das Gebiet des Cilento-Nationalparks. Einer der landschaftlichen Leckerbissen ist die aussichtsreiche SP 13b zwischen Trentinara und Magliano.

Zip-Line

Seit Sommer 2017 lässt sich der grandiose Landschaftsblick, den Trentinara bietet, im Flug erleben. Eine mehr als 1,5 km lange Zip-Line spannt sich **über die Gola di Tremonti.** Gestartet wird auf 580 m Höhe im Ort, der Landeplatz liegt in 440 m Höhe auf dem Monte Sottano gegenüber. Für Kinder ab 5 Jahren ist der Flug in Begleitung eines Erwachsenen möglich. Man kann den Seilflug auch mit einer Rundwanderung (s.o.) kombinieren. *Giancarlo Fraiase* hat seine Zip-Line privat finanziert, in Süditalien keine Selbstverständlichkeit. April bis Anfang Nov. jedes Wochenende, im Juli und Aug. tägl. Ab 35 €, Tandemflug ab 60 €.
Via Panoramica – Trentinara, Tel. 082 81 89 77 69, Mobil 32 76 68 59 96 *(Massimo)*, www.cilentoinvolo.it, fb

ama105 pa

ama108 pa

3

Eboli und Monti Picentini

» Vielen Reisenden noch unbekannt, erheben sich im Hinterland von Salerno die wald- und wasserreichen Monti Picentini. Ihre zahlreichen Quellen stillen den Durst der Regionen Kampanien und Apulien. Im Sommer Zufluchtsstätte hitzegeplagter Städter, sind die Picentini im goldenen Herbst ein Wander-Eldorado.

‹ Das Castrum Olibani von Olevano sul Tusciano

AUF ENTDECKUNGSTOUR IM KAMPANISCHEN APENNIN

Die Monti Picentini sind der wildeste und ursprünglichste Teil des kampanischen Apennin. Über 60.000 ha stehen im Parco Regionale dei Monti Picentini unter Naturschutz, ein Drittel der Fläche des südlich angrenzenden Parco Nazionale del Cilento, der mit über 180.000 ha der zweitgrößte Nationalpark Italiens ist. Die Picentini sind ein Reiseziel für Entdecker, die sich von der noch schwachen touristischen Infrastruktur nicht abschrecken lassen.

Die **Kontraste** könnten kaum größer sein: Zur einen Seite erstreckt sich die landwirtschaftlich intensiv genutzte **Piana del Sele** mit Foliengewächshäusern, Maisäckern, Wasserbüffelfarmen und einem kilometerlangen Küstenstreifen, zur anderen Seite erheben sich bis in über 1800 m Höhe waldbedeckt die dünn besiedelten **Monti Picentini.** Zwischen diesen so gegensätzlichen Landschaftsräumen verläuft das Asphaltband der **A 2 („Autostrada del Mediterraneo“)**, die der Route der antik-römi-

ama233 pa

schen Via Annia-Popilia folgt. Eine wichtige Etappenstation war das antike Eburum. Heute präsentiert sich **Eboli** als Tor zu den Picentini.

In den Nachkriegsjahren erlebten die Picentini einen ersten touristischen Frühling. Mit einem Eisenbahnererholungsheim und kirchlichen Begegnungsstätten entwickelte sich **Acerno** zur beliebten Sommerfrische. Das **Irpinia-Beben** vom 23. November **1980** bereitete dem ein vorläufiges Ende. Die Folgen des verheerenden Erdbebens, vor allem aber der oft von Korruption und Bauspekulation begleitete Wiederaufbau, prägen bis heute viele Ortsbilder. Trotz-

⌃ Wild und ursprünglich – die grandiose Naturlandschaft der Monte Picentini

NICHT VERPASSEN!

- **Kulinarische Exkursionen:** Alberto Ritrovo in Eboli | 207
- **Beherrschende Aussicht:** Castrum Olibani in Olevano sul Tusciano | 209
- **Mystische Grotte:** Grotta di S. Michele bei Olevano sul Tusciano | 209
- **Erdbeermund:** Fragolata in Acerno | 215
- **„Guter Tod“:** Compagnia della buona morte in Campagna | 217

Diese Tipps erkennt man an der gelben Markierung.

dem haben **großartige historische Zeugnisse** überdauert, nur muss man manchmal genauer hinschauen. Als unzerstörbar erwiesen sich die **grandiose Naturlandschaft** und die Gastfreundschaft der Menschen. Auch kulinarisch bieten die Picentini das eine oder andere Gipfelerlebnis, Weinkennern muss man den Montevetrano von *Silvia Imparato* nicht erst vorstellen. Der **Parco Regionale dei Monti Picentini** setzt auf eine Wiederbelebung des Tourismus im Zeichen von Nachhaltigkeit.

Eboli

Reisende auf dem Weg in den italienischen Süden lassen **Eboli (145 m, 37.200 Ew.)** bislang links liegen. Den alten roten Baedekern war die Erbin des antiken lukanischen Eburum noch den Eintrag weniger Zeilen wert. Dank des Autors *Carlo Levi* (siehe Exkurs „Christus kam nur bis Eboli, oder die Geburt eines Klischees", S. 206) ist zumindest der Ortsname heute weltbekannt. Die Altstadt nimmt eine aussichtsreiche **Hügelkuppe** ein, während das Gemeindegebiet bis weit in die Küstenebene reicht. Agroindustrie bestimmt das Wirtschaftsleben.

Die Altstadt von Eboli konnte sich zum Teil ihren Charme bewahren

ama109 pa

Den Centro storico überragt das stolze **Kastell,** im Kern ein Bau aus langobardisch-normannischer Zeit. Heute beherbergt es eine Strafanstalt, die in Kampanien Modellcharakter besitzt. Nach **zwei Katastrophen** im 20. Jh. – der Bombardierung durch die Alliierten im Jahr 1943 und dem Irpinia-Beben von 1980 – mussten weite Teile der Altstadt wieder aufgebaut werden. Das ist in Eboli besser als andernorts gelungen. An die einschneidenden Ereignisse des 2. Weltkrieges erinnert ein **Museum im Ex-Konvent der Minderbrüder** am westlichen Ufer des Torente Tufara, der unter *Napoleon* als Kaserne und später als Landwirtschaftsschule diente. Einige der ausgestellten SW-Fotos stammen wohl von *Robert Capa,* der als Kriegsfotograf des Life-Magazins an der damals größten militärisch-amphibischen Landung teilgenommen hatte. Während die Fotos freundliche Gesichter der alliierten Soldaten und fast menschenleere Trümmerlandschaften zeigen, zeichnen Tagebucheinträge von Zeitzeugen ein realeres Bild des Schreckens. Die multimediale „sala emozionale" soll diese Kriegstage erlebbar machen, in besserer Ton- und Bildqualität sind die Filme auf YouTube zu sehen.

■ **MOA – Museum of Operation Avalanche,** Piazza Sant'Antonio 5, Tel. 08 28 33 27 94, www.moamuseum.it, fb, Mi bis So 10–13 Uhr, Mi und Fr auch 15.30–18.30 Uhr, Eintritt 5 €.

ama110 pa

Der aus dem 13. Jh. stammende, später barock umgestaltete **Franziskanerkonvent** im Herzen des Centro storico präsentiert Ausgrabungsfunde aus Eboli, Battipaglia, Campagna und Oliveto Citra, die einen zeitlichen Bogen von der Jungsteinzeit bis in 4. Jh. v.Chr. spannen. Zu den sehenswerteren Exponaten zählen Bronzerüstungen lukanischer Krieger. Eine detaillierte Erforschung des lukanischen Eburum steht noch aus.

■ **Museo Nazionale di Eboli e della Media Valle del Sele,** Piazza San Francesco, Tel. 08 28 33 26 84, fb, Di bis Fr 9–19 Uhr, Sa und So 9–15.30 Uhr, Eintritt frei.

Ein Blick en passant auf das gotische Portal der **Franziskanerkirche** lässt Ritzzeichnungen erkennen. Es handelt sich um Graffiti, hinterlassen von Pilgern des Mittelalters.

Seit einigen Jahren herrscht wieder Leben auf der **Piazza Porta Dogana** in der oberen Altstadt. Wo früher Waren umgeschlagen und Steuern erhoben wurden, trifft sich heute die Kulturszene. Die römischen Keramikbrennöfen auf Höhe des Santuario dei Santi Cosma e Damiano stammen aus dem 4. bis 2. Jh. v.Chr. Das Handwerkerviertel lag zu Füßen des antiken Eburum, das sich weiter oben am Hang des Montedoro erstreckte. Hier verlief die **Via Popilia,** die einst die Großstadt Capua mit Rhegium (Reggio di Calabria) an der Stiefelspitze verband. Ein kurzer gepflasterter Straßenabschnitt ist freigelegt. Mitglieder eines engagierten Kulturvereins begleiten auf Anfrage durch Ausgrabung und Ort.

⌃ 1943 landeten die Alliierten in der Ebene des Sele

› San Pietro alli Marmi

■ **Parco Antiche Fornaci,** Via Santa Sofia 1, Tel. 08 28 35 03 87, Mobil 33 95 0999 83, www.parcoantichefornaci.it, fb, [i].

Weiter oberhalb erhebt sich die romanische **Abtei San Pietro Apostolo,** zur Regierungszeit des Normannenkönigs *Wilhelm II.* errichtet, 1156 vollendet und 1930 zum Nationalmonument erklärt. Die Verwendung zahlreicher antiker Marmorspolien hat der Kirche den Beinamen **„San Pietro alli Marmi"** eingetragen. In der Krypta werden die Reliquien des *hl. Berniero* verehrt, dessen Fest auf den 20. November fällt. Ein Marmorrelief zeigt den spanischen Pilger, wie er einen Dämon aus dem Leib einer Besessenen vertreibt. Es gibt keine festen Öffnungszeiten und noch leben einige Mönche im Konvent. Am vielversprechendsten ist es, auf den Klingelknopf mit der Aufschrift „Cucina" („Küche") zu drücken. Mit Glück darf man sogar einen Blick in die reich bestückte Bibliothek werfen, über die der Archivar *Franco Manzione* wacht.

Auf Höhe der Chiesa San Pietro alli Marmi nehmen **zwei kurze Wanderwege** ihren Ausgang. Der eine führt ins Tal des Torrente Tufara hinab, der andere auf den Montedoro-Hügel; hier schlummern die Reste des antiken Eburum im Boden.

Praktische Tipps

Information

■ **Ufficio Turismo e Cultura**
Sporadisch geöffnet, ein Info-Pavillon steht auch auf der Piazza della Repubblica.
Piazza di Porta Dogana, Mobil 38 88 25 10 51, www.comune.eboli.sa.it, www.weboli.it

ama111 pa

ama234 pa

Christus kam nur bis Eboli,

oder die Geburt eines Klischees

Eines der einflussreichsten Bücher zu Süditalien schrieb **Carlo Levi** (1902–1975). Um jedoch gleich zu Anfang etwas festzuhalten: Eboli taucht zwar im Titel auf, ist jedoch nicht Thema des Buches. In Turin geboren, widmete *Levi* sich nach Abschluss des Medizinstudiums, ohne den Arztberuf praktiziert zu haben, mit Erfolg der Malerei und stellte 1925 zum ersten Mal auf der Biennale von Venedig aus. 1935 wurde er **unter Mussolini** wegen antifaschistischer Aktivitäten in eine der gottverlassensten Gegenden von Süditalien **verbannt.** 1935/36 lebte *Levi* in Grassano und Aliano im politischen Exil, flüchtete 1939 nach Frankreich, kehrte 1941 nach Italien zurück und kämpfte im Widerstand. 1943 schrieb er sich im Untergrund die **Erinnerungen** an seinen erzwungenen Aufenthalt in Lukanien (von 1932 bis 1947 hieß die Region Basilikata offiziell Lucania) von der Seele, in einer Sprache so karg wie die Landschaft und ihre Menschen, zu denen er eine tiefe Sympathie entwickelt hatte. **„Christo si è fermato a Eboli"** wurde 1945 publiziert und seither in mehr als 40 Sprachen übersetzt. Den Titel des Buches erklärt *Levi* im Vorwort. „Christ bedeutet in ihrer Ausdrucksweise Mensch; und der sprichwörtliche Satz, den ich hundertmal habe wiederholen hören, ist in ihrem Mund wohl nichts anderes als der Ausdruck eines trostlosen Minderwertigkeitskomplexes. (…) Wir sind keine Christen, keine Menschen, wir gelten nicht als Menschen, sondern als Tiere, als Lasttiere und noch geringer als Tiere. (…) Aber der Satz hat noch einen viel tieferen Sinn: Wie jede symbolische Ausdrucksweise gilt er auch buchstäblich. Christus ist wirklich nur bis Eboli gekommen, wo Straße und Eisenbahn die Salernitaner Küste und das Meer verlassen und in das öde lukanische Land eindringen."

Viele Norditaliener wurden durch *Levis* Schilderungen erstmalig mit einem von erschreckender **Armut** geprägten Süditalien konfrontiert. Die **Bauern von Aliano** – *Levi* nannte den Ort in seinem Buch Gagliano – wurden zum **Sinnbild des geknechteten Südens.** „Die Jahreszeiten gleiten über die Mühsal der Bauern dahin, heute wie dreitausend Jahre vor Christi Geburt; keine menschliche oder göttliche Botschaft wurde an diese halsstarrige Armut gerichtet." Die Menschen litten unter Malaria, es fehlte an medizinischer Versorgung. Die kargen Felder lagen Stunden außerhalb der Orte. Viele träumten von Amerika, doch unter *Mussolini* war die Auswanderung nur in die afrikanischen Kolonien erlaubt.

Nach Erscheinen seines Buches setzte sich *Levi* für eine **Verbesserung der Lebensbedingungen** in Süditalien ein; von 1963 bis zu seinem Tod 1975 gehörte er dem italienischen Senat an. Wunschgemäß wurde er auf dem ärmlichen Dorffriedhof von Aliano beigesetzt.

1978 entstand unter der Regie des neapolitanisches Regisseurs *Francesco Rosi* mit *Gian Maria Volonté* in der Hauptrolle die **kongeniale Verfilmung** von „Christus kam nur bis Eboli". Der große Erfolg von Buch und Film hatte eine paradoxe Folge. Das Bild von einem völlig zurückgebliebenen Lukanien, das sich festsetzte, versperrt häufig den Blick auf eine neue Realität. Davon kann man sich ein eigenes Bild machen, wenn man in die Nachbarregion Basilikata reist.

■ *Peter Amann:* **Basilikata – mit Matera,** Reise Know-How Verlag P. Rump, Bielefeld.

An- und Weiterreise

■ **Auto:** A 2 Ausfahrt „Eboli" (ideal auch, um Paestum und den nördlichen Cilento anzusteuern). Vom nordwestlichen Altstadtrand setzt sich die landschaftlich reizvolle SP 350 Richtung Olevano sul Tusciano bzw. Monticelli fort, die SS 91 führt Richtung Campagna. Wer nicht übernachtet, sollte an der Piazza della Repubblica parken.

■ **Bus:** SITA von/nach Salerno.
www.sitasudtrasporti.it.

■ **Bahn:** Eboli ist eine wichtige Station der Linie Neapel – Salerno – Tarent.

Übernachten/Essen und Trinken

■ **Alberto Ritrovo**②
Giovanni Sparanos Enothek ist ein Treff kulturaffiner Feinschmecker. Von kulinarischen Streifzügen durch den wilden Süden Italiens (nachzulesen im Blog) kehren *Giovanni* und seine Lebensgefährtin *Laura* mit immer neuen Anregungen zurück. Ihre epikuräischen Exkursionen spiegeln sich im wechselnden Menü wieder, die Dolci liefert der Lokalmatador *Angelo Grippa* (s.u.). Im Ausschank Naturweine, gute Tropfen der örtlichen Landwirtschaftsschule und kampanisches Craft-Bier. Im selben Haus befindet sich die freundliche **Pensione Clelia**②, ein Apartment mit Küche für bis zu 5 Personen. Im November schließt das Ritrovo, dann zieht es die beiden zurück nach Parma, wo *Giovanni* seit 2007 das Barezzi Festival organisiert. Auch in Kampanien hat er mehrere Festivals aus der Taufe gehoben. Nur abends, Mo Ruhetag, im Winter auch Di geschl.
Piazza di Porta Dogana, Mobil 33 92 04 93 13,
www.albertoritrovo.com, fb, [i]

■ **Angelo Grippa**
Prämierte Pasticceria, zu den Klassikern zählen Panettoni. Di Ruhetag.
Via San Berardino 21, Tel. 08 28 36 70 33,
www.angelogrippa.it, fb, [i]

MEIN TIPP: **La Cuccia del Gatto**②
Francesca Spera ist Architektin und hat bei der Verwandlung ihres Altstadthauses in ein Feriendomizil eine glückliche Hand bewiesen. Die urgemütliche *casa torre* zu Füßen des Kastells zieht sich über drei Geschosse und ist mit Kochecke, Mini-Waschmaschine, einem großen Badebecken und weiterem Badezimmer sowie zwei kleinen Terrassen bestens ausgestattet. Hier bleibt man gerne länger! An Ausflugstipps mangelt es nicht, *Francescas* Schwester *Marzia* organisiert als Geologin Exkursionen zu den Mofetten von Oliveto Citra oder den Ölschiefer-Minen von Giffoni Valle Piana (Mobil 33 88 54 36 80, www.mefitis.it, www.facebook.com/mefitiscooperativa). Neben ihrer Ferienwohnung betreibt *Francesca* ihre ebenso sympathische **Osteria Gattapo-**

ama112.pa

☒ Giovanni Sparano reist dem guten Geschmack hinterher

ne②, die nur auf Anfrage öffnet – selbstverständlich auch für die Gäste des Hauses. Kleine Haustiere erlaubt. Parkmöglichkeiten zu Füßen des Kastells. 1 Ap. für 2 Pers. bzw. eine Familie.
Via Sant'Angelo 6, Mobil 38 83 08 33 07, lacucciadelgatto@gmail.com

■ **Masseria del Cuccaro**②
Die Masseria der Familie *Petrone* liegt von Rebflächen, Oliven und Mandeln umgeben auf einem aussichtsreichen Plateau einige Kilometer nordwestlich von Eboli. Zu Fuß oder mit dem Mountainbike lassen sich die umliegenden Täler und Berge erkunden; bei rechtzeitiger Anfrage werden professionelle Bikes zur Verfügung gestellt. Das **Ristorante** bedient sich frischer Hofprodukte, im Ausschank eigene Weine und andere gute Tropfen. Drei ordentliche **Gästezimmer** stehen in umgebauten Stallungen bereit. Abzweig von der SP 350 (Via Olevano) auf halber Strecke zwischen Eboli und Olevano sul Tusciano. Im Sommer Mi Ruhetag, im Winter Mo bis Fr geschl.
Via Melito – Monti di Eboli,
Mobil 33 42 29 42 75 *(Luca Petrone)*,
www.facebook.com/cucco79

Wandern

Torrente Tuffara – Valle del Fiume Ermice

Auf Höhe der Chiesa San Pietro alli Marmi führt ein **Kiesweg** vorbei an der Ruine einer Wassermühle ins Tal des Torrente Tuffara. Es geht über eine Brücke, und auf deutlich **ausgetretenem Pfad** kann man dem Bachlauf ein Stück weit bergauf folgen – Gumpen laden zum Bad. Auf dem anfänglich weniger deutlichen Pfad, dafür mit berückendem Ausblick, lässt sich am westlichen Tuffara-Ufer das MOA ansteuern. Von hier geht es zurück in die Altstadt.

⊡ Wald- und Wasserreichtum prägen die Monti Picentini

Olevano sul Tusciano

Auf Höhe von Battipaglia zieht ein **auffällig geformter Bergspitz** im Landesinneren die Augen auf sich. Es ist der Burgberg von **Olevano sul Tusciano (220 m, 6560 Ew.)**, einem Ort, den es genau genommen **gar nicht mehr gibt.** Der befestigte Borgo auf dem Monte Castello wurde bereits um die Mitte des 13. Jh. aufgegeben. Die Menschen siedelten sich in umliegenden Weilern an. Bis heute existieren die **Ortsteile Monticelli, Ariano und Salitto.** Der Küstenebene und Provinzhauptstadt Salerno am nächsten gelegen, präsentiert sich **Monticelli** als beinah städtische Agglomeration. **Ariano** ist Sitz der Kommune und gebietet über weite Blicke in das Tusciano-Tal, während **Salitto** zu Füßen des Burgberges noch am ehesten die Struktur eines alten Borgo aufweist. Viele Häuser wurden seit dem Erdbeben 1980 aufgegeben.

Olivenhaine prägen seit alters her das Landschaftsbild. Ihnen verdankt der Ort seinen ursprünglichen Namen, etruskischen Siedlern den Beinamen Tusciano. An die Bedeutung Olevanos in römischer Zeit erinnern Reste einer **villa rustica** westlich des *cimitero.* In den Wirren der Völkerwanderung zerstört, erwarb Prinz *Siconulf von Salerno* Mitte des 9. Jh. den Baukomplex aus dem Besitz des damals einflussreichen Klosters San Vincenzo al Volturno. Somit geriet Olevano in den wirtschaftlich-militärischen Fokus der Langobarden. Von der **Kirche Santa Maria a Corte** und der Anlage, die zeitweise dem Erzbischof von Salerno als Sommerpalast diente, stehen nur noch Reste.

Großes Landschaftskino bietet der **Monte Castello** mit den Ruinen des **Castrum Olibani,** von Salitto aus einfach mit dem Auto zu erreichen. Langobarden bezogen die knapp 700 m hohe Anhöhe in das dichte Netzwerk von Burgen ein, das ihre Hauptstadt Salerno nach Süden hin absicherte und die Kontrolle wichtiger Handelsstraßen erlaubte. Kaiser *Friedrich II.* verleibte das Kastell 1230 seinem Kronbesitz ein und bestimmte seinen Vertrauten *Hermann von Salza* (1162–1239), 4. Hochmeister des Deutschen Ordens, als Kastellan. Die palastartige Anlage zwischen den beiden befestigten Anhöhen stammt aus dieser Zeit. Noch über *Friedrichs* Tod hinaus blieb das Kastell unter Kontrolle der Ordensritter, spielte im Vesperkrieg eine Rolle, wurde aber noch im Lauf des 13. Jh. aufgegeben.

Die **Grotta di San Michele** ist eine der großen Überraschungen Kampaniens! Heute im stillen Abseits gelegen, war sie ein bedeutendes mittelalterliches Pilgerziel im Süden Italiens. An der westlichen Flanke des **Monte Raione** öffnet sich die gewaltige Grotte mit Blick über das Tusciano-Tal auf den Burgberg von Olevano. Archäologische Funde belegen eine Nutzung seit Urzeiten. Im 5. Jh. etablierten orthodoxe Basilianermönche den christlichen Kult (des *hl. Vitus?*) und errichteten in der Grotte Märtyrerkapellen. Mit Ankunft der Langobarden setzte, wie am apulischen Monte Gargano, die Verehrung des Erzengels *Michael* ein. Mit Schenkungen und Privilegien reich ausgestattet, entwickelte sich die Grotte ab dem 8. Jh. zu einer Art Staatsheiligtum. Das Gebäude am Grotteneingang diente als Pilgerhospiz. In der Grotte selbst wurden ein Taufbecken, Begräbnisstätten und insgesamt sieben Kapellen errichtet. Prachtvolle Fresken des

ama113 pa

ama115 pa

10./11. Jh. schmücken die **Cappella dell' Angelo** zu Beginn eines 900 m langen Parcours, der am dunklen Grund der Grotte an einem Wasserbecken endet – für die Pilger ein metaphorischer Gang vom Leben in den Tod und wieder retour und auch für heutige Besucher ein berührendes Erlebnis. Mit der normannischen Eroberung verlor das Michaelsheiligtum seine Sonderstellung, der langsame Niedergang setzte ein. Der archäologische Fund z.T. noch spielbarer Knochenflöten aus dem 10. Jh. gibt Anlass zur Vermutung, dass in der Grotte auch musiktherapeutische Rituale abgehalten wurden. Sowohl der *hl. Vitus* als auch der Erzengel *Michael* galten als Bekämpfer des Dämons und wurden im Fall von epileptischen Erkrankungen angerufen. Die Bedeutungsvielfalt dieses Heiligtums erschließt sich einem erst bei einer guten Führung.

■ **Grotta di San Michele,** ein Besuch der Grotte ist nur nach vorheriger Anmeldung und in Begleitung möglich (s.u. Pro Loco bzw. Prof. *Alessandro Di Muro* c/o BeB Il Trappeto). Bis auf Weiteres bleiben der Wanderweg zur Grotte und der Zugang zur Grotte selbst wegen Steinschlaggefahr gesperrt.

Praktische Tipps

Information

■ **Pro Loco Olevano sul Tusciano**
Der engagierte Präsident *Pietro Daniello* organisiert den Besuch der Grotta di San Michele und vermittelt Unterkünfte. Mo bis Fr 9–13 und 16–19 Uhr, Sa 9–13 und 15–19 Uhr, So 9–13 Uhr.
Piazza Umberto I. bzw. Via Roma 4 – Ariano,
Tel. 082 81 99 41 20, Mobil 33 91 05 50 23,
34 51 54 50 19, www.olevanoproloco.it, fb

⌃ Cappella dell'Angelo – Taufe und Kreuzigungsszene

〉 Insgesamt sieben Kapellen befinden sich in der Grotta di San Michele

An- und Weiterreise

■ **Auto:** A 2, Ausfahrt „Battipaglia", und weiter auf der SP 29a und 29b bzw. über Eboli (s.o.).
■ **Bus:** SITA von/nach Salerno. www.sitasudtrasporti.it.

Übernachten/Essen und Trinken

MEIN TIPP: **Dell'Artista**②
Gepflegtes Apartment für bis zu 4 Pers. im Ortsteil Monticelli, vom großen Parkplatz am östlichen Ortsrand zu Fuß schnell zu erreichen. *Luciano* und *Rosa*, die beide als Lehrer arbeiten, sind aufmerksame Gastgeber. Sollten sie beim Empfang nicht anwesend sein, wird der Schlüssel in einer Code-Box hinterlegt. 1 Ap.
Via Giuseppe Verdi 37 – Monticelli,
Mobil 33 18 65 53 51,
bbartistaolevano@gmail.com, fb

■ **BeB Il Trappeto – La Grotta Azzura**③
Titti Cortese und *Alessandro Di Muro* haben eine Ölmühle im alten Ortsteil von Monticelli in eine luxuriöse **Suite & Spa** verwandelt. Angesprochen werden vor allem Paare, die hier ein romantisches Wochenende verbringen wollen. Bei Interesse werden Besuche bei Imkern, Winzern und Olivenbauern organisiert, auch kann man die Kunst des Bierbrauens erlernen. *Titti* und *Alessandro* kennen die Umgebung auf Schritt und Tritt, können Wanderwege empfehlen und stellen ihren Gästen E-Bikes zur Verfügung. Als Archäologe war *Alessandro* an Ausgrabungen im Castrum Olibani und in der Grotta di San Michele beteiligt. Anfahrt: im Ort von der Durchfahrtsstraße SP 29b auf Höhe der Bar Tusci bergseitig in die Via San Marco einbiegen und bis auf den großen Parkplatz am östlichen Ortsrand fahren; hier empfängt *Titti* ihre Gäste. Das B&B liegt am westlichen Altstadtrand. Rechtzeitig anrufen! 1 Zi. I.d.R. Okt. und Nov. geschl.
Via Costa 16 – Monticelli,
Mobil 33 86 86 12 81 *(Titti)*,
32 81 21 98 89 *(Alessandro)*, fb, [i]

Il Mosaico①-②
Guido und *Mirco Avallone* können aus dem Vollen schöpfen. Im Rücken ihrer farbenfroh eingerichteten **Trattoria-Pizzeria** erstreckt sich der Obst- und

ama114 pa

Gemüsegarten der Familie, ihren Käse beziehen sie von der prämierten **Tenuta Bianca** aus Altavilla Silentina, darunter delikaten *Blu di Bufala*, eine Art Büffelmilchgorgonzola. Gourmetpizzen und feine Bauernküche, dazu die guten Tropfen der örtlichen Kellerei und Craft-Biere aus Olevano. Di bis Sa abends, So mittags.
Via Ferriere 21, Mobil 32 83 06 84 14, www.ilmosaicocountryhouse.it, fb, [i]

■ **Paisá**②
Das Ambiente und die Lage am nordöstlichen Ortsrand sprechen weniger für dieses Lokal, eher die solide lokale Küche. Freitags gibt es Fisch. Fr und Sa abends, So mittags.
Via S. Pietro da Pietralcina – Monticelli, Mobil 33 31 38 12 52, 33 89 77 01 47, fb

■ **Residenza Forte**②
Massimiliano Forte hat den Palazzo seiner Vorfahren zu Füßen des Burgberges in ein ansprechendes B&B verwandelt. Die Zimmer sind nicht sehr geräumig, aber mit Geschmack eingerichtet und alle verfügen über Heizkörper. Im Gemeinschaftsraum brennt an kühlen Tagen der Kamin, das Frühstück bereitet *Signora Maria Viscido* mit viel Liebe zu. Sie empfängt auch die Gäste, wenn *Massimiliano* als Hubschrauberpilot für die Feuerwehr im Einsatz ist. Zwei Zimmer im zweiten Stock teilen sich ein Bad, eines dieser Zimmer verfügt über eine Terrasse mit Aussicht. Es ist möglich, auf der schmalen (!) Straße vorzufahren und etwas weiter vorne auf dem Largo Giovanni Paolo II. zu parken. 4 Zi.
Via Busolino 48 – Salitto, Mobil 33 15 78 40 14, fb

Bierbrauer für einen Tag

In der Tradition belgischer Mönche produziert **Fabio Gloriante** obergäriges Bier unter Verwendung picentinischen Quellwassers. Von Mo bis Sa 14–18.30 Uhr ist es möglich, die unfiltrierten, unpasteurisierten und flaschenvergorenen Biere direkt in der Mikro-Brauerei zu verkosten und zu erwerben. Auf Anfrage kann man sich auch einen Tag lang in die Kunst des Bierbrauens einweihen lassen.

Birrificio Agrado, Via Frosano – Monticelli 78, Mobil 32 98 96 30 78, www.agradobirra.com, fb.

Einkaufen

Frantoio Oleario Fierro Michele
Bio-zertifizierte Ölmühle gegenüber der Mikro-Brauerei Agrado (siehe Info-Kasten) westlich des Ortes. Im familieneigenen Olivenhain liegen die mittelalterlichen Ruinen eines erzbischöflichen Palastes, errichtet über den Resten eines römischen Gutshauses. Mo bis Sa 8–20 Uhr, So 8–12 Uhr.
Via Frosano 163/A – Monticelli, Tel. 08 28 61 25 80, Mobil 39 39 44 99 75, www.frantoiofierro.it, fb

Feiern

■ **Festa Patronale di San Michele,** am 8. Mai findet unter reger Anteilnahme der gesamten Bevölkerung die große Prozession statt, bei der die Kultstatue des Erzengels aus der Grotte abgeholt, auf den Schultern starker Männer durch die drei Ortsteile getragen und nach einer Freiluftmesse in der Località Cannabosto zurück in die Grotte begleitet wird. Da der Weg zur Grotte zurzeit gesperrt ist, wird die Statue von autorisierten Personen abgeholt und wieder zurückgebracht. Die Prozession findet im Ort statt.

■ **La saga del Brigante Nardantuono,** das historische Freiluftspektakel setzt Episoden aus dem Leben des Briganten *Antonio Di Nardo* in der wildromantischen Località Cannabosto in Szene. Im Juli und Aug.

⊡ Das Castrum Olibani gebietet über weite Blicke

Wandern

Monte Castello/Castrum Olibani

Die Zufahrt auf den **Burgberg** erfolgt am Km 9 der SP 29b aus dem Ortsteil Salito. Der Ausschilderung auf der Via Crucis bis auf den geschotterten Platz in der **Località Cannabosto** folgen und auf der als Via Ermanno De Salza bezeichneten Piste noch 1 km zur **Pineta** (GPS: N 40.667519, E 15.024940) hochfahren. Ab hier kann man nach Belieben durch das Gelände des im 13. Jh. verlassenen Ortes und zwischen den **Kastellruinen** streifen. Vorsicht: Weder die Mauern noch die Geländekanten sind gesichert! Der Rundumblick ist spektakulär und unterstreicht die frühere strategische Bedeutung der Anhöhe. Der Legende nach diente die **Grotte** an der östlichen Seite des Burgberges dem Erzengel *Michael* als Wohnstätte, bis er auf der gegenüberliegenden Talseite nach Vertreibung des Teufels (Exorzierung heidnischer Kulte?) sein neues Domizil in der Grotta di San Michele bezog.

Grotta di San Michele (476 m)

Es ist möglich, sich in Begleitung mit einem Jeep der Grotte zu nähern, viel reizvoller allerdings ist es zu Fuß (wegen Steinschlag bleiben der Weg und die Grotte selbst bis auf Weiteres gesperrt). Der **ca. 4 km lange Wanderweg** startet auf Höhe der ENEL-Zentrale (168 m) unterhalb von Ariano, folgt zunächst dem Lauf des Tusciano und steigt dann im Wald über Stufen vorbei an der **Cella di S. Vincenzo** (350 m), einer mittelalterlichen Klosterklause, zur Grotta di San Michele hinauf.

Auch *Antonella D'Ambrosio* (Mobil 33 97 66 31 59, www.facebook.com/antonella.dambrosio.7) begleitet an Wochenenden kleine Wandergruppen zur Grotte (siehe Hinweis oben), außerdem in die nähere und weitere Umgebung.

Eine schöne Runde verbindet die Ortsteile Monticelli, Ariano und Salitto. Bei der Gelegenheit lassen sich auch die mächtigen Ruinen des 1806 aufgegebenen **Convento di Santa Maria di Costantinopoli** besuchen.

ama116 pa

Acerno

Die ehemalige Bischofsstadt am Oberlauf des Tusciano liegt von ausgedehnten Kastanienhainen, Wäldern und den höchsten Picentini-Gipfeln umgeben auf einer **fruchtbaren Hochebene.** Land-, Wald- und Weidewirtschaft spielen nach wie vor eine wichtige Rolle. Der Wild- und Pilzreichtum der Wälder spiegelt sich auch in der **deftigen Küche** wider, Kastanien werden zu Gebäck verarbeitet. **Acerno (727 m, 2500 Ew.)** rühmt sich seiner 100 Quellen und der frischen Luft! Die Ortsgründung Ende des 2. Jh. v.Chr. wird Flüchtlingen aus dem von Rom zerstörten Picentia (Pontecagnano) zugeschrieben. Die Wirren der Völkerwanderung, kriegerische Auseinandersetzungen im Mittelalter, die Auswanderungswelle Ende des 19. Jh., das Beben 1980 und schließlich der Wiederaufbau haben deutliche Spuren hinterlassen. Faszinierend sind die Reste alter Papierfabriken und Eisenhütten im **Tusciano-Tal,** das hier an das berühmte Valle delle Ferriere bei Amalfi erinnert. Die **Antiche Cartiere** aus dem 17. Jh. und die etwas jüngeren Eisenhüttenwerke sind ein interessantes Beispiel der Frühindustrialisierung, die sich der Antriebskraft des reichlich strömenden Wassers bediente. Die romantisch verwachsenen Ruinen liegen am westlichen Ufer des Tusciano zu Füßen des Ortes und sind auf breitem Weg zu erreichen.

ama117 pa

Praktische Tipps

Information

- **Parco Regionale dei Monti Picentini**
Sitz der Parkbehörde ist Nusco in der Provinz Avellino. Das Büro in Acerno öffnet z.Z. nur Fr 9–13 Uhr. Via Roma, Mobil 33 91 23 34 60 *(Fabio Guerriero)*, www.parcoregionalemontipicentini.it
- **Pro Loco Acerno**
Der Fremdenverkehrsverein organisiert Ende Sept. die **Festa della Montagna,** Mitte Nov. die **Sagra della Castagna** und hilft bei Wanderungen.
Via Raffaele Sanzio 41, Tel. 089 86 93 95,
Mobil 33 95 74 19 54, www.prolocoacerno.it

[>] Die Monti Picentini sind ein Wander-Eldorado

[<] Aufgelassene Papierfabrik aus dem 18./19. Jh. – Industriearchäologie in Acerno

An- und Weiterreise

■ **Auto:** A 2, Ausfahrt „Battipaglia", und weiter über Montecorvino Rovella bzw. Olevano sul Tusciano.
■ **Bus:** SITA von/nach Salerno.
www.sitasudtrasporti.it.

Übernachten/Essen und Trinken

Eine Spezialität von Acerno ist die **Fragolata,** eine Schale eisgekühlter Walderdbeeren, zusammen mit etwas Zucker, frischem Zitronensaft und einem Spritzer *Liquore Strega* serviert – eine köstliche Erfrischung! Es gibt sie in allen Bars und Cafés: schick in der **Bar Lucia** (Via Duomo 19, Tel. 089 86 91 35, Mobil 33 34 57 14 80, fb, Di Ruhetag), im Baumschatten im **Caffè La Piazzetta** ebenfalls am Corso (Piazza Tommaso Belcrado 5, Tel. 089 86 90 66, Mobil 39 25 14 09 22, Do Ruhetag) und sehr lecker in der **Retro-Bar Massimo** (Via Duomo 16, Mobil 32 93 56 16 47, 33 31 22 83 43, Mo Ruhetag) mit Tischen auf der Dompiazza. Im Herbst werden die mit Kastanienpüree und Schokolade gefüllten **pasticelle** gebacken.

■ **Il Tartufo**②
Beste lokale Küche auf Höhe des ehemaligen Eisenbahnererholungsheims. Die Pasta ist hausgemacht und wird zur Saison mit Wildpilzen serviert. Zum *secondo* gibt es Lamm vom Grill und abends Pizza aus dem Holzofen. Offene Wein. Die schlichten Zimmer des Albergo stehen nur im Sommer zur Verfügung. Älteres Stammpublikum. Mitte Juni bis Ende Okt. tägl., sonst Mo und Di Ruhetag.
Via Duomo 45, Tel. 089 86 90 54,
www.iltartufodiacerno.it, fb
■ **Villaggio San Francesco**②
Im Westen des Ortes liegt von einem Park umgeben dieses in erster Linie von religiösen Gruppen besuchte, freundlich geführte Haus. Die neuen Zim-

ama118 pa

ama29 pa

mer im ersten Stock stehen auch anderen Gästen zur Verfügung. Das ausgezeichnete **Restaurant** serviert lokale Pilzspezialitäten und abends auch Pizza. Okt. bis März nur an Wochenenden.
Via Picentia 10, Tel. 089 86 99 41,
Mobil 33 96 27 77 85 *(Donato Boniello)*, fb

Wandern

Das Wegenetz des italienischen Alpenvereins CAI berührt u.a. die aussichtsreichen Gipfel des **Monte Accellica** (1660 m) und das Massiv des **Monte Polveracchio** (1790 m), durch Acerno führt der italienische Fernwanderweg **Sentiero Italia.** Viele dieser Wege sind in die Jahre gekommen und im Gelände nicht mehr eindeutig zu erkennen. Gegenwärtig bemüht sich der Parco dei Monti Picentini um ihre Instandsetzung. Man kann die Picentini in Begleitung des CAI Salerno oder des lokalen Aktiv-Reiseveranstalters Genius Loci – ebenfalls aus Salerno – erkunden. Die noch ungesicherten (!) Ruinen alter Papierfabriken und Eisenhüttenwerke im Tal des **Fiume Tusciano** sind frei zugänglich, der Fluss lädt zum erfrischenden Bad.

Campagna

Die alte Stadt **Campagna (270 m, 16.700 Ew.)**, zu der heute eine Reihe moderner Vororte zählt, entdeckt man erst, wenn man den Eingang einer großen Talschlucht erreicht hat. Das lag wohl in der Absicht der ersten Siedler, die im frühen Mittelalter von der unsicheren Küstenebene ins Hinterland flohen. Der Erfolg gab ihnen Recht. Campagna entwickelte sich zum administrativen, kommerziellen und religiösen Zentrum der Piana del Sele und erlebte vom 16. bis 18. Jh. seine Blütezeit. Zahlreiche Paläste, Klöster und Kirchen stammen aus dieser Zeit. Trotz der Erdbebenschäden von 1980 präsentiert sich das **Stadtbild einigermaßen intakt.** Der ehemalige Augustinerkonvent mit ausgeschmücktem Kreuzgang dient heute als Gemeindesitz. Vom Castello Gerione hoch über der Stadt, einst eines der *castra exempta* Kaiser *Friedrichs II.*, stehen nur noch Mauerreste. Ein besonderes Kapitel der Stadtgeschichte schrieb der Faschismus (siehe Exkurs „Der „Schindler" von Campagna", S. 218).

⌃ Der Fiume Tusciano lädt im Sommer zur Abkühlung ein

› Die Ausschmückung der Chiesa Madonna del Carmelo ist makaber

Man betritt den **Centro storico** über den lebendigen Corso Umberto I., gesäumt von Geschäften, Bars und Barbierläden. Die **Barberia Italiana** auf der N° 84 besteht seit 1890. Man sollte sich ruhig Zeit nehmen für einen gepflegten Haarschnitt und nebenbei manches erfahren, was nicht im Reiseführer steht.

Parallel mit dem Corso verläuft das kanalisierte Bett des **Fiume Tenza,** dessen Wasser im Sommer bei der Veranstaltung **'a chiena** über die Straßen und Plätze der Stadt geleitet wird. Am westlichen Ufer erhebt sich als größter Kirchenbau der Provinz Salerno die **Cattedrale Santa Maria della Pace.** Die 1683 geweihte Kathedrale steht auf römischen und mittelalterlichen Steinen, darunter die erst jüngst wieder aufgefundenen Reste der ehemaligen Pfarrkirche Santa Maria alla Giudeca aus normannischer Zeit.

Die **Chiesa Madonna del Carmelo** unterhalb der Kathedrale – über eine eigene Brücke zu erreichen – ist Sitz einer seit 1627 urkundlich bezeugten Laienbruderschaft: Die Aufgabe der **Compagnia della buona morte** war es, den Seelen der Verstorbenen den Weg ins Paradies zu ebnen. Ohne Ansehen von Stand und Vermögen wurde katholischen Gläubigen ein christliches Begräbnis gewährt. Durch Spenden konnte die Bruderschaft allerdings ein beträchtliches Vermögen erwerben und beteiligte sich an den Baukosten für die Kathedrale, von der sie rechtlich unabhängig blieb. Als **Begräbnisstätte** dienten ausufernde Kavernen unterhalb der Kirche. In sogenannten Putridarien wurden die Toten auf steinerne Sitze platziert, die an Kloschüsseln erinnern. Körperflüssigkeiten tropften durch ein Loch in die Kanalisation. Die unmittelbare Nähe zum Bach

ama120 pa

gab dieser Anlage anderen gegenüber einen „Standortvorteil". Die Verwesung der Leichname entsprach in der Glaubensvorstellung der Reinigung der Seelen im Fegefeuer. Nach etwa einem Jahr wurden die Knochen und Schädel vom verbliebenen Gewebe gesäubert und in Beinhäusern bestattet. Adelige, Kleriker und die Mitglieder der Bruderschaft bekamen ihre jeweils eigenen Ossuarien. Diese Praxis ging mit dem napoleonischen Edikt von Saint-Cloud 1804, der im Jahr darauf auch im Königreich Italien übernommen wurde und Begräbnisse innerhalb der Stadt untersagte, offiziell zu Ende. Tatsächlich wurden in Campagna die Toten noch bis Mitte des 19. Jh. in der beschriebenen Weise be-

Der „Schindler von Campagna"

Nach Einführung der Rassengesetze richtete die faschistische Regierung 1940 in Campagna ein **Konzentrationslager** für italienische Juden ein. Im Laufe der Zeit wurden hier auch Juden aus dem Ausland und Zivilisten feindlicher Nationen interniert. Die Gefangenen waren in zwei ehemaligen Klöstern untergebracht, einige durften sich vor Ort Zimmer anmieten. Tagsüber hatten sie freien Ausgang und erfuhren breite **Unterstützung durch die Bevölkerung** und die jüdische Wohlfahrtsorganisation DELASEM. Mit Fremdsprachenunterricht, Konzert- und Theateraufführungen bedankten sie sich bei den Campagnesi. Eine besondere Rolle kam **Giovanni Palatucci,** Neffe des hiesigen Bischofs *Giuseppe Maria Palatucci,* zu. Als Polizeipräsident und Leiter der Ausländerbehörde der Adria-Stadt Fiume (Rijeka) soll *Giovanni Palatucci* den Transfer Hunderter Juden aus Istrien in das Lager Campagna veranlasst und diese damit vor der Vernichtung bewahrt haben. Er selbst hatte weniger Glück. Am 13. September 1944 wurde er wegen Hochverrats verhaftet und nach Dachau deportiert, wo er am 9. Februar 1945 an Typhus starb. Seit 1990 ehrt ihn Israel als „Gerechter unter den Völkern". Die Seligsprechung ist seit 2000 im Gang. Zuletzt meldete der Triestiner Historiker *Marco Coslovich* Zweifel an der Rolle *Palatuccis* an, der oft mit *Oskar Schindler* verglichen wird. An seinem Heldenbild hatte der bischöfliche Onkel kräftig mitgestrickt, auch im Interesse des Vatikans, der seine unrühmliche Rolle unter Papst *Pius XII.* während des 2. Weltkriegs in ein besseres Licht stellen wollte.

Noch vor Einmarsch der deutschen Truppen am 8. September 1943 ermöglichte die Bevölkerung den Internierten die Flucht. Tags darauf begann mit der **„Operation Avalanche"** die Landung der Alliierten im Golf von Salerno und nach heftigen Kämpfen der deutsche Rückzug aus Kampanien. Im Ex-Convento di Bartolomeo wurde ein **Dokumentationszentrum** eingerichtet. Im Sommer finden auch Kulturveranstaltungen statt. Am Rande: Im selben Kloster verbrachte der als „Ketzer" hingerichtete Astronom *Giordano Bruno* (1548–1600) sein Noviziat.

■ **Museo della Memoria e della Pace,** Via S. Bartolomeo 180, Tel. 08 28 43 69 51, Mobil 33 82 45 86 18, www.museomemoriapalatucci.it, fb. Tägl. 9–13 Uhr. Eintritt frei. Es empfiehlt sich, vorher anzurufen.

stattet. Die mit dem Titel „Confraternità Monte dei Morti Beata Vergine del Carmelo" 1997 neu gegründete Bruderschaft betreibt die Restaurierung der Kirche und bietet ebenso engagierte wie interessante **Führungen** an. Da die Kirche über eine wunderbare Akustik verfügt, werden regelmäßig **Konzerte** veranstaltet.

- **Chiesa Madonna del Carmelo,** Via Baglivo, Mobil 39 23 67 57 08 *(Diego Magliano)*, 33 39 23 82 93 *(Giacomo Aiello)*, www.confraternitamontedeimorti.it, fb, i.d.R. So 10–12 und 16–19 Uhr bzw. auf Anfrage, weitere Termine auf Facebook. Spenden werden dankbar entgegengenommen.

Giffoni Film Festival

Seit 1971 heißt es in **Giffoni Valle Piana** jeden Juli „Vorhang auf" für das **Internationale Kinderfilmfestival.** Dabei ist das Städtchen mit seinen hübschen Casali das ganze Jahr über einen Ausflug wert. Stolz trägt es die Ehrenbezeichnung **„Città Slow".** Nette B&Bs sind eine gute Basis, um von hier aus den Parco dei Monti Picentini zu erkunden. In Erinnerung an den großen Meridionalisten und Namensgeber des berühmten „Götterweges" an der Amalfitana, *Giustino Fortunato*, dessen Urgroßvater aus Giffoni Sei Casali stammte, wurde ein Fernwanderweg angelegt.

- **www.comune.giffonivallepiana.sa.it, www.giffonifilmfestival.it, fb**

Praktische Tipps

Information

- **Pro Loco Campagna**
Corso Umberto I. 86/88,
www.prolococampagna.it, fb, [i]

An- und Weiterreise

- **Auto:** A 2, Ausfahrt „Campagna", und weiter auf der SP 38. Tagesbesucher parken am besten unterhalb der Altstadt.
- **Bus:** SITA von/nach Salerno.
www.sitasudtrasporti.it.

Übernachten/Essen und Trinken

- **Caffè Noir**
Morgens Caffè, abends lässige Cocktailbar. Am Corso stehen bunte Holztische. *Luca De Lorenzo* und *Rina Caponigro* sprechen ein junges und alternatives Publikum an. Mo Ruhetag.
Corso Umberto I. 17, Mobil 34 42 57 83 20, fb
- **Cantina 'a Bersagliera**①
Kleine, urige **Trattoria** gegenüber dem Municipio. *Signora Palmira Ruggia* ist die Garantin einer einfachen, schmackhaften Küche, zu den Spezialitäten gehört *baccalà* (Stockfisch). Die Pasta ist hausgemacht, der Wein wird offen ausgeschenkt. Sohn *Roberto Di Cosimo* führt das gleichnamige einfache **B&B**① am Corso Umberto I. 32 auf Höhe des Caffè Noir. Mi Ruhetag.
Largo della Memoria (Largo Mercato),
Tel. 082 84 61 88, Mobil 33 33 62 57 83
- **Fabbros**②
Anständiges B&B in einem modernisierten Altstadtpalazzo am Hauptcorso. 3 Zi.
Corso Umberto I. 80, Mobil 33 98 99 02 36 *(Francesco)*, www.bbfabros.it, fb
- **La Tettoia**②
Die sympathische **Trattoria** der polyglotten Familie *Criccio* serviert originale *cucina campagnese. Sha-*

rons Urgroßmutter *Maria* gilt als Erfinderin der lokalen Pastasorte *matassa,* die nach wie vor handgemacht ist. Onkel *Giuseppe* liefert frisches Gemüse aus seinem Garten und steht am Herd. In der Braceria, ein Stockwerk tiefer, wird das Fleisch auf Holzkohlenglut gegrillt. Am westlichen Tenza-Ufer, kurz vor der Kathedrale. Mo Ruhetag, So mittags, sonst nur abends.
Via Arcivescovo Cesarano 37,
Tel. 08 28 38 04 72, Mobil 33 98 77 37 77, fb

■ **Maccarunera②**
Die oberhalb der Post gelegene ehemalige Nudelfabrik wurde zum gemütlichen **Mini-Hotel** umgebaut. Dabei konnten die alten Maschinen und Mühlen zum Teil noch erhalten werden. Die komfortablen Zimmer weisen auf den erfrischend rauschenden Bach. Das **Restaurant** öffnet in erster Linie für intime Hochzeitsfeiern. Es empfiehlt sich rechtzeitig anzurufen, denn die Rezeption im Haus ist nicht immer besetzt. Man kann mit dem Auto über den Cor-

so bis zur Piazza fahren, um es dann am westlichen Altstadtrand im Parkhaus abzustellen. 6 Zi.
Piazza M. Guerriero 17, Tel. 082 84 74 66,
Mobil 33 93 56 59 80 *(Carmela Tartaglia)*,
www.maccarunera.it, fb

Palazzo Ducale Pironti②

B&B in einem historischen Palazzo mit modernen, komfortablen Zimmern. Das Frühstück und auf Wunsch auch ein Mittag- oder Abendessen wird in der benachbarten **Loungebar Stairway** (Mobil 33 34 56 76 59, fb) serviert. Zwei der Zimmer teilen sich ein Bad. Anfahrt: am unteren Altstadtrand auf Höhe der Carabinieri-Station links in die Via Madonna delle Grazie einbiegen und der Ausschilderung „Museo della Memoria e della Pace" folgen. Westlich des Largo Giulio Cesare Capaccio liegt in Gehdistanz zum B&B ein kommunales Parkhaus. 3 Zi.
Largo Giulio Cesare Capaccio,
Mobil 32 97 28 23 42,
www.palazzoducalepironti.it, fb, [i]

ama121 pa

Friseur

Barberia Italiana dal 1890

Lust auf einen (neuen) Haarschnitt oder eine gepflegte Rasur? Die *Izzos* sind Haarkünstler in vierter Generation. So und Mo geschl.
Corso Umberto 24,
Mobil 33 41 66 30 49, 33 19 55 79 24,
https://barberiaitalianadal1890.business.site, fb

Feiern

'A Chiena

Die Ursprünge der *chiena* (aus dem Italienischen für „voll") verlieren sich im Dunkel der Geschichte. Das Überfluten der Hauptstraßen und Plätze einmal im Jahr mit dem Wasser des aufgestauten Tenza diente der Stadtreinigung. Ausrufer forderten die Bewohner an diesem Tag auf, ihre Häuser nicht zu verlassen. Der alte Brauch wurde 1982 als Kulturevent wiederbelebt. Seither werden an den Juli- und Augustwochenenden die Piazza Guerriero, der Corso Umberto I. und die Seitengassen überschwemmt. Es finden Wasserschlachten, Konzerte und Theateraufführungen statt.

Zahlreiche Barbiere betreiben am Corso Umberto I. ihr Handwerk, die Familie Izzo seit 1890!

ama30 pa

4

Cilento

Der Cilento-Nationalpark lockt mit blitzsauberem Meer, kilometerlangen Stränden, waldreichen Gebirgen und kristallklaren Flüssen. Charmante Hafenstädtchen und einsame Bergdörfer bieten Dolce vita rustikal. Zum UNESCO-Welterbe zählen hier nicht nur Natur und Kultur, sondern auch die „Mittelmeer-Diät“. Das verspricht eine Genussreise!

< Im Küstenstädtchen Acciaroli hielt sich Ernest Hemingway Anfang der 1950er-Jahre gerne auf

NATIONALPARK UND WELTKULTURERBE

Der urwüchsige Cilento ist die große Überraschung im Süden Kampaniens – die Region ist Nationalpark, UNESCO-Biosphärenreservat sowie Weltkulturerbe in einem: Traumstrände und ein kristallklares Meer, bäuerliches Hinterland und unberührte Berglandschaften, in denen sich Wolf und Fischotter „Gute Nacht" sagen. Ideal für einen entspannten Familienurlaub oder abwechslungsreiche Aktivferien. Mit dem eigenen Fahrzeug ist man flexibel beim Erkunden der schönsten Strände und Wanderrouten.

NICHT VERPASSEN!

- **Cilento aktiv:** zu Fuß lernt man den Cilento am besten kennen | 227
- **Velia:** auf neue Gedanken kommen | 273
- **Porto degli Infreschi:** zu Fuß oder mit dem Boot – in jedem Fall ein Hochgenuss | 311
- **La Piazzetta (Valle dell'Angelo):** für diese Küche ist kein Weg zu weit | 365

Diese Tipps erkennt man an der gelben Markierung.

Es hat sich herumgesprochen: Kampanien-Reisen müssen nicht bei Paestum enden. Das Beste kommt noch. Der Cilento ist aus seinem Dornröschenschlaf erwacht, der „Geheimtipp" längst in aller Munde. Die **große Halbinsel im Süden der Provinz Salerno** muss landschaftliche Vergleiche mit den Küsten Capris

ama31 pa

oder der Amalfitana nicht scheuen. Den grünen Kontrast zum türkisblauen Meer bilden **Olivenhaine** auf terrassierten Hügeln, die **bewaldeten Gebirge** sind durchzogen von **tiefen Talschluchten** mit kristallklaren Flüssen. Fischotter und Wolf haben sich in diesem **Wanderparadies** noch ein Refugium bewahrt. In den Bergdörfern und auch in einigen der malerischen Hafenstädtchen ist die Zeit zwar nicht stehen geblieben, doch verläuft sie hier langsamer als anderswo. Ein Gebiet mit einer Fläche von über 180.000 ha steht seit 1991 als **Parco Nazionale del Cilento, Vallo di Diano e Alburni** unter Schutz. Die UNESCO hat den Cilento in die Listen der Biosphärenreservate und des Weltkulturerbes aufgenommen. Seit 2010 zählt der Cilento zum Netzwerk der European Geoparks: Erdgeschichte ist erlebbar. Damit sind die Weichen auf **„sanften Tourismus“** gestellt. Wer Ruhe, intakte Natur

Baden kann man im Cilento auch im Landesinneren, wie hier bei Sant'Angelo a Fasanella

und eine noch unverfälschte Gastfreundschaft sucht, ist hier richtig. Und das Beste ist: Von den italienischen Ferienmonaten Juli und August abgesehen, sind die meisten Strände beinahe menschenleer. Kenner kommen im Herbst.

Landschaftlich gliedern wir den Cilento in vier Unterregionen: **Alto Cilento, Cilento Centrale, Basso Cilento** sowie die **Monti Alburni** mit dem **Valle del Calore.** Das lang gezogene Hochtal des **Vallo di Diano** zählt ebenfalls zum Parco Nazionale, ihm ist ein eigenes Kapitel gewidmet.

Welterbe zum Essen

Den Cilento, uraltes Kulturland zwischen Bergen und Meer, lernt man nicht zuletzt durch seine Küche kennen. Mein besonderes Gaumen- und Augenmerk gilt der Auswahl charakteristischer Lokale. Was heute als **„mediterrane Diät"** in aller Munde ist, wurde 1954 zum ersten Mal von dem **US-amerikanischen Ernährungswissenschaftler Ancel Keys** im Cilento untersucht. Seit 2010 steht die **dieta mediterranea** auf der UNESCO-Liste des immateriellen Kulturerbes! Der Cilento ist bekannt für gutes Olivenöl, und seit Jahren machen auch seine Weine von sich reden (siehe Exkurs „Jazz in Flaschen und andere gute Tropfen", S. 516). Berühmt und vor allem köstlich sind die *Fichi bianchi del Cilento,* die „weißen **Feigen** des Cilento" – mit Walnuss oder Mandel und Zitronenschale gefüllt und anschließend im Ofen gebacken. Die vielleicht besten erzeugt der **Bio-Agriturismo Murikè** bei Morigerati (siehe dort)!

Praktische Tipps zum Cilento

Information

- **Cilentomania**
Privatwirtschaftlich organisierte Tourist-Info mit Filialen u.a. in Agropoli, Castellabate und Paestum. www.cilentomania.it, fb, [i]
- **Parco Nazionale del Cilento, Vallo di Diano e Alburni**
Bislang stehen die Anlage und Pflege von Wanderwegen nicht weit oben auf der Agenda der Nationalparkverwaltung. Oft leisten private Initiativen und Kommunen mehr, einige unter Schirmherrschaft des Parco Nazionale.
Via F. Palumbo 18 – Vallo della Lucania,
Tel. 097 47 19 92 00, www.cilentoediano.it, fb, [i]
- **www.cilento-aktiv.info,** Tipps und Links für den Aktiv-Urlaub im Cilento.

An- und Weiterreise

Mit dem Auto

Der Cilento ist von Salerno auf der **A 2 Salerno – Reggio di Calabria** z.B. über die Ausfahrten „Battipaglia" und „Eboli" zu erreichen. Nordöstlich der Monti Alburni führt die A 2 durch das Vallo di Diano, mehrere Staatsstraßen zweigen in den Cilento ab. Als Schnellstraße ausgebaut führt die **SP 430** als Variante der SS 18 von Agropoli, vorbei an Vallo della Lucania, durch das Landesinnere bis an den Golf von Policastro. Kurvenreich und landschaftlich wunderschön ist die **Küstenstraße,** die unter der Bezeichnung SR 267, ab Velia als SR 447 und ab Palinuro als SR 562, über Marina di Camerota ebenfalls an den Golf von Policastro führt.

Mit dem Bus

Fast alle Orte des Cilento sind, wenn auch gelegentlich umständlich, mit **Linienbussen** zu erreichen. Aus Salerno/Piazza della Concordia mehrmals täglich **FS Busitalia** (www.fsbusitalia.it) über Battipaglia, Paestum nach Agropoli und Santa Maria di Castellabate. **CilentoBus** (www.agenziainfanteviaggi.it) verbindet den Flughafen Neapel mit den Küstenorten des Cilento.

Mit der Bahn

Die **Linie Napoli – Salerno – Reggio di Calabria** passiert die Küsten des Cilento, allerdings liegen die Bahnhöfe mit Ausnahme von Sapri selten verkehrsgünstig. Gleiches gilt für die **Linie Battipaglia – Lagonegro** durch das Vallo di Diano. Günstiger ist die Anreise mit der Bahn **nach Salerno bzw. Agropoli** und dann weiter mit dem Bus. Das Angebot schneller Bahnverbindungen wird ausgebaut. Bei Buchung eines festen Standortquartiers erkundige man sich nach evtl. Transferleistungen!

Mit dem Schiff

Die Schiffsverbindungen (www.alicost.it) im Sommer **zwischen Agropoli und Salerno** – Drehscheibe im Schiffsverkehr an die Amalfitana und nach Capri – und **von Agropoli zu den Cilento-Häfen im Süden** sind abhängig von Subventionen und werden von Jahr zu Jahr neu entschieden.

Mit dem Flugzeug

2024 soll der Flughafen von Pontecagnano als **Aeroporto di Salerno-Costa d'Amalfi (QSR)** für den zivilen Flugverkehr eröffnet werden – erneut! Das ändert nichts an der Bedeutung des Flughafens **Neapel** für die Region.
Via Olmo – Bellizzi, www.aeroportosalerno.it

Wandern

Der Cilento ist ein **Wanderparadies!** Tipps in den **Ortskapiteln** unter dem Stichwort „Wandern", detaillierte Beschreibung von 15 Wanderungen im **Kapitel „15 Wanderungen".** Routentipps und Adressen auch auf www.cilento-aktiv.info/cilento-aktiv/wandern.

Radfahren

Die **verkehrsarmen Straßen** des Landesinneren, grandiose Landschaften und freundliche Orte unterwegs machen den Cilento zu einem Mekka für Radfahrer. Ambitionierte Freizeitradler und Profis kommen auf ihre Kosten. Zur Orientierung genügt eine aktuelle Straßenkarte. Mountainbiker finden in den **Monti Alburni** ein anspruchsvolles Revier. Routentipps und Adressen unter dem Stichwort „Radfahren" in den Ortskapiteln sowie auf www.cilento-aktiv.info/cilento-aktiv/radfahren.

☑ In der Nebensaison sind die Cilento-Strände herrlich leer, wie hier in Case del Conte

ama32 pa

Mein Tipp: Italy Bike Rental
Der Profi-Radverleih nördlich von Paestum ist auch für den Cilento die beste Adresse. Räder werden nach Absprache zum Feriendomizil gebracht.
Km 90 der SS 18 – Capáccio Scalo,
Tel. 08 28 72 35 64, Mobil 34 84 03 05 75,
www.italybikerental.it

Tauchen und Kajakfahren

Reviere und Adressen in den **Ortskapiteln** sowie auf www.cilento-aktiv.info/cilento-aktiv/wasser.

Strände und Baden

Seit Jahren erteilen Legambiente und die Foundation of Enviromental Education Bestnoten für **saubere Strände und sauberes Meer** im Cilento. Agropoli, Castellabate, Montecorice-Agnone, Acciaroli und Pioppi di Pollica, Ascea, Palinuro, Camerota sowie Sapri werden regelmäßig mit der **„Blauen Flagge“** ausgezeichnet. Bei 100 tollen Küstenkilometern ist für jeden Geschmack etwas dabei.

Alto Cilento

Alto Cilento bezeichnet jenen Landstrich im Norden, der den **Küstenstreifen von Agropoli bis an die Mündung des Alento** auf Höhe des antiken Vélia und das sich landeinwärts anschließende **Hügel- und Bergland mit dem Monte della Stella** umfasst. Die Geologie des Alto Cilento bestimmen meist dunkle Konglomerate, Sandsteine und Mergel. Dabei handelt es sich um emporgehobene Sedimentgesteine vom Boden des urzeitlichen Tethys-Meeres. In Anlehnung an ähnliche Formationen des Alpenvorlandes spricht man vom „Flysch del Cilento". Besonders eindrücklich treten diese Schichtgesteine an der Punta Tresino, Punta Licosa und den Ripe Rosse bei Agnone zutage. Der **Name Cilento** leitet sich von *cis alentum* ab („diesseits

☑ Weiße Feigen trocknen in der Sonne (bei Serramezzana)

ama235 pa

des Alento") und beschrieb ursprünglich das Gebiet um den Monte della Stella nördlich des Fiume Alento. Später wurde er auf die gesamte Halbinsel zwischen Golf von Salerno und Golf von Policastro übertragen, im Norden vom Gebirgszug der Monti Alburni und im Osten vom Vallo di Diano begrenzt. Die historische Kulturlandschaft mit dem Monte della Stella (siehe Exkurs „Monte della Stella – Ein Berg stiftet Identität", S. 260) im Zentrum wird auch als **Cilento Antico** bezeichnet.

Agropoli

Am südlichen Rand der Sele-Ebene gelegen, präsentiert sich **Agropoli (24 m, 21.250 Ew.)** als **Tor zum Cilento.** Die ausufernde Stadt ist im Juli und August fest in der Hand italienischer Badegäste.

In der Antike erkannten **griechische Seefahrer** die Gunst der Lage und nutzten den natürlichen Hafen für den Handel mit einheimischen Lukanern. An höchster Stelle errichteten sie *Poseidon* einen Tempel, in Poseidonia (Paestum) sucht man ihn vergebens. Ihren griechischen Namen **„Stadt in der Höhe"** verdankt Agropoli den Byzantinern, die den mächtigen Felsvorsprung während des byzantinisch-gotischen Krieges Mitte des 6. Jh. befestigten. Ende des 6. Jh. verlegte der Bischof von Paestum seinen Sitz aus Sicherheitsgründen nach Agropoli. Im 9. Jh. setzten sich zeitweise **sarazenische Piraten** fest und nutzten die Festung als Basis für ihre Raubzüge. Orientalische Bauelemente prägen bis heute die Altstadt, die sich vom Hafen oder besser noch vom Meer von ihrer besten Seite zeigt.

Von der Piazza Vittorio Veneto geht der Corso Garibaldi in einen monumentalen Treppenweg über. Über eine Rampe betritt man die von alten Mauern umgebene **malerische Altstadt,** im Sommer ein lebendiges Pflaster. Unmittelbar hinter dem Altstadttor erhebt sich die **Chiesa Santa Maria di Costantinopoli** über dem steilen Felsabfall. Verwinkelte Gassen führen vorbei an der Chiesa SS. Pietro e Paolo zum **Kastell,** das von hoher Warte über ein großartiges Panorama gebietet. Seine heutige Gestalt ver-

ama33 pa

dankt es dem Ausbau durch die *Sanseverino* im 15. Jh. Über die Altstadtdächer hinweg blickt man auf den Golf von Salerno und die Ebene von Paestum, während die Amalfiküste und Capri im Dunst verschwinden.

■ **Castello Angioino-Aragonese,** Via Del Vecchio, https://castellodiagropoli.it. Di–So 9–13 und 16–19 (20) Uhr. Eintritt 2 € (Münzkasse).

Den Blick zurück in die Vergangenheit bietet eine **Ausstellung im Palazzo Cirota** in Hafennähe. Unterwasserfunde und reiche Grabbeigaben unterstreichen die Bedeutung der Baia di Trentova als antiker Warenumschlagplatz.

■ **Palazzo Civico delle Arti,** Via C. Pisacane 11. Seit einigen Jahren *chiuso per restauro.* Könnte 2024 evtl. wieder öffnen. I.d.R. Mo geschl.

Die **alte Ziegelei** im Osten der Altstadt war noch bis Anfang der 1970er-Jahre in Betrieb. Nach umfassender Renovierung wurde der Komplex als **Kulturzentrum Le Fornace** der Stadt neu eröffnet.

Im Norden der Altstadt zieht sich der **Lungomare San Marco** palmengesäumt am kilometerlangen Sandstrand entlang, eine bei Einheimischen und italienischen Besuchern beliebte Ausgehmeile. In der Saison öffnen hier Lidi, Pizzerien, Strandrestaurants und Bars. Betrieb herrscht auch an der **Baia di Trentova** wenige Kilometer südwestlich des Altstadthügels. Im Winter kehrt wieder Stille am schönen Küstenstreifen ein, bei Sturm geben Surfer sich das Stelldichein.

‹ Der Strand zu Füßen der Altstadt ist bei Einheimischen und Familien mit Kindern beliebt

Praktische Tipps

Information

■ **Info-Point – Cilentomania**
Info-Büro in Bahnhofsnähe auf Höhe des Fahrzeugvermieters Agropoli Rent (s.u.). Mo bis Sa 9–13 Uhr (der Info-Point am Lungomare auf Höhe des Hotels Sirenella öffnet im Sommer auch nachmittags).
Via San Felice 3, Tel. 09 74 27 43 00,
www.cilentomania.it, fb

■ **Info-Point – Vivi Agropoli**
Info-Kiosk an der Rathaus-Piazza. Juni bis Aug. tägl. 9–13 und 16–20 Uhr, sonst nur am Wochenende.
Piazza della Repubblica,
Mobil 34 21 93 48 21,
www.viviagropoli.it

■ **Info-Point – Vivi Cilento**
Info-Kiosk am Bahnhofsvorplatz. Tägl. 9–21 Uhr.
Piazza Luigi Iorio,
Mobil 32 06 43 93 93, www.vivicilento.com, fb

■ **Centro Visite Trentova Tresino**
Besucherzentrum an der Straße zur Baia di Trentova, Infos zu Wanderungen und anderen Aktivitäten. Juli und Aug. tägl. 9–12 und 17–19 Uhr, Juni und Sept. tägl. 8–12 und 17–20 Uhr.
Mobil 34 21 93 48 21, www.viviagropoli.it, fb

An- und Weiterreise

■ **Auto:** SS 18, die sich als Schnellstraße SS 18var „Cilentana" im Landesinneren nach Süden fortsetzt. Gebührenpflichtige Parkplätze am Altstadtrand und in Hafennähe.

16 **Mietwagen: Agropoli Rent,** Via A. De Gasperi 75 (gegenüber dem Bahnhof), Tel. 09 74 82 63 01, Mobil 33 57 86 64 03, www.agropolirent.it.

■ **Bus:** FS Busitalia (www.fsbusitalia.it) über Paestum von und nach Salerno – und weiter nach Santa Maria di Castellabate, San Marco und Acciaroli in den südlichen Cilento. Haltestellen in Agropoli am Lungomare San Marco und in der Via Piave (Altstadt). Von Mitte Juni bis Mitte Sept. verkehrt zusätzlich Italobus (www.italotreno.it). Stadtbusse zur Baia di Trentova (siehe „Wandern").

■ **Bahn:** Mehrmals täglich vom Bhf. Agropoli über Paestum Richtung Salerno und über Vallo della Lucania nach Ascea, Pisciotta, Policastro und Sapri.

■ **Schiff:** Im Sommer hat Alicost (www.alicost.it) Fähren nach Salerno – Umstieg an die Amalfiküste und Capri – im Einsatz (wenn die Subventionen fließen).

Übernachten

MEIN TIPP: **7 Baia di Trentova**②-③

Moderne B&B-Villa hoch über der schönen Trentova-Bucht. Herzlicher Empfang durch *Adriana* und *Oreste*, die auf Wunsch vorzüglich für ihre Gäste kochen! Gemüse und Olivenöl sind selbst erzeugt, die Pasta ist hausgemacht und es werden nur beste Cilento-Produkte verwendet. Ein Kochkurs hilft den Cilento-Urlaub zu Hause zu verlängern. Hier bleibt man oft länger als geplant. 5 Zi.
Via E. De Filippo 13,
Tel. 09 74 82 94 44, Mobil 38 88 69 96 23,
www.baiaditrentova.com, fb, [i]

4 La Sciabica②-③

Santino und *Domenico Faucitano* betreiben oberhalb des Hafens das gleichnamige feine **4 Fisch-Ristorante** mit Bar. Am Hang darüber vermieten sie ganzjährig moderne, freundliche Gästezimmer und Ferienwohnungen mit Meerblick. 10 Zi.
Via San Francesco 80, Tel. 09 74 82 32 66,
www.casevacanzelasciabica.it

MEIN TIPP: **18 Le Querce**③

Der gepflegte **Agriturismo** von *Maria* und *Nicola* hat eine schöne Hügellage ca. 5 km südöstlich von

Agropoli. Die geräumigen Zimmer bieten bis zu vier Personen Platz, ideal also auch für den Familienurlaub. Pool im Garten, das gute **Restaurant** öffnet auf Vorbestellung auch für Externe und bedient sich der Produkte aus eigener Landwirtschaft. Teilnahme an Kochkursen möglich. Den Gästen stehen E-Bikes zur Verfügung. SS 18var, Ausfahrt „Agropoli Sud". 9 Zi. März bis Anfang Nov.
Via Crocicchie 9, Mobil & WhatsApp 36 65 49 00 48, www.lequercefarmhouse.it, fb, [i]

5 Marino②

Das Weingut der Familie *Marino* liegt gut ausgeschildert im Süden von Agropoli wenige Kilometer von der Baia di Trentova entfernt. Gut ausgestattete Selbstversorger-Apartments oberhalb des Weinbergs mit Meerblick oder Gästezimmer; in letzterem Fall wird von Ostern bis Okt. ein Frühstück serviert. Um den Empfang der Gäste und Weinverkostungen kümmert sich *Signora Assunta*. Sohn *Lorenzo*, der gerne in den Bergen wandert und zeltet, hält dazu gute Tipps auf Lager. 4 Ap., 6 Zi.
Via Fontana Saracena 1 – Località Muoio, Tel. 09 74 82 17 19, Mobil 33 91 08 33 85 *(Assunta Marino)*, www.vinimarino.it, fb

2 Palazzo Dogana②-③

Im 19. Jh. Sitz der königlichen Zollbehörde in guter strategischer Lage direkt über dem Strand, empfängt der schneeweiße Liberty-Palazzo heute Gäste in modern gestylten und komfortablen Zimmern – einige mit Meerblick, andere in der Mansarde. Angeschlossen sind ein Ristorante und die Pizzeria. 19 Zi. Nov. geschl.

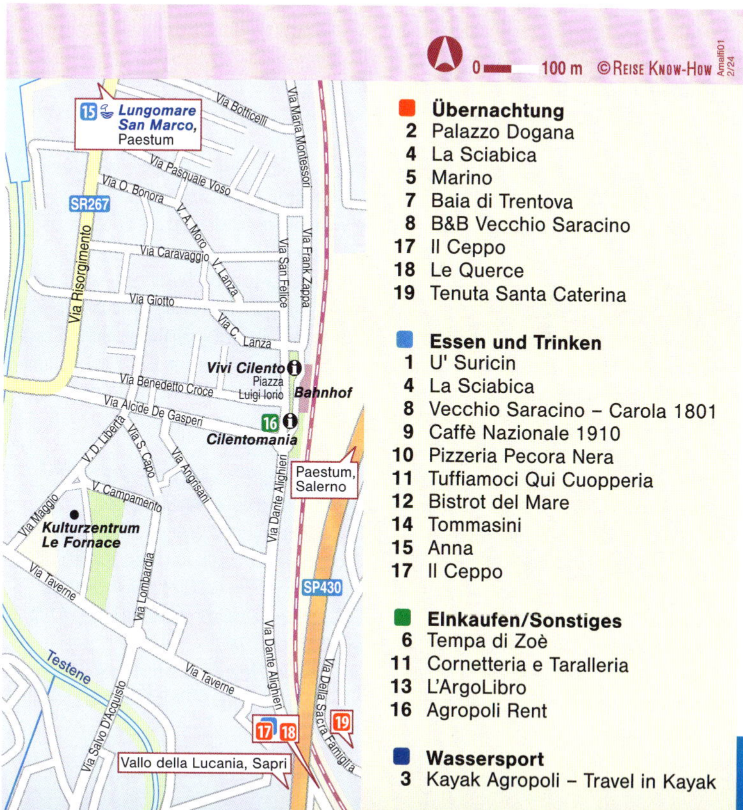

Via Riviera, Tel. 09 74 27 15 62,
Mobil 33 15 31 89 67, 33 48 14 76 88,
www.palazzodogana.it

19 Tenuta Santa Caterina②-③

Beas und *Pasquales* modernes, mit Gusto gebautes Steinhaus erhebt sich mit himmelweiten Blicken auf einem Höhenzug nordöstlich von Agropoli. Einen Fernseher wird hier niemand missen. Im weitläufigen Gelände gedeihen Oliven und Obstbäume, der Gemüsegarten wird in Permakultur betrieben. Licht, Luft und Raum bieten auch die pfiffig möblierten Zimmer. Eine große Terrasse lädt zu Yoga-Übungen ein, im Sommer finden Konzerte statt. Das Frühstück lässt kaum Wünsche offen und *Pasquale* kocht gerne für die Gäste. Die beiden organisieren Besuche bei lokalen Wein-, Öl- oder Käseproduzenten, Ausflüge zu den besten Surfspots u.v.m. Ein toller Platz für Familien mit abenteuerlustigen Kindern! Anfahrt: am Kreisverkehr in Mattine auf der SS 18 ca. 5 km Richtung Ogliastro Cilento, im Ortsteil Santa Caterina scharf rechts abbiegen, und nach knapp 1 km liegt linker Hand das Haus. 5 Zi. April bis Ende Okt., im Winter auf Anfrage.
Via Pirandello 32, Mobil & WhatsApp 32 07 61 09 10 *(Beatrice)*, 32 89 22 64 81 *(Pasquale)*,
www.tenutasantacaterina.com, fb, [i]

Essen und Trinken

15 Anna②

Bei *Domenico Scola* treffen sich die Einheimischen, die sowohl die vorzügliche neapolitanische Pizza als auch das Angebot der Trattoria und die authentische Atmosphäre zu schätzen wissen. Glutenfreie Gerichte. Am südlichen Ende des Lungomare, auch Tische im Freien.
Via San Marco 32, Tel. 09 74 82 37 63,
Mobil 33 36 39 82 48, www.bbanna.it, fb

MEIN TIPP: **12 Bistrot del Mare**②

Junges, familiengeführtes Fisch-Ristorante am Fuße des Altstadthügels. *Emmas* Mutter spricht perfekt deutsch, der Vater steuert gelegentlich selbst gefangenen Oktopus bei. Im Winter Di Ruhetag. I.d.R. nur abends, Sa auch mittags, So nur mittags.
Via Flavio Gioia 16, Mobil 32 97 44 27 73,
www.bistrotdelmareagropoli.it. fb, [i]

9 Caffè Nazionale 1910①

Seit 1919 am Platz und nach wie vor im Besitz der Familie *Sarnicola!* Historische SW-Fotos an den Wänden zeigen das alte Agropoli. Das kulinarische Angebot umfasst längst nicht mehr nur die berühmten *pasticciotti,* sondern auch Pizza, Gourmet-Burger, Cocktails und Gelato. Im Rücken ein weitläufiges Gartenlokal, im Sommer Konzerte auf der Piazza. Eine weitere tolle Adresse ist die benachbarte **10 Pizzeria Pecora Nera.** Mo Ruhetag.
Piazza della Mercanzia,
Tel. 09 74 82 30 64, Mobil 33 92 90 56 86,
www.caffenazionale1910.it, fb

MEIN TIPP: **17 Il Ceppo**②

Seit Jahrzehnten ist das Lokal der Familie *Laureana* ein Garant für beste Cilento-Küche, ein besonderer Gaumenmerk gilt Fischgerichten. Über das etwas in die Jahre gekommene Ambiente sieht man hinweg. Auf der Straßenseite gegenüber liegt das ordentlich geführte gleichnamige **17 Hotel.** In der südöstlichen Peripherie gelegen, von der SS 18 Ausfahrt „Agropoli Sud" schnell zu erreichen. Mo Ruhetag.
Via Frascinelle, Tel. 09 74 84 30 36,
www.hotelristoranteilceppo.com, fb, [i]

14 Tommasini②

Inbegriff einer Trattoria! Etwas versteckt am Fuße der Altstadt bekocht *Antonio Tommasini* seit 1979 (!) in erster Linie die Einheimischen und tritt auch im Speisesaal als Maître de Plaisir auf. Ehrliche Fisch- und Gemüseküche, vieles im Holzofen gebraten. Pizza gibt es auch. Mi Ruhetag.
Via Armando Diaz 13,
Tel. 09 74 82 43 94, Mobil 360 52 45 28

11 Tuffiamoci Qui Cuopperia①-②

Fisch, Meeresfrüchte oder Gemüse frisch frittiert in der Tüte *(cuoppo)* auf die Hand oder auf dem Teller, immer lecker & günstig. Ab spätem Nachmittag.
Via Giuseppe Mazzini 43, Mobil 38 83 40 66 52, fb

1 U' Suricin①-②

Seit 1979 am Platz: Bei Einheimischen und Besuchern beliebte rustikale Freiluft-Pizzeria oberhalb

der Chiesa della Madonna di Costantinopoli. Die Pizza wird in handgerechte Stücke geschnitten im Weidenkörbchen an den Tisch gebracht. Im Sommer lange Schlangen. Nur abends.
Via S. Passaro, Mobil 34 06 82 08 98, fb

8 Vecchio Saracino – Carola 1801②-③
Das alt eingeführte Ristorante in Hafennähe serviert Fisch- und Gemüsegerichte auf Gourmetniveau und folgt den Grundsätzen der mediterranen Diät. Es werden frische Gartenprodukte verwendet, ein eigenes Fangboot liefert frischen Fisch. Eine weit über die Grenzen der Stadt bekannte Spezialität des Hauses ist eingelegter roter Thun. *Franco Carola*, Sohn *Vincenzo* und Familie haben ihre cilentanische Gastfreundschaft über die Jahrzehnte perfektioniert. Angeschlossen ist ein komfortables **8 B&B**②-③. Das Restaurant öffnet bis auf So nur abends, Mo Ruhetag. Nov. geschl.
Via Granatelle 18, Tel. 09 74 82 64 15,
Mobil 38 81 18 93 40, 32 80 89 89 86,
www.carola1801.it, fb

Einkaufen

Donnerstagvormittag findet ein **Wochenmarkt** auf der Piazza Vittorio Veneto statt. Frisch gebackene Cornetti und Taralli, darüber hinaus ausgewählte Produkte des Cilento gibt es bei *Marisa Principe* von Mitte Juni bis Nov. in der **11 Cornetteria e Taralleria** (Via Mazzini, Mobil 34 91 24 22 64) auf halber Strecke zwischen Altstadt und Hafen. Eine nette Adresse für Bücherwürmer ist das Verlags-Antiquariat **13 L'ArgoLibro** (www.largolibro.blogspot.com) in der Via Mazzini 22. Nach vorheriger Vereinbarung kann man den Ausnahmewinzer *Bruno De Conciliis* auf seinem Weingut **6 Tempa di Zoè** besuchen (GPS: N 40.326726, E 14.974703, www.tempadizoe.it, fb, [i]).

Feiern

- Im Sommer **Freiluftkonzerte** in der Altstadt.
- **Festa dei S. Pietro e Paolo,** Historienspektakel am 29. Juni, das an einen glücklich abgewehrten Türkenüberfall 1630 erinnert.
- **Madonna di Costantinopoli,** Meeresprozession am 24. Juli zu Ehren der Patronin der Fischer.

Baden

Nördlich von Agropoli erstreckt sich kilometerlang der **Sandstrand von San Marco,** südlich der Stadt die schöne **Sandbucht Baia di Trentova** – am schönsten in der Nebensaison, im Winter ein Treff der Surfer! Im Sommer herrscht an beiden Stränden organisierter Badebetrieb mit Liegestühlen und Strandbars.

Boots- und Kajaktouren

- Bootstouren zur Punta Licosa bieten i.d.R. von Mai bis Sept. u.a. **Cilento Coast Adventure** (Mobil 32 85 88 89 71, [i]) und **Noitour** (Mobil 32 88 96 77 94, www.noitour.com, fb, [i]) an. Vom Meer zeigt sich Agropoli von seiner besten Seite!

ama34 pa

☐ Bei Winterstürmen ist die Baia di Trentova ein beliebter Spot der Surfer

3 Kayak Agropoli – Travel in Kayak (Plan S. 232)

Der Kayakclub (c/o *Alberto Janotta*, Mobil 32 07 53 16 73, kayakagropoli@gmail.com, fb) liegt am Hafenstrand auf Höhe des Hotels Palazzo Dogana. Kayak-Verleih vom 30. Mai bis 30. Okt. tägl., sonst nur an Wochenenden bei gutem Wetter. Hier hat auch *Marco Venturini* (Via Riviera Franco Antonicelli, Mobil 34 08 30 82 86, www.travelinkayak.com, fb) seine Basis, der maßgeschneiderte Kajak-Touren für Mini-Gruppen auch im Cilento organisiert. *Marco* ist ein Kenner südmediterraner Küsten und begeisterter Bergsteiger.

Wandern: Punta Tresino

Oberhalb der Baia di Trentova zweigt auf Höhe des Parkplatzes eine Schotterstraße Richtung Süden ab, um nach ca. 1 km auf die Route des **Sentiero dei Trezeni** zu treffen (siehe **Wanderung 7** im Kapitel „15 Wanderungen"). *Pietro Faniglione* unterhält mit seiner **Associazione Trekking Cilento** (Mobil 33 83 57 68 05, fb) einen Info-Kiosk am Beginn des Weges. Vom Hafen Agropoli ist die Baia di Trentova auch zu Fuß oder mit dem Fahrrad zu erreichen.

Santa Maria di Castellabate, Castellabate und San Marco di Castellabate

Castellabate gibt es dreimal – in Gestalt des mittelalterlichen Bergortes Castellabate, dazu am Meer die beiden hübschen Hafen- und Badestädtchen San Marco di Castellabate und Santa Maria di Castellabate. Seit den 1970er-Jahren einer der bekannteren „Geheimtipps" im Cilento, avancierte Castellabate spätestens nach seiner Hauptrolle 2010 in der italienischen **Filmkomödie „Willkommen im Süden"** zum Star. Das Remake der französischen Filmkomödie „Willkommen bei den Sch'tis" war in Italien so erfolgreich, dass dem Remake gleich noch die Fortsetzung „Benvenuti al Nord" folgte. Seither heißt **Santa Maria di Castellabate (10 m, 3780 Ew.)** seine Besucher am Ortseingang auch mit dem Spruch „Benvenuti al Sud" willkommen. Während die Erinnerungen an die Sommerfilmkomödie langsam verblassen, erweist sich der Charme der Küstenstädtchen als

Willkommen im Süden – Santa Maria di Castellabate

ama129 pa

dauerhafter. Santa Maria ist Verwaltungssitz der ausgedehnten Kommune. Dass der **elegante Fischer-Borgo** früh vom Tourismus entdeckt wurde, ist kein Wunder angesichts der **kilometerlangen Sandstrände** zu beiden Seiten des Städtchens. Zum Glück sind der schönen Küste Bettenburgen und gesichtslose Apartmentsiedlungen weitgehend erspart geblieben. Das Herz der **Altstadt** schlägt an einer Sandbucht, die im Halbkreis von Fischerhäusern, Ristoranti, Bars und ehrwürdigen Palazzi umstanden ist. Fischer und Liebespärchen sitzen auf den Steinmauern, bewacht vom aragonesischen Küstenwachturm und einer fröhlich-bunten Madonnenstatue. Die **Kirche** der Stadtpatronin **S. Maria a Mare** liegt nicht weit, innen liebevoll mit Ex-Voti der Fischer ausgeschmückt. Am 15. August wird die Meeresmadonna zu Wasser und zu Lande gefeiert.

Dank Touristen (und der EU) floss Geld in die Gemeindekasse. Der **Corso Matarazzo,** Flanier- und Einkaufsmeile von Santa Maria, wurde zur Fußgängerzone erklärt. Ein großer Park umgibt die **Villa Matarazzo,** früher Sommersitz des Unternehmers *Francisco Matarazzo,* der es Ende des 19. Jh. in Brasilien zu großem Reichtum brachte. Hier haben das **Meeresmuseum** und zwischenzeitlich ein mediokres Multimedia-Museum des Parco Nazionale ihre Bleibe gefunden. Antike Unterwasserfunde unterstreichen die Bedeutung der Häfen von Santa Maria und San Marco seit alters her. Villa und Park bieten kulturellen Veranstaltungen einen würdigen Rahmen.

■ **Il Mare Antico,** Villa Matarazzo, April bis Okt. Di bis So 9.30–12.30 Uhr, im Sommer länger geöffnet, Eintritt 1 €.

Von Santa Maria führen Treppenwege und eine enge Serpentinenstraße hoch nach **Castellabate (289 m, 745 Ew.).** Der Ort entwickelte sich um das namensgebende **Kastell,** 1123 im Auftrag von *Costabile Gentilcore,* dem vierten Abt der Benediktinerabtei von Cava de'Tirreni, errichtet. Es diente dem Schutz der Bevölkerung vor Sarazenenüberfällen und erlaubte die Kontrolle ausgedehnter Handelsaktivitäten, welche die einflussreiche Abtei auch im Cilento wahrnahm. In Santa Maria und San Marco wurden Getreide, Öl und Wein für den Fernhandel verladen. Es wird gemunkelt, dass einst geheime Gänge von der Burg bis ans Meer führten. Die öffentlich zugänglichen Räume und der Burghof werden für Ausstellungen und Veranstaltungen genutzt.

■ **Castello dell'Abate,** Via Castello 1A, Tel. 09 74 96 23 11. Tägl. 9.30–13.30 und 15–18 Uhr, im Sommer bis 24 Uhr. Eintritt 2/1 €.

Die strategisch gewählte Lage des mittelalterlichen Städtchens auf der Bergspitze beglückt heutige Besucher mit viel „Belvedere". Verwinkelte Gassen, Bogendurchgänge, labyrinthische Treppenwege führen durch das **intakte historische Zentrum.** Alle Wege führen früher oder später auf die **Piazzetta.** Hier lassen sich die Einheimischen die Nachmittagssonne auf den Rücken scheinen, während Touristen nach dem besten Spot für ein Selfie suchen. Der Fußballkicker musste leider den Tischen der Cafés und Restaurants weichen. Castellabate steht zu Recht auf der Liste der „Borghi più belli d'Italia". Stolzer noch ist man in Castellabate darauf, Drehort der italienischen Filmkomödie „Benvenuti al Sud" gewesen zu sein; viele traten als Komparsen auf. Die **Basilika S. Maria de Gulia** wurde Mitte des 12. Jh. errichtet und später barock umgestaltet. Unter den Kunstschätzen sticht ein Tafelbild des 16. Jh. heraus. Es zeigt den Erzengel *Michael* mit Lokalkolorit: Der Drache nimmt die verführerischen Formen einer Sirene an.

Der **freundliche Hafenort San Marco di Castellabate (35 m, 1140 Ew.)** bleibt seinen seefahrerischen Traditionen treu. Direkt an der Strada Statale konnte man noch bis vor einigen Jahren zusehen, wie *maestri d'ascia* („Axtmeister") traditionelle Holzschiffe von bis zu 20 m Länge unter freiem Himmel auf Kiel legten. Noch heute besitzt San Marco eine aktive Fischereiflotte. Der Fang wird z.T. frisch vom Kutter verkauft, ein allabendliches Spektakel. Im Sommer drängen sich schicke Jachten in der Marina, Ausflugsboote nehmen Kurs auf die Isola Licosa.

In der **Antike** diente der Hafen der in Misenum am Golf von Pozzuoli stationierten römischen Kriegsflotte als Außenposten. Bei Bauarbeiten kamen Reste römischer Villen und Nekropolen zum Vorschein, die Funde sind im Museo Archeologico von Paestum und in der Villa Matarazzo in Santa Maria zu sehen.

Der schöne Badestrand der **Spiaggia Pozzillo** erstreckt sich bis Santa Maria. Zur anderen Seite führt vom Hafen ein lauschiger Spaziergang ans Sirenen-Kap **Punta Licosa.**

Im Süden der Halbinsel lockt **Ogliastro Marina** mit einer kinderfreundlichen Sandbucht und feinen Fischlokalen. Auf Höhe der **Torre Ogliastro** trifft die Küstenstraße auf eine Durchfahrtssperre; ohne Passiererlaubnis endet hier für die meisten die Fahrt. Dafür kann man dem Küstenpfad zu Fuß bis an die Punta Licosa folgen.

Praktische Tipps

Information

- **Cilentomania**

Info-Büro oberhalb der Piazzetta mit Verkauf lokaler Produkte.
Via G. Matteotti 6 – Castellabate,
Tel. 09 74 96 73 47, www.cilentomania.it, [i]

- **Ufficio di Promozione Turistica**

In der Sommersaison öffnet ein Info-Pavillon an der Piazza P. Matarazzo am nördlichen Ende des Corso und im Süden dem Rathaus gegenüber ein zweiter an der Piazza A. Izzo.
Santa Maria di Castellabate, Tel. 09 74 96 08 53,
www.comune.castellabate.sa.it

MEIN TIPP: **Verdeblu Travel**

In ihrem Reisebüro gibt *Marina Schiavo,* die ausgezeichnet deutsch spricht, touristische Auskünfte und vermittelt schöne Unterkünfte und Mietfahrzeuge. Interessantes Ausflugsprogramm: Wanderungen, Bootsausflüge und Tauchkurse.
Via C. Colombo 11 – Santa Maria di Castellabate,
Tel. 09 74 90 46 36, Mobil 33 15 70 15 64,
www.cilento-vacanze.com

An- und Weiterreise

- **Auto:** Santa Maria di Castellabate und San Marco di Castellabate liegen an der SR 267, Serpentinenstraßen führen nach Castellabate hoch.
- **Bus:** Zwischen Salerno und Acciaroli verkehren regelmäßig Überlandbusse der FS Busitalia (www.fsbusitalia.it), sie halten unterwegs in Paestum und Agropoli, tägl. von und nach Neapel. In Santa Maria halten die Busse am nördlichen Ende des Corso auf der Piazza Matarazzo. Städtische Busse, die zwischen den einzelnen Ortsteilen verkehren, halten im Süden auf der Piazza A. Izzo.
- **Bahn:** Der nächste Bahnhof befindet sich in Agropoli (15 km), Anschluss mit FS Busitalia.

13 Fahrzeugverleih: Antares '91, *Franco Nigro* bietet persönlichen Service und ist eine gute Alternative zu den internationalen Anbietern. Transfer zum Flughafen oder Bahnhof. Auch Radverleih.
Via Pagliarola 2 – Santa Maria di Castellabate, Tel. 09 74 96 02 41, Mobil 33 56 38 97 19, www.antares91.com

Unterwegs in Castellabate

■ **Parken:** In Santa Maria di Castellabate gebührenpflichtige Parkplätze an beiden Enden des Corso und am Lungomare; in Castellabate am Ortsrand bzw. auf der Piazza 16. Giugno 1138.

■ **Bus:** Orangefarbene SMEC-Busse (Tel. 09 74 96 15 65, www.autolineesmec.it) verbinden die Ortsteile der Gemeinde Castellabate miteinander. Tickets am Kiosk oder im Bus.

Übernachten in/bei Castellabate

30 A' Cràpa Mangia②-③
Das einsam unterhalb von Castellabate gelegene Gehöft aus dem 17. Jh. wurde mustergültig restauriert, die meist in Nebengebäuden untergebrachten Apartments (2 bis 8 Betten) sind stilsicher eingerichtet, die sanitären Anlagen, Küchen und Betten top. Heizung und Kaminöfen sorgen bei Bedarf für wohlige Wärme. Die Gäste werden auf Wunsch mit Wein, Öl und morgens mit frischen Brötchen versorgt, gute Tipps gibt es gratis dazu. Famose Ausblicke auf Santa Maria und das Meer. Kurzum: ein toller Platz auch für Familien mit Kindern oder für kleine Gruppen. Außerdem ideal für einen Arbeitsaufenthalt: Wohnungen können mit einem professionellen Office-Kit ausgestattet werden. Viel Freude bringen die Esel! Anfahrt: von der nördlichen Zufahrtsstraße nach Castellabate ca. 1 km vor dem Ort in einer Kurve mit Betonmast rechts abbiegen, die Schotterstraße endet nach 600 m am gelben Gutshaus mit typischem Taubenturm. Der Berliner Besitzer *Karl Heinz Simon* und *Lucia Iuzzolini* kümmern sich um das Wohl der Gäste. 8 Ap., 2 Zi.
Località Il Cannito, (D-)Tel. (030) 79 40 34 12, (I-)Mobil 39 29 58 78 62, www.crapa.de, fb, [i]

Der Fußballkicker auf der Piazzetta von Castellabate musste leider Restauranttischen weichen

ama127 pa

Santa Maria di Castellabate, Castellabate

Übernachtung
1 Vignazzura – Azienda Agricola San Giovanni
2 Trezene Village
7 Casale Dionisia
9 Isca della Chitarra Bed & Charme
15 Villa Sirio
18 Palazzo Belmonte
19 Palazzetto Florio 1810
22 1861 – Residenza d'Epoca
23 Carina Vacanze
29 Palazzo Gentilcore
30 A' Cràpa Mangia
31 Residenz San Leo

Essen und Trinken
4 Ci vediamo da Mario
5 U' Barone
6 Duca? Dica!
8 Hortus Restaurant
10 Il Gelatiere
14 Pasta e Pizza – Da Nello
16 Ristorante Da Andrea
17 Le Gatte
20 Gelateria Baffo
21 Cliff Feel Good Bar
22 Osteria del 1861
24 La Tartaruga
25 Cantina Belvedere
26 Il Chiostro
27 Piazzetta 1123
28 Pancrazio

Einkaufen/Sonstiges
3 Masianello Tourist
11 Enoteca Casaburi
12 Bufalina
13 Antares '91

23 Carina Vacanze②-③
Karin Kappes vermietet und vermittelt ganzjährig kinderfreundliche Ferienwohnungen und B&Bs, z.T. direkt am Meer. Transfer und Mietfahrzeuge werden auf Wunsch organisiert. Auch Wandertouren.
Località Fontanelle, Tel. 0049 (0)615 14 60 96 45, Mobil 33 37 33 77 19, www.carinavacanze.de

Mein Tipp: **29 Palazzo Gentilcore**②-③
Das ehemalige Albergo Il Castello hat eine erstaunliche Wiedergeburt erlebt. Die neuen Besitzer *Chiara Fontana* und *Giovanni Riccardi* haben die ehemalige Adelsresidenz mit Hingabe einer umfangreichen Restaurierung unterzogen. Die Zimmer sind individuell geschnitten, alle weisen ein tolles Ambiente auf, einige lassen sich zu Apartments verbinden – an den Wänden sehenswerte Kunst. Nicht nur Gästen des Hauses sei das angeschlossene **Restaurant Pancrazio** empfohlen (s.u.)! Parkmöglichkeiten auf der nahen Piazza. 13 Zi. Jan. geschl.
Via Amendola 1, Tel. 097 41 73 50 06,
Mobil 33 85 66 87 38 *(Chiara)*,
39 39 66 39 42 *(Giovanni)*,
www.palazzogentilcore.it, fb, [i]

Mein Tipp: **31 Residenz San Leo**②
Birte Kokocinski hat ein Cilento-Kleinod für ruhesuchende Reisende geschaffen. Ein ehemals bescheidenes Naturstein-Bauernhaus samt Nebengebäuden wurde umfassend renoviert. Die Wahl besteht zwischen mehreren komfortablen Apartments, die sich z.T. für Familien oder eine Gruppe von Freunden zusammenlegen lassen. Dazu gibt es den Blick von oben aufs Meer und einen großen Obst- und Gemüsegarten, aus dem man sich nach Herzenslust bedienen kann. Frühstücksbrötchen liefert jeden Morgen frisch der Bäcker, und *Annas* Hühner legen Eier. Überhaupt kümmert sich die Nachbarin *Anna De Marco* – auch in *Birtes* Abwesenheit – mit Hingabe um das Wohl der Gäste, füllt auf Wunsch vorab den Kühlschrank, betreibt einen bestens sortierten Hofladen und schürt in der urigen **Gaststube Il Tavolo della Famiglia** den Pizzabackofen. Ein Blick auf die Website lohnt sich immer, denn *Birte* denkt sich regelmäßig tolle Aktiv-Reiseideen aus! 8 Ap.

ama130 pa

Contrada San Leo, (D-)Mobil 0175 536 23 36, (I-)Mobil 33 96 90 19 63, www.cilentissimo.de, fb

Übernachten in/bei Santa Maria di Castellabate

22 1861 – Residenza d'Epoca②-③

Beim *restauro* des direkt an der Uferstraße gelegenen Palazzo und der Einrichtung der Räume wurde sicherer Geschmack bewiesen. In den ehemaligen Lagerräumen sind die coole Bar und der Frühstücksraum eingerichtet. Die luftigen Zimmer verteilen sich über den ersten und zweiten Stock und die Mansarde. IKEA könnte hier seinen Katalog fotografieren, so geschickt wurden einige der Schwedenmöbel platziert. Drei von sechs Zimmern mit Blick aufs Meer – den kleinen Aufpreis sollte man sich gönnen! Im Sommer allerdings, wenn sich der Lungomare belebt, wird es hier etwas laut! In der Gasse dahinter lohnt die coole **Osteria del 1861** auch ohne Belvedere unbedingt den Besuch (s.u.). 6 Zi. April bis Ende Okt.

Lungomare Perotti (Via A. Cilento 28), Tel. 09 74 96 14 54, Mobil 34 63 10 44 50, www.osteria1861.it/residenza

7 Casale Dionisia②-③

Dionisia De Santis empfängt ihre Gäste in einem neu errichteten Steinhaus im Ortsteil Alano wenige Kilometer landeinwärts von Santa Maria. Die gemütlichen Apartments sind bestens eingerichtet, sie verfügen jeweils über eine Küche und es gibt sogar Waschmaschinen – also alles da für einen längeren Aufenthalt mit Familie. Von Weitem genießt man den Blick auf Meer und Sonnenuntergang. Das Beste aber: Ein großer Garten mit alten Obstsorten, Gemüse, Kräutern und mediterranen Wildpflanzen umgibt das Haus, die Gäste können hier nach Belieben ernten. Der Casale Dionisia ist zugleich Sitz des Kulturvereins **Zephiro – Centro Botanico, Studi e Ricerche** (siehe „Wandern"). Anfahrt: Abzweig nördlich der SR 267 nahe der **Bar Dolce Angolo** und nach 450 m rechts. Besser anrufen, die Gegensprechanlage am Tor funktioniert nicht immer. 2 Ap. Mind. 3 Nächte.

Via degli Ulivi 37 – Alano, Mobil 33 39 19 36 93, https://casale-dionisia.business.site, fb

Mein Tipp: **19 Palazzetto Florio 1810**②-③

Carlo Jovane, der jahrelang mit Verve das Hotel 1861 – Residenza d'Epoca geführt hat, kümmert sich inzwischen um die Leitung des Palazzo, der sich über

der weiten Sandbucht an der Marina Piccola erhebt. Großzügig geschnittene Zimmer und Apartments, die Räume hell und hoch. Die Küchen verstecken sich geschickt in einem Holzmöbel mit Klappe. Hier bleibt man gerne länger als geplant! Nur im Sommer wird es nach vorne hin etwas laut. 9 Ap. April bis Anfang Nov.
Lungomare Perrotti, Tel. 09 74 96 83 21, Mobil 33 88 25 96 80, www.palazzettoflorio.com

MEIN TIPP: 9 Isca della Chitarra Bed & Charme②-③

Charmantes B&B in einer ruhigen Quergasse des Corso oberhalb der Villa Matarazzo. Die Zimmer sind mit allem Komfort ausgestattet, auf der großen Dachterrasse wird das feine Frühstück serviert. *Valeria* und *Antonio* kümmern sich mit großer Aufmerksamkeit um ihre Gäste. 3 Zi.
Via G. Garibaldi 13, Mobil 32 07 53 12 91, www.iscadellachitarra.com, fb

18 Palazzo Belmonte④

Schon von 2004 bis 2011 wurde der Palazzo Belmonte in meinen Reiseführern empfohlen, jetzt erscheint es mir wieder an der Zeit. Inzwischen haben *Francesca Granito Pignatelli di Belmonte* und ihre Schwester *Sofia* von ihrem Vater die Regie übernommen und den alten Mauern neues Leben eingehaucht. Der im 17. Jh. errichtete Palazzo erhielt Mitte des 19. Jh. seine heutige Gestalt. Umgeben von einem weitläufigen Park mit altem Baumbestand erhebt sich das noble Anwesen direkt über dem Strand. Etwas abseits liegt eine moderne Sommer-Dependance, viel reizvoller sind die ganzjährig zur Verfügung stehenden Suiten im Herrenhaus – im Winter durchaus bezahlbar. Auch an Regentagen lässt es sich hier gut aushalten, nach einem Strandspaziergang lädt ein großer Salon zur Lektüre ein, die Küche versorgt die Gäste mit Köstlichkeiten. Im Sommer wird das Frühstück in der Lounge-Bar mit Meerblick serviert, im Winter in den geräumigen Suiten. Mindestaufenthalt 2 Nächte. 9 Suiten.
Via Senatore Manente Comunale 22, Tel. 097 44 96 02 11, WhatsApp 35 17 22 96 95, https://palazzobelmonte.com

2 Trezene Village②

Gepflegte Anlage mit schattigen 25.000 m² zu beiden Seiten der Straße. Direkter Zugang zum Strand, am privaten Strandabschnitt Liegen und Sonnenschirme. Unterbringung in sauberen Bungalows. Im Juli und Aug. Animation. Großes Sportangebot, attraktives Ausflugsprogramm und Pool. Schickes **Terrassenrestaurant** mit schönem Capri-Blick. Anfang April bis Ende Okt.
Via B. Simeone – Zona Lago, Tel. 09 74 96 50 27, Mobil & WhatsApp 33 56 78 97 76, www.trezene.com, fb, [i]

1 Vignazzura – Azienda Agricola San Giovanni③

Mario Corrado und *Ida Budetta* vermieten nur ein einziges Ferienhaus, aber in was für einer Lage! Als Architekt restauriert *Mario* mit Liebe und Sachverstand alte cilentanische Häuser. Inmitten seiner Weinberge hat er ein schmuckes Steinhaus als Gästehaus errichtet. Ein (geländegängiges) Fahrzeug ist von Vorteil und man sollte die Einsamkeit lieben. Dann wird man seine Freude haben, v.a. auch naturabenteuerlustige Kinder. Ein Fußweg führt zum privaten Felsstrand, der Küstenstreifen ist als Meerespark geschützt. Auf ausgedehnten Streifzügen kann man die fast menschenleere Halbinsel erkunden (siehe **Wanderung 7** im Kapitel „15 Wanderungen"). *Mario* und *Ida*, die hier drei Kinder großgezogen haben, produzieren einen herrlich frischen Fiano und einen kräftigen Aglianico (siehe Exkurs „Jazz in Flaschen und andere gute Tropfen", S. 516). Anfahrt: aus Santa Maria di Castellabate durch den Ortsteil Lago und am nördlichen Ortsende die Schotterstraße hoch (hier eine Durchfahrtssperre, rechtzeitig anrufen!); an der ersten Gabelung zweigt links die Privatstraße zur Azienda ab.
Punta Tresino, Mobil & WhatsApp 39 32 74 96 50, www.agricolasangiovanni.it, fb

◁ Mario Corrado und Ida Budetta zählen zu den jungen Winzerstars des Cilento

15 Villa Sirio③-④

Charmant-luxuriöses Hotel in einer Patriziervilla am Lungomare, stilvolle Einrichtung. Meerblick gegen Aufpreis! Nebenan moderne 16-Zimmer-Dependance. Im **16 Ristorante Da Andrea** isst man ausgezeichnet à la carte. Von der Besitzerfamilie aufmerksam geführt. 21 Zi. April bis Ende Okt.
Lungomare De Simone 15, Tel. 09 74 96 10 99,
Mobil 34 76 86 05 40, www.villasirio.it, fb, [i]

Übernachten in San Marco di Castellabate

■ **La Capannina**②

Freundliche Familienpension, die etwas versteckt am nordöstlichen Ortsrand liegt, der schöne Strand in Gehdistanz. Einfache, saubere Zimmer, z.T. mit Kochnische. Empfehlenswert ist auch das **Ristorante** der Familie *Agresta,* es existiert seit einem halben Jahrhundert. Der Fisch ist frisch (der Sohn ist Fischhändler), Obst und Gemüse baut *Signora Antonietta* im eigenen Garten an, und jedes Jahr wird ein Schwein aufgezogen, um im Januar geschlachtet zu werden. 15 Zi., 4 Ap.
Via Pozzillo 10, Tel. 09 74 96 61 91,
Mobil 32 84 89 96 76 *(Costabile),* 33 95 70 66 10,
www.lacapanninacilento.com

■ **La Corallina**②-③

Edles Frühstückshotel in einem Palazzo über dem Hafen. Alle komfortablen Zimmer mit Balkon und Meerblick. Gäste können im **Restaurant Donna Elvira** des gegenüberliegenden **Hotels Approdo Ressort** – hier auch die Rezeption – ausgezeichnet speisen und das Approdo Thalasso Spa (s.u.) besuchen. 9 Zi.
Via Porto 49, Tel. 09 74 96 60 01,
https://approdothalassospa.com/corallina, fb, [i]

[>] Pancrazio heißt das feine Ristorante des ebenso feinen Hotels Palazzo Gentilcore

Übernachten in Ogliastro Marina/ an der Punta Licosa

■ **Da Carmine**②

Sympathisches, ruhiges Familien-Albergo direkt am kinderfreundlichen Strand. Die meisten Zimmer bieten den Blick über die Bucht bis Acciaroli. Angeschlossen ist ein empfehlenswertes **Fischrestaurant.** Jenseits der Straße liegen sechs Apartments für Selbstversorger. 13 Zi., 6 Ap. März bis Okt.
Via Provinciale 37, Tel. 09 74 96 30 23,
Mobil 33 35 88 71 11 *(Mario),*
www.albergodacarmine.it, fb, [i]

■ **Il Cefalo**②

Nettes, von der Familie *Di Luccia* aufmerksam geführtes Strandhotel mit gutem **Ristorante** (s.u.) und Blick auf die Punta d'Ogliastro. Zimmer mit und ohne Meerblick, feines Frühstück. Für die Gäste liegen Kajaks bereit. Parkmöglichkeiten auf der nahen Piazza Giovanni Paolo II. 12 Zi. April bis Okt.
Via Monsignore Passaro 1, Tel. 09 74 96 30 19,
WhatsApp 33 97 11 22 13, www.ilcefalo.it, [i]

■ **Leucosia**②-③

Antonio Meola führt sein einladendes B&B in der Nähe der Punta Licosa. Gäste des Hauses kommen in den Genuss der **Kochkünste** seiner Frau *Adriana Pinto.* Die Namen der Gerichte nehmen Bezug auf *Homers* „Odyssee", die Zutaten stammen frisch aus dem Meer oder dem Bauerngarten. Von Ogliastro kommend, kann man mit dem Auto vorfahren (rechtzeitig vorher anmelden, Wärter an der Schranke). San Marco erreicht man in ca. 30 Min. zu Fuß (siehe „Wandern"). 4 Zi. Dez. geschl.
Via delle Sirene 14, Tel. 09 74 96 11 49,
Mobil 33 98 80 30 85, WhatsApp 33 32 56 82 26,
www.villaleucosia.it, fb, [i]

Essen und Trinken in/bei Castellabate

25 Cantina Belvedere②-③

Der namensstiftende Traumblick aufs Meer wetteifert mit den ebenso aparten wie köstlichen Antipasti-Tellern. Ansonsten regiert hier eine kreative Fischküche. Von *pesce fresco* versteht *Fioravante Lembo* als Sporttaucher einiges. Abends auch Holz-

ofenpizza. An den Wänden tolle SW-Fotos von *Fioravantes* Vater, Zeugnisse eines weitgehend verschwundenen Cilento. Seit 1963 am Platz! Im Winter Mo Ruhetag.
Via De Vivo, Tel. 09 74 96 70 30,
Mobil 33 87 93 52 39, www.cantinabelvedere.it

8 Hortus Restaurant②-③
Eine frische, junge Adresse, die Kunst und Küche vereint: *Costabile Guariglia,* der an der Kunstakademie unterrichtet und meisterhaft kocht, sowie *Angela Puca,* eine klassische Archäologin, haben sich zusammengetan, um der kulinarischen Kultur des Cilento durch alle Zeiten nachzuspüren. Kleine Speisekarte, die sich auf selbst angebaute Bio-Gartenprodukte sowie von lokalen Fischern erworbene Fische stützt. Breite Auswahl an Weinen. Foto- und Kunstausstellungen, Konzerte. Direkt oberhalb der SR 267 an der nördlichen Zufahrtsstraße Richtung Castellabate direkt neben der Cappella di S. Pietro gelegen. Bis auf So nur abends. Di Ruhetag, Febr. und März geschl.
Località San Pietro (SP 15) – Perdifumo,
Mobil 33 39 87 24 78, fb

MEIN TIPP: **26 Il Chiostro**②
Über eine Treppe betritt man den alten Konvent im Rücken der Chiesa Madre, der Innenhof entpuppt sich dann als eigentlicher Gastraum. Über 30 Jahre hat *Giuseppe Guida* daran gesetzt, an diesem Ort sein Traumlokal zu eröffnen. Im August 2018 war es endlich so weit. In der Zwischenzeit wirkte der begnadete Koch in gehobenen Restaurants Mittel- und Norditaliens. Auf der Karte stehen nur wenige Gerichte, das Angebot folgt den Jahreszeiten und dem Marktangebot. Umso vielfältiger sind die geschmacklichen Eindrücke. Die Zubereitung lässt cilentanische Traditionen erkennen, geht aber oft eigene Wege. Dem kleinen Hunger wird mit Käse und Wurst abgeholfen. Dazu ein Glas Wein oder ein Cocktail von *Giuseppes* Sohn *Andrea* – der Chiostro Sour ist eine Eigenkreation. In loser Folge finden Konzerte statt. Mo, Do, Fr und Sa ab 18 Uhr, So mittags und abends. Jan. und Febr. geschl.
Via C. Lancellotti 1, Mobil 36 68 75 18 79,
https://ilchiostrowinebar.it, fb

ama133 pa

28 Pancrazio②-③

Diese entzückende, dem **Hotel 29 Palazzo Gentilcore** angeschlossene Locanda erzählt, wie es kam, dass *Chiara Fontana* und *Giovanni Riccardi*, die beide als Juristen arbeiten, unter die Gastwirte gingen (*Giovannis* Bruder *Mario* ist Patron der **Cantinella sul Mare** in Villammare). Auf kulinarischen Entdeckungsreisen lernten sie den Cilento und seine kleinen, engagierten Erzeuger kennen und lieben. Ihnen begegnet man zu Tisch. Die Leitung des feinen Restaurants untersteht Küchenchef *Pietro Parisi*, ein Botschafter der Dieta Mediterranea und von Slow Food. Frischer Fisch, Meeresfrüchte und Bauerngemüse stehen prominent auf der Karte. Bis auf die Wochenenden nur abends. Jan. geschl.

Via Amendola 1, Tel. 097 41 73 50 06,
www.palazzogentilcore.it, [i]

Die Fischer von Santa Maria bereichern die Speisekarten der Ristoranti – hier im Bild Domenico „Minguccio"

ama131 pa

Essen und Trinken in Santa Maria di Castellabate

4 Ci vediamo da Mario①-②

Immer gut für eine leckere Holzofenpizza, einen Teller Pasta oder Fisch. Und man kann auf Deutsch bestellen. Mo Ruhetag.

Lungomare O. Pepi 118,
Tel. 09 74 96 53 01, Mobil 33 98 68 98 11, fb

6 Duca? Dica!①-②

Hier speisen sogar die Fischer. *Marianna* (am Herd) und ihre Brüder ziehen alle Register, um ihre Gäste satt und zufrieden zu machen: leckere Holzofenpizze, traditionelle Pasta- und Gemüsegerichte, frischer Fisch. Die mit Ricotta gefüllten Ravioli mit Zucchini und Herzmuscheln erfüllen das Motto „casarecci, freschi e genuini" („hausgemacht, frisch und unverfälscht") aufs Beste. Die Getränkeauswahl ist unaufregend. Di Ruhetag, im Winter nur abends, sonst auch mittags.

Lungomare O. Pepi 62, Mobil 39 20 66 52 71, [i]

Mein Tipp: **24 La Tartaruga**①-②

Lässiger Lido und tolles Strandlokal, das auf vorzüglich zubereiteten Fisch und Meeresfrüchte setzt. Mittags serviert *Mauro Stella* auch leichte Pasta-Gerichte und frische Salate, man kann aber auch nur auf einen Drink zum Sundowner vorbeischauen. Lange Saison!

Strada Statale 267, Km 20 – Località Pozzillo,
Mobil 33 36 63 06 14, www.lidolatartaruga.it, fb

17 Le Gatte②

Wine- & Cocktail-Bar mit Havanna-Flair am kleinen Fischerhafen. Im ersten Stock neapolitanische Holzofenpizza auf großen Vietri-Tellern und feine Fischgerichte. Gute lokale Slow-Food-Produkte, feine Weine und Craft-Bier. Ostern bis Ende Sept. an Wochenenden, ab Juni täglich. I.d.R. nur abends.

Lungomare Perrotti – Porte delle Gatte,
Tel. 09 74 96 02 55, www.legatte.it, fb, [i]

Havanna-Flair im Le Gatte

22 Osteria del 1861②-③
Es geht auch ohne Meerblick: Ein altes Fasslager wurde in ein gemütlich-cooles Restaurant verwandelt. Im Sommer locken die Sitzplätze im intimen Innenhof. Kleine Speisekarte mit gehobener Cilento-Küche, dazu feine Weine. I.d.R. nur abends, April bis Ende Okt.
Via Valentino Izzo 1, Tel. 09 74 96 14 54, www.osteria1861.it

MEIN TIPP: **14 Pasta e Pizza – Da Nello①-②**
Der stets freundliche *Nello* betreibt seine Trattoria-Pizzeria etwas versteckt unterhalb des Corso Matarazzo. Hier zählen weder Lage noch Ambiente, sondern die exzellente Qualität der Speisen zu fairen Preisen. Im Winter Mo Ruhetag.
Via Pagliarola 33, Mobil 33 88 43 17 37, www.nellopastaepizza.it

5 U' Barone②
Die Familie *Pisciottano* betreibt im EG ihres Wohnhauses ein bodenständiges Fischlokal. An frischem Fisch herrscht kein Mangel, da fast alle Männer mit eigenen Booten und Kuttern im Fischfang tätig sind. Geradezu schick wirkt der Pavillon auf der gegenüberliegenden Straßenseite über dem Strand. April bis Okt., im Winter bei gutem Wetter mittags.
Lungomare O. Pepi 110, Tel. 09 74 96 53 69, Mobil 33 92 66 57 58 *(Stefano)*, 33 49 16 06 52 *(Ruggiero)*, fb

Essen und Trinken in San Marco di Castellabate

Ristorante K②
Enzo Durazzo, der deutsch spricht, führt sein freundliches Fischlokal im Zentrum von San Marco, seine Frau *Rosalba* steht am Herd. Sardellen in allen erdenklichen Zubereitungsarten, Gemüse aus eigenem Bio-Anbau. Kleiner Speisesaal, große Terrassen. Mo Ruhetag, Jan. geschl.
Piazza G. Comunale (Via G. Mazzini 1), Tel. 09 74 96 63 94, Mobil 37 37 09 41 83, www.ristorantekcilento.it, fb

Quasi in Porto②-③
Hübsches, feines Fischlokal über dem Hafen, Tische auch auf der Terrasse. Die sympathischen Besitzer *Francesca Cunto* und *Gianluca Tramutola* vermieten

ama132 pa

ama128 pa

nebenan nette **Gästezimmer** mit Meerblick. Mitte März bis Ende Nov.
Via Porto 46, Mobil 33 13 89 55 63, www.quasiinporto.it, fb

Essen und Trinken in Ogliastro Marina

■ Da Carmine②-③
Das Ristorante der Familie *Verrone* steht seit 1965 für beste Fischküche. Bei den *primi* überraschen die *castellane alla carmine*, kurze Nudeln in einer würzigen Tomaten-Steinpilz-Venusmuschelsoße. Den selbst gefangenen Fisch gibt es gegrillt, gedünstet oder *all'acqua pazza*. Der Kastanienkuchen ist ein Gedicht! Ehrliche Preise. Terrasse über dem Strand, darüber das kleine **Albergo.** März bis Okt.
Via Provinciale, Tel. 09 74 96 30 23

■ Il Cefalo②
Auch dieses dem gleichnamigen **Hotel** (s.o.) angeschlossene Fisch-Ristorante ist zu empfehlen. April bis Okt.
Via Monsignore Passaro 1,
Tel. 09 74 96 30 19, www.ilcefalo.it

⌃ An der Punta Licosa hat Alfiero Romito Fiano-Reben angepflanzt

Essen und Trinken in Montecorice

■ Catania Cucina e Pizzeria②-③
Familiäres Ristorante im Centro storico, bei gutem Wetter wird die Veranda eingedeckt. Frischer Fisch und Gemüse regieren die Speisekarte, eine Spezialität von *Gabriele Catania* ist die *genovese di tonno,* in Zwiebeln gedünsteter Thun auf frischer Pasta. Abends wird auch eine sehr leckere Pizza serviert. Nov. bis März nur Fr, Sa und So, sonst tägl.
Via Duca degli Abruzzi 2,
Tel. 09 74 96 47 00, Mobil 33 85 49 83 86, fb, [i]

Bars, Cafés und Eisdielen

21 Cliff Feel Good Bar
Lässige Location im Uferpalazzo am kleinen Fischerhafen.
Lungomare Perrotti – Santa Maria di Castellabate, Mobil 338 36 21 43

20 Gelateria Baffo
Seit 1972 (!) weiß *Giovanni Aversano* seine kleinen und großen Stammkunden mit köstlichem Speiseeis zu verzücken. Leicht zurückversetzt vom Stadtstrand. April bis Okt.
Via Flavio Gioia – Santa Maria di Castellabate, Mobil 36 63 30 76 92

■ Il Gabbiano
Lässiger Hang-Out mit Blick über den Hafen. Angeschlossen ist ein **B&B,** eine der Suiten mit eigenem (verzichtbarem) Spa. Ende März bis Anfang Nov. Mo Ruhetag.
Via Porto 1 – San Marco di Castellabate,
Mobil 33 96 20 06 99, fb

10 Il Gelatiere
An *Pasquale D'Angelos* großartiger Eisdiele führt kein Weg vorbei und schon gar nicht, wenn man Kinder im Schlepptau hat! März bis Nov.
Corso Matarazzo 85 –
Santa Maria di Castellabate, fb

27 Piazzetta 1123
Italienische Touristen fragen gerne nach dem Postamt aus dem Film „Benvenuti al Sud" – hier ist der Ort. Die Räume der ehemaligen Metzgerei beherbergen heute die In-Bar an der berühmt geworde-

nen Piazzetta. Snacks, Cilento-Cocktails und Eis des Meister-Gelatiere *Raffaele del Verme* aus Torchiara. Auch Verkauf von Wein und *prodotti tipici*. Ende März bis Sept. tägl., Okt. und Nov. nur wochenends.
Piazza 10. Ottobre 1123 – Castellabate,
Mobil 33 47 92 15 50, fb

Einkaufen/Verkostungen

Am Samstagvormittag wird in Santa Maria di Castellabate in der Nähe der Piazza San Pio ein **Wochenmarkt** abgehalten, ein „Woolworth unter freiem Himmel" *(Birte Kokocinski)*, den Corso säumen Geschäfte für Lebensmittel, Mode und Alltagsbedarf.

Alici di Menaica di Donatella Marino

Donatella und *Vittorio* (der mit eigenem Boot ausfährt) haben ihre Aktivitäten von Pisciotta nach San Marco verlegt, wo sie zusammen mit ihren Kindern *Marco* und *Serena* weiterhin in höchster handwerklicher Qualität Fischkonserven produzieren. Die frisch verarbeiteten *alici di menaica* – im Mai und Juni mit speziellen Netzen gefangene Sardellen, anschließend in Salz eingelegt – sind ein Slow-Food-Presidio. Mo bis Fr 9–16 Uhr, im Sommer länger und mit der Möglichkeit zur Degustation. Im Gewerbegebiet landseitig der SR 267.
Via Giovanni Romito – San Marco di Castellabate,
Mobil 34 74 43 91 02, www.alicidimenaica.it, fb, [i]

12 Bufalina

Gut sortiertes Feinkostgeschäft mit Spezialitäten (nicht nur) des Cilento. *Angelo* und *Gerardina Ciliberti* halten (Picknick-)Köstlichkeiten wie *spianate di bufala*, luftgetrocknete Büffelsalami mit Speckkern, Cacciocavallo-Käse aus Paestum oder Podolica aus der Basilikata, *sott'olii* und Holzofenbrot bereit, selbstverständlich auch eine Auswahl bester Weine. So Vormittag geschl.
Corso Matarazzo 155 – Santa Maria di Castellabate,
Tel. 09 74 96 13 56, Mobil 33 94 32 78 29

MEIN TIPP: **11 Enoteca Casaburi**

Neben Käse, Wein, Würsten und den besten (!) getrockneten Cilento-Feigen hält *Antonio Casaburi* für seine Kunden jede Menge guter Reisetipps bereit. Und er spricht deutsch! In Zukunft möchte *Antonio* etwas kürzer treten und seinen Laden übergeben.
Corso Matarazzo 52 – Santa Maria di Castellabate,
Mobil 33 94 03 58 39, fb

Il Colle del Corsicano Winery

Der junge Winzer *Alfiero Romito* hätte sich kaum eine schönere Landschaft für die Anlage seines neuen Weinbergs aussuchen können. Seit drei Generationen bestellt seine Familie den Colle di Corsicano im Süden von Castellabate und baut hier Wein und Oliven an, inzwischen biozertifiziert. An der Punta Licosa hat *Alfiero* Fiano-Reben angepflanzt. Die unmittelbare Meeresnähe verleiht dem Weißen seinen besonderen Charakter. Auf Anmeldung jeden Sa ab 17 Uhr Führungen im Rebgarten mit Degustation.
Contrada Franco – San Marco di Castellabate,
Mobil 33 98 47 12 26 *(Alfiero)*, 38 81 58 68 48 *(Carmela)*, www.ilcolledelcorsicano.it, fb, [i]

Feiern

- **San Costabile,** am 17. Februar feiert Castellabate seinen Gründer und Stadtpatron.
- **San Marco,** zu Ehren des Patrons findet am 25. April in San Marco di Castellabate eine Bootsprozession statt.
- **Santa Maria a Mare,** am 15. August wird die Patronin von Santa Maria di Castellabate mit einer Bootsprozession und einem Feuerwerk gefeiert.

Tresino Wine Festival

Abtanzen unter freiem Himmel: Unter diesem oder anderen Labels finden auf dem traumhaft gelegenen Gelände der Azienda Agricola San Giovanni (siehe „Übernachten" bei Santa Maria di Castellabate) Konzerte, Jam-Sessions oder DJ-Sets statt, dazu wird der eigene, von Slow Food hoch gelobte Wein ausgeschenkt.
www.facebook.com/agricolasangiovanni, [i]

Baden

Nicht zufällig hat sich der Tourismus um Santa Maria di Castellabate und San Marco di Castellabate früh entwickelt. Nördlich und südlich der Küstenstädtchen locken **lang gezogene und familienfreundliche Sandstrände mit netten Strandbars.** Eine weitere schöne Sandbucht erstreckt sich vor Ogliastro Marina und zieht sich bis zum Nachbarort Case del Conte. Als sichtbares Zeichen ausgezeichneter Wasserqualität weht über den Stränden die „Blaue Flagge".

Approdo Thalasso Spa

Salz auf der Haut: elegante Stahl-Glas-Konstruktion über dem Hafen mit Salzgrotten und Belvedere-Pool im Freien. 3 Std. 50–55 €, Tageskarte 65–75 €. Mitte März bis Mitte Okt. tägl. 10–20 Uhr.
Via Porto 49 – San Marco di Castellabate,
Tel. 09 74 96 60 01, 09 74 96 60 02,
www.approdothalassospa.com, fb, [i]

Bootstouren

In den Sommermonaten werden ab den Häfen von Santa Maria und San Marco Bootstouren **entlang der Küste und zur Isola Licosa** angeboten. Auch Holzboote wie die typischen *gozzi* können ausgeliehen werden.

3 Masianello Tourist

Nicola Guariglia organisiert mit seinem hübschen Boot entspannte Tagestörns ab San Nicola di Agnone bzw. vermittelt für kleine Gruppen Ausflüge mit Fischern. Ein besonderes Erlebnis sind die Kochkurse mit der Mamma!
Viale della Santa Croce – S. Maria di Castellabate,
Tel. 09 74 96 04 36, WhatsApp 33 55 92 96 43,
www.masaniellotourist.com, fb, [i]

Sea Rent and Rescue

Von Mai bis Okt. Ausflüge mit traditionellen Holzschiffen zur Isola Licosa.
Porto di San Marco di Castellabate,
Mobil 339 68 99 93, 33 43 87 68 88,
www.maredelcilento.com

Wandern

Nicht nur schöne Strände, sondern auch reizvolle Wanderungen locken in der Umgebung von Castellabate. Zuletzt bemühte sich die Gemeindeverwaltung von Castellabate um die Markierung und Pflege von Wanderwegen. Hoffentlich erlahmt dieser Enthusiasmus nicht! Zwischen Santa Maria und Agropoli bildet der **Monte Tresino** eine Halbinsel (siehe **Wanderung 7** im Kap. „15 Wanderungen"), die im Süden ihr Pendant in der Halbinsel des **Monte Licosa** findet. Mehr Tipps und Infos auf www.cilento-aktiv.info/cilento-aktiv/wanderungen.

ama134 pa

Zephiro – Centro Botanico, Studi e Ricerche

Mit ihrem Kulturverein organisiert *Dionisia De Santis* begeisternde **botanische Ausflüge** im Gebiet des Cilento-Nationalparks. Sie kooperiert mit dem Parco Nazionale und verfügt über ein profundes praktisches Wissen in der traditionellen mediterranen **Pflanzenheilkunde,** deren Ursprünge in der Eleatischen Schule der Antike und der Scuola Medica di Salerno (siehe Exkurs „Die Medizinschule von Salerno", S. 150) zu suchen sind. Sitz von Zephiro ist der **Casale Dionisia** (siehe „Übernachten"), wo Seminare zu den oben genannten Themen abgehalten werden und oft auch zusammen gekocht wird. Veranstaltungen auf Facebook unter „Eventi", ein reger Austausch findet auch innerhalb der Facebook-Gruppe „Flora Spontanea del Cilento" statt.
www.facebook.com/zephiroparcodelcilento

Punta Licosa

Entspannte Küstenwanderung mit Sprung ins Meer: Die eben verlaufende Tour **folgt** ohne Orientierungsprobleme im Wesentlichen **dem Küstenverlauf.** Unterwegs Blicke auf den Golf von Castellabate, die Halbinsel des Monte Tresino, die Amalfitana und Capri. Laut *Strabon* und *Plinius* verdanken das schöne Kap und die vorgelagerte Insel ihren Namen der Sirene *Leukosia,* die hier beerdigt sein soll.

Vom westlichen Ende des Hafens von San Marco hinter dem Hotel Approdo Resort der schmalen Fahrspur folgend, geht es im Rücken einiger Ferienhäuser in Richtung Punta Licosa. Unterwegs findet sich ein Abstecher auf den Monte Licosa. Der Hauptweg verläuft küstenparallel. Am B&B **Leucosia** vor-

☐ Sandstrände und Sandsteinfelsen wechseln sich an der Küste von Castellabate ab

bei gelangt man auf der Höhe eines winzigen Hafens an eine **Kreuzung:** Vorne liegt ein Anwesen aus dem 18. Jh., das von dieser Seite den direkten Zugang zur Punta Licosa versperrt. Der Asphaltstraße einige hundert Meter nach links folgen und am Ende des Grundstücks, an der umknickenden Mauer entlang, nach rechts bis zur Küste gehen. Jetzt kann man auf dem Küstenpfad den Abstecher zur Punta Licosa machen und anschließend nach Belieben dem wunderschönen Küstenpfad nach Südosten in Richtung Punta Ogliastro folgen. Auf demselben Weg wieder zurück.

Rutino, Torchiara, Prignano Cilento und Cicerale

Für Feinschmecker gibt es gute Gründe, einen Abstecher auf die Rückseite des **Monte della Stella** zu unternehmen. Auf den fruchtbaren Hängen gedeihen Oliven, Feigen und Reben. Das Agrarstädtchen **Rutino (371 m, 760 Ew.)** zieht sich als schmales Band einen Geländerücken entlang und blickt von oben auf den Alento-Stausee. Überragt wird es von Rocca Cilento mit seiner mächtigen Burg. Zum ersten Mal wird Ructinum im Jahr 954 urkundlich erwähnt im Zusammenhang mit der feierlichen Überführung der Reliquien des *hl. Matthäus* von Casalvelino nach Capáccio und weiter nach Salerno. Nicht ganz so alt ist die Tradition des **Engelflugs.** Am zweiten Maisonntag wird das Fest des Erzengels *Michael* gefeiert, dessen Figur an einem Seil heranschwebt, um *Luzifer* anschließend in einem Duell zu besiegen. Dem Kampf von Gut gegen Böse geht ein infernalisches Feuerwerk voraus. Im Ort sind mehrere **Winzer** ansässig, bekannt sind die Familienbetriebe *Rotolo* und *Barone. Salvatore Magnoni* ist ein Quereinsteiger, der auf Naturweine setzt.

Auf halber Strecke zwischen Rutino und Prignano Cilento liegt **Torchiara (360 m, 1800 Ew.)** mit einer Reihe schöner Adelspalazzi aus dem 16., 17. und 18. Jh., einige davon im Ortsteil Copersito. Der **Palazzo Baronale De Conciliis** dient als Veranstaltungsort für Konzerte und andere Kulturevents.

Gegenüber von Rutino erstreckt sich **Prignano Cilento (415 m, 1070 Ew.)** in ähnlich aussichtsreicher Geländeposition. Der Ort selbst wirkt etwas verwaist, viele kleine Läden haben geschlossen, dafür einige B&Bs neu aufgemacht. Die dem *hl. Nikolaus* geweihte Chiesa madre liegt am südlichen Ortsrand, zusammen mit dem Palazzo Marchesale Cardone, der sich immer noch in Privatbesitz befindet. Und hier liegt auch einer der kulinarischen Vorzeigebetriebe des Cilento, der Feigenveredler Santomiele.

Über dem Oberlauf des Fiume Alento erhebt sich **Cicerale (475 m, 1170 Ew.).** Seinen Namen verdankt der Ort den hier seit dem Mittelalter angebauten **Kichererbsen** (ital. *ceci*), heute als Slow-Food-Presidio gefördert. Die im Vorderen Orient beheimateten Hülsenfrüchte gelangten mit den Sarazenen ins Land. Der alte Ortskern zieht sich an einem schmalen Geländesporn entlang.

Praktische Tipps

Übernachten

MEIN TIPP: **Borgo Riccio**②-③

Gehobene Gastfreundschaft: Das Gutshaus der Familie *Riccio de Braud* beeindruckt mit beneidenswerter Panoramalage am westlichen Ortsrand von

Torchiara, umgeben von alten Oliven, Feigenbäumen, mediterraner Macchia und einem Pool im schönen Garten. Die Ruhe, die komfortablen Zimmer und das feine Frühstück machen den Aufenthalt zum erholsamen Erlebnis. Um die Gäste kümmert sich mit Aufmerksamkeit *Andrea,* zuweilen ist auch das Besitzerpaar *Angela* und *Alberto* zugegen. Familien mit Kindern und Freundesgruppen wird das bestens ausgestattete **Ferienhaus La Residenza Torchiara** (Via San Bernardino 16) im Ort empfohlen. 8 Zi. April bis Okt.
SP 86 N° 56 – Torchiara, Tel. 09 74 83 15 54, Mobil 34 75 10 03 71, 33 39 48 88 50, www.borgoriccio.com, fb, [i]

Essen und Trinken

Arco Vecchio②
Die ebenso gesunden wie schmackhaften Kichererbsen werden in allen erdenklichen Arten zubereitet. Ein Pasta-Kassiker sind *lagane e ceci.* Die familiäre Osteria liegt im hübschen Ortsteil Monte von Cicerale. Bis auf Sa/So nur auf Vorbestellung.
Via Roma – Monte Cicerale,
Tel. 09 74 83 41 87, Mobil 32 91 75 73 04, www.osteriaarcovecchio.wixsite.com/arcovecchio, fb

Gelateria Di Matteo
Raffaele Del Verme ist Widerstandskämpfer. Gegen alle wirtschaftlichen Widrigkeiten führt er die von seinem Großvater in den 1930er-Jahren eröffnete Eisdiele fort. Die Architektur bleibt auf sympathische Weise retro, das Gelato ist Weltklasse, die *gusti* sind eine Synthese des Cilento. Der Klassiker ist Feige mit Mandeln und Lorbeer, eine Wucht auch die Kombination aus ungeschälten Mandeln und Mandarinen. Ein empfehlenswerter Ableger ist die **Gelateria Sanacore** in Paestum. Von früh bis spät, Jan. und Febr. geschl.
Piazza Andrea Torre 13 – Sant'Antuono di Torchiara, Tel. 09 74 83 10 12, Mobil 34 75 81 76 99, fb

Einkaufen/Verkostungen

Casebianche
Betty und *Pasquale Mitrano* haben ihren Beruf als Architekten an den Nagel gehängt und sind 2000 unter die Weinbauern gegangen. Der elterliche Betrieb wurde biologisch und später bio-dynamisch umgestellt. Der Clou sind ihre flaschenvergorenen Schaumweine *La Matta, Il Fric* und *Pashkà.*

„Prima la terra" lautet das Motto von Salvatore Magnoni

ama135 pa

ama136 pa

Via Case Bianche 8 – Torchiara,
Tel. 09 74 84 32 44, www.casebianche.eu

Primalaterra – Azienda Agricola Salvatore Magnoni

„Prima la terra, poi tutto il resto", so lautet der Leitspruch von *Salvatore Magnoni*, „zuerst die Erde". Nach dem Tod des Vaters tauschte er sein Leben als DJ in Neapel gegen das Landleben im Palazzo seiner Vorfahren ein – dazu zählen u.a. *Luigi Magnoni*, eine herausragende Figur des italienischen Risorgimento, und dessen Sohn *Michele*, der *Garibaldi* auf seinem legendären „Zug der Tausend" 1860 durch Sizilien und Süditalien begleitete. *Salvatores* Revolution ist eine sanfte. Er hat die alten Olivenbäume wieder zum Tragen gebracht und die organisch bestellten Rebflächen neu angepflanzt. Seinen Weinen setzt er weder Zuchthefen zu, noch werden sie gefiltert. Kellerei und Fasslager befinden sich in den Gewölben des Palazzo. Für interessierte Besucher werden Weinbergsbesuche mit Degustationen organisiert. Musik spielt immer noch eine große Rolle in *Salvatores* Leben, in Rutino oder anderswo veranstaltet er Abende unter dem Motto „Jazz, Funk e Aglianico", Termine auf Facebook. Gute Aussicht: *Salvatore* wird in den schönen Kellergewölben seines Palazzo einen Weinausschank eröffnen (Betrieb wohl eher abends und an Wochenenden).
Via Fratelli Magnoni 11 – Rutino,
Tel. 09 74 83 00 18, Mobil 32 98 12 51 29,
www.primalaterra.it, fb, [i]

Kenner schwören auf den Fico bianco del Cilento

Santomiele

Vom *pane dei poveri* („Brot der Armen") zur Delikatesse auf königlichen Tafeln: *Antonio Longo* veredelt den Fico bianco del Cilento D.O.P. mit Hilfe von 15 Handwerkerinnen zu kulinarischen Kunstwerken in limitierter Auflage. In der simpelsten Form werden die Feigen sonnengetrocknet, mit wildem Fenchelsamen, Zitronenschale, Mandeln oder Nüssen gefüllt und anschließend kurz im Ofen gebacken. Für raffiniertere Rezepturen wird selbst hergestellte Schokolade verwendet, die Feigenmelasse ist ein von Feinschmeckern hoch geschätztes Produkt. Eine ehemalige, modern gestylte Ölmühle am südlichen Altstadtrand oberhalb der Chiesa di San Nicola wurde zum Showroom und Laboratorium umgebaut. Degustationen oder komplette Mahlzeiten für kleine Gruppen nach Anmeldung möglich. Besuch und Verkauf Mo bis Fr 9–18 Uhr.
Via Salita San Giuseppe – Prignano Cilento,
Tel. 09 74 83 32 75, www.santomiele.it, fb, [i]

Viticoltori De Conciliis

Paola De Conciliis hat vor einigen Jahren die Leitung des Familienbetriebes (siehe Exkurs „Jazz in Flaschen und andere gute Tropfen", S. 516) übernommen und die Wirtschaftsweise konsequent auf Bio umgestellt. Auch in der Kellerarbeit geht sie neue Wege und experimentiert mit großen Terrakotta-Amphoren, in denen *Aglianicone* zu großer Eleganz heranreift. Neben Rot- und Weißweinen und einem vorzüglichen *Spumante Brut* wird auch ein ausgezeichnetes *Olio extravergine di Oliva* produziert. Nach Voranmeldung sind Verkostungen möglich. Anfahrt: SS 18var, Ausfahrt „Prignano Cilento", und nach wenigen hundert Metern auf der linken Straßenseite. Mo bis Fr 9–17 Uhr, Sa 9–13 Uhr.
Località Querce 1 – Prignano Cilento,
Tel. 09 74 83 10 90, www.viticoltorideconciliis.it, fb

Rocca Cilento

Heute weitab gängiger Routen gelegen und ein bisschen aus der Zeit gefallen, war der hübsche Borgo **Rocca Cilento (635 m, 65 Ew.)** mit seinem namensgebenden **mächtigen Kastell** vom 12. bis zur Mitte des 16. Jh. Hauptstadt der Baronia del Cilento. Die *Sanseverino* zählten über Jahrhunderte zu den einflussreichsten Adelsgeschlechtern Süditaliens sowie des späteren Königreichs Neapel. Immer wieder in Verschwörung gegen die Zentralherrschaft verwickelt, wurden sie Mitte des 16. Jh. entmachtet und ihr immenser Feudalbesitz auf kleinere Grundherrschaften aufgeteilt. Rocca Cilento ist somit kein schlechter Platz, um über Vergänglichkeit nachzudenken und Stille und die weiten Ausblicke zu genießen. Doch mit der großen Stille scheint es vorbei zu sein: *Stefano Sgueglia*, neuer Besitzer des auf fragwürdige Art und Weise rekonstruierten Kastells, lädt zu Hochzeiten und Kongressen ein. Zu Füßen des Kastells liegt einer der Weinberge des ambitionierten Cilento-Winzers *Paolo Verrone* aus Agropoli – hier reift ein vorzüglicher Fiano heran.

Übernachten/Essen und Trinken

Antico Convento②

In den Gemäuern des ehemaligen Franziskanerkonvents (seit dem 17. Jh. in Familienbesitz) betreiben *Erika, Paolo* und *Concetta* eine wunderschöne Unterkunft. Auf Wunsch wird für die Gäste cilentanisch gekocht, und es werden Kochkurse organisiert. Direkt vor der Pforte beginnen zwei tolle Wanderwege, Gäste werden mit Wanderkarten ausgestattet und, sollte es nötig sein, auch mit dem Auto von unterwegs abgeholt. 12 Zi. März bis Ende Okt.
Via Garibaldi 21, Mobil 37 13 79 08 02,
33 12 45 77 72, www.anticoconvento.it, fb

Perdifumo und Vatolla

Perdifumo (425 m, 1000 Ew.), eine mittelalterliche Gründung an den nordwestlichen Hängen des **Monte della Stella,** hat viel vom alten Charme bewahrt. Am Corso sprudelt klares Quellwasser in dem monumentalen Waschhaus.

Zur Kommune Perdifumo gehörend, ist **Vatolla (440 m, 500 Ew.)** ein winziges Bergstädtchen mit Fernblick und Geist. Im ausgehenden 17. Jh. war der Ort Sitz eines humanistischen Fürstenhofes. Von 1685–96 war **Giambattista Vico** (1668–1744) als Hauslehrer im Palazzo de Vargas angestellt, bevor er 1699 den Lehrstuhl für Rhetorik an der Universität Neapel erhielt und sich den Ruf als bedeutender Gelehrter erwarb. Mit seinem Hauptwerk „Die neue Wissenschaft über die gemeinschaftliche Natur der Völker“ (1725) begründete *Vico* die Geschichtsphilosophie. Der sehenswerte **Palazzo de Vargas** beherbergt heute ein philosophisches Studienzentrum und die naturkundliche Bibliothek des Cilento-Nationalparks. Wie in *Goethes* Haus in Weimar reihen sich verschiedenfarbige Räume aneinander, über den Türstöcken sind lateinische Sentenzen zu lesen.

Palazzo de Vargas, Piazza Giambatista Vico, Tel. 09 74 84 55 49, www.fondazionegbvico.it, tägl. 9–13 und 15–19 Uhr, Eintritt 1,50 €.

Bei Streifzügen durch den hübschen Ort sieht man an den Hauswänden immer wieder Zitate aus *Vicos* „La Scienza Nuova“. In der Fassade der **Chiesa S. Maria delle Grazie,** die im 11. Jh. über den Ruinen eines antiken Bacchus-Tempels errichtet wurde, sind Bruchstücke römischer Sarkophage vermauert.

Zur Kommune Perdifumo gehört auch der Borgo **Mercato Cilento (630 m, 200 Ew.).** An der Kreuzung alter Handelswege gelegen, war er einmal der wichtigste Marktplatz im nördlichen Cilento. Über dem Ort thront ein Karmelitaner-Konvent.

Praktische Tipps

Übernachten/Essen und Trinken

Casa Cilentana②

In Camella di Perdifumo hat die hannoveranische Familie *Lehrmann* in einem von Oliven und Garten umgebenen Natursteingebäude einer alten Ziegelei ein entzückendes und familienfreundliches Ferienparadies erschaffen. Die bestens ausgestatteten Selbstversorger-Apartments bieten zwei bis acht Personen Platz und stehen auf Anfrage das ganze Jahr über zur Verfügung. Mind. 1 Woche. 4 Ap.
Via Provinciale 1 – Camella di Perdifumo,
Mobil +49 (0)17 72 92 56 83 *(Lisa Lehrmann)*,
http://casacilentana.de

■ **Il Vecchio Casale**②

Mit Gusto restauriertes Gutshaus des 18. Jh., die Zimmer stilvoll möbliert. Eine große Terrasse weist aufs Meer und den Monte Tresino, ein Pool sorgt für Erfrischung. *Anna-Maria Malandrino* ist eine aufmerksame Gastgeberin. Der Olivenhain, Obst- und Gemüsegarten liefern die Zutaten der ausgezeichneten Küche. Das Restaurant öffnet auch für auswärtige Gäste. Mitte Juni bis Mitte Sept. durchgehend geöffnet, sonst nur an Wochenenden und Feiertagen. 4 Zi.
Contrada Vigna – Vatolla,
Tel. 09 74 84 52 35, Mobil 33 92 59 86 87,
www.ilvecchiocasale.com, fb, [i]

■ **Casa Allorello**②

Die Österreicher *Jenny* und *Uwe Schneider* sind nach fünf Jahren Behördengängen und Baustelle 2012 im Cilento heimisch geworden und betreiben ihr B&B in einer Neubauvilla am nördlichen Ortsrand von Vatolla. Auf Wunsch wird für die Gäste – auch glutenfrei oder vegetarisch – gekocht bzw. nebenan im feinen **Fisch-Ristorante Taverna del Capitano** ein Tisch reserviert. 5 Zi.
Via San Vincenzo 7 – Vatolla,
Mobil 36 62 57 83 72, www.casaallorello.com, fb

■ **L'Eco del Mare**②-③

Bewährte Mannschaft, bewährte Fischküche, seit 2012 an neuem Standort. Den Umzug aus Santa Maria di Castellabate löste der coole Neubau in den aussichtsreichen Hügeln zwischen Santa Maria und Perdifumo aus. *Antonio* backt weiterhin prima Pizze, im Saal kümmert sich Bruder *Pino* weinkundig um die Gäste. Anfahrt aus Perdifumo auf Nebenstraßen, aus Santa Maria di Castellabate von der SR 267 in Richtung Agropoli auf Höhe des Hotels Eden rechts der Ausschilderung für ca. 1,5 km folgen. Mo Ruhetag, Sa/So mittags und abends, sonst nur abends, Jan. geschl.
Contrada Noce 61 – Perdifumo,
Tel. 09 74 96 00 78, Mobil 33 84 09 90 18, fb

Il Campanile②

Vierzig Jahre lebte *Alfonso Coppola* bei Heidelberg, spricht also perfekt deutsch. Er leitete dort das renommierte Da Vinci, um dann sein eigenes Restaurant Cavallino Bianco zu eröffnen. 2016 kehrte er in seine Heimat zurück und empfängt nun Gäste in einem **B&B.** Die Osteria Pane & Vino gibt es nicht mehr, Übernachtungsgäste kommen jedoch immer noch in den Genuss seiner Kochkünste. In der Herstellung traditioneller Konserven nach alten cilentanischen Rezepten ist *Alfonso* ein Meister. Die Pasta hausgemacht, viele Zutaten aus eigenem Anbau, das Fleisch liefern Bio-Metzger des Vertrauens. Schöner Außenbereich mit Blick auf die Berge. Das Apartment bietet Platz für bis zu vier Personen und ist ideal für Selbstversorger. 3 Zi., 1 Ap. mit Küche.
Camella di Perdifumo, Mobil 33 19 30 83 11, fb

Wandern: Monte della Stella (1131 m)

Aus allen Himmelsrichtungen führen Wege hoch zum Gipfel des Monte della Stella (siehe **Wanderung 8** im Kapitel „15 Wanderungen"), der von

Omignano aus auch mit dem Auto zu erreichen ist. Am Gipfel befindet sich außer einem Heiligtum auch eine Radarstation. Südlich von Mercato Cilento liegt der Einstieg zu einer **einfachen Tour.** Vorbei an einer Tankstelle und dem Hotel Castagneto (Bar und Tipps) folgt man ca. 2,5 km der Straße Richtung Serramezzana/San Mauro Cilento bis auf die Passhöhe (700 m).

Von hier führt die bezeichnete „Alta Via del Monte Stella" in breiten Serpentinen bergauf und setzt sich über den freien Grat fort. Nach Süden öffnen sich weite Blicke bis zum Capo Palinuro. Der Zwischengipfel des **Castelluccio** (1025 m) bietet sich als Rastplatz mit perfektem Rundumblick an.

Beim kurzen Zwischenabstieg zur anderen Seite sind Reste alten Mauerwerks zu erkennen. Aus dem breiten Sattel geht es auf dem Grat weiter hoch, vorbei an auffälligen Felsformationen. Die **Pietra del Mulacchio** (1045 m) gilt als prähistorische Kultstätte. Bald sind die Straße und Picknickzone erreicht und auf der Straße mit wenigen Schritten das **Santuario della Madonna della Stella** unterhalb des Gipfels (1131 m). Auf bekanntem Weg geht es zurück zum Ausgangspunkt.

Cilentamente

Fernanda Quaglia ist zertifiziertes Mitglied des italienischen Wandervereins AIGEA und begleitet kundig rund um den Monte della Stella durch den Cilento antico.
Mobil 33 18 97 92 46,
www.cilentamente.info, fb, [i]

Agnone, Ortodonico und Serramezzana

Seit Jahren hisst der Küsten- und Badeort **Agnone Cilento (20 m, 550 Ew.)** stolz die „Blaue Flagge". Auch kulinarische Gründe sprechen für den Besuch. Zur Gemeinde Montecorice zählt auch der mittelalterliche Borgo **Ortodonico (240 m, 250 Ew.).** Seinen Namen verdankt er dem Wasserreichtum und da-

☑ Ländliche Idylle bei Serramezzana

ama137 pa

mit den zahlreichen Gärten (ital. *orti*). Wortwörtlich übersetzt lautet der Ortsname „Garten des Herren". Herrschaftliche Palazzi und ein mächtiger Turm prägen das intakte Ortsbild. Sollte das sehenswerte **Volkskundemuseum** geschlossen sein, öffnet auf Anfage Prof. *Cesare Maffia* (Mobil 33 17 12 44 73).

Das hübsche **Serramezzana (520 m, 280 Ew.)** an den südwestlichen Hängen des Monte della Stella ist einer der bevölkerungsärmsten Orte des Cilento. Dessen ungeachtet findet hier jeden Sommer ein ambitioniertes **Kulturfestival** statt. Im Tal des Torrente Rio Lapis, der bei Agnone ins Meer mündet, waren noch bis Anfang des 20. Jh. zahlreiche **Wassermühlen** in Betrieb. Eine dieser historischen Mühlen und der dazugehörige Mühlenteich wurden wieder instand gesetzt und sind zu besichtigen.

Praktische Tipps

Übernachten/Essen und Trinken

La Valle del Mulino②

Edoardo Maffia hat eine der historischen, wassergetriebenen Getreidemühlen im Tal des Torrente Rio Lapis wieder funktionsfähig gemacht. Auch eine Ölmühle des 15. Jh. hat er reaktiviert, d.h. man kann nicht nur biologisch produziertes Olivenöl erwerben, sondern auch ein Stück cilentanische Technikgeschichte erleben. Das rustikale Ristorante serviert beste lokale Küche unter Verwendung eigener Produkte. Naturverbundene Übernachtungsgäste mit Zelt oder Camper freuen sich über den einladenden Agricampeggio! Abzweig von der SP 167a. April bis Ende Sept. jedes Wochenende, im Sommer nur am Abend, ansonsten mittags bzw. auf Vorbestellung.
Contrada Magazzeni – Montecorice,
Mobil 33 85 83 30 32 *(Alessandro)*,
33 37 14 75 41 *(Sara)*, fb

MEIN TIPP: **Casa Mare e Monti②**

Annika de Haen ist Goldschmiedin, ihre Schwester Architektin. Den beiden ist bei der Restaurierung eines kleinen Stadthauses in Serramezzana ein wahres Kunststück gelungen. Die zwei bestens ausgestatteten stylischen Ferienwohnungen können getrennt oder zusammen genutzt werden. Ein toller Platz für Freunde oder eine Familie und eine ideale Basis, um die nahe Küste und die umliegenden Berge zu erkunden – und natürlich um den hübschen Ort zu genießen! 2 Ap. Im Hochsommer i.d.R. nur wochenweise.
Via XX Settembre – Serramezzana,
Mobil +49 157 87 49 02 00, 33 39 23 18 13,
www.casamaremonti.net, [i]

Locanda La Corte②

Hübsches Ristorante mit freundlichen Gästezimmern, einige mit Blick ins Tal des Torrente Rio Lapis (talaufwärts die Ruine einer Wasssermühle). *Cucina cilentana* zu fairen Preisen. 7 Zi. Juni bis Aug. tägl., auf Anfrage ganzjährig.
Via Sant'Antonio,
Località Capograssi – Serramezzana,
Tel. 09 74 82 21 43, Mobil 34 75 79 03 25,
www.locandalacorte.net, fb

Paisà②

Das Lokal existiert seit 1941, 2006 haben es die Brüder *Pasquale* und *Luca Tarallo* neu eröffnet. Ein oft überstrapazierter Begriff ist die „cucina a Km 0". Hier aber springen die Fische wirklich vom Meer in Topf oder Pfanne. Das Angebot wechselt täglich, die Zubereitungsarten bleiben klassisch und belassen den Zutaten ihr ureigenes Aroma. Besonders delikat ist das Angebot lokaler Käsesorten. Tische auch im Freien. Von Juni bis Sept. tägl., sonst nur am Wochenende auf Vorbestellung, Nov. bis Jan. geschl.
Via Marina Nuova 72 – Agnone,
Mobil 32 99 12 12 04 *(Pasquale)*, fb, [i]

Tana della Sirena②

San Nicola a Mare ist ein winziger Hafenborgo unmittelbar westlich von Agnone. In den Gassen wenige Schritte oberhalb des Hafens betreiben *Raffaela Gorga*, ihr Mann *Giuseppe Lembo* und Sohn *Nigel*

ihr Garten-Ristorante, das sehr viel mehr als nur eine ausgezeichnete Fisch- und Gemüseküche – auf Wunsch auch vegan – bietet. Bei Interesse werden kulinarische Wanderungen, Bootsausflüge zur Isola Licosa oder Kochkurse organisiert. Auf telefonische Vorbestellung öffnet der „Sirenen-Unterschlupf" auch nur für zwei Personen.
Via San Nicola a Mare 14 – San Nicola a Mare,
Tel. 09 74 96 49 21, Mobil 320 16 42 66,
39 30 33 11 12, fb

Veranstaltung

Segreti d'Autore, Kultur, Legalität und Wissenschaft sind die Themen des ambitionierten Festivals Ende Juli bis Mitte Aug.
www.festivalsegretidautore.it, fb

San Mauro Cilento und Monte della Stella

Von Oktober bis Dezember herrscht auf den Straßen, die nach San Mauro Cilento führen, reger Verkehr. Dann sind Laster, Traktoren mit Anhängern, Fiat Pandas, Pick-ups oder dreirädrige Ape unterwegs, alle hoch beladen mit **Oliven** in Kisten oder Säcken. Ihr Ziel ist die Ölmühle der **Cooperativa Agricola Nuovo Cilento.** In Süditalien war es in der Tat ein Novum, als *Peppe Cilento* 1976 die Landwirtschaftskooperative ins Leben rief, die heute über 360 Mitglieder zählt, die zusammen 2500 ha Land im Gebiet des Parco Nazionale bewirtschaften. Früh setzte sich Nuovo Cilento für den Bioanbau und die D.O.P.-Zertifizierung ein, ganz im Sinn der Slow-Food-Bewegung. Der Geist der Benediktinermönche, die im Mittelalter die Hügel urbar machten, ist hier offensichtlich lebendig geblieben. Heute ist **San Mauro Cilento (850 Ew.)** einer der wenigen Orte im Cilento, in denen die Landwirtschaft noch wesentlich zur Ökonomie beiträgt.

Das **ausgedehnte Gemeindegebiet** zieht sich vom Meer bis hoch zum Gipfel des Monte della Stella (siehe Exkurs „Monte della Stella – ein Berg stiftet Identität", S. 260). Von Mezzatorre steigt die SP 133 in vielen Serpentinen bis **Casal Sottano (460 m)** an, dem unteren und geschäftigeren der beiden größeren Ortsteile. Hier befindet sich auch die Ölmühle der Kooperative. Unter den Adelspalästen nimmt **'U Palazzo** eine historische Sonderstellung ein. Im 15. Jh. lebte hier bis zu seinem Tod *Roger Paläologos,* letzter Anwärter auf den byzantinischen Kaiserthron. Als Elfjähriger gelangte er 1441 nach San Mauro, wo er als

Oliven-Kapitale San Mauro Cilento

ama139 pa

Monte della Stella – ein Berg stiftet Identität

Von Weitem betrachtet erhebt sich der **Monte della Stella** als flache Pyramide über dem nördlichen Cilento, **mit Ausläufern,** die mit der Punta Licosa **bis an die Küste** reichen. Im Süden mündet der Alento bei Vélia ins Meer. Für die alten Lateiner lag dieser Landstrich „cis", d.h. aus der Perspektive Roms betrachtet, „dieseits" des Flusses Alento. Daraus leitete sich die **Bezeichnung Cilento** ab, die später auf ein viel größeres Territorium übertragen wurde. Noch bis ins 15. Jh. firmierte der Berg als Monte Cilento.

Von Nahem ändert sich das **Landschaftsbild:** Tiefe Furchen durchziehen die grünen Bergflanken, eine Vielzahl schmaler Grate läuft sternförmig auf den Gipfel zu. Dunkle Konglomerate, Sandsteine und Mergel sind das geologische „Baumaterial", emporgehobene Sedimentgesteine vom Boden des urzeitlichen Tethys-Meeres. In Anlehnung an ähnliche Formationen des Alpenvorlandes spricht man vom **„Flysch del Cilento".** Er neigt zu Hang- und Bergrutschen, häufig beschädigte Straßen legen Zeugnis davon ab. Auf den tiefgründig verwitterten Böden gedeihen Kastanien- und Erlenwälder. Dank des Wasserreichtums waren in den Tälern Dutzende von **Mühlen** noch bis ins 20. Jh. in Betrieb. Bei San Mango wurden einige Mühlen zumindest baulich wieder instand gesetzt, eine funktionsfähige Mühle ist im Agriturismo La Valle del Mulino im Tal des Rio Lapis oberhalb von Agnone zu bewundern.

Von dem „nur" 1131 m hohen Gipfel liegt einem der Süden Kampaniens zu Füßen. Seit Urzeiten ein **heiliger Berg,** hatte der Monte della Stella in der Antike auch praktische Bedeutung als Signalstation zwischen Poseidonia (Paestum) und Elea (Vélia). Eine Radarstation auf dem Gipfel fungiert heute als wichtige Flugleitstelle. Die ältesten Siedlungsspuren reichen ins 3. Jahrtausend v.Chr. zurück. Die im Volksmund als **Pietra del Mulacchio** („Stein des unehelichen Kindes") bekannte Steinsetzung ist mutmaßlich ein bronzezeitliches Fruchtbarkeitsheiligtum. Im Mittelalter diente der Berg den von Piraten heimgesuchten Küstenbewohnern als Zufluchtsstätte. Langobarden befestigten die Gipfelzone und es entstanden damals die Orte, die bis heute den Berg in einem Kranz umgeben. Die *Sanseverino* erhoben Rocca Cilento im 12. Jh. zur Hauptstadt der **Baronia del Cilento.** Bis zur Auflösung ihres Feudalreiches Mitte des 16. Jh. blieb Rocca militärisch-administratives Zentrum der Gegend. In dieser Zeit etablierte sich der **Kult der Madonna della Stella.** Heute noch strömen am ersten Sonntag nach dem 15. August Pilger aus allen Himmelsrichtungen am Bergheiligtum zusammen. Der alte Zusammenhalt der ehemaligen Baronie wird zur Osterzeit wieder lebendig, wenn die Bruderschaften am Karfreitag nicht nur die eigenen Kirchen, sondern auch die Kirchen der Nachbarorte besuchen. Am 1. Mai legt sich ein kollektiver Klangteppich um den Berg, wenn in allen Orten zum Sonnenuntergang zugleich die Glocken läuten.

Ein Zusammenschluss besteht auch auf politischer Ebene in Gestalt der **Comunità Montana Alento-Monte Stella.** In Italien sind die sogenannten Berggemeinschaften zuletzt in Kritik geraten, da großzügig zugeteilte Fördergelder Begehrlichkeiten weck(t)en und die Korruption förder(te)n. Das muss nicht sein. Anfang der 2000er-Jahre erlebte die Comunità Montana Alento-Monte Stella eine Sternstunde, als sie den Landschaftsökologen und Touristiker *Peter Hoogstaden* damit beauftragte, ein **Wanderwegenetz** zu entwickeln. Für das Projekt hatte sich **Angelo Vassallo** (1953–2010) stark gemacht, Bürgermeister von Pollica und damals Präsident der Comunità Montana. *Vassallos* Einsatz für die Umwelt und die Slow-Food-Bewegung, für Bio-Landwirtschaft und die Anerkennung der „mediterranen Diät" als UNESCO-Welterbe und auch für einen nachhaltigen Tourismus trägt heute Früchte. In San Mauro Cilento und Pollica fördert(e) die Kulturvereinigung **Cilento Lifestyle** respektvolle Tourismusformen und nachhaltige Wirtschaftsweisen. Und nach Jahren der Vernachlässigung sorgen die Kommunen San Mauro Cilento und Pollica wieder für die Pflege der Wanderwege. Gut so, denn der „Sternberg" ist und bleibt **einer der besten Aussichtsberge des Cilento** (siehe **Wanderung 8** im Kapitel „15 Wanderungen"). Es handelt sich meist um historische Wirtschafts- und Pilgerwege, sichtbare Zeichen einer uralten Verbundenheit der Menschen mit ihrem Berg.

Geisel Ansprüche des neapolitanischen Königs *Alfons V.* auf Gebiete in Byzanz garantieren sollte. Nach dem Fall von Konstantinopel im Jahr 1453 fand eine Reihe weiterer griechischer Adeliger Zuflucht im Cilento. *Roger* stiftete das holzgeschnitzte Chorgestühl mit byzantinischem Doppeladler, das frisch restauriert in der **Chiesa Madre** zu bewundern ist. Ein Augenfang ist auch die vollständig eingerichtete Werkstatt eines Schusters am Eingang des Palazzo Paleologo.

Auf halber Strecke zwischen Casal Sottano und Casal Soprano liegt das **Heiligtum der Madonna dell'Addolorata,** deren Prozession am Ostermontag unter Anteilnahme der gesamten Bevölkerung stattfindet. Anstelle ihrer Kapelle stand hier einst die orthodoxe Kirche Santa Sofia, Kultort der Byzantiner, die in San Mauro Zuflucht gefunden hatten. Kirchengeschichtliche Hintergründe liefert das **Museo Eleousa,** untergebracht

Im Herbst werden die Oliven geerntet

ama140 pa

im ehemaligen Sitz der Confraternita Pio Monte dei Morti.

■ **Museo Eleousa,** Via Provinciale c/o Pio Monte dei Morti, Mobil 34 80 12 65 84 *(Osvaldo Marrocco)*, www.museoeleousa.wordpress.com, Mo, Mi, Do, Fr und Sa auf Anfrage, Eintritt frei.

Der höchst gelegene Ortsteil **Casal Soprano (650 m)** ist Sitz der Gemeindeverwaltung. Der Häuser des Ortes gruppieren sich um mehrere aneinandergrenzende Plätze, die wenigen Läden wirken auf sympathische Art wie aus der Zeit gefallen. Aus Casal Soprano führt ein alter Pilgerweg zur Wallfahrtskirche der Madonna della Stella (siehe **Wanderung 8** im Kapitel „15 Wanderungen") bis auf den Gipfel des **Monte della Stella.**

ama138 pa

Praktische Tipps

Übernachten

Casale Santa Rosalia②-③

Geschmackvoll neu errichtetes Steinhaus in beneidenswerter Panoramalage (in diesem Kontext empfiehlt es sich, den Sicherheitshinweis bezüglich der Anfahrt auf der Website nicht ganz ernst zu nehmen). Komfortable Zimmer, alle mit Terrasse und Ausblick. Eine Serie schöner Sitzplätze lädt im Freien zum Verweilen ein, bei gutem Wetter wird hier das tolle Frühstück serviert. *Mariella, Natale* und ihre Töchter *Laura* und *Rosalia* laden ihre Gäste dazu ein, im Herbst an der Weinlese und Olivenernte teilzunehmen, und bringen ihnen ganz praktisch die *cucina cilentana* näher. Kinder werden ihre Freude an den Eseln haben. Anfahrt: von der Küste kommend am Ortseingang von Casal Sottana nach links auf die Via Sala einbiegen und dieser ca. 2 km bis zu ihrem Ende folgen. 6 Zi. April bis Okt.

Via Sala, Mobil 34 95 66 13 00,
www.casalesantarosalia.com, fb, [i]

■ **Villa Bernadette**②

Im Süden von Casal Sottano und mit schönem Blick über das Tal liegt die schmucke Frühstückspension von *Daniel Guariglia* und dessen Lebensgefährtin *Filomena.* Einige der gut ausgestatteten Zimmer haben eine eigene Terrasse, andere sind in der Mansarde untergebracht. *Daniele* betreibt im Haus einen Mountainbike-Verleih. Die leckeren Zutaten für das Sportler-Frühstück kommen aus dem eigenen Obst- und Gemüsegarten, dazu gibt es hausgemachte Marmeladen, Käse und Würste. *Danieles* Vater *Massimo* ist Mitglied der Cooperativa Nuovo Cilento, deren Ölmühle in Sichtweite liegt, und auch der alte Ortsteil ist nur einen kurzen Spaziergang entfernt. 7 Zi.

Via dei Greci 5, Mobil 34 66 38 93 10,
www.villabernadette.it, fb, [i]

[<] Ölmühle der Cooperativa Nuovo Cilento

Essen und Trinken

Al Frantoio①-②

Das Lokal ist ein Ableger der Olivenölmühle Cooperativa Nuovo Cilento und nennt sich bewusst „Laboratorio di Ricerca della Cucina del Cilento Antico". Der Name ist Programm. Im rustikalen Saal wird zu absolut fairen Preisen traditionell-bäuerliche Küche serviert, einfache und schmackhafte Gerichte wie *acquasale* (hartes, in Salzwasser getränktes Brot mit Olivenöl und Tomaten) oder *ciambotta* (ein deftiger Eintopf aus Auberginen, Peperoni, Zwiebeln und Kartoffeln). Abends wird der Holzofen eingeschürt, das Mehl für den Pizzateig wird in der eigenen Steinmühle gemahlen. Die Kooperative engagiert sich für den Anbau alter Getreidesorten. Guter *vino della casa.* Anfahrt: 6 km von der ex SS 267 in Richtung San Mauro. Juni bis Sept. tägl., Okt. bis Mai nur Fr abends, Sa/So mittags und abends.
Località Ortale, Tel. 09 74 90 32 43,
Mobil 34 61 86 59 92 *(Serena)*, www.nuovocilento.it/ristorante-laboratorio-al-frantoio

Einkaufen

Cooperativa Nuovo Cilento

Hülsenfrüchte, Getreide, Pasta, Marmeladen, Feigen, v.a. aber Olio Extra Vergine d'Oliva D.O.P. in Bio-Qualität. Das **Restaurant Al Frantoio** im selben Gebäude ist ohne Einschränkung zu empfehlen! Tägl. 8–17 Uhr.
Località Ortale, Tel. 09 74 90 32 39,
www.nuovocilento.it, fb

Veranstaltung

■ **Carnevale Sanmaurese,** der Karneval von San Mauro Cilento – „a màschkarata" – hat eine vielhundertjährige Tradition, die Ursprünge vieler Rituale verlieren sich im Dunkel der Geschichte. Eine Bewerbung bei der UNESCO läuft. Bei den farbenfrohen Maskenumzügen spielt die berühmte Banda von San Mauro.

Wandern: Monte della Stella (1131 m)

Siehe **Wanderung 8** im Kapitel „15 Wanderungen".

Radfahren

■ **Cilento in Bicicletta**

Daniel Guariglia, Besitzer der Frühstückspension Villa Bernadette (s.o.), verleiht professionelle Mountain- und E-Bikes, Karten und GPS-Tracks werden gestellt. Auf Anfrage organisiert er mehrtägige Radtouren inkl. Gepäcktransport und begleitet die Gäste seines B&B gerne auch auf Wanderungen.
Via dei Greci 5 – San Mauro Cilento,
Mobil 34 66 38 93 10, www.cilentoinbicicletta.it, fb

Acciaroli, Pollica und Pioppi

Zur **Gemeinde Pollica** gehören neben den beiden Küstenorten Acciaroli und Pioppi auch die hübschen Bergweiler **Cannicchio, Celso und Galdo.**

Der **Fischerhafen Acciaroli (6 m, 645 Ew.)** ist nicht nur bei italienischen Badegästen als Ferienort beliebt. Seit Jahren weht die „Blaue Flagge" über den langen Sandstränden, und auch die italienische Umweltorganistion *Legambiente* erteilt Acciaroli und Pioppi Bestnoten. Dahinter stand das jahrelange Engagement des 2010 mutmaßlich von der Camorra ermordeten Bürgermeisters **Angelo Vassallo,** der seiner Gemeinde Pollica den Titel „Città Slow" verschaffte und dank dessen Engagements die *dietà mediterranea* zum UNESCO-Weltkulturerbe erklärt wurde. Sein Andenken halten zahlreiche Initiativen, die sich für Naturschutz und nachhaltigen Tourismus einsetzen, lebendig. Einige erinnern sich noch an **Ernest Hemingway,** Erfolgsautor von „The Old Man and the Sea", wiederholt tauchte er Anfang der 1950er-Jahre in Acciaroli auf. In Person des Fischers *Antonio Masarone* hatte er das cilentanische Pendant seines „alten Mannes" aus dem Roman gefunden und fuhr mit ihm fast täglich zum Angeln aufs Meer hinaus. Im Rücken des Hafens liegt die hübsche Altstadt mit einer Reihe von Geschäften und netten Lokalen.

Das stolze **Pollica (366 m, 1200 Ew.)** ist Sitz der Gemeindeverwaltung und ein Aussichtsbalkon über dem Meer. Mit imposantem Taubenturm dominiert das **Castello dei Principi Capano** das vom Durchgangsverkehr frei gehaltene mittelalterliche Ortszentrum. Es beherbergt das **Centro Studi sulla Dieta Mediterranea „Angelo Vassallo"**, im Sommer finden Kulturveranstaltungen statt.

■ **Castello dei Principi Capano,** Via Margaret H. Keys, Mobil 33 33 40 89 28, https://castellocapano.org, fb, [i]. April, Juni, Sept. und Nov. Sa und So 10–12 und 18–20 Uhr, Juli und Aug. tägl. 10–12 und 19–21 Uhr. Eintritt frei.

Die Hauptattraktion von **Pioppi (10 m, 320 Ew.)**, einem außerhalb des Sommers sympathisch verschlafenen Küstenort, ist der **Palazzo Vinciprova** (17. Jh.) mit seiner zum Meer gewandten Schaufassade. Hier finden sich das **Museo del Mare** und ein Dokumentationszentrum zur Mediterranen Diät. Aquarien geben Einblick in die Meeresökosysteme der Cilento-Küsten, eine Abteilung illustriert traditionelle Methoden des Fischfangs. Hier wird auch der Nachlass des amerikanischen Ernährungswissenschaftlers *Ancel Keys* (1904–2004) aufbewahrt, der 28 Jahre lang bis kurz vor seinem Tod in Pioppi lebte. Der Vater der **dieta mediterranea** („How to eat well and stay well the Mediterranean way") hatte noch im 2. Weltkrieg mit der von ihm entwickelten „K-Ration" die Elitesoldaten der US Army kulinarisch das Fürchten gelehrt.

■ **Museo del Mare – Ecomuseo della Dieta Mediterranea,** Via Caracciolo 142, Tel. 09 74 90 50 59, Mobil 33 81 55 69 04 *(Valerio Calabrese)*, www.museovivodelmare.it, www.museoviventedietamediterranea.it. Juni bis Sept. 10–12.30 und 17.30–20.30 Uhr, Okt. bis Mai 10–12.30 und 16–19 Uhr, Di geschl. Eintritt 4/2 €.

ama126 pa

Praktische Tipps

Information

Cilentomania

Tourismusbüro am Hafen. Auch Vermittlung von Liegeplätzen an der Mole. Juli und Aug. tägl. 10–13 und 18–24 Uhr, Juni und Sept. Fr, Sa und So 10–13 und 17–21 Uhr.
Molo di Sopraflutto – Porto di Acciaroli, Tel. 09 74 27 53 66, www.cilentomania.it

https://pollicaeleterredella dietamediterranea.org

Cannicchio zieht sich als schmales Band über einen Bergrücken

Fischer in Acciaroli

An- und Weiterreise

Auto: Acciaroli und Pioppi liegen an der SR 267, nach Pollica führt eine aussichtsreiche Serpentinenstraße. In Acciaroli ausreichend Parkplätze am Hafen, in Pollica auf der Umgehungsstraße parken. In Pioppi gibt es einen kleinen Parkplatz oberhalb des Museo del Mare und einen großen am westlichen Ortsrand.

Bus: FS Busitalia (www.fsbusitalia.it) auf der Küstenstraße SR 267 nach Santa Maria di Castellabate und Agropoli bzw. ins Landesinnere nach Vallo della Lucania.

Bahn: Der nächste Bahnhof liegt in Agropoli bzw. in Marina di Ascea.

Übernachten in Acciaroli

Le Serre②

Paola Visones gastliches Haus liegt umgeben von Oliven mit Blick aufs Meer in den Hügeln oberhalb von Acciaroli. Gäste können im Bio-Garten Gemüse ernten oder im Herbst bei der Olivenernte helfen. Anfahrt: auf Höhe des Parco Comunale (Sport- und Spielplatz) von der SR 267 ca. 1,5 km auf schmalen Straßen ins Landesinnere fahren. Im Sommer betreibt *Paola* die Strandbar **Lido Le Serre di Mare**

ama141 pa

ama35 pa

(Mobil 33 37 57 27 98, www.leserredimare.it). 6 Zi. Nov. geschl.
Località Serre di Fiume, Mobil 34 76 90 68 24 (priv.), 33 94 42 35 70, www.residenzaleserre.it, fb, [i]

Stella Marina②-③
Familiäres Strandhotel am nördlichen Stadtrand, nicht alle Zimmer gehen zum Meer. Freundliche Atmosphäre, unaufdringlicher Komfort. Großer Garten mit direktem Zugang zum Strand, wo im Sommer eine nette Bar steht. Sicherer Parkplatz. 12 Zi.
Via Nicotera 137, Tel. 09 74 90 47 25, www.stellamarinahotel.com, fb, [i]

Übernachten bei Cannicchio

Il Mulino②
Echtes Landleben, beste Landküche: *Signora Luisa* hat zusammen mit Mann und Kindern eine alte Ölmühle in ein freundliches Ferienanwesen verwandelt. Das hübsche Steinhaus liegt inmitten von Oliven auf halber Strecke zwischen Cannicchio und Casalsottano di San Mauro Cilento. Die Zimmer sind einfach und nett, alle mit Terrasse, einige mit Blick aufs Meer. Den Ausschlag aber geben die Herzlichkeit der Gastgeber und *Signora Luisas* ausgezeichnete Küche (das **Restaurant** öffnet auch für externe Gäste, Kochkurse). *Giuseppe* steuert als Fischer das Seine bei. Auf dem Hof werden Ziegen, Schafe, Schweine und Esel gehalten, Oliven, Wein, Feigen und Gemüse angebaut. Die eingelegten *olive ammaccate* tragen das Slow-Food-Siegel. Ein prima Platz für Familien mit Kindern. Oberhalb von Cannicchio von der SP 15d talseitig abzweigen und ca. 2,3 km der Ausschilderung folgen. 12 Zi.
Località Monaco Valle,
Mobil 34 79 17 41 53, 33 92 67 58 72 *(Monica)*, www.ilmulinoagriturismo.com, fb

Übernachten in Galdo

Agriturismo Al Sentiero②
Einladender Bio-Agriturismo am oberen Ortsrand des zu Acciaroli gehörenden Bergweilers Galdo, der

Von der Terrasse des Ristorante A Casa di Delia genießt man den weiten Blick bis Palinuro

noch viel von seiner mittelalterlich-langobardischen Atmosphäre besitzt. *Gabriella Mazziotti* und ihre Kinder – *Illaria* spricht deutsch – verwöhnen ihre Gäste mit einer vorzüglichen Küche; die Zutaten stammen aus eigener Landwirtschaft. Die Familie *Di Gregorio* besitzt eine Ziegenherde und stellt eigenen Käse her. Zudem hat sie sich dafür eingesetzt, dass die eingelegten „Olive Salella ammacata" das Slow-Food-Siegel erhielten. Hier verbringt man gerne ein paar ruhige Urlaubstage. Der Ort liegt ideal für Ausflüge ans Meer bzw. in die Berge; direkt vom Haus kann man z.B. zum Monte della Stella (siehe Exkurs „Monte della Stella – ein Berg stiftet Identität", S. 260) aufsteigen! 4 Zi. I.d.R. April bis Ende Sept., auf Anfrage länger.
Via Provinciale, Tel. 09 74 90 16 17,
Mobil 34 75 00 70 64, www.alsentiero.it

Übernachten in/bei Pioppi

Il Pescatore②

Die Geschwister *Denise* und *Ivan* betreiben zwei moderne, gut ausgestattete Ferienwohnungen mit Meerblick und Garten im alten Fischerviertel. Ruhig oberhalb der Durchfahrtsstraße gelegen, der Strand wenige Gehminuten entfernt. Im Freien steht ein Grill, die nächste Fischhandlung liegt an der Straße. Es werden Ausflüge mit Fischern angeboten.
Via Caracciolo 71, Mobil 32 80 53 69 15,
34 04 76 53 51, www.casavacanzepioppi.it, fb

Villa Laura③

In der gepflegten, ruhigen Anlage westlich außerhalb des Ortes und mit schönem Blick über der Cala Porto del Fico gelegen, vermietet *Maria La Gloria* komfortable Apartments. Sicherer Parkplatz. Mind. 3 Nächte, im Sommer 1 Woche. 4 Ap. Juli bis Sept.
Via Porto del Fico 11 (SR 267),
Mobil 33 84 22 23 05,
www.villalaurapioppi.it, fb

Übernachten bei Pollica

Angelo Panoramic Hotel②-③

Moderne Landvilla mit komfortablen Zimmern an der SP 48 zwischen Pioppi und Pollica direkt unterhalb des Franziskanerklosters von Pollica. *Giovanni* und *Rosalinda* öffnen ihr feines **Restaurant** auch für externe Gäste, im Winter jedoch nur Sa/So. 10 Zi. Juni bis Okt.
Via San Pietro – Località Elce (Km 3,600 der SP 48), Tel. 09 74 27 65 81, Mobil 34 97 85 48 43 *(Rosalinda)*, www.angelopanoramichotel.it, fb, [i]

Essen und Trinken in Acciaroli

Im Sommer verwandelt sich die Hafenmole in eine angesagte Ausgehmeile. Bars und Restaurants wie das **Suscettibile Bar di Mare & Bottiglieria** stellen ihre Tische ins Freie.

MEIN TIPP: **'A Tartana②**

Das rustikale Lokal im Rücken des Hafens diente abwechselnd als Metzgerei, Parfum- und Schuhgeschäft, bevor *Anna Maria La Greca* es mit Unterstützung ihrer Familie seiner heutigen Bestimmung als Trattoria zuführte. Die Küche konzentriert sich auf das Wesentliche: lokal gefangener Fisch, Meeresfrüchte und Gemüse frisch aus dem Garten. Die frittierten, mit Ricotta gefüllten Sardellen sind ein Gedicht! Kein Ruhetag, wechselnde Ferien.
Via F. Piantieri 10, Tel. 09 74 90 43 14,
Mobil 33 35 93 58 71, 34 84 32 27 02, fb

Boccaccio②-③

Klassisch-mediterrane Küche mit hausgemachter Pasta, frischem Fisch und Meeresfrüchten. Bei gutem Wetter stehen die Tische im Freien an der Straße. Im Winter Mi Ruhetag.
Via Lungomare, Tel. 09 74 90 46 46, fb, [i]

Ci.Bo②

Federica Vasallo und *Marianella Radano* verstehen sich als Botschafterinnen des Cilento. In den Regalen stehen ausgewählte gute Produkte zum Verkauf, serviert werden pfiffig zubereitete Köstlichkeiten kalt und warm und dazu die besten Tropfen und Drinks. Nach vorne geht ein Balkon weit aufs Meer hinaus, hinten schattige Sitzplätze im Freien. April bis Okt. tägl., sonst nur an Wochenenden.
Via Nicotera 79, Mobil 34 29 88 02 40,
www.cilentofoodboutique.com, fb, [i]

■ **CrudArt**②-③
Vom Kutter „Perseo" frisch angelandeter Fisch und Meeresfrüchte werden an der frischen Luft auf der Mole serviert – als Crudités oder vom Grill. Feine Weine, gehobene Preise. In ihrer **Fischhandlung** in der Via Piantieri verkauft *Clementina Lembo* traditionell zubereitete Konserven. April bis Mitte Sept., nur bei gutem Wetter.
Porto di Acciaroli (Molo Sopraflutto, lato Madonnina), Mobil 33 49 75 21 07, fb, [i]

Essen und Trinken in Celso

■ **Giardino dei Fiori**②
Freundliche Trattoria in dem hübschen Borgo, ideal z.B. für eine Rast unterwegs. Ostern bis Okt., ab Sept. jedoch nur Sa/So.
Via Mazziotti 38, Mobil 34 95 27 36 98, fb

Essen und Trinken in Pioppi

Suscettibile②
Was man aus einem gesichtslosen Wohnhaus der 1960er-Jahre nicht alles machen kann. Eine freche Stilikone! *Antonio* und *Enrico Morinelli* sind in der Welt herumgekommen, bevor sie nach Pioppi zurückkehrten, um hier ihre Version eines Restaurants zu realisieren. Genial gute Fischküche, die Fritten handgeschnitzt, als Blumenschmuck essbare Kräuter auf den Tischen, toller Blick von der Dachterrasse. Auch Kochkurse. Juni bis Sept. tägl. Nur abends. Suscettibile hat jeweils einen Ableger in Acciaroli am Hafen und in Salerno.
Via Giuseppe Ungaretti 27, Mobil 32 93 13 64 78, www.suscettibile.it, fb, [i]

MEIN TIPP: **A Casa di Delia**②
Hier is(s)t man gut: Der „Garten der Hundertjährigen" in Pollica war mehr als nur ein Restaurant, es war die Möglichkeit, in das Alltagsleben der Menschen einzutauchen. *Amabile Cortiglia* setzt seine

Das stolze Pollica
ama142 pa

praktischen Erkundungen der Mediterranen Diät in der von *Delia Morinelli*, der langjährigen Haushälterin des Ehepaares *Keys*, begründeten Trattoria oberhalb der kleinen Fischerbucht im Westen Pioppis fort. Zudem haben *Amabile* und seine Lebensgefährtin, die Ethnobotanikerin *Sofia Cavalleri*, das **Startup Ristolab** ([i]) gegründet, das sich zum Ziel setzt, nachhaltige Landwirtschaft sowie die Pflege und wissenschaftliche Erforschung der traditionellen Küche zum Motor für den lebendigen Erhalt der ökologisch-kulturellen Vielfalt des Cilento zu machen. Fragen sie nach, machen sie mit! Di Ruhetag.
Via Porto del Fico 15, Mobil 33 17 92 38 76, fb, [i]

■ **La Marée**②-③
Das vorzügliche Fischrestaurant des **Boutique-Hotels Promenade Bleu** liegt am westlichen Ortsrand schräg über der Bucht. Ostern bis Ende Sept.
Via Porto del Fico, Tel. 09 74 27 10 33,
Mobil 33 92 94 27 30 *(Antonio)*, 33 95 45 12 58 *(Giovanna)*, www.promenadebleu.com, fb

Essen und Trinken in Pollica

Madeinterra – Bistrot cilentano②
Nettes Lokal mit Tischen im Freien am Eingang zur Altstadt. *Mario Zammarelli* folgt dem Leitspruch von *Michael Pollan*: „Essen Sie nichts, was Ihre Großmutter nicht als Essen erkannt hätte". Ansonsten beherzigt er folgende vier Grundprinzipien: Passion (für gutes & gesundes Essen), Aversion (gegen Industrie-Food), Frische (der Produkte) und Verbesserung. So weit die Theorie. In der Praxis landen cilentanische Köstlichkeiten auf dem Tisch, ob vegan, vegetarisch, Fleisch oder Fisch – und das zu anständigen Preisen. Kleine Auswahl feiner Weine und Craft-Biere. April, Mai und Sept. nur an Wochenenden, Juni bis Aug. tägl., nur abends.
Piazza della Cortiglia 7, Mobil 36 62 57 33 74, fb

Cafés und Bars

Myosotis
Ein schattiger Gartenplatz über dem Meer, wenige Schritte vom Palazzo Vinciprova. Der Garten ist Mai bis Okt. geöffnet, im Sommer auch der Strandlido. Leckere Sardellen in allen erdenklichen Zubereitungsarten. Die Bar auf der gegenüberliegenden Straßenseite bleibt ganzjährig geöffnet. Hier verkauft *Rossano Laiacono*, der als Sommelier eine ausgewogene Auswahl bester Cilento-Weine bereithält, viele leckere Slow-Food-Produkte.
Via Caracciolo 128 bis (SR 267) – Pioppi,
Mobil 33 92 47 29 10, fb

Pioppi Caffè – Itinerari di Gusto
Junges Bistrot und Cocktail-Bar, ein paar Tische stehen auf der gegenüberliegenden Straßenseite mit Meerblick unter Sonnenschirmen. Lecker zubereitete Kleinigkeiten, Pasta und frischer Fisch. Köstliches Gelato von *Di Matteo* aus Torchiara! In den Regalen ausgewählte Slow-Food-Produkte zum Verkauf.
Via Caracciolo 187/189 – Pioppi,
Mobil 32 80 94 75 26, fb, [i]

Einkaufen

■ **Feltrinelli**
Im Sommer befruchtet die Buchhandlung das kulturellen Leben von Acciaroli. Aug. tägl. 10.30–13.30 und 17 Uhr bis nach Mitternacht, Mai bis Ende Okt. Mo und Di geschl.
Molo di Sopraflutto – Porto di Acciaroli,
Tel. 097 41 87 09 78, WhatsApp 34 84 06 71 50, www.lafeltrinelli.it

Feiern

■ **Festival della Dieta mediterranea,** die meisten Veranstaltungen dieses kulinarischen Kulturfestivals finden im Palazzo Vinciprova in Pioppi statt. Von Ende Juli bis Anfang Sept.
www.ecomuseodietamediterranea.it

■ **Sagra del Pesce Azzuro,** kulinarisches Fest in Pioppi Anfang Sept.
www.facebook.com/prolocodipioppi

Baden

Den Stränden von **Acciaroli (Sand)** und **Pioppi (schmaler Kiesstrand)** wurde ihre ausgezeichnete Wasserqualität wiederholt bestätigt, sie dürfen die *Bandiera Blu* und die *Cinque Vele* der Umweltschutzorganisation Legambiente hissen, ein Vermächtnis des 2010 einem Mordanschlag zum Opfer gefallenen Bürgermeisters *Angelo Vassallo.*

Windsurfen/Stand Up Paddling

Cilento Wave
Windsurfkurse für Kinder und Erwachsene, Schnorchel-Ausflüge und SUP-Verleih.
Piazza del Millenario – Pioppi,
Mobil 32 86 63 12 24, fb

Wandern

Die Wanderwege auf dem Gemeindegebiet von Pollica werden (hoffentlich) wieder gepflegt und markiert, so kursiert z.B. ein Prospekt mit dem Titel „I Sentieri della Via Mediterranea". Ab **Galdo** besteht eine Aufstiegsmöglichkeit zum Gipfel des **Monte della Stella** (siehe Exkurs „Monte della Stella – ein Berg stiftet Identität", S. 260).

Westlich von Pioppi beginnt ein fünfstündiger Weg, der über Celso und im Abstieg über Pollica und Cannicchio zurück zur Küste bis Acciaroli führt. Besonders schön ist der ca. 30-minütige, aussichtsreiche **Abschnitt zwischen Celso und Pollica.** Der Einstieg in Celso erfolgt am südlichen Ortsrand auf Höhe der Post, in Pollica beginnt der Weg oberhalb des Franziskanerkonvents. Auf der Küstenstraße zwischen Acciaroli und Pioppi verkehren Linienbusse, zwischen Pollica und Celso bestehen nur wenige Verbindungen am Tag. Weitere Infos: www.cilento-aktiv.info/cilento-aktiv/wanderungen.

Eine reizvolle Streckenwanderung beginnt ebenfalls am westlichen Ortsrand von Pioppi – gute Parkmöglichkeiten oberhalb des Porto del Fico – und folgt dem Tal des Torrente Mortelle bis zum **Pozzo dell' Uva Nera,** einer Kaskade mit Badegumpe. Früher wässerten die Frauen des Ortes hier Leinfasern, um sie anschließend zu verspinnen. Der als 712/a bezeichnete Wegabschnitt setzt sich bis **Celso** fort.

Casal Velino und Marina di Casal Velino

Das aufgehübschte Bergstädtchen **Casal Velino (170 m, 4400 Ew.)** hat noch viel von seinem mittelalterlichen Charme bewahrt. Mittelpunkt des kleinstädtischen Lebens, insbesondere in den Sommermonaten, ist allerdings der freundliche **Hafen- und Badeort Marina di Casal Velino.** In der Kapelle S. Matteo ruhten zeitweise die Reliquien des *hl. Matthäus,* die heute in der Krypta des Duomo di Salerno liegen.

Praktische Tipps

Information

Pro Loco di Casal Velino
Info-Kiosk am Lungomare. Nur im Sommer.
Via Lungomare Speranza – Marina di Casal Velino,
Mobil 34 73 02 23 25, www.prolococasalvelino.it, fb

Übernachten/Essen und Trinken

Donna Rumma②-③
Familienfreundliches und sehr gepflegtes Strandhotel mit Swimmingpool und großem Wassersportangebot, Basis des deutschen Sport- und Erlebnisclubs **Blue Soul.** 56 Zi. Mitte April bis Mitte Okt.
Via Nettuno 1–5 – Località Isola,
Tel. 09 74 90 72 02, 09 74 27 16 67,
www.donnarummahotel.it

Agriturismo I Moresani②-③
Der Agriturismo von *Gino Fedulo* und seiner Familie in den Hügeln bei Casal Velino liegt nur 1,5 km von der Rathaus-Piazza entfernt und doch in herrlicher Abgeschiedenheit. Auf 16 ha werden Oliven und Wein angebaut, Ziegen- und Schafskäse stammen ebenfalls aus eigener Produktion. Slow Food lobt

Küche und Käse, das ausgezeichnete **Restaurant** öffnet auch für auswärtige Gäste (März bis Sept. bis auf So nur abends, sonst Fr und Sa abends und So mittags), ferner werden Kochkurse angeboten! Gut ausgestattete **Gästezimmer** in restaurierten Nebengebäuden, z.T. mit eigener Küche. Pool. Zusätzlich stehen zwei **Apartments** im Centro storico zur Verfügung. Hochwertige Leihräder werden auf Wunsch geliefert. *Gino* hat einen Kleinbus für Transferfahrten! Anfahrt: von der Rathauspiazza in Casal Velino ca. 1,5 km, ausgeschildert. 9 Zi., 3 Ap.
Località Moresani, Tel. 09 74 90 20 86,
Mobil 34 73 60 55 86, 32 04 25 19 39,
www.agriturismoimoresani.com, fb, [i]

Agriturismo Zio Cristoforo②-③
Seit 1997 betreiben *Stefano Crescenzo* und Familie in den aussichtsreichen Hügeln unterhalb von Casal Velino ihren familienfreundlichen Agriturismo. Die Gäste sind in geschmackvoll restaurierten Ziegelgebäuden untergebracht, etwas schlichter sind die Zimmer im Haupthaus. Direkt vor der Haustüre wächst Gemüse zum Selberpflücken. Naheliegend, dass die gute Küche auf eigene Produkte zurückgreift. Saisonale Kochkurse, schöner Pool und viel Auslauf für Kinder. Gäste erhalten ein Faltblatt mit ausgearbeiteten Rad-Routen, Verleih von Profi-Mountainbikes. 12 Zi., 7 Ap. Dez., Jan. geschl.
Località Chiuse, Tel. 09 74 90 75 52,
Mobil 33 94 48 74 50, 33 94 53 13 07,
www.agriturismoziocristoforo.com

MEIN TIPP: **Locanda Le Tre Sorelle**③
Lohnt jeden Umweg: *Franca Feolas* Küche steht auf festen Pfeilern, nämlich der ausschließlichen Verwendung allerbester und frischester lokaler Zutaten vom Land und aus dem Meer und ihrer vorzüglichen Zubereitung. Die köstlichen Desserts stammen aus der eigenen Patisserie. Übernachtungsgästen stehen einladende **Apartments** zur Verfügung, Pool im Garten. Von Oliven umgeben und mit Blick aufs Meer unterhalb des Ortes gelegen. I.d.R. Fr bis So abends. Ostern bis Anfang Nov. 5 Ap.
Via Roma 50, Tel. 09 74 90 20 24,
Mobil 36 64 80 24 52, www.locandatresorelle.it,
https://edeiapatisserie.it, fb, [i]

Einkaufen

Pietrabianca – Olio del Cilento
Seit drei Generationen pflegt die Familie *Monzo* ihre eigenen Olivenhaine. Einige der Bäume der Sorten *Nocedda, Fontana* und *Volpara* sind 700 Jahre alt! *Davide* und *Germano* – die jüngste Generation – haben eine eigene Ölmühle aufgemacht, um die Produktion hochwertigen Olivenöls in allen Phasen kontrollieren zu können. Für ihren Einsatz werden sie mit Preisen überhäuft. An einem Abzweig der SR 267. Mo bis Sa 9–13 und 15–19 Uhr, So 9–13 Uhr.
Località Portararo 32 – Marina di Casal Velino,
Tel. 09 74 90 73 84, Mobil 34 76 40 80 47
(Germano), www.monzo.it, fb

Baden/Wassersport

Über den im Sommer oft überfüllten Stränden von Marina di Casal Velino weht die „Blaue Flagge“. Das **Strandhotel Donna Rumma** dient dem deutschen **Sport- und Freizeitclub Blue Soul** (www.blue-soul.de) von Mitte April bis Okt. als Basis. Hier befindet sich die Tauchschule, es werden Kurse im Segeln, Windsurfen und Kajakfahren angeboten.

Feiern/Kultur

- **Estate Casalvelinese,** Theater und Konzerte von Juli bis Sept.
- **Festa di San Matteo Apostolo,** Marina di Casal Velino feiert seinen Apostel am 21. Sept.

Radfahren

Gäste des **Agriturismo I Moresani** und des **Agriturismo Zio Cristoforo** können professionelle Räder ausleihen (rechtzeitig vorbestellen) und werden mit gutem Kartenmaterial ausgestattet.

Cilento Centrale

Der Cilento Centrale umfasst das **Gebiet um den Monte Gelbison und den Golf von Ascea** mit seinen schönen Stränden. Das Marienheiligtum auf dem Gipfel des 1705 m hohen Monte Gelbison, auch Monte Sacro genannt, ist von Mai bis Oktober Ziel Tausender Pilger aus ganz Süditalien. Einen noch sehr urwüchsigen Cilento – landschaftlich und kulinarisch – erlebt man bei (Rad-)Touren durch das hügelige Hinterland. **Vallo della Lucania,** am südlichen Abhang des Monte Gelbison gelegen, ist das wirtschaftliche Zentrum des Cilento und Sitz der Nationalparkverwaltung. Das antike **Elea (Velia)** war zur Zeit der griechischen Antike Sitz einer bedeutenden Philosophen- und Ärztteschule. Eines der reizvollsten Urlaubsziele des Cilento ist **Pisciotta,** das sich von ausgedehnten Olivenhainen umgeben auf einer aussichtsreichen Anhöhe über dem Meer erhebt.

⊡ Weinbau im Hinterland von Marina di Ascea

Velia und Marina di Ascea

Das Sein ist.

Parmenides

Wortwörtlich und von Rom aus betrachtet liegt der Cilento nördlich des Fiume Alento, **„cis alentum"**, wie der Lateiner sagt. Velia befindet sich bereits auf der südlichen Seite des alten Grenzflusses.

Als beim Bau der Bahntrasse Neapel – Reggio di Calabria 1888 ein Tunnel durch den Bergsattel getrieben wurde, auf dem sich ein mittelalterlicher **Küstenwachturm** erhebt (und wie dann bekannt wurde, auch die Ruinen von Velia), fielen dem deutschen Ingenieur und Amateurarchäologen *Wilhelm Schleuning* die zahlreich zutage tretenden antiken Fundstücke auf. Ihm ist es zu verdanken, dass das antike Velia (Elea) wiederentdeckt wurde. Die **Ausgrabungen** im heutigen Marina di Ascea begannen 1921 unter *Amadeo Maiuri* und dauern bis heute an.

Das **antike Elea** mit seiner Akropolis und Blicken, die sich vom Golf von Ascea über den Monte della Stella bis zum Monte Gelbison spannen, ist einer der stimmungsvollsten Orte des Cilento. Außerdem kommt man hier auf ganz andere Gedanken …

ama236 pa

Emi- und Immigranten

Elea wurde um 540 v.Chr. von Phokäern gegründet. Die Lage konnte besser nicht gewählt sein: Der Bergrücken an der Mündung des damals schiffbaren Alento, zu drei Seiten vom Meer umspült (durch die Verlandung ist die heutige Küstenlinie weiter vorgeschoben), bot sich als idealer Siedlungsplatz an. Eleas Gründung ging eine regelrechte Odyssee voraus. Fünf Jahre zuvor war **Phokäa,** eine griechische Stadt in Kleinasien, von den **Persern** belagert worden. *Herodot* berichtet, dass der persische General *Harpagos* den **Griechen** nach langer Belagerung das Angebot unterbreitete, pro forma ein paar Mauern der Stadt zu schleifen, um seinem Herrscher *Kyros* eine Erfolgsmeldung überbringen zu können. Die Eroberung sei reine Prestigesache, die Stadt und ihre Bürger sollten unangetastet bleiben. Die Phokäer baten sich einen Tag Bedenkzeit aus, stimmten dann zu, und nachdem die persischen Truppen abgezogen waren, beluden die Griechen noch in derselben Nacht ihre Schiffe und fuhren mit Mann, Maus und allen Schätzen davon. Es folgte eine **jahrelange Irrfahrt.** Bei dem Versuch, auf Korsika zu siedeln, wurden die Phokäer von Karthagern und Etruskern, die die ionische Handelskonkurrenz fürchteten, in eine blutige Seeschlacht verwickelt.

Nach dieser Schlappe teilte sich die Flotte, ein Teil der Phokäer gründete daraufhin **Massilia** (Marseille), die anderen befanden sich gerade auf der Rückfahrt in Regghion (Reggio di Calabria), als sie eine Botschaft der delphischen *Phyta* erreichte (vielleicht hatten Griechen aus Poseidonia das Orakel bestochen, da ihnen an Verbündeten in der Region gelegen war). Der **Orakelspruch** empfahl den Phokäern den eingangs beschriebenen Siedlungsort an der Mündung des Alento aufzusuchen. Die neu gegründete Stadt nannten sie nach einer Quellnymphe *Hyele*, später Elea.

Als **Handelsstadt** gelangte Elea zu Reichtum, ihren gerechten Gesetzen und der von **Parmenides** gegründeten **Philosophenschule** verdankt sie ewigen Ruhm. Im 4. Jh. v.Chr. gelang es Elea, anders als Poseidonia (Paestum), dem Ansturm der Lukaner zu widerstehen. Früh knüpfte die Stadt politische, wirtschaftliche und kulturelle Beziehungen zu Rom und unterstützte die Römer während der Punischen Kriege mit Truppen und Schiffen. Als Velia wurde die Stadt 88 v.Chr. **römisches Municipium,** ohne Veteranen aufnehmen oder ihre Selbstständigkeit, das Münzrecht und die griechische Sprache aufgeben zu müssen. Reiche Römer bauten sich prachtvolle Villen, *Cicero* zählte zu den regelmäßigen Besuchern. Aufschlussreich ist einer seiner letzten Briefe, gerichtet an einen befreundeten Anwalt in Velia. Kurz vor seiner Ermordung durch die Schergen des *Marcus Antonius* beklagte *Cicero* die politische Dekadenz Roms und sehnte sich nach der glücklichen Verfassung Velias.

Die Verlagerung der Handelsströme im 2. Jh. n.Chr., weg vom Meer auf die Via Popilia (die römische Heer- und Handelsstraße führte von Capua durch den Vallo di Diano in den Süden Italiens), die Piratengefahr und die allmähliche Versandung des Hafens leiteten den **Niedergang** Velias ein. Im 9. Jh. wurde der Ort endgültig verlassen. Er erlangte nur noch einmal lokale Bedeutung, als im 13. Jh. der Küstenwachturm auf dem ehemaligen Akropolishügel zur Abwehr der Sarazenen errichtet wurde.

ama144 pa

◁ Schlendern auf dem Crinale degli Dei

Horizonte erweitern

Bei einem Rundgang durch die archäologische Zone durchquert man zunächst in Hafennähe ein **Wohnviertel** aus römischer Zeit. Von dem gut erhaltenen **Thermenkomplex** aus dem 2. Jh. n.Chr. führt eine steingepflasterte Straße im Taleinschnitt bergauf, vorbei an dem in Hangstufen angelegten **Äskulap-Heiligtum.** Der Wasserlauf des Yele führte kanalisiert durch mehrere Becken, die für die **Hydrotherapie** genutzt wurden. Nachfolgerin der bekannten Medizinschule wurde Salerno (siehe Exkurs „Die Medizinschule von Salerno“, S. 150).

Durchschreitet man die **Porta Rosa** (Tor bzw. brückenartige Bogenkonstruktion), sieht man über das Alento-Tal auf den **Monte della Stella.** In der Antike stand auf dem 1131 m hohen Gipfel eine Signalstation, über die Velia mit Paestum kommunizieren konnte. Die heute weithin sichtbare Radarkuppel gehört zu einer für den südlichen Mittelmeerraum wichtigen Flugleitstelle.

An der Stelle der heutigen **Akropolis** befand sich die ursprüngliche phokäische Siedlung. Sie wurde im Zuge der Stadterweiterung im 5. Jh. v.Chr. komplett abgerissen. Den Akropolishügel nahmen ausschließlich öffentliche Gebäude und Tempel ein. Durch das **Propylon,** einen Monumentaleingang, betrat man den heiligen Bezirk auf der höchstgelegenen Terrasse. Die mittelalterliche **Cappella Palatina** nimmt einen Flügel des antiken Torgebäudes ein. Im **Antiquarium** ist die berühmte Herme des Philosophen *Parmenides* zu sehen. Vom großen **Tempel** aus dem 5. Jh. v.Chr. hat sich lediglich das Fundament erhalten. Auf ihm steht das **mittelalterliche Kastell,** weitgehend aus antikem Baumaterial errichtet. Ein zweites Antiquarium befindet sich unterhalb der

Junge Archäologinnen in den Thermen

ama145 pa

Tempelterrasse in der restaurierten ehemaligen **Chiesa di S. Maria.** Ausgrabungsfunde und illustrative Texte geben Einblicke in Kult und Alltag der antiken Stadt. Velia ist ein Ort, der wie geschaffen ist, um seinen Gedanken freien Lauf zu lassen.

Der aussichtsreiche **Crinale degli Dei** ist leider nur nach schriftlicher Voranmeldung zugänglich. Vom Theater aus kann man dem **Verlauf der antiken Stadtmauer** über den Höhenzug nach Osten folgen. Nach Überschreitung der Porta Rosa und vorbei an den Grundmauern diverser Heiligtümer gelangt man zum **Castelluccio,** einem Festungsturm aus hellenistischer Zeit.

■ **Scavi di Velia,** Piazzale Amadeo Maiuri – Ascea Marina, Tel. 09 74 97 23 96, www.museopaestum.cultura.gov, fb, [i]. Tägl. 8.30–19.30 Uhr (Einlass bis 18.30 Uhr). Seit Velia und die Ausgrabungen von Paestum (S. 164) zu einem einzigen archäologischen Park zusammengeschlossen sind, gilt ausschließlich das 3 Tage gültige Sammelticket; März bis Okt. 15 €/2 €, Nov. bis Febr. 10 €/2 €.

Mehrere Kilometer Serpentinenstraße trennen **Marina di Ascea (13 m, 2400 Ew.)** von **Ascea (293 m, 2800 Ew.),** dem höher gelegenen Sitz der ausgedehnten Kommune. Um das Jahr 1000 hatten die Bewohner der mittelalterlichen Nachfolgesiedlung des antiken Velia einen Siedlungsplatz in sicherer Distanz vor Piraten und der Malaria gesucht und hier gefunden. Ascea versprüht einen spröden Charme, viele rauschen auf der Provinzstraße einfach durch. Vielleicht lädt ja der restaurierte **Palazzo De Dominicis-Ricci** mit einer archäologischen Ausstellung zu Elea/Velia oder einer Kulturveranstaltung zur Pause ein.

■ **Palazzo De Dominicis-Ricci,** Via Roma 28, Tel. 09 74 83 87 12, fb, Do bis So 10–13 und 16–19 Uhr, Eintritt frei.

Einen noch sehr ursprünglichen Cilento erlebt man bei einer **Fahrt ins Hinterland** durch die Dörfer Terradura, Catona, Mandia, Santa Barbara und Ceraso – eine tolle Strecke auch für trainierte Radfahrer!

Praktische Tipps

Information

■ **ArcheoTrekking**
Reisebüro nahe dem Ristorante Le Macine an der Straße Richtung Ascea. Prospekte, Wanderkarten, geführte Wanderungen und organisierte Radtouren (siehe „Reiserouten und Touren, Tour 3"). *Giuseppe Di Bello* unterhält einen Bookshop in den Scavi di Velia, zugleich Info-Point des Parco del Cilento. Mo bis Fr 9–13 und 16–20 Uhr, im Sommer länger.
Via Grisi 5 – Ascea Marina, Tel. 09 74 97 24 17,
Mobil & WhatsApp 34 87 79 86 59,
www.archeotrekking.net, fb

■ **Pro Loco di Ascea**
Mo bis Sa 8.30–13 und 14.30–19 Uhr.
Piazzale Ferrovia – Ascea Marina,
Tel. 09 74 97 22 30,
https://prolocoascea.wordpress.com, fb

An- und Weiterreise

■ **Auto:** Die Ausgrabungen von Velia liegen unmittelbar an der SR 447, der südlichen Fortsetzung der SR 267. Velia ist auch von der nahen SS 18 var „Cilentana" schnell zu erreichen. Parken an den Ausgrabungen.

■ **Bus:** RIAG (www.riagviaggi.com), von Velia/Ascea nach Casal Velino und Vallo della Lucania.

■ **Bahn:** Der Bahnhof Ascea der Linie Salerno – Reggio di Calabria liegt ca. 2 km von den Ausgrabungen entfernt.

Übernachten

Cilento Natura②

Geräumige, gut ausgestattete Apartments in Marina di Ascea. Was den Häusern an Cilento-Charme abgeht, macht *Franco Perazzo* mit Gastfreundschaft und Deutschkenntnissen wett. Auf eigenem Land produziert er mit viel Liebe *Olio d'Oliva extra vergine,* von dem seine Gäste zu kosten kriegen (wird nach Deutschland geliefert!). Wirklich gut ist auch der hausgemachte Limoncello! Der Gartenpavillon mit Pizzaofen und Grillplatz steht allen Gästen zur Verfügung, ebenso Garagen und Waschmaschine.
Viale Esperia 9 – Ascea Marina,
Tel. 09 74 97 17 47, Mobil 34 76 24 11 16,
www.cilentonatura.com

La Petrosa①-③

Die Bio-Azienda der Geschwister *Soffriti* liegt wenige Kilometer von der Küste entfernt in den Hügeln oberhalb des Alento-Tals. Übernachtet wird in freundlich eingerichteten Zimmern im Guts- oder Herrenhaus, die ehemaligen Getreidespeicher wurden zu Mini-Apartments ausgebaut. Wer mit Camper oder Zelt anreist, findet schattige Stellplätze in der Nähe des Fiume Palistro. Die wahre Stärke der Petrosa zeigt sich in der cilentanischen Bauernküche. Dazu werden ausschließlich selbst erzeugte Bio-Produkte verwendet, die es auch im Shop zu kaufen gibt. Das **Restaurant** öffnet auch für externe Gäste, frische Tomaten darf sich im Sommer jeder selbst im Garten pflücken. Gäste erhalten Einblick in den täglichen Ablauf des Bauernhofs und dürfen beim Melken der Ziegen helfen. Es gibt einen großen Pool, und auf Wunsch werden Räder oder Reitausflüge organisiert. Ein toller Platz für Familien mit Kindern! Abzweig am Km 3 der SR 447, dann ca. 4 km auf der SP 87 der Ausschilderung folgen. 6 Zi., 8 Ap. April bis Ende Okt.
Via Fabbrica 112 – Ceraso, Tel. 097 46 13 70,
Mobil 33 49 12 07 47, www.lapetrosa.it, fb, [i]

MEIN TIPP: **Le Favate**②-③

Kern der Azienda ist ein imposantes Herrenhaus (17. Jh.) mit Taubenturm. Das Anwesen liegt mit weitem Blick auf den Golf an der historischen Salzstraße, die Elea mit dem Hinterland verband. Das familienfreundliche Anwesen leiten *Grazia Troccoli* und *Caterina Sacco,* die auch deutsch spricht. Rustikal-komfortable Gästezimmer – einige mit Kamin – im Haupt- oder Nebengebäude. Toller Pool. Das Restaurant öffnet nur für die Gäste des Hauses. Am Fiumarella-Fluss kann man bis Velia wandern. Anfahrt über Terradura. 11 Zi., 10 Ap. März bis Nov.
Contrada Favate – Terradura di Ascea,
Tel. & WhatsApp 09 74 97 73 80,
Mobil 33 35 80 80 01, www.favate.it, fb, [i]

Essen und Trinken/Einkaufen

Le Macine②

In der Nähe von Velia wird in der alten Ölmühle aus dem 17. Jh. vorzügliche *pasta fresca* und frischer Fisch serviert. *Luciano Ferolla* ist eine unerschöpfliche Quelle lokalen Wissens, seiner Familie gehörte das Gelände des antiken Velia. Der Sohn betreibt im Hof eine Wine-Bar, die auch Craft-Bier ausschenkt.
Via Grisi 14 – Ascea Marina,
Tel. 09 74 97 21 42, Mobil 33 87 73 21 56, fb

Auf Umwegen zum Ziel

Die **Küstenstraße** zwischen Ascea und Pisciotta ist seit Jahren offiziell wegen Erdrutsch gesperrt. An einer Variante wird gebaut – wir sind im Cilento, mit Betonung auf *lento* = langsam. Bis es so weit ist, benutzen die Einheimischen weiter die abschnittsweise an eine Achterbahn erinnernde **SR 447.** Wer keine Eile hat, steuert Pisciotta auf der landschaftlich sehr reizvollen **SP 269** aus dem Hinterland über Ròdio an.

[>] Blick in den Golf von Ascea mit dem Monte della Stella

Tenuta Chirico

Die Familie *Chirico* hat es zu großer Meisterschaft in der Herstellung von Käse gebracht, Slow Food verneigt sich. Eine Spezialität ist die *mozzarella nella mortella* – von Myrtenblättern umhüllte Büffel-Mozzarella. In den Vitrinen liegen appetitlich frische und gereifte Käse, Ricotta und cilentanische Wurstspezialitäten aus, verführerisch auch die Desserts und das Eis. In den Regalen werden cilentanische Spitzenprodukte zum Verkauf angeboten. Im **Punto Ristoro** kann man die Köstlichkeiten an Ort und Stelle verzehren. Mo bis Sa durchgängig geöffnet.

Via Isacia 29 (zw. Km 3 und 4 der SR 447) – Ascea Marina, Tel. 09 74 97 15 84, www.tenutachirico.it, fb, [i]

Kultur

■ **Velia Teatro,** von Anfang Aug. bis Anfang Sept. kommen antike griechische Dramen und römische Komödien in italienischer Sprache im antiken Velia bzw. in einem einem antiken Gebäude nachempfundenen Freilufttheater in Marina di Ascea zur Aufführung. www.veliateatro.it

Baden

Die **Sand- und Kiesstrände** von Marina di Ascea werden vor allem von italienischen Badetouristen aufgesucht. Die „Blaue Flagge" verspricht eine hohe Wasserqualität, allerdings lässt der moderne Ferienort den Charme anderer Küstenorte vermissen. Wunderschön ist allerdings der **Dünenstrand** im Süden an der Punta di Telègrafo.

Wandern/Esel-Trekking

An der Torre di Telègrafo im Süden Asceas hat der Cilento-Nationalpark mit großem finanziellem Aufwand und noch größerem medialem Rummel den ca. 2 km langen **Sentiero degli Innamorati** anlegen lassen, der vom Dünenstrand zu den Resten des Küstenwachtturms hochführt. Das weite Panorama und die Macchia sind in der Tat sehr schön. Ein lohnendes Wanderziel ist auch der Weiler **Catona,** auf kurvenreicher Straße von Ascea aus zu erreichen. Der Ortsname erinnert an den römischen Politiker und Feldherren *Cato den Jüngeren* (95–46 v.Chr.), der hier eine Villa besessen haben soll. Aus Catona führt ein Pilgerweg auf den aussichtsreichen **Monte Carmelo** mit einem der sieben Marienheiligtümer des Cilento. Bei der Prozession am 7. Juli wird die Marien-Statue in einer feierlichen Prozession aus Catona auf den Berg begleitet, wo sie zwischen der sogenannten Prèta – einem ursprünglich heidnischen Fruchtbarkeitsidol – und dem Lebensbaum hindurchgetragen wird und anschließend dreimal um die Kapelle, bevor sie in die Chiesa Madre zurückkehrt.

ama146 pa

Gedanken,
schneller als eine Schildkröte

Anders als in Paestum oder gar Pompeji verirren sich nur selten Touristenbusse nach **Velia.** Die Landschaft ist bukolisch, große Teile der antiken Stadt Elea sind noch nicht ausgegraben, und man kann durch Olivenhaine und über Wiesen streifen. Die praktisch veranlagten Wärter nutzen das auf ihre Weise und sammeln im Frühjahr wilden Spargel, im Sommer Schnecken. Eine hervorragende Gelegenheit also, die Stille zu genießen, zu philosophieren, vielleicht in einem Buch von *Luciano De Crescenzo* zu schmökern.

Parmenides, der Begründer der eleatischen Philosophenschule (die auch einen medizinischen Zweig hatte, in dessen Tradition wiederum die mittelalterliche Medizinschule von Salerno stand), wurde um 520 v.Chr. in Elea geboren. Er entstammte einer reichen Familie, war Schüler des *Xenophanes,* mit dem er „vertrauten Umgang pflegte" (Homosexualität in einem Lehrer-Schüler-Verhältnis war im antiken Griechenland nichts Ungewöhnliches), und trat als Gesetzgeber hervor. Als Diplomat im Auftrag seiner Stadt reiste er 460 v.Chr. nach Athen, um die Möglichkeiten eines Bündnisses mit *Perikles* auszuloten. Über den Ausgang seiner diplomatischen Mission ist nichts bekannt, aber *Parmenides* und sein Schüler *Zenon* (auch zwischen ihnen herrschte „vertrauter Umgang") trafen hier auf **Sokrates. Platon** hat im Dialog „Parmenides" dieses philosophische Gipfeltreffen festgehalten, laut *De Crescenzo* „das langweiligste und komplizierteste Gespräch der Philosophiegeschichte".

Parmenides ist aber nicht langweilig, allenfalls schwierig zu verstehen. In seinem Lehrgedicht „Von der Natur" erhebt er seine radikalen Gedanken über alle Zweifel, indem er sie einer Göttin in den Mund legt. In der Einleitung seines Werks lässt er sich bildlich mit einem Pferdegespann über die Niederungen der alltäglichen menschlichen Wahrnehmung hinweg in den Himmel ziehen, wo ihm die Göttin *Dike* die „abgerundete Wahrheit auf nicht zu erschütterndem Grunde" offenbart. *Parmenides* möchte eine Erkenntnis vermitteln, die sich über die durchschnittlichen Ansichten, die „dóxa", erhebt. Dabei unterscheidet er streng zwischen **Wahrnehmung und Denken.** Die Fähigkeit, das Gegenwärtige und Ungegenwärtige, das im Alltagsleben häufig getrennt wahrgenommen wird, zusammen zu sehen, bezeichnet *Parmenides* als **Geist.** Hier erscheint dieser zentrale Begriff europäischen Denkens zum ersten Mal! *Parmenides* spitzt die Sache mit dem berühmten Satz „Geistiges Wahrnehmen und Sein sind dasselbe" zu, oder anders formuliert: **„Denken und Sein sind dasselbe."** *Parmenides* war überzeugt, dass die Wahrheit (das Eine, das Sein, der Geist) etwas „Einziges, Ganzes, Unbewegliches und Nichterschaffenes" sei. Veränderungen oder Bewegungen gab es für ihn nicht. Wenn Sie, werter Leser, jetzt einwenden wollten, dass Sie noch vor einer Woche in Wuppertal waren und jetzt dort nicht mehr sind, sondern in Velia, sich also hierher bewegt haben, hätte *Parmenides* darauf schnaubend geantwortet, das sei lediglich Ihre Meinung, „es gibt nur Sein", **„das Sein ist",** oder auf gut griechisch: „to éon esti". Da sind Sie platt!

Zugegeben, in dieser Verkürzung ist es nicht leicht, *Parmenides* zu verstehen, und auch viele seiner Zeitgenossen hatten damit ihre Schwierigkeiten. *Zenon* fühlte sich berufen, die Gedanken seines Lehrers zu verteidigen und erfand die **Paradoxa,** Beweise, die sich gegen („para") die Meinungen („dóxa") richteten. Bezüglich der Reise von Wuppertal nach Velia hieße das: *Ze-*

ama36 pa

non behauptet, Sie würden nie ans Ziel kommen, denn bevor Sie Velia erreichten, müssten Sie erst den Mittelpunkt der Strecke überwinden, sagen wir den Brenner, bevor Sie aber den Brenner erreichten, müssten Sie bei Stuttgart einen anderen Mittelpunkt erreichen, und so weiter und so fort. Kurz: Um von Wuppertal bis nach Velia zu gelangen, müssten Sie unendlich viele Mittelpunkte auf der Strecke überwinden und dafür bräuchten Sie unendlich lange Zeit, würden also nie ankommen. Quod erat demonstrandum.

Das berühmte **Paradoxon von Achilles und der Schildkröte** funktioniert ganz ähnlich. Der schnellste Läufer der Griechen soll im Wettlauf gegen das langsamste Tier, die Schildkröte, antreten. Über den Ausgang des Rennens bestehen eigentlich keine Zweifel. Aus Gründen der Fairness darf die Schildkröte eine Schrittlänge vor *Achilles* starten. Beide nehmen ihre Startposition ein, *Achilles* auf Punkt A, die Schildkröte einen Meter vor ihm auf Punkt B. Das Startzeichen wird gegeben. Mit einem schnellen Satz erreicht *Achilles* den Punkt B, wo eben noch die Schildkröte stand, die sich aber in der Zwischenzeit langsam auf Punkt C bewegt hat. *Achilles* rennt weiter, erreicht den nur wenige Zentimeter entfernten Punkt C, doch die Schildkröte ist nicht mehr da, sie ist bereits auf Punkt D – und so weiter und so fort. *Achilles* wird der Schildkröte immer näher kommen, sie aber nie einholen. Dazu gibt *De Crescenzo* folgende Anekdote zum Besten: „Der Kyniker *Antisthenes* zum Beispiel konnte die Eleaten und ihre ewigen Beweisführungen gegen die Bewegung nicht ausstehen. Es heißt, er sei eines Tages, als es ihm nicht gelang, *Zenon* und seine Paradoxa zu widerlegen, dauernd im Raum auf und ab gegangen, bis *Zenon* schließlich ausrief: „Kannst Du nicht einen Augenblick stillstehen?" „Also gibst Du zu, dass ich mich bewege?", erwiderte *Antisthenes*."

⌃ Die Büste des Parmenides wurde 1966 in Velia ausgegraben, sie stammt aus römischer Zeit – der griechische Philosoph stand wohl immer noch hoch im Kurs

ArcheoTrekking
Giuseppe Di Bello begleitet kleine Gruppen auf Wanderungen, z.B. in seinem Heimatort Catona.
Mobil 34 87 79 86 59,
www.archeotrekking.net, fb

Rareca Village
Ausgehend vom hübschen Weiler Mandia, der auf einer Hügelkuppe thront, begleitet *Alessandro Rovezzi* kleine Gruppen mit Eseln auf einer ca. 6 km langen Rundwanderung. Auch Wander- und Radausflüge, im Vordergrund stehen dabei immer auch die Begegnungen mit Einheimischen. Auf Wunsch werden in Mandia private Unterkünfte vermittelt.
Gruppen bis 5 Pers. ca. 15 € pro Pers.
Via Provinciale 1 – Mandia di Ascea,
Mobil 34 77 66 41 92, www.rarecavillage.it, fb

Castelnuovo Cilento

Wie Ascea und andere Orte des Hinterlandes entstand auch **Castelnuovo Cilento (280 m, 1600 Ew.)** als Fluchtort der Bewohner von Castellammare della Bruca, der mittelalterlichen Nachfolgesiedlung des antiken Velia. Aus Furcht vor Piraten und der Malaria suchten die Menschen den Weg von der Küste ins Landesinnere. Von der mächtigen Burg aus konnte der Warenverkehr unten auf der Salzstraße kontrolliert werden. Die Festung lässt sich auch von Weitem bewundern, im Ort sind die **bizzarren Baugebilde von Guerino Galzerano**

(1922–2002) die große Attraktion. Mit lokalpatriotischem Enthusiasmus wird der Selfmade-Künstler als der cilentanische *Antonio Gaudí* apostrophiert (siehe Exkurs „Der Gaudí des Cilento", S. 284).

Information

Info Point della Via Silente

Nicht nur Biker, die dem mehrtägigen Radparcours Via Silente (siehe „Reiserouten und Touren, Tour 3") folgen, sondern alle Reisende erhalten hier freundliche Auskunft. Es gibt eine Radwerkstatt, einen Radverleih, eine Bar, eine Dusche für Durchreisende und für Übernachtungsgäste ein **Ostello** sowie ferner ein **B&B.** Mai bis Okt. 8–13 und 15–19 Uhr, Nov. bis April 8–13 und 14–16 Uhr.

Via Velina 96 – Velina, Mobil 32 92 88 13 37, https://laviasilente.it, fb, [i]

ama148 pa

Übernachten/Essen und Trinken

Agriturismo Anna dei Sapori②

Anna Nigro empfängt ihre Gäste in einem geschmackvoll renovierten Gutshaus auf halber Strecke zwischen Vallo Scalo und Meer. Alles, was hier auf den Tisch kommt, wird auch in der eigenen biologisch zertifizierten Landwirtschaft erzeugt. Der oft bemühte Spruch „Menu a Km 0" ist in diesem Fall wahr. Im Frühjahr sind mit Wildspargel gefüllte Ravioli ein Genuss, im Sommer delektieren sich Gäste an gefüllten Auberginen, und in der Kälte wärmen dicke Bohnensuppen. Für auswärtige Gäste öffnet das Restaurant März bis Okt., außerhalb der Saison nur an Wochenenden, im Sommer Di Ruhetag. Direkt oberhalb der SR 447 knapp 2 km vor Velina, einer Frazione von Castelnuovo Cilento. 2 Zi. Nov. geschl.

Via S. Venere 1 – Frazione Velina, Tel. 097 46 39 28, Mobil 34 94 47 95 61, www.annadeisapori.it, fb, [i]

■ **La Casa dei Ciottoli**①-②

Das ungewöhnliche, bis unter die Mansarde ausgebaute Ferienhaus mit schöner Dachterrasse kann bis zu vier Personen beherbergen, ideal für eine Familie oder Gruppe von Freunden. Es handelt sich um das liebevoll renovierte und mit modernem Komfort ausgestattete Kieselhaus von *Guerino Galzerano* (siehe Exkurs „Der Gaudí des Cilento"). Der hilfsbereite Gastgeber *Francesco* ist sein Großneffe. Ein weiterer Verwandter *Francescos* ist der Verleger *Giuseppe Galzerano,* Herausgeber des Reiseführers „101 cose da vedere, fare e assaggiare nel Cilento". An guten Tipps mangelt es nicht! 2 Zi.

Via Vittorio Emanuele III. 15, Mobil 32 00 86 37 21, www.lacasadeiciottoli.it, fb, [i]

☒ Im Mittelalter entstand Castelnuovo Cilento als Fluchtort der Küstenbewohner

ama147 pa

Castelnuovo Cilento

Ostello Silente Km 9①-②
Pfiffiges Ostello in einem geschmackvoll restaurierten alten Backsteinbau an der Durchfahrtsstraße. Der Info Point della Via Silente dient als Empfang, *Antonio Giglio* ist ausgesprochen hilfsbereit. Es stehen mehrere kleine Schlafräume zur Verfügung, dazu Gemeinschaftsbäder, eine Küche und eine Dachterrasse zum Chillen. Zimmer und Apartments mit Privatbädern in einem separaten Bau.
Via Velina 96 – Velina, Mobil 32 92 88 13 37, https://laviasilente.it, fb, [i]

Pizzeria Scostumata②
Für seine köstlichen Pizzen verwendet *Mario De Marco* ein Mehl mit niedrigem Glutengehalt, Fleisch und Gemüse werden ebenfalls im Holzofen zubereitet. Ca. 4 km nördlich von Vallo Scalo. 17.30–24 Uhr. Di Ruhetag.

Der Gaudí des Cilento

Der Bauer **Guerino Galzerano** (1922–2002) hat in seinen letzten Lebensjahrzehnten in seinem Heimatort Castelnuovo Cilento ein **erstaunliches Œuvre** geschaffen, und noch zu Lebzeiten gestaltete er 1982 sein eigenes Grabmahl (Abb. siehe oben). Im Ort verkleidete er sein Wohnhaus an der Hauptstraße – heute ein Bed & Breakfast – mit Abertausenden Flusskieseln, errichtete aus Kieselsteinen eine verwunschene Burg zu Füßen des Kastells und baute bis zu seinem Tod unermüdlich an seinem **Fantasieschloss** im Weiler Santa Caterina. Auch wenn der Vergleich mit *Antonio Gaudí* hoch gegriffen erscheint, sind das **tragische Leben und** das **bizarre Werk** *Galzeranos* bemerkenswert.

Als Sohn armer Landarbeiter zur Welt gekommen, verlor er früh seinen Vater. Traumatisiert vom 2. Weltkrieg kehrte er nach Castelnuovo zurück, wo er 1949 wegen des Mordes an einem Cousin verhaftet wurde. **Unschuldig** verbrachte er drei Jahre **im Gefängnis.** Wieder in Freiheit heiratete er und ging **als Gastarbeiter nach Deutschland.** Auf das Gerücht hin, seine Frau könnte ihn betrogen haben, kehrte er 1970 zurück. Er verletzte die Mutter des mutmaßlichen Liebhabers und erschoss eine Freundin seiner Frau, die das Techtelmechtel eingefädelt haben sollte. Nach seiner Festnahme verbrachte er sieben Jahre in der **Irrenanstalt** des Gefängnisses von Aversa. Im Garten der Anstalt fing er an aus Kieselsteinen Kunstwerke zu errichten. Durch einen Gnadenerlass kam *Galzerano* frei und kehrte nach Castelnuovo zurück. Seine letzten Lebensjahre verbrachte er in Gesellschaft seines Esels und seiner Kunst.

Auch wenn sich die Bauten *Guerino Galzeranos* heute z.T. in einem Zustand der traurigen Vernachlässigung befinden, hat sein Werk Eingang in *Vittorio Sgarbis* virtuelles **Museo della Follia** gefunden.

Via Nazionale 59 (Km 129 der SS 18) – Omignano Scalo, Mobil & WhatsApp 33 31 34 98 28, fb, [i]

■ **Relais sul Siroto – Holiday Cilento**①-② Vermittlung von Ferienwohnungen in alten Landhäusern und modernen Villen in der Umgebung von Ascea, aber auch in Pioppi und Pisciotta. *Gino Troccoli* lebt mit seiner Familie in einer modernen, aus lokalem Stein errichteten Architektenvilla bei Castelnuovo Cilento im Grünen; hier betreibt er sein B&B Relais sul Siroto mit drei einwandfreien Gästezimmern. Zum Frühstück gibt es frisches Obst aus dem Garten und Eier von eigenen Hühnern. *Gino* spricht deutsch und begleitet seine Gäste als geprüfter Bergführer des Parco Nazionale auf Berg- und Radtouren. Vermittlung von Mietfahrzeugen. Via I. Traversa Pantana 5 – Vallo Scalo, Mobil 33 32 57 90 64, www.holiday-cilento.com, fb, [i]

Vallo della Lucania und Monte Gelbison

Am südlichen Abhang des Monte Gelbison gelegen, ist **Vallo della Lucania (380 m, 7970 Ew.)** das wirtschaftliche Zentrum des Cilento und Sitz des Parco Nazionale del Cilento e Vallo di Diano. Die Innenstadt bietet freundlichen italienischen Alltag, die kolonnadengesäumte Piazza Vittorio Emanuele verbreitet eine mondäne Atmosphäre. Im **Palazzo Vescovile** versammelt das **Diözesanmuseum** Kirchenkunst des Cilento aus mehreren Jahrhunderten. Pezzo forte ist eine Holzstatue des *San Filadelfo di Pattano* (10. Jh.) im Gewand eines Igoumenos (griech.: Abt) der Basilianer-Abtei von Pattano. Die **Badia di Pattano** 2 km westlich von Vallo, eingekeilt zwischen SS 18 und Schnellstraße SS 18 var „Cilentana“ (kaum Parkmöglichkeiten), gilt als bedeutendstes bauliches Zeugnis byzantinischer Kultur im Cilento. Sie befindet sich in Privatbesitz, kann aber auf Anfrage besichtigt werden. Neben dem verzierten Glockenturm ist besonders die kleine **Chiesa di San Filadelfo** mit Fresken aus dem 9. bis 15. Jh. sehenswert. Einen knappen Kilometer weiter südwestlich liegt direkt an der SS 18 der wie aus der Zeit gefallene Weiler Pattano.

■ **Museo Diocesano,** Via F. Cammarota 2, Tel. 097 47 57 94, www.diocesivallo.it/cultura/museo, Mo bis Sa 9–12.30 Uhr, Eintritt 2/1 €.

■ **Badia di Pattano,** Mobil 34 78 25 99 08 *(Franco Mautone)*. Rechtzeitig vorher anrufen. Trinkgeld!

Auf byzantinische Gründungen gehen auch **Pellare** und **Moio della Civitella (515 m, 1800 Ew.)** zurück. Auf dem 818 m hohen **Civitella-Hügel** wurden Ruinen einer lukanisch-griechischen Stadt freigelegt, die von diesem strategischen Punkt aus die Salzhandelsstraße kontrollierte, die von Velia ins Hinterland führte. Der stimmungsvolle Ort ist frei zugänglich und von Moio aus auf schönem Weg zu Fuß bzw. mit dem Auto zu erreichen.

Aus dem hübschen mittelalterlichen **Novi Velia (648 m, 2300 Ew.)** führt eine kurvenreiche Panoramastraße durch das idyllische Torna-Tal und durch ausgedehnte Kastanien- und Buchenwälder bis fast auf den Gipfel des 1705 m hohen **Monte Gelbison.** Ein steingepflasterter Kreuzweg setzt sich fort bis zum Sanktuarium. Das Gipfelplateau bietet einen überwältigenden Blick fast über den gesamten Cilento und an klaren Tagen bis zu den Äolischen Inseln. Hier erhebt sich ein großer Baukomplex, bestehend aus Pilgerunterkünften, Kapellen und dem **Santuario della Madonna del Sacro Monte** mit dem verehrten Bild der Schwarzen Madonna. Basilianermönche hatten im 8. oder 10. Jh. ein christliches Heiligtum auf dem Monte Sacro errichtet. Der Name Gelbison lässt sich auch aus dem Arabischen herleiten und bedeutet gleichfalls „Heiliger Berg". Von Mai bis Oktober ist das Heiligtum Ziel Tausender Pilger aus ganz Süditalien. Aus Novi Velia führt neben der Straße ein alter, steingepflasterter Pilgerweg bis zum Sanktuarium hoch, er wird noch heute beschritten.

Praktische Tipps

Information

- **Parco Nazionale del Cilento e Vallo di Diano,** siehe S. 226.
- **www.comune.vallodellalucania.sa.it/Vivi-Vallo**

An- und Weiterreise

- **Auto:** Vallo della Lucania liegt an der als Schnellstraße ausgebauten SS 18 var „Cilentana". Über Novi Velia führt eine kurvenreiche, gut ausgebaute Bergstraße bis hinauf auf den Monte Gelbison.
- **Bus:** FS Busitalia (www.fsbusitalia.it) aus Salerno nach Vallo della Lucania.
- **Bahn:** Der Bahnhof „Vallo-Castelnuovo" der Linie Neapel – Reggio di Calabria liegt ca. 10 km westlich von Vallo della Lucania.

Essen und Trinken

Aquadulcis③-④

Modern gestylte Edel-Osteria in den restaurierten Räumen einer ehemals wassergetriebenen Ölmühle im hübschen Weiler Massa wenige Kilometer südlich von Vallo della Lucania. Apropos: Der **Oleificio Conti Emilio** wenige Häuser weiter ist eine der besten Ölmühlen des Cilento! *Vincenzo Cucolo* kann auf die frischen Produkte der Azienda Cobellis, den forellenreichen Bach und das nahe Meer zurückgreifen. In der Küche setzt er auf innovative Garmethoden und Kontraste. Auch ein paar lauschige Plätze auf der Veranda im Freien. Es gibt nur wenige Tische! Di, Mi, Do und So nur abends, Fr und Sa auch mittags. Mo Ruhetag.
Contrada Tenda – Massa di Vallo della Lucania,
Mobil 34 52 97 38 11, www.aquadulcis.it, fb, [i]

- **Armonia**②

Vallos zentrale Piazza ist von zahlreichen Lokalen umgeben, die hübsche Pizzeria von *Antonello Fedullo* liegt etwas versteckt in einem Hinterhof. Die Pizze sind äußerst bekömmlich und fantasievoll belegt. Der Meisterbäcker stellt auch seine eigenen Dolci her. Bis auf So nur abends. Mo Ruhetag.
Piazza Vittorio Emanuele II. 35, Tel. 09 74 35 98 33,
WhatsApp 38 91 27 35 86, fb, [i]

La Chioccia d'Oro②

Giovanni Positano setzt seit 1979 auf ehrliche Berg- und Bauernküche, seine Zutaten bezieht er frisch aus der Umgebung. Delikat das gefüllte Kaninchen! Die Atmosphäre ist ungezwungen familiär, um die Gäste bemüht sich Tochter *Rosa*. Vom Guide Michelin für das ausgezeichnete Preis-Leistungs-Verhältnis ausgezeichnet. Fr Ruhetag.
Via Novi 2 – Località Pietra dei Correnti,
Tel. 097 47 00 04, Mobil 33 82 99 80 69

Einkaufen

- **Libreria Pagina 5**

Die kleine, gut sortierte Buchhandlung in der Nähe der Piazza bietet auch ausgefallene Literatur zum Cilento. *Sofia Fuscos* Mann ist einer der Besitzer des **Bio-Agriturismo La Petrosa** bei Ascea. Mo bis Sa 9–13.15 und 16.30–20.15 Uhr.
Via Gioacchino Murat 5, Tel. 097 47 89 75,
34 86 40 14 90, www.libreriapagina5.com, fb

[>] Von Novi Velia setzt man zum Gipfelsprung auf den Monte Gelbison an

Storie di Pane
Außer frisch gebackenem Brot stehen beste kampanische Produkte zum Verkauf. Ein toller Platz auch für einen Kaffee, einen leichten Imbiss oder ein Glas Wein! *Paolo De Simone* hat inzwischen den Erfolg seiner Bäckerei-Caffeteria-Salumeria-Enoteca fortgeschrieben und das Erfolgsrezept bis Mailand exportiert. Mo bis Sa 7.30–21 Uhr, So 7.30–14 Uhr.
Via A. Rubino 1, Tel. 097 41 87 07 16,
www.storiedipane.com

Rareche – Mercato Rurale Naturale
Samstags von 9.30 bis 13.30 Uhr verwandelt sich der **Palazzo della Cultura** in einen Öko-Kirmes, bei dem engagierte Landwirte, Kunsthandwerker und Kulturschaffende präsent sind. Zu den Ideatoren zählen *Edmondo Soffriti* vom Bio-Agriturismo La Petrosa bei Ascea und der Käser *Mario Di Bartolomeo,* dessen **Azienda Agricola Le Starze** (Contrada Starze, Mobil 34 73 19 58 07, www.facebook.com/LeStarze, Hofverkauf Mo bis Sa 8–20 Uhr, So 8–13 Uhr) südlich des Weilers Pattano im Sommer zum Picknick im Olivenhain (www.facebook.com/selvaticaevent) einlädt.
Piazza Vittorio Emanuele II.,
www.facebook.com/rarechemercatorurale

Feiern

Maria SS. del Sacro Monte, am letzten Maisonntag und am zweiten Oktobersonntag finden die beiden wichtigsten Prozessionen auf den Gipfel des Monte Sacro (Monte Gelbison) statt. Gläubige aus ganz Süditalien strömen am Fuße des Berges zusammen und steigen z.T. barfuß bis zum Sanktuarium hoch. Kurz vor dem letzten Anstieg legen sie einen Stein, den sie die ganze Zeit über mitgetragen haben, als Votivgabe nieder.

Wandern: Monte Gelbison (1705 m)

Oberhalb von Novi Velia führt ein alter Pilgerweg zum **Santuario della Madonna del Sacro Monte** (oder Santuario della Madonna di Novi Velia) auf den Gipfel des Monte Gelbison (oder Monte Sacro).

Anfahrt: Folgt man der Straße in Richtung Monte Gelbison zunächst mit dem Auto, fährt man durch das liebliche Torna-Tal. Am Bach stehen Picknicktische. Hier kann man das Auto am Straßenrand abstellen.

Wanderung: Kurz nach der Stelle, wo die Straße vom Bach nach rechts schwenkt, beginnt bergseitig der in breiten Stufen angelegte, steingepflasterte Pilgerweg. Der Aufstieg führt durch schattigen

ama149 pa

Kastanien- und Buchenwald, vorbei am erfrischenden Brunnen **Fontana di Fiumefreddo.** Gelegentlich trifft man unterwegs Pilger, die meisten fahren jedoch mit dem Auto hoch. Am letzten Maisonntag und am zweiten Sonntag im Oktober allerdings bewegen sich ganze Menschenströme zu Fuß auf den heiligen Berg. Für den Aufstieg sollte man mit knapp 2½ Std. rechnen, der Abstieg auf bekanntem Weg geht wesentlich schneller vonstatten.

Grund zur Freude

Der Cilento wird auch in absehbarer Zeit ein Ziel für Entdecker bleiben, das gilt auf jeden Fall für das Landesinnere. Entdeckerfreude wird z.B. im hübchen Bergstädtchen **Campora (715 m, 800 Ew.)** belohnt, das sich auf halber Strecke zwischen Vallo della Lucania und Laurino und nur wenige Kilometer östlich von Stio auf einem aussichtsreichen Hügel erhebt. *Ida Veltri,* die einige Jahre in Frankfurt a.M. verbracht hat, hat den Palazzo ihrer Vorfahren als entzückendes Logis eröffnet. Das Frühstück stellt auch verwöhnte Gaumen zufrieden und auf Wunsch kocht *Idas* Lebensgefährte *Mario* – ebenso vorzüglich. Bei gutem Wetter wird die Tafel auf der Dachterrasse gedeckt. Als passionierte Wanderin kennt *Ida* die Wege und Steige der Umgebung. Sie setzt sich aktiv dafür ein, die Nachbarorte und die dramatisch schöne Landschaft in ein markiertes Wegenetz einzubinden.

■ **Domus Letizia**②-③
Largo Regina Margherita 6 – Campora,
Mobil 33 47 81 02 55,
www.domusletizia.co, fb

Pisciotta, Ródio und San Mauro La Bruca

Die Häuser von **Pisciotta (170 m, 2420 Ew.)** scharen sich dicht um den Palazzo Marchesale und vom Stadthügel fällt der Blick aufs Meer. Unter dem Namen Pixoctum („Kleines Pixus") entstand Pisciotta als Fluchtsiedlung des antiken, um 900 durch Sarazenen zerstörten Pixus, heute Policastro Bussentino. In der als sicher geltenden Stadt suchten im Laufe der Zeit mehr und mehr Menschen Zuflucht, Anfang des 18. Jh. war Pisciotta der bevölkerungsreichste Ort des Cilento. Die blühende Wirtschaft beruhte auf Olivenanbau und Handel. Nach wie vor liegt Pisciotta umgeben von den schönsten **Olivenhainen.** Griechen hatten zur Zeit der Antike die uralte Kulturpflanze an dieser Küste eingeführt, die Römer weiteten den Anbau stark aus. Es heißt, die *ulivi pisciottane* lieferten das beste Öl des Cilento. Dabei erreichen die Bäume eine stattliche Höhe von bis zu 18 m und tragen reichlich Früchte. Bis ins 19. Jh. lieferte Pisciotta Lampenöl für Straßenlaternen mediterraner Großstädte, längst setzen die lokalen Erzeuger auf Olio d'Oliva extra vergine.

Das **mittelalterliche Ortsbild** ist intakt geblieben, wovon man sich bei Streifzügen zu Fuß überzeugen kann – Autos müssen draußen bleiben. Die Piazza Pinto ist das Zentrum des kleinstädtischen Lebens, hier findet ein Wochenmarkt statt und es reihen sich Bars und Cafés aneinander. Aus dem Labyrinth enger Treppengassen und kleiner Plätze erhebt sich die **Chiesa madre.** Neben den Palazzi fallen eine Vielzahl von Kapellen auf, Stiftungen reicher Adelshäuser. Dazu zählten auch die *Pappacoda,* Erbauer des **Palazzo Marchesale.** Ein Sproß dieser Familie, *Luigi Pappacoda* (1595–1670), brachte es bis zum Erzbischof von Lecce.

Wie viele andere Orte des Cilento auch war Pisciotta in den vergangenen Jahrzehnten von starker **Emigration** betroffen. Auf den steilen Treppengassen haben heute kleine Raupenfahrzeuge Esel als Lastenträger abgelöst, restauriert wird an allen Ecken. Die Zeichen stehen auf Tourismus mit dem Siegel „Slow".

Die Fahrstraße und ein alter Treppenweg verbinden Pisciotta mit seiner Marina. Es gibt tollere Strände im Cilento, so hält sich der Badebetrieb auch im Sommer in Grenzen. Für manche liegt genau darin der Reiz des ruhigen Hafenborgo. In **Marina di Pisciotta** lebt eine uralte Fischfangtradition fort: In Nächten ruhiger See, zwischen April und Juli, werden *alici di menaica* gefangen. Die Fischer fahren mit traditionellen *menaide* aus, 8 m langen Holzbooten, und benutzen speziell geknüpfte Netze, die *menaica.* In deren Maschen bleiben die Sardellen mit ihren Köpfen hängen und bluten noch im Meer aus. Auf dem Boot werden sie ausgenommen und an Land in Salz eingelegt. Die *alici* reifen in Keramikgefäßen in kühlen Räumen heran, bis sie zart und von unübertroffenem Geschmack sind.

Wenige Kilometer oberhalb von Pisciotta liegt das winzige **Ródio (330 m, 330 Ew.),** im 13. Jh. als Kommende der Johanniter von Rhodos (der späteren Malteserritter) gegründet. In den wasserreichen Hügeln waren früher zahlrei-

☐ Im September ist die Marina di Pisciotta Treff der Lateinersegel

ama153 pa

che Öl- und Getreidemühlen in Betrieb. Das Auto lässt man am Stadtrand stehen, im Ort selbst ist dafür kein Platz. Von der zentralen Piazza Vittoria, an der sich Chiesa madre und Palazzo Baronale gegenüberstehen, ziehen sich Bogendurchgänge und enge Treppengassen in alle Richtungen durch den hübschen Borgo.

Wie Ródio war auch das von Oliven- und Kastanienbäumen umgebene **San Mauro La Bruca (450 m, 540 Ew.)** zeitweise im Besitz des Johanniterordens. Aus einem Benediktinerkloster hervorgegangen, zeigt der benachbarte Borgo **San Nazario** noch ältere Ursprünge. Im dem Basilianerkloster, von dem heute nur noch kümmerliche Reste stehen, hat der spätere Gründer der Abtei Grottaferrata und heilig gesprochene *Nilus* im Jahr 940 das Habit eines griechisch-orthodoxen Mönches angelegt. Frischen Wind bringt der **Fernwanderweg Il Cammino di San Nilo** (siehe Exkurs „Folgt dem Mönch", S. 298).

Praktische Tipps

Information

- **Nuova Pro Loco Pisciotta**

Sitz des Fremdenverkehrsvereins ist die Gemeindebibliothek im Palazzo Marchesale. Mit Glück gibt es hier einen Stadtplan und eine Wanderkarte.
Via Roma, Mobil 37 73 08 19 92, www.prolocopisciotta.it, fb

- **Scopri Pisciotta**

Engagiert, pfiffig und nachhaltig: Reiseideen rund um Pisciotta, u.a. Kajakverleih, Pescaturismo und Segelausflüge mit traditionellen Lateinersegeln.
Via Uliveto 3, Mobil 34 92 99 83 30 *(Linda Veneroso)*, 34 07 92 27 58, www.scopripisciotta.it, fb

An- und Weiterreise

- **Auto:** Pisciotta liegt an der SR 447 (ein großer Parkplatz am nördlichen Altstadtrand, ein teureres Parkhaus im Ort), Ródio und San Mauro La Bruca sind auf schönen Bergstraßen zu erreichen. Da die Küstenstraße aus dem Norden kommend offiziell wegen Erdrutsch gesperrt ist (aber passiert wird), bleibt die Anfahrt aus Süden über Palinuro.

ama37 pa

■ **Bus:** Infante (www.agenziainfanteviaggi.it) vom Bahnhof „Pisciotta-Palinuro" nach Pisciotta, Palinuro und Marina di Camerota. Die gleiche Gesellschaft betreibt unter dem Namen **CilentoBus** eine Linie zum Flughafen Neapel via Salerno.

■ **Bahn:** Der Bahnhof „Pisciotta-Palinuro" der Linie Neapel – Reggio di Calabria liegt einige Kilometer außerhalb des Ortes.

Übernachten in Pisciotta

'A Machina – La Locanda del Fiume③

Sonia und *Vittorio D'Amato* heißen ihre Gäste in ihrem feudalen B&B willkommen, das in einer restaurierten, ursprünglich wassergetriebenen Ölmühle *('a machina!)* südlich des Ortes unterhalb der SR 447 liegt – das Zentrum ist zu Fuß schnell erreicht. Geräumige, bestens ausgestattete Zimmer mit Holzparkett. Prima Frühstück mit Obst aus dem eigenen Garten, Verkauf von Bio-Olivenöl. Großer Pool. Parkplatz. 6 Zi., 6 Ap. April bis Okt.
Via Fiori, Tel. 09 74 97 38 76,
Mobil 33 58 11 91 75, www.amachina.it, fb

MEIN TIPP: **La Casa sul Blu②-③**

Der Palazzo Saulle in Gehdistanz zur Piazza Pinto, ein herrschaftliches Haus des späten 17. Jh., dient als Rezeption eines entzückenden Albergo diffuso, hier befinden sich auch einige der komoden Gästezimmer. Weitere Zimmer sind in ebenso geschmackvoll restaurierten Altstadthäusern untergebracht. Die alte Ölmühle aus dem Jahr 1707 wurde perfekt restauriert, museal präsentierte Objekte erlauben einen Blick zurück in die Geschichte Pisciottas. Der junge Patron *Luigi Incarnato* und seine Eltern verfügen über ein schier unerschöpfliches Wissen und versorgen ihre Gäste mit tollen Tipps auch in punkto Wanderungen. Vor dem Palazzo öffnet sich der Orangengarten mit Blick auf Meer und Capo Palinuro, hier wird bei gutem Wetter das Frühstück serviert. Im Herbst können Gäste bei der Olivenernte mitmachen. Am Palazzo führt der Treppenweg zur Marina di Pisciotta vorbei. 13 Zi., 1 Ap.
Piazza Saulle 1, Mobil 33 81 95 55 02,
33 31 27 69 71, www.lacasasulblu.it, fb, [i]

MEIN TIPP: **Marulivo②-③**

Albergo di Charme in den restaurierten Gemächern eines mittelalterlichen Klosters zu Füßen des Palazzo Marchesale. Komfortable Zimmer mit Heizung, von der Terrasse genießt man himmelweite Blicke auf Meer und Oliven. Um die Gäste kümmern sich aufmerksam und mit wertvollen Tipps *Lea Pinto* und *Massimo Isacco*. Reiches Frühstücksbuffet. Gäste des Hauses können ein Wellnesszentrum und Strandbäder besuchen und Boote ausleihen, Koch- und künstlerische Keramikkurse sind weitere Optionen. Als Dependance dient die **Casa Pixos** mit vier bestens ausgestatteten, geschmackvoll möblierten Apartments für 2 bis 6 Personen und Terrassen mit Meerblick. Auf Wunsch wird der Kühlschrank vorab mit allem Notwendigen gefüllt. Wer Stille und Einsamkeit sucht, kann sich in einem alten **Steinhaus in den Hügeln** einmieten. Abholservice vom Bahnhof, Stellplätze nahe der Piazza Pinto. 11 Zi., 4 Ap. Ende März bis Anfang Nov.
Via Castello, Tel. 09 74 97 37 92,
Mobil 33 32 71 03 49 *(Lea)*, 33 32 21 97 40 *(Massimo)*, www.marulivohotel.it, [i]

MEIN TIPP: **Santo Mercurio Country House②**

Stille und Meerblick unter uralten Oliven: Zusammen mit Sohn *Francesco* hat *Vito* das seit sieben Generationen im Familienbesitz befindliche Anwesen in unmittelbarer Nachbarschaft seines **Slow-Food-Lokals Perbacco** zu einem gemütlichen Guesthouse mit z.T. sehr geräumigen und von Künstlern ausgestalteten Gästezimmern ausgebaut. Das Zimmer „Pixos" nimmt die Räume der restaurierten Ölmühle ein und verfügt über zwei Schlafzimmer, sehr nett ist auch das kleinste Zimmer mit Namen „Palinuro". 3 Zi. Ostern bis Ende Okt.
Contrada Marina Campagna 5 (SR 447),
Tel. 09 74 97 38 89, Mobil 34 08 80 42 82,
www.santomercurio.com, fb, [i]

☐ Pisciotta liegt hoch über dem Meer und umgeben von Oliven

Übernachten bei San Mauro La Bruca

Agriturismo Prisco②-③

Einsam im Wald gelegener Agriturismo mit ordentlichen, beheizbaren Zimmern. Die Zutaten der Küche stammen aus eigenem Bio-Anbau mit Demeter-Zertifizierung, die Olivenbäume sind z.T. 2000 Jahre alt. *Romano Prisco* war einer der Pioniere der biologischen Landwirtschaft im Cilento. Um die Gäste kümmert sich Sohn *Mario* (*Marios* Bruder *Antonio* führt in Cava de' Tirreni die empfehlenswerte Pizzeria Prisco). Vom Haus tolle Aussicht auf den Monte Bulgherìa. 6 Zi., 1 Ap.
Contrada Valle degli Elici 2, Tel. 09 74 97 41 53, Mobil 33 35 67 50 58, www.agriturismoprisco.it, fb

Casa sul Blu –
Luigi kennt die Wanderwege des Cilento

ama152 pa

Camping

La Primula

Entspannter, ordentlich ausgestatteter Öko-Camping mit Stellplätzen und Bungalows auf schattigen Oliventerrassen und mit Blick aufs Meer. *Florindo*, dessen Sohn und Tochter den **Lido Kharbar** (s.u.) betreiben, organisiert für seine Gäste Yoga-Kurse und spannende Workcamps im Bereich des Umweltschutzes. Juni bis Sept.
Contrada Valle di Marco – Caprioli, Tel. 09 74 97 62 45, www.primulapalinuri.it

Essen und Trinken in Pisciotta/Marina di Pisciotta

Angiolina②-③

Typische und schmackhafte Gerichte der cilentanischen Küche: Fisch und Gemüse regieren gleichermaßen prominent. *Rinaldo Merola* hat sein Gartenlokal am Lungomare von Marina di Pisciotta in die Hände eines jungen, fähigen Teams übergeben. Es bleibt der richtige Platz, um die lokale Spezialität *alici di menaica* zu kosten! Köstliche Dolci, gute Weinauswahl und Craft-Biere. Ostern bis Ende Okt.
Via Passariello 2, Tel. 09 74 97 31 88, Mobil & WhatsApp 33 31 69 39 93, www.ristoranteangiolina.it, fb, [i]

MEIN TIPP: **Cantina Lamadè**①-②

Enza und *Daniele* – die beiden sprechen deutsch und englisch – betreiben ihr junges Bistrot mit Herz und ökologischem Verstand. Frisches Gemüse lokaler Erzeuger und Fisch werden nach alten cilentanischen Rezepten zubereitet. Auf Wunsch vegane und glutenfreie Gerichte. Ein toller Platz auch nur für ein Glas Wein oder den Aperitif – Sprizz in überraschenden Varianten! Zu kommunikativen Kochkursen werden Frauen aus dem Ort, Bauern oder Fischer eingeladen. Unterhalb der Piazza Pinto mit Stühlen und Tischen im Freien. (Fast) immer geöffnet.

Öko-Bistrot Cantina Lamadè

Via Giardini 1, Mobil 34 88 80 29 12 *(Daniele)*, 34 86 08 58 38 *(Enza)*, https://lamadè.com, fb, [i]

I Tigli①-②

Prima Pizzeria-Trattoria an der Hauptpiazza. Ostern bis Sept. tägl. abends, im Winter nur Sa/So.
Piazza R. Pinto 11, Tel. 09 74 97 34 49, Mobil 34 56 01 91 05, fb

Malabar③

So muss Sommer in Süditalien sein: Tische auf der Piazza, gute Musik (z.T. live) und auf den Tellern hervorragend zubereiteter, frisch gefangener Fisch und dazu ein kühles Glas Wein. Auch Cocktail-Bar. I.d.R. Juni bis Sept., evtl. auch länger.
Piazza M. Pagano 5, fb

Osteria del Borgo②

Freundliche Trattoria unterhalb des Lokals Tre Gufi (s.u.) mit Tischen auf der Piazzetta mit dem Gefallenendenkmal. Lecker ist sowohl die *cucina di terra* als auch die *cucina di mare*. Guter Hauswein, faire Preise. Ostern bis Anfang Nov.
Via Roma 17, Tel. 09 74 97 01 13, Mobil 33 36 39 83 99, fb

Perbacco②

Slow-Food-Adresse seit 1987 (!): Urgemütlich unter alten Ölbäumen an einfachen Holztischen sitzen, beste *cucina cilentana* und den Blick aufs Meer genießen. Den Fisch liefern die Fischer fangfrisch. Auch aus frischem, selbst gezogenem Gemüse wird Köstliches gezaubert. *Vito Puglias* besondere Aufmerksamkeit gilt neben der Wiederentdeckung alter Obst-, Gemüse- und Getreidesorten vor allem Käse und Wein. Und wem es hier gefällt, kann über Nacht bleiben – im **Santo Mercurio Country House** (s.o.). Anfahrt: einige Kilometer nördlich von Pisciotta, kurz hinter dem Abzweig nach Ródio. Ostern bis Ende Okt.

ama150 pa

ama38 pa

Contrada Marina Campagna 5 (SR 447), Tel. 09 74 97 38 89, Mobil 34 08 80 42 82, www.perbacco.it, fb, [i]

■ **I Tre Gufi②**

Bei schönem Wetter sitzt man auf einer Altstadtterrasse am Fuße des Palazzo Marchesale und blickt aufs Meer. Traditionelle Bauernküche, frischer Fisch und Pizza aus dem Holzofen. *Immacolata* und *Mario Caramuta* vermieten Zimmer in der Altstadt. Mo Ruhetag, April, Mai und Okt. abends, Juni bis Sept. auch mittags, im Winter nur Sa/So.
Via Roma 14, Tel. 09 74 97 30 42, www.ristoranteitregufi.com, fb, [i]

Essen und Trinken in Ródio

■ **Kap Tost Pub①-②**

Einfach lecker: Die Bar auf dem Weg zur Piazza, im Winter ein klassischer Treffpunkt der Einheimischen, ist im Sommer *der* Treff im Hinterland von Pisciotta mit Live-Musik, Drinks und tollem Essen. Cilento-Spezialitäten wie *melanzane 'nghiappate,* gefüllte Auberginen oder *minestra sfitta,* ein Auflauf mit (Wild-)Gemüse, gibt es fast das ganze Jahr, auf Vorbestellung auch gebackenes Kaninchen. Lokaler Käse, lokale Weine.
Via Sant'Antonio, Tel. 09 74 97 34 36, Mobil 32 45 57 89 27, 34 72 54 08 96, fb, [i]

Bar und Eisdiele in Pisciotta

■ **Bar Germania**

Bei *Mario Marsicano* gibt es auch deutsche Druckerzeugnisse.
Piazza R. Pinto 4/5, Tel. 09 74 97 34 09, fb

■ **Crere Cafè – La Cremeria**

Tolle Eisdiele an der zentralen Piazza.
Piazza R. Pinto, Mobil 33 32 29 13 47

Einkaufen

Mittwochs findet ein kleiner **Wochenmarkt** auf der Piazza Pinto in Pisciotta statt.

Aromi Mediterranei

Marzia Sansone sammelt und trocknet aromatische Kräuter. Auf dem Gelände, wo sie auch Olivenöl, Wein, Hülsenfrüchte und Gemüse produziert, ist es möglich, sein Zelt aufzuschlagen. Im Sommer unter dem Sternenhimmel rustikale Aperitive mit Live-Musik.

Öko-Lido Kharbar – schöner Strand und gute Küche

Contrada Cappellano San Nazario – San Mauro La Bruca, Tel. 09 74 27 46 79, Mobil & WhatsApp 32 85 65 26 61, www.aromimediterranei.com, fb, [i]

Libreria del Mare

Etwa 7 km südlich von Pisciotta (und 2 km nördlich von Palinuro) führen *Carmen Prisco* und *Antonio D'Angelo,* unterstützt von ihrem Sohn *Pierpaolo,* ihren netten Buchladen, in dem auch interessante Lesungen stattfinden. Unter dem Namen **Brezza di Mare** vermieten die beiden vier hübsche Ferienwohnungen, der schöne Saline-Strand in Gehdistanz. Parkplatz. Direkt an der SR 447.
Località Gabella – Caprioli di Pisciotta, Tel. 09 74 97 63 65, Mobil 34 55 25 64 28, WhatsApp 34 89 99 94 01, www.brezzadimarepalinuro.com, fb

Rodyum – Trama Macelleria

In der Metzgerei Trama – nebenbei eine top Adresse für Selbstversorger und Karnivoren! – gibt es auch das hoch prämierte Olivenöl von *Angelo Di Biasi.* Mit Gleichgesinnten hat er eine Qualitätsoffensive gestartet, um hochwertiges Olivenöl aus dem Cilento gemeinsam zu vermarkten. Zwei Schritte von der Piazza Pinto.
Via Foresta 11 – Pisciotta, Tel. 09 74 97 30 43, Mobil 34 71 78 00 01, www.rodyum.it, fb

Feiern

Piccolo Festival delle Cose Minime, wenn sich im Hochsommer die Autos auf der Küstenstraße stauen, schließt *Sabrina Prisco* ihre **Osteria Canali** in Salerno (siehe dort), um Gäste in ihrem Elternhaus willkommen zu heißen. Dem Weinkeller ihres Vaters hat sie als **Cantina Socievole** neues Leben eingehaucht. Hier finden Lesungen, Konzerte und Begegnungen statt, das Ganze von gutem Essen und Trinken begleitet.
Piazza Monsignore Allegro – San Mauro La Bruca, Mobil 33 95 25 26 72, fb

Tre Torri, im September (variable Termine) treffen sich in Marina di Pisciotta *vele latine* aus ganz Italien, traditionelle Segelboote mit dem sogenannten **Lateinersegel.** Im Rahmen der dreitägigen Veranstaltung findet eine Regatta statt.
www.portosalvopisciotta.it

Wandern

Die alten Wirtschaftswege um Pisciotta wurden z.T. wieder freigelegt und als Wanderwege markiert. Eine 3½-stündige Tour führt am **Monte Castelluccio** vorbei. Infos und Tipps auch auf www.cilento-aktiv.info/cilento-aktiv/wandern.

Baden und Bootsausflüge

Die sauberen Strände von **Marina di Pisciotta** werden regelmäßig mit der „Blauen Flagge" ausgezeichnet. Einsam und schön ist der lang gezogene **Kiesstrand Gozzipuodi** nördlich des Hafens. Früher wurden hier die Fischerboote an Land gezogen. *Signor Antonio* verleiht im Sommer Liegen und Sonnenschirme.

Südlich von Caprioli zieht sich ein kilometerlanger Sandstrand bis Palinuro. Eine lässige **Bar** im Olivenschatten am Nordende des Spiaggia Saline ist **Anireip** = *Pierina* rückwärts geschrieben – so heißt die nette Betreiberin (Località Gabella, Mobil 34 58 71 27 66, fb). Zu empfehlen ist weiter südlich auch der entspannte Öko-Lido **Kharbar – Lido Primula** (Località Gabella, Tel. 09 74 97 62 45, Mobil 32 01 51 21 15, [i], Ende Mai bis Mitte Sept.) mit Bar und Restaurant. Gelegentlich „bespielt" *Sabrina Prisco* die Küche, Patronin der Osteria Canali in Salerno und der **Cantina Socievole** in San Mauro La Bruca. *Delios* und *Melanias* Eltern betreiben in der Nähe den **Bio-Camping La Primula** (s.o.).

Von Marina di Pisciotta aus werden im Sommer **Bootsausflüge** entlang der Küste angeboten. Ausflüge mit Fischern vermitteln auch Hotels und Restaurants vor Ort.

Basso Cilento

Der Basso Cilento im Südwesten der großen Halbinsel umfasst die **Einzugsgebiete der Flüsse Lambro, Mingardo und Bussento.** Mit seinen „nur“ 1225 m Höhe beherrscht der **Monte Bulgherìa** die Landschaft. Seine exponierte Lage über dem Golf von Policastro macht ihn zum grandiosen Aussichtsberg. Auch die Küsten sind atemberaubend schön. Kilometerlange Sandstrände ziehen sich von Pisciotta bis zum **Capo Palinuro,** erneut gefolgt von Dünenstränden, die östlich von **Marina di Camerota** von den wild zerklüfteten Steilfelsen der **Costa degli Infreschi** abgelöst werden. An der **Punta degli Infreschi** öffnet sich der **Golf von Policastro.** Hier begegnen sich die drei süditalienischen Regionen Kampanien, Basilikata und Kalabrien. Nach Osten setzt sich dramatisch die **Costa della Masseta** bis **Scario** fort, gefolgt von kilometerlangen Kiesstränden, die sich bis **Sapri** ziehen.

Reizvoll ist das **bergige Hinterland** im Einzugsgebiet des **Fiume Bussento,** Lebensraum der selten gewordenen Flussotter, mit den Bergorten Morigera-

ti, Caselle in Píttari, Casaletto Spartano und Tortorella. Geschichsträchtige Orte mit fantastischen Ausblicken sind Roccagloriosa und Torre Orsaia.

Der **Fernwanderweg Il Cammino di San Nilo** (siehe Exkurs „Folgt dem Mönch", S. 298) erschließt dieses Gebiet aus einer anderen Perspektive.

⊡ Der Cilento bietet immer wieder großes Landschaftskino, wie hier an der Costa degli Infreschi

Palinuro und Centola

… und Palinurus' Name trägt auf ewig die Landschaft.

Vergil, „Aeneis", VI. 282

Am **Capo Palinuro** läuft die cilentanische Küste zu absoluter Hochform auf. Weit stoßen die steil aufragenden Kalkfelsen vor ins Meer. Glaubt man der antiken Mythe, so wurden sie *Palinurus* zum Verhängnis. In der „Aeneis" des römischen Dichters *Vergil* ist nachzulesen, wie der Steuermann des trojanischen Flüchtlings *Aeneas* am Ruder einschlief

und in die Fluten stürzte. Zwar konnte er das rettende Ufer noch erreichen, wurde jedoch am Strand von den wilden Küstenbewohnern zu Tode gesteinigt. In Erinnerung trägt das Kap seinen Namen.

In Grotten wurden steinzeitliche Feuersteinklingen und voreiszeitliche Fossilien entdeckt, die **ältesten Menschheitsspuren im Cilento.** In der Antike kolonisierten Griechen diese Küstengegend. **Melphe** (Molpa), strategisch auf einer kleinen Anhöhe zwischen den Flüssen Lambro und Mingardo im Rücken des Kaps gelegen, war ein vorgeschobener Handelsposten der Griechenstadt Elea. In der Spätantike wurde der Ort verlassen. Offensichtlich fühlten sich die Bewohner in den Wirren der Völkerwan-

Folgt dem Mönch

Fernwanderwege, in Italien *cammini* genannt, sind groß im Kommen. Im Cilento sind aus **privater Initiative** heraus in den letzten Jahren zwei solcher Wege entstanden, der Cammino delle due Primule (siehe Exkurs „Der Weg der zwei Primeln" S. 364) und der Cammino di San Nilo. Beide durchmessen den Basso Cilento – den wildesten und schönsten Teil des Nationalparks –, und beide enden am Meer.

Der **Cammino di San Nilo** nimmt seinen Ausgang im Küstenstädtchen Sapri und führt auf einer Länge von knapp über 100 km in acht mittelschweren Tagesetappen in weitem Bogen durch das Landesinnere durch ein Dutzend reizvoller Borghi zum Capo Palinuro zurück ans Meer. Dabei verläuft ein Drittel der Strecke über wenig befahrene Asphaltstraßen, während der Rest alten Wirtschafts- und Pilgerwegen folgt. Der Umriss eines pilgernden Mönches auf rotem Grund weist den Weg. Der Cammino kann in völliger Autonomie beschritten werden, das Frühjahr und der Herbst sind ideale Jahreszeiten.

Das Besondere am Cammino di San Nilo ist, dass er nicht von einer Institution getragen wird, sondern durch das **Engagement zahlreicher Menschen.** Als *Settimio Rienzo* sich 2017 auf die Suche nach einer Route machte, die im Jahr 940 der junge kalabrische Aristokrat beschritten haben könnte, der in San Nazario das Gewand eines Mönches angelegt hatte und heute als *Nilus von Rossano* verehrt wird, lernte er nicht nur grandiose Landschaften und Orte mittelalterlichen Ursprungs kennen, sondern Menschen, welche die Traditionen und Erinnerungen lebendig halten, den Orten Sinn stiften und Reisenden oft mit nur einfachen Mitteln große **Gastfreundschaft** gewähren. In dieses enge Geflecht aus Menschen, Natur, Geschichte, Spiritualität, Landwirtschaft und Kulinarik einzutauchen, macht den Sinn einer jeden Reise aus. Wer es nicht eilig hat, kann unterwegs auch länger Station machen und sich auf den **Alltag** einlassen, der für die Menschen auch eine Reihe von Problemen mit sich bringt. Fast jeder der berührten Orte lädt zu ausführlicheren Erkundungen ein, so besteht z.B. von Rofrano die Möglichkeit eines Abstechers auf den 1705 m hohen Monte Gelbison, auch Monte Sacro genannt. Am Ende wartet der Sprung ins türkisblaue Meer. *Buon cammino!*

- **https://camminibizantini.com/cammino-di-san-nilo,** Beschreibung der einzelnen Etappen, Adressen der Unterkünfte und Lokale unterwegs, GPX-Tracks im Download.
- **Buchtipp:** *Settimio Rienzo,* **Il Cammino di San Nilo,** Terre di Mezzo 2023. Der perfekte Begleiter für unterwegs!

derungen hier nicht mehr sicher, vielleicht machte ihnen auch die Malaria zu schaffen. Einige flohen ins nahe Hinterland, andere gründeten viele Seemeilen weiter nördlich eine neue Stadt – eine Erfolgsgeschichte, denn im 10. Jh. entwickelte sich **Amalfi** zur ersten Seerepublik Italiens. Die antike Siedlungsgeschichte thematisiert das kleine **Museum über der Spiaggia Ficocella.**

■ **Antiquarium di Palinuro,** Via Indipendenza 206, Tel. 09 74 93 07 71, Sa bis Do 9–13 und 16–20 Uhr, im Winter nur vormittags (tatsächlich meist geschl.), Eintritt frei.

Bis in die 1970er-Jahre noch ein verschlafenes Fischerdorf, hat sich **Palinuro (5 m, 1500 Ew.)** zu einem nicht nur bei Italienern **beliebten Ferienziel** entwickelt. Den Startschuss gab 1955 der **Club Méditerranée,** der seine Hütten im Schatten alter Olivenbäume jedoch bereits 1982 wieder verlassen hat. An seine Stelle sind einfache Campingplätze getreten. Geblieben ist der Name des felsigen Strandes darunter mit seinem maroden Anlegesteg: **Spiaggia dei Francesi.** Das Fischeridyll wich einer unkontrollierten Bauentwicklung, Verhältnisse wie an der Adria sind jedoch glücklicherweise nicht eingekehrt. Nach wie vor locken kilometerlange Sandstrände, die sich zu beiden Seiten des Kaps fortsetzen.

Als unzerstörbar hat sich die **spektakuläre Landschaft am Capo Palinuro** erwiesen. Dazu zählen auch unzählige Karstgrotten, die sich in den steilen Felswänden zum Meer hin öffnen. Man lernt sie auf einer Bootsfahrt kennen. Die **Grotta Azzura** macht ihrer Namensschwester auf Capri Konkurrenz und das ohne jeden Touristenrummel – vom Au-

☑ Am Capo Palinuro zeigt sich die cilentanische Küste in Höchstform

ama237 pa

gust einmal abgesehen. Die **Grotta del Sangue** verdankt den blutrünstigen Namen ihrem roten Felsbewuchs, in der **Cala Fetente** („Stinkende Bucht“) entspringt eine Schwefelquelle, und die **Baia del Buondormire** verströmt einen Hauch Karibik. In der **Grotta delle Ossa** wachsen Stalagmiten über steinzeitlichen Menschen- und Tierknochen; lange Zeit wurde angenommen, es handle sich um Opfer eines lang zurückliegenden Schiffbruchs.

Perspektivenwechsel bietet ein schöner **Wanderweg,** der vom Hafen entlang der Steilküste zum Küstenwachturm **Torre della Quaglia** führt. Und mit etwas Glück entdeckt man zwischen verkarsteten Felsen die rare **Palinuro-Pri-**

mel *(Primula palinuri)*, Tertiär-Relikt und Wahrzeichen des Parco del Cilento. Im Februar und März lässt sie ihre leuchtend-gelben Blüten sprießen. Bei aller Begeisterung für die einzigartige Landschaft und dem Wunsch nach dem perfekten Foto ist jedoch Vorsicht geboten: Zu nahe sollte man sich an die steilen Felshänge nicht heranwagen, das Schicksal des *Palinurus* möge als Warnung dienen.

Der moderne Küstenort Palinuro gehört zur Gemeinde Centola. Im Mittelalter entwickelte sich **Centola (336 m)**, wie viele andere Orte des Hinterlandes auch, als Fluchtort der von Piraten bedrohten Küstenbewohner von Melphe. Ein heute nicht mehr existierendes Basilianer-Kloster war die Keimzelle. Der stille Bergort gebietet über schöne Blicke auf das Kap.

Einkaufen/Sonstiges
1 Albamarina – Enoteca Degusta
2 Aura
7 Bed and Experience
8 Il Nido della Luna

Wassersport
15 Cooperativa Palinuro Porto
16 Da Alessandro
18 Palinuro Sub Diving Center

Praktische Tipps

Information

Pro Loco Palinuro – Ufficio Turistico
Info-Büro unterhalb des Uhrenturms. Mo bis Sa 10–12.30 und 17–19 Uhr.
Piazza Virgilio 1, Mobil 32 01 48 14 91, www.prolocopalinuro.com, fb, [i]

An- und Weiterreise

Auto: Palinuro liegt an der SR 447. Als SR 562 setzt sich die Küstenstraße in Richtung Marina di Camerota fort. In Hafennähe befindet sich ein schattiger, gebührenpflichtiger Parkplatz.

Bus: Infante (www.agenziainfanteviaggi.it) vom Bahnhof „Pisciotta-Palinuro" nach Palinuro, Pisciotta und Marina di Camerota.

Bahn: Der Bahnhof „Pisciotta-Palinuro" der Linie Neapel – Reggio di Calabria liegt einige Kilometer nordwestlich des Ortes.

Übernachten in/bei Centola

5 **Agriturismo Malida House**②
Wenige Kilometer von der Küste entfernt, unterhalb von Centola, liegt das Guesthouse der Familie *Notaroberto* von Oliven, Obst- und Gemüsegärten umgeben an den Hängen des Lambro-Tals. Hier schlägt das landwirtschaftliche Herz der **Fattoria Albamarina.** Zur Freude großer und kleiner Gäste gibt

es nicht nur einen Pool, sondern auch jede Menge Tiere auf dem Hof. Es ist möglich, an landwirtschaftlichen Tätigkeiten teilzunehmen, z.B. an der Weinlese oder der Olivenernte. Die ordentlich ausgestatteten Apartments mit bis zu sechs Betten werden i.d.R. wochenweise vermietet. Im Sommer sind auch *Mario Notaroberto* und seine polyglotte Lebensgefährtin *Marinella* anwesend. Weinverkauf ab Hof und in der **1 Enoteca Degusta** bei Palinuro. Bezeichneter Abzweig von der SR 447 ca. 1,5 km vor Centola. 8 Ap.

Località Chiusa, Mobil 34 95 06 60 01 *(Alfredo Galietti)*, WhatsApp 33 46 54 36 72 *(Mario)*, www.malidahouse.com, www.fattorialbamarina.com, [i]

4 Il Castello di San Sergio②-③

Seit dem 16. Jh. ist das Anwesen als Burg bezeugt, seine feudale Gestalt nahm es im 19. Jh. an. Von einsamer Anhöhe gebietet das Castello über himmelweite Blicke, der Ort liegt noch in Gehdistanz und mit dem Auto ist man in einer Viertelstunde am Strand. Ebenso gemütliche wie komfortable und geschmackvoll eingerichtete Zimmer mit alten Holzmöbeln. Feines Frühstück! *Silvia De Agostinis* und ihre polyglotten Kinder erweisen sich als aufmerksame Gastgeber. Bezeichneter Abzweig von der SR 447 am unteren Ortsrand auf Höhe der Farmacia San Pantaleone, 800 m Anfahrt über schmale Straße. 8 Zi.

Via San Sergio, Tel. 09 74 93 30 96, Mobil 34 78 33 87 38, 33 98 76 42 85, www.ilcastellodisansergio.com

6 Palazzo Lupo②

Seit dem 14. Jh. befindet sich der Baronalspalast im Besitz der Familie *Lupo;* in einem Flügel hat *Francesco,* jüngster Sproß der Familie, sein B&B eingerichtet. Von der Terrasse genießt man schöne Blicke auf den Ort und das Kap. Seine Gäste versorgt *Francesco* mit vielen guten Tipps. Gästeparkplatz. 2 Ap. mit Küche, 6 Zi. Ostern bis Okt.

Via Imbriaco, Mobil 34 09 61 05 85 (priv.), 33 98 16 96 36, www.palazzolupo.it, fb

ama156 pa

Im Norden Palinuros zieht sich ein langer Sandstrand Richtung Pisciotta

Übernachten in Palinuro

21 Buondormire②

Ausblicke über Weinberge auf Küste und Meer: *Anna Gargliardo* und ihr in Deutschland geborener Mann *Antonio Lorenzo Chirico* betreiben ihr B&B oberhalb der Baia del Buondormire. Nette Zimmer mit Heizung, aus dem Garten kommen Obst und Gemüse. Ein entspannter Ort, hier bleibt man gerne länger. 3 Zi., 1 Ap. mit Küche.

Via Buondormire, Tel. 09 74 93 15 73,
Mobil 33 81 00 75 71, www.palinurobuondormire.it

10 Grand Hotel San Pietro③-④

Seit zwei Generationen führt die Familie *Cerullo* ihr Komfort-Hotel mit professioneller Aufmerksamkeit (über die Architektur ließe sich streiten). Zimmer unterschiedlicher Kategorien und Preisklassen, privater Strand, Infinity-Pool, Spa und das empfehlenswerte **Ristorante 10 La Prua,** das Tradition und Innovation verbindet. Unter derselben Leitung steht das **12 Albergo Santa Caterina.** 48 Zi. April bis Ende Okt.

Via Carlo Pisacane, Tel. 09 74 93 14 66,
www.grandhotelsanpietro.com, fb, [i]

MEIN TIPP: **11 La Conchiglia**②-④

Das von der Familie *Sansiviero* seit über einem halben Jahrhundert mit Engagement geführte Hotel wurde 2001 nach komplettem Wiederaufbau neu eröffnet. Mit *Marco* und seiner in München aufgewachsenen Lebensgefährtin *Martina Piras* ist die nächste Generation angetreten und mit ihnen die erklärte Absicht, sich für nachhaltigen Cilento-Tourismus einzusetzen. Das Haus kombiniert 4-Sterne-Komfort mit familiärer Atmosphäre, die Zimmer gehen z.T. aufs Meer. Blick auf die Bucht für alle aus dem Frühstückssaal und vom **Restaurant Il Vicoletto** (s.u.). Die Küche bedient sich selbst erzeugter Produkte, Gäste können im Herbst an der Olivenernte teilnehmen. Top-Service, Parkplatz für die Gäste und Fahrräder gratis. 30 Zi.

Via Indipendenza 52,
Tel. 09 74 93 10 18, Mobil 34 76 56 47 09,
www.hotellaconchiglia.it, fb, [i]

☐ Feriendomizil in einer Burg mit Belvedere – Castello di San Sergio in Centola

ama157 pa

19 La Torre③-④
Schick modernisiertes und sympathisches Hotel in ruhiger Lage an der Hafenbucht von Palinuro wenige Meter vom Meer. Feinsandiger Privatstrand, Spa und gutes **Restaurant.** Hotelzimmer und Apartments von Standard bis Suite, tolle Terrasse, Gästeparkplatz. 38 Zi. April bis Okt.
Via Porto 5, Tel. 09 74 93 12 64,
Mobil 39 26 12 48 42, www.latorrepalinuro.it, fb, [i]

23 Arco Naturale Club①
Gepflegte, große Campinganlage mit Zugang zu den schönen Buchten am Arco Naturale. Zeltplätze, Stellplätze für Camper und Bungalows. Zahlreiche Sporteinrichtungen, z.B. Tennisplätze und Pool. Fast immer ziemlich voll. Mitte Juni bis Mitte Sept.
Via Arco Naturale 1,
Tel. 09 74 93 11 57, Mobil 38 90 64 01 54,
www.arconaturaleclub.com, fb, [i]

24 Campeggio Mingardo①
Ruhiger Platz mit direktem Zugang zum endlosen Strand. Stellplätze für Zelte und Camper, Bungalows. Südlich der Mingardo-Mündung, Zufahrt von der SS 562. Mitte Juni bis Mitte Sept.
Località Mingardo – Marina di Camerota,
Tel. 09 74 93 13 91, Mobil 32 01 16 86 68,
www.campeggiomingardo.it, fb

Essen und Trinken

20 Core a Core②-③

Idyllisches Gartenlokal inmitten von Oliven auf halber Strecke zwischen King's Hotel und dem Leuchtturm. Pasta, Gemüse und frischer Fisch. Die Familie führt am Hafen das **14 B&B Belvedere** (Via Porto, Tel. 09 74 93 10 74, Mobil 32 76 61 98 93, www.belvederepalinuro.it). März bis Anfang Nov.

Erst auf einer Bootstour (oder mit dem Kayak) erschließt sich das Capo Palinuro in seiner ganzen Pracht

ama158 pa

Via Piano Faracchio 13 – Località Faro, Tel. 09 74 93 16 91, Mobil 34 71 22 65 09, www.coreacorepalinuro.it, fb

3 Da Carmelo②-③

Das auch von Einheimischen geschätze Fischlokal der Familie *Serva* ist seit Jahrzehnten ein Pfeiler der *cucina cilentana*. Unbedingt *antipasti della casa* probieren und erst danach evtl. weitere Gänge bestellen! Angeschlossen ist ein **3 B&B** mit 7 Zi. Anfahrt: direkt an der SR 562 Richtung Arco Naturale. Das Restaurant öffnet von April bis Okt., das B&B das ganze Jahr.

Via Acqua del Lauro 14 (SR 562) – Località Isca, Mobil 34 06 57 78 76, 36 62 01 32 68 (B&B), fb

13 Hope Vineria②

Lässig-junge Wine-Bar mit toller Terrasse und toller Atmo. Pfiffiges Menü.

Via Indipendenza 28 – Palinuro, Mobil 34 98 83 33 62, www.hopevineria.it, fb, [i]

MEIN TIPP: **22 Il Pirata**①-②

Von alten Olivenbäumen umgebene rustikale Trattoria ein kurzes Stück nördlich des **Arco Naturale Club** (s.o.) – der schöne Strand ist nur einen Verdauungsspaziergang entfernt. Unter der Pergola kann man sich einfache, schmackhafte Gerichte zu konkurrenzlos günstigen Preisen munden lassen. Toll der gegrillte Fisch! *Franco Ciccarino* hat einen alten Brigantenunterschlupf in einen Weinkeller verwandelt. Im Sommer Live-Jazz. *Maria Pace* vermietet nebenan nette **22 Ferienapartments** in alten Steinhäusern. Juni bis Sept.

Località Piè di Molpa, Mobil 34 07 25 58 41, 33 95 62 27 70 *(Franco)*, [i]

9 Isca delle Donne②

Im weiten Umkreis geschätztes Agriturismo-Ristorante in einem ruhig am Fuße des Monte Molpa gelegenen Steinhaus. Käse, Öl, Wein, Gemüse, Brot, Pasta u.v.m. aus eigener Produktion. *Vincenzo Merola* bietet seinen Gästen praktische Einblicke in den Arbeitsalltag auf dem Bauernhof, vermittelt Reitausflüge und geführte Wanderungen. Sein Sohn *Luigi* ist Mit-Organisator des Sentiero delle due Primule (s. Exkurs „Der Weg der zwei Primeln", S. 364).

ama159 pa

Im Mai findet das Event Transumanza & Trekking statt, bei dem Podolica-Rinder von der Küste in die Berge getrieben werden. Einfache **9 Unterkunft** in Holzbungalows, schickere Gästezimmer in Steinhäusern. Anfahrt: von der SR 562 am Ristorante Da Lino Richtung Meer abbiegen. Juli und Aug. nur abends, sonst bis auf So mittags und abends. Mo Ruhetag.

Via Isca delle Donne – Palinuro, Tel. 09 74 93 18 26, Mobil 32 48 02 55 51 *(Gerardina)*, 39 24 72 17 56 *(Vincenzo)*, www.iscadelledonne.it, fb, [i]

MEIN TIPP: 11 Il Vicoletto②-③

Das Meer gleich doppelt genießen in diesem feinen, dem **Hotel La Conchiglia** (s.o.) angeschlossenen Ristorante: als Aussicht und angerichtet auf dem Teller. Gemüse und Öl stammen überwiegend aus eigenem Anbau, der Fisch ist fangfrisch. Mittags schnelle, leichte Gerichte, abends größere Auswahl à la carte. April bis Ende Okt.

Via Indipendenza 52 – Palinuro, Tel. 097 41 87 45 61, www.ristoranteilvicolettopalinuro.it, fb

⌃ Sandstrand am Porto di Palinuro – zwei Schritte weiter gibt es nette Fisch-Ristoranti

17 Taverna del Porto②

Luftige Terrasse, die Füße fast im Wasser. Anständige Fisch- und Gemüseküche. Salate und feine Holzofen-Pizza auch mit Zitronen – auch schon mittags! April bis Mitte Nov.

Via Porto 48 – Palinuro, Mobil 32 75 31 01 86, https://latavernadelportopalinuro.it, fb

Einkaufen

MEIN TIPP: 1 Albamarina – Enoteca Degusta

Ein Beispiel erfolgreicher Re-Emigration: Seit Mitte der 1980er-Jahre betreibt *Mario Notaroberto* in Luxemburg ein italienisches Edel-Restaurant, in seiner alten Heimat ist er mit ebensolchem Erfolg unter die Winzer gegangen – auf seiner Visitenkarte bezeichnet er sich als *contadino*, als „Bauer". Neben den kampanischen Klassikern Fiano und Aglianico werden in den Hügeln von Foria in Vergessenheit geratene autochthone Rebsorten gezogen. Die eleganten und vielfach prämierten Weine stehen in Palinuro in vielen Lokalen auf der Karte, lassen sich aber auch in der eigenen Enothek verkosten und erwerben. Dazu werden *salumi* und *formaggi* aus eigener Produktion serviert. Zum Familienunternehmen gehört der **Agriturismo Malida House** bei Centola (s.o.). Direkt an der SR 447racc nördlich von

Palinuro auf Höhe des Saline-Strandes gelegen. Juni bis Sept. tägl. 9–19 Uhr.
Via Saline – Palinuro,
Mobil & WhastApp 33 46 54 36 72 *(Mario)*,
www.fattorialbamarina.com, fb

2 Aura

Luca Cella erzeugt mit Passion einige der besten Lebensmittelkonserven des Cilento – grüne Tomaten, Wildspargel, Pilze, vor allem aber in Olio extra vergine d'Oliva eingelegte, selbst gefangene Sardellen und Thun. Außerdem bietet *Luca* eine Serie erlebnisreicher Gastro-Touren inkl. Kochkursen und Degustationen an: Von März bis Mai lädt er zum Spargelsammeln ein, von April bis Juni zum Sardellenfang, im Juni zum Kennenlernen der wiederentdeckten und von Slow Food geförderten Hülsenfrucht *maracuoccio* und im Herbst zum Sammeln von Kaktusfeigen und Pilzen. Mo bis Sa 9–13 und 16–20 Uhr.
Km 0 der SR 562 (auf Höhe des Abzweigs der SR 447), Tel. 09 74 27 34 51,
Mobil 32 95 96 64 96, www.aura-cilento.com, fb, [i]

Strände/Baden/Tauchen

Palinuro rühmt sich einiger der schönsten Strände des Cilento, wobei die Strände direkt unterhalb des Ortes zwar sandig sind, der Meeresboden jedoch felsig und bei Brandung das Schwimmen hier gefährlich ist. Die steil aufragenden Kalkfelswände des Kaps bilden eine spektakuläre Kulisse. Nördlich und südlich davon erstrecken sich **traumhafte Sandstrände,** mit Booten lassen sich **verschwiegene Buchten** erreichen. Weiter nördlich in Richtung Pisciotta schließt sich die goldsandige **Spiaggia delle Saline** an. Die schöne **Spiaggia Marinella** östlich der Baia del Buondormire ist auch zu Fuß zu erreichen. Weiter östlich erstrecken sich die Strände am **Arco Naturale,** und jenseits der Mingardo-Mündung begleiten lange Dünenstrände die Küstenstraße in Richtung Marina di Camerota.

Die **Tauchgründe** am Capo Palinuro faszinieren durch kristallklares Wasser und zahlreiche Meeresgrotten.

18 Palinuro Sub Diving Center

Die Tauchschule von *Fabio Barbieri,* dem Entdecker der Meeresgrotten von Palinuro, besteht seit 1983. Unterricht nach PADI- bzw. CMAS-Richtlinien auf Italienisch und Englisch. Kurse in Meeresspeleologie, Meeresbiologie und Unterwasserfotografie. Ausrüstung kann gestellt werden, Flaschenservice. Informative Website! Ostern bis Sept.
Via Porto 5 – Palinuro,
Tel. 09 74 93 85 09, Mobil 33 55 49 56 06,
www.palinurosub.it, fb

Boots- und Kajaktouren/Pescaturismo

Mein Tipp: **2 Aura**

Luca Cella, Erzeuger vorzüglicher **Fischkonserven** (s.o.), organisiert von April bis Juni vom Hafen Palinuro aus abendliche Ausfahrten mit Sardellenfischern, denen ein Kochkurs und eine Degustation vorangehen. Kontakt und Termine auf der Website.
www.aura-cilento.com, fb, [i]

15 Cooperativa Palinuro Porto

Bootsfahrten zu den Grotten und zum Porto degli Infreschi (siehe „Bootstouren" auf S. 319).
Via Porto 19 – Palinuro, Tel. 09 74 93 16 04,
Mobil 33 96 56 45 40 *(Patrick)*,
33 46 43 08 92 *(Gerado)*, www.palinurocoop.com

16 Da Alessandro

Lido am Hafen-Strand. Bootsfahrten zu den Grotten, Bootsshuttle zu Badebuchten, Bootsverleih.
Spiaggia del Porto,
Mobil 33 89 49 52 88, 34 76 54 09 31,
www.costieradelcilento.it, fb, [i]

Travel in Cilento

Paolo Fedullo und *Luigi Merola* (siehe Exkurs „Der Weg der zwei Primeln", S. 364) engagieren sich für einen nachhaltigen Natur-Tourismus, haben Wanderrouten auf dem Capo Palinuro erschlossen und mit Gleichgesinnten an den Steilwänden des Monte Molpa Kletterrouten eingerichtet. Nächtliche Ausfahrten mit dem Kajak und Sportangeln sind unvergessliche Erlebnisse.
Mobil 33 91 41 96 32 *(Paolo)*, 34 84 80 29 00 *(Luigi)*,
www.travelincilento.it, fb, [i]

■ **Palinuro in Kayak**

Ferdinando Ramondo begleitet von Juni bis Sept. auf Kajak- und Schnorchel-Touren, die Ausrüstung wird gestellt. Er ist auch Autor einer Wanderkarte. Palinuro Porto, Mobil & WhatsApp 34 73 80 20 60, www.palinurokayak.it

Wandern/Klettern

Vor Ort gibt es die farbige **Topo-Karte** „Capo Palinuro, Costa degli Infreschi e Monte Bulgherìa, 1:25.000" zu kaufen. In den steilen Kalkfelswänden über der **Spiaggia Marinella** wurden Kletterrouten angelegt. Weitere Tipps auf www.cilento-aktiv.info/cilento-aktiv/wandern.

■ **Capo Palinuro – Fortini e Torri**

Siehe **Wanderung 9** im Kapitel „15 Wanderungen". Das Kap ist Endpunkt eines reizvollen Fernwanderweges, der am Monte Cervati beginnt (siehe Exkurs „Der Weg der zwei Primeln", S. 364).

■ **San Severino di Centola**

Ein lohnender Ausflug ins Hinterland führt auf der SR 562 durch das Mingardo-Tal nach San Severino di Centola. Oberhalb des Ortes kann man in knapp 10 Min. auf einem bestens angelegten Weg zu den verlassenen mittelalterlichen Ruinen des alten San Severino aufsteigen. Spektakuläre Ausblicke durch das Tal in Richtung Küste und zur anderen Seite ins Landesinnere.

Reiten

8 Il Nido della Luna (Plan S. 300)

Die Zimmer dieses Agriturismo sind schlicht, das Essen nicht. Die Familie *Cerullo* bewirtschaftet mehrere Hektar Land, baut Oliven an und hält Tiere. Wer authentische cilentanische Bauernküche schätzt, is(s)t hier richtig. Von seinem Hof aus unternimmt *Raffaele* Ausritte durch das reizvolle Mingardo-Tal, entweder bis an die Mündung am Arco Naturale bei Palinuro oder bis zu den Quellen des landschaftlich intakten Wildflusses bei Rofrano am Fuße des Monte Cervati. Er züchtet sanftmütige Salernitano-Persano-Pferde. Im Risorgimento-Film „Noi credevamo" ist er hoch zu Ross in der Rolle von *Giuseppe Garibaldi* zu sehen.

Via Cafariello 40 – San Severino di Centola, Tel. 09 74 93 40 93, Mobil 34 76 54 08 72, fb

Esel-Trekking

7 Bed and Experience (Plan S. 300)

Diego D'Arienzo bietet Esels-Wanderungen an. Die geduldigen Grautiere tragen das Gepäck – und das Picknick. Die Touren in den Hügeln um Centola und in den Tälern von Lambro und Mingardo können individuell zugeschnitten werden. Außer Eseltrekking setzt *Diego* auf weitere Formen des Erlebnistouris-

ama160 pa

mus im Landesinneren. Dazu zählen Pasta- und Käsemachen, Olivenernte, Weinlese oder Kochen mit Einheimischen. Einzig zur *pesca alla menaica*, der im Cilento typischen Form des Sardellenfangs, geht es zwischen April und Juni aufs Meer.
Via San Sebastiano – Centola,
Mobil & WhatsApp 39 28 57 85 78,
www.bedandexperience.com, fb, [i]

☐ Marina di Camerota – von hier legen die Boote zum Porto degli Infreschi ab

Marina di Camerota und Camerota

Marina di Camerota (5 m, 3500 Ew.) ist ein freundliches und **lebhaftes Hafenstädtchen,** dessen Fischer längst in das einträglichere Geschäft des Fremdenverkehrs eingestiegen sind und professionell Bootsausflüge anbieten. Die zentrale Piazza San Domenico ist der Inbegriff mediterranen Kleinstadtlebens. Wie überall im Cilento kommen die italieni-

schen Badegäste im Juli und August. Im Herbst, wenn das blitzsaubere Meer immer noch ideale Badetemperaturen aufweist, sind die **schönen Strände** wieder menschenleer. Östlich der Spiaggia Lentiscelle beginnt der atemberaubend wilde Abschnitt der **Costa degli Infreschi.** Beinahe senkrecht steigen schroffe Kalkfelswände aus dem türkisblauen Meer und immer wieder öffnen sich Grotten und Höhlen, teils mit zauberhaften Lichtspielen. Unterwegs laden verführerisch schöne Buchten zum Baden ein. Mit etwas Glück kann man zwischen Felsen die im Februar und März gelb blühende **Palinuro-Primel** *(Primula palinuri)* entdecken.

Wie Palinuro verweist Marina di Camerota stolz auf eine frühe Besiedlung durch Steinzeitmenschen. Die **Grotta della Cala** nahe der Spiaggia Lentiscelle ist eine 80.000 Jahre alte „5-Sterne"-Wohnhöhle, die Grotta Sepolcrale nebenan diente als letzte Ruhestätte. Die uralte Tradition des Fischfangs und Umweltaspekte werden im **Museo degli Infreschi** am Hafen thematisiert.

■ **Museo degli Infreschi,** Via Porto, Tel. 097 43 29 92, Mobil 34 95 52 40 95. Mai bis Sept. tägl. 17–23 Uhr, sonst auf Anfrage. Eintritt 3 €.

Im frühen Mittelalter fanden **griechisch-orthodoxe Mönche** Zuflucht in den Karstgrotten des Hinterlandes und es bildeten sich die Siedlungskerne der heutigen Bergorte Camerota, Licusati und Lentiscosa heraus. Einige der byzan-

tinischen Kirchen und Klöster bestanden bis ins 15. Jh. parallel neben inzwischen dominierenden katholischen Kirchengemeinden. Die Küste blieb lange Zeit **Angriffen von Piraten** ausgesetzt, erst der systematische Ausbau von Wachtürmen minderte diese Gefahr und in der Folge entwickelte sich Marina di Camerota zur stabilen Hafensiedlung. Als 1665 die **Pest in Neapel** wütete und etwa die Hälfte der Bevölkerung hinweg raffte, suchten einige Adelsfamilien Zuflucht in Camerota und Lentiscosa. Seither besitzt die lokale Küche eine höfische Note. Den **wirtschaftlichen Erfolg im 19. Jh.** verdankte Camerota dem Export von **Lampenöl** und aus Diss-Halmen *(Ampelodesmos mauritanicus)* geflochtenen **Seilen.** Dankbare Abnehmer der sogenannten *libbani* waren die Hafenstädte Tarent, La Spezia und Venedig. Der Anschluss Süditaliens 1861 an das Königreich Italien brachte für Camerota kaum Vorteile. Einige suchten ihr Heil in der **Emigration nach Südamerika,** die mit dem Ölboom in Venezuela Anfang des 20. Jh. zusätzlichen Aufschwung erhielt. Die enge Verbundenheit zu Südamerika besteht bis heute fort. Dem berühmten Freiheitshelden und lateinamerikanischen Unabhängigkeitskämpfer *Simón Bolívar* wurde über dem Hafen ein Denkmal gesetzt.

Absoluter Höhepunkt einer Bootsfahrt ist der **Porto degli Infreschi** östlich von Marina di Camerota. Das natürliche Hafenrund öffnet sich zum Golf von Policastro. Der Name rührt von den zahl-

reichen Süßwasserquellen her, die am Meeresgrund entspringen. Bis Ende des 19. Jh. wurde in der Bucht Thunfisch gejagt, die Quellen boten den Fischern eine willkommene Erfrischung, und in den kühlen Höhlen konnte der erlegte Fisch gelagert werden. Von Marina di Camerota und aus Lentiscosa führen alte Wirtschaftswege an den Porto degli Infreschi – es ist also möglich eine Strecke zu Fuß zurückzulegen und die andere mit dem Boot.

Mit seinen verwinkelten, stillen Gassen verbreitet das Bergstädtchen **Camerota (322 m, 1400 Ew.)** mittelalterlichen Charme. Von der Anhöhe des Kastells genießt man einen besonders schönen Blick auf den Monte Bulgherìa und das Meer. Nur noch wenige *cunzàri* (Töpfer) führen ihr an diesem Ort seit Jahrhunderten praktiziertes Handwerk fort. Für Bustouristen werden Aschenbecher und bunt glasierte Souvenirs produziert, aber immer noch werden traditionelle *mummuli* – unglasierte Wasserkrüge – und große Vorratsbehälter gefertigt.

Von Camerota setzt sich die SP 66 bis Licusati fort, um dann in einer Serie atemberaubender Kurven zum Mingardo-Tal abzufallen, das flussabwärts der pittoresken Ruinenstadt **San Severino di Centola** erreicht wird. Der Borgo **Licusati (262 m, 1530 Ew.)** ist mittelalterlichen Ursprungs und liegt von Oliven umgeben in einem weiten Talkessel an den westlichen Ausläufern des Monte Bulgherìa. Fast jeder der Palazzi im Ort besaß einst seine eigene Ölmühle.

Landschaftlich nicht minder reizvoll ist die SR 562, die von Marina di Camerota Richtung San Giovanni a Piro und

Stille Gasse in Camerota

ama161 pa

□ Übersichtskarte S. 296, Stadtplan S. 310

weiter an den Golf von Policastro führt. Von ausgedehnten Olivenhainen umgeben schmiegt sich **Lentiscosa (340 m, 1220 Ew.)** an die südwestlichen Hänge des Monte Bulgherìa. Über die Dächer des Ortes erhebt sich die bunte Majolika-Kuppel der Pfarrkirche Santa Maria delle Grazie. Das eigene Fahrzeug lässt man am besten im Rücken der Kirche stehen und erkundet Lentiscosa zu Fuß. Ein verstecktes Kleinod im oberen Ortsteil ist die **Chiesa Santa Maria ad Martyres** mit einem gut erhaltenen Freskenzyklus, der byzantinische Einflüsse zeigt. Dank Slow Food erfährt eine kleine Hülsenfrucht, die seit Jahrhunderten in Lentiscosa angebaut wird, ihre Renaissance: Die Erntezeit der **maracuoccio** erstreckt sich von Mai bis Juni. Das leicht bittere Mehl wird zusammen mit Weizen- und Kichererbsenmehl zu einer Polenta verkocht, der *maracucciata*. Ende Mai findet die Sagra della Maracucciata als kulinarisches Fest statt.

Praktische Tipps

Information

■ **Cilento Viaggi**

Reisebüro westlich des Hafens. Hier auch Mietfahrzeuge und Infos zum Parco del Cilento. Mo bis Sa 9–13 und 16.30–20 Uhr, im Sommer auch am So und länger.

Via G. Oberdan 12, Tel. 09 74 93 13 62,
Mobil 32 70 61 24 34, www.cilentoviaggi.com, fb

■ **Ufficio turistico „La Perla del Cilento"**

Kommunales Info-Büro am Hafen. Prospekte, Karten und Infos zum Museo degli infreschi. April bis Okt. tägl. 9–13 und 16–20 Uhr, im Winter eingeschränkt.

Via Porto, Mobil 37 01 12 55 16,
www.incamerota.com, fb, [i]

ama162 pa

An- und Weiterreise

■ **Auto:** Marina di Camerota ist am schnellsten über den Cilento-Highway, Ausfahrt „Poderia", zu erreichen und liegt an der Küstenstraße SR 562. Der Parkplatz am Hafen von Marina di Camerota ist im Sommer gebührenpflichtig. Landschaftlich reizvolle Strecken führen in die Bergorte Camerota, Lentiscosa und Licusati.

■ **Bus:** Infante fährt vom Bahnhof „Pisciotta-Palinuro" nach Marina di Camerota, Palinuro und Pisciotta. Von Marina di Camerota (Gelateria Sirena) auch nach Camerota. Tickets im Bus. Mit der Linie CilentoBus entlang der Küstenstraße über Salerno zum Flughafen Neapel. Das Büro am Lungomare Trieste 85 fungiert zugleich als **11** **Reisebüro,** hier auch Bahntickets und Mietwagen (Tel. 097 41 98 42 30, www.agenziainfanteviaggi.it, fb).

△ Chiesa Santa Maria ad Martyres in Lentiscosa

ama39 pa

■ **Bahn:** Der Bahnhof „Pisciotta-Palinuro" der Linie Neapel – Reggio di Calabria liegt ca. 15 km nordwestlich von Marina di Camerota.

■ **Taxi/Autovermietung: Calicchio Viaggi,** Via Previteri – Marina di Camerota, Tel. 09 74 37 96 10, www.calicchioviaggi.it.

Übernachten bei Camerota

14 Capocanto②

Einsam und ruhig auf einem Hochplateau gelegenes Steinhaus mit tollem Blick auf Camerota und den sich dahinter erhebenden Monte Bulgherìa. Hier empfangen *Franca* und *Franco Tarallo* in einfachen, aber ordentlich ausgestatteten Zimmern. Das Frühstück wird serviert, in Zukunft soll nur für die Übernachtungsgäste auch gekocht werden. An guten Zutaten aus eigenem biologischem Anbau mangelt es nicht. Verkauf von Olivenöl. Direkt vom Hof kann man zu schönen Wanderungen aufbrechen. Anfahrt: von der Küste kommend 1 km vor Camerota auf bezeichneter Serpentinenstraße links abbiegen, nach 1 km an der Cappella S. Antonio nach links fahren. 8 Zi., 1 Ap. Ostern bis Okt.
Località Canto, Mobil 34 96 05 14 84,
www.capocanto.com

Übernachten in/bei Marina di Camerota

3 Calanca②-③

Familiäres Öko-Hotel mit feinem **Ristorante** am westlichen Ortsrand nahe der schönen Calanca-Bucht. Alle Zimmer mit Balkon, Meerblick gibt es gegen Aufpreis. *Andrea Bifulco* organisiert für seine Gäste Radtouren, Wanderungen, Angelausflüge und Kochkurse. 20 Zi. April bis Okt.
Via Luigi Mazzeo 18,
Tel. 09 74 93 21 28, Mobil 34 78 86 57 59,
www.hotelcalanca.com, fb, [i]

MEIN TIPP: **13 La Casa di Paolo③**

Edel-Logis in einem sorgsam restaurierten Palazzo mit Garten am ruhigen Stadtrand wenige Minuten von Hafen und Zentrum entfernt. Service wird großgeschrieben, das feine Frühstück z.B. wird bis 13 Uhr (!) serviert und am Abend der Aperitiv mit lokalen Weinen und Slow-Food-Produkten. Als Draufgabe gibt es von *Rosella* und *Antonio* jede Menge guter Ausflugs- und Wandertipps. Die beiden sind

Fleisch steht nie (!) auf der Karte des Ristorante Ammor'è mare

echte Kenner und Liebhaber des Cilento! Hier bleibt man oft länger als geplant. Eigener Parkplatz in der Nähe. 7 Zi.
Via Sulmona 7, Tel. 09 74 93 25 69,
Mobil 33 85 22 96 75, www.casadipaolo.com, fb

MEIN TIPP: 27 **Agriturismo Nonna Rosa**②
Samuele Cella hat 20 Jahre lang in Hamburg ein Lokal geführt und betreibt seit 2001 diesen kinderfreundlichen Agriturismo an seinem Geburtsort. Olivenhaine und Gemüsegärten umgeben das schöne, mit Geschick restaurierte Steinhaus. Einige der geräumigen Zimmer haben einen Kamin, alle eine Heizung. Ein weiteres Plus ist die gute Küche; auf Wunsch bietet *Samuele* Kochkurse an. Die Spiaggia Lentiscelle ist zu Fuß erreichbar, seine Gäste begleitet *Samuele* mit dem Jeep gerne auch zu entlegeneren Buchten und holt sie auf Wunsch am Bahnhof „Pisciotta-Palinuro" ab. Anfahrt: von der Brücke östlich des Hafens nur ein kurzes Stück der SR 562 in Richtung Licusati folgen und bei erster Gelegenheit links abbiegen und weitere 800 m fahren. 7 Zi. April bis Nov.
Contrada Monte di Luna, Mobil 34 78 48 63 86,
www.nonna-rosa.de, fb, [i]

28 **Pian delle Starze**②-③
Das etwas außerhalb gelegene Boutique-Hotel lässt kaum Wünsche offen. Die Lage ist superb, ein großer Garten mit Pool umgibt das gepflegte Haus, Marina di Camerota und schöne Strände lassen sich zu Fuß erreichen. Im feinen **Restaurant** 29 **Il Carrubone** wird Wert auf frische, biologisch erzeugte Zutaten gelegt. Anfahrt: wie Nonna Rosa (s.o.) und dann noch ein paar hundert Meter weiter, insgesamt ca. 2 km vom Hafen entfernt. 20 Zi. April bis Anfang Nov.
Contrada Monte di Luna, Tel. 09 74 93 23 50,
www.hotelrelaispiandellestarze.it, fb, [i]

Camping

Zwischen Palinuro und Marina di Camerota säumen zahlreiche Campingplätze und Ferienclubs den pinienbeschatteten, kilometerlangen Sandstrand **Spiaggia del Mingardo.**

1 **Pineta Club**①-②
Zeltplätze und Bungalows unter schattigen Pinien, z.T. direkt am Strand. Im Hochsommer gesalzene Preise! Anfahrt: 7 km westlich von Marina di Camerota an der SR 447. Ostern bis Ende Sept.
Località Mingardo,
Tel. 09 74 93 17 71, 09 74 93 84 47 (Winter),
www.campingpinetaclub.it

32 **Romano**①
Zeltplätze, Stellplätze für Camper und Bungalows im Schatten alter Olivenbäume. Mini-Market, Bar und Tavola Calda. Störend ist das Pfeifen eines Kompressors im Eingangsbereich des Platzes. Im Rücken des Friedhofs, wenige Schritte vom schönen Strand. Ostern bis Ende Sept.
Spiaggia Lentiscelle, Tel. 09 74 93 25 42,
09 74 93 20 30 (Winter),
www.villaggioromano.com, fb, [i]

Essen und Trinken in Camerota

MEIN TIPP: 15 **Rianata 'a Vasulata**①-②
Jeden Abend nur ein bis zwei köstliche Pasta- und im Holzofen geschmorte Gemüsegerichte oder Huhn, Super-Vollkornpizza (*Milvas* Vater hatte früher die Dorfbäckerei) – die namensgebende *rianata* – und offener Rotwein. An der Hauptstraße, die ins Zentrum führt. Nur abends. April bis Sept.
Via San Vito 30, Tel. 09 74 93 54 58, fb

Essen und Trinken in Licusati

16 **La Locanda del Curato**②
Familiäre Trattoria im Rücken der Chiesa Madre mit großer Terrasse. Es gibt auch vegetarische Speisen. Im Sommer tägl., sonst nur an den Wochenenden.
Via Infreschi, Tel. 09 74 93 62 63,
Mobil 334 03 46 73 42, fb

Essen und Trinken in/bei Marina di Camerota

MEIN TIPP: 6 **Ammor 'è mare**②
Giuseppe „Peppone" Troccoli und *Enrico Di Lauro* lieben das Meer. Maritim ist auch die Einrichtung ihres entzückenden Lokals in einer Hafenparallele – eine Hommage an die Fischer dieses Viertels. Traditionell

und fantasievoll zubereitete Fischgerichte, guter Hauswein. Nette Ferienapartments im Ort. April bis Sept. tägl., sonst auf Vorbestellung.
Via Ciro Coppola 29, Tel. 09 74 93 29 59,
Mobil 32 96 22 43 68, 36 66 21 21 01,
www.ammoremare.com

5 Brera – L'Orto del Mare②-③

Von der deutschen Speisekarte und dem darauf angebotenen Wiener Schnitzel nicht beirren lassen, in dem Gartenlokal in einer ruhigen Parallelstraße des Lungomare wird solide cilentanische Landesküche serviert. Eine Spezialität ist *salame di pesce spada*, Fischsuppe und Kaninchen gibt es nur auf Vorbestellung. Die Familie *Mastroleonardo* betreibt über dem Restaurant ein etwas angekitschtes **Hotel** mit Dachterrasse. Ostern bis Anfang Nov.
Via Sant'Alfonso 29, Tel. 09 74 93 90 86, fb, [i]

10 Cantina del Marchese②

Cotto-Böden, eine Holzbalkendecke, Weinfässer und einfache Holztische verleihen der Osteria in Hafennähe eine urige Atmosphäre. Zu den Spezialitäten des Hauses zählen kräftige Suppen, Gemüseeintöpfe oder *maracucciata*, eine lokale Polenta mit geröstetem Brot und Bohnen. Am breiten Tresen werden Würste und Käse aus lokaler Produktion hergerichtet, der Wein wird in irdenen Bechern kredenzt. Nur abends, April bis Okt., im Sommer tägl., sonst nur Sa/So.
Via del Marchese 13/15,
Tel. 09 74 93 25 70, Mobil 39 39 65 99 68,
www.lacantinadelmarchese.net, fb

24 Kon Tiky 2.0①-②

Flotte Pizzeria auf dem Gelände des **Cala Bianca Resorts** oberhalb vom Hafen. Im Sommer Tische im Freien, im Winter in einem Glaspavillon, wo auch der Ofen angeheizt wird. Gourmetpizzen mit ausgewählt guten Zutaten oder cilentanische Antipasti- und Pastagerichte, Fleisch vom Grill und venezolanische Spezialitäten. Nur abends, Mo Ruhetag, im Nov. und Febr. zeitweise geschlossen.
Via Varianta Castello 3, Mobil 34 20 77 25 14,
https://pizzeriakontiky.it

4 La Lampara②

Ein Klassiker an der Hauptstraße. Bei der Familie *Caputo* kehren auch die Einheimischen ein, zumal das Lokal bis auf den 25. Dezember das ganze Jahr über geöffnet hat. Pasta, Fisch und Pizza. In der Nebensaison Mo Ruhetag.
Via Bolivar 54, Tel. 09 74 93 21 56, fb

25 Maricucciata①-②

Die Trattoria-Pizzeria auf dem Gelände des **Villaggio Camping Esca** am östlichen Ortsrand ist vielleicht nicht die charmanteste Adresse, aber sicher eine der besten, um in den Genuss einer ehrlichen lokalen Küche zu kommen. Die Familie *Belluccuio* baut auf ihren Feldern in Lentiscosa u.a. *maracuoccio* an und bereitet aus dem frisch vermahlenen Mehl die lokale Polenta-Spezialität. Im Winter Mo Ruhetag.
Lungomare Trieste 115, Tel. 09 74 37 96 12, fb

ama165 pa

[<] Taverna del Mozzo – Davide Mea mit frischem Fisch

31 Ristoro Pozzallo①-②

Rustikales Lokal an der wunderschönen Spiaggia di Pozzallo, von Marina di Camerota mit dem Boot oder zu Fuß zu erreichen. Bei gutem Wetter serviert die Familie *Marchese* ihren Gästen urwüchsige Cilento-Speisen. I.d.R. mittags, abends nur auf Vorbestellung, Ende April bis Ende Okt.

Spiaggia di Pozzallo, Tel. 097 41 92 62 97,
Mobil 33 91 25 19 21, www.ristoropozzallo.it, fb, [i]

20 Taverna del Mozzo②-③

Aus einer Cuopperia (Imbissbude) hervorgegangen, hat sich *Davide Meas* flotte Fisch-Osteria über dem Hafen schnell zu einer der interessanteren kulinarischen Adressen im Umkreis entwickelt. Ein simpler Teller Spaghetti mit Sardellen gerät hier zum Gedicht. Fisch frisch vom Kutter, die anderen Zutaten und auch der Wein stammen von anerkannten Bio-Erzeugern – fantastisch sind die Demeter-zertifizierten Spumanti der lokalen **Azienda Agricola Eremo di S. Iconio!** Um die Gäste kümmert sich charmant *Assunta Rispoli.* Und die leckeren Fischbrötchen und *cuoppi* gibt es noch immer auf die Hand – nebenan im **Mozzillo** (Mai bis Okt). Di Ruhetag. April bis Okt.

Lungomare Trieste 95,
Tel. 09 74 93 27 74, Mobil 34 97 88 84 45,
www.latavernadelmozzo.it, [i]

2 Villa Silvia – Profumi & Sapori②

Das von *Maria De Rosa* und *Giuseppe „José" La Manna* mit Verve betriebene Home-Restaurant ist aus einem Slow-Food-Förderkreis hervorgegangen. Das Netzwerk der Bauern, Winzer und Fischer besteht fort, eine hausgemachte Spezialität ist der in Olivenöl eingelegte Thun. Ein toller Platz, um fast in Vergessenheit geratene Gerichte zu verkosten – Gemüse, Hülsenfrüchte, Pasta und Fisch sind die Protagonisten. Im Sommer stehen die Tische unter der Pergola im Freien. Am nordwestlichen Ortsrand, aus dem Zentrum auf einem kurzen Spaziergang über die Via Marsicano zu erreichen. Nur abends auf Vorbestellung, Ostern bis Okt.

Via Comite (Via Bolivar),
Mobil & WhatsApp 33 97 71 04 59, fb

30 Oasi Infreschi②

Cilentanische Bauernkost an der frischen Luft, das kulinarische Motto „cucina a km 0" trifft hier wirklich zu: Mit Unterstützung der Familie produziert *Salvatore* Gemüse, Obst, Wein und Öl auf seinem idyllisch gelegenen Stückchen Land auf halbem Wanderweg zwischen Cala Bianca und Porto degli Infreschi (siehe **Wanderung 10** im Kapitel „15 Wanderungen"). Getafelt wird an rustikalen Holztischen im Schatten einer Weinpergola, für die Siesta stehen Liegestühle bereit. Von Marina di Camerota oder Licusati auch mit dem Mountainbike zu erreichen. Bei gutem Wetter mittags April bis Ende Okt.

Baia degli Infreschi, Mobil 34 79 06 64 82, fb

Snacks, Bars und Eisdielen

23 Cosentino „Il Fornaio"

Aus der Backstube oberhalb des Hafens duftet es nach frischem Brot, Pizza vom Blech, Keksen und *sfogliatelle.* Am nahen Lungomare betreibt die Familie *Cosentino* zusätzlich einen netten Imbiss mit Antipasti, Pasta-Primi, Pizza und Dolci ebenfalls aus dem Backofen. Mo bis Sa 7–14 und 17–23 Uhr.

Via Carpentieri 4/Lungomare Trieste 111 –
Marina di Camerota, Tel. 09 74 93 22 34,
https://cosentinoilfornaio.it, fb

12 Gelateria Sirena

Bestes Gelato mit Terrasse und Hafenblick.

Via Lungomare Trieste 73 – Marina di Camerota,
Tel. 09 74 93 93 37, fb

9 Pasticceria Vigorito

Köstliche *pasta di mandorla,* verführerisch duftet und schmeckt auch die *coda d'aragosto,* ein Blätterteig, gefüllt mit Zitronencreme, in Form eines Hummerschwanzes. Di Ruhetag.

Piazza S. Domenico 5, Tel. 09 74 93 20 62,
www.pasticceriavigorito.com, fb

Einkaufen

Für **Selbstversorger** fehlt es an nichts: Supermärkte, gut sortierte Alimentari, Obst- und Gemüseläden, Bäcker und ein Fischgeschäft am Hafen. Jeden zweiten Freitag ist Wochenmarkt in Hafennähe.

ama164 pa

17 Azienda Agricola Donna Clara
Orazio Parlati hat 2002 das südlichste Weingut Kampaniens begründet, heute wird es mit Passion von seiner Tochter *Chiara* geführt. Angesichts der überzeugenden Ergebnisse ist es erstaunlich, dass der Basso Cilento bislang nur von wenigen Winemakern ins Auge gefasst wurde. Degustationen möglich.
Via D. A. De Luca – Licusati,
Tel. 097 41 87 13 93, Mobil 33 38 35 94 86,
34 79 32 05 23, www.donnaclara.it

18 Cammarano
Von Aschenbechern und Kerzenständern im Verkaufsraum sollte man sich nicht täuschen lassen. Seit 1777 bleibt die Familie *Cammarano* ihren kunsthandwerklichen Traditionen treu und brennt bäuerliches Haushaltsgeschirr. Sehr eindrucksvoll sind die großen Vorratsbehälter für Wein oder Öl, die heute vor allem als Gartendekor gefragt sind. *Pompeos* größte Hoffnung ist es, sein Wissen weitergeben zu können.
Via S. Vito – Camerota, Tel. 09 74 93 50 62, fb

19 Franco Pellegrino
Franco ist ein weiterer Pfeiler der alten Töpferkunst, der mit Souvenirs zu überleben versucht. Der Historiker und Homer-Übersetzer *Roland Hampe* hat dessen Eltern ein Kapitel in dem Buch „Bei Töpfern und Zieglern in Süditalien, Sizilien und Griechenland" gewidmet. I.d.R. April bis Okt.
Via S. Vito – Camerota, Mobil 34 76 22 41 01

Baden und Tauchen

Ein **kilometerlanger Dünenstrand** erstreckt sich von der Mingardo-Mündung bis zum Capo Grosso; an der Straße Parkbuchten und Treppenwege zum Strand. Etliche Campingplätze, Ferienclubs und Strandbars nutzen die Gunst der Lage. Unmittelbar westlich von Marina di Camerota liegt die schöne **Calanca-Bucht,** im Osten der herrliche **Sandstrand Lentiscelle.** Andere schöne Buchten an der **Costa degli Infreschi** lassen sich nur mit dem Boot oder zu Fuß erreichen. Es weht die „Blaue Flagge" und auch die italienische Umweltorganisation Legambiente erteilt den Stränden Bestnoten.

Franco Pellegrino
ist einer der letzten Töpfer von Camerota

26 Diving Continente Blu
Kurse und Tauchausflüge von Ostern bis Okt. Als Basis dient das **Feriendorf Cala di Luna** (www.caladiluna.it).
Via delle Barche 1 – Marina di Camerota,
Mobil 34 70 73 70 08,
www.continenteblu.com, fb, [i]

Bootstouren

Müßig zu entscheiden, welches der schönste Küstenabschnitt im Cilento sei, vor Palinuro oder Camerota. Beide sind eine Reise und eine Bootstour wert. **Anbieter** sind unter einem Sonnenschirm oder mit einem Kiosk **am Hafen von Marina di Camerota** zu finden. Eine Fahrt zum Porto degli Infreschi schlägt mit ca. 20 € p.P. zu Buche. Die Boote können nicht bei jeder Wetterlage unterwegs sein, und nur bestimmte Tageszeiten empfehlen sich zum Betrachten der Meeresgrotten. Es werden auch kombinierte Boots- und Wanderausflüge angeboten.

22 Cilento a Vela – Cilento Sail
Von April bis Okt. heißt es um 10 Uhr „Leinen los“: An Bord der 14-m-Jacht „Penelope“ geht es erst unter Motor die Küste entlang – Richtung Palinuro oder zum Porto degli Infreschi. In einer Bucht wird Anker geworfen, Zeit zum Schwimmen und Schnorcheln, dann wird ein feines Mahl serviert. Es ist sogar ein Plattenspieler an Bord! Anschließend werden Segel gesetzt, Mitmachen erlaubt. Am späten Nachmittag vor der Rückkehr in den Hafen wird noch ein toller Aperitiv serviert. Skipper *Gennaro Attanasio* arbeitet mit Meeresbiologen zusammen und hat viel zu erzählen, Bordsprachen sind Italienisch und Englisch. Auch **Boat & Breakfast** sind eine Option, über den Segelclub kann man an einem Segelkurs teilnehmen. Auch wenn das Schiff bis zu 14 Passagiere transportieren darf, nimmt *Gennaro* nur max. 9 Pers. mit. Kosten 130 € p.P.
Porto Turistico – Marina di Camerota,
Mobil 39 36 66 97 06, fb, [i]

21 Cooperativa Cilento Blu
Auch diese Kooperative bietet zuverlässig Ausflüge entlang der Küste und nächtliche Ausfahrten mit Fischerbooten an.

☐ Spiaggia del Mingardo – in der Hochsaison stehen hier deutlich mehr Schirme

ama166 pa

Porto – Marina di Camerota,
Mobil 34 57 99 39 32,
www.coopcilentoblu.com, fb, [i]

8 Cooperativa Cilento Mare (Plan S. 310)
Flotte, moderne Boote. Touren zu den Grotten, zum Porto degli Infreschi und im Sommer nächtliche Bootsausflüge mit Fischern *(lamparata)*.
Porto – Marina di Camerota,
Tel. 09 74 93 27 35, Mobil 33 36 46 12 40,
www.coopcilentomare.com, fb, [i]

7 Cooperativa La Rosa dei Venti (Plan S. 310)
Schöne, offene Holzschiffe. Touren zu den Grotten, zum Porto degli Infreschi oder zum Capo Palinuro sowie im Sommer nächtliche Bootsausflüge mit Fischern *(lamparata)*.
Porto – Marina di Camerota,
Mobil 34 54 04 26 75,
www.coop-larosadeiventi.com, fb, [i]

Wandern

In der Umgebung von Camerota locken viele schöne Wanderungen. Unvergessen bleibt mein Freund *Salvatore Calicchio*, der sich wie kaum ein Zweiter für den Erhalt der Naturschönheit engagierte. Seine Worte „Per amare la tua terra, devi camminarla" bleiben auf ewig eine Aufforderung. Reizvolle Touren auf Englisch bietet die geprüfte Wanderführerin *Miriam Troccoli* (Mobil 34 65 27 50 45, fb) unter dem exotisch klingenden Label **Edelweiss Trekking** an. Zukunftsweisend sind die Ausflüge, die *Salvatore Dentale* und *Paola Ferraro* für kleine Gruppen bis 10 Personen mit **Cammino Cilento** (Mobil 34 61 28 41 12, www.camminocilento.it, fb, [i]) organisieren. Wanderungen in Verbindung mit Besuchen landwirtschaftlicher Betriebe, wie z.B. der bio-dynamisch zertifizierten Azienda Agricola Eremo di San Iconio, stehen im Vordergrund.

Porto degli Infreschi
Siehe **Wanderung 10** im Kap. „15 Wanderungen".

San Iconio
Ein kurzes Stück südlich der Brücke über den Fiume Mingardo beginnt bergseitig der SR 562 der auch als CM 193 bzw. TPC bezeichnete **Sentiero di San Iconio,** der im Kiefernschatten über einen aussichtsreichen Hang in ca. 1 Std. bis zum **Iazzo San Cono,** einer verlassenen Meierei, aufsteigt. Um das Jahr 1000 hatten Basilianermönche hier Aleppo-Kiefern *(Pinus halepensis)* aufgeforstet, um aus ihrem Harz Pech zu gewinnen, und auch den Anbau von Echtem Süßholz *(Glycyrrhiza glabra)* als Medizinalpflanze gefördert. In der Tradition der Basilianermönche sieht sich auch *Fabio Labruna*, dessen **Azienda Agricola Eremo di S. Iconio** zu den wenigen von Demeter zertifizierten Weinbaubetrieben in Kampanien zählt. Besuche sind über Cammino Cilento (s.o.) möglich.

San Severino di Centola
Ein lohnender Ausflug ins Hinterland führt entweder über eine abenteuerliche Bergstrecke vorbei an Camerota und Lentiscosa oder auf der SR 562 durch das Mingardo-Tal nach San Severino di Centola. Oberhalb des Ortes kann man in knapp 10 Min. auf einem bestens angelegten Weg zu den verlassenen **mittelalterlichen Ruinen** des alten San Severino aufsteigen. Spektakuläre Ausblicke in Richtung Küste und ins Landesinnere.

Torre Zancale
Vom östlichen Ende der Spiaggia Lentiscelle steigt ein kurzer Weg hoch zur Torre Zancale – ein herrlicher Ort, um den Blick in aller Ruhe in die Ferne schweifen zu lassen.

Radfahren

Bicimania – Centro Gomme Moretti
Reifenhandel am Ortseingang. *Giovanni Moretti* verleiht Familienräder, ordentliche Rennräder, E-Bikes und Mountainbikes. Reparaturen und Ersatzteile. Auch geführte Touren (Mobil & WhatsApp 33 94 33 26 78). Mo bis Sa 8–13 und 14.30–19.30 Uhr.
Via Sirene 14 – Marina di Camerota,
Mobil & WhatsApp 32 48 11 23 01,
www.bicimaniamoretti.it, fb, [i]

▷ Majestätisch erhebt sich der Monte Bulgherìa

San Giovanni a Piro, Bosco und Scario

Wenige Kilometer oberhalb der Küste nimmt **San Giovanni a Piro (450 m, 2200 Ew.)** einen Logenplatz **zu Füßen des Monte Bulgherìa** ein. Die Blicke auf den Golf von Policastro und die hohen Bergketten der Basilikata und Kalabriens sind stupend. Keimzelle des heutigen, in Teilen noch mittelalterlich wirkenden Städtchens ist der im Osten gelegene **Cenobio Basiliano.** Griechisch-orthodoxe Basilianermönche hatten das Kloster Ende des 10. Jh. gegründet. Auch wenn man oft vor geschlossenen Türen steht, lohnt der Besuch. Dieses Kloster übte zeitweise seinen wirtschaftlichen und kulturellen Einfluss bis weit nach Kalabrien aus. Hier wirkte während seiner letzten Lebensjahre der ursprünglich aus dem griechischen Thessaloniki stammende **Humanist Theodorus Gaza** (1410–1475). Durch seine Übersetzungen aus dem Griechischen ins Lateinische machte er die Schriften von *Theophrast, Hippokrates* und *Aristoteles* einem großen Kreis von Gelehrten in Westeuropa zugänglich. Auf ihn geht auch das geflügelte Wort „springender Punkt" zurück. In seinen tiergeschichtlichen Ausführungen hatte *Aristoteles* einen pulsierenden roten Punkt im befruchteten Hühnerei als erstes augenfälliges Anzeichen des Lebens beschrieben – *punctum saliens,* den springenden Punkt eben. Darüber und anderes lässt sich an diesem idyllischen Ort prächtig nachdenken.

■ **Cenobio Basiliano,** Via Cenobio, Mobil 33 33 34 04 36, www.comune.sangiovanniapiro.sa.it, Juni bis Sept. Di bis So 16–19.30 Uhr, sonst auf Anfrage.

Am oberen Ortsrand von San Giovanni zweigt nach Süden eine bezeichnete Stichstraße zum **Santuario di Pietrasanta** ab, das auf dem alten Pilgerweg direkt aus San Giovanni auch zu Fuß zu er-

ama168 pa

ama167 pa

reichen ist. Der Legende nach hatte die Mutter Gottes die Quelle aus dem „heiligen Stein“ entspringen lassen. Im Ursprung basilianisch, zeigt sich das Heiligtum heute in schlicht-barocker Gestalt. 1814 war es aus Versehen unter Beschuss geraten, als *Joachim Murat* es für eine militärische Stellung hielt. Weiter südlich öffnet sich am **Belvedere Ciolandrea** ein unvergleichlicher Blick über den Golf (siehe **Wanderung 11** im Kapitel „15 Wanderungen“). San Giovanni a Piro bietet sich auch als Start für die Besteigung des **Monte Bulgherìa** an, einer der schönsten Aussichtsberge im südlichen Cilento (siehe **Wanderung 12** im Kapitel „15 Wanderungen“).

Auch das heute zur Kommune San Giovanni a Piro zählende **Bosco (390 m, 420 Ew.)** an der Straße nach Roccagloriosa ging aus einer griechisch-orthodoxen Klostergründung hervor. Die Messe in der **Chiesa di S. Nicola** wird heute längst nach lateinischem Ritus gefeiert. Nach den blutig niedergeschlagenen Aufständen von 1828 wurde Bosco per Dekret des Bourbonenkönigs *Francesco I.* dem Erdboden gleichgemacht und nach dem Wiederaufbau eingemeindet. An dieses blutige Ereignis erinnerte der spanische **Künstler José Garcia Ortega** (1921–90) mit einem Majolika-Fries. *Ortega,* Schüler und Freund von *Picasso* und glühender Antifaschist, verbrachte einen großen Teil seines Lebens im europäischen Exil. Zeitweise lebte er in Matera, in Bosco fand er sein letztes Zuhause. Sein Wohnhaus ist heute Privatbesitz, ein **Museum** zeigt Werke aus seiner späten Schaffensphase. Von der Piazza Ortega genießt man weite Blicke ins schöne Umland.

In Bosco fand der spanische Künstler José Garcia Ortega ein Zuhause

■ **Museo José Ortega,** Piazza Santa Rosalia, Mobil 33 33 34 04 36, 32 04 79 57 43 (Comune di San Giovanni a Piro), www.comune.sangiovanniapiro.sa.it, Mitte Juni bis Mitte Sept. tägl. 16.30–19.30 Uhr bzw. nach tel. Vereinbarung, Eintritt 2 €.

Zurück an der Küste empfängt das freundliche **Scario (6 m, 1200 Ew.).** Edle Jugendstil-Villen verraten, dass Italiener den Ort spätestens seit dem frühen 20. Jh. als Urlaubsdomizil schätzen. Weitaus länger war er als sicherer Hafen bekannt, wie der griechisch-antike Name *skariós* („kleine Werft") verrät. Außerhalb der lauten Ferienmonate im Hochsommer gibt sich das Hafenstädtchen still und zauberhaft, als ein Inbegriff des Südens. Die Meerespromenade säumen Palmen und Oleanderbüsche, im klaren Hafenwasser spiegelt sich die barocke **Chiesa dell'Immacolata** zwischen bunten Booten. Strände in unmittelbarer Ortsnähe gibt es keine, dafür schließt sich im Südwesten eine spektakuläre Steilküste an. Vom Hafen kann man mit Booten den **Porto degli Infreschi** erreichen, unterwegs locken die verborgenen Buchten an der **Costa della Masseta** zum Bad (siehe „Wandern").

Praktische Tipps

An- und Weiterreise

■ **Auto:** Aus Marina di Camerota führt die SR 562 über San Giovanni a Piro nach Scario, an der Küste setzt sich die SS 18 über Sapri bis an die Costa di Maratea in der Basilikata fort.

■ **Bus:** *Infante* verkehrt zwischen Marina di Camerota, S. Giovanni a Piro und Scario und weiter bis Sapri. www.agenziainfanteviaggi.it

Übernachten/Essen und Trinken in/bei Bosco

Mein Tipp: **La Locanda di Romeo②-③**

Seit 1980 zieht das **Restaurant** (Di Ruhetag) Feinschmecker an, das komfortable **Hotel** wurde 20 Jahre später eröffnet. Der ursympathische *Romeo Januzzi,* der auch deutsch spricht und als Guida CAI (offizieller Führer des Italienischen Alpenvereins) den Cilento bestens zu Fuß kennt, begleitet im Winter seine Gäste gerne auf Wanderungen. Ansonsten ist er immer mit guten Ratschlägen behilflich. 12 Zi., 4 Suiten. Nov. geschl.
Via Provinciale 33, Tel. 09 74 98 00 04,
Mobil 34 06 86 89 90, fb

Mein Tipp: **Oikos – Piè d'Ulivo②**

Kunstvoller Empfang: *Rocco* und *Marisa* beherbergen ihre Gäste entweder in einem gepflegten **B&B** (4 Zi., 1 Ap.) am nördlichen Ortsrand oder am südlichen in einem schönen **Country House** (11 Zi., 1 Ap.) mitten im Olivenhain. *Roccos* Vater war der Arzt des Ortes und ein enger Freund des Künstlers *José Garcia Ortega.* Das B&B öffnet von Febr. bis Dez., das Country House von April bis Anfang Nov.
Piazza San Rocco, Mobil 32 83 11 52 24,
www.piedulivo.it

Rifugio del Contadino – Arte e Natura②

Wahre Werte: Der Umstand, dass es in den gemütlichen **Gästezimmern** weder TV noch Klimaanlage gibt, verrät einiges über die Erfahrungen, die *Isabella Gregorio* ihren Gästen bieten möchte. Ihr Hof liegt einsam und von Wald umgeben auf einer großen Lichtung, tagsüber genießt man weite Blicke über den Golf von Policastro und nachts den Sternenhimmel, vom Meer und vom Monte Bulghèria wehen angenehme Brisen heran. Die Küche ist im besten Sinne lokal, die frischen Zutaten stammen aus eigener Produktion. *Isabella,* studierte Agrarwissenschaftlerin, baut u.a. THC-armes Marihuana an, die Blätter und Samen verarbeitet sie zusammen mit aromatischen Kräutern und Olivenöl zu naturkosmetischen Produkten und Tees, die sie unter dem Namen Magarìe vermarktet. Im Freien finden Konzerte und Theateraufführungen statt, Strohballen dienen als Sitze. Ein toller Platz auch für Familien

ama169 pa

mit Kindern, die hier sicheren Auslauf haben und sich sehr über die Esel freuen werden. Das **Restaurant** öffnet auch für auswärtige Gäste, in der Nebensaison nur an Wochenenden, im Sommer tägl. Abzweig auf halber Strecke zwischen Acquavena und Bosco auf Höhe des Friedhofs, dann ca. 1,2 km auf schmaler Straße der Ausschilderung folgen. 6 Zi. Ostern bis Nov.
Contrada Cavaliere 1 – Bosco,
Mobil 34 02 52 68 76, 38 90 07 87 63,
www.ilrifugiodelcontadino.it,
www.magarie.eu, fb, [i]

■ **Tenuta Terre di Bosco**②-③
Gepflegtes Landhotel mit Pool im großen Garten und großartiger Aussicht auf den Golf. Das vorzügliche Restaurant öffnet auch für externe Gäste, es gibt jedoch nur max. 40 Plätze. Auf halber Strecke zwischen Bosco und Scario. Freundlicher Empfang durch die Familie *Iannaccone,* die hier auch Oliven anbaut. *Giuseppe* spricht englisch und hält tolle Tipps für seine Gäste bereit. Günstige Preise in der Nebensaison! 19 Zi. März bis Okt.
Via Aia della Serra, Tel. 09 74 98 02 20,
Mobil 34 08 70 60 62, www.terredibosco.it, fb, [i]

Übernachten/Essen und Trinken in/bei Scario

■ **Baia Garagliano**②
Von der Familie *Fonseca* aufmerksam geführte Apartmentanlage oberhalb der Chiesa dell'Immacolata wenige Schritte vom Lungomare. Einige Zimmer mit Balkon, alle mit Kochzeile und Klimaanlage. Sichere Abstellmöglichkeiten für Motor- und Fahrräder. 4 Ap.
Via Salita La Piana 14,
Mobil 33 84 62 54 99 *(Michele),*
www.baiagaraglianoscario.com, fb

■ **La Taverna del Lupo**②
Im Schatten eines mächtigen Karubenbaums betreibt *Saverio* sein uriges Strandlokal, das man entweder auf einer etwas längeren Wanderung zu Fuß erreichen kann (und nach dem Mahl sicher keinen einzigen Schritt bergauf gehen möchte) oder mit dem Boot aus Scario. Die Einheimischen kennen den Strand auch als Spiaggia dei Francesi. *Saverio* hütet hier Ziegen und macht Käse, serviert werden Pasta

⌃ Von der Spiaggia del Marcellino geht es auch mit dem Boot zurück nach Scario

mit Wildkräutern, Käse und Fleisch vom Grill. Ein Erlebnis! Nur im Sommer.
Spiaggia di Marcellino,
Mobil 33 95 07 55 64, 34 97 52 60 86, fb

Maria Luisa②-③
Bei gutem Wetter Tische am romantischen Lungomare im Freien, die leckere Pasta ist hausgemacht, der frische Fisch vorzüglich zubereitet. Was will man mehr? Do Ruhetag, Jan. bis März meist geschl.
Lungomare Marconi 12, Tel. 09 74 37 10 09, fb

Moses②-③
Nettes Fischlokal am Hafen auf Höhe der Chiesa dell'Immacolata. Den frischen Fisch steuert *Nicoles* Vater *Rocco* bei, die Pasta ist hausgemacht. Im Winter nur Fr bis So abends, Juni bis Sept. tägl.
Lungomare Marconi, Mobil 32 01 48 03 84, fb, [i]

Oasi
Pizzeria-Cocktailbar & tolle Eisdiele auf Höhe der Chiesa dell'Immacolata.
Lungomare Marconi 8, Mobil 36 62 65 05 00, fb

Baden und Bootsausflüge

Scario selbst hat kaum Strände, die Felsen reichen bis ans Meer. **Kleine Kiesstrände im Süden des Ortes** sind vom Faro zu Fuß erreichbar. Im Sommer pendeln Boote zu den traumhaften **Badebuchten** (siehe „Wandern") an der **Costa della Masseta.**

Marina di Scario di Guerino d'Andrea
Von Anfang Juni bis Ende Sept. pendeln *Guerino* und sein Sohn *Pippo* bei gutem Wetter mehrmals täglich mit Booten zwischen Scario und den Badebuchten an der Costa della Masseta. Die beiden begleiten ihre Gäste im Mai auf Wunsch auch zum Fischfang.
Lungomare Marconi, Mobil 34 92 96 11 07 *(Guerino)*, 33 83 38 77 55 *(Pippo)*

Mega Tourist
Zuverlässiger Strandservice mit größeren Booten. In der Saison mehrere Schiffe pro Tag.
Lungomare Marconi,
Mobil & WhatsApp 33 42 91 85 53,
www.megatouristcilento.it, fb

Wandern

Südwestlich von Scario wurden entlang der **Costa della Masseta** alte Köhler- und Hirtenwege als Wanderwege neu belebt. Der Einstieg liegt oberhalb des Ortes auf Höhe der Feriensiedlung *Residence La Francese.* Vom östlichen Ortsrand den brau-

Weite Blicke über den Golf von Policastro begleiten die Wanderungen an der Costa della Massetta

ama170 pa

nen Schildern „Costa Masseta" in Richtung Faro folgen und gleich nach der Brücke bergseitig in die schmale Via Glorio Bortolotti de Poli einbiegen und bis zum Ende der Piste fahren, dort parken. Am Beginn des Wanderweges steht eine Wandertafel (GPS: N 40.045792, E 15.485095) zur Orientierung.

Sentieri del Cilento
Die engagierte Associazione kümmert sich vor Ort um die Markierung und Pflege der Wege und hat eine nützliche Wanderkarte publiziert. Tipps und Routenbeschreibungen auch auf der Website. *Giuseppe Sorrentino* ist zugleich Präsident der Associazione Massiccio del Bulgherìa, die u.a. das **Rifugio Tozzo del Moio** unterhält. In der Saison öffnet der Info-Kiosk am Belvedere di Ciolandrea.
Via Roma 52 – San Giovanni a Piro,
Mobil 33 33 25 77 27 *(Giuseppe Sorrentino)*,
33 81 84 04 08 *(Lucio Sorrentino)*,
www.sentieridelcilento.it, fb

Belvedere Ciolandrea – Spiaggia del Marcellino
Siehe **Wanderung 11** im Kap. „15 Wanderungen".

Costa della Masseta/Grotta dell'Acqua
Anfahrt wie oben beschrieben. Oberhalb der **Residence La Francese** führt der Wanderweg durch artenreiche Macchia und immer wieder mit schönen Blicken aufs Meer zunächst bis auf Höhe der **Punta Spinosa.** Hier besteht die Möglichkeit nach rechts das kurze Stück bis zur **Torre Spinosa** und evtl. weiter bis zum Belvedere Ciolandrea aufzusteigen (siehe **Wanderung 11** im Kapitel „15 Wanderungen"). Setzt man die schattige Wanderung auf dem küstenparallelen Weg fort, erreicht man als nächstes den Abzweig, der zur **Spiaggia della Molara** ans Meer führt, und danach den Abstieg zur **Grotta dell'Acqua** mit der gleichnamigen Bucht – beides wunderbare Badeplätze! Auf bekanntem Weg geht es zurück (ca. 6 km, ca. 2½ Std).

Monte Bulgherìa
Siehe **Wanderung 12** im Kap. „15 Wanderungen".

Policastro Bussentino, Villammare und Sapri

Fährt man die Uferstraße am Golf von Policastro entlang, fühlt man sich fast in die Schweiz versetzt. Vielleicht tragen das oft stille Meer und der Kranz steil aufragender Kalkberge zu diesem Eindruck bei. In **Policastro Bussentino (4 m, 1625 Ew.)** schlägt das historische Herz des Golfo di Policastro. Das Küstenstädtchen nördlich der Bussento-Mündung erhebt sich an der Stelle des antiken griechischen Pixus. Dem Verlauf der antiken Mauer folgt die fast völlig **intakte mittelalterliche Stadtmauer.** In der zu Unrecht nur wenig besuchten Altstadt ist die Ende des 11. Jh. geweihte Kathedrale mit ihrer Krypta aus dem 6. Jh. sehenswert. Zitronenhaine umgeben den Ort.

Etwa auf halber Strecke zwischen Policastro Busentino und Sapri liegt **Villammare (6 m, 1000 Ew.)**, ein kleines Riviera-Städtchen mit gepflegten und außerhalb der Hochsaison erstaunlich menschenleeren **schönen Stränden.** Seit vielen Jahren weht hier die „Blaue Flagge"! Ende August treffen sich junge Filmemacher und ihr Publikum auf dem **Villammare Film Festival,** das vor allem Kurzfilme zeigt. Im unmittelbaren Hinterland lohnt ein Abstecher nach **Ispani (256 m)** – der mittelalterliche Borgo scheint fast aus der Zeit gefallen zu sein. Gleiches gilt auch für **Vibonati (110 m),** berühmt für seine steingemetzten Portale und einige schöne Kirchen.

Das **lebendige Küstenstädtchen Sapri (5 m, 6350 Ew.)** ist mit langen Promenaden, Strandbädern am sauberen Meer und zahlreichen Fischlokalen vor allem bei Italienern als Urlaubsort beliebt. Mit seinem unprätentiösen Auftreten empfiehlt sich Sapri gerade in der Nebensaison und ist mehr als nur eine Durchgangsstation auf dem Weg zur nahen Costa di Maratea. Wer **süditalienischen Alltag** entspannt genießen möchte und gerne mit der Bahn reist, ist hier richtig. Ein Blickfang am Lungomare ist die diaphane Drahtskulptur des Mailänder Künstlers *Edoardo Tresoldi.*

Aus dem Geschichtsunterricht kennt Sapri fast jedes italienische Kind. Hier landete am Abend des 28. Juni 1857 **Carlo Pisacane,** ein Anhänger des italienischen Freiheitskämpfers *Giuseppe Mazzini. Pisacane* war überzeugt, dass man die Massen nur mit Gewalt von der Notwendigkeit eines Aufstandes gegen die Bourbonenherrschaft überzeugen könne. Auf der Insel Ponza hatte er einige Tage zuvor 323 Strafgefangene befreit, darunter jedoch nur wenige politisch Inhaftierte. *Pisacanes* Rebellion scheiterte tragisch und endete für die meisten mit Gefangenschaft oder Tod. In der Chiesa della Santissima Annunziata von Padula werden die Gebeine der Gefallenen als Risorgimento-Reliquien verehrt. *Pisacane* wurde postum oft mit *Che Guevara* verglichen.

Praktische Tipps

An- und Weiterreise

- **Auto:** Die SS 18 führt am Golf entlang und weiter bis an die Costa di Maratea in der Nachbarregion Basilikata.
- **Bus:** *Infante* (www.agenziainfanteviaggi.it) zwischen Marina di Camerota, S. Giovanni a Piro, Scario und Sapri, *Lamanna* (www.autolineelamanna.it) von Sapri ins Bussento-Tal.
- **Bahn:** Die Bahnlinie Neapel – Reggio di Calabria führt mit der Station „Policastro Bussentino" an die Küste zurück; ein wichtiger Umsteigebahnhof ist Sapri.

☐ Drahtskulptur von Edoardo Tresoldi in Sapri

ama293 pa

■ **Schiff:** Von Mitte Juni bis Anfang Sept. verkehren Schnellboote zu den Liparischen Inseln. www.alicost.it, fb

Essen und Trinken in Policastro Bussentino

Il Ghiottone②-③

Maria Rina führt ihr beliebtes Fischlokal seit 1978, der elegante kleine Speisesaal ist neueren Datums. Auch schmackhafte Gemüsegerichte, beachtlich ist die Käse- und Weinauswahl. Kulinarische Themenabende mit der dazu passenden Musik. An der Durchfahrtsstraße am Km 205,400 im Ortsteil Marina. Bis auf Sa und So nur abends. Di Ruhetag, Nov. geschl.
Via Nazionale 42, Tel. 09 74 98 41 86,
www.ristoranteilghiottone.com, fb, [i]

Übernachten/Essen und Trinken in Ispani

■ **Ispani Inn Resort**②-③

Alte Gebäude im mittelalterlichen Borgo, der sich mit wunderbarer Aussicht über dem nahen Golf erhebt, wurden mustergültig restauriert, die komfortablen Zimmer farbenfroh eingerichtet. Wie im **Hotel Palazzo Gentilcore** in Castellabate ziert auch hier moderne Kunst aus der Sammlung des Besitzers *Giovanni Riccardi* die Räume. Feines Frühstück. Das feine **Ristorante La Cantinella sul Mare** öffnet auf Vorbestellung (einige werden es noch aus Villammare kennen). Auftakt eines die Sinne stimulierenden Mahles könnte ein Cappucino di Mare sein. Frischer Fisch und Meeresfrüchte wollen mit zarter Zurückhaltung behandelt werden, das weiß *Lorenza Riccardi*. Frisch gefangene Gamberi beispielsweise serviert sie roh mit einer Mozzarella-Kugel, einem schwarzen Sepia-Cracker und einem Faden feinsten Olivenöls. Pfiffig auch die Mare-Terra-Kombinationen, so trifft schwarzer Cilento-Trüffel in der Pasta auf Thunfischrogen. Im Saal berät weinkundig ihr Bruder *Mario*. 9 Zi. April bis Okt.
Via Flavio Gioia 20, Tel. 09 73 25 13 67,
Mobil & WhatsApp 35 17 68 15 14,
www.ispaniinnresort.it, fb, [i]

Buchtipp

Mit 25 spektakulären Küstenkilometern öffnet sich südlich von Sapri die **Costa di Maratea** auf den Golf von Policastro. In Maratea vertragen sich die Segnungen des Tourismus gut mit mediterranem Kleinstadtcharme. Mit seinen Strandgemeinden lädt **Maratea** zum Baden im blitzsauberen Meer ein, die Küstengebirge drängen sich für Wanderungen mit schönen Aussichten geradezu auf. Mehr zur Nachbarregion **Basilikata** im Buch des Autors, der auch für diesen Band verantwortlich zeichnet.

■ *Amann, Peter:* **Basilikata mit Matera,** Reise Know-How Verlag P. Rump, Bielefeld

Essen und Trinken in Villammare

■ **Taverna Portosalvo**③

Villammare, ein netter Küstenort mit einigen Sommervillen älteren und neueren Baudatums, ist kulinarisch spätestens seit Eröffnung von *Gerardo Menzas* Fisch-Taverna ein Muss. Mo Ruhetag.
Corso Italia 77, Tel. 09 73 36 54 74,
Mobil 33 85 61 79 63, fb

■ **'U Cazzil' I Rè**②

Sympathischer Lido mit Strandrestaurant und Pizzeria. Öffnet nur im Sommer.
Via Lungomare 19, Mobil 33 95 34 18 57

Übernachten/ Essen und Trinken bei Vibonati

Casale il Sughero②

Amedeo Trezza und *Lisa Holaus* sind Einsteiger, er Neapolitaner und Landschaftsforscher, sie Tirolerin und Touristikerin. 2016 haben sie das Stadt- gegen das Landleben eingetauscht und diesen wunderbaren Bio-Bauernhof mit einladendem **B&B** in den aussichtsreichen Hügeln über dem Golf von Policastro aufgebaut. Der ökologische Fußabdruck ist grün, die Möglichkeiten, die sich Gästen bieten, sind fast

grenzenlos: Begegnungen mit Einheimischen, Entdeckungen des reizvollen Hinterlandes zu Fuß oder mit dem Rad, Ausflüge ans nahe Meer, das Kennenlernen des hübschen Borgo Vibonati oder die Teilnahme an Workshops. Nicht nur für Kinder ein Paradies! Die Ausstattung der gemütlichen Gästezimmer folgt baubiologischen Kriterien, auf der Terrasse steht Selbstversorgern eine Sommerküche zur Verfügung. Das Bio-Frühstück lässt keine Wünsche offen und das **Home-Restaurant La Cucina di AmeLì** serviert auf Wunsch Spezialitäten aus Neapel, dem Cilento und aus Tirol. Auf Unverträglichkeiten wird selbstverständlich Rücksicht genommen. Hier bleibt man gerne länger! An Rad- und Fernwanderer richten sich das Angebot des **Agri-Campeggio** und die flotte **Holzhütte**① – der Casale ist Etappenstation der **Via Silente** und über einen Abzweig vom Fernwanderweg Cammino di San Nilo auch zu Fuß zu erreichen. Anfahrt: ca. 4 km oberhalb von Vibonati über einen Rechtsabzweig der SP 210 zu erreichen bzw. an der Straße Richtung Tortorella an der Kreuzung in der Contrada Ceraso links abbiegen. Lamanna-Busse ab Bahnhof Sapri in Richtung Morigerati halten in der Nähe. 2 Ap., 1 Hütte.
Contrada Grasso 1, Mobil 32 83 21 17 21,
WhatsApp 38 95 81 60 53,
www.casaleilsughero.com,
www.bauernhofurlaub-sueditalien.com, fb, [i]

Übernachten in Sapri

Locanda dei Trecento②-③
Familiengeführtes, freundliches Mini-Hotel in der Nähe des Strandes (im Sommer entsprechend laut), der Bahnhof noch in Gehdistanz. Eigener Parkplatz. 8 Zi., 2 Ap. März bis Dez.
Corso Italia 22 (Piazza Regina Elena),
Tel. 09 73 60 31 60, www.locandadeitrecento.it, fb

MEIN TIPP: **Hotel Savoia**②-③
Anheimelndes, preislich faires und ruhig gelegenes Hotel auf halber Gehstrecke zwischen Bahnhof und Strand. Das historische Albergo wurde 2017 von der Familie *Iannaccone* übernommen, die in Bosco die ebenfalls empfehlenswerte **Tenuta Terre di Bosco** betreibt. Am schönsten sind die Zimmer im ersten Stock zur Gartenseite. Reichhaltiges Frühstücksbuffet, Gästefahrräder gratis. 11 Zi.
Via Cavour 53, Tel. 09 73 60 37 59,
www.hotelsavoiasapri.it

Bottega dei Golosi①
Kulinarische Entdeckungen: Leicht zurückversetzt vom Lungomare hält *Pasquale Crusco* eine riesige Auswahl allerbester cilentanischer Produkte zum Verkauf bereit, die abends auch in Gestalt kalter Platten vor Ort degustiert werden können.
Corso Umberto I. 25,
Mobil 34 71 40 04 51, [i]

La Specola②-③
Frischen, fein zubereiteten Fisch zu servieren, liegt in dieser Lage – das einladende Ristorante befindet sich im Rücken des Lungomare – auf der Hand. *Armando De Martino* ist zu Recht auch für seinen köstlichen Baccalà bekannt. Mo Ruhetag.
Mobil 34 93 64 74 26

Lucifero②
Sympathische Familientrattoria, die nicht nur exzellenten Fisch serviert. Mi Ruhetag.
Traversa I Garibaldi 6, Tel. 09 73 60 30 33,
www.ristorantelucifero.com, fb

Pasticceria Mazzilli
Traditionscaffè, seit 1930 am Platz.
Corso Garibaldi 53, Tel. 09 73 39 10 22, fb

MEIN TIPP: **Crivella**
Enzo Crivellas eleganter Eis-Kiosk am Lungomare ist für Kenner das Mekka einer Reise an den Golf von Policastro. Während *Enzos* Vater *Eugenio* noch als traditioneller *gelatiere* durchging, hat der Sohn, Absolvent der Kunstakademie Neapel, die Eismacherkunst auf ein völlig neues Niveau gehoben. Als Zutaten dienen ihm u.a. Olivenöl, Hartweizen, Mozzarella, Basilikum und Kräuter des Cervati, aber natürlich auch alle Früchte des Cilento. Zusammen mit *Vito Puglia* aus Pisciotta war *Enzo* einer der Slow-Food-Pioniere im Cilento. Ende März bis Ende Okt.
Corso Italia 54, Mobil 33 81 33 04 02,
www.crivella.it, fb

Baden

Die **schönen Strände** am Golf von Policastro sind im Hochsommer hoffnungslos überlaufen, zumal sie leicht mit dem Auto zu erreichen sind. Außerhalb der Hauptsaison lässt sich das Meer in Policastro Bussentino, Capitello, Villammare und Sapri entspannt genießen.

Wandern: Apprezzami l'Asino

Der **alte Saumpfad,** der Sapri mit Maratea verband – im Dialekt *aprezza' u ciucc'* – wurde in seinem ersten Abschnitt als Wanderweg neu angelegt. Der eigentümliche Name erinnert daran, dass es unterwegs eine Stelle gab, so schmal, dass zwei beladene Esel nicht aneinander vorbeikamen. Wo es kein Vor und kein Zurück gab, musste einer der beiden Esel ins Meer geworfen werden – vorher wurde geschätzt, welches der beiden Tiere weniger wert war. So wird es erzählt. Der Weg beginnt südlich der Marina und führt mit herrlichen Blicken auf den Golf und den Monte Bulgherìa zwischen Küste und SS 18 zu.

Roccagloriosa und Torre Orsaia

Auf der nördlichen Seite des Monte Bulgherìa erhebt sich in strategischer Lage, hoch über den Tälern von Mingardo und Bussento, **Roccagloriosa (430 m, 1570 Ew.).** Bei Streifzügen durch den hübschen Ort genießt man nach allen Seiten fantastische Ausblicke. Die ältesten Siedlungsspuren reichen in die Bronzezeit zurück, eine erste Blüte erlebte der Ort vom 4. bis 3. Jh. v.Chr. unter den Lukanern. Teile der antiken Festungsmauer und Kammergräber sind im frei zugänglichen **Archäologischen Park** auf einem nördlich der Stadt gelegenen Höhenzug zu bewundern. **Ausgrabungsfunde** sind in Roccagliorosa ausgestellt; dazu zählen wertvoller Goldschmuck, Bronzegefäße und überdimensionale, reich verzierte

ama294 pa

Keramikvasen, die in jedem Versace-Showroom die Augen auf sich ziehen würden. Am Rande: Im **Palazzo de Curtis** wurde mutmaßlich der neapolitanische Volksschauspieler *Totò* gezeugt, Frucht eines Seitensprungs des Marchese *Giuseppe de Curtis* mit dem Zimmermädchen *Maria Marotta.*

■ **Museo Civico Archeologico „Antonello Fiammenghi“,** Via Borgo S. Antonio (Piazza del Popolo), Mobil 34 92 20 15 33 *(Mirko Grizzutti),* www.comune.roccagloriosa.sa.it. Mitte Juni bis Mitte Sept. tägl. 17.30–20.30 Uhr, sonst auf Anfrage. Eintritt 4/2 €.

Roccagloriosa behielt seine strategische Bedeutung auch im Mittelalter bei und wurde von Langobarden und Normannen weiter befestigt. Der Staufer *Friedrich II.* erklärte die später **in napoleonischer Zeit zerstörte Burg** zur *castra exempta,* d.h. einer ihm persönlich unterstellten Festung mit kaiserlicher Residenz. Bauliche Spuren hinterließen auch griechische Basilianermönche, Malteserritter und neapolitanische Adelsfamilien, die sich im Lauf der Zeit hier ansiedelten. In unmittelbarer Nachbarschaft der Chiesa di San Giovanni Battista liegt die **Cappella di Sant'Angelo** (auch Cappella del SS. Sacramento). Mit reichem Freskenschmuck erscheint sie im Gewand des 16. Jh., lässt aber ihren Ursprung als Felsklause eines griechischen Einsiedlermönchs erkennen. Die Kapelle gehört einer der immer noch aktiven religiösen Bruderschaften; hier wird die hölzerne Statue des liegenden Christus verwahrt, die am Karsamstag in einer eindrucksvollen Prozession durch den Ort getragen wird.

Roccagloriosa ist reich an Brunnen. Unterhalb des Ortes liegt die monumentale **Fontana Grande.** Am Eingang zur Altstadt fließt das Wasser aus der **Fontana dei tre Cannoli** und unterirdisch weiter zum alten Waschplatz.

In ähnlich beherrschender Landschaftsposition wie Roccagloriosa wacht auch **Torre Orsaia (295 m, 1600 Ew.)** über das Tal des Bussento und den Golf von Policastro. Erste Notizen von Turris Ursajae rühren aus der Zeit der normannischen Eroberung. Bei dem bereits in langobardischer Zeit befestigten Nachbarborgo **Castel Ruggero (400 m, 421 Ew.)** hatte Normannenkönig *Roger II.* ein Truppenlager aufgeschlagen, daher der Name. Im 14. Jh. verlegte der Bischof von Policastro Bussentino seinen Sommersitz nach Torre Orsaia. Neuen Siedlern versprach er gegen eine Abgabe Land und Schutz. Bald entwickelte sich der Ort zu einem blühenden Gemeinwesen. Den alten Ortskern umschließen Reste der mittelalterlichen Stadtmauer, der mächtige **Campanile der Chiesa madre** erhebt sich über den Resten eines Wachturms. Den Durchgang zieren Bischofs-Wappen.

Praktische Tipps

An- und Weiterreise

■ **Auto:** Roccagloriosa ist am schnellsten über die gleichnamige Ausfahrt des Cilento-Highways zu erreichen, Torre Orsaia liegt an der SS 18 und ist seinerseits am schnellsten von der ebenfalls als Schnellstraße ausgebauten SS 517var zu erreichen. Aber wer hat es im Cilento schon eilig?

Übernachten/Essen und Trinken in Roccagloriosa

■ **La Zizzania e il Mandarino②**
Gepflegtes B&B in schön restauriertem Altstadthaus am Rande des benachbarten Weilers Rochetta, der Centro storico in Gehdistanz. *Cristina Finamore* umsorgt ihre Gäste aufs Beste, das leckere Frühstück und auf Wunsch auch ein köstliches Abendessen werden mit selbst erzeugtem Obst und Gemüse bereichert. Neben dem Agrumengarten lädt die Dachterrasse zum Verweilen ein. Die geräumigen, bestens ausgestatteten Zimmer befinden sich unter der Mansarde, eines bietet Platz für eine Familie. 4 Zi. Nur an den Weihnachtsfeiertagen geschl.
Via San Leonardo 2,
Mobil & WhatsApp 34 05 23 76 02,
www.lazizzaniaeilmandarino.it, [i]

■ **Il Borgo①**
Nunzio und *Giuseppe Balbi* führen das ehemalige Lebensmittelgeschäft ihrer Mutter am Hauptcorso und zwei Schritte von der Fontana Grande als sympathische Trattoria fort. Einfache, schmackhafte Lokalküche mit hausgemachter Pasta zu mehr als fairen Preisen. Pizza und Mandelkekse aus dem Backofen. Do Ruhetag.
Corso Umberto I. 66, Tel. 09 74 98 14 12,
Mobil 34 89 26 48 68, www.trattoriailborgo.com, fb

Essen und Trinken in Torre Orsaia

Zia Addolorata①
Unscheinbar wunderbar: Die Osteria an der Durchfahrtsstraße schräg gegenüber der Post gibt es seit Jahrzehnten. Was es nicht gibt, ist ein Menü. *Signora Addolorata* kocht die klassischen Bauerngerichte der Gegend im uralten Rhythmus der Jahreszeiten: Es könnte *lagane e ceci, pasta e ceci,* gefüllte Ravioli, geschmortes Kaninchen oder gebackenes Lamm geben, oft auch frischen Salat, und selten fehlen *scauratielli,* ein delikates Honig-Fettgebäck. Kein Ruhetag. 2 Wochen im Okt. geschl.
Via Pulsaria 16, Tel. 09 74 98 55 69

Einkaufen

Apicoltura Cavalieri
Um Roccagloriosa finden *Francescantonio Cavalieris* Bienen reiche Weide. *Francescantonio* baut auf seiner Azienda Agricola auch Dinkel an, neben Honig, getrockneten Feigen und Büffelmilchbutter eine weitere Zutat seines köstlichen Panetone.
GPS: N 40.113913, E 15.422190,
Via Ricuso 1 – Roccagloriosa, Mobil 32 83 27 05 98,
www.francescantoniocavalieri.it, fb, [i]

Sanza, Rofrano und Laurito

Der Altstadthügel von **Sanza (588 m, 2370 Ew.)** nimmt eine prominente Position im oberen Bussento-Tal ein und erlaubte Lukanern wie Römern die Kontrolle des Warenverkehrs und Salzhandels zwischen Golf von Policastro und Vallo di Diano. Neuen Aufschwung erhielt der Ort im frühen Mittelalter durch die **Grancia S. Maria di Siripi,** die der italo-byzantinischen Abtei von Grottaferrata bei Rom unterstand. Auf diese Zeit geht mutmaßlich auch die Verehrung der **Madonna della Neve** zurück. Seine Blütezeit erlebte Sanza vom 14. bis 16. Jh. unter den *Sanseverino;* aus dieser Epoche stammt eine Reihe stattlicher Stadtpaläste. In konzentrischen Kreisen steigen die Straßen bis auf die Kuppe des Altstadthügels an. In einer Seitenkapelle der **Chiesa di S. Maria Assunta** steht die Statue der Madonna della Neve, die in einer festlichen **Prozession am 26. Juli**

▷ Rofrano liegt im schönen Abseits

auf den Monte Cervati begleitet wird, wo sie bis zum 5. August verweilt. Weidewirtschaft spielt nach wie vor eine wichtige Rolle, bis zum 19. Jh. war auch die Ernte des wilden Lavendels und seine Verarbeitung zu Parfüm von Bedeutung. Heute erfreuen sich die Wanderer an den blühenden Almfluren. Unter großem Protest von Umweltschützern wurde 2022 mit dem Bau einer asphaltierten Straße bis in die Gipfelzone des Cervati begonnen. Bürgermeister *Vittorio Esposito* argumentierte, so könnten auch Menschen mit Gehbehinderung in den Genuss des Berges kommen.

Nach **Rofrano (450 m, 1290 Ew.)** verirrt man sich nicht so leicht. Anders als Sanza liegt der Ort nicht in der Nähe großer Verkehrsstraßen; für manche ist das ein Vorteil. Eingebettet zwischen Monte Cervati, Monte Gelbison und Monte Centaurino lockt Rofrano vor allem naturbegeisterte Reisende an. Der Mediziner und Universalgelehrte *Cosimo De Giorgi* (1842–1922) kam bei seinen Reisen durch den Cilento bereits 1881 zum Schluss, die Gegend eigne sich für den **Alpinismus.** Der Ort am Oberlauf des Fiume Mingardo, der hier noch den Namen Faraone trägt, entwickelte sich im Mittelalter um ein **Basilianerkloster.** Wie ein antiker Tempel erhob sich die Klosterkirche auf der Spitze des Hügels. Rofrano blieb bis ins 15. Jh. ein Lehen der Abtei von Grottaferrata, die im Jahr 1004 vom *hl. Nilus* gegründet worden war.

1954 wurde die als arm angesehene Bevölkerung von Rofrano zum Gegenstand einer Studie, die die Folgen von Mangelernährung untersuchen sollte. Überraschend war für den US-amerikanischen **Ernährungswissenschaftler Ancel Keys** (1904–2004) die Erkenntnis, dass die vermeintlich unterernährten Menschen bei bester Gesundheit ein hohes Alter erreichten, die in „höher entwickelten“ Gesellschaften verbreiteten Gefäßkrankeiten waren unbekannt. In den folgenden Jahren schuf *Keys* die

ama172 pa

ama174 pa

Durch Laurito zieht sich ein steingepflasterter Corso

theoretischen Grundlagen der sogenannten **mediterranen Diät,** sein Buch „How to eat well and stay well the Mediterranean way“ wurde ein Weltbestseller.

Unterwegs mit Carlo Palumbo, der auch als Bergführer *bella figura* macht (siehe „Wandern/Canyoning“), wird das Städtchen erst wirklich lebendig. An den Fassaden mancher Häuser poträtieren SW-Fotos des lokalen Künstlers *Antonio Saggiomo* die früheren Bewohner.

Laurito (475 m, 710 Ew.) prunkt mit einer Aussicht, die vom Golf von Policastro über das lang gestreckte Massiv des Monte Bulgherìa und die Mingardo-Schlucht bei San Severino di Centola bis zum Golf von Ascea reicht. Im Mittelalter erlebte der Ort eine Blütezeit, die **eng verwinkelten Gassen um die Chiesa di San Filippo** stammen noch aus jenen Tagen. Aufmerksamen Betrachtern wird nicht entgehen, dass die Gassen und Straßen im Ort – einschließlich Durchfahrtsstraße – noch ihren alten Bodenbelag zeigen, während in vielen Orten des Cilento (korrupte?) Gemeindeverwaltungen die subventionierte Neupflasterung mit ortsfremden Steinen vorantrieben. Am Ortsrand liegen gepflegte Bauerngärten, im Tal des Udria waren einst Wassermühlen in Betrieb und aus dem Ort führen – heute als **Wanderwege** markierte – Maultierpfade in die Kastanienwälder und zu den Hochweiden an den Hängen des Monte Fulgenti.

Praktische Tipps

Information

- **Pro Loco Laurito**

Engagierter Fremdenverkehrsverein in den Räumen der Gemeindebibliothek unterhalb der *Casa Natura*. Viale Europa, fb

- **www.comune.rofrano.sa.it**

Übernachten/Essen und Trinken

- **Casa Natura**②

Das alte Schulgebäude am östlichen Ortsrand beherbergt ein einfaches, modernes Hotel mit angeschlossenem Ristorante und einer Pizzeria – eine gute Adresse für Schulklassen, Aktivurlauber, Rad- und Motorradfahrer. Von der gedeckten Veranda und aus einigen der Zimmer genießt man einen schönen Ausblick. 12 Zi.
Via Sant'Antonio 47 – Laurito,
Tel. 097 41 87 43 15, Mobil 34 41 31 03 50,
https://casanatura-laurito.com, fb, [i]

MEIN TIPP: **Da Cono**①-②

Bei *Cono* einzukehren ist ein Erlebnis! Seit 1989 tischt die Familie *Caputo* den Gästen ihres spartanisch-rustikalen Lokals echte cilentanische Berg-

küche auf, die Zutaten stammen frisch aus dem eigenen Garten oder sind wild gesammelt. Hier könnte man *triddi di castagno* kosten, früher eine Arme-Leute-Pasta. Bei gutem Wetter wird im Freien gedeckt und nach dem Kochen greift *Cono* zum Akkordeon, auf der Gitarre begleitet von Sohn *Teodoro*. Fünf schlichte Gästezimmer. Anfahrt: ca. 3 km südlich des Zentrums, Abzweig von der SS 18/a Richtung Laurito.
Via Lettafora – Rofrano,
Mobil 34 74 76 79 46 *(Cono)*, 33 41 71 64 92,
www.dacono.it, fb

La Terrazza①-②
Unprätentiöse Familientrattoria an der Rathauspiazza. In der Küche sorgen *Graziella Vilano* und *Michele Merola* am Pizzaofen für das Wohlbefinden ihrer Gäste. Zum Auftakt gibt es leckere Gemüseantipasti, *paddocole* genannte Kartoffelkroketten und *muzzarella ind'a murtedda*, zum Trinken Bier und offenen Wein. Mo Ruhetag, im Sommer auch mittags.
Piazza N. Giacumbi – Laurito, Mobil 34 78 03 85 02

Bei Cono in Rofrano
gibt es nicht nur leckere Pasta

Agriturismo Tempa del Fico①-②
Bio-Agriturismo in absoluter Abgeschiedenheit knapp 20 km südlich von Laurino (Beschreibung siehe dort), schneller jedoch aus Rofrano zu erreichen. Anfahrt: 3,5 km nördlich von Rofrano auf Höhe eines Belvedere/Picknickplatzes in die bergseitig abzweigende Straße biegen und dieser weitere 4,5 km bis zur Ausschilderung folgen.
Località Tempa del Fico – Pruno di Laurino,
Mobil 34 75 93 47 44,
www.tempadelfico.com, fb, [i]

Wandern/Canyoning

Der klassische **Pilgerweg von Sanza** durch das Vallone Secco hoch zum Heiligtum der Madonna della Neve auf dem **Cervati** dürfte den meisten zu lang sein (siehe **Wanderung 15** im Kapitel „15 Wanderungen"). Der **Affondatore di Vallivona,** ein spektakuläres Schluckloch, ist westlich von Sanza durch den Vallone dell'Inferno zu erreichen, Start an der SP 18/b in Richtung Rofrano.

Im Umkreis von Rofrano gibt es eine Vielzahl von Wandermöglichkeiten. Vom Ortsteil San Menale führt der letzte Abschnitt des am letzten Maisonntags und ersten Oktobersonntags von zahlrei-

ama173 pa

chen Pilgern aus der Basilikata und dem nördlichen Kalabrien begangenen Weg zum **Monte Gelbison** (Monte Sacro). Ein leichter Spaziergang ist im Vergleich dazu der gut ausgeschilderte Naturlehrpfad entlang der **Forra dell'Emmisi;** auf 500 m Länge hat sich der Mingardo hier eine tiefe Klamm geschnitten. Von der SP 18/a in Richtung Laurito zweigt kurz nach der Brücke rechts die Zufahrt ab. Der **GET** (s.u.) begleitet seine Gäste mit Schlauchbooten durch die Schlucht. Badesachen einpacken!

GET – Gruppo Escursionistico Trekking
Mimmo Pandolfo (spricht deutsch und englisch) und die anderen GET-Mitglieder führen ganzjährig Wanderungen im südlichen Cilento und im gebirgigen Landesinneren. *Carlo Palumbo* (Mobil 34 73 19 56 99) begleitet kleine Gruppen auch in eigener Regie, etwa auf Rundgängen im Ort oder auf dem mehrtägigen Cammino di San Nilo (www.camminibizantini.com). Oberhalb von Laurito unterhält der GET das Rifugio Serenelle. Das Büro ist zugleich Info-Stelle des Nationalparks.
Via Canonico Ronsini – Rofrano,
Mobil 34 79 49 73 91, www.gettrek.it, fb

Parco Avventura Piano della Croce
Wahrlich wunderbarer Waldabenteuerspielplatz an den westlichen Hängen des Monte Centaurino. Auch geführte Wanderungen in der Umgebung. Abzweig von der SP 18/b oberhalb des Ortes. Ostern bis Ende Okt.
Piani della Croce – Rofrano, Mobil 34 07 05 79 91,
www.parcoavventurapianodellacroce.it, fb

Caselle in Píttari, Morigerati und Sicilí

Von Policastro Bussentino führt die als Schnellstraße ausgebaute SS 517var durch das grüne Herz des Basso Cilento, über Sanza und vorbei an Buonabitacolo ins Vallo di Diano. Unterwegs gibt es viel zu sehen und noch mehr zu erleben und es wäre ein Fehler, das atemberaubend schöne **Tal des Fiume Bussento** seitlich liegen zu lassen.

So ist z.B. das hübsch gelegene **Caselle in Píttari (444 m, 1850 Ew.)** einen Abstecher wert. Dem Ort eilt außerdem der Ruf eines kleinen kulinarischen Mekkas voraus. Aus allen Richtungen führen Landstraßen heran und treffen in der Neustadt an einer zentralen Kreuzung zusammen, von der der baumbestandene Viale Roma ins Centro storico zielt. In konzentrischen Kreisen schrauben sich Gassen hoch auf den **Altstadthügel,** den ein mittelalterlicher Turm überragt. Von dieser hohen Warte hat man mehrere imposante Cilento-Gipfel im Blick: Monte Cervati, Monte Centaurino, Monte Gelbison und Monte Bulgherìa. Der 689 m hohe **Monte San Michele** im Süden des Ortes ist am 8. Mai und 29. September das Ziel zahlreicher Pilger. Der aus langobardischer Zeit stammende **Pilgerweg** lädt jederzeit zum Wandern ein. Er endet auf einem Wiesengrund mit weitem Blick ins Bussento-Tal vor der **Grotta di San Michele,** in der geschmückte Altäre und ein Felsrelief des 12. Jh. zu bewundern sind. Im Rücken des Städtchens verschwindet der Bussento in einem spektakulären **Karstschluckloch,** um einige Kilometer flussabwärts bei Morigerati wieder zum Vorschein zu treten. Seit den 1950er-Jahren ist der **Inghiottitoio del Bussento** Gegenstand speleologischer Erkundungen, weite Teile des gewaltigen Höhlensystems bleiben bis heute unerforscht.

Das schmucke **Morigerati (281 m, 600 Ew.),** eine weitere lohnende Etappe, wurde der Legende nach von Morgeten gegründet, einem italischen Volksstamm der Bronzezeit, dessen Spuren bis nach Sizilien reichen. Gesicherte Spuren gibt es aus römischer Zeit. Pittoresk drängen

ama175 pa

‹ Forra dell'Emmisi bei Rofrano

ama171 pa

sich die Häuser auf dem Hügel und aus dem Dächermeer ragt der barocke Campanile der Chiesa madre. Ein Spaziergang durch den hübschen Ort führt an dem **ehemaligen Konvent der hl. Anna** vorbei, der heute ein reich bestücktes **Volkskundemuseum** beherbergt.

■ **Museo Etnografico,** Via Granatelli 3, Tel. 09 74 98 20 16 (Comune di Morigerati), Mobil 33 95 68 75 22 *(Elfriede Caiafa),* www.museoetnograficomorigerati.blogspot.com. Die offiziellen Öffnungszeiten – v.a. außerhalb der Sommermonate – werden selten eingehalten, es empfiehlt sich ein Anruf vor dem Besuch. Im Sommer Mo, im Winter So und Mo geschl. Eintritt frei.

Nach mehreren Kilometern unterirdischem Lauf tritt der Bussento in einem **spektakulären Canyon unterhalb von Morigerati** wieder zutage. Ein steingepflasterter Maultierpfad führt in das 270 m tiefer gelegene Tal. Eine **alte Mühle** wurde restauriert und kann zu Besichtigungszwecken wieder in Gang gesetzt werden. Picknicktische am Talgrund laden zur Rast. Das Naturschutzgebiet wird vom Word Wildlife Fund betreut. Von der Mühle setzt sich ein Wanderweg ins Nachbardorf Sicilí fort.

■ **Oasi WWF Morigerati,** Piazza Piano della Porta 17, Tel. 09 74 98 23 27, Mobil 33 36 95 99 91 *(Demetria Barra),* www.grottedimorigerati.it, Zugang/Info-Kiosk ca. 1 km nördlich der Piazza, zu Fuß oder mit dem Auto zu erreichen, Nov. bis März 10–16 Uhr, April und Okt. 10–17 Uhr, Mai und Sept. 10–18 Uhr, Juni bis Aug. 10–19 Uhr – Einlass bis jeweils 2 Std. vor Schließung, bei Regen geschl. Von Okt. bis März nur nach Voranmeldung! Eintritt 6/4 €, WWF-Mitglieder frei.

Die schönsten Blicke auf Morigerati genießt man aus dem Nachbarweiler **Sicilí (205 m, 360 Ew.).** Zwischen den beiden Orten liegt die vom Bussento tief einge-

⌃ Morigerati – der Cilento ist reich an Wasser

schnittene Schlucht. Eine kurvenreiche Landstraße und ein alter Maultierweg verbinden die beiden Orte.

Praktische Tipps

An- und Weiterreise

- **Auto:** Morigerati und Caselle in Píttari sind am schnellsten von der Schnellstraße SS 517/var zu erreichen. Die Weiterfahrt auf kurvenreichen Provinzstraßen bietet großen Landschaftsgenuss.
- **Bus:** Lamanna fährt von Sapri ins Bussento-Tal. www.autolineelamanna.it.

Übernachten/Essen und Trinken in Caselle in Píttari

Agriturismo Píttari①-②

Unverfälschte Bauernküche und drei manierliche Gästezimmer mit Gemeinschaftsbad in einem steingemauerten Haus am südlichen Ortsrand, gegenüber startet der Pilgerweg zum Monte San Michele. Das Restaurant öffnet auf Vorbestellung auch für externe Gäste, ihre hausgemachten Cavatelli-Nudeln serviert *Clorinda Esposito* im Frühjahr mit Wildspargel, Artischocken oder Pilzen. Übernachtungsgäste dürfen sich auf das kräftige Frühstück freuen.
Via Nazionale 168 (SS 517), Tel. 09 74 98 88 00,
Mobil 34 01 83 55 61, www.agriturismopittari.it

MEIN TIPP: **Osteria Tancredi**②

Die Familie *Tancredi* ist mit Leib und Seele bei der Sache. Ihre 2012 eröffnete Osteria nimmt zwei Stockwerke eines Altstadthauses ein, von der Terrasse genießt man den Blick ins Umland. Um die Gäste bemühen sich reizend *Angelo* und *Giuseppe,* während Mamma *Adriana* auf Sicht in der Küche wirkt. Sie kann aus dem Vollen schöpfen und verarbeitet frische Produkte der eigenen Azienda Agricola. Auf Unverträglichkeiten wird gerne Rücksicht genommen, niemand sollte sich den überbordenden Reigen der vegetarischen Antipasti entgehen lassen. Im Sommer tägl., im Winter nur Fr bis So.
Via Salita Chiesa 2, Mobil 34 91 74 20 21, fb

Pietra Azzurra①-②

Michele Croccia, der sich als *pizzaiolo contadino* versteht, benutzt für seine vielfach prämierten Teigfladen Mehl der lokalen Kooperative Terra di Resilienza, frisches Gartengemüse, Ziegenkäse oder Bratwurst. Schmackhafte cilentanische Bauernküche vervollständigt das Angebot. Mo Ruhetag.
Via Caporra 64, Tel. 09 74 98 87 79,
Mobil 33 92 31 63 42,
www.ristorantelapietraazzurra.it, fb

Zì Filomena②-③

Alt eingeführte Pizzeria-Trattoria (seit 1932!) mit Slow-Food-Siegel. Traditionsbewusstsein zeigen *Mario Pellegrino* und seine Schwester *Antonia* auch in der Küche, prima Hauswein. Alleine die köstlichen Antipasti machen schon (fast) satt. Viele der Zutaten stammen aus der eigenen Landwirtschaft. Mi Ruhetag.
Viale Roma 11, Tel. 09 74 98 80 24,
Mobil 39 38 44 83 70,
www.ristorantezifilomena.com, fb, [i]

Übernachten/Essen und Trinken in Morigerati

Al Castello①-②

Modestino Florenzanos Restaurant in der Ortsmitte ist immer geöffnet, da die dazugehörige Bar zugleich ein Tabacchi ist. Gastraum mit Kamin in den Gewölben des Baronalspalastes. Kräftige Bauernküche mit hausgemachten Nudeln und Würsten. Schwarze Trüffel sind eine lokale Spezialität.
Piazza Piano La Porta,
Tel. 09 74 98 20 85, Mobil 34 74 99 79 09, fb

L'Osteria dei Compari②

Diese sympathische Osteria ist alleine Grund genug, um Morigerati einen Besuch abzustatten. Unterstützt von Frau *Francesca* und Mutter *Rachele,* die die meisten der lokalen Rezepte beisteuert, offeriert *Pasquale* seinen Gästen eine grundsolide Bauernküche, bei der Fleisch nur eine kleine Rolle spielt. *Pezzo forte* sind die gemüsebasierten Antipasti, die Pasta ist hausgemacht, das Gemüse liefern befreundete Bergbauern. Lecker ist auch die

Pizza cilentana. Bei gutem Wetter wird auf der überdachten Terrasse eingedeckt, die einen wunderbaren Blick auf Sicilí schenkt. Reelle Preise! Unterhalb des Museo Etnografico gelegen. Im Juli und August Di bis So mittags und abends, ansonsten Do bis Sa abends und mittags nur auf Vorbestellung.
Via Granatelli, Mobil 33 97 88 86 70, fb

Agriturismo Murikè②

Die fruchtbaren Ländereien am südlichen Bussento-Ufer waren über drei Jahrhunderte lang im Besitz der Familie *Cioffi*, bis *Vito Cioffi* sie schließlich verkaufte, um die Ausbildung seiner Kinder zu finanzieren. Sohn *Eugenio* hat einen Teil des Gutes zurückerworben und betreibt hier seit 2006 zusammen mit Frau *Angela* einen einladenden Agriturismo cum Ristorante, das ausdrücklich nur für Gäste des Hauses öffnet. Auf abgeschiedene Ruhe wird großen Wert gelegt. Der Bio-Betrieb ist für seine exzellenten D.O.P.-zertifizierten *Fichi bianchi del Cilento* weithin bekannt. Es gibt einen Pool und herrliche Wildbadestellen am Fluss. Ein toller Platz für Familien mit Kindern! Nicht ausgeschilderte Zufahrt von der SP 210 auf halber Strecke zwischen Morigerati und Sicilì. 9 Zi. Ostern bis Anfang Nov.
Località Bottelli – Santa Marina,
Mobil & WhatsApp 34 71 76 77 00,
www.murike.it, fb

Palazzo Don Carlo②

Giuseppe Calarone empfängt in dem sorgsam restaurierten Palazzo seiner Vorfahren. Das bestens ausgestattete große Apartment bietet sich ideal für Selbstversorger an, Wasserkocher gibt es auch in den beiden Zimmern. Auf Wunsch wird ein reichhaltiges Frühstück serviert, Parkmöglichkeiten in der Nähe. 5 Zi., 1 Ap. April bis Nov.
Piazzetta XI Novembre, Mobil 32 81 74 78 48,
www.palazzodoncarlo.it, fb, [i]

Essen und Trinken in Sicilí

Ustaria Rosella②

Die freundliche Trattoria-Pizzeria steht unter neuer Leitung, *Antonio Pellegrino* widmet sich inzwischen verstärkt der von ihm mitbegründeten Kooperative Terra di Resilienza (s.u.). Tische auf der schönen Piazza. Im Sommer tägl. abends, im Winter Fr, Sa und So mittags und abends. Mo Ruhetag.
Piazza Umberto I. 16, Mobil 33 34 93 54 67, fb, [i]

Einkaufen

Jepis Bottega con Libreria

Der Filmemacher *Giuseppe Jepis Rivello* betreibt einen Thinktank, in dem aus der lokalen Verwurzelung heraus kreative, zukunftsweisende Konzepte entwickelt werden. Um Ideen Raum zu geben, erschien es ihm folgerichtig, in seinem Heimatort die erste Buchhandlung zu eröffnen. Mit Erfolg!
Via Caporra 123 – Caselle in Píttari,
Mobil 39 39 00 54 90, www.jepis.it, fb, [i]

Mulino a Pietra

Antonio Pellegrino, zeitweiliger Patron der **Ustaria Rosella,** hat in Neapel Anthropologie studiert und mit Gleichgesinnten die **Cooperativa Terra di Resilienza** ins Leben gerufen, die für eine freudvolle Hinwendung zur Landwirtschaft eintritt. Zu den Initiativen zählen der Anbau alter Getreidesorten, der Betrieb dieser Steinmühle und die Organisation des **Palio di Grano** (s.u.). Di bis Sa 9–13 und 17–19 Uhr.
Via G. Sabini 8 – Caselle in Píttari,
Mobil 34 66 21 35 83,
www.montefrumentario.it, fb, [i]

Wandern

Vor allem in privater Initiative ist im Bussento-Tal eine Reihe reizvoller Wanderwege entstanden, so z.B. der mehrtägige **Cammino di San Nilo** (siehe Exkurs „Folgt dem Mönch", S. 298), der u.a. durch Tortorella, Casaletto Spartano, Morigerati und Caselle in Píttari führt. Auch der Wanderweg des Umweltprojektes **Valle della Lontra** (www.instagram.com/valledellalontra), welches sich dem Schutz der seltenen **Flussotter** verschreibt, berührt einige der genannten Orte. Aus Morigerati führt ein steingepflasterter Maultierpfad in das 270 m tiefer gelegene Tal, in dem der Bussento nach mehreren Kilometern unterirdischem Lauf wieder zutage tritt.

Das Naturschutzgebiet **Grotte di Morigerati** wird vom World Wildlife Fund betreut. Südlich von Caselle di Píttari führt ein gut bezeichneter Pilgerweg auf den aussichtsreichen **Monte San Michele,** ein anderer Weg steigt in den Talkessel mit dem gewaltigen Schluckloch des **Inghiottitoio del Bussento** (www.inghiottitoiodelbussento.it) hinab, das sich 25 m hoch und 12 m breit in der **Felswand La Rupe** öffnet. Die Zufahrt ist von der Straße Richtung Casaletto Spartano ausgeschildert.

Fest

Palio del Grano

Die Pro Loco von Caselle in Píttari hat in Kooperation mit der **Kooperative Terra di Resilienza** 2013 den Palio di Grano ins Leben gerufen, an dem sich inzwischen eine Reihe weiterer Orte von nah und fern beteiligt. Es ist mehr als nur ein sportlicher Wettbewerb im Weizendreschen, es ist im besten Sinne AgriKultur. Das mehrtägige Fest findet i.d.R. in der zweiten Julihälfte statt und wird von Musik, Tanz und gutem Essen begleitet.
www.paliodelgrano.it, www.prolococaselle.it

Casaletto Spartano und Tortorella

Talaufwärts von Morigerati liegen sich in spektakulärer Position die Städtchen **Casaletto Spartano (540 m, 1290 Ew.)** und Tortorella gegenüber, zwischen ihnen öffnet sich die tiefe Schlucht des Bussentino. Die Bürgermeister der beiden Orte kamen 2020 überein, eine 500 m lange **Hängebrücke** 300 m hoch über die Schlucht zu spannen. Von einem solchen *ponte tibetano* verspricht man sich einen größeren touristischen Zustrom, ähnlich wie in der Nachbarregion Basilikata, wo bereits etliche solcher Brücken installiert wurden. Nachhaltiger ist eine lokale Initiative, die alte Wirtschaftswege als Wan-

Rio Casaletto –
und nachts gehen hier Flussotter auf die Pirsch

ama176 pa

derwege ausweist und sich zugleich für den Schutz der seltenen **Fischotter** *(Lutra lutra)* einsetzt.

Zwischen Casaletto Spartano und dem Weiler **Battaglia** – früher mit dem Baronalspalast der Hauptort – spannt sich eine Brücke über den Zufluss Rio Casaletto; hier führt ein kurzer Spazierweg zu einem weiteren Naturwunder des Cilento: Die **Cascata Capelli di Venere** ist ein verwunschen schöner Wasserfall. Die namensgebenden „Venushaare" sind nichts anderes als die Wedel des Gewöhnlichen Frauenhaarfarns *(Adiantum capillus-veneris)*, der in diesem feuchten Mikroklima sichtlich gut gedeiht. Offiziell ist es verboten, ins Wasser zu springen, ein kurzes Stück flussabwärts locken bei freiem Eintritt eine Reihe toller Gumpen.

■ **Area Naturalistica Capelli di Venere,** Località Capello di Casaletto Spartano, tägl. 9–19 Uhr (im Winter kürzer), Eintritt 3 €.

Von einem sonnigen Plateau dominiert **Tortorella (582 m, 495 Ew.)** die darunterliegende Bussentino-Schlucht, zum Golf von Policastro hin fallen die Hänge sanfter ab. In der Antike führte hier eine wichtige Handelsstraße vorbei, die das griechische Siris an der Ionischen Küste Lukaniens mit ihrer Tochterstadt Pixus, dem heutigen Policastro Bussentino am Golf von Policastro, verband. Tortorella teilt die **Geschichte vieler Bergorte des Cilento,** die im frühen Mittelalter als Fluchtorte der Küstenbewohner entstanden – häufig in Nachbarschaft byzantinischer Klostergemeinschaften –, sich bis ins 19. Jh. wirtschaftlich entwickelten, von dem Anschluss an das Königreich Italien 1861 wenig profitierten und bis heute von einer starken Abwanderung betroffen sind. Die Restaurierung des **schönen Centro storico** lässt Adelspaläste und Kirchen in neuem Glanz erstrahlen, ein Wanderweg führt zu den alten Wassermühlen in die Schlucht –

ama177 pa

den Getreidemühlen und Eisenhammerwerken verdankte Tortorella seinen früheren Wohlstand. Die alte Schmiedekunst ist im Ort glücklicherweise nicht ganz ausgestorben.

Der geplante Bau einer **Hängebrücke** über die Schlucht zum Nachbarort Casaletto Spartano soll den Tourismus ankurbeln – Zweifel sind berechtigt. Ebenso ambitioniert und sinnlos (außer für die am Bau beteiligten Firmen) ist das Subventionsprojekt des **MUN – Museo dell'Uomo e della Natura** (www.mun.cloud), eines mit grandioser Aussicht gesegneten Freilufttheaters an der Südwestflanke des Monte Cocuzzo.

Praktische Tipps

An- und Weiterreise

- **Auto:** Tortorella und Casaletto Spartano sind am schnellsten aus Sapri über die SP 16 zu erreichen, ein landschaftlicher Genuss ist auch die Anfahrt über die SP 210 aus Vibonati.
- **Bus:** Lamanna fährt von Sapri ins Bussento-Tal. www.autolineelamanna.it.

Übernachten/Essen und Trinken in/bei Casaletto Spartano

- **Al Solito Posto**①-②

Ursympathische Osteria, die gerne von den Einheimischen frequentiert wird. *Toni* und *Filomena* tischen ihren Gäste *cucina cilentana* zu fairen Preisen auf und abends zusätzlich leckere Holzofenpizza. Lokaler Wein.

Via Nazionale 186, Mobil 33 19 91 20 51, fb

☒ Taverna Garibaldi – der „Held zweier Welten" hätte seine Freude an den flott gewirbelten Pizze

Palazzo Gallotti②

Lieblingsplatz: Ein „Umweg", der sich unbedingt lohnt! Casaletto Spartano ist von Sapri bzw. Morigerati auf schönen, kurvenreichen Straßen zu erreichen. Im 2 km entfernten Dorf Battaglia führt der Wahl-Münchner *Roberto Simoni* im Palazzo seiner Vorfahren zusammen mit Frau *Miriam* ein wunderschönes **B&B** – ein Paradies für Groß und Klein. Die komfortablen Zimmer sind geschmackvoll mit alten Möbeln der Familie eingerichtet, die Betten und Badezimmer (zwei der Zimmer teilen sich eines) top. Auf Wunsch kochen die beiden für die Gäste – vorzüglich, mit Zutaten frisch aus dem eigenen Garten und von lokalen Erzeugern. Direkt vor der Haustür beginnen schöne Wanderungen, so z.B. auf den 1371 m hohen Monte Cocuzzo, von dem bei gutem Wetter sogar die Äolischen Inseln zu sehen sind. *Roberto* und *Miriam* organisieren in Zusammenarbeit mit dem Dresdner Veranstalter **Schulz-Aktiv Reisen** (www.schulz-aktiv-reisen.de) großartige Wanderwochen – die Teilnahme an einer solchen Reise erhöht die Wahrscheinlichkeit, im Palazzo auch wirklich Unterkunft zu finden! Die beiden engagieren sich im Wander- und Naturschutzprojekt Valle della Lontra, das sie mit ins Leben gerufen haben. 3 Zi. März bis Nov.

Via Nazionale 19 – Battaglia di Casaletto Spartano, Mobil & WhatsApp 33 15 84 87 25 *(Miriam)*, [i]

- **Rio Casaletto**②

Das freundliche B&B von *Maria Vincenza Lovisi* und *Nicola Iudici* liegt an der wenig befahrenen Hauptstraße, nebenan eine nette Trattoria-Pizzeria. 3 Zi.

Via Nazionale 180, Mobil 34 78 88 43 50, 33 36 39 40 03, www.bbriocasaletto.it, fb

- **Taverna Garibaldi**②

Zu Casaletto Spartano gehört auch die 15 km östlich an der SS 19 gelegene Frazione Fortino. Hier hatten bereits die Risorgimento-Helden *Carlo Pisacane* (1818–1857) und *Giuseppe Garibaldi* (1807–1882) Rast gemacht. Während *Pisacane* kurz nach seiner Stippvisite in Fortino von bourbonischen Truppen erschossen wurde, „einte" *Garibaldi* drei Jahre später Italien. Das Ristorante serviert gehobene Territori-

alküche und ausgezeichnete Pizza, *caffè* gibt es nebenan in *Maria Colombos* uriger Bar. Di Ruhetag.
Piazza Unità d'Italia – Contrada Fortino,
Mobil 32 74 41 96 71,
www.tavernagaribaldi-casalettospartano.it, fb

Übernachten/Essen und Trinken in/bei Tortorella

Borgo Le Caselle①-②

Rolf und *Bettina Müller* haben eine Gruppe von Bauernhäusern in einem ca. 7 km außerhalb von Tortorella (dort Lebensmittelladen, Bar und Post) gelegenen Weiler mit Sachverstand und viel Gusto renoviert und darin mehrere wunderschöne Ferienwohnungen für 2 bis 6 Personen eingerichtet. Alle Apartments mit Küche und Holzofen, auch eine Waschmaschine steht zur Verfügung. Von den Terrassen Blick auf den Golf und den Monte Bulgherìa. *Bettina* kennt den Cilento und die Basilikata auf Schritt und Tritt und ist mit vielen guten Tipps behilflich. Für deutsche Veranstalter und in eigener Regie führt sie Wanderreisen in der Gegend. Es finden gelegentlich Yoga-Wochen statt. Mindestaufenthalt im Sommer 4 Tage, im Winter, wenn geheizt werden muss, 10 Tage. Anfahrt: im Süden des Ortes der SP 16 ca. 4 km Richtung Toracca folgen und vor der Brücke nach links den Schildern weitere 4 km bergauf Richtung Contrade Capitino und Caselle folgen. Auch über Airbnb zu buchen.
Borgo Le Caselle, Mobil 33 83 07 84 68,
www.borgolecaselle.com, fb, [i]

Don Carlo②

Mittendrin oder Landluft? *Flavia Tancredi* hat das alte Haus der Familie nahe der Pfarrkirche S. Maria Assunta restaurieren lassen und in ein gemütliches Feriendomizil verwandelt. Die Dimora San Giorgio, ein ehemaliger Schafstall, liegt ca. 2 km außerhalb des Ortes im Süden an der SP 16. 5 Zi., 2 Ap. Ostern bis Anfang Sept., außerhalb des Sommers nur an Wochenenden.
Via della Vittoria 20, Tel. 097 31 99 88 99,
Mobil 32 87 47 51 27, 32 87 85 51 91,
www.ospitalitadoncarlo.it, fb

Einkaufen

In Tortorella wird jeden Mittwoch auf der Piazza Umberto I. ein **Wochenmarkt** abgehalten.

Forgia Mariella

Seit Generationen fertigt die Familie *Mariella* schmiedeeiserne Gebrauchsgegenstände, Waffenklingen und Beschläge. *Giovannis* Schwester *Maria* verwebt in ihrer Werkstatt nebenan Ginsterfasern zu Stoffen (www.salura.it).
Via Toricelle Truzzo 11 – Tortorella,
Mobil 33 96 36 08 27, www.forgiamariella.it, fb

Wandern

In den Gemeindegebieten von Casaletto Spartano und Tortorella ist eine Reihe von Wanderwegen erschlossen. Ein lauschiger Spaziergang mit Badegelegenheiten führt am **Rio Casaletto** entlang, der zwischen Casaletto Spartano und Battaglia fließt. Flussaufwärts der Brücke über die SP 16 liegt die mit Eintritt verbundene Naturoase **Cascate Capelli di Venere.** Der **Sentiero Rupazzi** verbindet Casaletto Spartano mit Tortorella, und von Tortorella führt der **Sentiero Farneto** bis Morigerati. Unter dem Namen **Valle della Lontra** (www.instagram.com/valledellalontra) entsteht ein bezeichnetes Wegenetz zwischen den Orten Casaletto Spartano, Tortorella, Morigerati und Caselle in Pìttari. Zugleich setzt sich die Initiative für den Schutz der bedrohten Fischotter ein.

Der aussichtsreiche **Monte Cocuzzo** (1371 m), Hausberg von Casaletto Spartano und Tortorella, ist entweder von der SP 349 aus zu erreichen – der Passstraße, die von Battaglia nach Fortino führt – oder aus Tortorella. In diesem Fall zweigt man südlich des Ortes von der SP 16 nach Osten ab und folgt der Ausschilderung „MUN" ca. 4 km so weit es mit dem Fahrzeug geht.

Landschaft bei Bellosguardo

Valle del Calore, Monti Alburni und Monte Cervati

Die dolomitischen Monti Alburni erheben sich im nordöstlichsten Cilento über der Sele-Ebene und dem Valle del Calore. Von Süden betrachtet ragen die einzelnen kalkweißen Gipfel wie Zähne aus dem grün bewaldeten Kiefer. Der **Monte Alburno** (auch **Monte Panormo**) erreicht eine Höhe von 1742 m und ist damit der zweithöchste Gipfel des Cilento. Nördlich des karstigen Hochplateaus, das seit Urzeiten der Sommerweide dient, fallen die Alburni beinahe senkrecht zum Tal des Tanagro ab. Zu den fantastischen Karstformationen zählen die **Grotte di Castelcívita** und die **Sorgenti del Sammaro** bei Sacco.

Mit seinen Seitenzuflüssen bildet der **Fiume Calore** ein weites, fruchtbares Tal. An den Hängen liegen geschützt und in Sichtweite zueinander einige sehr reizvolle mittelalterliche Orte; zutreffend heißt eines dieser Städtchen Bellosguardo („Schönblick"). In der Nähe von Felitto bildet der Calore die schönste seiner insgesamt fünf Schluchten aus.

Im Südosten dominiert das **Cervati-Massiv;** am Fuße des mit 1899 m höchsten Gipfels der Region entspringt der Calore. Kulinarisches Gipfelglück versprechen die benachbarten Bergdörfer **Piaggine** und **Valle dell'Angelo.** Auf den Hochweiden der Alburni und des Cervati grasen von Frühjahr bis Herbst Podolica-Rinder, deren Milch zum bekannten **Caciocavallo-Käse** verarbeitet wird.

Roccadaspide und Castel San Lorenzo

Aus der Sele-Ebene führt auf der Höhe von Capáccio Scalo die SS 166 in das **Valle del Calore** und folgt darin **uralten Handelsrouten,** welche die Küsten des Tyrrhenischen Meeres mit dem Vallo di Diano und dem Ionischen Meer verbanden. Die noch im Bau befindliche Schnellstraße Fondovalle Calore steht in der Kritik von Umweltschützern.

Mit seinem mächtigen Kastell macht **Roccadaspide (340 m, 6860 Ew.)** von Weitem auf sich aufmerksam. Als Reaktion auf eine Revolte cilentanischer Barone im Jahr 1246 hatte Kaiser *Friedrich II.* es stark befestigen lassen. Es befindet sich heute in Privatbesitz. Während die Altstadt den Geländesporn zu Füßen des Kastells einnimmt, breitet sich darüber das moderne Roccadaspide aus, wirtschaftliches Zentrum des Valle del Calore und Sitz eines der wenigen Krankenhäuser des Cilento. Die seit dem Mittelalter an den Hängen des **Monte Vesole** (1210 m) angebauten **Edelkasta-**

ama178 pa

Serre
Scorzo
Zuppino
A2
Sele
158 PIANA DEL SELE
348 Postiglione
348 Sicignano degli Alburni
Galdo
Serra Carpineto 876
Monte Forloso 1102
Calore
Monte della nuda 1704
438
Monte Alburno (Monte Panormo) 1742
345 Valle del Calore
345 Valle del Calore
348 Controne
348 MONTI ALBURNI
KAMPANIEN
Ponte di Spartaco
349 Grotte di Castelcivita
349 Castelcivita
Tempa del Tesoro 982
SALERNO
176 Capáccio Scalo
176 Madonna del Granato
Templata
SR488
351 Ottati
351 Sant'Angelo a Fasanella
352 Grotta di San Michele Arcangelo
354 Cascate dell'Auso
SS166
Capáccio Vecchio
176
Monte Capáccio Vecchio 383
Monte Soprano 1082
345 Valle del Calore
Acquara
Fasanella
SP12/c
SP12/b
SS19
176 Capáccio
345 Roccadaspide
354 Bellosguardo
356 Monte Pruno 878
Monte Sottano 632
SP13a
415
197 Zip-Line
Monte Vesole 1210
349 Castel San Lorenzo
SP342
355 Roscigno Vecchia
355 Roscigno
Sammaro
Gola di Tremonti
Trentinara
190
SP137
Giungano
190
345 Valle del Calore
Ponte di Sacco
Sorgenti del Sammaro
357
Grotta di Jacopo
357
Monte Chianello 1319
358 Felitto
441 Remolino
Gole del Calore
Monteforte Cilento
Monte Faito 1160
SP13
Rupa della Noce 1165
365 Valle dell'Angelo
252 Cicerale
Capizzo
SR488
252 Prignano Cilento
Magliano Vetere
Magliano Nuovo
Gole del Festolaro
360 Laurino
Prignano Cilento
Monte Pescorubino 789
Torchiara
252
Diga Alento
Alento-Stausee
Ostigliano
288 Campora
252 Rutino
SP430
Stio
Scanno del Tesoro 1348
255 Rocca Cilento
Perito
Perito
Piano Vetrale
Lustra
Gioi
CILENTO
Alento
SALERNO
Cardile
Sessa Cilento
Civitella 818
257 Castelluccio 1025
Omignano
SS18
422
259/260 Omignano
Monte della Stella 1131
Salento
285 Moio della Civitella
Pellare
Cannalonga
272 CILENTO CENTRALE
Stella Cilento
Vallo Scalo
Vallo della Lucania
285 Vallo della Lucania
Madonna della Stella
Badia di Pattano
Madonna del Sacro Monte
282 Castelnuovo Cilento
Massa
Novi Velia
285/287 Monte Gelbison 1705
Alento
SS18
285
263 Celso
Ceraso

0 2 km

BASILIKATA
Tito
374
Caggiano
SS19Ter
SP442
Tanagro
SS19
Auletta
374
Pertosa
Petina
E45
Museo Speleo-Archeologico
Capo la Serra 1141
Sant'Angelo Le Fratte
Satriano di Lucania
SS95
Costa Castello 892
Petina
348
Grotta di Pertosa
373
Polla
Polla
374
E45
Parco Nazionale dell'Appennino Lucano
Il Figliolo 1337
Toppa della Falasca 1234
CILENTO
Antece Scultura Rupestre
Costa Palomba 1225
Sant'Arsenio
A2
SS598
Tanagro
Brienza
Sasso di Castalda
POTENZA
Atena Lucana
376
Atena Lucana
San Pietro al Tanagro
Monte Spina dell'Ausino 1441
SS166
Monte San Gennaro 1238
354
Corleto Montforte
San Rufo
Pergola
SS166
Passo della Sentinella (932 m)
SALERNO
Sala Consilina
Tempa delle Rose 1445
Sella del Corticato
Sala Consilina
357
Sacco Vecchio
Monte Cavallo 1401
SP11
Sacco
357
Monte Vivo 1538
Teggiano
379
E45
SS19
387
Battistero di San Giovanni in Fonte
Monte Mottola 1700
Serra di Campo Soprano 1446
A2
SP342
365
Piaggine
Calore
Monte San Giacomo
383
Sassano
Tanagro
Cosilinum
385
Padula
Valle delle Orchidee
Certosa di San Lorenzo
384
Monte l'Ausinito 1120
370
VALLO DI DIANO
Buonabitacolo-Padula
Madonna della Neve
445
Monte Raialunga 1405
Cima di Mercori 1788
Monte Cervati 1899
Montesano Scalo
Buonabitacolo
223
Parco Nazionale del Cilento/ Vallo di Diano e Alburni
SS517var
A2
E45
CILENTO
332
Sanza
Sanza
KAMPANIEN
Mingardo
Monte Centaurino 1433
SS517
Casalbuono
333
Rofrano
SP93
SALERNO
Bussento
Reggio di Calabria

Rund um die Monti Alburni

Warum sich die Monti Alburni nicht von allen Seiten ansehen? **Großes Landschaftskino** ist auf der rund **90 km langen Runde** garantiert, für Radfahrer ein eher sportliches Unterfangen bei all dem Auf und Ab. Als Einstieg mag **Controne (210 m, 780 Ew.)** dienen. Das für den Anbau weißer Bohnen bekannte Städtchen an der Nordabdachung der Alburni schaut der Sonne entgegen, *contra elion* für Altsprachler.

Belvedere verspricht auch **Postiglione (615 m, 2030 Ew.)**; in der Antike diente es den Bewohnern Paestums als Ausguck. Der Centro storico hat sich seinen mittelalterlichen Charme bewahrt.

Ein Hingucker ist auch **Sicignano degli Alburni (609 m, 3080 Ew.)** mit seinem Castello, für Landschaftsdramatik sorgen die hier fast senkrecht aufsteigenden Nordflanken der Alburni. Auf halber Strecke zwischen Postiglione und Sicignano serviert die **Trattoria Si, Ma Quant' Sit?**② (Piazza A. Rosalia, Mobil 33 32 09 18 96, fb) im Weiler Scorzo kräftige Bergküche. Mit süßem Proviant für die Weiterfahrt kann man sich im **Biscottificio Monti Alburni** (Via Nazionale – Località Galdo, Mobil 33 43 24 68 94, fb) eindecken. Der Aufstieg aus Sicignano zum Gipfel des Monte Panormo (1742 m) ist den meisten für einen Verdauungsspaziergang sicher zu anspruchsvoll (vgl. **Wanderung 13** im Kapitel „15 Wanderungen").

Im hübschen **Petina (649 m, 990 Ew.)** verweilt man gerne, nicht zuletzt, um bei **Marino** (Via Franco Mansi 4, Tel. 08 28 42 37 88, 38 81 70 66 37, www.ristorantemarino.it, fb) das köstliche Erdbeereis zu schlecken oder in der angeschlossenen Trattoria einzukehren. Und sollte es (zu) spät geworden sein, stehen auch Gästezimmer bereit.

Von **Polla** (siehe S. 374) steigt die Straße in weiten Schwüngen über Sant'Arsenio, S. Pietro al Tanagro und San Rufo bis zum 932 m hoch gelegenen **Passo della Sentinella** an. Jetzt würden manche doch gerne auf dem Fahrradsattel sitzen! Es wartet eine **berauschend schöne Abfahrt** über Corleto Montforte (siehe S. 354), Sant'Angelo a Fasanella (siehe S. 351), Ottati (siehe S. 351) und Castelcívita (siehe S. 349) zurück zum Ausgangspunkt.

ama179 pa

nien mit der geschützten Herkunftsbezeichnung **Marrone di Roccadaspide IGP** werden von Konditoren und Feinschmeckern weltweit geschätzt.

Der Weinbauort **Castel San Lorenzo (350 m, 2240 Ew.)** leiht einem D.O.P.-Gebiet den Namen, weitaus interessantere Tropfen werden in den **Nachbarorten** Sant'Angelo a Fasanella, Bellosguardo oder Felitto gekeltert.

Praktische Tipps

Essen und Trinken

Einkaufen

Birrificio dell'Aspide

Enzo Serra ist der beste Craft-Bier-Brauer des Cilento, sein Beispiel hat Schule gemacht. Was Anfang der 2000er-Jahre mit einem großen Küchentopf begann, ist heute eine hochmoderne Mikro-Brauerei im Weiler Tempalta einige Kilometer westlich von Roccadaspide. Fr und Sa 10–13 Uhr ist es auf Anfrage möglich, die vielfach prämierten Biere an ihrem Herstellungsort zu verkosten, ansonsten werden sie in einschlägigen Lokalen ausgeschenkt.

Via dei Casalini 169 – Tempalta di Roccadaspide, Tel. 082 81 99 13 92, Mobil 33 14 67 41 94, www.birrificiodellaspide.it, fb

Le Delizie di Maria

Maria Carmela steht in der Tradition ihrer Großmutter, nur produziert sie heute traditionelle Kekse in einer modernen Großbäckerei auf halber Strecke zwischen Capáccio Scalo und Roccadaspide.

Km 7,800 der SS 166 – Fonte di Roccadaspide, Tel. 08 28 94 71 14, www.ledeliziedimaria.eu, fb, [i]

☐ Castelcívita

Castelcívita

Der Weg ist das Ziel – die landschaftlich schönste Annäherung an **Castelcivíta (487 m, 1450 Ew.)** erfolgt über die SR 488 von Roccadaspide. Die Straße verläuft parallel mit dem Calore; über das Tal hinweg ist der Ort schon von Weitem zu erkennen, wie er sich auf den südwestlichen Ausläufern der Monti Alburni ausbreitet. Wenige Kilometer vor Controne quert die Straße den Fluss über eine römische Brücke, die im Volksmund **Ponte di Spartaco** genannt wird. Laut einer Legende soll *Spartakus* 71 v.Chr. hier mit seinem Heer aufständischer Sklaven vorbeigezogen sein und vielleicht nutzte er die nahe Grotte als Versteck. Unmittelbar nach der Brücke zweigt eine ausgeschilderte Straße zu den **Grotte di Castelcívita** ab; sie und nicht das weiter oben am Hang gelegene Städtchen ist das Ziel der meisten Besucher. An Wochentagen hält sich der Rummel glücklicherweise in Grenzen. Prachtvoller noch als in der Grotta di Pertosa ist hier die **Fülle zauberhafter Tropfsteinformationen,** wobei nur ein Teil des ausgedehnten Grottenreiches Besuchern zugänglich ist. Die ältesten Menschheitsspuren sind hier 40.000 Jahre alt und bezeugen die Anwesenheit von Neandertalern und des modernen *Homo sapiens*. Die Wiederentdeckung der Grotte im Februar 1889 war den Brüdern *Giovanni* und *Francesco Ferrara* beinahe zum Verhängnis geworden. Sie hatten sich im Licht brennender Öllampen zu weit hineingewagt und als ihre Lampen verloschen den Ausgang nicht mehr gefunden. Klugerweise harrten sie aus, ohne sich tiefer ins dunkle Labyrinth zu begeben. Die Rettung kam nach fünf Tagen. Die wissenschaftliche Erforschung begann in den 1920er-Jahren und hält bis heute an.

■ **Grotte di Castelcívita,** Piazzale N. Zonzi – Località Grotta, Tel. 08 28 77 23 97, Mobil 33 92 22 28 09, www.grottedicastelcivita.com, fb, [i], April bis Sept. 10.30, 12, 13.30, 15 und 16.30 Uhr, Okt. und März 10.30, 12, 13.30 und 15 Uhr (Zeiten können sich ändern), Eintritt 12/10 €, Juni bis Okt. jeden Sa 10 Uhr nach Anmeldung amateurspeleologische Exkursion à 30 €, Ausrüstung wird gestellt, einen Audioguide gibt es als Download.

Das **freundliche Castelcívita** breitet sich auf einem sonnenverwöhnten Hang aus. Die Ursprünge des im mittelalterlichen Gewand erscheinenden Ortes sind antik, wenn nicht noch älter. *Pandolfo di Fasanella* ließ Castelcívita im 13. Jh. von einer mächtigen Mauer umgeben. Von oben überragt die wehrhafte, dem Maschio Angioino in Neapel nachempfundene **Torre Angioina** das Häusermeer; hier gibt es die besten Parkmöglichkeiten. Die Erkundung der Gassenlabyrinthe in der **Altstadt** erfordert etwas Kondition. An der Stelle des antiken Forums erhebt sich die **Pfarrkirche San Cono** (14. Jh.), errichtet über den Resten einer orthodoxen Basilianerkirche. Die **Chiesa di San Nicola** weiter oben betritt man durch einen Durchgang im Sockel des Campanile. Stärker noch als in anderen Bergorten des Cilento macht sich die Abwanderung bemerkbar. Die meisten Geschäfte im Centro storico haben ihre Rollläden für immer geschlossen.

Wie Giungano oder Trentinara wurde auch das wenige Kilometer nordwestlich von Castelcívita gelegene **Controne (210 m, 780 Ew.)** im 11. Jh. von Flüchtlingen aus Paestum gegründet. Feinschmeckern sind die hier produzierten Bohnen ein Begriff.

Essen und Trinken

■ **Casa Civitas**②

Auf den ersten Blick eine „Touristenfalle", erweist sich die Küche dieser Familientrattoria am Eingang der Grotte di Castelcívita als mehr als erfreulich. Pilze, Kastanien, Bergkartoffeln und die von Slow Food gepriesenen Bohnen aus Controne werden in allen erdenklichen Kombinationen serviert. Mi Ruhetag, April bis Sept.

Piazzale N. Zonzi – Castelcívita,
Mobil 33 92 22 28 09, fb

■ **Il Casolare degli Alburni**②

Marisa D'Angelos **Agriturismo** ca. 10 km westlich von Castelcívita ist von der SR 488 aus zu erreichen. Der Empfang ist freundlich, die Küche ausgezeichnet, die Atmosphäre entspannt. Ein netter Platz für Familien. 3 Zi.

Contrada Serracchio 96 – Castelcívita,
Tel. 08 28 77 29 70, Mobil 33 36 66 37 39,
33 32 27 56 37, www.ilcasolaredeglialburni.it, fb

■ **La Taverna degli Antichi Sapori**②

Statt wie viele auf der Suche nach Arbeit auszuwandern, eröffneten *Carmela* und *Michele* 1991 ihr Restaurant, das heute von den Söhnen *Antonio* und *Donato* weitergeführt wird. Frische Pasta, Gartengemüse und die Faggioli di Controne geben kulinarisch den Ton an. Di Ruhetag.

Corso Nazionale 27 – Controne,
Tel. 08 28 77 25 00, Mobil 33 88 39 51 74, fb

[>] Eine kurze, reizvolle Wanderung führt zum Antece, einem rätselhaften Steinrelief der Antike

Ottati und Sant'Angelo a Fasanella

Von Castelcívita setzt sich die aussichtsreiche SP 12/b in südöstliche Richtung fort und führt über **Ottati (530 m, 600 Ew.)** hinweg. Der hübsche Ort verdient einen kurzen Abstecher. Den Namen leiten einige vom Lateinischen *optatus* im Sinne von „ausgewählt" ab: So sollen im Mittelalter Hirten aus dem nahen Sant' Angelo a Fasanello diesen windgeschützten Platz zur Anlage einer neuen Siedlung auserkoren haben. Vorher schon hatten orthodoxe Mönche in den zahlreichen Grotten als Einsiedler gelebt. Trotz der Zerstörung durch Kaiser *Friedrich II.* blühte Ottati bald wieder auf. Der Dominikaner-Konvent beeindruckt mit einem doppelstöckigen Kreuzgang. Von der Piazza Umberto I. genießt man einen **herrlichen Blick ins Fasanella-Tal** und aus dem Ort führt ein kurzer **Wanderweg** zu den Quellen des Fiume Auso und den Ruinen einer alten Wassermühle. Die intakte Bogenbrücke stammt noch aus dem frühen Mittelalter, doch bereits in der Antike zog sich hier eine wichtige Überlandstraße entlang. Auf Höhe des außerhalb gelegenen Friedhofs führt eine schmale Straße auf die Hochweiden am **Piano Farina** und zum Berggasthof Rifugio Panormo (s.u.), idealer Ausgangspunkt für eine Besteigung des gleichnamigen Gipfels (siehe **Wanderung 13** im Kapitel „15 Wanderungen").

Als Bestrafung des aufständischen *Pandolfo di Fasanella* machte Kaiser *Friedrich II.* den Ort Fasanella 1246 zusammen mit anderen Städten des Valle del Calore dem Erdboden gleich. Die Überlebenden bauten weiter oben am Hang eine neue Stadt, das heutige **Sant' Angelo a Fasanella (515 m, 515 Ew.).** Nach seinem endgültigen Sieg 1266 über die Staufer setzte der neue neapolitanische König *Karl v. Anjou Pandolfo* wie-

ama180 pa

der in dessen alte Besitzungen ein. Sehenswerter noch als die **Chiesa di Santa Maria Maggiore** ist die **Michaelsgrotte** unterhalb des Ortes. Sie gilt als eines der bedeutendsten Felsheiligtümer des Cilento und wurde mutmaßlich bereits in vorchristlicher Zeit zu kultischen Zwecken aufgesucht. Die zum Christentum bekehrten Langobarden fanden im **Erzengel Michael** die Entsprechung ihres Gotes *Odin*. Große Verehrung erfuhr der Erzstratege *Michael* auch durch die Basilianermönche. Den Eingang bewachen zwei steinerne Löwen, Baureste einer Benediktinerabtei aus dem 11. Jh., von der nur noch der Glockenturm steht. In der großen Höhle befinden sich mehrere Altäre, ein natürliches Felsbecken diente der Immersionstaufe. Mit einem großen Fest wird der hl. Erzengel *Michael* als Ortspatron am 8. Mai gebührend gefeiert.

■ **Grotta di San Michele Arcangelo,** die Grotte öffnet jeweils an den neun Tagen, die dem 8. Mai und dem 29. Sept. vorausgehen, sowie am 8. Dez. und anlässlich von Hochzeitsfeierlichkeiten. Sollte geschlossen sein, darf man bei *Bernardo Marmo* (s.u.) anfragen.

Sant'Angelo a Fasanella

Praktische Tipps

Information

■ **Comune di Sant'Angelo a Fasanella**

Absolut hilfsbereit ist *Bernardo Marmo* (Mobil 33 97 75 30 01), Kulturbeauftragter der Kommune.
Piazza Marconi 3, Tel. 08 28 96 10 06

■ **Pro Loco di Sant'Angelo a Fasanella**

In der Saison tägl. 9–13 und 15–18.30 Uhr.
Via Enrico Fermi 31, Mobil 32 93 54 04 54, www.prolocosantangeloafasanella.com

Übernachten/Essen und Trinken bei Ottati

■ **Rifugio Panormo**①-②

Freundliche Berghütte mit guter Küche, idealer Ausgangspunkt für den Gipfelsturm auf den Monte Panormo (siehe **Wanderung 13** im Kapitel „15 Wanderungen"). Auf Wunsch werden Reitausflüge organisiert. Das Lokal serviert beste Bergküche und öffnet auch für Tagesgäste. Anfahrt: vom *cimitero* (Friedhof) 11 km kurvige Bergstraße. Ermäßigung für Alpenvereinsmitglieder. Im Bereich des Rifugio gibt es weder WLAN noch telefonischen Empfang. 5 Zi. Ostern bis Dez.
Campo dei Farina,
Mobil 33 51 56 86 26, 32 97 20 38 70,
www.facebook.com/rifugiopanormo

ama181 pa

Übernachten/Essen und Trinken in/bei Sant'Angelo a Fasanella

■ **Il Convento Residence**②

Im ehemaligen Franziskanerkonvent oberhalb der Ortsdurchfahrt stehen sechs mustergültig renovierte und bestens ausgestattete Apartments mit Küchen zur Verfügung – ideal für Selbstversorger, Familien oder eine Gruppe von Freunden.
Via S. Francesco 26, Mobil 34 78 02 72 09 *(Tullia)*, 33 41 14 93 70 *(Antonio)*,
www.ilconventoresidence.it

Agriturismo La Rocca degli Ulivi②

Oberhalb der SP 12/c erhebt sich kurz hinter Sant' Angelo in Richtung Corleto Montforte ein rotes Haus auf einem Felsen – der Agriturismo von *Giampero Martucci*. Der alte Wachturm mit Ausblick ins Tal und auf Corleto Montforte beherbergt ein gemütliches Lokal, in dem nicht nur die Übernachtungsgäste ausgezeichnet essen können. Zimmer mit guten Betten im behutsam renovierten Schafstall, weitläufig von Oliven und Gemüsegärten umgeben. Eine ideale Basis für Ausflüge in die Alburni. Im Pool kann man sich nach einer sommerlichen Bergtour abkühlen, in der Sauna aufwärmen. 17 Zi.
Località Volpino, Tel. 08 28 96 11 02,
Mobil 33 82 27 83 19, www.laroccadegliulivi.it, fb

Einkaufen

Tenute del Fasanella

Die Genossenschaftskellerei (siehe Exkurs „Jazz in Flaschen und andere gute Tropfen", S. 516) setzt politisch Zeichen und produziert exquisite Bio-Weine.

Corso Apollo 44 – Sant'Angelo a Fasanella, Tel. 08 28 96 12 85, Mobil 33 95 36 85 29, www.tenutedelfasanella.it

Feiern

■ **San Michele Arcangelo,** am 8. Mai feiert Sant' Angelo a Fasanella seinen Patron mit einem großen Fest und Feuerwerk.

Baden: Cascate dell'Auso

Unterhalb von Sant'Angelo a Fasanella liegt der **Wasserfall mit tollen Gumpen** – im Sommer bei Einheimischen ein beliebter Ort zur Erfrischung. Picknickplatz und Bar. Mit dem Auto aus dem Ort der knapp 5 km langen, vom Navi empfohlenen Variante folgen.

Wandern

■ **Costa Palomba (1225 m)**

Seit dem 5. Jh. v.Chr. hält die in den Fels geschlagene, heute rätselhaft wirkende **Figur eines Kriegers** (oder Schamanen) Wache über das Valle del Calore. Lukaner besuchten den Ort als Heiligtum, und immer noch hat er eine starke Ausstrahlung. Die lokale Bevölkerung nennt die Figur im Dialekt *Antece* („Vorfahre" bzw. „alt"). Ein herrlicher Fleck, auch um den Sonnenuntergang zu erleben.

Am östlichen Ortsende von Sant'Angelo a Fasanella von der SP 12/c abbiegen und den braunen Schildern **„Antece Scultura Rupestre"** ca. 5,5 km bergauf folgen. Am Schild „Area di Sosta N° 2, Località Costa Palomba" parken. Ein bezeichneter Weg führt durch Buchenwald in ca. 30 Min. auf eine felsige Anhöhe mit dem rätselhaften Felsrelief, das nach Westen in Richtung der untergehenden Sonne blickt. Auf bekanntem Weg wieder zurück.

■ **Monte Panormo (1742 m)**

Siehe **Wanderung 13** im Kap. „15 Wanderungen".

Corleto Montforte und Bellosguardo

Wie ein Adlerhorst erhebt sich **Corleto Montforte (683 m, 520 Ew.)** mit seiner schön restaurierten Altstadt über dem Tal. Auch Corleto wurde 1246 von den Truppen Kaiser *Friedrichs II.* angegriffen. Den eingeschlossenen Corletani drohte nach drei Wochen Belagerung der Hungertod, da griffen sie zu einer List: Obwohl die Nahrungsmittel beinahe zu Ende gegangen waren, schmissen sie mit Käse anstatt mit Steinen auf die Feinde – die Belagerung wurde als sinnlos abgebrochen.

Die barocke **Pfarrkirche Santa Barbara** wurde im 18. Jh. über den Resten der Chiesa S. Maria dell'Elice errichtet. In der *hl. Maria der Eichen* wiederum lebte die Erinnerung an *Diana,* Göttin der Jagd fort, deren Tempel hier einst gestanden hatte. Das (häufig geschlossene) **Naturkundemuseum** präsentiert ausgestopfte Bälger zahlreicher Säugetiere und Vögel, außerdem eine große Insektensammlung.

■ **Museo Naturalistico degli Alburni,** Via Forese 16, Mobil 34 26 21 33 10, www.museonaturalistico.com, fb, [i]. (Theoretisch) Di bis So 9–13 und 16–19 Uhr, Eintritt frei.

Praktische Tipps

Übernachten/Essen und Trinken in/bei Bellosguardo

MEIN TIPP: **Tenuta Nonno Luigi**①-②

Giuseppe „Geppino" Croce hatte seinen Abschluss in Jura gemacht, besuchte abends die Hotelfachschule und wurde Koch. Sein Großvater *Luigi* konnte Mitte

der 1950er-Jahre von der überfälligen Landreform profitieren und bewirtschaftete seither das Land in Eigenregie. Diesem Andenken bleibt der Enkel treu, ein kleines Volkskundemuseum hält Erinnerungen wach. Er kann auf ein dichtes Netzwerk lokaler Erzeuger zurückgreifen und vertraut seiner Produktkenntnis und seinem Talent. Das Lokal liegt mit Blick in die sanft gehügelte Landschaft am unteren Ortsrand von Bellosguardo. Außer der kleinen Terrasse sorgt eine Serie kleiner Gasträume für die intime Atmosphäre. Am Kamin werden im Winter z.B. Bohneneintöpfe bereitet. Mit dem *aperitivo agricolo* lädt *Geppino* auf ungezwungene Weise zu einem reich gedeckten Buffet für wenig Geld, Termine auf fb. Oberhalb seines Lokals vermietet er im **B&B Tata Peppe** ganzjährig zwei Zimmer. Juni bis Sept. tägl., sonst empfiehlt sich ein vorheriger Anruf.
Località Santa Maria, Mobil 33 87 54 73 14, 33 33 20 63 64, 33 93 52 67 42, fb, [i]

Villa Vea②

Der Ort, in dessen Nähe die Familie *Brancato-Vastello* seit 2003 Gäste auf ihrem Anwesen empfängt, heißt nicht umsonst Bellosguardo! Neben den schönen Ausblicken, die man auch aus dem großen Pool genießt, erfreuen die gute Landküche und die einladenden Zimmern im ehemaligen Heuschober. Die eigene biologisch zertifizierte Landwirtschft liefert die frischen Zutaten. Die Familie lebte zeitweise in New Jersey. Diese Mischung aus Weltgewandtheit und cilentanischer Lokalverbundenheit ist ein Plus. Auch für Übernachtungsgäste öffnet das Restaurant nur von Juli bis Mitte Sept. 9 Zi.
Contrada Spinaddeo 10 (Km 40,100 der SS 166), Tel. 082 81 96 22 37, Mobil 33 83 64 37 97, 34 97 46 61 75, fb

Petredda's Winebar

Antonio Reina und seine Schwester *Lucia* haben die 100-jährige Bar im Zentrum von Bellosguardo vor der Schließung bewahrt und mit neuem Leben gefüllt. Als Zugeständnis an die Stammgäste stehen im EG ein paar Spielautomaten und im ersten Stock ein Fußballkicker. Dieser Raum verwandelt sich regelmäßig in eine lässige Wine-Bar, im Sommer stehen die Tische auf der Piazza. Themenabende mit Musik, zum Ausschank kommen Cilento-Weine auch wenig bekannter Erzeuger, darunter selbstverständlich die Flaschen der lokalen Cantina Belrisguardo. Dazu Käse lokaler Produzenten, z.B. der vorzügliche Caciocavallo von *Armando Mottola* aus Corleto Montforte. Mo Ruhetag.
Via Vittorio Emanuele 2 (Piazza XX Settembre), Mobil 34 82 64 52 79, fb

Einkaufen

Belrisguardo

2002 schlossen sich mehrere Freunde zusammen, um an ihrem Heimatort Wein zu erzeugen. Am Anfang versicherten sie sich der fachlichen Unterstützung des hoch prämierten Taurasi-Winzers *Antonio Caggiano,* heute zählen ihre sulfitfreien Bio-Weine zu den interessanteren Tropfen des Cilento.
Località Sant'Antuono, Mobil 32 82 83 37 71, 320 70 22 08 90, www.belrisguardo.it, fb, [i]

Roscigno, Roscigno Vecchia und Sacco

Der Besuch von **Roscigno Vecchia** gleicht einer Zeitreise in ein bäuerliches **Cilento der Vergangenheit.** Nicht ganz unzutreffend wird der Ort als „Pompeji des 19. Jh." bezeichnet. Auf Anordnung der Regierung wurde Roscigno Anfang des 20. Jh. wegen eines drohenden Erdrutsches evakuiert und ein neues **Roscigno (570 m, 650 Ew.)** weiter oben am Hang errichtet. Die Verbindung der Bewohner zu ihrem alten Ort ist nie vollständig abgerissen, ein Teil der Gebäude wird immer noch als Lagerraum genutzt. Über der Piazza liegt heute ein stiller Friede, nur selten fährt ein Bauer auf einem motorisierten Dreirad vorbei, aus dem Dorfbrunnen plätschert Wasser.

Giuseppe „Libero" Spagnuolo hieß der letzte Bewohner von Roscigno Vecchia. Er erinnerte ein bisschen an *Giuseppe Garibaldi,* mit dem er auch einige der politischen Ansichten teilte. Gegen einen Obolus ließ er sich gerne ablichten und sagte von sich selbst: „Sono un uomo unico, libero e speciale". Die Pro Loco hat in dem verlassenen Ort eine sehenswerte **Sammlung zur bäuerlichen Kultur des Cilento** zusammengetragen, die Öffnungszeiten sind erratisch.

■ **Città Museo Roscigno Vecchia,** c/o Pro Loco. (Theoretisch) tägl. 9–13 Uhr, Sa/So auch 15–17 Uhr, Eintritt frei.

Auf halber Strecke zwischen Roscigno und Corleto Montforte erhebt sich der **Monte Pruno** (879 m). Dessen strategische Bedeutung wurde früh erkannt, enotrische Siedlungsspuren reichen ins 7. Jh. v.Chr. zurück. Spätestens seit der Bronzezeit verlief eine wichtige Handelsstraße zwischen Tyrrhenischem und Ionischem Meer durch das Valle del Calore. Mitte des 4. Jh. v.Chr. befestigten die **Lukaner,** die zuvor bereits die Kontrolle über Paestum übernommen hatten, die Siedlung. Mit Ausweitung der römischen Herrschaft im 3. Jh. v.Chr. verlor sie zusehends an Bedeutung und wurde schließlich aufgegeben.

Als ein Bauer in den 1920er-Jahren beim Pflügen auf antiken Bernsteinschmuck stieß, geriet der Monte Pruno ins Blickfeld der Altertumsforscher. Systematische **Ausgrabungen** wurden erst in den 1980er-Jahren in Angriff genommen und konnten den Mauerverlauf, Teile der lukanischen Siedlung und reich ausgestattete Gräber freilegen. Die sehenswerten Funde sind im Museo Archeologico Regionale in Salerno ausgestellt, einige wenige Exponate können auch in Paestum betrachtet werden.

Zwischen Roscigno und Sacco führt die SP 342 über den 1969 fertiggestellten **Ponte di Sacco,** immer noch eine der eindrucksvollsten Bogenbrücken ganz

ama182 pa

Europas. Der Blick in die 170 m tiefer liegende Sammaro-Schlucht ist im besten Wortsinn atemberaubend. Oben am Hang liegen die Ruinen des im Mittelalter aus bislang ungeklärten Gründen verlassenen **Sacco Vecchio.** Das neue **Sacco (610 m, 460 Ew.)** liegt weiter südöstlich an den Hangfüßen des Monte Mottola. Im Jahr 1056 wurde die **Chiesa di San Silvestro** geweiht und dokumentiert den Übertritt vom orthodoxen zum katholischen Ritus nur zwei Jahre nach dem großen Schisma. Der Campanile übernahm zugleich die Funktion eines Wachturms, von dem man das gesamte Tal überblicken konnte. Die größte Überraschung erwartet Reisende jedoch unterhalb des Ortes, wo an der Öffnung des engen Canyons das eiskalte Wasser des Sammaro zutage tritt. Die **Sorgenti del Sammaro** zählen zu den beeindruckendsten Karstphänomenen der Alburni. In der nahe gelegenen **Grotta di Jacopo** fanden sich Spuren einer bronzezeitlichen Hirtensiedlung.

Praktische Tipps

Information

■ **Pro Loco Roscigno Vecchia**
Piazza Giovanni Nicotera – Roscigno,
Tel. 08 28 96 33 77, Mobil 33 15 06 85 13,
www.roscignovecchia.it

Übernachten

■ **Vittoria②**
Nicht nur Radreisende unterwegs auf der Via Silente schätzen das von *Armando* und *Vittoria* mit Verve geführte B&B – nicht zuletzt auch wegen des liebevoll zubereiteten Frühstücks. 3 Zi.
Via Armando Diaz 71 – Roscigno,
Tel. 08 28 96 33 76, Mobil 32 76 85 74 72, fb, [i]

☐ Ein stiller Friede liegt über der Piazza von Roscigno Vecchia

☐ Sorgenti del Sammaro bei Sacco

ama183 pa

Wandern

Am unteren Ortsrand von Sacco führt von der SP 342 eine schmale Straße in Richtung **Sorgenti del Sammaro** hinab. Unterwegs auf den rechts abzweigenden, beschilderten Karrenweg achten (nur wenige Parkmöglichkeiten am Straßenrand)! Auf der abfallenden Piste erreicht man in wenigen Minuten eine Holzbrücke über den Sammaro – geradeaus setzt sich der Weg in Richtung Roscigno Vecchia fort. Nach rechts folgt man nur ein kurzes Stück dem Lauf des Flusses bis zur imposanten Öffnung der Schlucht und der Ruine einer Wassermühle mit Picknickplatz. Wegen Steinschlaggefahr sollte man nicht weiter in die Schlucht vordringen!

Felitto

Gäbe es nicht die spektakuläre **Calore-Schlucht,** so würden sich vielleicht ein paar Besucher mehr auch in das hübsche Städtchen verirren. Eine Reihe gut erhaltener Wachtürme unterstreicht die strategische Bedeutung, die **Felitto (275 m, 1220 Ew.)** im Mittelalter besaß. Der Ort erhebt sich fast uneinnehmbar auf einem Felssporn hoch über dem Fluss. Auf dem höchsten Punkt thront der Palazzo Baronale, den schönsten Ausblick bietet allerdings die Loggia der Chiesa dell'Assunta. Am südöstlichen Ortsrand zweigt die Stichstraße zur **Località Remolino** am Calore ab, der hier zu einem kleinen See aufgestaut ist – hier beginnt der Wanderweg in die Schlucht. An Sommertagen herrscht hier buntes Treiben, Sonnenschirme werden aufgespannt, das Picknick ausgebreitet, und die Kinder planschen im Wasser.

⊡ Nicht nur die Calore-Schlucht, auch Felittos Altstadt lohnt den Besuch

Praktische Tipps

Information

- **Pro Loco di Felitto**

Via Roma, Tel. 08 28 94 56 49, Mobil 33 64 15 33 98, www.prolocofelitto.it, fb

Übernachten/Essen und Trinken

Mein Tipp: **Al Vicolo del Cilento②**

Sandro und *Antonella* empfangen ihre Gäste in einem gepflegten B&B im Rücken der Chiesa madre. Einige der Zimmer und auch die kleine Dachterrasse bieten den unverstellten Blick aufs Tal. Als Herausgeber einer Wanderkarte von Felitto ist *Sandro* selten um gute Ratschläge verlegen. Parkmöglichkeiten auf der nahen Piazza Giustino Pecori. 7 Zi. Mitte März bis Mitte Okt.

Vicolo Pomerio III. 14, Mobil 33 13 63 74 83, www.alvicolodelcilento.it

- **Difesa del Principe②**

Signora Anna Maria und Familie betreiben ihren Ferienbauernhof in einem sanften Tal auf halber Strecke zwischen Castel San Lorenzo und Felitto. Rustikale Zimmer mit guten Betten und die prima Küche sprechen für den Aufenthalt. Das Restaurant öffnet nur für Hausgäste! Anfahrt: Abzweig von der SR 488 ca. 7 km nordwestlich von Felitto in Richtung Castel San Lorenzo. 6 Zi.

Località Difesa del Principe, Tel. 08 28 94 48 36, Mobil 32 97 97 44 21, www.difesaprincipe.com

Mein Tipp: **Il Rustico – Le Gole del Calore②**

Kompromisslos gute Landküche mit Zutaten aus eigenem Anbau und eigener Anzucht, die Schweine werden mit Kastanien gemästet. Am Abend wird der Pizzaofen eingeschürt. *Antonio* und *Jenny* zählen auf viele Stammgäste. Ihr Lokal liegt im Grünen 1,5 km nördlich des Ponte di Magliano (siehe **Wanderung 14** im Kapitel „15 Wanderungen"). Stellplätze für Camper und Zelte, einfache Gästezimmer. Abzweig von der SR 488 ca. 4 km in Richtung Laurino. Mi (manchmal) Ruhetag.

Via Santo Ianni, Mobil 33 91 49 34 64

■ **L'Occhiano**②

Die von *Signora Angela* gemeinsam mit Tochter *Beatrice* betriebene Landtrattoria öffnet nur auf Vorbestellung und es gibt auch keine Speisekarte. Das fest angebotene Menü wechselt mit den Jahreszeiten, die schmackhaften Speisen spiegeln lokale Traditionen wider. Handgemachte *fusilli felittesi* fehlen nie und im Winter wird Wildschwein serviert! Von der gedeckten Veranda genießt man den Blick auf Ort und Schlucht. Nördlich des Flusses außerhalb des Ortes, knapp 2 km vom *cimitero* (Friedhof). Im Winter nur auf Vorbestellung. Di Ruhetag.
Località Difesa Lombi, Tel. 08 28 94 52 55,
Mobil 33 87 78 30 92, fb

■ **Remolino**①-②

Antonio Oristanio betreibt mit seiner Familie die einfache Trattoria in strategisch bester Lage wenige Schritte vom Calore-Fluss. Dank großer Pergola kann man auch bei Regen an der frischen Luft sitzen und im Sommer im Schatten. Hier werden die berühmten *fusilli felittesi* aufgetischt, ferner gibt es selbst gezüchtete Hähnchen aus dem Backofen, Fleisch vom Grill, handgeschnitzte Fritten und dazu kräftigen offenen Wein. An den Wochenenden auch Holzofenpizza. Die nahe Calore-Schlucht bietet sich für einen Verdauungsspaziergang an. Mo Ruhetag, Nov. geschl.
Località Remolino,
Tel. 08 28 94 53 60, Mobil 33 82 70 94 86, fb

Einkaufen

Azienda Agricola Marco Rizzo

Marco Rizzo produziert im Calore-Tal eines der besten Olivenöle des Cilento. Slow Food und Gambero Rosso zollen höchstes Lob.
Via Roma 39 – Località San Giorgio,
Mobil 33 35 77 24 80, www.oliorizzo.it, fb, [i]

MEIN TIPP: **Cantina Rizzo di Gianvito Capozzoli**

Antonia Rizzo hatte jahrelang ihre Trauben an die Cantina Sociale Val Calore geliefert, bis sie sich 2004 entschloss, eine eigene Kellerei aufzubauen. Die nächsten Qualitätsschritte geht Sohn *Gianvito*, der sich vor allem mit dem Ausbau des autochthonen

ama185 pa

ama184 pa

Aglianicone einen Namen macht. Die Kellerei liegt mit fantastischem Landschaftsblick an der Zufahrtsstraße zur Località Remolino. Auf Anfrage Degustationen im Schatten einer Rosen-Pergola.
Viale San Martino 16 – Felitto,
Tel. 08 28 94 50 29, Mobil 33 43 13 24 86,
www.cantinarizzo.com

L'Oro di Felitto
Slow Food hat den *fusillo felittese* auf den Altar der kulinarischen Köstlichkeiten des Cilento gehoben. Die dicken Makkaroni werden von Hand über einen dünnen Draht gerollt, auch in dieser kleinen Manufaktur im Ortszentrum. So nachmittags geschl.
Via Roma 8, Mobil 32 48 19 49 72, fb, [i]

Wandern/Wildbaden

Gole del Calore
Alessandro Sabetta, Patron des B&B Al Vicolo del Cilento, ist Herausgeber einer nützlichen Wanderkarte, die alle Wege um Felitto verzeichnet. Siehe auch **Wanderung 14** im Kapitel „15 Wanderungen". Gleich zu Beginn der Wanderung in der Località Remolino und weiter flussaufwärts gibt es eine Reihe toller Wildbadestellen.

Die berühmten Fusilli entstehen in Handarbeit

Feiern

Sagra del Fusillo Felittese
Das mehrtägige Nudel-und-Kultur-Fest von Felitto Mitte August fand 1976 zum ersten Mal statt und ist inzwischen aus dem Festkalender des Cilento nicht mehr fortzudenken. Mittlerweile gibt es auch eine Ausgabe im Oktober.
www.facebook.com/SagraDelFusilloFelittese

Laurino

Von einem Bergsporn beherrscht das schmucke **Laurino (531 m, 1300 Ew.)** das obere Calore-Tal. Aus allen Richtungen betrachtet macht der Ort *bella figura* und bietet selber viel Belvedere. Der Name mag vom reichlichen Vorkommen von Lorbeerbäumen in den schattigen **Talschluchten des Calore** herrühren, könnte aber auch ein Verweis sein auf die byzantinischen Mönchszellen des frühen Mittelalters. In mehreren Wellen hatten ab dem 7. Jh. **griechisch-orientalische Mönche** aus Kleinasien, Ägypten, dem Balkan und später auch aus Sizilien den Cilento erreicht. Sie kamen als Eremiten oder mit ihren Familien – der Zölibat war und ist in der Orthodoxen Kirche nicht verpflichtend. Ihre landwirtschaftlichen, organisatorischen und geistigen Fähigkeiten sorgten für einen positiven Entwicklungsschub. Ihre **Klöster** und in Gemeinschaften organisierte **Einsiedeleien,** sogenannte Lauren – Ortsnamen wie Laureana Cilento oder eben Laurino erinnern daran –, wurden zu Keimzellen neuer Städte. Vom 8. Jh. an gehörte das stark befestigte Laurino zum langobardischen Herzogtum Salerno. Im 12. Jh. zählte die Stadt 3500 Menschen, mehr als das Doppelte wie heute. Infolge eines erfolglosen und blutig niedergeschlagenen Aufstandes gegen Kaiser *Friedrich II.* setzte der zeitweilige Bedeutungsverlust ein.

Eine erneute Blüteperiode erlebte der Ort als Feudalsitz im 16. und 17. Jh. Aus dieser Zeit stammen herrschaftliche Stadtpaläste, reich dekorierte Kirchen und mehrere Klöster, darunter der **Convento di Sant'Antonio di Padova** mit freskengeschmücktem Kreuzgang in der unteren Vorstadt. Das ehemalige Kloster ist zusammen mit dem **Palazzo Ducale** einer der stimmungsvollen Aufführungsorte für das **Jazz-Festival** im August (so es denn stattfindet). Konzerte erlebt man auch auf der **Piazza Magliani,** die sich ansonsten als idealer Ausgangspunkt für die Erkundung der Stadt zu Fuß anbietet. Von den Ruinen des **Castello Longobardo** bieten sich tolle Blicke in die Calore-Schlucht, einen Adrenalinkick verspricht bzw. versprach (z.Z. außer Betrieb) der Engelsflug an der Zip-Line „Vola Laurino". Intensiver erlebt man die landschaftlich reizvolle Umgebung von Laurino allerdings auf kürzeren und längeren Wanderungen.

Praktische Tipps

Information

■ **Pro Loco di Laurino**

Die engagierten Mitglieder des Fremdenverkehrsvereins begleiten interessierte Besucher durch den sehenswerten Ort.

Via dell'Immacolata 12, Mobil 34 88 02 20 59, www.prolocolaurino.it, fb

Übernachten/Essen und Trinken

Chalet Nicoletti②

Wer frische Bergluft, gutes Essen und Ruhe (kein Handyempfang!) sucht, ist hier richtig. Familie *Nicoletti* hat das steingemauerte Forsthaus in einen freundlichen Berggasthof mit zwei Gästezimmern und v.a. einem feinen Restaurant verwandelt. Es gibt raffinierte Bergküche unter Verwendung lokaler, z.T. selbst erzeugter Bio-Produkte. Die Grava di Vesalo, ein eindrückliches Karstschluckloch mitten im Wald, liegt nur wenige hundert Meter entfernt. Das Chalet ließe sich ab Laurino auch zu Fuß in 2½ bis 3 Std. erreichen, vorbei an der erwähnten Grava di Vesalo. Mit dem Auto sind es 12 km, westlich von Laurino der Straße Richtung Rofrano folgen. 2 Zi. Juli und Aug. tägl, sonst auf Vorbestellung.

Località Vesalo, Mobil 38 08 66 15 64 *(Carmine)*, www.chaletnicoletti.it, fb, [i]

■ **Il Convento**②

Das ehemalige Franziskanerkloster zu Füßen der Stadt wurde 1866 säkularisiert und ist heute im Besitz der Kommune. Nach umfangreichen Restaurationsarbeiten wurden zwölf Mönchszellen im ersten Stock in geräumige Gästezimmer verwandelt und mit modernen Bädern versehen. Wie häufig im Cilento, war das Vergnügen nur von kurzer Dauer. Nach einer Saison schloss das B&B wieder, Zukunft ungewiss. Die Verschwendung von Subventionsgeldern steht leider auf der Tagesordnung. 12 Zi.

Contrada Sant'Antonio 11

■ **La Rupe**②

Alfonso Filizzola führt mit kulinarischem Einfallsreichtum die von seiner Großmutter nach dem Krieg

begründete Trattoria unter Schwierigkeiten fort. *Pasta pizzicata* mit Kichererbsen ist eine der Kreationen von *Alfonso,* der Stockfisch wird mit Bergaromen zubereitet, eine weitere Hausspezialität sind *muglitieddi* (Zicklein-Innereien). Wild in allen Variationen, Hirtenkäse und hausgemachte Würste, leckere Dolci. Mit seinen abgerichteten Hunden geht *Alfonso* auf Trüffel-Jagd. Einfache Gästezimmer mit Blick ins Grüne. 7 Zi. Im Winter Di Ruhetag. Mai bis Sept.
Piazza A. Magliani 42,
Tel. 09 74 94 10 64, Mobil 33 58 11 56 82

■ **La Villa②**
Wenige Schritte von der zentralen Piazza Magliani betreibt *Roberto Alessandro* seine Pasta-Manufaktur. Die angeschlossene Trattoria hat sich schnell zu einem Fixpunkt im Ort entwickelt. Kein Ruhetag.
Via Angelo Pesce 15/17, Tel. 097 41 87 01 46,
Mobil 39 20 74 30 23, fb

Tempa del Fico
Siehe „Esel-Trekking".

Feiern

■ **Festa di Sant'Elena,** die Schutzpatronin von Laurino wird viermal im Jahr gefeiert: am 22. Mai, 29. Juni, 18. Aug. und 10. Okt.

■ **Jazz in Laurino,** internationale Musiker geben sich im August die Ehre. www.jazzinlaurino.it

Esel-Trekking

Ciucciopolitana – Tempa del Fico
Einsam gelegenes Öko-Paradies: *Ciucciopolitana* ist ein Wortspiel aus *ciuccio* – dem Dialektwort für Esel – und dem italienischen Wort für U-Bahn. *Angelo Avagliano* hat ein Netzwerk ins Leben gerufen, welches auf alten Wirtschaftswegen die schönsten Gebirgslandschaften des Cilento Centrale, alternative

Elegante Bogenbrücke unterhalb von Laurino

ama186 pa

Landwirtschaftsbetriebe und Kulturschaffende in Verbindung setzt. Von Eseln begleitet entschleunigt sich die Wander-Reise und die *ciucci* fördern den Kontakt mit den Einheimischen. Für kleine Gruppen werden Reisen – von einem Tag bis zu einer Woche – maßgeschneidert. Ein neues Projekt sieht die Schaffung der Achse Paestum – Sapri vor, die sich mit seitlichen Verzweigungen durch den gesamten Cilento ziehen soll. Auf ihrem Land halten *Angelo* und *Xenia* außer Eseln auch Ziegen, bauen alte Getreidesorten an und backen wunderbares Sauerteigbrot. Übernachtungsgäste erwartet ein nach baubiologischen Kriterien errichtetes Steinhaus, das Platz für eine Familie oder Freundesgruppe bietet. Zwei weitere Gästezimmer mit eigenem Bad befinden sich im Haupthaus. Auf rechtzeitige Anfrage wird auch für externe Gäste gekocht, auch in diesem Fall gehört aktive Teilnahme in Garten und Küche zum Konzept. Tempa del Fico ist ein aktiver Partner des Netzwerks **Terra di Resilienza.** Der Agriturismo liegt in absoluter Abgeschiedenheit knapp 20 km südlich von Laurino, ist schneller noch aus Rofrano zu erreichen. Anfahrt: westlich von Laurino der Straße Richtung Rofrano folgen und auf die Ausschilderung achten bzw. 3,5 km nördlich von Rofrano auf Höhe eines Belvedere/Picknickplatzes in die bergseitig abzweigende Straße biegen und dieser weitere 4,5 km bis zur Ausschilderung folgen. Località Tempa del Fico – Pruno di Laurino, Mobil 34 75 93 47 44, www.tempadelfico.com, www.ciucciopolitana.org, YouTube, fb

Viehwirtschaft spielt weiter eine wichtige Rolle (auch dank EU-Subventionen)

ama187 pa

Der „Weg der zwei Primeln“

Eine Idee wird Wirklichkeit: Seit 2019 verbindet der **großartige Fernwanderweg Cammino delle due Primule** den **Monte Cervati** – höchster Gipfel des Cilento – mit dem **Capo Palinuro** und der Küste. Dieser Weg verbindet nicht nur die landschaftlichen Extreme des Cilento, sondern er durchmisst auf einer Strecke von den verkarsteten Hochalmen hin zum Meer eine Vielzahl unterschiedlichster Natur- und Kulturlandschaften. Zwei Primeln, die an den entgegengesetzten Enden des Parcours natürlich vorkommen, stiften diese Verbindung: Die **Alpenaurikel** *(Primula auricula)*, die größte alpine Primel-Art, wächst auch auf dem Cervati, die **Palinuro-Primel** *(Primula palinuri)* hingegen ist ein endemisches Eiszeitrelikt und wächst in kleinen, geschützten Vorkommen auf Meereshöhe am Capo Palinuro. Sie ist die Symbolpflanze des Parco Nazionale del Cilento und kommt als einzige Primel-Art natürlich an der Küste vor. Es wird vermutet, dass während der letzten Eiszeit bei der Verschiebung der Vegetationszonen und nach der anschließenden Wiedererwärmung einige der ursprünglich in den Berglagen beheimatete Aurikeln an ihrem neuen Standort in Meeresnähe in schattigen, nordzugewandten Bereichen überlebten und sich zu den heutigen Palinuro-Primeln entwickelten. Faszinierend!

Auf den Weg gebracht wurde der Cammino von **Riccardo D'Arco** (Mobil 34 07 30 60 64), einer der beiden Hüttenwirte des Rifugio Cervati, und **Luigi Merola** (Mobil 34 84 80 29 00), der sich in Palinuro für nachhaltigen Natur-Tourismus einsetzt. Als botanischer Berater stand ihnen Prof. *Nicola Di Novella* zur Seite, der in Teggiano das sehens- und erlebenswerte **Museo delle Erbe** aufgebaut hat (siehe dort).

Für die **80 km lange Tour** darf man mit vier bis sechs Tagen rechnen. Erstes Etappenziel ist das **Rifugio Cervati,** zu Fuß aus Piaggine, Monte San Giacomo Cilento (siehe **Wanderung 15** im Kapitel „15 Wanderungen“) oder Sanza zu erreichen. Im März, wenn die Palinuro-Primel blüht, wandert man vom Winter in den Frühling hinein – *Riccardo* und *Luigi* begleiten zu dieser Zeit interessierte Gruppen. Milderes Klima und ein wärmeres Meer erleben individuelle Wanderer im Frühsommer und Herbst. Der Transfer zum Ausgangs- oder Endpunkt der Wanderung kann organisiert werden.

■ **www.ledueprimule.it, fb**

ama189 pa

Die Primula palinuris ist Emblempflanze des Parco Nazionale

Valle dell'Angelo, Piaggine und Monte Cervati

Nordöstlich von Vallo della Lucania liegt das Cervati-Massiv. Hier schlägt das wilde Herz des Nationalparks, Fischotter und Wolf sagen sich „Gute Nacht". Am **Monte Cervati,** mit 1899 m nicht nur der höchste Gipfel des Cilento, sondern der gesamten Region Kampanien, befindet sich das **Bergheiligtum Madonna della Neve.** Aus allen Himmelsrichtungen führen Pilgerwege auf den Berg. Die Hirtenkultur bleibt in diesem Teil des Cilento weiterhin bestimmend.

Die beiden freundlichen Bergstädtchen Valle dell'Angelo und Piaggine sind ideale Ausgangspunkte für Ausflüge in die Umgebung. Das größere **Piaggine (630 m, 1150 Ew.)** versprüht kleinstädtischen Charme. Einige der Palazzi verraten, dass der Ort einst größere Bedeutung besaß. Durch die stillen Gassen des ältesten Ortsteils San Simeone gelangt man an den Calore-Fluss.

Noch bis Ende der 1990er-Jahre verirrte sich kaum ein Reisender nach **Valle dell'Angelo (620 m, 220 Ew.),** dem bevölkerungsärmsten Ort Kampaniens. Viele der Häuser stehen leer, nur im August kommt Leben in den Ort, wenn die Ausgewanderten aus Norditalien oder dem Ausland ihre Verwandten besuchen. Doch inzwischen herrscht hier sanfte Aufbruchsstimmung: Gegen alle Widerstände und ohne Subventionen (in Süditalien fast unvorstellbar!) haben drei Freunde hier ein **beispielhaftes Tourismus-Projekt** verwirklicht. „Confusi ma felici" ist das Motto von *Carmela, Alì* und *Peppino,* dabei sind sie alles andere als verwirrt. 1999 begannen sie damit, liebevoll hergerichtete Unterkünfte in Altstadthäusern anzubieten, 2003 übernahmen sie die Bar am Dorfplatz und eröffneten dort ein kleines Restaurant. Es dauerte nicht lange, bis Slow Food von der Sache Wind bekam. Der Berggasthof **Rifugio Cervati** (s.u.) blüht wieder auf, Bio-Landwirtschaft und die intelligente Vermarktung hochwertiger Produkte bieten der jungen Generation neue Perspektiven und Hoffnung.

Praktische Tipps

Information

- **www.comune.valledellangelo.sa.it**
- **www.lamontagnadelcilento.it**

Übernachten/Essen und Trinken in Valle dell'Angelo

Àusono②-③

Rustikal-komfortables Hideaway mit wunderbaren Blicken auf Valle dell'Angelo und den Monte Ausinito im Südwesten des Ortes. Auf den knapp 3 ha Land, die das Haus umgeben, stehen Obstbäume und Oliven. Hier wird auch das Gemüse angebaut, dass in der **Osteria La Piazzetta** (s.u.) Verwendung findet bzw. vor Ort zu traditionellen Konserven verarbeitet wird. Um B&B und Landwirtschaft kümmern sich *Francesco* und *Jacopo,* Sohn bzw. Neffe von *Carmela* und *Alì.* Hier muss niemand hungrig vom Frühstückstisch aufstehen. Im Herbst dürfen Gäste nicht nur bei der Olivenernte helfen, sie können ihr selbst gepresstes Öl anschließend auch mit nach Hause nehmen. Im Ort entsteht ein luxuriöses Spa. 2 Zi. Auf Anfrage ganzjährig.

Via Contrada Destre, Mobil 38 86 56 34 95 *(Francesco),* 33 43 99 67 02 *(Jacopo),* www.aziendaagricolaausono.it, fb

La Piazzetta – Locanda dell'Angelo②

Eine der erfreulichsten Adressen im Landesinneren! Mitte der 1990er-Jahre empfingen *Carmela Bruno*

und *Alì Coccaro* ihre Gäste noch bei sich zu Hause. Im Grunde hat sich nichts geändert, auch wenn sie vor Jahren die Bar des Ortes übernommen haben, um nebenan ihre Osteria zu eröffnen. Hier fühlt man sich ebenfalls schnell wie zu Hause. Die Bar sieht dermaßen süditalienisch aus, dass man fast glauben könnte, in einer Filmkulisse der 1960er-Jahre zu stehen. In der Küche ist *Carmela* ein Naturtalent und längst finden sich europäische Spitzenköche zu kulinarischen Gipfeltreffen im Schatten des Monte Cervati ein. Aber keine Angst, hier hat alles Bodenhaftung. Die Zutaten sind lokal, größtenteils bio und stammen z.T. aus eigenem Anbau. In der **Osteria La Piazzetta** zu speisen ist ein unvergessliches Erlebnis, man möchte anschließend gar nicht mehr abreisen! Für diesen Fall ist gesorgt: Das mit alten Bauernmöbeln eingerichtete Gästezimmer über dem Lokal blickt auf die rosafarbene Barockfassade der Dorfkirche und die dahinter aufragenden Berge. Nachts ist es hier bis auf das Läuten der Kirchenglocken himmlisch ruhig. Weitere Zimmer und Apartments in restaurierten Altstadthäusern, im Grünen das edle **B&B Àusono** (s.o.). Ganzjährig geöffnet, es empfiehlt sich jedoch vorher anzurufen.
Piazza Canonico Jannuzzi 2–3,
Tel. 09 74 94 20 08, www.confusimafelici.it, fb

Übernachten/Essen und Trinken in/bei Piaggine

■ Antico Frantoio②

Claudio Salerno und Familie empfangen ihre Gäste in einem schön restaurierten Stadtpalazzo des späten 18. Jh., der Frühstückssaal befindet sich in der ehemaligen, namensgebenden Ölmühle. Die Zimmer sind tipptopp, einige befinden sich unter dem Dach. Sonnenterrasse mit Yacuzzi. 5 Zi.
Via Gaetano Ricci 13, Mobil 34 76 84 49 08,
www.anticofrantoiopiaggine.it, fb

■ I Sette Venti②

Der auf halber Strecke zwischen Piaggine und Villa Littorio gelegene Agriturismo von *Pasqualino Moreno* und seiner Familie bietet neben einem herzlichen Empfang authentische Cilento-Küche. Was will man mehr? Kein Ruhetag, es empfiehlt sich jedoch rechtzeitig anzurufen.
Contrada Tempa di San Lorenzo 2,
Mobil & WhatsApp 32 87 14 21 06, fb

Rifugio Cervati – Casa Rosàlia①

Die höchstgelegene (1597 m) Bibliothek Kampaniens liegt am Nordhang des Monte Cervati! Das aus Naturstein errichtete Berghaus steht unter der umweltbewussten Leitung von *Peppino D'Amico*. Er kennt sich exzellent in den Bergen aus und kümmert sich mit vielen guten Tipps um seine Gäste. Im EG empfangen Esstische vor einem gemütlichen Kamin, ein Holzofen versorgt im Winter die Heizkörper mit warmem Wasser. Solarpaneele liefern Strom für die Beleuchtung, jedoch nicht genug, um auch Mobiltelefone aufzuladen. Es gibt ein Gemeinschaftsbad. Die Küche ist prima und das liegt nicht nur an der guten frischen Luft! Man kann tagsüber auf einer Bergtour einkehren oder hier auch übernachten (rechtzeitig vorher anrufen oder eine SMS schicken). Im ersten Stock befinden sich vier Schlafräume mit insgesamt 24 Betten, darunter ein DZ – Schlafsäcke muss man dabeihaben. Im Winter werden Schneeschuhtouren, im Sommer Kletterkurse und -touren angeboten. An einer der Außenwände des Rifugio ist eine Kletterwand installiert. Das Rifugio ist zu Fuß zu erreichen, am besten aus Piaggine oder von Monte San Giacomo kommend (GPS-Tracks auf der Website, siehe auch **Wanderung 15** im Kapitel „15 Wanderungen"). Ende Juli bis Ende Aug. durchgehend geöffnet, sonst nur Fr bis So.
GPS: N 40.287067, E 15.496096,
Località Chianolle, Mobil 33 92 82 30 21 *(Peppino)*,
www.rifugiocervati.it, fb

■ Turismo Rurale „Le Grazie"②

Schönes, modernes Steinhaus am nordwestlichen Ortsrand. Hier empfangen *Giovanna* und *Giovanni* ihre Gäste in freundlich möblierten Zimmern mit Blick ins Grüne. Vom größten Zimmer im 2. Stock bietet sich ein Traumpanorama. Das Frühstück wird auf Wunsch um Brot und Käse bereichert (italienische Gäste bescheiden sich häufig mit süßem Gebäck). Will man essen gehen, wird der **Agriturismo**

I Sette Venti (s.o.) empfohlen. Anfahrt: von Laurino oder Roscigno kommend auf Höhe der Tankstelle ausgeschildert. 11 Zi. April bis Okt.
Via Madonna delle Grazie 69,
Tel. 09 74 94 09 02, WhatsApp 32 85 95 14 74,
www.turismoruralelegrazie.it

Einkaufen

Àusono Azienda Agricola
Organisch angebautes Gemüse auf traditionelle Art *sott'olio* konserviert und Honig vom Cervati. Absolut spitze ist das Olivenöl! Die Früchte werden mit der Hand gelesen, exklusiv in der Ölmühle von *Marco Rizzo* in Felitto gepresst und das Öl von *Marsicani* in Sicilì abgefüllt. Damit sind zwei weitere Bezugsquellen für hochwertiges Olio extravergine aus dem Cilento genannt.
Via Contrada Destre – Valle dell'Angelo,
www.aziendaagricolaausono.it, fb

Pietro Maccelaro – Pasticceria Agricola Cilentana
„Fingerlicking good" würde in einem angelsächsischen Reiseführer stehen, aber *Lonely Planet* muss das Landesinnere des Cilento erst noch entdecken. In einem der abgelegensten Winkel des Cilento hat *Pietro* die von seinem Großvater begründete Zuckerbäckerei auf Weltniveau gehoben. Lokal angebaute und wild gesammelte Zutaten, z.B. alte Weizensorten, Controne-Bohnen, Veilchen oder Oregano des Cervati, werden mit tropischen Früchten, Rohkakao, normannischer Butter oder kampanischer Büffelsahne in Pralinen und Torten verwandelt, die bei internationalen Wettbewerben regelmäßig Preise abräumen. Die edle Dolci-Boutique öffnet 8.30–13 und 16.30–19.30 Uhr, So nur vormittags. Am Abend trifft man *Pietro* oft im Nachbarort Valle dell'Angelo bei seinen Freunden auf der Piazzetta.
Via Madonna delle Grazie 28 – Piaggine,
Mobil 32 86 18 89 73 *(Pietro)*, 34 77 30 35 34 *(Raffaela)*, www.pietromacellaro.it, fb

▷ Osteria La Piazzetta, Place to be

Wandern/Schneeschuhwandern

Die Gegend um Piaggine und Valle dell'Angelo lockt mit zahlreichen Wanderungen, darunter die Besteigung des **Monte Cervati,** mit 1899 m der höchste Gipfel des Cilento (siehe **Wanderung 15** im Kapitel „15 Wanderungen"). Am Rifugio Cervati startet der Fernwanderweg **Cammino delle due Primule** (siehe Exkurs „Der Weg der zwei Primeln", S. 364), der nach 80 km am Capo Palinuro am Meer endet. Im Winterhalbjahr werden vom Rifugio aus Schneeschuhwanderungen angeboten. In Valle dell'Angelo ist *Alì Coccaro,* der freundliche Betreiber der Locanda dell'Angelo, mit Tipps behilflich. Zu empfehlen sind auch die kurze Tour zur **Grotta di San Michele,** der erfrischende Spaziergang zu den **Gole del Festolaro** unterhalb des Ortes oder der ca. 6-stündige Rundweg über Laurino mit einem Abstecher zur **Grava di Vesalo.** Weitere Tipps auf www.cilento-aktiv.info/cilento-aktiv/wandern.

Feiern

Cucina Clandestina, Mitte August verwandelt sich Valle dell'Angelo in ein einziges Open-Air-Restaurant. Private Küchen öffnen sich, renommierte Sommeliers schenken aus, gegessen, getrunken und gefeiert wird in den Gassen und auf den Plätzen. Stände mit lokalen Erzeugnissen und Slow-Food-Produkten, dazu gute Musik.
www.confusimafelice, fb

ama188 pa

ama40 pa

5

Vallo di Diano

»Das lang gestreckte, fruchtbare Hochtal des Vallo di Diano trennt die Berge des Cilento vom lukanischen Apennin. Dem Verlauf der römisch-antiken Via Annia-Popilia folgt heute die A 2. An dieser uralten Transitroute liegt Padula mit einer der größten Klosteranlagen Italiens und Welterbe der UNESCO. Gegenüber erhebt sich in luftiger Höhe Teggiano.

‹ Die Häuser von Padula haben etwas von einer dicht gedrängten Herde

HOCHTAL AN DER GRENZE ZUR BASILIKATA

Das Vallo di Diano zählt als eigenständiger Landschaftsraum zum Parco Nazionale del Cilento, Vallo di Diano e Alburni, wie der Name des zweitgrößten italienischen Nationalparks vollständig lautet. Das Hochtal flankieren zur cilentanischen Seite hin die Monti Alburni und das Cervati-Massiv, im Südosten erheben sich die Monti della Maddalena. Über ihre Kämme verläuft die Grenze zur Nachbarregion Basilikata, Kernland des antiken Lukanien. In der Antike zählte das Cilento-Gebiet noch zu Lukanien, woran Ortsnamen wie Atena Lucana oder Vallo della Lucania erinnern.

Während des Pleistozäns breitete sich ein großer See am Talgrund aus, der in historischer Zeit verlandete und tiefgründig fruchtbare Böden hinterließ. Der immer noch drohenden Gefahr von Überschwemmungen suchten die Römer im 2. Jh. durch einen Durchstich auf der Höhe von Polla zu begegnen, erfolgreicher waren **Kanalisierungsmaßna-**

NICHT VERPASSEN!

- **Grottig schön:** Tropfsteine und Höhlenzauber in der Grotta di Pertosa | 373
- **Lebendige Museumsstadt:** Teggiano, das alte Diano | 379
- **Flower Power:** Orchideental Sassano | 383
- **Kloster & Kunst:** Certosa di San Lorenzo in Padula | 384
- **Anti-Mafia:** Casa-Museo di Joe Petrosino in Padula | 387

Diese Tipps erkennt man an der gelben Markierung.

ama194 pa

men im 19. Jh. durch die Bourbonen und in der Zeit des Faschismus. Der Fiume Tanagro, der das Tal nach Nordwesten entwässert, um schließlich in den Sele zu münden, wurde in ein Betonkorsett gezwungen. Die SS 19 und parallel dazu die moderne **Autostrada del Mediterraneo,** kurz **A 2,** folgen der Route der **antik-römischen Via Annia-Popilia,** die ab dem 2. Jh. v.Chr. das an der Via Appia gelegenen Capua mit Rhegium (Reggio Calabria) an der italienischen Stiefelspitze verband. In Polla, damals wichtige Etappenstation, erinnert ein geschmückter Meilenstein daran. Doch bereits in der Bronzezeit war das Tal **wichtiges Durchzugsgebiet** für Herden, Händler und Heere.

Am Rande des Hochtals reihen sich **kulturhistorisch bedeutsame Orte** wie Polla, Atena Lucana, Sala Consilina und Padula mit der weltberühmten Kartause. Eine Sonderstellung nimmt die alte Festungsstadt **Teggiano** ein, die sich auf isolierter Anhöhe hoch über dem Tal erhebt. Im frühen Mittelalter nahm das antike Tegianum den Namen Diano an, daher die Bezeichnung Vallo di Diano. Erst seit dem 19. Jh. heißt die Stadt wieder Teggiano und ist ein zu Unrecht noch wenig bekanntes Kunstkleinod. Oder hätten wir das an dieser Stelle nicht verraten sollen?

Vallo di Diano – fruchtbare Böden auf dem alten Seegrund

Vallo di Diano

Pertosa, Polla und Caggiano

Die **Grotta di Pertosa** (263 m) liegt am nordwestlichen Eingang zum Vallo di Diano und gewissermaßen ein Stockwerk drunter. Auf kurzer Distanz überwindet der **Tanagro** hier einen beachtlichen Geländeunterschied und stürzt im engen Tal über Kaskaden in die Tiefe. Die größte Attraktion jedoch liegt unter Tage. 35 Millionen Jahre hat sich die Natur Zeit gelassen, dieses Naturwunder zu schaffen, ein unterirdischer Fluss hat riesige Kavernen ausgespült, stetes Tropfen eine **märchenhafte Welt aus Stalagtiten und Stalagmiten** erschaffen. Bereits in der Steinzeit bewohnt, wurde die Höhle in der Antike als Orakel und Heiligtum aufgesucht. Archäologische Funde deuten auf phallische und bacchanalische Fruchtbarkeitsriten hin. Das Christentum exorzierte das „Böse" und weihte die Grotte dem Erzengel *Michael*, daher auch die Namen **Grotta dell'Angelo** oder **Grotta di San Michele.**

Der **auf 2,5 km Länge** erforschte Höhlenkomplex ist als Touristenattraktion **bestens erschlossen.** Aus dem Höhleneingang mit Michaelsaltar werden Besucher in Booten über einen unterirdischen See in das Berginnere gezogen. Aus der ersten riesigen Kaverne verzweigen sich die Wege, die man **nur in Begleitung von Führern** betreten kann. Der eigenen Fantasie sind beim Betrachten der Tropfsteingebilde keine Grenzen gesetzt, über die farbliche Illumination darf man geteilter Meinung sein. Es finden theatralische Inszenierungen statt, beim „L'Inferno di Dante" z.B. führt ein Schauspieler Besucher durch *Dantes* „Hölle", oder man begleitet *Odysseus* auf seinem Gang in die Unterwelt. Die Temperatur im Inneren der Grotte beträgt konstante 16°C. Das **Museo del Suolo** illustriert das komplexe Ökosystem Boden und thematisiert die artenreiche Pflanzenwelt des Cilento. Besucht wird es in erster Linie von italienischen Schulklassen.

■ **Grotta di Pertosa,** Località Muraglione 18/20, Tel. 09 75 39 70 37, www.fondazionemida.com/grotte-pertosa-auletta, fb, [i]. April bis Mai tägl. 9–17.30 Uhr, Juni bis Sept. 10–18 Uhr, Okt. bis März Di bis So 10–16 Uhr. Rundgänge unterschiedlicher Länge und Dauer 13–18 €, speleologische Exkursionen für Mini-Gruppen auf Vorbestellung 35 €.

■ **Museo del Suolo,** Località Muraglione, Tel. 09 75 39 70 37, www.fondazionemida.com/museo-del-suolo. Öffnungszeiten wie Grotte. Eintritt 4,50/3,50 € bzw. Sammeltickets.

Die **Fondazione MIdA (Musei Integrati dell'Ambiente)**, die sich im Bereich der Schuldidaktik und bei der Entwicklung alternativer Tourismusprojekte einen Namen gemacht hat, betreut auch das **Museo Speleo-Archeologico** am Ortsrand von **Pertosa (310 m. 670 Ew.).** Hier werden multimediale Einblicke in die geologische Entstehungsgeschichte des Cilento gewährt und die bronzezeitliche Siedlung am Grotteneingang rekonstruiert. Die Grotta di Pertosa leiht dem Ort den Namen, *'u pertusu* ist das Dialektwort für „Loch".

■ **Museo Speleo-Archeologico,** Piazza G. De Marco, www.fondazionemida.com/museo-speleo-archeologico, Öffnungszeiten wie Grotte, Eintritt 4,50/3,50 €.

Nach Sala Consilina ist **Polla (463 m, 5230 Ew.)** der bevölkerungsreichste Ort des Vallo di Diano und verfügt über entsprechende Infrastruktur, darunter eines der wenigen Spitäler im Umkreis. Im Jahr 1561 war Polla Epizentrum eines verheerenden Erdbebens, weitere Schäden verursachte das Avellino-Beben 1980. Umso überraschender ist es, dass sich die Altstadt am westlichen Ufer des Tanagro immer noch mit einer Reihe schöner Bauten präsentieren kann. Eine römische Brücke verbindet den modernen mit dem alten Stadtteil. Eine Vielzahl von Kirchen attestiert, dass bis Mitte des 16. Jh. die orthodoxe und katholische Konfession parallel nebeneinander bestanden. Einen Besuch lohnt der **Convento di Sant'Antonio** (1541) in erhabener Position am südlichen Ortsrand. Im Laufe des 17. Jh. trugen Künstler aus ganz Süditalien und Sizilien zu der reichen Ausschmückung bei. Zur Augenweide zählt auch die Sicht auf das darunter sich ausbreitende Vallo di Diano.

Die Fahrt in das hübsche **Caggiano (828 m, 2650 Ew.)** ist ein Genuss: Der Bergort erhebt sich auf einem Ausläufer des Apeninno Lucano hoch über den Tälern des Tanagro und Melandro, die Monti Alburni fest im Blick. Im Mittelalter war der Ort strategisch bedeutsam, **Tempelritter und Johanniter** besaßen Niederlassungen. Das **mächtige Kastell** wurde auf Geheiß von *Robert Guiscard* errichtet und später zur Adelsresidenz ausgebaut; heute finden hier Kunstausstellungen statt. Kulinarische Kunst auf hohem Niveau bot die Locanda Severino, doch die ökonomischen Schwierigkeiten infolge der Covid-Pandemie ließen den prämierten Küchenchef *Giuseppe Misuriello* aufgeben. Ein Verlust!

Praktische Tipps

Information

Pro Loco di Pertosa
I.d.R. tägl. 9–16 Uhr, im Sommer etwas länger.
Piazza De Marco, Mobil 33 15 36 21 55, fb

An- und Weiterreise

Auto: A 2, Ausfahrt „Polla". Die Grotta del Pertosa liegt an der SS 19, gebührenpflichtige Parkplätze gibt es vor der Grotte. Caggiano ist auf der SP 442 schnell erreicht.

Übernachten/ Essen und Trinken bei Caggiano

Le Grotticelle – Rumolo Experience②
Seit Generationen betätigen sich die *Rumolos* als Schafhirten und Bauern, ihre erste Pizzeria eröffneten sie vor über einem Vierteljahrhundert in Caggiano. Ihr Country House liegt zu Füßen des Ortes eingebettet in schönster Landschaft. Als Pizzaiolo hat sich *Angelo Rumolo* höchste Meriten erworben, die Zutaten seiner Kochkunst stammen aus eigener Landwirtschaft oder sind wild gesammelt. Wer über Nacht bleiben will, darf sich über die komfortablen Zimmer und Apartments freuen. So auch mittags. Di Ruhetag.
Località Le Groticelle – Caggiano,
Tel. 097 51 96 61 71,
www.rumoloexperience.com, fb, [i]

Rafting

Campo Base
Stefano Prota bietet Rafting-Touren auf dem Tanagro und dem Sele an.
Località Muraglione – Pertosa,
Mobil & WhatsApp 33 88 66 69 75,
www.campobase.org, fb, [i]

Tropfsteine in der Grotta di Pertosa

ama195 pa

■ **MIdA Experience**
Die Fondazione MIdA organisiert von März bis Okt. Schlauchbootfahrten und Rafting-Touren auf dem Fiume Tanagro.
Località Muraglione – Pertosa, Tel. 09 75 39 70 37, www.fondazionemida.com, fb, [i]

Atena Lucana

Wie viele Orte des Cilento trägt auch **Atena Lucana (625 m, 2400 Ew.)** in seinem Namen die Erinnerung an die frühere Zugehörigkeit zu Lukanien, der heutigen Basilikata (eine landschaftlich schöne Passstraße führt in die Nachbarregion nach Brienza, einem Festungsstädtchen im Parco Nazionale del Appennino Lucano). Die Ursprünge des Bergstädtchens sind antik, wie **megalithische Mauerreste** aus dem 7. bis 6. Jh. v.Chr. und zahlreiche Funde im Archäologischen Museum bezeugen (könnten, wäre es geöffnet). Die schöne Altstadt ist weitgehend intakt, aber auch weitgehend von ihren Einwohnern verlassen. Das **Santuario di S. Ciro** war noch bis Mitte der 1960er-Jahre dem Kult des *hl. Michael* geweiht und erhebt sich über den Resten eines antiken Kybele-Tempels. Das Stadtwappen zeigt einen Hirsch und trägt die Inschrift „Acteon ego sum", ein Verweis auf den antiken Mythos, der die Verwandlung des Jägers *Aktaion* durch *Artemis* in einen Hirsch erzählt. Der Jäger hatte die Göttin nackt beim Baden überrascht. Die Strafe folgte auf dem Fuße und der in einen Hirsch verwandelte Jäger wurde von seinen Jagdhunden zerfleischt. Reste einer Festungsmauer aus dem 6. Jh. v.Chr. sind unterhalb des Ortes auf Höhe der Locanda San Cipriano zu sehen – ein Picknickplatz mit toller Aussicht!

ama197 pa

Praktische Tipps

Information

Pro Loco Athena Nova
Mo bis Fr 9–13 Uhr.
Largo V. Emanuele 1, Mobil 35 17 03 82 10, fb

Übernachten/Essen und Trinken

Domus Otium – Country House & Spa②
Das in schönster Campagna gelegene, liebevoll errichtete Steinhaus empfiehlt sich für einen erholsamen Aufenthalt. Das exzellente Ristorante öffnet nur Fr bis So abends. Die Küche ist im besten Sinne ländlich, vieles wird auf eigenem Grund und Boden angebaut, so z.B. alte Getreidesorten für Brot und Pasta. *Ivan Di Palma* züchtet Esel (meine *Mia* kam hier zur Welt!) und für kleine Gruppen organisiert er Wanderungen in der Umgebung. Ein Besuch des hauseigenen Spa steigert das Wohlbefinden. Anfahrt: östlich von Atena Lucana von der SS 95 nach Norden abbiegen und der Ausschilderung folgen. 6 Zi. I.d.R. Ende Sept. geschl.
Contrada Tempa degli Arnici,
Mobil 34 57 02 41 81, www.domusotium.it, fb, [i]

Locanda San Cipriano②
Das pompejianisch-rote Gebäude erhebt sich einsam auf dem Serrone-Hügel zu Füßen der Stadt nur wenige Kilometer von der Autobahnausfahrt entfernt. Mehr noch als die schnelle Erreichbarkeit spricht die Qualität der Speisen für einen Besuch der flotten Osteria-Pizzeria. *Sandra Pellegrino* und *Antonio Giordano* haben in Florenz, London und einigen kulinarischen Hochburgen Norditaliens gearbeitet, bevor sie sich nach der Geburt ihres ersten Kindes zur Rückkehr in ihren Süden entschlossen. Das Menü reflektiert ihren Lebenslauf, wobei traditionelle Speisen des Vallo di Diano, komponiert mit einem kreativen Twist und aus besten Slow-Food-Zutaten, im Vordergrund stehen. Eine Besonderheit ist die *acetaia,* in der mit der originalen Methode in kleinen Mengen Aceto Balsamico produziert wird. Im **Forno San Cipriano** (fb, [i]) kann man sich eine leckere Pizza auch auf die Hand kaufen, um auf der benachbarten Anhöhe an den Mura megalitiche zu picknicken. Mo, Di mittags und Sept. geschl.
Via Serrone (Abzweig von der SS 95),
Tel. 09 75 51 14 47, Mobil 36 69 03 63 47,
www.locandasancipriano.it, fb, [i]

Atena Lucana ist auf der Höhe

Automobile Antike in Atena Lucana

ama196 pa

Lukanien oder Basilikata?

Und wo liegt Italien?

Das antike **Lukanien** umfasste das Territorium der heutigen Region **Basilikata** sowie des sich westlich anschließenden **Cilento** in der Region Kampanien. Der Name leitet sich entweder vom ursprünglichen Waldreichtum der Gegend (lat. *lucus* für „Wald") ab, oder er bezieht sich auf die im 5. Jh. v.Chr. aus dem Norden eingewanderten, mit Namen aber erst im 4. Jh. v.Chr. belegten Lukaner (die zur gleichen Zeit auch die Kontrolle über Poseidonia/Paestum übernahmen). In augustäischer Zeit wurde die italienische Halbinsel in elf Regionen aufgeteilt, benannt nach den ursprünglich dort siedelnden Völkern. Die heutigen **Regionen Basilikata und Kalabrien** waren entsprechend zur **III. Regio Lucania et Bruttii** zusammengefasst. Zum ersten Mal tauchte der Name Basilicata Mitte des 12. Jh. in einem normannischen Dokument auf, bezeichnete aber bereits seit dem 10. Jh. die damals von einem byzantinischen Hofbeamten (griech. *basilikós*) verwaltete Region.

Unter **Mussolini,** dessen Propaganda die Wiedergeburt des römischen Imperiums im faschistischen Italien feierte, erhielt die Region im Jahr 1932 ihren antiken Namen Lucania zurück. Seit 1947 heißt die Region offiziell wieder Basilicata. Die Adjektive *basilicatese* oder *basilisco* konnten sich gegenüber *lucano* jedoch nie durchsetzen, und auch die Bewohner bezeichnen sich selbst als **„lucani".** Dem schließen wir uns an und sprechen in diesem Reiseführer von „Lukanern" und „lukanisch".

Kurioser verhält sich die Sache mit **Kalabrien.** Geografisch betrachtet ist die Region ein Teil Italiens, trotzdem lag **Italien** in Kalabrien. Das Paradox erklärt sich schnell. Die Griechen der Antike nannten das heutige Kalabrien **Oinotria** oder in Erinnerung an den mythischen Herrscher *Italos* **Italia** (Vitalia). In römischer Zeit hieß die Region nach dem Volksstamm der Bruttier **Bruttium,** während Italia nach und nach die gesamte Apenninenhalbinsel bezeichnete. Im Zuge der byzantinischen Verwaltungsgliederung wurde im 7. Jh. die Bezeichnung **Calabria** von der salentinischen Halbinsel Apuliens, der sie seit der Antike angehörte, auf die Stiefelspitze übertragen. Ein Blick in einen historischen Atlas zeigt, dass die Regionen Molise und Apulien in augustäischer Zeit zur II. Regio Apulia et Calabria gehörten.

[<] Die Lukaner waren auch als Pferdezüchter bekannt

Esel-Trekking

Asineria AequinOtium

Mit seiner „Eselei" organisiert *Ivan Di Palma* Wanderungen in den Monti della Maddalena. Esel tragen das Gepäck. Die Preise sind volksnah, das Erlebnis einzigartig. Ein großer Spaß nicht nur für Kinder! Essen und übernachten kann man vorzüglich in *Ivans* schönem **Domus Otium** (s.o.). Von Atena Lucana bricht *Ivan* mit seinen Eseln und Freunden auf, um zweimal im Jahr die Madonna Nera in Viggiano in der Nachbarregion Basilikata aufzusuchen, die am ersten Mai- und am ersten Septembersonntag mit einer großartigen Prozession gefeiert wird.
Contrada Tempa degli Arnici,
Mobil 34 57 02 41 81, www.domusotium.it, fb, [i]

Feiern

La Terra mi Tiene

Kein Event, keine Veranstaltung, sicher aber ein fantastisches Fest – ein Fest freier Menschen. So beschreibt der Initiator *Ivan Di Palma* das große Zusammentreffen in der Altstadt von Atena Lucana am 25. April, der in Italien als *Festa della Liberazione* gefeiert wird. In Atena Lucana beginnt das Fest bereits am Tag zuvor mit dem Ansetzen des Sauerteigs, denn für den 25. April werden im Centro storico die Backöfen angeheizt und dann das Brot gebacken. Es gibt Musik und Tanz. Der Name ist einem Gedicht von *Rocco Scotellaro* (1923–1953) entlehnt, der sich als Gewerkschaftler, Politiker und Poet für die Bauern Süditaliens verwendet hatte.
www.laterramitiene.it, fb

Teggiano

Von einem hohen Plateau dominiert **Teggiano (635 m, 7040 Ew.)** das Vallo di Diano. Die alte Festungsstadt ist ein zu Unrecht wenig bekanntes Juwel. Lukaner nutzten als erste die strategische Lage auf dem isolierten Hügel. Über den **megalithischen Mauerresten** aus dem 4. Jh. v.Chr. erhebt sich der römische, in normannischer Zeit erneuerte Mauerkranz. Die **regelmäßige Anlage** des römischen Tegianum lässt sich heute noch im Stadtplan ablesen. In den Mauern von Kirchen und Häusern sind zahlreiche römische Grabsteine, Statuen oder Säulenfragmente vermauert. Nach der Zerstörung durch die Goten *Alarichs* im Jahr 410 wurde der Ort schnell wieder besiedelt und nahm den Namen Diano an, daher die Bezeichnung für die fruchtbare Talebene (seit 1862 heißt der Ort wieder Teggiano). Ab dem Mittelalter gehörte Diano zum **Feudalbesitz der San-**

ama41 pa

▷ Festa di San Cono in Teggiano

ama198 pa

severino, einem der mächtigsten Geschlechter Süditaliens, das enge Verbindungen zum neapolitanischen Königshaus der *Anjou* unterhielt. Die Fürsten von *Sanseverino* reicherten ihre Stadt mit **bedeutenden Kunstschätzen** an. 1485 war das imposante Kastell Schauplatz der **Congiura dei Baroni,** einer groß angelegten und letztlich erfolgreichen Verschwörung unter der Führung *Antonello Sanseverinos* gegen die Steuerpolitik des neapolitanischen Königs *Ferdinand I. von Aragon.*

Bei einem Rundgang durch die Stadt gibt es **viel zu entdecken.** Dabei ist Teggiano mit all seinen Sehenswürdigkeiten keine tote Museumsstadt, sondern ein **lebendiger Ort,** der seine Besucher freundlich willkommen heißt.

Der imposante **Obelisk** auf der zentralen Piazza wurde von Emigranten aus Brooklyn gestiftet und ist dem **Stadtpatron S. Cono** geweiht. Die **Kathedrale S. Maria Maggiore** birgt eine schöne mittelalterliche Kanzel und bedeutende Grabmäler. Nach Süden schließt eine Loggia den Corso ab. Der **Sedile** war früher Versammlungsort des Stadtparlaments. Die Krypta der **Chiesa S. Angelo** wurde auf den Fundamenten des römischen Odeions errichtet, die frühromanischen Kapitelle sind sehenswert.

Der Arzt *Ambrosius Malavolta de Senis* stiftete die kleine gotische **Kirche S. Pietro** im Jahr 1476. Archäologen vermuten, dass sich unter der Kirche die Reste eines Äskulap-Tempels befinden. Im Inneren ist das sehenswerte **Museo Diocesano** untergebracht, Anlaufpunkt auch für die begleitete Besichtigung weiterer Kirchen im Centro storico.

■ **Museo Diocesano – Teggiano Chiese aperte,** Piazza V. Vignone, Tel. 097 57 90 53, www.museodiocesanoteggiano.it. Di–So 10–13 und 15–18 Uhr, im Sommer 16–19 Uhr. Eintritt 2,50 €/1,75 €.

Die **Konventskirche Sant'Agostino** mit einem schönen Kreuzgang aus dem 14. Jh. wurde aufwendig restauriert. Das Klostergebäude selbst dient als Altersheim, tagsüber darf man jedoch einen Blick in das Paradiesgärtlein werfen. Ursprünglich ein Benediktinerkloster, später im Besitz der Franziskaner, birgt die **Chiesa ed ex Convento della SS. Pietà** renaissancezeitliche Kunstschätze, darunter ein gewaltiges Fresko im ehemaligen Refektorium. Die Kalvarienszene aus dem Jahr 1487 ist voller politischer Anspielungen auf die von den *Sanseverino* angeführte Verschwörung gegen die herrschenden Aragonesen.

Gegenüber befindet sich das naturkundliche **Museo delle Erbe.** Den Lehren der mittelalterlichen Scuola Medica Salernitana (siehe Exkurs „Die Medizinschule von Salerno“, S. 150) folgend, werden aromatisierte Essige, Kräuterauszüge und essenzielle Öle hergestellt und zum Verkauf angeboten. Das liebenswerte Kräutermuseum geht auf die Initiative von Prof. *Nicola Di Novella* zurück, der die sogenannte **Valle delle Orchidee** bei Sassano bekannt gemacht hat und bei der Verwirklichung eines Fernwanderweges vom Monte Cervati bis zum Capo Palinuro (siehe Exkurs „Der Weg der zwei Primeln“, S. 364) beratend zur Seite stand.

■ **Museo delle Erbe,** Largo Pietà, Tel. 097 57 96 00 (c/o Pro Loco). Auf Anfrage tägl. 9–13 und 15–18 Uhr. Eintritt 1 €.

Ein besonderes Kleinod ist auch die **Chiesa di Sant'Antuono** mit schönen Fresken aus dem 11. Jh. Sollte die Kirche geschlossen sein, lohnt dennoch das Eingangsportal einen Blick.

Praktische Tipps

Information

■ **Parco Nazionale del Cilento, Vallo di Diano e Alburni**
Info-Büro des Nationalparks im Palazzo Santa Maria. Mo bis Fr 9–12.30 Uhr, Di, Do auch 15–16 Uhr. Discesa Sant'Andrea, Tel. 097 57 99 24

■ **Pro Loco di Teggiano**
I.d.R. Mo bis Sa 9–13 und 15–18 Uhr. Piazza Municipio, Tel. 097 57 96 00, www.prolocoteggiano.it

■ **Centro Informazioni Turistiche**
Info-Büro im **Diözesanmuseum,** hier auch Führer für den Besuch weiterer Kirchen (1 bis 10 Pers. 50 €) und Tickets für das **Lapidario Dianense,** eine Sammlung von Steinmetzarbeiten aus mehreren Jahrhunderten. April bis Okt. Di bis So 10–13 und 16–19 Uhr, Nov. bis März Di bis So 10–13 und 15–18 Uhr.
Piazza Valentino Vignone,
Tel. 097 57 90 53, Mobil 34 95 14 07 08,
www.paradhosis.it, www.comune.teggiano.sa.it

An- und Weiterreise

■ **Auto:** A 2, Ausfahrt „Sala Consilina“ bzw. „Buonabitacolo-Padula“. Teggiano liegt auf der westlichen Seite der Autobahn auf einer von Weitem erkennbaren Anhöhe. Parkplätze und Parkhaus im Zentrum am Kastell.

■ **Bus:** Autolinee Curcio (www.autolineecurcio.it) u.a. nach Pertosa, Polla und Sala Consilina.

■ **Bahn:** Der Bahnhof „Sassano-Teggiano“ der Linie Salerno – Lagonegro liegt im Tal.

Übernachten/Essen und Trinken in Teggiano

■ **Antichi Feudi**②
Salvatore Di Sarli hat einen alten Baronalspalast nahe der zentralen Piazza mustergültig restaurieren lassen und 2007 als edles und für das Gebotene recht preiswertes Hotel eröffnet. Alle unterschiedlich geschnittenen Zimmer sind einladend, die Betten top, einige bieten den schönen Blick auf die

☒ Hoch schwebt Teggiano über dem Vallo di Diano

westlich gelegenen Berge. Ein kleiner Salon weist auf die Piazza mit dem Obelisken. Unter dem Dach das modern gestylte Restaurant in der *Sala Costanza,* im EG gibt es einen zweiten Speisesaal mit Trattoria-Atmosphäre. 12 Zi., 1 Suite. April bis Nov.
Via San Francesco 2,
Tel. 09 75 58 73 29, www.antichifeudi.com, fb, [i]

MEIN TIPP: **La Congiura dei Baroni**②
Sympathisches kleines Stadthotel auf Höhe des Kastells. Einige der Zimmer können für Familien oder eine Gruppe von Freunden zusammengelegt werden. *Anna-Maria Cimino* führt das Haus mit viel Engagement und organisiert für ihre Gäste Führungen in Teggiano sowie Ausflüge und Wanderungen in der Umgebung. Etappenstation der Via Silente (siehe „Routen und Touren, Tour 3", S. 21). Das **Restaurant Locanda dei Baroni** im gleichen Haus überzeugt mit traditioneller Küche (Halbpension ist in diesem Fall absolut zu empfehlen). 10 Zi.
Via Castello 4, Tel. 097 57 90 44,
Mobil 34 76 00 85 39, www.lacongiuradeibaroni.it

Übernachten/Essen und Trinken bei Sala Consilina

Compà②
Jahrelang war *Riccardo D'Arco* einer der engagierten Hüttenwirte des **Rifugio Cervati** und hob einen Fernwanderweg (siehe Exkurs „Der Weg der zwei Primeln", S. 364) mit aus der Traufe. Das Haus seiner Großmutter an der nördlichen Auffahrt nach Sala Consilina ist nun ein gastliches B&B, die kleine Radwerkstatt ein Service für Reisende auf der Via Silente. Mit guten Tipps darf man rechnen. 3 Zi.
Via Sant'Antonio 24 – Sala Consilina,
Mobil 34 07 30 60 64,
https://compacompa.it, fb, [i]

La Pietra Azzura – Vallo di Diano②
Leckerer Ableger der gleichnamigen Slow-Food-Pizzeria aus Caselle in Pittari, als Pizzaiola agiert hier die talentierte *Francesca Gerbasio.* An Wochenenden gut besucht. Südlich des Ortes talseitig der Staatsstraße. Mo Ruhetag.
Via Fonti (SS 19) – Sala Consilina,
Tel. 097 54 53 66, www.lapietraazzurra.it, fb

Macchiapiedi②
Der Agriturismo der Familie *Vespoli* liegt direkt an der Provinzstraße zu Füßen von Sala Consilina. Die unmittelbare Umgebung sieht auf den ersten Blick wenig einladend aus, hinter dem Haus zieht sich jedoch der große Gemüsegarten mit den Oliven in Richtung Autobahn und Fluss. Nur für Übernachtungsgäste wird bäuerliche Küche geboten, die größtenteils auf selbst erzeugte Produkte zurückgreift, sei es Gemüse, Olivenöl, Käse, Fleisch aus eigener Aufzucht oder Safran und schwarze Trüffel. Die Zimmer sind schlicht. Hofverkauf eigener Produkte, darunter ein prämierter Safran-Gin (www.zafferanoagnes.it).
Via Stradella – Contrada Zerro (Km 2 der SP 49),
Mobil 34 98 01 51 96,
www.agriturismomacchiapiede.it, fb

Einkaufen

Sonntagvormittag wird in Teggiano **Markt** abgehalten. Festlich herausgeputzt finden sich die Menschen der umliegenden Ortschaften ein. Feilgeboten wird von Gemüse, Obst, Haushaltsgeräten und

Über alle Berge

Es ist ein landschaftlicher Hochgenuss und für Radfahrer zusätzlich ein sportlicher Anreiz, auf aussichtsreichen Passstraßen **vom Vallo di Diano an die tyrrhenische Küste** zu fahren – oder retour. Vorbei an San Rufo führt die SR 166 über den Passo della Sentinella ins Valle del Calore und parallel dazu weiter südlich und wahrscheinlich noch spektakulärer die SP 11 von Teggiano über die Sella del Corticato nach Sacco.

Spitzenunterwäsche alles, was Magen und Augen erfreut. Schräg gegenüber vom Dom bietet der **Gaetano Tropiano Store** (Piazza S. Cono 1, Tel. 097 57 92 83, fb) seit 1936 Lebensmittel und Haushaltswaren feil und nebenan die **Dispensa del Amaro Teggiano** (www.amaroteggiano.it/casamaroteggiano) den nach altem Rezept erzeugten Magenbitter. Auf der Piazza werden an Tischen zu einem Glas Wein leckere Kleinigkeiten serviert.

Feiern

- **San Cono,** Teggiano feiert seinen Stadtpatron dreimal im Jahr: am 3. Juni, am 27. September und am 17. Dezember. Das größte Fest mit Prozession und Feuerwerk, zu dem auch viele Emigranten aus Amerika anreisen, findet im Juni statt.
- **Festival Medievale,** mittelalterliche Musik auf den Plätzen und in den Höfen der Altstadt Anfang August.
- **Alla Tavola della Principessa Costanza,** im Jahr 1480 fanden in Diano große Feierlichkeiten anlässlich der Hochzeit von *Antonello Sanseverino,* Prinz von Salerno, und *Costanza,* Tochter des mächtigen Herzogs von Urbino, *Federico da Montefeltre,* statt. Mitte August lässt Teggiano dieses Fest wieder aufleben. Jongleure, Posaunenbläser, Fahnenwerfer und Reiter in historischen Gewändern tummeln sich auf den Straßen und Plätzen der Altstadt,

Orchideental Sassano

Von April bis Mai wird Teggianos südlicher Nachbarort Sassano zum Mekka der Orchideenliebhaber. Im Cilento-Nationalpark blühen mit über 250 Spezies ca. 80% aller in Europa vorkommenden Arten. Im sogenannten **Valle delle Orchidee** lassen sich auf einem Parcours von 13 km Länge **über 180 wild blühende Arten** entdecken. Es informieren *Riccardo Di Novella* (Mobil 32 04 68 77 91, riccardodinovella@gmail.com) und Prof. *Nicola Di Novella* (Mobil 34 09 37 90 77, dinerbe@virgilio.it), auf dessen Initiative in Teggiano das Museo delle Erbe geschaffen wurde. In Sassano ist die Eröffnung eines Museums der bäuerlichen Landwirtschaft geplant **(Museo delle Antiche Coltivazioni).**

www.valledelleorchidee.it

ama201 pa

man kann Handwerkern bei der Arbeit zusehen, und in den Tavernen werden gehen harte Dukaten köstliche Speisen aufgetischt.
www.prolocoteggiano.it, fb

- **Teggiano Antiquariato,** die Antiquitätenmesse Ende Okt./Anfang Nov. ist eine ideale Gelegenheit, den ansonsten verschlossenen Chiostro della Santissima Pietà zu besuchen.

Wandern/Yoga

Oberhalb von Monte San Giacomo beginnt einer der schönsten Aufstiege zum Gipfel des **Monte Cervati** (siehe **Wanderung 15** im Kap. „15 Wanderungen").

- **Gruppo Escursionistico Trekking (GET) – Vallo di Diano**
Der Gruppo aus dem nahen Sassano (6 km südlich von Teggiano) organisiert Tageswanderungen und mehrtägige Trekkingtouren in den Monti della Maddalena, den Monti Alburni und im Cervati-Massiv, ferner Touren mit dem Mountainbike, Kajakfahrten und Rafting.
Via Provinciale 25 – Silla di Sassano,
Tel. 097 57 25 86, Mobil 33 83 09 50 44 *(Giancarlo Priante)*, 335 27 28 29 *(Tony Finizio)*,
www.getvallodidiano.it, fb
- **Outdoor Cilento**
Rosalba und *Manuela* haben ein junges Frauenteam um sich versammelt und bieten nicht nur geführte Wanderungen auf dem Gebiet des Nationalparks an, sondern auch die Kombination aus Wandern und Yoga, Urban Trekking und im Winter Schneeschuhtouren.
Via Perillo Seconda – Teggiano,
Mobil 38 99 32 94 13 *(Rosalba)*, 33 32 28 65 42 *(Manuela)*, www.outdoorcilento.com

[>] Certosa di Padula – auch im Detail prachtvoll

Padula

Die **Certosa di San Lorenzo,** eines der herausragendsten kirchlichen Baudenkmäler Italiens, steht seit 1998 auf der Liste des UNESCO-Weltkulturerbes. Wie der Escorial bei Madrid weist auch dieses dem *hl. Laurentius* geweihte Kloster einen **gitterförmigen Grundriss** auf – *Laurentius* soll auf einem Feuerrost gemartert worden sein. 1306 von Graf *Tommaso II. Sanseverino,* Feudalherr von Teggiano und Neffe des *hl. Thomas von Aquin,* gestiftet, wurde der Bau über vier Jahrhunderte lang erweitert und ausgeschmückt, bis er seine Gesamtfläche von über 50.000 m² erreichte. Das Kloster ist nach den Regeln des *hl. Bruno von Köln,* Gründer des Kartäuserordens, angelegt, geteilt in ein **domus inferior** und ein **domus alta.** In Letzterem lebten die Mönche in Klausur, das domus inferior war der Bereich des Klosters, in dem Laien lebten, Gäste empfangen wurden und die Wirtschaftsräume lagen. Dazu gehörte auch die von Laienbrüdern betriebene Drogerie und Apotheke am Eingang. Heute beherbergt die **Antica Spezieria** einen gut sortierten Bookshop, in dem auch lokale Produkte angeboten und die Eintrittskarten verkauft werden.

Zwischen *domus inferior* und *domus alta* gab es eine Art neutraler Zone mit den Räumlichkeiten des Priors, ein Ordensbruder, der als „Manager" des Klosters auch weltliche Kontakte pflegte. Bis zu ihrer Aufhebung im 19. Jh. blieb die Certosa **bestimmender wirtschaftlicher Faktor** im Vallo di Diano. Die Chronik berichtet, dass Kaiser *Karl V.* mit Gefolge bei der triumphalen Rückkehr aus Tunis auf dem Weg nach Neapel 1535 in Padula einkehrte und von den Mönchen ein Omelett aus 1000 Eiern serviert bekam. Der Volksmund berichtete von einer tönernen Röhrenleitung, die frische Milch von den Almen direkt in die Klosterküche leitete (was nicht wahr ist). In den Weltkriegen wurden in der Kartause Kriegsgefangene interniert, wovon heute noch Wandzeichnungen am Fuße der großen barocken Freitreppe zeugen.

Der Rundgang führt durch die opulent ausgestaltete Kirche, vorbei an **mehreren Kreuzgängen** – einer mit der Grundfläche von 90 x 130 m gilt als der weltgrößte überhaupt. Die **imposante Küche** (vielleicht wurde hier das Omelett zubereitet?) ist mit wunderschönen Vietri-Kacheln ausgekleidet. Zeitweise war der *hl. Laurentius* übrigens Schutzheiliger der Köche. Besonders eindrucksvoll ist die große, sich über zwei Stockwerke spannende **barocke Freitreppe** am nördlichen Ende der Anlage. Das in der Kartause untergebrachte **Museo Archeologico della Lucania Occidentale** präsentiert sehenswerte antike Grabfunde der Umgebung, während in einigen der ehemaligen Mönchszellen **zeitgenössische Kunst** eingezogen ist.

■ **Certosa di San Lorenzo,** Viale Certosa 1, Tel. 097 51 96 63 59, www.padula.eu, Mi bis Mo 9–19 Uhr, Eintritt 6/3 €, Sammelticket u.a. mit Casa-Museo di Joe Petrosino 10/6 €.

Die Stadt **Padula (699 m, 4900 Ew.)** liegt an den Hängen der Monti della Maddalena oberhalb der Kartause. In der **Chiesa della Santissima Annunziata** fanden die sterblichen Überreste von *Carlo Pisacane* (1818–1857) und seinen 300 glücklosen Mitstreitern ihre letzte Ruhestätte (siehe Exkurs „O Brigante, o Migrante", S. 506). Im **hübschen Centro storico** steht in der Nähe der pittoresken **Chiesa di S. Martino** das Geburtshaus von **Joe Petrosino** (1860–1909), der mit seinen Eltern 1873 nach Amerika emigrierte und dort als hoch dekorierter Polizist des NYPD die US-amerikanische Mafia bekämpfte und bis zu ihren Ursprüngen in Sizilien zurückverfolgte. Seine inno-

ama42 pa

Padula
0 100 m
©Reise Know-How
Amalfi05 2/24
1 ★ Battistero di S. Giovanni in Fonte
Übernachtung
1 La Fonte
2 Villa Cosilinum
3 A Casa di Nonna
6 Agriturismo Tre Santi
7 Agriturismo Fattoria Alvaneta
Via G. Vesa
SP273
Via Cosia
V. Madonelle
Via Madonelle
Salita del Trecento
degli Abbruzzi
V. Duca
Via del Portuso
Via San Paolo
Via Balbo
Corso Garibaldi
Via XX Settembre
Chiesa della Santissima Annunziata
Salita dell'Annunziata
ALTSTADT
4 Salerno
SP51/B
Via F. de Sanctis
Strada S. Nicola
Strada per S. Martino
Casa-Museo di Joe Petrosino
Chiesa di S. Martino
Via Unità d'Italia
Certosa di San Lorenzo/ Museo Archeologico della Lucania Occidentale
Via Pontaniello
Viale Certosa
V. S. Francesco
Salita di San Nicola
Cosilinum, San Michele alle Grotelle
Stretola dei Monaci
Via San Giacomo
Convento di S. Francesco
Ufficio Turistico Città di Padula
Via del Cimitero
Strada di Mezzo
Viale Certosa
Via New Ingresso Certosa
Strada Comunale S. Giacomo
Friedhof
Via San Francesco
Comunità Montana Vallo di Diano
Essen und Trinken
1 La Fonte
2 Porticum Erculis
4 Orizzonte
5 do 'Ngiulino
6 Tre Santi
7 Fattoria Alvaneta

vativen Methoden erinnern an *Sherlock Holmes;* bereits zu Lebzeiten wurde er Held von Groschenromanen und Comics. Der sizilianische Untersuchungsrichter *Giovanni Falcone* (1939–1992) sah in ihm sein Vorbild. Der mutige *poliziotto* aus New York fiel in Palermo einem Mordanschlag zum Opfer. Mit Glück erlebt man *Nino Melito Petrosino,* den Großneffen von *Joe Petrosino,* bei einer Museumsführung als Cicerone! Eine multimediale Abteilung informiert zum Thema Anti-Mafia.

■ **Casa-Museo di Joe Petrosino,** Via Giuseppe Petrosino 6, Tel. 097 51 96 63 59, www.padula.eu, fb, Mai bis Okt. Di bis So 10–13 und 15–19 Uhr, Nov. bis April Sa/So 11.30–18 Uhr bzw. für Gruppen nach Anmeldung, Eintritt 4/3 €, Sammelticket u.a. mit Certosa di Padula 10/6 €.

Oberhalb von Padula liegen die Mauerreste des antiken lukanisch-römischen **Cosilinum,** zu erreichen auf einem Wanderweg, der am Friedhof in der Nähe des Convento di S. Francesco seinen Ausgang nimmt. Unterwegs passiert man die aus langobardischer Zeit stammende **Felskirche San Michele alle Grotelle** (www.padulasacra.it) mit schönen Fresken. In der Antike wurde in der Grotte der phrygische Unterwelts- und Fruchtbarkeitsgott *Attis* verehrt. Der Blick von oben auf den Ort und das weite Tal ist herrlich.

Das frühchristliche **Battistero di San Giovanni in Fonte** an der SS 19 nordwestlich von Padula ist eine altehrwürdige Kultstätte. Im 4. Jh. errichtet, lag das Taufheiligtum am Kreuzungspunkt antiker Straßen und erhebt sich über einer heute noch sprudelnden Quelle. Nach östlichem Ritus wurde hier die Ganzkörpertaufe praktiziert. Zum Fest des *hl. Ciprianus* Mitte September strömten Menschen aus ganz Lukanien zusammen. Infolge des byzantinisch-gotischen Krieges wurde der Ort im 6. Jh. verlassen, im 11. Jh. kam das Heiligtum in Besitz der Benediktiner und später der Tempelritter. Der Ort ist von einer magischen Schönheit. In Nachbarschaft des Baptisteriums lädt der **Agriturismo La Fonte** (s.u.) zum Forellenessen.

■ **Battistero di San Giovanni in Fonte,** Località in Fonti, tägl. 9 Uhr bis 1 Std. vor Sonnenuntergang, Eintritt frei, in Zukunft evtl. mit dem Sammelticket des Polo Museale Padula zu besichtigen.

ama207 pa

⊡ Joe Petrosino (1860–1909), mutiger Polizist und Vorbild für den Untersuchungsrichter Giovanni Falcone (1939–1992)

Praktische Tipps

Information

■ **Comunità Montana Vallo di Diano**
Gutes Info-Material. Moderner Verwaltungsbau an der alten Zufahrtsallee im Süden der Kartause. Mo, Mi und Fr 9–12.30 Uhr, Di und Do auch 15.30–17.30 Uhr.
Strada Comunale S. Giacomo 17,
Tel. 097 57 81 65, www.vallodidiano.info

■ **Ufficio Turistico Città di Padula**
Im Vorhof der Kartause. Tägl. 9–17 (18) Uhr.
Certosa di San Lorenzo, Tel. 09 75 77 85 49,
www.comune.padula.sa.it

An- und Weiterreise

■ **Auto:** A 2, Ausfahrt „Buonabitacolo-Padula".
■ **Bus:** Lamanna (www.autolineelamanna.it), täglich mehrere Fahrten ins Vallo di Diano und nach Salerno.

Übernachten

MEIN TIPP: **3 A Casa di Nonna②**
Mitten in der Altstadt und leicht mit dem Auto zu erreichen: *Valentina Arienzo,* deren Bruder den Agriturismo Tre Santi (s.u.) führt, hat im restaurierten Altstadthaus der Großeltern ein nettes B&B eröffnet. Das Frühstück wird auf den Zimmern, im Sommer auf einer Terrasse serviert. Für Gäste werden auf Wunsch geführte Wanderungen und Ausflüge organisiert. *Valentinas* Lebensgefährte *Ivan* betreibt in Atena Lucana das **Domus Otium** (siehe dort). Anfahrt: auf der Umgehungsstraße hoch, auf Höhe der weißen Christus-Statue von oben in den Ort, über den Largo 1. Luglio (Piazza della Croce) am Palazzo Romano vorbei und oberhalb der Scuola Elementare parken. 3 Zi. März bis Okt.
Via Costantinopoli 7,
Mobil 32 89 32 68 57, www.casadinonna.it

Das monumentale Treppenhaus der Certosa

ama205 pa

2 Villa Cosilinum②
Giovanni Cancellaro und sein Bruder *Davide* haben einem Altstadtpalazzo neues Leben als Hotel eingehaucht. Komfortable Zimmer mit edlen Steinböden und historisierenden Fresken an den Wänden. Zum Hotel gehört das empfehlenswerte **Restaurant Porticum Erculis** (s.u.). 20 Zi.
Corso Garibaldi 77, Tel. 09 75 77 86 15,
Mobil 34 08 58 89 94 *(Davide)*,
www.villacosilinum.com, fb, [i]

7 Agriturismo Fattoria Alvaneta②
Francesco Barra und Familie beherbergen Gäste auf ihrem in 730 m Höhe gelegenen, von Wald umgebenen Bio-Landgut. Herrliche Blicke auf das Vallo di Diano und das Cervati-Massiv. Angenehme Zimmer, vorzügliche Küche (s.u.), es werden auch Koch- und Imkerkurse angeboten. Vom Hof kann man auf den alten, von *Francesco* z.T. wieder freigelegten Transhumanzwegen in die Monti della Maddalena aufsteigen. Auch Padula ist zu Fuß zu erreichen. Mehrere sanftmütige Reitpferde. Anfahrt: von der Certosa ein kurzes Stück Richtung Padula fahren und an der Kreuzung rechts Richtung Montesano zum Convento di S. Francesco abbiegen, der Agriturismo ist ausgeschildert (4,5 km ab Certosa). 5 Zi. Di Ruhetag. Anfang Juli geschl.
Contrada Pantagnoni, Tel. 097 57 71 39,
Mobil 32 87 04 65 91, www.fattoriaalvaneta.it

6 Agriturismo Tre Santi②
Liebevoll ausgestattete Zimmer in einem alten Anwesen, einige mit Küche. Auf Wunsch kocht *Francesco Arienzo,* dessen Schwester oben im Ort das B&B A Casa di Nonna (s.o.) führt, für seine Gäste. Im riesigen Garten wachsen Wein, Öl- und Walnussbäume. Hier gibt es auch **Zelt- und Stellplätze** für Camper mit eigenen Sanitäranlagen. Das **6 Ristorante** des Agriturismo öffnet auch für externe Gäste. *Francesco* und *Gloria* pflegen lokale Küchentraditionen mit einem Twist und servieren auf Wunsch auch vegane Speisen. Anfahrt: gegenüber der Certosa, nach 500 m links vom barocken Standbild des *hl. Bruno.* 4 Zi. I.d.R. Nov. und Febr. geschl.
Via San Biagio 30,
Tel. 097 57 71 22, Mobil 34 07 33 61 00, fb

☐ Im 2. Weltkrieg diente die Certosa als Kriegsgefangenenlager

ama206 pa

Essen und Trinken

5 do 'Ngiulino①-②

Schlicht, gut und günstig: Die familiengeführte Trattoria-Pizzeria schräg gegenüber der Certosa serviert leckere Pasta, gegrilltes Lamm und abends auch Holzofenpizza. Fr Ruhetag.

Via Certosa 73, Tel. 097 57 73 35

7 Fattoria Alvaneta②

Slow Food lobt die Küche des Agriturismo der Familie *Barra* in höchsten Tönen – und das seit Jahren. Die Zutaten stammen aus eigener Bio-Produktion, selbst der Hartweizen für die vorzügliche Pasta ist selbst angebaut. Die luftgetrocknete *Soppressata* ist ein Gedicht.

4 Orizzonte①-②

„Fernfahrer-Tipp" an der Autobahnausfahrt „Buoabitacolo" am Km 85,100 der SS 19: Hier isst man gut und günstig! Das Antipasti-Buffet ist eine wahre Freude, leckere Ricotta-Ravioli, *pasta fatta in casa* und offener Wein. Mo bis Sa 11.30–23 Uhr.

Via Volta Cammino – Padula Scalo,
Tel. 09 75 44 64 51, fb

1 La Fonte②

Einladender Landgasthof mit vier **1 Gästezimmern** im Rücken des Battistero di San Giovanni in Fonte. Die Forellenteiche der Familie *Rosciano* werden aus derselben Quelle gespeist. Forellen und frisches Gartengemüse kommen in allen Zubereitungsarten auf den Tisch. Um die Gäste kümmert sich reizend Tochter *Monica*. Öffnet auf Anfrage.

Via S. Giovanni in Fonte 1 – Sala Consilina,
Tel. 097 57 41 13, www.agriturismofonte.it

2 Porticum Erculis②

Antik-römisches *opus reticulatum*, mittelalterliche Gewölbe, nachempfundene Fresken und ein brennender Kamin geben dem Restaurant des Hotels **Villa Cosilinum** (s.o.) sein besonderes Gepräge. Die Küche ist dem Territorium und der Geschichte verpflichtet. Das ausgewählt gute Fleisch lokaler Züchter wird auf offener Flamme gegrillt, Wein und Podolica-Käse reifen im Felskeller heran. Die Familie baut auf 1100 m Höhe an den Hängen des Monte Romito Getreide, Walderdbeeren und rote Kartoffeln an. Letztere spielen eine prominente Rolle in der Küche. Di Ruhetag, 2 Wochen im Nov. geschl.

Corso Garibaldi 77, Tel. 09 75 77 86 15,
www.villacosilinum.com

Italienischer Alltag in Montesano sulla Marcellana

ama203 pa

Montesano sulla Marcellana

Die östlichste Kommune der Region Kampanien zieht die Blicke von Weitem auf sich, dabei ist der Ort auch in aller Munde. In **Montesano sulla Marcellana (850 m, 6275 Ew.)** wird Mineralwasser der Marke „Santo Stefano" abgefüllt. Augenfälliges „Markenzeichen" des Städtchens ist die neugotische **Chiesa di Sant' Anna.** Sie wurde in den 1950er-Jahren im Auftrag von *Filippo Gagliardi* (1912–1968) im Andenken an seine Mutter errichtet. *Gagliardi,* der unter bescheidenen Verhältnissen in Montesano aufgewachsen war, emigrierte 15-jährig nach Venezuela, wo er als Bauunternehmer zu großem Reichtum kam. In seiner alten Heimat investierte er Millionen in wohltätige Werke, sein Versuch, die Kommune Montesano aus dem italienischen Staatsverband zu lösen und zu einer unabhängigen Republik zu machen, scheiterte ebenso wie der Bau der Brücke über die Meerenge von Messina. *Filippos* Bruder *Pasquale* errichtete in den 1970er-Jahren oberhalb des Ortes ein modernes Kurzentrum, das heute in Ruinen liegt.

■ Palazzo Cestari Hotel②

Schön restaurierter Palazzo, mit weitem Ausblick am südwestlichen Ortsrand gelegen und gut mit dem Auto zu erreichen. Eigenes Restaurant, und gegen Aufpreis steht das Spa zur Verfügung. 16 Zi. Im Winter nur auf Anfrage.

Via Dott. Nicola Cestari 60, Tel. 09 75 86 17 86, Mobil 34 72 44 08 67, www.palazzocestarihotel.it

Chiesa di Sant'Anna

ama202 pa

ama271 pa

6 Wanderungen

»Als „Dahingleiten zwischen Himmel und Erde" beschrieb Giustino Fortunato das Wandern auf dem „Götterweg". Doch nicht nur der berühmteste Weg der Costiera Amalfitana bietet solche Freuden. Auch der Cilento gilt landschaftlich und kulturgeschichtlich fraglos als eines der vielseitigsten Wandergebiete Süditaliens.

Für die in diesem Kapitel beschriebenen Wanderungen stehen unter www.reise-know-how.de **GPS-Tracks** in den Formaten gpx und kml zum kostenlosen Download bereit; die Daten finden sich auf der Produktseite dieses Buchtitels.

Offizielle Wanderwege an der Amalfiküste stehen auf der Website des CAI Monti Lattari im Gratis-Download bereit.

‹ Beste Aussichten von den Höhenwegen an der Costa della Masseta im Cilento

ZWISCHEN HIMMEL UND MEER

Ein dichtes Netz alter Wirtschaftswege durchzieht die Berghänge oberhalb der Amalfiküste. Generationen haben in mühsamer Handarbeit dem steilen Gelände Hunderte von Terrassen abgerungen, Verbindungswege angelegt und damit eine einzigartige Kulturlandschaft hervorgebracht. Auf den ersten paar hundert Höhenmetern über dem Meer werden seit dem Mittelalter Zitronen angebaut, bis in 600 m Höhe wird Wein gezogen und darüber schließen sich Kastanienwälder und Weideflächen an. Die Wirtschaftswälder liefern Stangenholz für Zitruspergolen und Rebpflanzungen, auf den Hochalmen weiden seit alters her Schaf- und Rinderherden, deren Milch zu delikatem Käse verarbeitet wird. Nicht zufällig heißen die Berge Monti Lattari, „Milchberge".

Auch im Cilento liegen **Meer und Berge nah beieinander,** bäuerliche Kulturlandschaften wechseln sich mit duftender **Macchia** und lauschigen **Wäldern** ab. In höheren Berglagen blühen im Sommer die **Almwiesen,** im Winter laden Schneeschuhwanderungen zur Erkundung ein. Viele **alte Wirtschaftswege** sind noch intakt oder werden nach und nach als Wanderwege markiert und gepflegt. Das Bewusstsein für **nachhaltigen Tourismus** wächst.

Mit **festen Schuhen, Wanderstöcken** und sicherheitshalber einem **Regenschutz** ausgerüstet – an den Bergen stauen sich im Frühjahr und Herbst die Wolken – steht dem ganzjährigen Wander-

Blick auf Minori und Ravello

ama239 pa

vergnügen eigentlich nichts im Wege. **Badesachen** gehören auf jeden Fall ins Wandergepäck.

■ Zu **Wanderkarten** – ob Papier oder digital –, **Apps und Routenplanern** sowie **Vorsichtsregeln** am Berg siehe das Stichwort „Wandern und Radfahren" im Kapitel „Praktische Reisetipps A–Z".
■ Siehe auch **Exkurse** „Monte della Stella – ein Berg stiftet Identität", S. 260, „Folgt dem Mönch", S. 298 und „Der Weg der zwei Primeln", S. 364.

Schwierigkeitsgrade

Bei ihrer Beurteilung folgen wir der anerkannten **SAC-Wanderskala** des Schweizer Alpen-Clubs:

T1: Wandern
Gut gebahnte, gesicherte Wege. Kaum Anforderungen, mit Turnschuhen möglich, Orientierung problemlos.

T2: Bergwandern
Wege im Gelände gut erkennbar, Gelände teilweise steil. Anforderungen: Trekkingschuhe, Trittsicherheit und etwas Orientierungssinn.

T3: Anspruchsvolles Bergwandern
Wege nicht durchgängig erkennbar, leichte Kletterstellen, evtl. braucht man Hände fürs Gleichgewicht. Anforderungen: gute Trekkingschuhe, Trittsicherheit, Orientierungsvermögen und elementare alpine Erfahrung.

T4: Alpinwandern
Wegspur nicht zwingend vorhanden, Gelände exponiert, Kletterstellen. Anforderungen: stabile Trekkingschuhe, gutes Orientierungsvermögen, alpine Erfahrung.

Wanderung 1:

Sentiero dei Limoni – Himmel voller Zitronen

Erst seit Mitte des 19. Jh. verbindet die heute als **SS 163 „Amalfitana"** weltberühmte Küstenstraße die Costiera-Städtchen miteinander. Bis dahin dienten Treppen-, Maultierwege und das Meer der Kommunikation und dem Transport von Waren. Seit dem 11. Jh. prägen Zitronen die 1997 zum **UNESCO-Welterbe** erklärte Kulturlandschaft. **Maiori** und **Minori** liegen von **Zitronengärten** umgeben, deren Pflege unter heutigen ökonomischen Bedingungen immer schwieriger wird. Noch halten einige Familien an den alten Traditionen fest und tragen so zum Erhalt eines einzigartigen Landschaftsbildes bei. Diese Tour bietet Einblicke in das Gestern, Heute und vielleicht Morgen der Zitronenkultur an der Amalfiküste (siehe Exkurs „Zitronen – ein gelbes Stück vom Paradies", S. 102). Ein reizvoller „Zitronenweg" ist auch der **Sentiero delle Formichelle,** der aus Polvica di Tramonti (siehe dort) bis Minori zur Küste hinabführt.

■ **Länge/Dauer:** ca. 5 km/ca. 2¼ Std.
■ **Kumulierte Höhenmeter:** 300 m.
■ **Charakter:** T1; gut angelegte Treppenwege mit einigem Auf und Ab.
■ **Markierung:** Hinweisschilder, rot-weiße CAI-Markierungen.
■ **Varianten:** Die Tour lässt sich beliebig variieren, unterbrechen oder mit anderen Wanderungen kombinieren (z.B. Wanderung 4).
■ **Verpflegung:** Versorgungs- und Einkehrmöglichkeiten in Maiori und Minori, Wasserstellen unterwegs.

Hin & zurück: Maiori und Minori sind mit Linienbussen und -schiffen gut zu erreichen.

MEIN TIPP: **Besuch eines Zitronengartens** mit Verkostung bei der Familie *Ruocco* (Via Torre 27, Mobil 32 92 03 84 49, www.facebook.com/agricolaRuoccos, [i]).

Von der **Piazza Raffaele D'Amato** (10 m) in **Maiori** führt eine imposante Freitreppe zur **Kollegiatskirche S. Maria a Mare** hinauf, bühnenreifes Entrée für den Sentiero dei Limoni (gegenüber liegt der Einstieg zur Wanderung 2). Diese Kulisse begeisterte bereits Filmregisseur *Roberto Rosselini,* der in Maiori einige seiner berühmten Streifen drehte.

Auf Höhe der **Kirche** (30 m) stoßen wir auf den querenden Treppenweg, dem wir links folgen. Vorbei an Zitronengärten, die sich hinter Mauern verbergen, steigt die **Via Vena** an, erreicht ihre Scheitelhöhe (140 m), setzt sich im leichten Auf und Ab fort und fällt dann wieder ab – jetzt als **Via Torre.**

Von der **Y-Gabelung** (125 m; ½ Std.) setzt sich die Via Torre, vorbei am Haus der Familie *Ruocco* (s.o. „Mein Tipp"), bis Minori fort – später unser Rückweg. Wir biegen bergseitig auf den **CAI-Weg 315a** Richtung **Convento San Nicola** ab. Zwischen Felsen, Häusern, Zitronengärten und Olivenhainen geht es rasch bergauf. Ein ebener Abschnitt verspricht Erholung, dann heißt es wieder Treppensteigen. Von unten stoßen wir auf den **querenden Weg** (230 m; ¾ Std.), der sich rechts zum Convento San Nicola fortsetzt.

[>] Erfrischung unterwegs – im Zitronengarten der Familie Ruocco

Ohne Wegweiser biegen wir links ab und überschreiten den Grat; es tut sich der Blick auf Minori und Ravello auf. Kurz darauf biegen wir auf Höhe eines ummauerten Zitronengartens links ab und folgen dem steilen Treppenweg talwärts. An der **Gabelung** (130 m; 1 Std.) unterhalb des **Agriturismo Il Campanile** setzt sich der Treppenweg direkt nach Minori fort. Wir wählen die etwas längere Abstiegsvariante und folgen dem alten Wirtschaftsweg nach rechts, oberhalb des arabisch anmutenden **Campanile dell'Annunziata** vorbei. Auf der querenden Straße biegen wir links ab; weiter geht es auf dem parallel unterhalb der Straße verlaufenden betonierten Wirtschaftsweg. Treppen führen rasch bergab, bald sind die ersten Häuser von **Minori** erreicht. Die höher gelegenen Viertel versprühen Alltagscharme, wie auch der **Corso** mit seinen Geschäften, Bars, Eisdielen und Barbierläden. Eine touristisch-hektische Atmosphäre wie in Amalfi ist weit weg.

Wir erreichen den **Lungomare** (5 m; 1 Std. 20 Min.) auf Höhe des **Edel-Bäckers Sal De Riso,** am nahen Ufer befindet sich der Schiffsanleger. Auf der **Via Roma** gehen wir ein paar Schritte nach links, biegen erneut links ab und laufen seitlich der **Basilica di S. Trofimena** unter dem Glockenturm durch, linker Hand die kleine Limoncello-Fabrik der Familie *Mansi* – vielleicht darf man ja probieren! Auf Höhe des Municipio verlassen wir die **Via Vescovado** nach rechts und folgen dem Treppenweg bergauf. Kurz darauf an der **Gabelung** (50 m; 1½ Std.) gehen wir auf der **Via**

ama43 pa

Torre rechts weiter Richtung Maiori hoch, der **Belvedere Mortella** gewährt einen letzten Blick zurück auf den Ort. Dann begleiten uns Nahblicke in Zitronengärten und Fernblicke bis zum wilden Capo d'Orso. Bis zum Weiler **Torre** mit der Chiesa S. Michele Arcangelo steigt der Pflasterweg leicht an und fällt dann wieder ab. Kurz bevor sich der Kreis auf Höhe der **Y-Gabelung** (125 m; 1 Std. 50 Min.) schließt, können wir an der Hausnummer 27 die Familie *Ruocco* in ihrem Zitronengarten (s.o. „Mein Tipp") begrüßen.

Auf bekanntem Weg kehren wir nach **Maiori** (2 Std. 15 Min.) zurück.

ama241 pa

Wanderung 2:

Monte dell'Avvocata – Pilgern mit Aussicht

Das 866 m hoch gelegene und weithin sichtbare **Santuario dell'Avvocata** ist eines der bedeutendsten Pilgerziele an der Amalfitana, der 1014 m hohe Monte dell'Avvocato einer der schönsten Aussichtsberge der Monti Lattari. Von hier oben liegt einem der Golf von Salerno zu Füßen, bei klarem Wetter reicht die **Sicht bis weit in den Cilento.** Aussicht satt gibt es auch im steilen Auf- und Abstieg, zur Erholung immer wieder auch Waldschatten. Diese lohnende Tour setzt **Kondition** und etwas **Bergerfahrung** voraus.

- **Länge/Dauer:** ca. 12 km/ca. 7 Std.
- **Kumulierte Höhenmeter:** 980 m
- **Charakter:** T3; der steile Aufstieg von Maiori folgt überwiegend gut ausgebauten Wegen, während der steile Abstieg vom Santuario nach Cetara in einigen Abschnitten nicht immer gut erkennbar ist. Im Abstieg vom Gipfel gibt es ausgesetzte Stellen. Wer nicht auf Abenteuer aus ist – der Wegabschnitt vom Santuario zur Quelle 'A Riggiulella ist nicht immer leicht zu finden –, sollte vom Monte dell'Avvocata auf bekanntem Weg nach Maiori zurückkehren.

[<] Maultiere im Einsatz in Maiori

[>] Der Ausblick vom Santuario dell'Avvocata ist himmlisch

■ **Markierung:** Der Aufstieg ist als CAI-Weg 307 gut markiert, für den Abstieg auf den CAI-Wegen 305 und 305a trifft das nicht zu. Es empfiehlt sich mit Hilfe des GPS-Tracks zu laufen.

■ **Varianten:** Nach der Gipfelrunde am Monte dell'Avvocata kann man auf bekannter Strecke nach Maiori zurückkehren. Vom Santuario dell'Avvocata setzt sich der CAI-Weg 300 in ca. 3½ Std. bis Corpo di Cava fort.

■ **Verpflegung:** Versorgungs- und Einkehrmöglichkeiten in Maiori und Cetara. Wasserstellen unterwegs, trotzdem genügend Wasser mitnehmen!

■ **Hin & zurück:** In Maiori und Cetara halten SITA-Busse und im Sommerhalbjahr auch Fährschiffe.

Mein Tipp: Gartenschere und **Badesachen** einpacken, **feste Schuhe** anziehen! **Paraglider** können vom Gipfel zurückfliegen (www.paraglidersamalficoast.com, fb).

Vom **Lungomare in Maiori** (5 m) geht es auf dem Corso Reginna bis zur Piazza Raffaele D'Amato. Hier biegen wir rechts in die **Via Casale dei Cicerali,** queren die Autostraße und steigen auf dem Treppenweg auf, der sich nach einem Linksschwenk als **Via S. Vito** fortsetzt. Die letzten Häuser des Ortes bleiben hinter uns zurück, über Mauern und Zitronengärten hinweg fällt der Blick auf Maiori und die Küste. Unterhalb eines einzeln stehenden Hauses schwenkt der Weg nach links und erreicht eine **Y-Gabelung** (220 m; 40 Min.): Links steigen wir auf dem **CAI-Weg 307** weiter hoch, vorbei an den Ruinen der Kirche S. Vito (rechts setzt sich der CAI-Weg 304 Richtung Badia S. Maria di Olearia fort).

ama242 pa

Monte dell'Avvocata

Eine Weinbergsbahn begleitet den gut ausgebauten Weg. Das Gelände ist terrassiert und wird immer noch bewirtschaftet. Ein ebener Abschnitt lässt uns kurz verschnaufen, zugleich muss man achtgeben, um nicht seitlich vom Weg abzukommen. Der über eine Mauerkrone führende Pfad ist abschnittsweise verwachsen. Der alte Pilgerweg steigt im Schatten hoher Macchia wieder an und führt parallel zum Bach, den wir anschließend queren. An der **Kreuzung** (500 m; 1 Std. 50 Min.) auf Höhe einer Ruine in der Gemarkung **Santa Maria** stößt von rechts eine weitere, nicht auf Karten verzeichnete Aufstiegsroute dazu. Das Santuario schwebt wie ein Luftschloss in der Höhe.

Das Ziel (kurz) vor Augen, setzen wir den Anstieg auf dem breiten Stufenweg im Schatten hoher Steineichen fort. Wenige Minuten später lädt die **Sorgente Acqua del Castagno** (540 m; 1 Std. 55 Min.) zur Rast; hier können wir unseren Durst stillen. In Spitzkehren geht es weiter hoch. Auf Höhe eines wellblechgedeckten **Unterstandes** (665 m; 2½ Std.) teilt sich der Weg. Wir gehen links über den Grat und vorbei an einer im Schutz der überhängenden Felswand errichteten Kapelle. Dann steigt der Pfad noch einmal steil über Felsstufen an, vorbei an einer Grotte, die Hirten als Viehunterstand dient(e). Kurz danach führt ein kurzer Abstecher in die **Grotta dell'Apparizione** (845 m; 3 Std.); ein Majolikabild auf dem Altar erinnert an die wundersame Madonnenerscheinung im Jahr 1485. Auf dem Plateau über der Höhle wurden später die Wallfahrtskirche, das Kloster und ein Pilgerhospiz errichtet.

Der Weg setzt sich am Fuße der Stützmauer fort, vorbei am beschilderten Abzweig Richtung Cetara – später die Abstiegsroute. Erst werfen wir einen Blick auf das **Santuario dell'Avvocata** (866 m) und drehen die lohnende Panoramarunde über den Monte dell'Avvocata. Der Anstieg zum Gipfel setzt sich oberhalb des ummauerten Geländes fort.

Von den sich verzweigenden Wegspuren sollte man sich nicht beirren lassen; sie alle führen wieder zusammen und treffen auf den querenden, von Corpo di Cava heranführenden CAI-Weg 300 „Alta Via dei Monti Lattari“. An der **T-Kreuzung** (925 m; 3½ Std.) biegen wir rechts ab und erreichen mit wenigen Schritten das Freie, im Frühsommer ein einziges Blütenmeer. Der deutliche Pfad steigt weiter an und nichts versperrt die weite Aussicht, zu der sich kurz vor dem **Gipfel** (1014 m; 3 Std. 40 Min.) noch der Tiefblick ins Vallone Grande von Cetara gesellt.

Nach verdienter Rast beginnen wir den Abstieg auf dem aussichtsreichen Gratweg, die Bucht von Erchie im Blick. Der schmale Felspfad führt am **Belvedere** (917 m; 3 Std. 50 Min.) mit schmiedeeisernem Kreuz vorbei und schwenkt scharf nach rechts. Auf ausgesetzte Stellen achten! Es lockt der Blick in eine weitere **Grotte** mit einem rätselhaften Becken am Boden: Einige vermuten in der „sauna dei monaci“ eine Badeanstalt der Mönche, andere erinnern sich an den Briganten *Matteo Salese,* der hier Unterschlupf fand.

Unterhalb des Santuario (3 Std. 55 Min.) schlagen wir den **CAI-Weg 305** Richtung Erchie und Cetara ein, der breit und grob geschottert an einer Reihe von Lichtungen vorbeiführt, auf denen die Pilger während der Festa dell'Avvocata feiern und lagern. Von oben treffen wir auf einen **querenden Weg,** dem wir links durch ein Torgebäude folgen. An der nicht markierten **Y-Gabelung** (790 m; 4 Std. 5 Min.) kurz darauf halten

ama243 pa

☑ Kleiner Abstecher zum Capo d'Orso

wir uns erneut links. Der an und für sich breite Weg ist nicht immer gut zu erkennen, da Hirten den Hang immer wieder anzünden. Im Sommer steht der Adlerfarn hoch, deutlicher ist der Weg in den bewaldeten Abschnitten. Nach leichtem Gegenanstieg queren wir zu Füßen steiler Felswände den Grat, der sich vom Gipfel des Monte dell'Avvocata über den Belvedere in Richtung Capo d'Orso zieht. Aus dem **Sattel** (605 m; 4¾ Std.) lohnt der kurze Abstecher nach rechts. Die Landschaft ist hoch dramatisch, weiter vorne rücken die Galli-Inseln vor Positano und Capri in den Blick. Bei klarer Sicht scheinen Küsten und Berge des Cilento zum Greifen nah.

Zurück am Sattel setzen wir den Abstieg fort und achten kurz darauf auf die undeutliche **Y-Gabelung** und den Abzweig nach rechts: Der ausgewaschene Erdweg führt in Serpentinen rasch bergab und stößt im Wald auf eine **Kreuzung** (460 m; 5 Std. 10 Min.). Im spitzen Winkel zweigt rechts der CAI-Weg 305 Richtung Erchie ab. Dem Geräusch des Baches folgend, erreichen wir mit ein paar Schritten geradeaus eine Picknickzone, die bessere Tage gesehen hat, und die gefasste **Quelle 'A Riggiulella** (455 m).

Der **CAI-Weg 305a** setzt sich im **Vallone San Nicola** talwärts fort, quert das Bachbett und steigt über Felsplatten zunächst wieder leicht an. Auf einem in-

zwischen deutlichen Weg geht es im Wald sanft weiter hoch, bis wir auf dem **Pian del Viesco** (430 m; 5 Std. 35 Min.) ins Freie treten. Die Wegspur führt oberhalb der großen Hausruine vorbei und im Waldschatten ab jetzt bergab. Zurück im Freien (und in der Nachmittagssonne!) gelangen wir auf dem befestigten Stufenweg auf den **Corso von Cetara** und nach wenigen Minuten zur Bushaltestelle an der **Piazza Roma** oder besser noch zuerst zum **Strand** (0 m; 6½ Std.).

Pucara shabby-schick

ama245 pa

Wanderung 3:

Tramonti – zwischen den Bergen

Das Tramonti-Tal **im Hinterland der Costiera Amalfitana** wartet auf seine touristische Entdeckung. Schön langsam. Zu Fuß unterwegs auf alten Wirtschaftswegen und wenig befahrenen Asphaltstraßen taucht man ein in eine **bäuerliche Welt,** die meilenweit entfernt scheint vom Glamour Positanos oder der von Tagestouristen strapazierten Noblesse Amalfis. Slow Food und Slow Travel gehen Hand in Hand. Aus einer lokalen Initiative entstand der 16 km lange Rundweg **Sentiero delle 13 Chiese,** der die dreizehn Weiler Tramontis verbindet und als **CAI-Weg 310** markiert ist. Die vorgeschlagene Route beschreibt die südliche Hälfte dieses Parcours und berührt die Orte Polvica, Paterno Sant'Arcangelo, Paterno Sant'Elia, Pucara, Novella und Gete.

- **Länge/Dauer:** ca. 9 km/ca. 3¾ Std.
- **Kumulierte Höhenmeter:** 310 m
- **Charakter:** T1; die Hälfte der Strecke führt über kaum befahrene schmale Asphaltstraßen, ansonsten folgen wir alten Wirtschaftswegen, teils über Treppenstufen.
- **Markierung:** Hinweisschilder, rot-weiße CAI-Markierungen. Der Abschnitt zwischen Paterno Sant'Elia und Pendolo ist identisch mit dem Fernwanderweg Sentiero Giustino Fortunato.
- **Verpflegung:** Wasserstellen, Einkehr- und Einkaufsmöglichkeiten unterwegs.
- **Hin & zurück:** SITA-Busse von Maiori, (gebührenpflichtige) Parkplätze in Polvica.

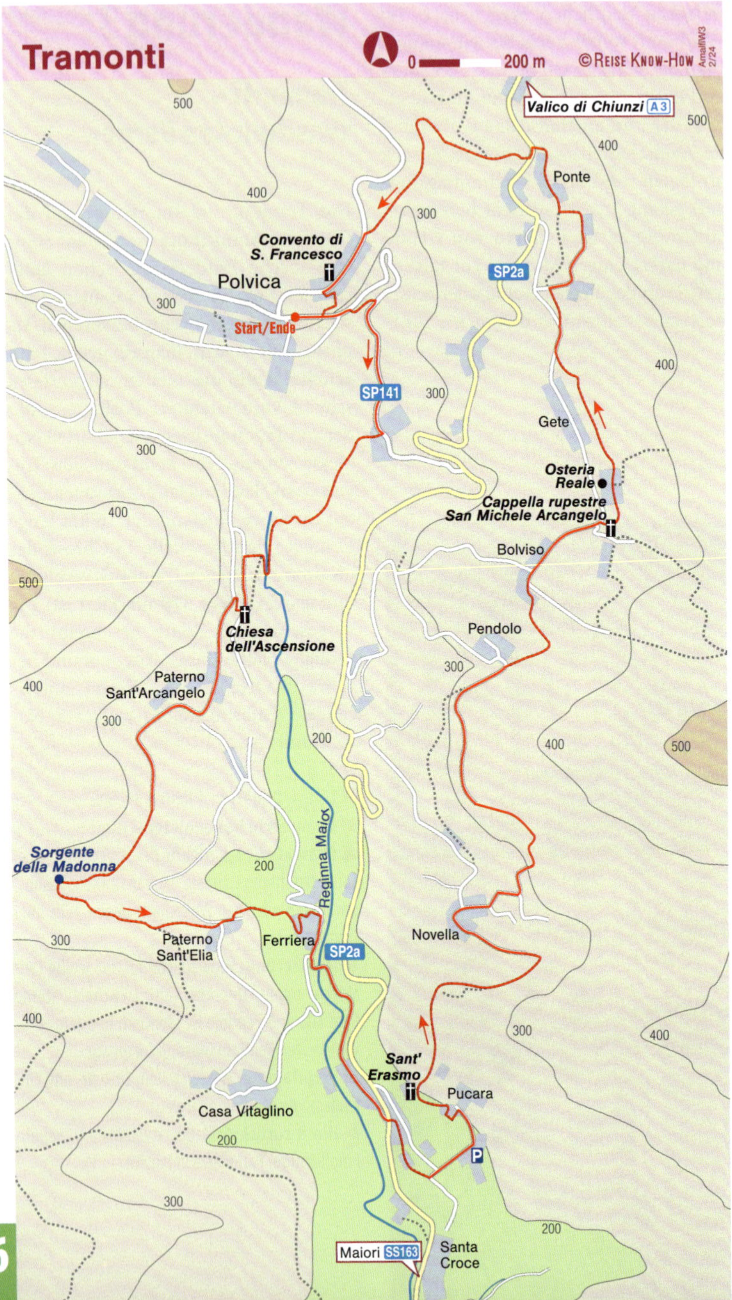
Tramonti
0 200 m
© Reise Know-How
AmalfiW3 2/24
Valico di Chiunzi A3
Ponte
Convento di S. Francesco
Polvica
Start/Ende
SP2a
SP141
Gete
Osteria Reale
Cappella rupestre San Michele Arcangelo
Bolviso
Pendolo
Chiesa dell'Ascensione
Paterno Sant'Arcangelo
Reginna Maior
Sorgente della Madonna
Paterno Sant'Elia
Ferriera
Novella
Sant' Erasmo
Pucara
Casa Vitaglino
Maiori SS163
Santa Croce

Aus **Polvica** (289 m) folgen wir der **Via Raimondo Orsini** stadtauswärts, vorbei an der Bar Treviso. Wir verlassen die SP 141 unmittelbar hinter dem Ortsschild auf dem Treppenweg nach rechts. Von oben treffen wir erneut auf die **SP 141.** Ihr folgen wir vorbei am einzeln stehenden Haus und biegen rechts auf den unbefestigten Wirtschaftsweg ein. Das Tal zur Rechten, geht es im lichten Schatten von Hainbuchen bergab. Oberhalb der **Mühlenruine** queren wir das Flussbett; zwei Wasserläufe vereinen sich hier zum **Reginna Maior,** der bei Maiori ins Meer mündet.

Auf der gegenüberliegenden Talseite folgen wir der schmalen Straße bergauf bis zur **Chiesa della Ascensione** (245 m; 40 Min.), deren Ursprünge im 10. Jh. liegen. Oberhalb der Kirche halten wir uns auf der Straße links und durchqueren auf der Via Sant'Arcangelo den Weiler **Paterno Sant'Arcangelo** (261 m; ¾ Std.). Kurz blitzt am Talausgang das Meer auf. Auf Höhe eines Hauses mit Michaelsfresko schwenkt die Straße nach rechts und führt vorbei an Weinpergolen aus dem Ort, um schließlich in einen absteigenden Treppenweg überzugehen.

Wenige Minuten später überschreiten wir eine Holzbrücke und können uns an der **Sorgente della Madonna** (220 m; 1 Std. 10 Min.) erfrischen; „bevi e ringrazia" fordert eine Keramiktafel auf. Von der gefassten Quelle führt ein breiter Waldweg zur **Chiesa di Sant Elia** (230 m; 1½ Std.) hinauf. Kurz vor der Kirche steigen wir auf dem steilen Treppenweg links ab und treffen auf Höhe der Antica Cartiera Sant'Elia auf eine Asphaltstraße, der **Via Ferriera Sant' Elia.** Dieser folgen wir rechts aus dem Ort, vorbei an einer weiteren kleinen Papierfabrik.

Oberhalb einer Häusergruppe (Metzgerei und Bar) queren wir die **SP 2/a** (140 m; 1 Std. 50 Min.) und setzen im Rücken der Häuser den steilen Anstieg fort. Von der T-Kreuzung halten wir links auf die beiden Kirchen von **Pucara** zu. Über viele Generationen hinweg erhielten Kinder minder begüteter Familien im **Conservatorio dei SS. Giuseppe e Teresa** eine solide Ausbildung, ferner erfanden hier Klosterschwestern den Kräuterlikör „Concerto". Das Rezept wird von vielen Familien Tramontis bis heute gehütet. Das ehemalige Barockkloster präsentiert sich leider in einem

ama244 pa

[>] Matteo Giordano setzt sich aktiv für den Ausbau der Wanderwege ein

betrüblichen baulichen Zustand. Wir folgen dem bezeichneten Treppenweg rechts zur **Chiesa di Sant'Erasmo** mit ihrer auffälligen ziegelgedeckten Kuppel.

Oberhalb der Kirche geht es steil zwischen hohen Mauern in nördliche Richtung hinauf. Dann flacht der Weg ab und der Blick weitet sich über den Talkessel von Tramonti. Der Borgo Novella rückt in den Blick. Von unten stoßen wir auf eine schmale Straße, die von Holzgeländern begleitet zur Talsohle abfällt, dann wieder leicht ansteigt und in **Novella** (250 m; 2 Std. 20 Min.) unterhalb der **Chiesa di San Bartolomeo Apostolo** vorbeiführt. Von der Piazza Padre Pio geht es durch einen Torbogen im Rücken der Kirche auf einer neu gepflasterten Straße bergauf. Grandiose Bergblicke versöhnen mit dem etwas beschwerlichen Anstieg. An der **T-Kreuzung** auf Höhe eines halb verlassenen größeren Gebäudes halten wir uns links. Mit Blick auf Polvica fällt die Piste sanft ab, streift den Weiler **Pendolo** (300 m; 2¾ Std.) und bald sind die ersten Häuser von **Gete** (360 m; 3 Std.) erreicht.

Wir queren die Straße nach rechts und über eine Fußgängerbrücke das Tal. Ein Schild weist auf den kurzen Abstecher zur **Cappella rupestre San Michele Arcangelo** hin; die Kapelle aus dem Mittelalter wurde möglicherweise an der Stelle eines heidnischen Kultortes errichtet. Der Weg zurück in Richtung Polvica setzt sich im Rücken der Kapelle und oberhalb der Osteria Reale in nördliche Richtung fort. Die Gehrichtung beibehaltend tangieren wir hinter Gete die Straße, durchqueren **Ponte** und erreichen oberhalb einer Eisenwarenhandlung erneut die **SP 2/a** (3¼ Std.). Ihr folgen wir ca. 20 m talwärts und achten rechts auf die markierte Öffnung in der Leitplanke.

Parallel mit dem Talverlauf führt die Wegspur bergab. Wir queren die Talsohle und setzen den sanften Abstieg auf dem inzwischen deutlichen alten Wirtschaftsweg fort. Dann geht es über eine kleine Brücke zurück ans andere Ufer. Auf dem breit ausgebauten Weg steigen wir im Kastanienwald zur Straße hoch und erreichen **Polvica** auf Höhe des **Convento di San Francesco.** Kurz danach geht es rechts über die Treppen abwärts, und mit wenigen Schritten haben wir den Ausgangspunkt auf Höhe der **Comune** (3¾ Std.) erreicht.

Wanderung 4:

Amalfi, Ravello und Atrani – Industrieromantik mit Zitronenduft

Die **abwechslungsreiche Rundtour** verbindet einige der sehenswertesten Amalfitana-Orte – Atrani erschließt sich ohnehin nur Fußgängern. Oberhalb von Amalfi durchstreifen wir das Mühlental und erleben ein Industriegebiet des Mittelalters als Naturidyll. Immer wieder schlendern wir unter Zitronen und genießen weite Blicke über das Meer. Die Tour lässt sich fast beliebig kombinieren – z.B. mit Wanderung 3 – oder auch abkürzen.

- **Länge/Dauer:** ca. 10 km/ca. 4 Std.
- **Kumulierte Höhenmeter:** 450 m.
- **Charakter:** T1 bis T2; gut ausgebaute aussichtsreiche (Treppen-)Wege, kurze Abschnitte auf Asphalt.

Der Weiler Torello scheint fast aus der Zeit gefallen

ama246 pa

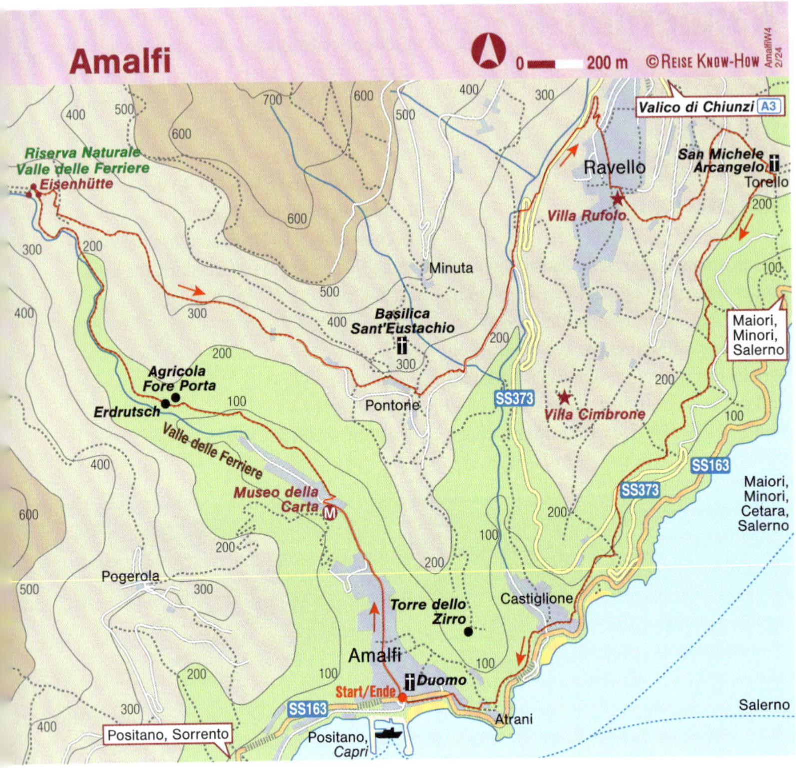

■ **Markierung:** Hinweisschilder, rot-weiße CAI-Markierungen.

■ **Verpflegung:** Wasserstellen, Versorgungs- und Einkehrmöglichkeiten unterwegs, z.B. die Agricola Fore Porta im Mühlental nahe Amalfi.

■ **Hin & zurück:** Amalfi ist bestens per Bus oder Schiff zu erreichen. Gebührenpflichtige Parkplätze am Hafen bzw. im Parkhaus Luna Rossa.

MEIN TIPP: **Badesachen** einpacken!

Von der **Piazza Duomo** (5 m) in **Amalfi** folgen wir dem **Corso** mit dem Talverlauf in Richtung Berge. Bars, Restaurants, Reisebüros, Souvenirshops, Boutiquen und Lebensmittelläden wechseln sich ab mit Geschäften des täglichen Bedarfs. Die Lage „beruhigt" sich oberhalb der Piazza Spirito Santo. Auf Höhe des **Museo della Carta** (30 m; ¼ Std.) biegen wir rechts in die Via Leone Comite Orso und nach wenigen Schritten im spitzen Winkel links in den Treppenweg **Via Grade Lunghe,** der sich als **Via Paradiso** (Nomen est omen!) fortsetzt. Die Stadt im Rücken geht es an Zitronenhainen und Obstgärten vorbei. Über Mauern hinweg fällt der Blick ins Mühlental mit den Ruinen von Fabriken, die bis ins

19. Jh. ein hoch geschätztes Büttenpapier erzeugten. Auf der gegenüberliegenden Talseite steigen die Hänge steil nach Pogerola an. Der Weg passiert die **Agricola Fore Porta** (40 Min.), halb Bio-Bauernhof, halb Café-Bar im Grünen. Für eine frisch gepresste Zitronenlimonade ist immer Zeit!

Vorbei an einem Erdrutsch und dann über Stufen steigen wir im lichten Waldschatten weiter an, zur Linken begleitet vom Rauschen des **Fiume Chiarito.** Den Weg säumen Ruinen imposanter Industriebauten, die Mauern von Efeu überwuchert. Auf Höhe der alten Eisenhütte, die dem oberen Talabschnitt den Namen verleiht, stoßen wir auf eine **T-Kreuzung** (244 m; 1 Std.).

Nach links setzt sich der **CAI-Weg 325** bis zum Eingang der **Riserva Naturale Valle delle Ferriere** (Öffnungszeiten sind angeschlagen, Eintritt) fort. Wir setzen die Tour in Richtung Pontone nach rechts auf dem **CAI-Weg 323a** fort. Der Weg fällt zunächst leicht ab, quert ein Seitental, führt an einem Abzweig vorbei und an der **Y-Gabelung** (1 Std. 10 Min.) links bergauf. Im leichten Auf und Ab und mit Blick auf Amalfi und weit über den Golf erreichen wir **Pontone.** Der Weg geht in eine Fahrstraße über; bei erster Gelegenheit biegen wir bergseitig in den alten Treppenweg. Durch einen Torbogen betreten wir den hübschen Ort. An der **Piazza S. Giovanni del Toro** (244 m; 1 Std. 40 Min.) lädt die Blu Bar zu einer kleinen Erfrischung.

Von der Piazza schreiten wir unter dem Campanile durch und biegen links ab (rechts geht es zur Torre dello Zirro bzw. nach Amalfi hinab). Jenseits des Dragone-Tals erhebt sich in edler Lage Ravello. Wir stoßen nach wenigen Minuten von oben auf die asphaltierte **Via Rotabile Pontone,** die links durch zwei kurze Tunnel führt. In der scharfen Rechtskurve gleich nach der Brücke biegen wir links ab, vorbei an einer Auto-

Eindrücke aus dem Valle delle Ferriere (auch Valle dei Mulini)

werkstatt. In Folge queren wir zweimal die Serpentinen der **SS 373,** folgen ihr ein kurzes Stück bergauf und biegen in den bezeichneten Treppenweg Richtung Ravello ab. An der Gabelung halten wir uns rechts. Vorbei an der Chiesa di Santa Maria a Gradillo und über die Via Roma erreichen wir die **Piazza Duomo** (359 m; 2 Std. 20 Min.) von **Ravello.**

Links vom Eingang zur Villa Rufolo biegen wir in die schmale **Via della Annunziata.** Vorbei an der gleichnamigen Kirche, deren Türmchen den Umschlag unzähliger Golf-von-Neapel-Reiseführer zier(t)en, und der Chiesa Maria delle Grazie geht es Richtung Minori treppab und vorbei an der Chiesa S. Pietro. Talseitig der Fahrstraße führt die schmale **Via Torello** in den hübschen gleichnamigen Weiler und zur **Chiesa di San Michele Arcangelo** (224 m; 2 Std. 40 Min.). Von hier steigen Treppenwege nach Minori ab.

Wir biegen rechts in die Via Torretta und nach wenigen Schritten rechts in die **Via Vallone** ein und folgen dem **CAI-Weg 315** Richtung Amalfi. Auf dem schmalen Weg geht es mitten durch kultiviertes Bauernland sanft bergab, zur Rechten das imposante Felsplateau mit der Villa Cimbrone. Dann geht es auf Treppen bergab. Wir treffen auf die **SS 373** (125 m; 3¼ Std.), der wir nur 50 m geradeaus folgen, um in der **Località Castiglione** links in den bezeichneten Treppenweg einzubiegen. Dieser mündet kurz darauf in einen weiteren Treppenweg, auf dem wir nur ein paar Schritte absteigen. An der nächsten Gabelung halten wir uns rechts. Mit schönen Blicken erreichen wir die **Kollegiatskirche Santa Maria Maddalena** (30 m; 3½ Std.) in **Atrani.** Die Kirchenpiazza mit der monumentalen Freitreppe diente vielen Filmen als Kulisse. Im hübsch verwinkelten Atrani fand auch *M.C. Escher* Anregungen für seine berühmten geometrischen Grafiken.

Treppengassen führen auf die zentrale **Piazza Umberto I.** (5 m; 3 Std. 35 Min.), zum Strand sind es nur wenige Schritte. Nach verdienter Pause am Strand oder in der Bar biegen wir in den **Supportico Via Campo** ein und folgen Keramikschildern mit der Aufschrift „Amalfi“ treppauf, treppab durch das faszinierende Gassenlabyrinth. Zwischendurch erhaschen wir einen tollen Blick zurück auf Atrani. An der Luxusherberge Luna Convento vorbei erreichen wir den Lungomare von **Amalfi** und kehren zur **Piazza Duomo** (3 Std. 55 Min.) zurück.

ama253 pa

Wanderung 5:

Sentiero degli Dei – dem Himmel so nah

Der als **CAI-Weg 327** bezeichnete **„Götterweg"** ist der bekannteste Wanderweg der Amalfiküste. Dem süditalienischen Bergpionier *Giustino Fortunato* (1848–1932) verdankt er seinen griffigen Namen. In Reiseführen oft beschrieben und ins Programm unzähliger Reiseveranstalter aufgenommen, droht dem schönen *sentiero* an manchen Tagen der Kollaps wegen Überfüllung. Und längst nicht alle Wanderer, die man unterwegs antrifft, sind gut bzw. angemessen ausgerüstet. **Individualreisende** müssen den Transport mit öffentlichen Verkehrsmitteln zum Ausgangspunkt in Bomerano und zurück von Positano organisieren, was i.d.R. gut klappt. Wir schlagen eine **Rundwanderung ab Praiano** vor, die den Götterweg in seinem zentralen Abschnitt berührt und sich mit der klassischen Route kombinieren lässt. An prachtvollen Ausblicken herrscht kein Mangel!

☑ Sentiero degli Dei – der Unendlichkeit so nah

- **Länge/Dauer:** ca. 8,5 km/ca. 4 Std.
- **Kumulierte Höhenmeter:** 500 m.
- **Charakter:** T2 bis T3; viele Stufen im Auf- und Abstieg, kurze Wegabschnitte sind leicht ausgesetzt. Man sollte schwindelfrei sein.
- **Markierung:** Hinweisschilder, rot-weiße CAI-Markierungen.
- **Varianten:** Man kann der klassischen Route über Nocelle und Montepertuso bis Positano folgen oder in Gegenrichtung Bomerano erreichen.
- **Verpflegung:** Im Sommer öffnet am Convento di San Domenico eine rudimentäre Bar. Für kleine Gruppen bietet *Antonio Milo* (Mobil 33 91 66 90 61), einer der letzten Ziegenhirten der Costiera und da-

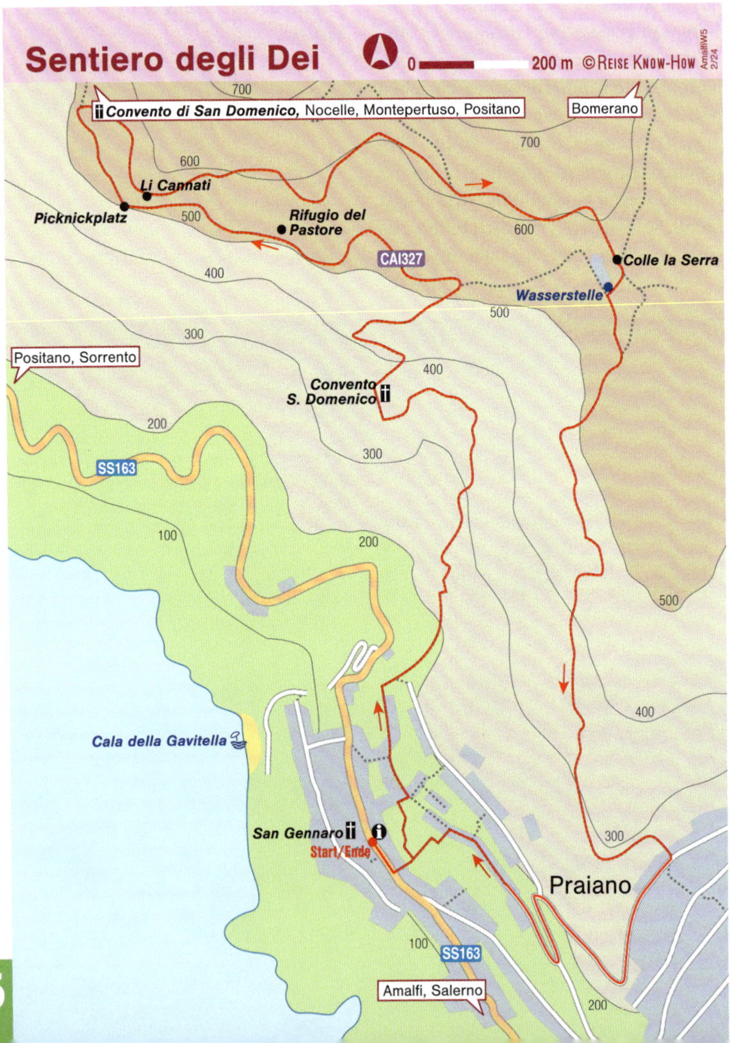

von der jüngste, zu Füßen der Felswände von Li Cannati seine famose Käse-Degustation an. Versorgungs- und Einkehrmöglichkeiten in Bomerano, Nocelle, Montepertuso und Positano (nicht Teil der beschriebenen Tour).

■ **Hin & zurück:** Praiano wird von SITA-Bussen aus Amalfi und Sorrent bzw. Stadtbussen aus Positano erreicht.

Als Startpunkt wählen wir das **Touristenbüro** (120 m) in **Vettica Maggiore** oberhalb der Chiesa di San Gennaro (Bushaltestelle N° 7) und gehen auf der Hauptstraße ein paar Schritte in Richtung Amalfi über die **Piazzetta Gagliano** mit dem Springbrunnen. Hier biegen wir bergseitig in die **Via F. Russo** ein. Die Schilder „Convento S. Domenico“ und „Sentiero degli Dei“ weisen den Weg. Kunstwerke des NaturARTe-Projekts begleiten den Aufstieg über zahllose Treppen. Auf der **Via Croce** verläuft der Weg zwischenzeitlich fast eben, linker Hand sehen wir über die Galli-Inseln hinweg bis zur Sorrentiner Halbinsel und Capri. An der **Y-Gabelung** (160 m; ¼ Std.) folgen wir dem Stufenweg rechts hoch. *Francesco Mangieris* Skulpturen zeigen die versteinerten Sirenen, Sitzbänke laden zu einer Verschnaufpause ein. Bald rückt das Convento San Domenico in den Blick, einsam und imposant thront es in der Höhe.

Mit weitem Linksschwung den Talkessel des Fontanella querend, führt der Weg an Felskapellen vorbei und erreicht den weiten Vorplatz des **Convento San Domenico** (364 m; 50 Min.). Die Sicht übers Meer auf Positano, die Galli-Inseln und die Sorrentiner Halbinsel mit Capri am Horizont ist fantastisch! Lassen Sie sich auf den Sitzbänken nieder und den lieben Gott einen guten Mann sein. Wo besser als hier?

Blick hinab auf Praiano

ama251 pa

ama252 pa

Es fällt nicht leicht wieder aufzubrechen, aber weitere landschaftliche Höhepunkte warten. Vom Wiesengrund geht es durch einen Torbogen. Über Felsstufen setzt sich der Anstieg steiler fort, von einer Kletterpartie zu reden, wäre jedoch übertrieben. Ohne das natürliche Felstor zu durchschreiten, geht es durch einen **aufgelassenen Olivenhain** weiter hoch. Steineichen, Mastix-Sträucher, Zistrosen und Rosmarin säumen den Weg, Futter für die Ziegen, deren Glöckchen in der Distanz zu hören sind.

Von unten stößt der Steig auf den querenden **CAI-Weg 327** (500 m; 1¼ Std.), besser bekannt als „Götterweg". Der breiter ausgebaute Weg führt rechts vom Sattel Colle La Serra heran. Wir setzen unseren Weg nach links fort. Zur Rechten ragen imposant die Felswände von Li Cannati in die Höhe. Bergseitig steht eine kleine Häusergruppe, und in einer Felshöhle befindet sich ein Ziegenunterstand. Hier ist es nach vorheriger Abmachung möglich, an einer Käse-Verkostung teilzunehmen. Weiter vorne lädt ein **Picknickplätzchen** (1 Std. 50 Min.) mit Blick auf Positano zur Rast. Die überhängenden Felswände sind ein Treff der Freeclimber.

Wenige Minuten später erreichen wir die **Kreuzung** (550 m; 1 Std. 55 Min.) am Notrufpunkt N° 7. Während der CAI-Weg 327 sich in Gehrichtung nach Nocelle fortsetzt, biegen wir rechts ab auf die **Wegvariante 327a.** Der Felspfad gewinnt rasch an Höhe, führt im Schatten eines Wäldchens an einer Höhle vorbei und setzt sich in östlicher Richtung dann fast eben fort. Über den Golf von Salerno hinweg blicken wir auf die Berge des Cilento. An aufgelassenen Terrassen vorbei schwenkt der Pfad nach links und fällt zum Sattel ab. Tiefblicke zur Linken fallen in den Talkessel des Vallone di Praia, eine aufregend schöne Weinberglandschaft.

Am **Colle La Serra** (578 m; 2 Std. 40 Min.) treffen wir auf den aus Bomerano heranführenden „Götterweg" **(CAI-Weg 327).** Die Gehrichtung beibehaltend gehen wir geradeaus und biegen gleich darauf rechts ab. Mit wenigen Stufen erreichen wir die **T-Kreuzung** mit Wasserstelle und tollem Küstenblick direkt oberhalb des Convento San Domenico. Der Götterweg setzt sich rechts in Richtung Positano fort; wir wählen den linken, vom **CAI** als **327b** bezeichneten Weg zurück nach Praiano.

Aus der Distanz grüßt der Weiler Nocelle

Parallel zum Weg verläuft eine **Weinbergbahn.** Landschaftsromantiker mögen die Nase rümpfen, aber ohne dieses technische Hilfsmittel wären auch die letzten landwirtschaftlich genutzten Flächen in dieser Höhe längst aufgegeben worden. Mit Blick auf die Chiesa di San Gennaro erreicht der Weg einen Grat, ein gutes Plätzchen für eine Rast. Fast senkrecht geht es dann über Stufen rasch bergab. Am oberen Ortsrand von **Praiano** treffen wir auf die **Via Costantinopoli** (250 m; 3 Std. 20 Min.), die wir queren; auf dem Treppenweg **Via Pistiello** setzen wir den Abstieg fort. Am ersten Abzweig halten wir uns rechts und an der **Y-Gabelung** oberhalb der Piazza San Luca geradeaus. Es geht unterhalb der Chiesa di S. Maria di Costantinopoli vorbei und vom Kirchplatz auf dem Treppenweg links bergab. Von oben treffen wir erneut auf die Via Costantinopoli, folgen ihr wenige Schritte links bergab und biegen im spitzen Winkel rechts in die **Via Croce** ein. Begleitet von Szenen aus der „Odyssee“ erreichen wir die **Via F. Russo.** Hier schließt sich der Kreis und bald haben wir wieder das **Touristenbüro** (3 Std. 50 Min.) in **Vettica Maggiore** erreicht. Wie wäre es zur Belohnung am Ende der Wanderung mit einem Sprung ins Meer? An der **Cala della Gavitella,** einer romantischen Kiesbucht zu Füßen der Chiesa di S. Gennaro, scheint die Sonne von früh bis spät.

Wanderung 6:

Giungano – Trentinara: nur Fliegen ist schöner!

Alte Wirtschaftswege verbinden Giungano mit dem 350 m höher gelegenen Trentinara, der schönste führt an Gumpen und Wasserfällen vorbei durch die Schlucht. Am Plateaurand öffnet sich eine **archaische Bauernlandschaft** und über den Talkessel spannt sich von Trentinara aus eine **Zip-Line,** die eine „Abkürzung“ des Weges in der Luft ermöglicht. Glaubt man dem Historiker *Plutarch* und den Lokalpolitikern, so war die Talschlucht im Jahre 71 v.Chr. Schauplatz einer der letzten Schlachten zwischen dem Sklavenheer des *Spartakus* und den römischen Legionen unter *Lici-*

ama249 pa

Das Spektakel des Solofrone-Wasserfalls erlebt man nur in den Wintermonaten

nius Crassus (siehe Exkurs „Spartakus und die soziale Frage", S. 192).

- **Länge/Dauer:** ca. 10 km/4 Std. 20 Min.
- **Kumulierte Höhenmeter:** 610 m.
- **Charakter:** T3; Schotterpisten, alte Wirtschaftswege, Stufen und Viehpfade wechseln sich ab. Auf- und Abstiege überwiegend im Waldschatten.
- **Markierung:** Rot-weiß als P3 bzw. P3A markiert.
- **Varianten:** Auf den Abstecher nach Trentinara könnte man auch verzichten (minus 1 Std.), bzw. es besteht auch die Möglichkeit, von Trentinara auf dem alten, schlecht markierten und stark verfallenen Ziehweg nach Giungano abzusteigen („Sentiero della Sposa").

☐ Im Aufstieg nach Trentinara

■ **Hin & zurück:** Von der SS 18 südlich von Paestum auf der SP 137 Richtung Giungano; vor Erreichen des Ortes kurz vor der Brücke links auf der Via Difesa bergauf (Holzschild „Sentiero Tremonti“). Nach ca. 300 m rechts auf dem Kiesplatz parken. Hinter einer Absperrung steht ein modernes Steinhaus.

MEIN TIPP: Ein **Gelato** zur Belohnung für den Aufstieg nach Trentinara, und wer Abwechslung sucht, **„fliegt“** von hier aus ein Stück (www.cilento involo.it) des Weges.

Vom **Parkplatz** (160 m) in **Giungano** geht es durch einen Tordurchlass auf der ansteigenden Kiesstraße in den aufgelassenen Steinbruch. Jenseits der Schlucht ist rechter Hand die Belvedere-Terrasse von Trentinara zu sehen, Startpunkt der 1,5 km langen Zip-Line. Aus dem Steinbruch folgen wir der zur Rechten abfallenden Schotterpiste. Nach kurzem Zwischenanstieg erreichen wir eine **Gabelung** (220 m; 20 Min.). Bergseitig mündet hier der Rückweg (Pfad „P3“) ein.

Wir gehen auf dem breiten Weg talwärts und queren über eine hölzerne Brücke die Schlucht. Bevor der eigentliche Aufstieg beginnt, kann man aus der ersten **Spitzkehre** (260 m; ½ Std.) links mit wenigen Schritten eine Gumpe erreichen. Im Schatten von Steineichen führen steile Serpentinen über viele Stufen hoch. Den Hauptweg begleitet ein (verfallenes) Holzgeländer, weiße Holzpfeile an den Stämmen weisen den Weg. Von seitlich abzweigenden alten Köhlerpfaden sollte man sich nicht beirren lassen. Trockenes Eichenlaub macht den Weg rutschig; es ist sinnvoll, diesen Abschnitt im Anstieg zu nehmen. Unterwegs gibt es zwei weitere Möglichkeiten, um zum Bach abzubiegen. Vom dritten **Abzweig** (370 m; 1 Std. 50 Min.) gelangt man an den Fuß des höchsten Wasserfalls. Im Sommer, wenn eine Erfrischung willkommen wäre, liegt das Bachbett des Solofrone leider fast trocken.

Der Anstieg setzt sich in engen Spitzkehren bis unterhalb der steil aufragenden Felswand fort. Es öffnen sich Blicke in den Talkessel und auf die Nordostflanke des Monte Sottano. Ein zwischen Bäumen gespanntes Kletterseil dient der

ama250 pa

Sicherung, dann führt der Pfad durch eine enge Felsscharte, um schließlich ins **Freie** (450 m; 1 Std. 5 Min.) zu treten. Von oben ist die Solofrone-Brücke in der Nähe des Startpunktes zu sehen (hier besteht die Möglichkeit einer Abkürzung: Dazu muss man nach links zwischen Felsen hochklettern und stößt kurz darauf auf den breiten Kamm mit dem querenden, als P3 markierten Pfad.).

Wir folgen dem als **P3A** markierten Pfad für ca. 20 Min. am Fuße der Felswand und halten dabei auf Trentinara zu. Von unten stoßen wir auf die Kammlinie und eine **T-Kreuzung** (490 m; 1 Std. 25 Min.); hier quert der P3.

Entscheiden wir uns für den **Abstecher nach Trentinara,** gehen wir ein kurzes Stück nach rechts bis zur querenden Trockensteinmauer. Hier biegen wir im rechten Winkel rechts ab. Durch lockeren Eichenwald und vorbei an aufgelassenen Terrassen steuern wir den Ort an. Unterhalb des Startplatzes der Zip-Line queren wir über einen (verfallenen) Holzzaun nach links und erreichen im Ort die zentrale **Piazza dei Martiri** (600 m; 2 Std.) mit Bars und Lebensmittelläden in unmittelbarer Nähe.

Auf bekanntem Weg kehren wir zur **T-Kreuzung** (490 m; 2½ Std.) zurück, behalten die Gehrichtung bei und folgen der Richtungsangabe „Arrampiccata". Der Weg schlängelt sich zwischen Felsen und niedrigen Macchia-Büschen hindurch. Von der Geländekante bietet sich ein tiefer Blick in den Talkessel; auf der gegenüberliegenden Seite, wo auch die Zip-Line endet, ist der weitere Verlauf des Weges zu erkennen. Zunächst schwenkt der Weg mit Blick auf Monte Vésole in östliche Richtung und zieht sich am Rand eines Hainbuchenwäldchens entlang. Wir queren auf Höhe einer Mühlenruine über eine **Steinbrücke** (450 m; 2 Std. 55 Min.) die Talmulde.

Trentinara im Rücken, folgen wir der steingepflasterten *mulattiera* (Maultierweg) in nordwestlicher Richtung. Der Weg fällt zu einer Furt sanft ab, steigt dann wieder an und führt rechts an einem verlassenen Steinhaus vorbei. An einer **Y-Gabelung** (440 m; 3 Std. 5 Min.) verlassen wir die breite *mulattiera* nach links und folgen dem rot-weiß markierten Pfad (geradeaus geht es weiter nach Capáccio) an teils verwilderten Olivenhainen vorbei, dann zwischen Felsen und über purpurviolett verfärbten mergeligen Untergrund bergab und durch Macchia. Der folgende Wegabschnitt ist lehmig und vom Vieh ausgetreten (bei Regen etwas unangenehm). Kurz hintereinander kommen zwei Gatter. Der Weg schwenkt anschließend in südwestliche Richtung und führt links an einem verfallenen Gebäude vorbei. Am Ende der aufgelassenen Oliventerrasse steht ein Strommast aus Beton. Durch eine **Bresche** (430 m; 3 Std. 40 Min.) in der Terrassenmauer steigen wir links ab.

Wir folgen dem Pfad unterhalb der Talstation der Zip-Line über Fels und durch artenreiche Macchia bergab und genießen dabei noch einmal schöne Blicke auf die Gola di Tremonti, Trentinara und den Monte Vésole. Von oben treffen wir auf einen breiten **Maultierweg** (325 m; 4 Std.), dem wir links weiter bergab folgen. Dann schließt sich der Kreis an der **Gabelung** (240 m; 4 Std. 5 Min.) und auf bekanntem Weg geht es durch den Steinbruch zurück zum **Ausgangspunkt** (4 Std. 20 Min.).

Wanderung 7:

Punta Tresino – Halbinsel mit Vergangenheit

Die **Halbinsel zwischen Agropoli und Santa Maria di Castellabate** scheint aus der Zeit gefallen zu sein. Nicht nur Kindern macht es Spaß, durch den verlassenen Ort San Giovanni zu streifen. Auf alten Ackerterrassen und in aufgegebenen Olivenhainen breitet sich duftende Macchia aus, während unter der Erde die Reste des **antiken Trezene** schlummern. In diesem Naturparadies erzeugen *Mario* und *Ida* auf ihrer **Azienda Agricola San Giovanni** einen von Slow Food gelobten **Wein** (siehe Exkurs „Jazz in Flaschen und andere gute Tropfen", S. 516).

- **Länge/Dauer:** 13,5 km/3 Std. 35 Min.
- **Kumulierte Höhenmeter:** ca. 400 m.
- **Charakter:** T1 bis T2; meist breite, eindeutige Wege. Bei Regen erschwert lehmiger Untergrund im mittleren Abschnitt das Fortkommen. Abwechselnd sonnige und schattige Partien.
- **Markierung:** Hinweisschilder, rot-weiße Markierungen.
- **Variante:** Der Einstieg ist auch von Norden auf Höhe der Baia di Trentova möglich. Die breite Piste in Richtung Contra Pàstena ist deutlich markiert.
- **Verpflegung:** Auf Anfrage sind Weinproben auf der Azienda Agricola San Giovanni (www.agricolasangiovanni.it, fb) möglich. Ansonsten empfiehlt es sich, ein Picknick einzupacken. Gefasste Quelle (Fonte) unterhalb von San Giovanni.
- **Hin & zurück:** Die Zona Lago nördlich von Santa Maria di Castellabate lässt sich über den Strand in ca. 45 Min. zu Fuß erreichen, SMEC-Busse (www.autolineesmec.it) halten 500 m südlich der Kirche. Parkmöglichkeiten am Belvedere dei Trezeni. Die Baia di Trentova lässt sich mit eigenem Fahrzeug, mit dem Stadtbus aus Agròpoli (www.giulianobus.com) oder zu Fuß vom Hafen in Agropoli erreichen.

MEIN TIPP: In Santa Maria di Castellabate und in der Baia di Trentova von Agropoli locken **tolle Badestrände.**

Die verfallene Kirche des verlassenen Ortes San Giovanni

ama254 pa

Am nördlichen Ortsrand in Lago führt vom **Belvedere dei Trezeni** (25 m) eine breite Schotterpiste parallel zum Steilufer schräg am kieferbestandenen Hang bergauf. Versenkbare Poller versperren nicht autorisierten Autos die Zufahrt. Unterwegs zweigt links eine geschotterte **Privatstraße** (86 m; 10 Min.) zur **Azienda Agricola San Giovanni** ab. Der Anstieg setzt sich nach rechts auf breiter Piste fort, ein Blechschild kündet das „Monastero San Giovanni" an. Die Ruinen des verlassenen Ortes sind bereits auszumachen. Unterwegs stößt von links ein **markierter Pfad** (110 m; 20 Min.) dazu – der Rückweg. Nach weiteren 10 Min. besteht die Möglichkeit eines kurzen Abstechers (plus 10 Min.) nach links zur **Fonte San Giovanni:** Im Schatten hoher Dattelpalmen strömt klares Quellwasser in einen Steintrog. In lang gezogenen Serpentinen steigt die Piste weiter an, begleitet von herrlichen Blicken auf Castellabate, die Bucht mit der Punta Licosa und den Monte della Stella (Wanderung 8).

Auf der **Scheitelhöhe** (234 m; 50 Min.) treffen wir auf eine querende, eben verlaufende Piste. Der Monte Tresino ist rechts ausgeschildert, wir halten uns jedoch links und erreichen bald darauf das Mitte des 20. Jh. verlassene **San Giovanni.** Die **Dorfpiazza** (229 m; 1 Std.) beeindruckt mit einer großen Freitreppe, gegenüber erhebt sich die ehemalige Kirche mit ihren Ecktürmchen. Ein prima Rastplatz!

Der Weg setzt sich nach Norden fort. Knapp 100 m nach der Piazza wählen wir an der **Y-Gabelung** die linke untere Fahrspur; eine Metallschranke versperrt Fahrzeugen den Weg. An der nächsten **Gabelung** (254 m; 1 Std. 10 Min.) behalten wir die Gehrichtung bei und folgen dem Pfad unterhalb der Ruine und an einem Maulbeerbaum vorbei. Bald setzt sich der rot-weiß markierte alte Maultierweg deutlicher im Schatten der hohen Macchia fort, Reste der alten Pflasterung treten zutage. Der sanft abfallende Weg beschreibt einen weiten Rechtsbogen unterhalb des Monte Tresino, Lichtungen geben Blicke auf Agropoli, die Baia di Trentova und die Ebene von Paestum frei. Dann tritt der Pfad ins Freie, schwenkt nach Westen und fällt stärker ab.

An einer bezeichneten **Y-Gabelung** (60 m; 2 Std.) halten wir uns halb links in Richtung Punta Tresino, nach rechts fällt der Weg in Richtung Baia di Trentova ab. Mit leichtem Auf und Ab folgen wir dem wildromantischen Waldweg durch einen artenreichen Steineichenwald und oberhalb der Ruinen alter Gutshäuser in der Contrada Pàstena vorbei. Bergseitig sind Reste alter Trockensteinmauern zu erkennen. Unterwegs beschreibt der Weg eine auffällige Linkskurve und schwenkt dann wieder hangparallel ein. Weiter vorne knickt der Weg nach rechts ab, fällt rasch ab und stößt von oben auf eine breite **küstenparallele Piste** (50 m; 2 Std. 25 Min.), der wir nach links folgen. Wir queren einen Bachlauf, durchschreiten ein Gatter und erreichen

Weit schweift der Blick bis Agropoli und Paestum

ama255 pa

die **Punta Tresino** (84 m, 2 Std. 40 Min.). Von den unscheinbaren Resten des mittelalterlichen Küstenwachturms spannt sich der Blick von der Punta Licosa im Süden bis zur Punta Campanella, die im Nordwesten den Golf von Salerno abschließt.

Ab der Torre Tresino führt die Piste in südliche Richtung, verschmälert sich zuletzt zum Pfad und endet vor dem **Maschendrahtzaun** (60 m; 3 Std.) der **Azienda Agricola San Giovanni.** Nach links setzt sich außerhalb der Umzäunung der ausgeschlagene Weg fort, quert über eine Holzbrücke und führt schräg den Hang hoch, um von unten auf die breite **Schotterpiste** (110 m; 3 Std. 15 Min.) zu treffen, an der sich der Kreis schließt. Auf bekanntem Weg kehren wir zum **Ausgangspunkt** (3 Std. 35 Min.) zurück.

Wanderung 8:

Monte della Stella – Belvedere des Cilento

Von dem „nur" 1131 m hohen Monte della Stella (siehe Exkurs „Monte della Stella – ein Berg stiftet Identität", S. 260) liegt einem der Süden Kampaniens zu Füßen. Seit Urzeiten ein **heiliger Berg,** hatte er in der Antike auch praktische Bedeutung als Signalstation zwischen Poseidonia (Paestum) und Elea (Vélia). Aus Google-Earth-Perspektive macht der „Sternberg" seinem Namen alle Ehre. Im August strömen die **Pilger** aus allen Himmelsrichtungen am **Santuario Madonna della Stella** zusammen, das direkt unterhalb des Gipfels liegt. Die

weithin sichtbare **Radarstation** ist eine wichtige Flugleitstelle im zentralen Mittelmeerraum. Rätsel geben nach wie vor die **megalithischen Kultstätten** auf.

- **Länge/Dauer:** ca. 9 km/3 Std. 40 Min.
- **Kumulierte Höhenmeter:** 540 m.
- **Charakter:** T2; alte Treppenwege, Forstwege. An- und Abstieg überwiegend im Schatten.
- **Markierung:** Hinweisschilder, rot-weiße Markierungen.
- **Varianten:** Der Monte della Stella ist auf vielen Wegen zu erreichen, auch aus Sessa Cilento, Serramezzana, Galdo oder Celso.
- **Verpflegung:** Bar an der Piazza Mazzarella in Casal Soprano, Ristorante Al Frantoio im Ortsteil Casal Sottano.
- **Hin & zurück:** Der Ortsteil Casal Soprano, Verwaltungszentrum von San Mauro Cilento, ist auf der SP 133 von der Küste zu erreichen. Casal Soprano liegt zugleich an der Ringstraße, die um den Monte della Stella führt. Parkplatz an der Ortsdurchfahrt gegenüber vom Municipio.

MEIN TIPP **Tipp:** *Fernanda Quaglia,* eine ebenso kundige wie charmante Bergführerin, ist mit dem Cilento Antico bestens vertraut. www.cilentamente.info

Von der zentralen **Piazza Mazzarella** (560 m) in **San Mauro Cilento** hält die steingepflasterte Via Serra auf den Berg zu. Der Anstieg setzt sich am oberen Ortsrand fort, ein Schild gibt die Distanz zum Gipfel mit 3605 m an. Zwischen bemoosten Sandsteinfelsen geht es im lichten Eichenschatten in kleinen Serpentinen bergauf. Leider setzen Wildschweine dem alten Pilger- und Wirtschaftsweg zu. Vorbei an einem (verfallenen) Picknickplatz schwenkt der Weg nach rechts und mündet in eine von der nahen Straße heranführende Piste. Ihr folgen wir nach rechts, über das Gelände des schattigen Picknickplatzes am **Piano della Fontana** (740 m; 25 Min.) hinweg.

Der Anstieg setzt sich auf deutlichem Pfad fort, immer wieder blickt man auf den Golf von Ascea und das Capo Palinuro im Süden. Am **Bivio Cozzo Croce** (802 m; ¾ Std.) behalten wir die Gehrichtung bei und folgen der Ausschilderung Richtung **Pietra dell'Angelo.** Dort mündet von links ein **Weg** (890 m; 1 Std. 5 Min.) ein, später unser Rückweg. Nach rechts geht es weiter hoch, inzwischen im Schatten von Esskastanien. Es folgen Felspassagen, die dem Weg einen Hauch von Abenteuer verleihen. Linker Hand blicken wir vorbei am Castelluccio auf den Golf von Salerno, vorne tauchen die weiße Radarkuppel und das Santuario

ama256 pa

Der Monte della Stella ist einer der besten Aussichtsberge des Cilento

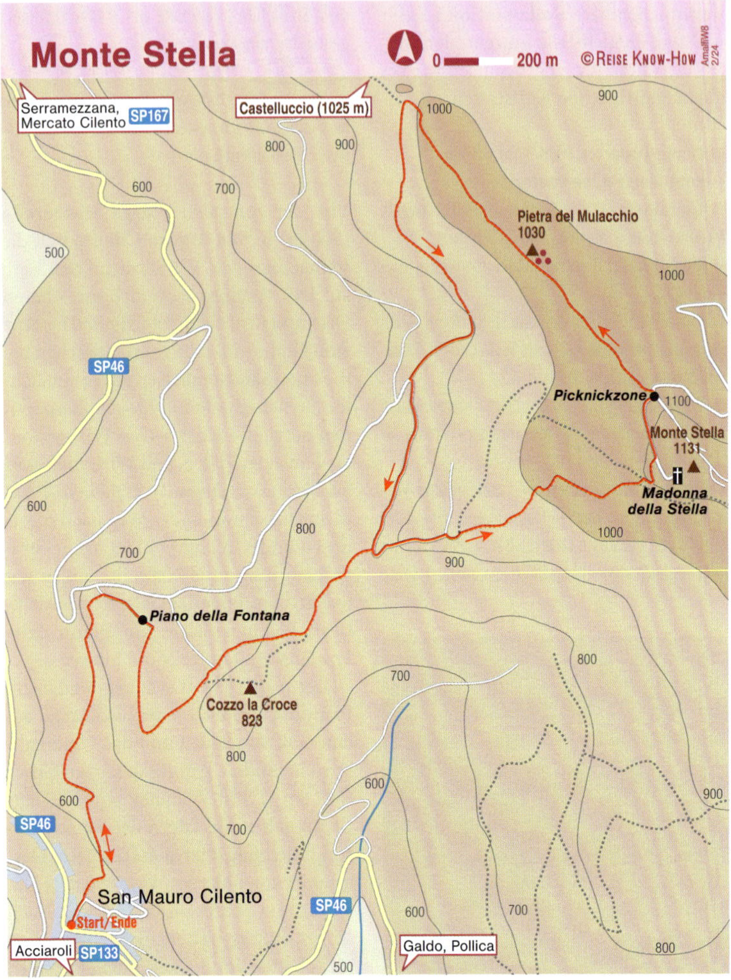

am Gipfel auf. An der **Gabelung** (1 Std. 35 Min.) – hier stößt der Weg von Celso dazu – halten wir uns links und erreichen mit wenigen Schritten eine holzbeplankte Aussichtsbalustrade, das **Santuario Madonna della Stella** (1130 m; 1 Std. 37 Min.) zur Rechten.

Für eine längere Rast ist es vielleicht noch zu früh, und es gibt bessere Plätze. Daher folgen wir der asphaltierten Straße ein kurzes Stück bis auf Höhe des (verfallenen) Picknickplatzes, um links auf den rot-weiß markierten Gratweg abzubiegen, der in nordwestliche Richtung sanft abfällt. Mit Blick aufs Meer schlendern wir über Wiesen und durch lichte Erlenwäldchen. Im April und Mai blühen hier die Dichter-Narzissen. Unser Zwischenziel ist die Felsformation der **Pietra del Mulacchio** (1045 m; 1 Std. 50 Min.) auf einer Lichtung. Im Volksmund trägt die **urgeschichtliche Kultstätte** den Namen „Stein des unehelichen Kindes". Damit verbindet sich die Erinnerung an Frauen, die als unfruchtbar galten. Sie sollten sich durch die enge Passage zwischen den Sandsteinblöcken zwängen und somit eine Schwangerschaft herbeiführen. Vielleicht aber waren die Ehemänner unfruchtbar und die Frauen verabredeten sich an diesem „Stein des Anstoßes" für ein heimliches Stelldichein. Über eine Holzleiter gelangt man nach oben und erkennt in den Fels geschlagene Vertiefungen, über deren Zweck man nur mutmaßen kann. Der Ausblick jedenfalls ist phänomenal!

Von der Pietra del Mulacchio folgen wir dem Kammweg bergab bis zu einem **Abzweig** (975 m; 2 Std. 10 Min.) oberhalb des **Piano Grassi** (ein kurzer Abstecher führt auf den 1025 m hohen **Castelluccio,** die Rundumsicht beeindruckt mehr als die Mauerreste der langobardischen Festung).

Zurück nach San Mauro folgen wir dem Grat in südliche Richtung in den Talkessel des **Vallone Cupo.** Der Pfad hält sich am unteren Waldrand und trifft auf Höhe einer Pumpstation auf eine Piste, die in eine **Teerstraße** (845 m; 2 Std. 40 Min.) übergeht. Hier biegen wir links ab und folgen der anfänglich befestigten Piste zurück in Richtung Pietra dell'Angelo. Am **querenden Weg** (890 m; 2 Std. 50 Min.) schließt sich der Kreis und auf bekannter Strecke geht es zum **Ausgangspunkt** (3 Std. 40 Min.) zurück.

Zur Osterzeit blühen die wilden Narzissen auf dem Monte della Stella

ama257 pa

Wanderung 9:

Capo Palinuro – mythische Klippen

Die Cilento-Küste läuft am Capo Palinuro zur Hochform auf. Die **senkrecht aus dem Meer steigenden Kalkfelsen** dienten bereits frühen Seefahrern zur Orientierung, anderen wurden sie zum Verhängnis. *Vergil* schildert in seiner „Aeneis" den Tod des Steuermannes *Palinuros,* postum Namensgeber des bildschönen Kaps. Im Februar und März blüht in schattigen Felsritzen in Meeresnähe die **Palinuro-Primel** *(Primula palinuri),* endemisches Präglazialrelikt und Emblem des Nationalparks (siehe Exkurs „Der Weg der zwei Primeln", S. 364).

- **Länge/Dauer:** ca. 7 km/2 Std. 40 Min.
- **Kumulierte Höhenmeter:** 370 m.
- **Charakter:** T2; z.T. felsige Pfade, kein Schatten.
- **Markierung:** Hinweisschilder, rot-weiße Markierungen.
- **Verpflegung:** Restaurants und Bars in Palinuro in Hafennähe.
- **Hin & zurück:** In Palinuro der Ausschilderung „Porto" folgen, in Hafennähe parken.

MEIN TIPP: Hauptattraktion des Capo Palinuro sind die **Karstgrotten,** die vom Hafen aus auf **Bootsfahrten** zu erreichen sind. **Tauchern** öffnet sich eine faszinierende Unterwasserwelt.

Kurz vor dem Hafengebäude der Guardia Costiera in Palinuro liegt bergseitig der **Einstieg** (5 m) zum **Wanderweg Fortini e Torri.** Von einem Holzgeländer begleitet, steigt der Weg den Hang schräg an. An einer **Y-Gabelung** (40 m; 5 Min.) besteht die Möglichkeit des kurzen Abstechers zur aussichtsreichen **Punta del Fortino** (35 m; plus 5 Min.) mit den Resten einer Geschützstellung.

Auf dem Hauptweg weiter hoch. Der Wind hält die Macchia niedrig, und nichts versperrt den Blick: Im Norden erhebt sich über dem Golf von Ascea der Monte della Stella (Wanderung 8). Auf der Höhe treffen wir auf eine **Kreuzung** (110 m; 25 Min.), die wir auf dem Rückweg erneut berühren. Zunächst biegen wir rechts ab und steigen ab zur **Punta della Quaglia** (60 m; 35 Min.) und der Ruine eines Küstenwachturms.

Die Wanderung setzt sich gegen den Uhrzeigersinn auf dem küstenparallelen Pfad fort. Bei starkem Wind und Regen ist Vorsicht angebracht! Nach einem Anstieg stoßen wir auf eine **T-Kreuzung** (100 m; 1 Std. 10 Min.), hier mit der Möglichkeit eines kurzen Abstechers nach rechts zur **Punta Iacco** (plus 10 Min.). Vorsicht, der Pfad endet am Steilabbruch!

Wir steigen weiter an und stoßen ca. 100 m unterhalb des Faro (Leuchtturm) auf eine **schmale Betonpiste** (180 m; 1 Std. 35 Min.). Zur Abrundung des Panoramas folgen wir der Straße bergab, vorbei an einem Schwingtor, später der **Einstieg** für die Rückroute. Die Piste verläuft oberhalb der Pineta, an deren östlichem Ende die Möglichkeit besteht, auf einem schattigen Serpentinenweg zum Hafen zurückzukehren. Reizvoller ist der kurze Abstecher nach rechts mit Blick auf die Torre Fetente. Wir folgen ca. 50 m der Straße in Richtung des alten Leuchtturms und biegen links auf einen Pfad ab. Vorsicht, nicht zu nahe an die **Geländekante** (170 m; 1 Std. 50 Min.) treten! Der Blick nach Süden auf den ewig langen Mingardo-Strand ist famos!

Auf bekanntem Weg kehren wir zum **Schwingtor** (175 m; 2 Std.) zurück und biegen rechts auf den schmalen Kiesweg ein, der mit Blick auf die Punta della Quaglia absteigt. An klaren Tagen erscheint am Horizont die Insel Capri. An der **Kreuzung** (100 m; 2 Std. 15 Min.) schließt sich der Kreis und auf bekanntem Weg erreichen wir den **Ausgangspunkt** (2 Std. 40 Min.). Der blitzsaubere Hafenstrand von Palinuro liegt nur wenige Schritte entfernt.

Panorama satt bietet das Capo Palinuro (vor lauter Begeisterung sollte man nicht zu nahe an die Geländekanten treten!)

ama258 pa

Wanderung 10:

Porto degli Infreschi – erfrischende Paradiesbucht

Östlich von Marina di Camerota erstreckt sich **einer der wildesten Küstenabschnitte des Parco del Cilento.** Der italienische Umweltverband Legambiente kürte einige der Buchten zu den **schönsten Naturstränden Italiens.** Der Porto degli Infreschi, ein kristallklarer Naturhafen am Golfo di Policastro, verdankt Kaltwasseraustritten seinen Namen. Früher nutzten Fischer die kühlen Grotten, um ihren Fang frisch zu halten.

▷ Porto degli Infreschi – so einsam ist die Traumbucht nur im Winter (Mutige riskieren den Sprung ins Wasser)

- **Länge/Dauer:** ca. 10 km/3 Std. 40 Min.
- **Kumulierte Höhenmeter:** 360 m.
- **Charakter:** T2; breite Schotterstraßen, kurze Abschnitte auf Asphalt und meist deutliche Pfade wechseln sich ab. Der Abstecher zur Cala Bianca erfordert etwas Orientierungsgeschick. Kaum Schatten unterwegs.
- **Markierung:** Hinweisschilder, rot-weiße Markierungen.
- **Verpflegung:** Im Sommer öffnen das Restaurant am Pozzallo-Strand und die **Agriturismo-Trattoria Oasi Infreschi** oberhalb des Porto degli Infreschi. Genügend Wasser mitnehmen!
- **Hin & zurück:** Die Spiaggia Lentiscelle liegt östlich von Marina di Camerota und ist aus dem Ort auch zu Fuß zu erreichen. Parkplatz am Startpunkt.

MEIN TIPP: **Badesachen, Taucherbrille und Schnorchel** einpacken! In Marina di Camerota werden **Bootsfahrten** zum Porto degli Infreschi angeboten, eine Strecke der Wanderung könnte somit auf dem Wasser zurückgelegt werden.

Start ist der **Parkplatz** (5 m) am östlichen Ende der **Spiaggia Lentiscelle.** Den Friedhof im Rücken geht es über die kleine Holzbrücke, links an der Grotta di Lentiscelle vorbei und im Taleinschnitt auf dem Stufenweg bergauf. Von unten stoßen wir auf eine querende Schotterstraße, auf der wir 20 m nach links gehen und auf der asphaltierten **Via Monte di Luna** rechts bergauf. Wir verlassen die Straße an der **T-Kreuzung** (130 m; 25 Min.) nach rechts. Die breite Schotterpiste zieht sich im Rücken des Monte di Luna küstenparallel in Richtung Osten.

ama44 pa

Während der Weinbau hier weitgehend aufgegeben wurde, werden die Oliven erneut gepflegt. Jenseits des tief eingeschnittenen Vallone Valamonte erhebt sich die Serra degli Infreschi. An den nächsten beiden Gabelungen halten wir uns geradeaus, die Schotterstraße beginnt zur Küste hin abzufallen. Aus den Kurven fällt der Blick auf die Pozzallo-Bucht. Kurz vor Erreichen des Talbodens zweigt **rechter Hand** (10 m; 50 Min.) der kurze Stichweg zum **Ristoro Pozzallo** und der gleichnamigen Kiesbucht ab (plus 10 Min.).

Zurück vom Strand queren wir das meist trockene **Bachbett** (5 m). Der Pfad steigt im Macchia-Schatten rasch an, führt dann leicht bergab und tritt ins offene Gelände (roter Kalkverwitterungsboden). Unterwegs besteht die Möglichkeit eines Abstechers zur **Cala Bianca** (plus 20 Min.; eine nicht auf Anhieb eindeutige Wegspur führt links an einem alten Dreschplatz vorbei zur Badebucht).

Auf dem Weg zum Porto degli Infreschi behalten wir die westliche Gehrichtung bei und erreichen kurz hinter einer betonierten Tränke das **trockene Bachbett** (10 m; 1 Std. 15 Min.) des **Vallone Cerza di Lazzo.** Im Schatten von Flaumeichen steigt der Pfad rasch wieder an, zuletzt an einem umzäunten Gelände entlang. Von unten treffen wir auf eine querende **Schotterstraße** (90 m; 1½ Std.), linker Hand befindet sich der Eingang der **Azienda Agricola Oasi Infreschi,** die im Sommer als rustikales Gartenlokal öffnet.

Der Schotterpiste folgen wir nach links – im Landesinneren erhebt sich auffällig die Pyramide des Monte Vaccuta – und biegen nach ca. 50 m rechts ab. Mit grandiosen Blicken auf den Golfo di Policastro erreichen wir nach wenigen Minuten das **Seefahrerkirchlein S. Lazzaro** (53 m) und bald darauf den **Porto degli Infreschi** (0 m; 1 Std. 50 Min.).

Eine **Rückfahrt mit dem Boot** nach Marina di Camerota entlang der spektakulären Steilküste rundet das einzigartige Landschaftserlebnis ab. Ansonsten tritt man den **Rückweg** auf bekannter Strecke an (3 Std. 40 Min.).

ama260 pa

[<] Spiaggia di Pozzallo: Badesachen nicht vergessen!

[>] Costa della Masseta, ein Aussichtsbalkon über dem Golf von Policastro

Wanderung 11:

Costa della Masseta – über dem Golf von Policastro

Die Costa della Masseta südwestlich von Scario ist sicher **einer der spektakulärsten Küstenabschnitte** des an schönen Küsten nicht armen Cilento. Unterwegs genießt man weite Blicke über den Golf von Policastro, den einige der höchsten Gipfel Süditaliens rahmen. Am Ende der wilden Talschlucht des **Vallone del Marcellino** öffnet sich eine **paradiesische Kiesbucht.** Das großartige Landschaftsvergnügen rundet die entspannte **Bootsfahrt zurück nach Scario** ab.

- **Länge/Dauer:** ca. 9 km/3½ Std. (einfach).
- **Kumulierte Höhenmeter:** 550 m (einfach).
- **Charakter:** T3 bis T4; teils geröllige Pfade, im steilen Gelände ist die Rutschgefahr groß. Markierte Wege nicht verlassen! Entspannte Abschnitte auf breiten Wegen und meist eben verlaufenden Pisten. Wenig Schatten.
- **Markierung:** Hinweisschilder, rot-weiße Markierungen.
- **Varianten:** Ein kurzer Küstenweg, von dem man zu tollen Badebuchten absteigen kann, führt vorbei an der Punta Spinosa bis zur Grotta dell' Acqua. Auf demselben Weg zurück. Alternativ kann man den Belvedere di Ciolandrea mit dem Fahrzeug ansteuern und hier in die Wanderung einsteigen. In diesem Fall fällt jedoch die Bootsfahrt aus.
- **Verpflegung:** Genügend Wasser mitnehmen! Im Sommer öffnet an der Spiaggia del Marcellino die urige **Taverna del Lupo.**

ama262 pa

■ **Hin & zurück:** In Scario in Hafennähe parken. Für die kürzere Küstenwanderung zur Grotta dell' Acqua bzw. wenn man von der Spiaggia del Marcellino nicht mit dem Schiff zurück nach Scario fährt, kann man bis in die Nähe der Residence La Francesca (s.u.) fahren und dort parken.

MEIN TIPP: Von Ostern bis Okt. pendeln **Ausflugsboote** von Scario zu den **Stränden an der Costa della Masseta,** z.B. Mega Tourist (Mobil 33 89 67 73 36, 33 42 91 85 53, www.megatouristcilento.it). Badesachen einpacken!

Von der **Chiesa dell'Immacolata** (5 m) in **Scario** folgen wir dem Lungomare Marconi ein kurzes Stück nach Süden, steigen auf einem der Treppenwege zur **Via Principe Amadeo** auf, halten uns links und biegen schließlich bergseitig in die **Via Gloria Bortolotti** ein. Rot-weiße CAI-Schilder verweisen auf die „Sentieri della Costa della Masseta". Die schmale Straße führt anfänglich steil bergauf und endet nach ca. 800 m an einer **Gabelung** (70 m; 20 Min.) auf Höhe der **Bungalow-Anlage La Francesca.** Hier steht auch eine Wandertafel.

Der Schotterweg führt mit leichtem Auf und Ab durch artenreiche, hohe Macchia. Unterwegs öffnen sich tolle Blicke auf den Golf von Policastro mit der Costa di Maratea. Nach ca. 10 Min. stoßen wir auf eine **Kreuzung** (75 m; ½ Std.) auf Höhe der **Punta Spinosa.** Der Weg knickt bergseitig rechts ab und nach 10 m zweigt links der Küstenweg Richtung Grotta dell'Aqua ab (siehe Variante). Wir steigen weiter an, dabei den Schildern „Torre Spinosa" und „Ciolandrea" folgend. Der Weg führt links an der imposanten **Torre Spinosa** (162 m; 40 Min.) vorbei, ein toller Platz für eine kleine Belvedere-Rast.

... und zurück am schönsten mit dem Boot

ama261 pa

Der Weg setzt sich schmaler fort und steigt im lichten Schatten aufgeforsteter Kiefern bis zu einer **undeutlichen Gabelung** (280 m; 55 Min.) an. Wir folgen den rot-weißen Markierungen auf dem küstenparallelen Weg in südwestliche Richtung, zunächst ohne nennenswerte Auf- oder Abstiege. Auf die Markierungen achten und im Zweifelsfall auch ein paar Schritte zurückgehen, bis man sicher wieder auf dem richtigen Weg ist! Der Pfad quert eine Serie kleiner Talschluchten, die im Sommer trocken sind. Ein aussichtsreicher **Grat** (280 m; 1½ Std.), auf dem ein wilder Ölbaum und eine Karube stehen, lädt dazu ein, für den weiteren Anstieg kurz Kraft zu sammeln.

Der steile, steinige Pfad folgt zunächst der Gratlinie, vorbei an einer Lehmgrube. Dann geht es zum bereits sichtbaren Geländer etwas sanfter weiter bergauf. Der Ausblick vom **Belvedere di Ciolandrea** (519 m; 2 Std.) raubt den Atem: Den Monte Bulgherìa (Wanderung 12) im Rücken und die wilde Steilküste zu Füßen, spannt sich das Panorama über den Golf von Policastro bis zur Costa di Maratea. Dahinter erhebt sich der lukanisch-kalabrische Apennin.

Vom Belvedere folgen wir der breiten Schotterpiste nach Südwesten. Im leichten Auf und Ab zieht sich der Weg durch eine intakte, **archaische Kulturlandschaft** vorbei an Macchia, Wiesen, Bauerngärten, Weinbergen und Olivenhainen (wer mit dem Auto bis zum Belvedere di Ciolandrea gefahren ist und auf den anstrengenden Abstieg zur Spiaggia del Marcellino verzichten will, kann dem küstenseitigen, als **C.M. 30** bezeichneten Stichweg zur Costa S. Carlo folgen und von dort die Aussicht genießen).

Die als **C.M. 140** markierte Schotterpiste fällt ab, steilere Abschnitte sind betoniert. Linker Hand tieft sich der **Vallone Trarro** ein, dahinter erstreckt sich der Höhenrücken der **Costa San Carlo.** Mit leichtem Auf und Ab geht es durch hohe Macchia, die hier als Niederwald der Brennholzgewinnung dient, dazwischen immer wieder Weideflächen. Alte Gehöfte, Pferche und Dreschplätze zeigen an, dass auch diese Gegend früher intensiver bewirtschaftet wurde. Auf dem Weg zur Timpa del Piombo (ein lohnen-

der Abstecher mit Blick ins Vallone del Marcellino; plus ½ Std.) stoßen wir in der Località Cerrito oberhalb eines verlassenen Gehöfts auf eine **Gabelung** (380 m; 2 Std. 40 Min.).

Links vorbei an Zisternen und dem Haus mit der Aufschrift „Qui ebbe origine la famiglia Gagliardo“ beginnt der Abstieg zur Spiaggia del Marcellino, die Zeit ist sportlich mit 40 Min. angegeben. Es geht durch ein Gatter, vorbei an Oliven und auf dem alten Stufenweg über Felsen bergab. Auf den Weg achten und für den atemberaubenden Blick aufs Meer innehalten. Geröll macht den steil abfallenden Weg etwas rutschig. Rot-weiße Farbzeichen markieren die Idealroute. Am Fuße der **Timpa del Piombo** queren wir durch niedrige Macchia bis zur nächsten Gratlinie, um dann in engen Serpentinen rasch ins Vallone del Marcellino abzusteigen. Dem (meist) trockenen Bachbett folgen wir durch einen Vegetationstunnel bis an die **Spiaggia del Marcellino** (0 m; 3½ Std.). Im Sommer ist die wunderbare Kies- und Felsbucht gut besucht, wenn Badegäste sich aus Scario mit dem Boot herbringen lassen. Glücklich, wer die **Rückfahrt per Boot** arrangieren kann, sonst bleibt nach dem wohlverdienten Sprung ins kühlende Wasser nur der (schweißtreibende) **Rückweg** zu Fuß.

ama264 pa

Wanderung 12:

Monte Bulgherìa – Weitblick mit Lavendelduft

Seine exponierte Lage über dem Golf von Policastro macht den „nur“ 1225 m hohen Monte Bulgherìa zu **einem der schönsten Aussichtsberge des Cilento.** Seinen Namen verdankt er bulgarischen Söldnern, die im 7. Jh. in Begleitung der Langobarden ins Land kamen. Byzantinische Einsiedlermönche entdeckten im Mittelalter die Bergeinsamkeit. Von April bis Juni blühen zahlreiche **Orchideen** und im Sommer ist die Luft erfüllt vom **Duft des wilden Lavendels.**

◁ Im Sommer blüht Lavendel auf den sonst kargen Karstflächen

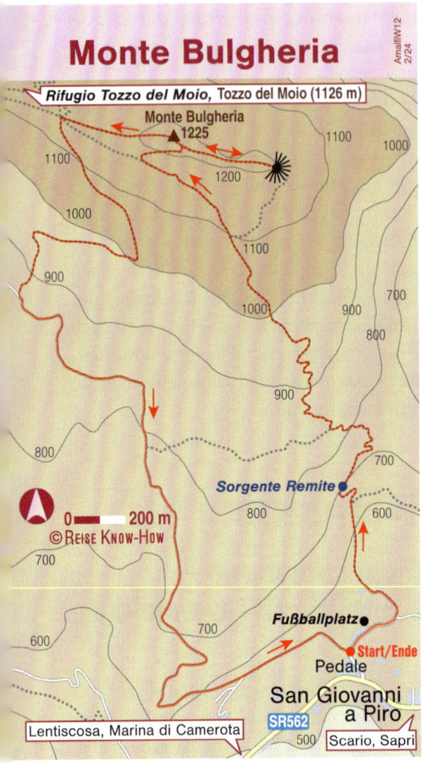

- **Länge/Dauer:** ca. 9 km/ca. 4 Std.
- **Kumulierte Höhenmeter:** 680 m.
- **Charakter:** T2 bis T3; steile und steinige Maultierwege, breite Schotterpisten und undeutliche Wegspuren im verkarsteten Gelände. Schattige Partien im Auf- und Abstieg. Nicht bei Nebel gehen!
- **Markierung:** Steinmännchen, verwaschene rot-weiße Markierungen.
- **Verpflegung:** Gefasste Quelle am Beginn der Tour, Picknick einpacken.

☒ Tiefenblick in den Golf von Policastro

- **Hin & zurück:** Westlich von San Giovanni a Piro auf Höhe der Bushaltestelle bergseitig von der SR 562 abbiegen und im Ortsteil Pedale dem Schild „Campo sportivo" nach rechts folgen. Am Fußballplatz parken.

Wir umlaufen den **Fußballplatz** (520 m) gegen den Uhrzeigersinn und folgen der anfänglich betonierten Piste, die steil auf den Berg zuhält. Auf Höhe eines Brunnenhauses durchschreiten wir ein Gatter und kurz darauf ein zweites **Gatter** (605 m; ¼ Std.). An der Tränke (alte Badewannen) und einer steinernen Sitzbank vorbei steigt der alte Maultierweg über Stufen und in Spitzkehren rasch an. Bald ist eine gefasste Quelle erreicht, die **Sorgente Remite** (670 m; 20 Min.). Eine Madonnenstatue wacht in der Felsnische. Der Aufstieg setzt sich steil fort, begleitet von Blicken über den Golfo di Policastro. Steineichen werfen einen zarten Schatten. Sporadisch gesetzte rot-weiße Markierungen und Steinmännchen helfen bei der Orientierung. Wir durchschreiten ein **Holzgatter** (815 m; 50 Min.) zwischen zwei Felsblöcken und setzen den Aufstieg nach rechts fort. In engen Serpentinen geht es rasch den Hang hinauf. Lichtungen und Buschwald wechseln sich ab. Aus einem **schattigen Hain** (950 m; 1 Std. 10 Min.), im Sommer kühle Zuflucht für das Vieh, weisen die Markierungen nach links ins Freie.

Hier folgen wir den häufig gesetzten rot-weißen Markierungen über verkarstetes Gelände zwischen niedrigen Steineichen fast senkrecht den Hang hinauf. Oberhalb des Waldstreifens erreichen wir die endlos weiten, steinübersäten Weideflächen an der Südflanke des Bulgherìa. Ein **markanter Felsblock**

(1070 m; 1 Std. 40 Min.) dient als Wegmarke. Links zweigt ein als C.M. 48 markierter Pfad ab. Wenige Meter oberhalb weist ein ebenfalls links zeigender Pfeil die Aufstiegsroute. In schräger Linie führt sie im verkarsteten Gelände in nordwestliche Richtung den Hang hinauf. Unterwegs passieren wir eine Geländeterrasse mit einem höhlenartigen Schäferunterstand, im Mittelalter als Einsiedlerhöhle genutzt. Mit einem Rechtsschwenk erreichen wir den **Gipfelgrat** (1205 m; 2 Std. 10 Min.). Der **beste Aussichtspunkt** (1215 m; 2¼ Std.) befindet sich wenige hundert Meter weiter östlich; hier liegt uns der Golf zu Füßen, gerahmt von den höchsten Gipfeln der Basilikata und Kalabriens. An sehr klaren Tagen sind im Süden die Liparischen Inseln und der sizilianische Ätna auszumachen!

Mit dem Grat kehren wir zurück und überschreiten den **Gipfel des Monte Bulgherìa** (1225 m; 2 Std. 25 Min.), den eine Steinpyramide markiert. Im Norden blicken wir auf Roccagloriosa hinab und erkennen das Cervati-Massiv (siehe Wanderung 15).

Im Abstieg folgen wir dem Grat bis auf ein kleines **Plateau** (1140 m; 2 Std. 20 Min.) mit steinernem Tisch (weiter westlich liegt das **Rifugio Tozzo del Moio,** das für kleine Gruppen auf Anfrage öffnet: c/o *Giuseppe Sorrentino,* Mobil 33 33 25 77 27, www.facebook.com/MassiccioDelBulgheria). Über die Nordflanke des Bulgherìa führt der Sentiero delle Scalette aus Acquavena heran.

Zurück zum Ausgangspunkt steigen wir nach links über die Südflanke ab. Wir folgen dem schräg abwärts führenden Pfad bis auf Höhe einer **auffälligen Baumgruppe** (1015 m; 2 Std. 35 Min.) und biegen ca. 50 m unterhalb im rechten Winkel rechts auf den Almweg, der mit Blick auf Licusati auf den Wald zuhält. Im Schatten der Eichen schwenkt der Weg links und führt in südliche Richtung steil bergab. Hier ist etwas Orientierungsgeschick gefragt, denn zahlreiche Viehspuren kreuzen den Weg. Oberhalb des Iazzo Montagna, der von hier aus unsichtbar in einer Talmulde liegt, treffen wir auf eine breite **Schotterpiste** (870 m; 2 Std. 55 Min.). Ihr folgen wir nach links zurück zu unserem **Ausgangspunkt** (3 Std. 50 Min.) und genießen unterwegs schöne Blicke ins Vallone del Marcellino (siehe Wanderung 11).

ama263 pa

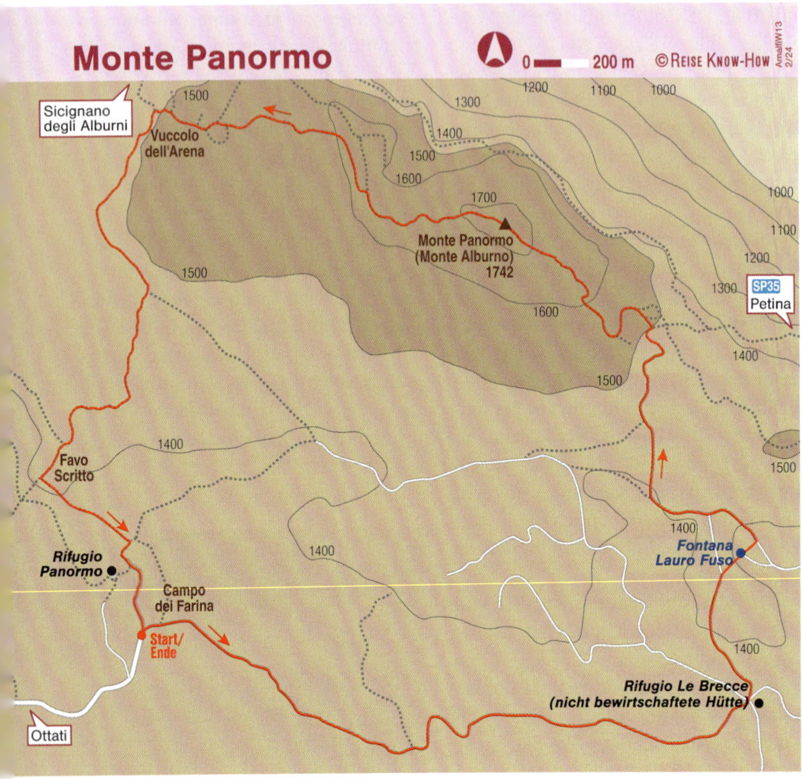

Wanderung 13:

Monte Panormo – den Alburni aufs Dach

Mit **1742 m** ist der Monte Panormo, auch Monte Alburno (der „Mons Albus" der Römer) genannt, der **höchste Gipfel der Monte Alburni.** Die Rundum- und Weitblicke vom Gipfelgrat sind ebenso großartig wie die Tiefblicke ins Tanagro-Tal. Der Weg führt über lange Abschnitte durch schattige Buchenmischwälder. Im Sommer blühen auf Lichtungen **wilde Lilien** und die Almweiden verwandeln sich in ein einziges Blütenmeer.

☒ Nicht alle Wanderwege im Cilento sind so gut ausgeschildert

- **Länge/Dauer:** 10,5 km/4 Std.
- **Kumulierte Höhenmeter:** ca. 600 m.
- **Charakter:** T3; am Gipfelgrat sind Trittsicherheit und Schwindelfreiheit erforderlich. Der Rückweg vom Vuccolo dell'Arena erfordert etwas Orientierungsgeschick.
- **Markierung:** Hinweisschilder, rot-weiße Markierungen.
- **Variante:** Verzichtet man auf den Gipfelsturm, kann man von der Y-Gabelung am 1-Std.-25-Min.-Punkt auf kürzerem Weg den Bogen beschließen.
- **Verpflegung: Rifugio Panormo** (Ostern bis Sept., Mobil 33 51 56 86 26, fb, Trinkwasser an der Fontana Lauro Fuso.
- **Hin & zurück:** Östlich von Ottati zweigt bergseitig der SP 12/c auf Höhe des Friedhofs (ital. *cimitero*) eine Straße ab, die nach elf kurvenreichen und landschaftlich reizvollen Kilometern den Campo dei Farina südwestlich des Rifugio Panormo erreicht. Das Fahrzeug am Ende des asphaltierten Abschnittes parken.

Start der Tour ist die **Y-Gabelung** (1326 m) am Ende des asphaltierten Straßenabschnittes. Links setzt sich die Schotterpiste zum nahen **Rifugio Panormo** fort – unser Rückweg.

Wir folgen der mit der Nummer **302** bezeichneten und als Reitweg ausgewiesenen Piste nach rechts über die große Lichtung, vorbei an einer Pferdekoppel. Die Distanz zum Rifugio Le Brecce ist mit 50 Min., zur Fontana Lauro Fuso mit 1 Std. 20 Min. angegeben. Die Piste setzt sich mit leichtem Auf und Ab im Buchenwald fort. Auf Höhe des aus Bruchsteinen errichteten **Rifugio Le Brecce** (1381 m; 50 Min.) zweigt talseitig der Weg 301 ab. Wir wählen an der Y-Gabelung die linke, nach Lauro Fuso und Monte Panormo ausgewiesene Piste; sie endet in ca. 15 Min. auf einer Lichtung. Die Gehrichtung beibehaltend steigen

ama265 pa

ama266 pa

wir zwischen markierten Baumstämmen zur **Fontana Lauro Fuso** (1372 m; 1 Std. 10 Min.) ab.

Die Tränke mit der gefassten Quelle im Rücken steigen wir über den feuchten Wiesengrund das kurze Stück links zum Waldrand auf und stoßen auf eine querende Piste, als „Sentiero Italia (SI)" markiert; nach links geht es weiter Richtung Monte Panormo. Nach ca. 10 Min. stoßen wir auf eine **undeutliche Y-Gabelung** (1417 m; 1 Std. 25 Min.). Links geht es durch Wald und über schöne Lichtungen in 1 Std. zurück zum Rifugio Panormo. Rechts beginnt der eigentliche Aufstieg zum Gipfel, anfänglich sanft, bald in Serpentinen und steil zwischen Felsen – auf die rot-weiße Markierung achten! Der Weg gewinnt deutlich an Dramatik, erreicht den Grat und führt im verkarsteten Felsgelände steil hoch. Die grandiose Fernsicht wird am **Gipfel** (1742 m; 2½ Std.) noch einmal getoppt. Die Blicke schweifen über den Hauptkamm der Alburni und die sanft nach Südwesten einfallenden Plateauflächen mit ihrem bunten Mosaik aus Weide- und Waldflächen sowie weiter unten im Tal die Obst- und Weingärten. Zum Tanagro-Tal stürzen die Felswände fast senkrecht. Am trigonometrischen Vermessungspunkt sind zwei kopflose Statuen des omnipräsenten *S. Pio* festgebunden, in einer Blechschachtel liegt ein Gipfelbuch.

Im Abstieg halten wir uns links von der Gratlinie, Steinmännchen und Farbzeichen markieren die Idealroute. Nach ca. 15 Min. dringt der Pfad in den **Wald** ein. Es folgt ein längerer, sanfter Abstieg. Auf die Markierung an den Stämmen achten! Der Wald wirkt verzaubert, die Buchen sind flechtenverhangen, die bizarren Felsen moosbewachsen. In Karstschlucklöchern wurde früher Schnee gesammelt, zu Eis gepresst und am Ende des Winters ins Tal transportiert.

Der Pfad fällt zur **Kreuzung am Vuccolo dell'Arena** (1485 m; 3 Std.) mit einem auffällig blau bemalten Felsen ab.

Aus der Nordrichtung stößt durch eine Scharte der steile Aufstieg aus Sicignano degli Alburni dazu. Links geht es in Richtung Rifugio Panormo zurück. Der Waldweg quert den Hang in südliche Richtung, insgesamt sanft abfallend. Nach ca. 20 Min. erreichen wir im Wald eine leicht zu übersehende **Gabelung** (die Gehrichtung beibehaltend führt der Weg zurück in Richtung Lauro Fuso); wir biegen im rechten Winkel rechts ab. Der nächste Abschnitt verlangt etwas Orientierungsgeschick, unbedingt auf die Markierungen achten! Nach weiteren 20 Min. halten wir uns an der **Gabelung** links, geradeaus ist Varoncelli ausgewiesen. Durch hohen Buchenwald steigen wir zum Rand der Lichtung ab, linker Hand liegen die **Viehtränken Pozzi del Campo dei Farina** (1351 m). Von oben treffen wir auf eine Piste, der wir nach rechts folgen, über eine kleine Betonbrücke und vorbei am Rifugio Panormo. Von hier sind es nur wenige Schritte zurück zum **Ausgangspunkt** (4 Std.).

☐ Gipfelgrat des Monte Panormo

☐ Gole del Calore – Erfrischung garantiert!

Wanderung 14:

Gole del Calore – Flussotter und Wildschwimmer

Auf seinem 63 km langen Lauf von den Hängen des Monte Cervati (Wanderung 15) bis zur Einmündung in den Fiume Sele bildet der **Calore** fünf Schluchten, die eindrucksvollste ist jene zwischen Magliano und Felitto. Diese **schattige Talwanderung** mit einigem Auf und Ab ist ein tolles Abenteuer, gerade auch in Begleitung bergerfahrener Kinder. **Badesachen einpacken!**

- **Länge/Dauer:** ca. 6 km/2 Std. 10 Min.
- **Kumulierte Höhenmeter:** ca. 200 m.
- **Charakter:** T2 bis T3; schmale, z.T. rutschige Wege.
- **Markierung:** Hinweisschilder, rot-weiße Markierungen.

ama268 pa

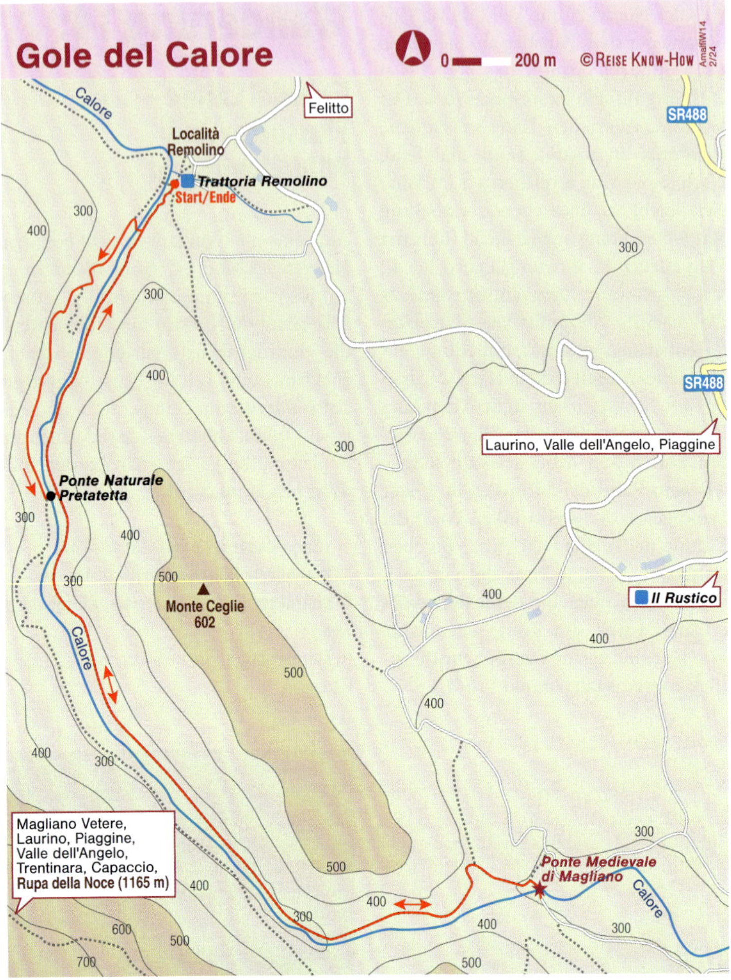

Varianten: Die Tour lässt sich auch in Felitto starten. Von der Piazza Mercato (260 m) führt ein bezeichneter Weg ins Tal. Die schmale Straße wird zum steilen Treppenpfad, eine Brücke quert den Fluss, und auf der Mauerkrone eines trockenen Mühlenkanals geht es nach links bis zum Stauwehr in der Località Remolino (plus 1 Std. 10 Min.). Am östlichen Ufer kann man weiter bis zum Ponte Medievale di Magliano, einer mittelalterlichen Bogenbrücke, aufsteigen. Der Weg wurde neu befestigt und an einigen Stellen entschärft. Unterwegs sind etliche Höhenmeter zu überwinden (plus 2 Std.)!

- **Verpflegung: Trattoria Remolino** am Start.
- **Hin & zurück:** Aus Felitto in Richtung Laurino fahren und nach 1 km rechts zur Località Remolino abbiegen; die Straße endet nach 1 km am Fluss. Hier stehen Picknicktische und im Sommer öffnet ein Info-Kiosk.

Vom **Parkplatz** (182 m) in der **Località Remolino** sind es nur wenige Schritte zum Fluss, der an dieser Stelle aus der engen Schlucht in den weiten Talgrund tritt, bevor er im Rücken von Felitto in der nächsten Schlucht verschwindet. Der Calore ist zu einem kleinen **See** aufgestaut, im Sommer ein beliebter Badeplatz der Einheimischen. Es gibt einen Kajak-Verleih.

Wir überschreiten die Staumauer nach rechts und treffen auf den querenden Uferweg, der von Felitto heranführt. Den Fluss zur Linken steigen wir links über Holz- und Felsstufen rasch auf. Hainbuchen, Blumeneschen und Steineichen werfen ihre Schatten. Nach kurzer Zeit erreicht der Weg einen ersten **„Höhepunkt"** (245 m; ¼ Std.) und wir blicken aus Adlerperspektive in die imposante Talschlucht. Kurz danach zweigt links ein Stichweg zur Grotta di Bernardino ab, während der Hauptweg weiter ansteigt. Am **Scheitelpunkt** (270 m; ½ Std.) öffnet sich noch einmal das beeindruckende Panorama. Der Weg fällt über Felsstufen rasch ab bis zu einer **Weggabelung** (210 m; ¾ Std.). Geradeaus steigt ein bezeichneter Pfad in Richtung Magliano Nuovo auf.

Nach links über den **Ponte Naturale Petratetta** (205 m), eine von Kalkfelsblöcken gebildete Naturbrücke (die Holzleiter ist leider recht morsch), gelangen wir ans gegenüberliegende Ufer. Auf der östlichen Flussseite führt der deutliche Pfad durch einen verwunschenen Steineichen- und Hainbuchenwald, zwischen Blockschutt wachsen hohe Farne. Im Herbst überzieht sich der Waldboden mit einem Blütenteppich violetter **Alpenveilchen** *(Cyclamen hederifolium).* Etwa 25 Min. nach dem Ponte Naturale

Gole del Calore – fast wähnt man sich in den Alpen

ama267 pa

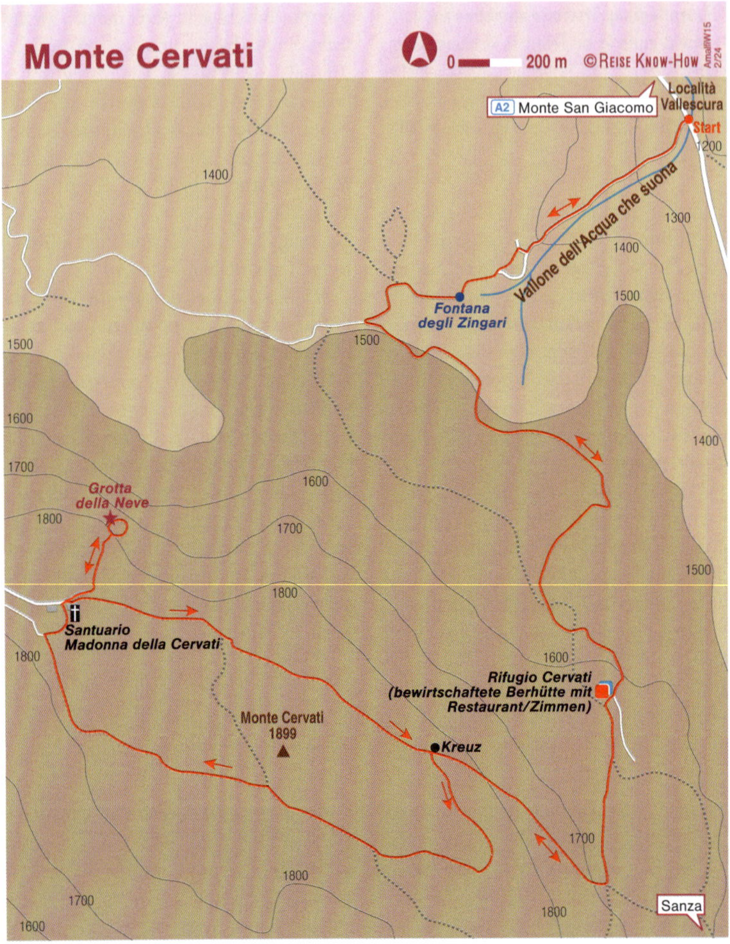

Petratetta gabelt sich der Pfad (unterwegs einige undeutliche Abzweige). Hier können wir rechts zum **Fluss** (235 m; 1 Std. 10 Min.) absteigen, der große, tiefe Gumpen im Fels ausgespült hat. Im erfrischend kalten Wasser kann man einige Schwimmzüge wagen. Ein toller Platz für eine Rast!

Auf zunächst bekanntem Weg kehren wir bis auf Höhe des **Ponte Naturale Petratetta** (205 m; 1 Std. 40 Min.) zurück, allerdings ohne ihn diesmal zu überschreiten. Der Rückweg hält sich nun meist in Flussnähe, in einer halben Stunde sind wir zurück in der **Località Remolino** (2 Std. 10 Min.).

Wanderung 15:

Monte Cervati – höchstes Gipfelglück

Aus allen Himmelsrichtungen erreichen Pilgerwege das **Marienheiligtum Santuario Madonna della Neve** auf dem Monte Cervati. Uralten Rhythmen der Weidewirtschaft folgend, wird die Statue der Schnee-Madonna am 26. Juli von Sanza aus in einer festlichen Prozession auf den Berg begleitet, wo sie bis zum 5. August verweilt. Sollte unterwegs einmal der Rucksack drücken, stelle man sich für einen Augenblick vor, die schwere Prozessionsstatue der *Madonna della Neve* auf den Schultern zu tragen. Eine **sehr schöne Aufstiegsroute** führt aus dem Vallescura an fröhlich fließenden Bächen entlang, durch ausgedehnte Buchenwälder und mit himmelweiten Blicken über verkarstete Almweiden (siehe Exkurs „Der Weg der zwei Primeln", S. 364). Im **Rifugio Cervati** kann man unterwegs einkehren.

- **Länge/Dauer:** 16,5 km/5 Std. 40 Min.
- **Kumulierte Höhenmeter:** 1040 m.
- **Charakter:** T2 bis T3; gleich zu Beginn ein steiler Anstieg! Breite Pisten im Buchenwald, Steige im verkarsteten Gelände. Nicht bei Nebel gehen!
- **Markierung:** Hinweisschilder, rot-weiße Markierungen.
- **Variante:** Am Pilgerkreuz (1844 m) kann man den Gipfel des Monte Cervati auch links liegen lassen und das Santuario direkt ansteuern (minus ½ Std.).
- **Verpflegung: Rifugio Cervati** (im Winter nur Fr bis So, Mobil 33 92 82 30 21, www.rifugiocervati.it, fb, [i]), Trinkwasser an der Fontana degli Zingari.
- **Hin & zurück:** Anfahrt aus dem Vallo di Diano über Monte S. Giacomo, der SP 72/b bergauf durch eindrucksvolle Bergbauernlandschaft folgen. Der „Monte Cervati" und das „Rifugio Cervati" sind ausgeschildert. Ca. 9 km nach Ortsende rechts in die einspurig asphaltierte Straße einbiegen und ca. 1 km nach dem Picknickplatz in der Località Vallescura das Fahrzeug in der Parkbucht abstellen.

Eine (sinnlose) Wanderkarte und deutliche Hinweisschilder markieren den **Einstieg** (1210 m). Den Bach zur Linken führt der deutliche Pfad im **Vallone dell'Acqua che suona** im Schatten hoher Buchen steil bergauf, in kurzen Abstän-

ama269 pa

⊡ Buchenwälder so weit das Auge blickt

ama270 pa

den finden sich Markierungen auf Felsen und Stämmen. Nach einer ½ Std. schwenkt der Weg nach rechts und nach knapp 50 m an einer **Gabelung** (1395 m; ½ Std.) nach links. Wenige Minuten später queren wir eine Wiesenlichtung; am unteren Waldrand steht eine betonierte Tränke, die **Fontana degli Zingari** (1436 m; 35 Min.).

Auf dem breit geschotterten Weg geht es im Buchenwald weiter hoch. Kurz darauf stoßen wir auf einen querenden Weg, dem wir links folgen. Diese Stelle für den Rückweg einprägen! Wir können bereits die Felsbastionen ausmachen, über denen (nicht sichtbar) die Kapelle der *Madonna della Neve* thront. Nach weiteren 5 Min. stoßen wir von unten auf die **von Piaggine heranführende Forstpiste** (1486 m; 50 Min.); ihr folgen wir links Richtung Rifugio Cervati. Mit leichtem Auf und Ab geht es durch den majestätischen Buchenwald. In Annäherung an das Rifugio spaltet sich die Piste in mehrere Fahrspuren auf, rot-weiße Markierungen an den Stämmen weisen die Idealroute aus. Nach kurzem Anstieg ist das **Rifugio Cervati** (1597 m; 1½ Std.) am unteren Ende einer lang gezogenen Wiesenlichtung erreicht.

Der Weg zum Gipfel setzt sich im Rücken der steingemauerten Biwakhütte fort und quert die lang gezogene Lichtung in südliche Richtung. Unterwegs zweigt links ein Weg Richtung Sanza ab. Wir behalten die Gehrichtung bei und setzen den Anstieg auf einer felsigen Schneise im Buchenwald fort. An einer **Kreuzung** (1680 m; 1 Std. 50 Min.) setzt sich geradeaus der im Winter mit Schneeschuhen empfohlene „sentiero invernale“ fort. Der historische Pilger-

Nach der Schneeschmelze bilden sich „Meeraugen“ unter dem Gipfel

weg, im Volksmund *chiana amara*, „bitterer Anstieg“ genannt, beschreibt eine Spitzkehre nach rechts. Über Schottergrus steigen wir weiter an, bald führt der Weg aus dem Wald. Damit öffnet sich ein weiter Blick ins Vallo di Diano und über die Monti della Maddalena weit bis in die Basilikata hinein. Wir blicken auf das Rifugio Cervati hinab. Der Steig führt in eine **Scharte** (1844 m; 2 Std. 20 Min.), rechter Hand krönt ein Metallkreuz einen von Pilgern errichteten Steinhaufen. Hier könnte man ohne Umweg in gerader Linie auf das bereits sichtbare Heiligtum zulaufen oder erst in einem weiten Linksbogen den Gipfel überschreiten. Dazu folgen wir weglos der Geländekante im Uhrzeigersinn, die Dolinen zur Rechten. Nach und nach kommen das Sirino-Massiv, der Golf von Policastro, der Monte Bulgherìa (Wanderung 12), der Monte Gelbison, der Monte della Stella (Wanderung 8) und schließlich auch der Golf von Salerno mit der Amalfiküste (Wanderungen 1 bis 5) in den Blick. Den **Gipfel des Monte Cervati** (1899 m; 2 Std. 55 Min.) markiert ein trigonometrischer Vermessungspunkt. Man kann sich in ein Gipfelbuch eintragen.

Mit Blick auf das Heiligtum der Schnee-Madonna steigen wir der Geländekante folgend ab. Bis auf vereinzelte niedrige Büsche überziehen Gräser und Kräuter die karstigen Weideflächen. Vom Grund der Doline steigen wir wieder auf und stoßen auf die aus Sanza heranführende Schotterstraße. Rechts geht es zwischen Gebäuden weiter hoch und auf der steingepflasterten Straße wieder rechts. An der **Y-Gabelung** – der Einstieg für den Rückweg – halten wir uns links und erreichen mit wenigen Schritten das gedrungene steingemauerte **Santuario** (1852 m; 3½ Std.), das vom 26. Juli bis zum 5. August die Statue der *Madonna della Neve* beherbergt. Im Rücken des Santuario breitet sich eine zauberhafte Wiese aus, ein Blütenmeer im Frühsommer und daher **Giardino della Madonna,** „Garten der Mutter Gottes“, genannt – ein tolles Plätzchen für eine Rast. Vorher oder nachher lohnt der kurze, von Holzgeländern begleitete Rundweg (plus 20 Min.) vorbei an der **Grotta della Neve.** Die Blicke ins Tal sind atemberaubend, man sollte jedoch schwindelfrei sein.

Von der Y-Gabelung unterhalb des Santuario treten wir den Rückweg an und erreichen auf dem Sentiero pellegrini die **Scharte** (1844 m; 3 Std. 55 Min.) mit dem Metallkreuz. Hier schließt sich der Kreis und auf bekanntem Weg geht es vorbei am **Rifugio Cervati** (4½ Std.) und der **Fontana degli Zingari** (5 Std. 10 Min.) zum **Ausgangspunkt** (5 Std. 40 Min.) zurück.

Kartentipp

Luigi Merola, einer der Macher des Fernwanderweges **Cammino delle due Primule** (siehe Exkurs „Der Weg der zwei Primeln“, S. 364), ist auch Herausgeber einer präzisen Wanderkarte zum südwestlichen Cilento. Über QR-Codes gibt es GPX-Tracks im Gratis-Download. Ein zuverlässiger Begleiter auf den Wanderungen 9, 10, 11 und 12! Vor Ort für 5 € erhältlich.

■ **Cilento Interno e Costiero da Pisciotta a Scario,** 1:25.000, Gretel Map, www.gretelmap.com/cartoguida-trekking-cilento

VOI
SIETE
QUI

ama289 pa

7 Praktische Reisetipps A–Z

Beruhigend zu wissen, dass man hier ist – Kunstinstallation in der Certosa di Padula

Anreise

→ Autofahren
→ Ein- und Ausreisebestimmungen

Mit dem eigenen Fahrzeug

Wer nicht mit dem Wohnmobil (kein Vergnügen an der Amalfiküste!) oder Motorrad unterwegs ist, sollte die Anmietung eines Autos vor Ort zumindest in Betracht ziehen. Die Anreise mit eigenem Fahrzeug ist mit **Zwischenübernachtung** stressfreier zu bewältigen, die einfache Strecke München – Salerno z.B. beträgt 1160 km. In Bologna laufen die Anfahrtsrouten aus Süddeutschland, der Schweiz und Wien zusammen, und ab hier führt die **A 1** über Florenz und Rom bis Caserta. Es empfiehlt sich, die Fahrt in den Süden über die **A 30** Richtung Salerno fortzusetzen.

Autobahngebühren

Für Autobahnen in **Österreich** und der **Schweiz** ist eine **Vignette** erforderlich – wer ohne fährt, riskiert Geldstrafen! Für die Schweiz gibt es nur Jahresvignetten, für Österreich auch Vignetten für zwei aufeinanderfolgende Kalendermonate, die 10-Tages- und seit 2024 die 1-Tages-Vignette für beide Länder – **auch digital.** In Österreich ist die Brennerstrecke über die Europabrücke zusätzlich mautpflichtig. Erhältlich sind die Vignetten in grenznahen Tankstellen oder bei Automobilclubs.

Auf **italienischen Autobahnen** wird eine **entfernungsabhängige Maut** erhoben. Bei der Auffahrt auf die Autobahn

ama272 pa

erhält man ein Ticket, meist über einen Automaten. Die Gebühr wird beim Verlassen der Autobahn gegen Vorlage des Tickets an den Zahlstellen bar oder bargeldlos mit Kreditkarte entrichtet. Besitzer des TELEPASS haben eigene Spuren. Steht man doch einmal falsch, auf keinen Fall zurückstoßen, denn das kann teuer werden – per Knopfdruck Hilfe anfordern!

Mitglieder von Automobilclubs lassen sich ein **Tourenpaket** mit Straßenkarten und sämtlichen Gebühreninfos zusammenstellen.

- **www.autostrade.it**
- **www.asfinag.at/maut-vignette/vignette**
- **www.ch.ch/de/autobahnvignette**

Mitfahrzentralen

Es empfiehlt sich die Pannen- und Unfallversicherung für Mitfahrer. **Wünsche** können angemeldet werden, z.B. von Nichtrauchern oder wenn Frauen nur bei Frauen mitfahren möchten.

- **www.blablacar.de**

Mit dem Bus

Mit **Flixbus** geht es auch nach Süditalien. Man sollte sich mit etwas Geduld und Sitzfleisch wappnen!

- **www.flixbus.de**

◁ Dank des Cilento-Highways herrscht auf den schmalen Landstraßen kaum noch Verkehr

Mit der Bahn

Nur zu Fuß gehen wäre umweltfreundlicher! Schnelle und komfortable **Eurocity-Züge** verbinden Italien mit Deutschland, Österreich und der Schweiz. Aus der Schweiz, aus Österreich und dem Süden Deutschlands ist **Neapel** mit einigen reinen Tag-Verbindungen erreichbar, die etwas schneller sind als die Nachtfahrten. Ideal ist der **ÖBB Nightjet,** ein direkter Nachtzug von München bzw. Wien nach Rom, und von dort am späten Vormittag die Weiterfahrt nach Neapel bzw. Salerno. Alle internationalen Züge und italienischen Fern- und

Schienen-Ferrari in den Süden

Die **Hochgeschwindigkeitszüge** der Staatsbahn *Trenitalia* treten auf der wichtigsten Nord-Süd-Strecke Italiens gegen den burgunderroten *Italo* der privaten Gesellschaft Nuovo Trasporto Viaggiatori an. Von Turin über Mailand bzw. aus Venedig über Padua geht es nach Bologna und von hier über Rom nach Neapel und Salerno. Die „rasenden Kaninchen" sind nicht nur äußerst komfortabel und oft preiswerter als die Konkurrenz, sie punkten auch ökologisch durch geringeren Energieverbrauch. Züge der Linie Turin – Reggio Calabria halten im Cilento in Agropoli, Vallo Scalo und Sapri!

- **www.italotreno.it,** auch **App**

Bahnverbindungen im Internet
- **www.bahn.de,** auch **App**
- **www.nightjet.com,** auch **App**
- **www.oebb.at,** auch **App**
- **www.sbb.ch**
- **www.trenitalia.com,** auch **App**

Mini-„Flug-Know-how"

Check-in

Nicht vergessen: Ohne einen gültigen Reisepass oder Personalausweis für EU-Staatsbürger und Schweizer kommt man nicht an Bord. Kinder benötigen einen eigenen Reisepass.

Vor allem in der Hochsaison und wegen der sich immer länger hinziehenden Gepäck- und Sicherheitskontrollen sollte man **2–3 Stunden vor Abflug** am Schalter der Airline einchecken.

Das (Hand-)Gepäck

Man darf **pro Person** in der Regel ein **Handgepäck-** (8 kg, 55 x 35 x 20 cm) **und zusätzlich ein Gepäckstück** (20 kg) einchecken. Aufgepasst: Informieren Sie sich vor Ihrem Flug bei Ihrer Airline über die konkreten Bestimmungen, da diese mitunter stark voneinander abweichen. Viele Airlines bieten heute verbilligte Economy-Tickets ohne Gepäck an; wer Gepäck mitführt, muss entweder ein teureres Ticket kaufen oder wie bei Billig-Airlines eine Extragebühr bezahlen. Beim Packen des Handgepäcks sollte man darauf achten, dass **Flüssigkeiten** jeder Art nur in geringen Mengen bis zu jeweils 100 ml mit ins Flugzeug dürfen. Diese muss man separat in einem durchsichtigen Plastikbeutel (z.B. Gefrierbeutel) transportieren, den man beim Durchleuchten in eine der bereitstehenden Schalen auf das Fließband legen sollte. Auch **elektronische Geräte** müssen in diese Schale gelegt werden, ebenso Gürtel mit einer Schnalle aus Metall.

Aus Sicherheitsgründen dürfen scharfe Gegenstände wie Messer, Nagelfeilen oder Scheren nicht im Handgepäck untergebracht werden. Diese Gegenstände sollte man zu Hause lassen oder im aufzugebenden Gepäck verstauen, sonst werden sie bei der Sicherheitskontrolle einfach weggeworfen. Darüber hinaus gilt, dass Behältnisse mit leicht entzündlichen Gasen (Sprühdosen, Gaskartuschen, Feuerzeuge), leicht entflammbaren Flüssigkeiten (Benzinfeuerzeuge, gebrauchte Benzinkocher mit Benzinresten etc.) sowie Feuerwerke nichts im Gepäck zu suchen haben.

Akkus, die **Lithium** enthalten, gelten im Flugzeug als Sicherheitsrisiko, da sie sich entzünden und sogar explodieren könnten. Deshalb ist deren Mitnahme beschränkt und ab einer bestimmten Leistung verboten.

Ein kleiner **Tipp:** Um Stress und Ärger zu vermeiden, packen Sie neben den wichtigsten Dingen auch Utensilien ins Handgepäck, die Sie am ersten Tag in Ihrem Urlaub gebrauchen könnten. Falls das Gepäck Verspätung hat oder verloren geht, können sie trotzdem schon den ersten Tag genießen und müssen nicht direkt einkaufen gehen.

Fahrradmitnahme

Radfahrer, die ihr eigenes Fahrrad im Flugzeug mitnehmen wollen, sollten frühzeitig buchen und das Rad bei der Airline anmelden. Das Zweirad darf je nach Fluggesellschaft nicht schwerer als 25–32 kg sein und muss in einer **flugtauglichen Fahrradtasche oder einem Karton** verpackt werden. Zum Transport im Flugzeug müssen die Pedale abgeschraubt, der Lenker quergestellt und der Luftdruck in den Reifen abgesenkt werden. E-Bikes können nur ohne Akku im Flugzeug mitgenommen werden.

CO_2-Fußabdruck

Grundsätzlich gilt beim Thema **Umweltschutz:** Vermeiden ist besser als kompensieren. Flugreisen haben eine problematische Klimabilanz. Zum Ausgleich besteht die Möglichkeit, Geld für Klimaschutzprojekte auszugeben. Bisher gut bewertete Organisationen sind u.a. atmosfair.de, myclimate.org und goclimate.com.

▷ Neapel von oben

Nachtzüge sind **reservierungspflichtig.** Vor allem in der Hochsaison nicht zu kurzfristig planen!

Über die **Mitnahme von Fahrrädern** informiert die gebührenpflichtige Radfahrer-Hotline der Deutschen Bahn, Tel. 0180 699 66 33 (tägl. 8–20 Uhr).

Verkäufer an den Schaltern der Bahnhöfe scheitern oft an der Fülle der Möglichkeiten. Es empfiehlt sich deshalb die Buchung in einem spezialisierten **Bahn-Reisebüro.** Ein anfallendes Beratungsentgelt wird durch die besseren Tarifkenntnisse meist mehr als wettgemacht.

- **Gleisnost,** wer sich nicht selbst durch den Dschungel der Bahntarife und Fahrpläne schlagen und trotzdem Geld sparen will (das Service-Entgelt amortisiert sich), erhält hier kompetente Beratung – und auf Wunsch die Tickets zugeschickt. www.gleisnost.de
- **Kopfbahnhof,** auch wenn die Beratung nicht kostenlos ist (wird bei der Buchung angerechnet), ersparen *Georg Fabians* Kompetenz und Süditalien-Erfahrung viel Zeit und Nerven. Die Berliner Bahnagentur berät auch beim Fahrrad-Transport. www.kopfbahnhof.info
- **ADFC,** informiert über die Mitnahme von Fahrrädern: www.adfc.de.

Mit dem Flugzeug

Kampanien besitzt neben **Neapel** einen zweiten internationalen Flughafen: **Salerno.** Theoretisch, denn seit seiner Eröffnung 2007 wurde er dreimal wieder geschlossen und wieder eröffnet … Die nächste Wiedereröffnung ist für 2024 geplant. Nach Neapel gibt es etliche Nonstop-Verbindungen aus dem deutschsprachigen Raum, zusätzlich Umsteigeverbindungen über Mailand oder Rom.

- **Aeroporto Internazionale di Napoli (NAP),** Alibus (Ticketautomat in der Schalterhalle, Ticket beim Fahrer oder mit der App UNICO Campania; www.anm.it) und Taxis (auch Sammeltaxis zum Preis des Alibus!) zum nahen Bahnhof/Busbahnhof ins Zentrum. Busse (www.buonotourist.it, www.sitasudtrasporti.it) auch nach Salerno und in den Cilento (www.agenziainfanteviaggi.it). Tel. 081 78 96 11 11, www.aeroportodinapoli.it, auch App.
- **Aeroporto di Salerno-Costa d'Amalfi (QSR),** www.aeroportodinapoli.it, auch App.

Preisvergleichsportale im Internet bieten selten echte Billigpreise, oft fallen im Verlauf des Buchungsvorgangs weitere Gebühren an. Die Buchung direkt bei den Fluglinien kann daher günstiger sein! Meist preisgünstigere Flüge sind mit den **Jugend- und Studententickets** (je nach Airline alle jungen Leute bis 25 Jahre und Studenten bis 34 Jahre) möglich. Falls man den Linienflug mit einer weiteren Leistung (Unterkunft, Mietwagen) bucht, bekommt man in zuverlässigen **Reisebüros** gute Angebote:

- **www.globetrotter.ch**
- **www.jet-travel.de**
- **www.travel-overland.de**

ama45 pa

Autofahren in Italien

Tipps auf Deutsch auf der Website des italienischen Automobilclubs **Automobile Club d'Italia ACI:** Auf **www.aci.it** klicken und nach „Autofahren in Italien" suchen.

Wichtige Verkehrsschilder

- **accendere i fari** – Licht einschalten
- **attenzione uscita veicoli** – Vorsicht Ausfahrt
- **centro** – Zentrum
- **deviazione** – Umleitung
- **divieto di accesso** – Zufahrt verboten
- **lavori in corso** – Bauarbeiten
- **parcheggio** – Parkplatz
- **rallentare** – langsam fahren
- **sbarrato** – gesperrt
- **senso unico** – Einbahnstraße
- **strada senza uscita** – Sackgasse
- **tenere la destra** – rechts fahren
- **traffico limitato** – nur eingeschränkter Verkehr zum Be- und Entladen
- **tutte le direzioni** – alle Richtungen
- **zona disco** – Parken mit Parkscheibe
- **zona di silenzio** – Hupverbot
- **zona pedonale** – Fußgängerzone
- **zona rimorchio** – Abschleppzone
- **zona traffico limitato (ZTL)** – Fahrverbotszone (generell oder eingeschränkt). Diese Schilder betreffen meist historische Altstädte, die auf diese Weise von übermäßigem Verkehr freigehalten werden sollen. Hotels haben für ihre Gäste oft Ausnahmegenehmigungen.

Zulässige Höchstgeschwindigkeiten

- **in Ortschaften: 50 km/h**
- **auf Landstraßen: 90 km/h**
- **auf Schnellstraßen: 110 km/h**
- **auf Autobahnen gemäß Beschilderung: 130–150 km/h**

Autofahren

→ Anreise
→ Orientierung und Landkarten
→ Notfälle

Führerschein, Fahrzeugschein und Nationalitätenkennzeichen (oder Euronummernschild) sind Pflicht. Die **Grüne Versicherungskarte** vereinfacht bei Verkehrskontrollen oder einem Unfall die Abwicklung. **Verkehrssünder** werden in Italien kräftig zur Kasse gebeten!

Es bestehen **Gurt- und Helmpflicht,** die **Promillegrenze** beträgt 0,5‰, wer mit mehr als 1,5‰ erwischt wird, riskiert die Konfiszierung des Fahrzeugs. **Es ist verboten, Reservekanister mitzuführen.** Wenden, Zurückstoßen und Spurwechsel im Mautstellenbereich, auf Autobahnauffahrten und -abfahrten werden streng geahndet! Alle nach hinten über ein Fahrzeug hinausragenden Dachlasten und Ladungen (Surfbretter, Fahrräder etc.) müssen mit einer 50 x 50 cm großen, rot-weiß gestreiften Warntafel gekennzeichnet sein.

Außerhalb geschlossener Ortschaften muss tagsüber das **Abblendlicht** eingeschaltet sein, Motorradfahrer müssen auf allen Straßen mit Abblendlicht fahren. Motorrad- und Beifahrer, die ohne genormten **Schutzhelm** mit der Kennzeichnung ECE R 22 fahren, riskieren die Sicherstellung ihres Motorrades. Telefonieren beim Fahren nur mit Freisprecheinrichtung bzw. Kopfhörer.

An Zebrastreifen muss gehalten werden, das Überfahren einer roten Ampel ist verboten (!), ebenso, den Motor im Stehen laufen zu lassen.

Wie in Österreich müssen auch in Italien **fluoreszierende Warnwesten** für Autofahrer und Beifahrer im Fahrgastraum mitgeführt und im Falle einer Panne oder eines Unfalls vor dem Verlassen des Wagens angezogen werden.

Straßennetz

Die italienischen Straßen werden mit Buchstaben bezeichnet: **A** steht für **Autostrada** (Autobahn), **SS** für **Strada Statale** (Staatsstraße), **SR** für **Strada Regionale** (Regionalstraße) und **SP** für **Strada Provinciale** (Provinzstraße).

Aus dem Norden kommend, führt die **A 1** bis Neapel, vorher zweigt auf der Höhe von Caserta die **A 30** Richtung Salerno ab – zu empfehlen, wenn man weiter in den Süden fährt. Die Amalfiküste erreicht man über die Ausfahrt „Salerno", alternativ von Neapel kommend auf der **A 3** über die Ausfahrt „Vietri sul Mare". Während der Oster- und Pfingstferien und an sonnigen Wochenenden kann der Verkehr auf der **SS 163 „Amalfitana"** infernalisch sein.

Südlich von Salerno setzt sich die **A 2** Richtung Reggio di Calabria fort. Von der Ausfahrt „Battipaglia" erreicht man über die **SS 18** Paestum und den Alto Cilento, alternativ kann man die A 2 bei Eboli verlassen. Die A 2 führt parallel mit der **SS 19** durch das Hochtal des Vallo di Diano, über mehrere Ausfahrten lassen sich der Cilento Centrale und der Basso Cilento erreichen. Die als Schnellstraße ausgebaute **SS 517/var.** führt von der Ausfahrt „Buoabitacolo" an den Golfo di Policastro. Von Agropoli im Norden zieht sich bis an den Golfo di Policastro im Süden die als Schnellstraße ausgebaute **SP 430 „Cilentana"** als Variante der alten SS 18. Ein landschaftlicher Genuss ist die **Küstenstraße,** die sich von Santa Maria di Castellabate, Acciaroli, Ascea, Pisciotta und Palinuro bis Marina di Camerota zieht. Die **Ausschilderung** der ebenso reizvollen wie kurvigen Strecken im Landesinneren ist mangelhaft, eine gute Straßenkarte oder das Navi sind hilfreich.

Fahrweise

Auf den Straßen scheint das **Prinzip Chaos** vorherrschend zu sein, doch nach Abklingen des ersten Schocks wird man schnell die sich dahinter verbergende Ordnung erkennen. Lästig ist allenfalls auf Autobahnen und Schnellstraßen das dichte Auffahren. **Ruhe bewahren und überholen lassen!** Vor allem im Stadtverkehr drängen sich die Fahrzeuge dicht an dicht, und jede noch so kleine Lücke im Verkehr wird flink ausgenutzt. Manchmal wird auch rechts überholt, doch spielt sich alles mit größter **Gelassenheit** ab. Kaum ein Fahrer wirkt nervös oder ungehalten, das Hupen hat mit Aggression nichts zu tun, sondern dient der Verständigung. **Fußgängern** gegenüber ist man aufmerksam, solange diese beim Überqueren der Straße unaufmerksam erscheinen. Für einen offensichtlich aufmerksamen Fußgänger wird niemand bremsen, kann dieser doch selber auf sich aufpassen. Logisch! Mit anderen Worten, **Kommunikation** ist in Süditalien in jeder Lebenslage wichtig, häufig bedient sie sich der Blicke, Zeichen und Gesten. Mit **Geduld** – *pazien-*

za heißt das Zauberwort – und **Freundlichkeit** *(gentilezza)* wird man schlussendlich jede (Verkehrs-)Situation meistern und vielleicht sogar Spaß haben. Spätestens vor den verwinkelten Altstadtzentren sollte man jedoch haltmachen, das Auto parken und den Weg zu Fuß fortsetzen. In vielen **Innenstadtbereichen** sind ohnehin sog. ZTL („zona traffico limitato"), Zonen eingeschränkten Verkehrs, eingerichtet worden.

Tankstellen/E-Mobilität

Da das Tankstellennetz nicht flächendeckend ausgebaut ist und das Mitführen eines Reservekanisters verboten ist, gilt: **Rechtzeitig tanken!** Flüssiggas ist an italienischen Tankstellen als „GPL" ausgewiesen. Kreditkarten werden meist akzeptiert. An Landstraßen und in Ortschaften bleiben Tankstellen in der Regel von 12.30–15.30 und 19.30–7 Uhr geschlossen, an den Autobahnen sind sie durchgehend geöffnet. Zum Tanken am Automaten unzerknitterte 5-, 10- und 20-€-Scheine bereithalten.

ENEL X ist Italiens größter Anbieter von **E-Ladesäulen** *(colonnina di ricarica)*. Stationen sind auf der Website verzeichnet und lassen sich mit der App ENEL X Way lokalisieren.

- **www.enelx.com/it/en/electric-mobility/charging-stations-map**

Immer mehr **Unterkünfte** stellen ihren Gästen E-Ladesäulen zur Verfügung.

[>] Warum nicht ein Gemälde von Enzo Cursaro als hochwertiges Souvenir (ansässig in Capáccio)?

Parken

Gelbe und schwarz-gelb markierte Bordsteine sowie die Schilder *passo carabile* (Zufahrt freihalten), *sosta vietata* (Parkverbot) und *zona rimozione* (Abschleppzone) bezeichnen absolutes **Parkverbot.** Blaue Bordsteinkanten stehen für gebührenpflichtige Parkplätze.

Parktickets gibt es am Automaten oder im Tabacchi. Bei den *parcheggi gratta e sosta* („Kratze und parke") kauft man Parkscheine (in der Regel 1 Stunde gültig) und rubbelt die Ankunftszeit frei. Will man mehrere Stunden parken, legt man mehrere Scheine sichtbar ins Auto, die frei gerubbelte Ankunftszeit um jeweils 1 Stunde verschoben.

Barrierefreies Reisen

Barrierefreies Reisen im Cilento und an der Amalfiküste gestaltet sich meist anspruchsvoll. Fast ohne Treppen präsentieren sich an der Amalfiküste allenfalls Ravello und Maiori, leichtere Strandzugänge bieten Paestum und die Küstenorte des Cilento. Mit **Informationen** helfen weiter:

- **Cosy for You,** der Anbieter aus Neapel hat sich auf barrierefreie Reisen spezialisiert, http://tour.cosyforyou.org/de.
- **Mobility International Schweiz,** www.mis-ch.ch.
- **www.accessibleitaly.com, www.disabili.com,** Tipps und Links.

Camping

→ Unterkunft

Campingplätze und Feriendörfer säumen die Sandstrände zwischen Salerno und Paestum und die Traumküsten des südlichen Cilento. Die meisten Plätze haben nur eine **kurze Saison** von Mai bis September; im Juli und August sind sie meist hoffnungslos überfüllt.

- **www.campeggievillaggi.it,** Campingplätze in ganz Italien. Links zu Agriturismo-Portalen.
- **www.camping.it,** der italienische Campingverband listet auf seiner Website zahlreiche Plätze.

Urlaub im Wohnmobil ist nicht nur bei Italienern beliebt. Kommunen haben Stellplätze mit sanitären Anlagen eingerichtet, auf die oft die Schilder „Area attrezzata per Camper" hinweisen. Auch Agriturismi bieten oft Stellplätze an.

Einkaufen

→ Essen und Trinken
→ Geld
→ Öffnungszeiten

In städtischen Markthallen, Alimentari-Geschäften, auf Fisch-, Obst- und Gemüsemärkten ist das **frische Angebot** überwältigend. Und am Ende des Urlaubs findet sich sicher noch Platz für einen Kanister *Olio d'Oliva extra vergine* frisch vom Erzeuger (könnte im Flieger allerdings für Schwierigkeiten sorgen!). Bleibt Platz im Kofferraum, verlängert eine Kiste Wein den Urlaub zu Hause aufs Angenehmste.

Eine italienische Institution sind **Tabacchi:** In den Tabakläden, erkennbar an dem weißen „T" auf dunklem Schild, kann man außer Zigaretten auch Briefmarken, Fahr- und Parkscheine kaufen, manchmal auch noch Salz.

ama274 pa

ama46 pa

In Städten lohnt ein Schaufensterblick auf die **Alta moda.** Wenn *saldi* (Schlussverkauf) anstehen, purzeln die Preise. Italienische Mode gibt es längst auch in Kampanien in zahllosen Outlets.

Traditionelle **Keramik** gibt es z.B. in Vietri an der Amalfitana (siehe Exkurse „Der Esel kam 1923 auf die Welt", S. 40, „Küstenwachturm als Künstleratelier", S. 120) und in Camerota im Cilento. Einkaufstipps stehen am Ende der Ortsbeschreibungen.

Achtung: Auch Italiener greifen gerne zu bei gefälschten und daher unschlagbar billigen Markenartikeln, wie sie von **Straßen- und Strandhändlern** angeboten werden. Die Polizei drückt oft ein Auge zu. Aber nicht immer! Dann können die fast echte Prada-Sonnenbrille oder das Gucci-Täschchen schnell sehr teuer werden.

(Schein-)Heiligenfiguren in Neapels Via San Gregorio Armeno

Ein- und Ausreisebestimmungen

→ Notfälle

EU-Bürgern und Schweizern genügt ein gültiger **Personalausweis.** Auch jedes Kind braucht für Auslandsreisen ein eigenes Reisedokument!

In Deutschland, Österreich oder der Schweiz lebende **Staatsbürger von Nicht-EU-Staaten** müssen ein Visum bei der entsprechenden diplomatischen Vertretung Italiens beantragen.

Zoll

Im Zuge der EU-Liberalisierung haben **Kontrollen** von ausländischen Urlaubern mittlerweile **Seltenheitswert.** Doch auch innerhalb der EU- und EFTA-Länder bestehen für die steuerfreie Mitnahme von Alkohol, Tabak und Kaffee Grenzen. Bei Überschreiten der Richt- und Freigrenzen muss nachgewiesen werden, dass keine gewerbliche Verwendung beabsichtigt ist.

Elektrizität

In Italien beträgt die **Netzspannung** wie in allen europäischen Ländern **230 Volt.** Flache Eurostecker passen fast immer – wenn nicht, braucht man eine *spina di addatamento* (Adapter).

Essen und Trinken

→ Kleiner kulinarischer Sprachführer, S. 460
→ Öffnungszeiten
→ Verhaltenstipps

Eine gute Nachricht gleich zu Beginn: **Vegetarier und Veganer** sind im Land der *magnafoglie* („Blattesser") im Paradies! Und im Cilento wurden die wissenschaftlichen Grundlagen zur Erforschung der **mediterranen Diät** (siehe „Welterbe zum Essen", S. 226) gelegt.

Gutes und gesundes Essen ist nicht nur Lebensfreude pur, es ist einer der besten Schlüssel zum Verständnis eines Landes und seiner Menschen. Fündig wird man in den gut **300** (!) für diesen Reiseführer recherchierten **kulinarischen Adressen,** appetitanregende Einblicke in die Esskultur bieten die Exkurse „Cucina amalfitana, limoni e vino", S. 38, „Garum, das Maggi der Antike", S. 56, „Jazz in Flaschen und andere gute Tropfen", S. 516, „Mozzarella – weißes Gold", S. 184, sowie „Zitronen – ein gelbes Stück vom Paradies", S. 102.

Im Mezzogiorno besteht die **colazione (Frühstück)** in der Regel aus einer Tasse Kaffee am Bartresen, eventuell auch aus einem Cappucino mit einem *cornetto* (Hefeteig-Hörnchen). In Hotels kommt man den Frühstücksgewohnheiten der Gäste aus dem Norden inzwischen meist entgegen, opulenter fällt die *colazione* oft in Agriturismi aus.

Im Tagesablauf der Süditaliener nehmen **pranzo (Mittagessen)** und **cena (Abendessen)** einen wichtigen Platz ein, die vollständige Speisenfolge besteht aus *antipasto, primo* und *secondo piatto,* zum dem der *contorno* extra dazu bestellt

Gastronomie

Preiskategorien in diesem Buch

Durchschnittliche Kosten für eine Mahlzeit bestehend aus **Antipasto, Primo und Secondo** im Restaurant bzw. einer **Pizza,** jeweils ohne Getränke:

① bis 20 €
② 20–40 €
③ 40–70 €
④ ab 70 €

Es ist ein Mythos, dass man im Restaurant immer die ganze Speisekarte vom Antipasto bis zum Dolce bestellen muss. Allerdings sollte man sich auch nicht wundern, wenn der Wirt verstimmt ist, falls Sie in seinem Restaurant nur einen Salat verzehren möchten. Italiener sind fast immer bereit, für gutes Essen auch gutes Geld auszugeben, eine hedonistische „Tugend", die nachahmenswert ist.

SLOW & GRÜN

Mit dem Schmetterling werden Betriebe hervorgehoben, die sich durch die Verwendung lokaler **Bio-Produkte** und die Pflege regionaler Küche auszeichnen oder sich anderweitig für einen ethisch korrekten und **nachhaltigen Tourismus** einsetzen.

ama47 pa

Kleiner kulinarischer Sprachführer

il menù – Speisekarte

- *antipasti* – Vorspeisen
- *bevande* – Getränke
- *carne* – Fleisch
- *contorni* – Beilagen
- *dolce* – Nachtisch
- *formaggi* – Käse
- *frutta* – Obst
- *menu del giorno* – Tagesgericht
- *minestre* – Suppen
- *pane e coperto* – Brot und Gedeck
- *pesce* – Fisch
- *piatti vegetariani* – vegetarische Gerichte
- *piatto del giorno* – Tagesgericht
- *primo/secondo piatto* – erster/zweiter Gang
- *servizio* – Bedienungsgeld

ordinare – bestellen

- *Vorrei prenotare un tavolo per due persone.* – Ich möchte einen Tisch für zwei Personen bestellen.
- *Avete ancora un tavolo libero?* – Haben Sie noch einen Tisch frei?
- *Ci porta il menù/la lista dei vini per favore?* – Bringen Sie uns bitte die Speisekarte/ die Weinliste?
- *Voremmo ordinare.* – Wir würden gerne bestellen.
- *Che cosa ci puo consigliare?* – Was können Sie uns empfehlen?
- *Da bere/da mangiare prendiamo/voremmo ...* – Zum Trinken/Essen nehmen wir/möchten wir ...
- *Avete anche...?* – Haben Sie auch...?
- *Si puo avere anche una mezza porzione?* – Kann man auch eine halbe Portion haben?

pagare – bezahlen

- *Voremmo pagare. Ci porta il conto, per piacere?* – Wir würden gerne zahlen. Bringen Sie uns bitte die Rechnung?
- *Accettate carte di credito?* – Nehmen Sie Kreditkarten?

coperto – Gedeck

- *aceto e olio* – Essig und Öl
- *bicchiere* – Glas
- *coltello* – Messer
- *cucchiaino* – Teelöffel
- *cucchiaio* – Löffel
- *forchetta* – Gabel
- *pane* – Brot
- *piatto* – Teller, Gericht
- *sale e pepe* – Salz und Pfeffer
- *stuzzicadenti* – Zahnstocher

bevande – Getränke

- *aqua minerale frizzante (con gas)/ naturale (senza gas)* – Mineralwasser mit/ohne Kohlensäure
- *amaro* – Kräuterlikör
- *birra alla spina* – gezapftes Bier
- *caffè* – kleiner Kaffee, Espresso
- *limoncello* – Zitronenlikör
- *nocino* – Nusslikör
- *spremuta* – frisch gepresster Saft
- *succo* – Saft
- *vino bianco/rosato/rosso* – Weiß-, Rosé-, Rotwein
- *vino sfuso* – offener Wein

> Mozzarella, faustgroß

antipasti – Vorspeisen

- *alici marinate* – marinierte Sardinen
- *antipasto di mare* – Vorspeise mit Meeresfrüchten
- *antipasto rustico* – Vorspeise mit Wurst und Käse
- *bruschetta* – geröstetes Weißbrot mit Tomaten und Knoblauch
- *frisedde* – doppelt gebackenes Brot, wird eingeweicht z.B. mit Tomaten, Olivenöl und Oregano gegessen
- *insalata caprese* – Mozarella-Tomaten-Salat
- *lampascioni* – Wildzwiebeln der Träubelhyazinthen
- *parmigiana di melanzane* – mit Tomaten, Mozzarella, Basilikum und Parmesan überbackene Auberginen
- *puccia* – Brot mit Oliven
- *soppressata* – zum besseren Trocknen gepresste Salami
- *sott'aceti* – in Essig eingelegtes Gemüse
- *sott'olii* – in Olivenöl eingelegtes Gemüse oder Pilze
- *taralli* – hart gebackene Teigkringel

primi – erster Gang

- *ciceri e ttria* – Bandnudeln mit Kichererbsen
- *cozze gratinate* – überbackene Miesmuscheln
- *fave e cicorie* – Saubohnen und Zichorien
- *maccheroni al ragù* – Röhrennudeln mit Fleischsoße
- *minestra maritata* – kräftige Fleisch- und Gemüsesuppe mit Pasta

ama275 pa

- *orechiette con cime di rapa* – Öhrchennudeln mit bitterem Stängelkohl
- *pan cotto* – Brotsuppe
- *pasta e ceci/faggioli* – Nudeln mit Kichererbsen/Bohnen
- *purea di fave* – Bohnenpüree, meist zusammen mit Gemüse
- *risotto alla pescatora* – Risotto mit Fisch und Meeresfrüchten
- *scialiatielli* – hausgemachte Spaghetti
- *spaghetti ai frutti di mare* – Spaghetti mit Meeresfrüchten
- *tiella di riso, cozze e patate* – Reis-Miesmuschel-Kartoffelauflauf
- *zuppa di cozze* – Miesmuscheln in Tomatensugo
- *zuppa di grano* – Weizensuppe

secondi di pesce e carne – Fisch- und Fleischgerichte

- *agnello* – Lamm
- *arista di maiale* – Schweinebraten
- *bracciole di cavallo* – Pferdefleischrouladen, meist in Tomatensugo
- *castrato* – Hammel
- *dentice* – Zahnbrasse
- *orata* – Goldbrasse
- *salsiccia* – Wurst
- *triglie* – Rotbarben
- *zuppa di pesce* – Fischeintopf

contorni – Beilagen

- *cicorie* – Zichorie
- *fungo cardoncello* – exzellenter Speisepilz der Murgia *(Pleurotus eryngii)*
- *insalata* – Salat
- *giambotta* – Gemüseeintopf
- *verdure* – Gemüse

cotture – Zubereitungsarten

- *all'acqua pazza* – Fisch wird im leichten Gemüsesud gedünstet
- *al bianco* – ohne Tomaten
- *al cartoccio* – in Backpapier oder Alufolie gegart
- *al forno* – im Ofen
- *alla boscaiola* – mit Pilzen
- *alla griglia* – gegrillt
- *alla pizzaiola* – mit Tomaten-Oregano-Sauce
- *alla scapece* – frittiert und sauer eingelegt
- *fritto* – frittiert, ausgebacken

formaggi – Käse

- *burrino* – Brühkäse mit einem Stück Butter in der Mitte
- *caciocavallo* – pikant gereifter Kuhmilchkäse
- *cacioricotta* – gereifte Ricotta, oft aus Ziegenmilch
- *fior di latte* – Kuhmilchmozzarella
- *pecorino* – Schafskäse
- *provolone* – pikanter Käse aus Kuhmilch
- *ricotta* – Frischkäse aus Molke (*ricotta* bedeutet „noch einmal gekocht")
- *ricotta affumicata* – die geräucherte Ricotta wird gerieben zur Pasta gegessen

frutta e dolci – Obst und Nachspeisen

- *agrumi* – Zitrusfrüchte
- *ficchi* – Feigen
- *ficchi d'India* – Kaktusfeigen
- *granita di limone* – Zitronensorbet
- *struffuli* – in Honig getauchtes Gebäck

wird. **Aqua minerale** gibt es *naturale* oder *frizzante,* mit oder ohne Kohlensäure. In bodenständigen Lokalen wird der **Wein** *sfuso* (offen) in der Karaffe serviert, doch sollte man sich versichern, dass es sich auch wirklich um einen *vino locale* handelt. Ansonsten greift man besser zu einem *vino imbotigliato,* einem Flaschenwein. Die Preise für Wein sind in der Regel ausgesprochen fair! Zum Nachtisch gibt es **dolce** oder **frutta,** danach noch einen Digestif, hierzulande meist ein Limoncello. Den **caffè** trinkt man heiß in der nächsten Bar.

Der **kleine Hunger** lässt sich in einer *Tavola calda* oder *Rosticceria* stillen. Nudelaufläufe, *focacce* (eine Art Pizza mit dickem Teig), Grillhähnchen und Backkartoffeln gibt es oft auch zum Mitnehmen. Ob Osteria, Trattoria, Pizzeria oder Ristorante – man sollte sich vom Ambiente und einer guten Empfehlung leiten lassen. Auf dem **menù** muss der Betrag für *coperto* (Brot und Gedeck) und evtl. *servizio* (10–15%) ausgewiesen sein. Aus Höflichkeit lässt man die Gäste nach dem Essen sitzen, bis sie selbst nach der Rechnung verlangen. Rechnungsbeträge müssen in Italien nicht vom Gast aufgerundet werden; er erhält das vollständige Wechselgeld zurück und lässt dann nach eigenem Ermessen sein Trinkgeld auf einem Teller liegen. War man zufrieden, sind 5–10% angebracht. Beim Barbesuch legt man eine Münze für den *barista* auf den *scontrino* (Kassenzettel).

Gewöhnungsbedürftig sind vielleicht die **späten Essenszeiten.** Abends wird die *cena* selten vor 19.30 Uhr serviert.

Feiertage, Feste und Events

Jeder Ort feiert seinen **Patron** oder die **Schutzheilige** mit großem Pomp. Die Straßen schmücken *luminarie,* filigrane Holzlattengebilde, von Abertausenden elektrischen Lampen illuminiert. In der Prozession schreitet stets die *banda* (Blaskapelle) voran, und eine *festa* endet immer mit einem grandiosen Feuerwerk. Sehr stimmungsvoll sind die Osterprozessionen. Siehe den Veranstaltungskalender auf der nächsten Seite.

An den **gesetzlichen Feiertagen** sind alle öffentlichen Einrichtungen, z.T. auch Museen und archäologische Zonen, geschlossen. Achtung: Fallen die Feiertage auf Wochentage, ist an den Brückentagen zwischen den Wochenenden (ital. *ponte*) mit Verkehrsstaus zu rechnen.

ama277 pa

▷ Frisch zubereiteter Haselnuss-Torrone bei der Festa di Santa Trofimena – und Sophia schaut zu

Gesetzliche Feiertage

- **1. Januar:** *Capodanno*/Neujahr
- **6. Januar:** *Epifania*/Hl. drei Könige
- **Ostermontag:** *Pasquetta*
- **25. April:** *La Resistenza*/Tag der Befreiung
- **1. Mai:** *Festa del Lavoro*/Tag der Arbeit
- **2. Juni:** *Festa della Repubblica*/Nationalfeiertag
- **15. August:** *Ferragosto*/Mariä Himmelfahrt
- **1. November:** *Ognissanti*/Allerheiligen
- **8. Dezember:** *L'Immacolata*/ Unbefleckte Empfängnis
- **25. Dezember:** *Natale*/Weihnachten
- **26. Dezember:** *Santo Stefano*/ Fest des Hl. Stefan

Veranstaltungskalender

Februar

- **Gran Carnevale Maiorese,** seit 1971 findet am Lungomare von Maiori der größte Karnevalsumzug der Amalfiküste statt. www.grancarnevaledimaiori.it

März/April

- **Pasqua (Ostern),** eindrucksvolle Karfreitagsprozessionen u.a. in Positano und Amalfi.
- **Madonna delle Galline,** am Wochenende nach Ostern steigt in Pagani ein orgiastisches Marienfest (s. Exkurs „Die Madonna ist geleidigt", S. 68).
- **San Marco,** das Hafenstädtchen San Marco di Castellabate feiert seinen Patron am 25. April mit einer Bootsprozession.

Mai

- **Salerno Porte Aperte,** Mitte Mai öffnen der Öffentlichkeit sonst verschlossene Orte ihre Pforten. Schulklassen „adoptieren" einzelne Denkmäler und bieten engagiert Führungen an. www.comune.salerno.it
- **San Michele Arcangelo,** am 8. Mai feiert Sant' Angelo a Fasanella seinen Patron mit einem großen Fest und Feuerwerk.
- **Maria SS. del Sacro Monte,** am letzten Maisonntag und am zweiten Oktobersonntag finden die beiden wichtigsten Prozessionen auf den Gipfel des Monte Sacro (Monte Gelbison) statt. Gläubige aus ganz Süditalien strömen am Fuße des Berges zusammen und steigen z.T. barfuß bis zum Sanktuarium hoch.

Juni

- **Festa dell'Avvocata,** am Montag nach Pfingsten finden sich Aberhunderte Pilger zum Feiern, Tanzen und Schmausen am Bergheiligtum der *Madonna dell'Avvocata* ein.
- **San Cono,** Teggiano feiert seinen Stadtpatron dreimal im Jahr: am 3. Juni, 27. Sept. und 17. Dezember – am ausgiebigsten im Juni.
- **Regatta delle quattro Repubbliche Marinare,** in der Regel treten die vier ehemaligen italienischen Seerepubliken Amalfi, Pisa, Genua und Venedig am ersten Junisonntag im sportlichen Ruderwettkampf gegeneinander an, 2024 und 2028 wieder in Amalfi. www.repubblichemarinare.org
- **Festa di Sant'Andrea,** vom 25. bis 27. Juni lässt Amalfi seinen Patron zu Wasser und zu Lande hochleben.
- **Disfida dei Trombonieri,** mit schweren Vorderladern bewaffnet treten Ende Juni Vertreter der einzelnen Kontraden zum Wettschießen an. Das Historienspektakel geht auf das tapfere Eingreifen der Cavesi zurück, die am 7. Juli 1460 dem aragonesischen König von Neapel, *Ferrante I.*, gegen die *Anjous* beistanden. www.atsc-cavadetirreni.it

Juli

- **Festival Musicale di Ravello,** gesellschaftliches Musikevent zu (fast) volksnahen Preisen. Ursprünglich ein reines Wagner-Festival, zieht es sich nun von April bis Oktober und bietet neben symphonischen Konzerten auch Kammermusik und Jazz. www.ravellofestival.com
- **Festa del Mediterraneo,** Musik, politische Debatten und gutes Essen Anfang Juli in Pollica, Pioppi und Acciaroli. https://festadelmediterraneo.org

■ **Festa d'Estate a Villa Guariglia,** klassische Konzerte, Kammermusik und Jazz bei freiem Eintritt in einer schönen Villa oberhalb von Vietri sul Mare.

Palio del Grano, das AgriKultur-Fest in der zweiten Monatshälfte ehrt alte Weizensorten. www.paliodelgrano.it

Segreti d'Autore, Kultur, Legalität und Wissenschaft sind die Themen des ambitionierten Festivals Ende Juli bis Mitte August. www.festivalsegretidautore.it

Festival della Dieta mediterranea, kulinarisches Kulturfestival Ende Juli bis Anfang September in Pioppi. www.ecomuseodietamediterranea.it

August

■ **Teggiano Jazz,** Jazz-Festival Anfang August in Teggiano. www.teggianojazz.it, fb

■ **Festa della Madonna del Granato,** Paestums antiker Hera-Kult lebt in Capáccio Vecchio fort. Am 15. August pilgern die Gläubigen zu der Madonna, die wie *Hera* einen Granatapfel in der Hand hält.

■ **Festa di Santa Maria a Mare,** Mitte August wird die Stadtpatronin von Maiori und Santa Maria di Castellabate jeweils mit großem Pomp gefeiert.

■ **Sagra del Fusillo Felittese,** das mehrtägige Nudel- & Kultur-Fest von Felitto Mitte August fand 1976 zum ersten Mal statt und ist heute aus dem Festkalender des Cilento nicht mehr wegzudenken. www.facebook.com/SagraDelFusilloFelittese

Cucina Clandestina, Mitte August verwandelt sich Valle dell'Angelo in ein einziges Open-Air-Restaurant. Private Küchen öffnen sich, renommierte Sommeliers schenken aus. www.confusimafelice.it

Festa dell'antica Pizza Cilentana, das Pizzafest in Giungano bezieht im August (fast) die gesamte Bevölkerung mit ein. www.cilentumpizza.it

Festa del Pane e della civiltà contadina, Mitte August verwandelt sich der mittelalterliche Borgo von Trentinara mit seinen Backstuben und versteckten Hinterhöfen in eine orgiastische Fressmeile. Volksmusik in den Gassen, tolle Konzerte auf der Bühne. www.festadelpane.eu

■ **Cilento International Buskers Festival,** Ende August treten Straßenkünstler aus aller Welt in Albanella auf.

■ **Velia Teatro,** von August bis Anfang September finden in Velia Aufführungen antiker griechischer Dramen und römischer Komödien in italienischer Sprache statt. www.veliateatro.it

September

■ **San Matteo,** am 21. September feiert Salerno seinen Patron, den Apostel *Matthäus.*

■ **San Gennaro,** am 18. und 19. September lässt Vettica Maggiore den Märtyrerbischof (und auch Schutzpatron Neapels) mit einem Jahrmarkt, Umzügen und einem Feuerwerk hochleben.

November

■ **Festa di Santa Trofimena,** die Stadtpatronin von Minori wird dreimal im Jahr gefeiert: am 13. Juli, am 5. und am 27. November. Das Fest Ende November läutet mit Prozession, Blas- und Dudelsackmusik, Feuerwerk und Markt zugleich die Weihnachtszeit ein. www.santatrofimena.it

■ **Festa di Sant'Andrea,** Amalfi feiert am 30. November den Namenstag seines Patrons.

Dezember

■ **Calata della Stella,** am 24. Dezember schwebt an einem langen Drahtseil der Weihnachtsstern von den Bergen auf die Piazza von Atrani hinab.

Geld

→ Notfälle
→ Öffnungszeiten

Ausgesprochen wird der **Euro (€)** in Italien „E-uro", der Cent heißt „centesimo".

Geldautomaten/Kreditkarten/PayPal/ApplePay

Die unkomplizierteste Art der Geldbeschaffung im Urlaub ist die **Barabhebung vom Geldautomaten** unter Angabe der PIN mit Girocard oder Kreditkarte. Neue Girokarten werden seit Juli 2023 allerdings nicht mehr mit der Maestro-Funktion ausgestattet, es gelten jetzt die neuen Standards Mastercard debit und Visa debit. Bankkunden erfahren das in der Regel dadurch, dass sie eine entsprechende neue Karte ausgestellt bekommen. Ob die neuen Karten dann schon überall funktionieren, lässt sich nicht sagen, im Zweifel erkundigen Sie sich vor der Reise bei Ihrer Bank.

Bei **Verlust oder Diebstahl** die Geldkarte sofort sperren lassen, auch um die Sorgfaltspflicht nicht zu verletzen! Rufen Sie die von Ihrer Bank oder Sparkasse genannte Sperrnummer an.

Bargeldloses Zahlen mit Diensten wie **PayPal** oder **ApplePay** ist auch in Italien weit verbreitet.

- Tipp: **Nummer der Kreditkarte** und Kartensperrnummer notieren! Sie stehen auf der Kreditkarte.
- In Deutschland ist rund um die Uhr der **Kartensperrnotruf (+49) 116 116** für Girocard und Kredit- sowie Krankenkassen- und Handykarten erreichbar. Alternativ wurde die Nummer (+49) 30 40 50 40 50 eingerichtet, es handelt sich allerdings nur um einen Vermittlungsdienst, d.h. Servicemitarbeiter leiten die Gespräche weiter.
- **www.sperr-notruf.de**

Bargeldtransfer

Im **Notfall** kann man dank des Transfer-Services der **Western Union** schnell wieder zu Bargeld kommen. Zunächst einen Vertriebsstandort der Western Union ausfindig machen (Adressen auf www.westernunion.de), zu Hause anrufen, Kontaktadresse angeben und darum bitten, den gewünschten Betrag bei der Postbank, ReiseBank, teilnehmenden Sparkassen oder Travelex mit Karte oder bar einzuzahlen und unter Angaben der Empfängerdaten nach Italien zu schicken. Für den Einzahler werden etwa 5% der Transfersumme als **Gebühr** fällig. Aus Deutschland und Österreich sind auch Online-Überweisungen mit VISA- oder Master-Card möglich. Unter Vorlage eines Identitätsnachweises erhält man den vereinbarten Geldbetrag ausbezahlt. Alternativ lässt sich die Digital Banking App von Western Union nutzen.

Kassenbeleg

Rechnungen und **Quittungen** (*ricevuta* bzw. *scontrino fiscale*) müssen eine Weile aufbewahrt und auf Verlangen der *Guardia della Finanza* (Steuerpolizei) vorgezeigt werden.

Gesundheit

→ Notfälle

Von den gesetzlichen Krankenkassen in Deutschland, Österreich und der Schweiz wird eine Behandlung im akuten Krankheitsfall auch in Italien garantiert, wenn die medizinische Versorgung nicht bis nach der Rückkehr warten kann. Als Anspruchsnachweis benötigt man die **Europäische Krankenversicherungskarte EHIC,** die sich auf der Rückseite der „normalen" Krankenversicherungskarte von gesetzlich Versicherten befindet. Eine Liste deutschsprachiger Ärzte am Urlaubsort halten Krankenkassen, Automobilclubs oder die Botschaften bereit.

Im Krankheitsfall besteht Anspruch auf ambulante oder stationäre Behandlung bei jedem zugelassenen Arzt und in staatlichen Krankenhäusern. Da jedoch die Leistungen nach den gesetzlichen Vorschriften im Ausland abgerechnet werden, kann man auch gebeten werden, zunächst die **Kosten der Behandlung** selbst zu tragen. Obwohl bestimmte Beträge von der Krankenkasse hinterher rückerstattet werden, kann doch ein Teil der finanziellen Belastung beim Patienten bleiben, also Kosten in kaum vorhersagbarem Umfang nach sich ziehen.

Aus diesem Grund wird zusätzlich der **Abschluss einer privaten Auslandskrankenversicherung** empfohlen. Diese sollte zudem eine zuverlässige Reiserückholversicherung enthalten, denn der Krankenrücktransport wird von den gesetzlichen Krankenkassen nicht übernommen. Schweizer sollten bei ihrer Krankenversicherung nachfragen, ob die Auslandsdeckung auch für Italien gilt. Ist das nicht der Fall, kann man sich kostenlos bei *Soliswiss* informieren (www.soliswiss.ch). Zur Erstattung der Kosten benötigt man ausführliche Quittungen (mit Datum, Namen, Bericht über Art und Umfang der Behandlung, Kosten der Behandlung und Medikamente).

In **Apotheken** *(farmacia)* erhält man alles Wichtige (zahlreiche Medikamente rezeptfrei), auch für die Kleinsten, z.B. Windeln *(pannolini)*. Not- und Wochenenddienste *(farmacia di turno)* sind angeschlagen und stehen in Tageszeitungen und im Internet.

Mit Haustier unterwegs

Zur Einreise von Hunden und Katzen muss ein **EU-Heimtierpass** mitgeführt werden, der eine gültige Tollwutimpfung bescheinigt. Zusätzlich ist eine Identitätskennung des Tieres durch Tätowierung oder Mikrochip erforderlich. Auch Maulkorb und Leine sind mitzuführen. Die meisten Agriturismi, aber auch einige Hotels und Pensionen, akzeptieren die kleinen (!) Haustiere ihrer Gäste (evtl. mit Preisaufschlag).

■ Das deutsche **Auswärtige Amt** verweist auf der Seite https://italien.diplo.de/it-de unter dem Stichwort „Heimtiere" auf **aktuelle Bestimmungen** zu Reisen mit Haustieren nach Italien.

Information

Außerhalb Italiens

Außerhalb Italiens informiert das **Staatliche Italienische Fremdenverkehrsamt ENIT** – auch online.

- Schaumainkai 87, 60596 **Frankfurt a.M.,** Tel. (069) 68 60 47 65, antonella.rossi@enit.it.
- c/o **Italienisches Kulturinstitut,** Hermann-Schmid-Str. 8, 80336 **München,** Tel. (089) 74 63 21 21, monica.bonaspettoi@enit.it.
- Mariahilfer Straße 1b, A-1060 **Wien,** Tel. (01) 505 16 30 12, vienna@enit.it.
- c/o **Italienisches Generalkonsulat,** Tödistrasse 65, CH-8002 **Zürich,** Tel. (044) 544 07 97, bianca.bartalena@enit.it.

In Kampanien

Agenzia Campania Turismo

Seit Jahren befinden sich die Tourismusbehörden der Region Kampanien und der einzelnen Provinzen im **strukturellen Umbau,** die EPT und AAST wurden aufgelöst. Adressen lokaler Info-Büros in den Ortskapiteln.

- **Centro Direzionale** – Isola C 5 – Piano II, 80134 Napoli, Tel. 08 14 10 72 11, www.agenziacampaniaturismo.it.

[>] Alles im Blick –
Hinweistafel an der Amalfiküste

Pro Loco

In einigen Orten sind privat organisierte Fremdenverkehrsvereine aktiv. Adressen in den Ortskapiteln, die Angabe der Öffnungszeiten erfolgt ohne Gewähr.

Kooperativen

Die **hohe Jugendarbeitslosigkeit** wird auch dadurch bekämpft, dass touristische Kooperativen gefördert werden, die mit den Kommunen Verträge abschließen und meist engagiert, kompetent und fremdsprachenkundig informieren und Führungen in Museen oder der Stadt übernehmen – solange die Finanzen stimmen. Einige dieser Kooperativen engagieren sich speziell im Umweltbereich. Adressen in den Ortskapiteln.

Instagram

Mit den Hashtags **#cilento, #amalfiküste, #paestum** u.Ä. finden sich zahllose Instagram-Accounts, auf denen Museen, B&Bs, Bergführer, Wine-Maker u.v.m. ihre Bilder und Storys posten, der Autor des vorliegenden Reiseführers z.B. auf **www.instagram.com/sud.ebasta.** Produzenten und ihre Produkte sowie Ideen für einen nachhaltigen Cilento-Urlaub stellt **www.instagram.com/improntacilento** vor.

Internet

Italien-Links (nicht nur)

- **www.italia.it,** die offizielle Internetseite des staatlichen Italienischen Fremdenverkehrsamtes macht auf modern – Infos zu Gay & Lesbian Travel, die es früher gab, findet die nationalkonservative Regierung verzichtbar.

- **https://artsandculture.google.com,** virtuelle Rundgänge in Museen und archäologischen Zonen. Zu einigen der Exponate lassen sich hoch aufgelöste Bilder und Detailinformationen aufrufen.
- **https://borghipiubelliditalia.it,** gute Infos zu den „Borghi più belli d'Italia", Italiens schönsten Dörfern und Städtchen.
- **www.museincampania.it,** Portal der Museen in der Region Kampanien.
- **www.beniculturali.it,** ausführliche Seite des Ministeriums für Kultur mit Hinweisen auf Ausstellungen.
- **www.blinde-kuh.de,** Suchmaschine für Kids.
- **www.famedisud.it,** Graswurzel-Journalismus.
- **www.fondoambiente.it,** der FAI ist eine gemeinnützige Stiftung für Denkmalpflege und Naturschutz.
- **www.instagram.com/sud.ebasta,** Süditalien entdecken: Mit Buchautor *Peter Amann* unterwegs im Mezzogiorno.
- **www.italien-freunde.de,** die Vereinigung deutsch-italienischer Kultur-Gesellschaften gibt Tipps für den Urlaubs- oder Arbeitsaufenthalt in Italien; Link-Liste.
- **www.museionline.info,** Museen und archäologische Stätten Italiens online; weiterführende Links.
- **www.parks.it,** Infos und Links zu den italienischen Naturschutzgebieten und -parks.
- **www.quantomanca.com,** „Wie weit noch?", „Wann sind wir da?" – die klassischen Kinderfragen. Hier ein paar Tipps, um die lange Fahrt in den Süden zu verkürzen.

Kampanien-Links

- **www.incampania.com,** die offizielle Internetseite der regionalen Tourismusbehörde Kampaniens bietet einen ersten Überblick. Immerhin.
- **www.campaniamediterranea.it,** die Geschichte der mediterranen Diät im Cilento und ihre heutigen Protagonisten.
- **www.capware.it,** virtuelle Rekonstruktionen der antiken Vesuvstädte und anderer archäologischer Stätten Süditaliens.
- **www.cilento-aktiv.info,** Tipps und Links für den Aktiv-Urlaub im Cilento-Nationalpark.
- **www.cilentoemenevanto.com,** das Tourismus-Portal zeugt von Ortskenntnis und Passion.

ama48 pa

- **www.giornaledelcilento.it,** engagiertes Online-Journal.
- **www.ilcilentano.it,** der Reiseblog von *Biagio Cafro* macht Lust und bietet eine Fülle toller Reiseideen. Mit Veranstaltungskalender!
- **www.improntacilento.it,** Produzenten und ihre Produkte, Ideen und Kontakte für einen nachhaltigen Cilento-Urlaub.
- **www.meditflora.com,** die mediterrane Flora der Amalfitana und der Sorrentiner Halbinsel. Von *Giovanni Visetti* stammt auch die tolle Wander-Website **www.giovis.com.**
- **www.peteramann.zenfolio.com/campania,** Bilder aus Kampanien.
- **www.pompeiisites.org,** top Site der Altertümerverwaltung mit Hintergrundinfos zu den Ausgrabungen von Pompeji, Herculaneum, Oplontis, Bosco Reale und Stabiae.

ama279 pa

- **www.portanapoli.com,** *Pulcinella* begleitet auf einer virtuellen Tour durch den Golf von Neapel, aber auch an die Amalfiküste und in den Cilento (auch deutsch!).
- **www.puracultura.info,** Online-Ausgabe des Gratis-Kulturmagazins „puraCULTura".
- **www.slowfoodcilento.it,** Adressen, Ideen und Projekte rund ums gute, gesunde und politisch korrekte Essen im Cilento.

App in den Urlaub

Wie wird das Wetter, wo gibt es das nächste Internetcafé, den besten Strand, ein günstiges Zimmer und wie fragt man danach auf Italienisch? Die **Antworten** darauf und **auf unzählige weitere Reise-Fragen** liefern Apps. Ob die schlauen Apps allerdings einen gedruckten Reiseführer ersetzen können?

Offline-Karten, WLAN-Finder und Wetter-Apps sind praktische Helfer. Mit professionellen **Routenplanern** wie Komoot, OsmAnd, Outdooractive u.Ä. lassen sich Wanderwege, Rad- oder MTB-Touren aufzeichnen und teilen (weitere Tipps unter „Sport und Aktivitäten, Wandern"). Zu empfehlen ist auch die App Paestum des gleichnamigen archäologischen Parks.

Zeitungen

Ausländische Zeitungen erhält man meist problemlos an der Amalfitana, in Salerno und in Santa Maria di Castellabate. Auch ohne Italienischkenntnisse

Facebook ersetzt in vielen Fällen die klassischen Internetseiten

können die **Tageszeitungen „Il Mattino“ und „La Repubblica“** durchaus nützlich sein; neben einem umfassenden Regionalteil finden sich hier Veranstaltungskalender, Öffnungszeiten, Nachtdienste der Apotheken und Fahrpläne von Zügen, Bussen und Fähren.

- **www.corrieredelmezzogiorno.corriere.it/napoli/**
- **www.napoli.repubblica.it**
- **www.ilmattino.it**

Mit Kindern unterwegs

Der **Kinder-Tipp** weist in diesem Buch auf kinder- und familienfreundliche Angebote hin.

In Süditalien genießen **bambini** (Kinder) **beinahe grenzenlose Narrenfreiheit.** In den meisten Hotels und Restaurants wird man mit Kindern auf hilfsbereites Verständnis stoßen. Auch wenn sie einmal nicht auf der Speisekarte stehen sollten, einfache Nudelgerichte werden auf Wunsch fast immer unkompliziert zubereitet, und das **Lieblingsessen** nicht nur der Kleinen, die Pizza, gibt es fast überall. Und das leckere *Gelato* erst!!! Als sehr kinderfreundliche Unterkünfte erweisen sich oft Agriturismi. Manchmal gibt es einen Pool oder Spielplatz, fast immer aber ist der direkte Kontakt mit der Natur und den Haustieren viel interessanter als mancher Erlebnispark. Auch italienische Familien machen gerne **Urlaub auf dem Bauernhof,** und schnell überwinden Kinder die Sprachbarriere und gewinnen neue Freunde.

Für italienische Schulkassen gehört der Besuch von **Museen und Ausgrabungen** zum Pflichtprogramm, doch oft gerät der Ausflug zur disziplinarischen Maßnahme. Das mag auch an der mangelnden Begeisterung der Lehrer liegen, denn einige der Museen präsentieren ihre Sammlungen durchaus pfiffig. Hier ist die Fantasie der Eltern gefragt und vielleicht vorher der Blick ins Buch: Alte Sagen und das Alltagsleben gestern und heute sind unerschöpfliche Themen. Durch interessante Angebote speziell für Kinder zeichnet sich **Paestum** aus!

Mit etwas Fantasie bieten der Cilento und die Amalfiküste **tausend Möglichkeiten,** mit Kindern einen spannenden Urlaub zu erleben. Mittelalterliche Kastelle wollen erobert, Sandburgen am Strand gebaut werden. Die **kinderfreundlichsten Küstenabschnitte** gibt es bei Paestum (Achtung vor Strömungen im Meer!) und natürlich im Cilento.

Großen Spaß macht ein **Ausflug mit dem Boot.** Auf kleinen **Wanderungen** lässt sich zusammen mit Kindern viel entdecken. Der treppenreiche Spaziergang zwischen Amalfi und Atrani ist wie ein Gang durchs Labyrinth, im Cilento sind die Möglichkeiten der Naturerkundung fast endlos. An klaren Wildbächen kann man Stunden verbringen.

Alternativprogramm **bei Regen?** Die Tropfsteingrotten von Castelcívita und Pertosa sind eine Schau und wie gesagt, ein Museumsbesuch muss nicht langweilig sein.

Spaß für Große und Kleine bieten viele **Volksfeste.** Jede *festa* endet mit einem großen Feuerwerk und natürlich dürfen die *bambini* bis zum Schluss aufbleiben und es gibt viel Leckeres zu essen und zu trinken.

ama280 pa

Klima und Reisezeit

→ Land und Leute/Klima
→ Reisegepäck und Ausrüstung

Von *Goethe* stammt die allgemeingültige Reiseempfehlung für Süditalien: **„Im Frühjahr zum Staunen, im Herbst zum Genießen“.** Dem ist für Kampanien heute nur der Rat hinzuzufügen, wenn möglich die italienische Hauptreisezeit von Ende Juli bis Anfang September zu meiden. Im **August** ist an den Küsten alles überfüllt, Temperaturen und Preise erreichen die Schmerzgrenze.

Die Monate **März bis Mai,** wenn das Frühjahr in einer wahren Blütenpracht explodiert, empfehlen sich für Besichtigungstouren und zum Wandern. Im März und April ist noch mit Schauern zu rechnen. Während die Temperaturen tagsüber bereits angenehm sind, kühlt es abends ab, und man ist für eine funktionierende Heizung dankbar. Zu Ostern erlebt der Ansturm der Gruppenreisenden einen Höhepunkt, besonders stimmungsvoll sind zu dieser Zeit die Osterprozessionen.

Von **Mitte Mai bis Mitte Juli** herrschen ideale Reisebedingungen. Die Blüte hält in Küstennähe an und erreicht auch höhere Berglagen. Die Temperaturen sind sommerlich, ohne unerträglich heiß zu sein. Das Meer erreicht ab Ende Mai Badetemperaturen, und bis Anfang Juli bleiben die Strände meist nahezu menschenleer.

Kenner kehren **ab Mitte September** zurück. Die Preise sinken, das Meer ist warm, das Wetter stabil und sonnig. Der Herbst ist eine ideale Reisezeit nicht nur zum Baden und Besichtigen, sondern auch zum Wandern.

Von **November bis Februar** ist es in Küstennähe mild, und nach Regen genießt man herrliche Fernsicht. November und Dezember sind schöne Monate, um Landschaft, Städte und Sehenswürdigkeiten entspannt zu genießen, allerdings schließen zahlreiche Hotels und Restaurants über den Winter.

Die große Frage ist: Wie entwickeln sich Urlaubsregionen in **Zeiten des Klimawandels?** Prognose: Hitze- und Trockenphasen im Sommer werden länger andauern, gefolgt von intensiveren Niederschlägen im Herbst und Winter.

- **www.meteo.it,** 24-Std.-Wettervorhersage für Italien, interaktive Karten, Webcams.
- **www.tempoitalia.it,** professionelle, ausführliche und detaillierte Wettervorhersage für Italien.
- **www.weather.com/de-DE,** zu empfehlen ist auch die App **The Weather Channel!**
- **www.wetteronline.de,** umfangreicher Wetterservice.

Kommunikation unterwegs

In Italien mit dem **Handy** unterwegs? Dank EU-Roaming werden für Anrufe, SMS und Datennutzung Inlandspreise berechnet. Allenfalls bei Prepaid-Karten können Obergrenzen gelten.

Die meisten Unterkünfte, viele Lokale, Museen usw. stellen Gästen und Besuchern einen kostenfreien **WLAN-Zugang** zur Verfügung. Darüber hinaus gibt es im öffentlichen Raum immer mehr **WiFi-Hotspots** (WiFi = WLAN).

Vorwahlen

- **In Italien:** Bei einem Ortsgespräch oder einem Anruf aus dem Ausland immer die Vorwahl mit der Null mitwählen, denn sie ist Teil der Nummer!
- **Nach Italien:** von Deutschland, Österreich und der Schweiz 0039.
- **Von Italien** nach Deutschland 0049; nach Österreich 0043; in die Schweiz 0041.

LGTB+

2016 hat das italienische Parlament unter Premierminister *Renzi* gleichgeschlechtliche Partnerschaften legalisiert, ohne diese jedoch der Ehe gleichzustellen. Im Dezember 2023 ebnete Papst *Franziskus* den Weg für die Segnung gleichgeschlechtlicher Paare. Im Gegensatz dazu betreibt die rechtsnationalistische Regierung unter *Giorgia Meloni* eine **queerfeindliche Politik,** was jedoch nicht unbedingt die öffentliche Stimmung im Land wiedergibt. Der Cilento und seit jeher die Amalfiküste zählen zu den Gay-Friendly-Reisezielen Italiens.

Neapels Schwulen- und Lesben-Szene ist bestens organisiert und findet Unterstützung durch Bügermeister *Gaetano Manfredi.* Einer der Anlaufpunkte in der Altstadt ist der **Circolo Culturale Arci-Gay Napoli.** Im Juni findet der **Napoli Pride** statt.

- **www.iglta.org/destinations/europe/italy,** ein paar gute Tipps auf der Homepage des Regenbogen-Reiseveranstalters.
- **www.arcigaynapoli.org**
- **www.napolipride.org, fb**
- **www.nomadicboys.com/romantic-things-amalfi-coast,** *Stefan* und *Sebastien* bereisen seit über zehn Jahren die Welt und schreiben diesen munteren Gay Travel Blog. Auch an der Amalfiküste haben sie sich umgesehen.

[<] Der Strand von Santa Maria di Castellabate im Cilento ist nicht nur im Sommer ein Paradies für Kinder

Notfälle

→ Autofahren
→ Geld

Über die **gebührenfreie Notrufnummer 112** (aus dem Mobil- und Festnetz) sind auch in Italien Polizei und Unfallrettung zu erreichen. Man nennt seinen Standort und bittet um *pronto soccorso* (Unfallhilfe). Kostenlose und zumeist freundliche Erstversorgung im **Pronto Soccorso** (Unfallstation) jeden Krankenhauses und bei der **Guardia Medica Turistica** in Urlaubsgebieten.

Diplomatische Vertretungen

Wird der **Reisepass oder Personalausweis im Ausland gestohlen,** muss man dies bei der örtlichen Polizei melden. Darüber hinaus sollte man sich an die nächste diplomatische Auslandsvertretung seines Landes wenden, damit man einen **Ersatzausweis** zur Rückkehr ausgestellt bekommt (ohne kommt man z.B. nicht an Bord eines Flugzeuges!). Auch in **dringenden Notfällen** sind die Auslandsvertretungen bemüht, vermittelnd zu helfen.

Deutschland

- **Ambasciata della Repubblica Federale di Germania (Botschaft),** Via della Battaglia 4, 00185 Roma, Tel. 06 49 21 31, www.italien.diplo.de. Auf der Homepage finden sich Listen mit deutschsprachigen Ärzten und weitere wichtige Hinweise zu Notfällen.
- **Honorarkonsulat,** Largo F. Torraca 71, 80133 Napoli, Tel. 08 12 48 85 11, neapel@hk-diplo.de, Telefonzeiten Mo bis Fr 8–13 Uhr, Mo bis Do auch 14–16.30 Uhr.

Österreich

- **Ambasciata d'Austria (Botschaft),** Via Pergolesi 3, 00198 Roma, Tel. 068 44 01 41, www.bmeia.gv.at/oeb-rom. Auslandsservice-App.

Schweiz

- **Ambasciata di Svizzera (Botschaft),** Via Barnaba Oriani 61, 00197 Roma, Tel. 06 80 95 71, www.eda.admin.ch/roma.
- **Honorarkonsulat,** Corso Vittorio Emanuele 632, 80121 Napoli, Mobil (0039) 34 77 96 49 07, napoli@honrep.ch.

Pannenhilfe/Notruf

Der italienische Automobilclub „Automobile Club d'Italia" **(ACI)** leistet kostenpflichtig Pannenhilfe rund um die Uhr: Tel. **80 31 16.** Notrufsäulen stehen an den Autobahnen. Da der Pannenschutz des ACI in Italien nicht mehr kostenlos ist, empfiehlt sich für Auto- und Motorradfahrer der **Europaschutzbrief** eines Automobilclubs.

Der deutschsprachige Hilfsdienst des **ADAC** ist im Ausland unter der Nummer **+49 89 22 22 22** oder über die **ADAC Pannenhilfe App** zu erreichen, **ÖAMTC** und **TCS** informieren ihre Mitglieder in Schutzbriefen.

- **www.adac.de,** diverse **Apps**
- **www.oeamtc.at**
- **www.tcs.ch,** auch **App**

Öffnungszeiten

Sehenswürdigkeiten

Die Öffnungszeiten sind **nicht einheitlich geregelt,** oft hilft ein Blick in die Tageszeitungen oder ins Internet. Museen sind montags meist geschlossen, archäologische Ausgrabungen von 9 Uhr bis eine Stunde vor Sonnenuntergang geöffnet, Kirchen meist von 8.30–12 und 16–19.30 Uhr. Sind die Gotteshäuser geschlossen (um Kunstdiebstählen vorzubeugen!), findet man in der Nachbarschaft oft einen Kustoden. Freien Eintritt in alle Museen und Ausgrabungen Italiens – und einen entsprechend großen Publikumsandrang – gibt es während der **„Settimana della Cultura"** alljährlich im April.

Freier Eintritt in staatlichen Museen und Ausgrabungen von Okt. bis März an jedem ersten Sonntag im Monat!

Banken

Die Geldinstitute sind Mo bis Fr 8.30–13.30 und 15–16 Uhr geöffnet.

Fremdenverkehrsämter

Die **Tourismusbüros** (siehe „Information") sind in der Regel Mo bis Fr vormittags geöffnet, Mo und Mi auch nachmittags. Die Öffnungszeiten anderer Infobüros sind saisonabhängig.

Läden und Geschäfte

Flexible Zeiten, abends meist bis 20 Uhr geöffnet. Lange Mittagspause, im Extremfall von 12–17 Uhr.

Postämter

Mo bis Fr 8.30–13.30 Uhr und Sa 8.30–12 Uhr, Hauptpostämter Mo bis Fr 8.30–18 Uhr und Sa 8.30–12 Uhr.

Restaurants

In der Regel gibt es von 13–15 Uhr und 20–23 Uhr etwas Warmes zu essen.

Tankstellen

An Autobahnen 24 Std., ansonsten Mo bis Fr von 7–12.30 und 15.30–19.30 Uhr. An Wochenenden und Feiertagen öffnen Tankstellen im Turnus vormittags.

Campania Artecard – Kunst à la carte

Für eine Reise an den Golf von Neapel auf jeden Fall eine lohnende Investition, nicht in jedem Fall jedoch, falls man nur die Amalfiküste und/oder den Cilento bereist: Das **Mehrtagesticket** Campania Artecard sorgt für deutlich verbilligte Museumseintritte und ermöglicht die Nutzung der öffentlichen Verkehrsmittel gratis! Es gibt Dreitageskarten für Neapel und die Campi Flegrei bzw. Dreitages-, Wochen- und Jahreskarten, die in der gesamten Region Kampanien gelten. 18- bis 25-Jährige erhalten die Karten mit Ermäßigung. Die praktischen Kunsttickets gibt es an Flughäfen und Bahnhöfen, an Häfen sowie in allen staatlichen Museen und häufig auch am Kiosk. Praktische Infos auf der Website.

- **Infos:** Tel. 80 06 00 60 01 (aus Italien gratis), 081 19 73 72 56, www.campaniaartecard.it, fb.

Orientierung und Landkarten

→ Autofahren

Stadtpläne und Spezialkarten gibt es oft gratis in den **Fremdenverkehrsämtern** vor Ort. Benutzer von Smartphones schwören auf **Navi-Apps,** mit denen man auch offline unterwegs sein kann.

- **MARCO POLO: Kampanien, Basilicata** (Blatt 12) 1:200.000. Klares Straßenbild. Radfahrer schätzen diese Karte!
- **www.openstreetmap.de,** die freie Weltkarte folgt dem Wiki-Prinzip; hilfreich ist auch die App *OsmAnd!*
- **www.opentopomap.org,** die freie topografische Karte steht für Garmin-Geräte auch offline zur Verfügung.
- **Reise Know-How Verlag,** Landkarte „Italien", Maßstab 1:900.000.

Post

Briefmarken *(francobolli)* erhält man auf Postämtern *(ufficio postale)* und in den berühmten Tabakläden *(tabacchi).* Das **Porto** für eine Postkarte oder einen Standardbrief innerhalb Europas beträgt 1,30 Euro. Briefmarken verkauft auch das private Unternehmen GPS mit eigenen Briefkästen. Die Zustellung ist sehr unzuverlässig.

☒ Trentinara (Wanderung 6) – der Cilento ist ein Wanderparadies

Rauchen

Seit 2005 gilt in Italien ein scharfes Anti-Rauchergesetz – und fast alle halten sich daran. Das wirft das liebevoll gehegte Bild von den individualistischen, alle staatlichen Vorschriften fröhlich ignorierenden Italienern gründlich über den Haufen. **Verboten** ist das Rauchen in Krankenhäusern, Ämtern und öffentlichen Gebäuden und Zügen.

Reisegepäck und Ausrüstung

→ Elektrizität
→ Klima und Reisezeit
→ Orientierung und Landkarten

Sonniger Süden!? Ja, aber im Frühjahr kann es bis in den April hinein noch recht kalt sein. Im Gebirge und am Meer kühlt es abends auch im Sommer ab. Für den Besuch archäologischer Stätten und zum Wandern haben sich eingelaufene Wanderschuhe bewährt. Italiener tragen bekanntlich gerne schicke Kleidung, formelle Kleidung wird jedoch nur in gehobenen Hotels und Restaurants erwartet. Ein Fernglas leistet bei der Besichtigung einer Kirche oder auf Wanderungen gute Dienste. Besitzer eines Neuwagens sollten evtl. an eine Wegfahrsperre oder Lenkradblockade denken. Ein Mehrfachstecker zum Aufladen von Handys und Akkus kann nützlich sein.

Sicherheit

→ Notfälle

Wirtschaftsverbrechen, die auf das Konto der Camorra bzw. **Mafia** gehen, sind ein ernsthaftes gesellschaftliches Problem, jedoch eine Realität, mit der ein Tourist glücklicherweise nicht unmittelbar in Berührung kommt.

Ein paar **Vorsichtsregeln:** Gepäck und Wertgegenstände nicht sichtbar im Auto liegen lassen und das Fahrzeug auf einem bewachten Parkplatz abstellen; an touristischen Brennpunkten keine Umhängetasche und in der Gesäßtasche kein Portemonnaie tragen.

Wenn man bestohlen wurde, sollte man bei der Polizei oder den Carabinieri ein Protokoll zur Vorlage bei der Versicherung aufnehmen lassen. Bei Verlust der Reisedokumente helfen die Botschaften weiter.

Sport und Aktivitäten

Der Cilento und die Amalfiküste bieten alle Voraussetzungen für einen abwechslungsreichen **Erholungs- und Aktivurlaub.** Die Monti Lattari an der Amalfiküste sowie die Küsten, Hügel und Berge des Cilento-Nationalparks sind hervorragende **Wandergebiete** (siehe Kapitel „15 Wanderungen"), verkehrsarme Provinzstraßen im Cilento laden zu **Radtouren** ein (siehe „Reiserouten und Touren, Tour 3").

Die Auswahl an **Top-Stränden** ist riesig und reicht von den Kiesbuchten der Amalfiküste über die kilometerlangen Dünenstrände Paestums bis zur Küstenlandschaft des Cilento, wo sich familienfreundliche Sandstrände mit verschwiegenen Buchten abwechseln. Als Auszeichnung für hohe Wasserqualität, Si-

ama49 pa

cherheit und Umweltmanagement verleiht die *Foundation of Environmental Education* in Kampanien regelmäßig **„Blaue Flaggen"**, die meisten wehen über den Stränden des Cilento! Die Höchstauszeichnung von **„Fünf Segeln"** des italienischen Umweltverbandes *Legambiente* erhalten die Strände von Castellabate, Montecorice, Pioppi und Acciaroli, Pisciotta, Palinuro und Marina di Camerota. An bewachten Badestränden wehen auch in Italien **Warnflaggen:** rote Flagge (Badeverbot), gelbe Flagge (Baden kann gefährlich sein) und grüne Flagge (Baden erlaubt). Beachten Sie immer – auch als guter Schwimmer – das Badeverbot bei gehisster roter Flagge, schwimmen Sie möglichst nur an bewachten Badestränden und nicht allein.

Gute Spots für **Wind- und Kitesurfer** sind Cetara und Erchie an der Amalfiküste, toll auch die langen Strände vor Paestum oder bei Pisciotta, Palinuro und Marina di Camerota. Sowohl die Amalfiküste als auch die Küsten des Cilento sind großartige Reviere für **Kajakfahrer.** Professionelle **Tauchbasen** finden sich an der Amalfiküste und im Cilento.

Zum Wildschwimmen und **Rafting** locken kristallklare Flüsse im bergigen und waldreichen Hinterland des Cilento. Der Monte dell'Avvocata oberhalb von Maiori und Capáccio Vecchio bei Paestum sind Top-Locations für **Gleitschirmflieger.** Agriturismi im Cilento bieten die Möglichkeit zum **Reiten** oder **Esel-Trekking** an.

Detaillierte Hinweise finden sich in den **Ortskapiteln.**

- **www.feeitalia.org**
- **www.legambiente.it/guida-blu**

Wandern und Radfahren

Johann Gottfried Seume, der 1802 zu Fuß von Sachsen bis Syrakus ging und dabei auch den Golf von Neapel und Paestum besuchte, schrieb: „Wer geht, sieht an-

Wellensurfen ist eher der Ausnahmesport im Cilento

ama50 pa

Vorsichtsregeln am Berg

Wenn möglich, sollte man **nie alleine wandern** und Nachricht von der geplanten Tour hinterlassen. Kommt unterwegs **schlechtes Wetter** auf, ist die Wanderung abzubrechen. Vor allem in Höhenlagen zwischen 1500 und 2000 m muss man sich auf schnelle und gefährliche Wetterwechsel einstellen.

Grundsätzlich empfehlen sich eingelaufene **knöchelhohe Schuhe mit guter Profilsohle,** und auch ein **Wind- und Regenschutz** gehört immer in den Rucksack. Ausreichend **Getränke** und ein **Sonnenschutz** dürfen nie fehlen. Einige der in diesem Buch empfohlenen Touren erfordern gute Kondition und **Bergerfahrung.**

- **Alpiner Notruf** *(soccorso alpino)*: **118.**
- **Alpines Notsignal:** Sechs optische oder akustische Signale pro Minute im Intervall mit einer Minute Pause. Die Antwort auf ein alpines Notsignal besteht aus drei optischen oder akustischen Signalen pro Minute im Intervall mit einer Minute Pause.

GPS-Navigation & Routenplanung

GPS ist im Outdoor-Bereich längst Standard. Alpinisten, Trekker, Biker und Kanufahrer schwören auf das **satellitengestütze Navigationssystem** und finden auch bei Nacht und Nebel den richtigen Weg. Webseiten von Herstellern und Webforen halten ausgezeichnete Infos bereit, u.a. auch topografische Karten gratis als Download. Die **Apps** professioneller Routenplaner wie *Komoot, Outdooractive* oder *Wikiloc* können unterwegs sehr hilfreich sein! Und wie heißen die Berge am Horizont? Die auf Augmented Reality basierende App *PeakFinder* gibt die Antwort.

Für die im **Kapitel „15 Wanderungen"** beschriebenen Touren stehen auf www.reise-know-how.de **GPS-Tracks** in den Formaten gpx und kml zum kostenlosen Download bereit; die Daten finden sich auf der Produktseite dieses Buchtitels. Offizielle Wanderwege an der Amalfiküste stehen auf der Website des CAI Monti Lattari im Gratis-Download bereit.

Trotzdem sollte man sich im Gelände nie blind auf das GPS-Gerät oder die Navi-App verlassen, ausreichend Batterien und eine Powerbank dabeihaben und vor allem zusätzlich mit einer guten Topo-Karte und Wanderbeschreibung unterwegs sein!

- **www.alltrails.com**
- **www.caimontilattari.it**
- **www.komoot.de**
- **www.openstreetmap.org**
- **www.outdooractive.com**
- **www.wanderreitkarte.de**

Miriam und Roberto Simoni haben im Basso Cilento unter dem Namen „La Valle della Lontra" ein bezeichnetes Wanderwegenetz geschaffen und zugleich ein Projekt zur Erforschung der seltenen Flussotter ins Leben gerufen

ama288 pa

ama51 pa

thropologisch und kosmisch mehr als wer fährt (…), und ich bin der Meinung, daß **alles besser gehen würde, wenn man nur mehr ginge.“**

In diesem Reiseführer finden sich am Ende der Ortskapitel zahlreiche **Wandertipps** und Hinweise auf lokale Initiativen, die **geführte Wanderungen** anbieten. Einige der Wanderungen sind auch zusammen mit Kindern attraktiv (siehe auch Exkurse „Folgt dem Mönch“, S. 298 und „Der Weg der zwei Primeln“, S. 364). **15 Wandertouren** werden im Kapitel „15 Wanderungen“ ausführlich beschrieben (jeweils mit Karte).

Der Cilento ist ein Mekka für **Biker** (siehe „Reiserouten und Touren, Tour 3“), ein aktiver Rad-Club ist in Salerno (www.cyclingsalerno.it) zu Hause! In Italien können Fahrräder in vielen Regionalzügen im Gepäckwagen befördert werden; dazu muss ein zusätzlicher *supplemento bici* gelöst werden.

Tipps und Routenempfehlungen auch auf **www.cilento-aktiv.info!**

Wanderkarten

- **Cilento Interno e Costiero – da Pisciotta a Scario,** 1:25.000, Gretel Map, www.gretelmap.com. Präzise Darstellung des südwestlichen Cilento, über QR-Code GPX-Tracks im Download.
- **Costiera Amalfitana – Carta dei Sentieri,** 1:10.000, *cart&guide,* www.carteguide.it. Vier detaillierte Kartenblätter decken die Amalfitana mit den Monti Lattari ab und sind auch einzeln vor Ort überall erhältlich. Eine fünfte Karte zeigt die Insel Capri. Die nützlichen Gratis-Karten der Fremdenverkehrsämter benutzen oft dieselbe Kartengrundlage.
- **Monti Lattari – Carta dei Sentieri,** 1:25.000, *Edizione Il Lupo,* www.caimontilattari.it. Die GPS-fähige Topo-Karte des CAI ist vor Ort erhältlich. Die offiziellen CAI-Wege sind im Gelände bezeichnet, Tracks auf der Website www.caimontilattari.it im Gratis-Download.
- **Penisola Sorrentina, Costiera Amalfitana (682),** 1:50.000, *Kompass.* Die Karte deckt die Sorrentiner Halbinsel, den Vesuv sowie die Amalfiküste mit den Monti Lattari ab. Gute Geländedarstellung, eingezeichnete Wanderwege und Stadtpläne. Auch als App erhältlich.

- **Parco Nazionale del Cilento e Vallo di Diano,** 1:50.000, *Matonti Editore*. Auf die eingezeichneten Wanderwege ist nicht immer Verlass, für Radtouren ist die Karte besser geeignet.
- **Parco Nazionale del Cilento e Vallo di Diano – Carta dei Sentieri,** 1:25.000, Parco Nazionale del Cilento e Vallo di Diano. Die offiziellen Nationalpark-Karten sind nur mit Einschränkung zu empfehlen. Kartendarstellung und Realität gehen auf den zehn Blättern der 1. Auflage 2006 manchmal getrennte Wege, die Papierqualität ist dürftig und auch die Markierung der Wege lässt zu wünschen übrig. Für kleines Geld im Parkbüro in Vallo di Diano erhältlich. Seit Jahren wird Abhilfe versprochen.
- **www.giovis.com,** die vielleicht beste Website zum Thema! *Giovanni Visetti* stellt präzise Routenbeschreibungen an der Amalfiküste und auf der sich anschließenden Sorrentiner Halbinsel mit detaillierten Karten und Höhenprofilen gratis zur Verfügung – inkl. Download.
- **www.openstreetmap.org,** die freie Weltkarte folgt dem Wiki-Prinzip. Mit der App *OsmAnd Maps* kann man sich Detailkarten von Kampanien auf das Smartphone laden – die offiziellen CAI-Wanderwege der Monti Lattari an der Amalfiküste sind verzeichnet.
- **www.opentopomap.org,** die freie topografische Karte steht für Garmin-Geräte auch offline zur Verfügung.
- **www.brouter.de,** gute Freeware zur Routenberechnung, als Kartengrundlage dient *OsmAnd*. Geplante Routen lassen sich in den klassischen Formaten herunterladen.
- **www.ridewithgps.com,** professioneller Bike-Routenplaner – auch als App.
- **www.piste-ciclabili.com/regione-campania**

Radfahren und Mountainbiken

- **La Via Silente,** in 15 Etappen durch den Cilento (siehe „Reiserouten und Touren, Tour 3", S. 21). Karten, GPS-Tracks und Unterkunftstipps als Gratis-Download von der Website www.laviasilente.it.

Mountainbiken im Cilento

Der 2017 im Verlag *Versante Sud* auch auf Deutsch publizierte gleichnamige MTB-Führer empfiehlt **52 detailliert beschriebene Touren** im Nationalparkgebiet. Die Texte sind anregend und informativ geschrieben, kritisch anzumerken ist allerdings, dass einige Tracks über schöne alte Stufenwege führen, wie es auch die dynamischen Fotos dokumentieren. Damit werden in Generationen entstandene, ursprünglich für Fußgänger und Esel angelegete Wirtschaftswege mutwillig zerstört. Die **GPX-Tracks** stehen nach Eingabe des im Buch angegebenen Codes zum Gratis-Download bereit: www.versante sud.it/prodotto/mountain-bike-in-cilento.

ama52 pa

[<] Der CAI-Fernwanderweg 300 quert die Milchberge an der Amalfitana

[>] Oder doch lieber ein Drahtesel?

ama282 pa

Sprache

→ Sprachhilfe im Anhang

In Kampanien wird neben lokalen Dialekten **italienisch** gesprochen. An der Amalfitana, wo der Tourismus seit dem 19. Jh. Fuß gefasst hat, wird in den Hotels auch **deutsch** und **englisch** gesprochen. Gerade im Cilento trifft man immer wieder auf ehemalige Gastarbeiter, die einige Jahre in Deutschland oder der Schweiz verbracht haben, gerne deutsch sprechen und oft sehr hilfsbereit sind. Jüngere Leute verfügen über Englischkenntnisse. Der eigene Versuch, sich in der Landessprache verständlich zu machen, wird freudig begrüßt. Eine Binsenweisheit, aber wahr: Sprache ist der beste Schlüssel zum Verständnis eines Volkes.

- **Italienisch 3 in 1:** Italienisch Wort für Wort, Italienisch kulinarisch, Italienisch Slang – das andere Italienisch, Reise Know-How Verlag P. Rump. Auf den Alltag ausgerichtet, ohne grammatikalischen und akademischen Ballast und leicht verständlich.

Sprachschulen

Italienisch lernen macht Spaß und ist eine **tolle Möglichkeit, im Urlaub Land und Leute kennenzulernen!** Italienische Kulturinstitute, die Dante Alighieri Gesellschaft oder ENIT helfen bei der Suche nach italienischen Sprach- und Hochschulen weiter. Anzeigen im empfehlenswerten Sprachmagazin ADESSO (www.adesso-online.de).

- **Accademia Italiana Salerno,** Via Roma 39, 84121 Salerno, Tel. 089 25 69 65, www.accademia-italiana.it.

Ein verkehrsreicher Tag in Giungano

Unterkunft

→ Camping

Ein guter persönlicher Eindruck, Sauberkeit, gute Betten, Charme und das freundliche Engagement des Personals bzw. der Besitzer waren die wichtigsten Kriterien bei der Auswahl der **in diesem Führer empfohlenen Unterkünfte.** Auf Negativbeispiele wurde verzichtet – wenn man auch manchmal zwischen den Zeilen lesen sollte, und natürlich ist nicht jede Unterkunft schon deshalb „weniger empfehlenswert", nur weil sie hier im Buch nicht erwähnt wird.

Buchungsportale

Als Ergänzung zu den sorgfältig zusammengetragenen Empfehlungen in diesem Reiseführer könn(t)en Buchungsportale wie Booking, Agoda, Tripadvisor, Hostelworld oder Airbnb dazu genutzt werden, **aktuelle Preise** und die **Bewertungen anderer Reisender** einzusehen sowie Unterkünfte direkt zu buchen. Mit **Tricks** versuchen Portale Urlauber zu unüberlegten Buchungen zu verleiten – „nur noch zwei Zimmer verfügbar", das Aufdrängen einer Versicherung oder das Versprehen des „besten Preises" sind die Klassiker. Auch sind Bewertungen oft Fake.

Hotels

Die bürokratische Einteilung der Hotels in **fünf Kategorien** von 1 bis 5 Sternen sagt wenig aus über Flair, Zustand, Ser-

Übernachten

Preiskategorien in diesem Buch

Durchschnittliche Preise für ein **Doppelzimmer mit Bad/Dusche und Frühstück** (DZ/F). I.d.R. kosten Einzelzimmer (EZ/F) 60–70% des Doppelzimmerpreises:

① bis 60 €
② 60–120 €
③ 120–200 €
④ ab 200 €

Sofern nicht anders angegeben, sind die im Buch beschriebenen Unterkünfte ganzjährig geöffnet. Während der Hauptsaison werden Hotelgäste v.a. am Meer häufig zur **Halb- oder Vollpension** verpflichtet.

In einigen Städten werden Gästen zusätzliche **Übernachtungssteuern** *(tassa di soggiorno)* abverlangt; sie sind an Ort und Stelle bar zu entrichten. Ihre Höhe richtet sich nach Standort und Hotelkategorie, i.d.R. liegen sie im niedrigen einstelligen Euro-Bereich.

Hotelreservierungsportale bieten ab und zu günstigere Preise als die Hotels selbst bei Direktbuchung! Darauf reagieren viele Hotels und werben auf ihren Internetseiten mit „Best Deals".

SLOW & GRÜN

Mit dem Schmetterling werden Betriebe hervorgehoben, die sich durch Anbau und Verwendung lokaler Bio-Produkte und **baubiologische Ausrichtung** auszeichnen oder sich für einen ethisch korrekten und **nachhaltigen Tourismus** einsetzen.

Couchsurfen & Co.

Über **Social-Travelling-Plattformen** wie www.airbnb.de, www.9flats.com oder www.couchsurfing.org findet man nicht nur ein freundliches Bett (manchmal sogar umsonst), sondern meist auch Insider-Anschluss vor Ort.

vice, Charme oder Atmosphäre. Durch Verzicht auf das nicht immer üppige Frühstück lässt sich einiges sparen!

Immer mehr Hotels an der Amalfiküste bieten ihren Gästen **Yoga-Kurse** an, „Yoga Retreats" sind der neue Trend auch im Cilento. Die Kombination von Wandern, Yoga und Dolce Vita verspricht gesunde und unvergessliche Urlaubserlebnisse. Der Parco Archeologico di Paestum geht mit der Zeit und macht Yoga mit Tempelblick möglich. Hinweise in den Ortskapiteln.

Albergo diffuso

Eine interessante Option sind **Zimmer bzw. Apartments in restaurierten Altstadthäusern,** etwa das Albergo diffuso Cetara an der Amalfiküste. Ein weiteres Beispiel wäre die Casa sul Blu in der Altstadt von Pisciotta. Es gibt eine zentrale Rezeption, manchmal auch ein Restaurant und auf die **Dienstleistungen eines Hotels** muss man auch nicht verzichten. Nicht nur wird auf diese Art und Weise wertvolle Bausubstanz erhalten, mit einem eigenen Schlüssel in der Tasche fühlt man sich schnell zu Hause und schließt **Bekanntschaft mit seinen Nachbarn auf Zeit.** Die Idee geht auf den Tourismusberater *Giancarlo Dall' Ara* zurück, der ursprünglich kleinen Bergorten im Friaul und in den Abruzzen, die von starker Abwanderung bedroht waren, mit der Nutzung bereits existierender Häuser als Feriendomizile neue wirtschaftliche Perspektiven und den Gästen Einblicke in den italienischen Alltag bieten wollte.

- **www.alberghidiffusi.it**

Bed & Breakfast

Im besten Fall genießt der Gast den Komfort eines Hotels zum fairen Preis, gepaart mit persönlicher Atmosphäre und Einblick in den Alltag der Gastfamilien. **B&Bs** sind in Italien inzwischen **sehr populär.** Manchmal gibt es für das Frühstück einen Bon für die Bar um die Ecke – in diesem Fall garantiert italienisch und nicht unbedingt im Sinne der Erfinder.

Agriturismo

Die **italienische Variante von „Urlaub auf dem Bauernhof"** bietet häufig ein gutes Preis-Leistungs-Verhältnis. Diese sanfte Form des Tourismus hilft die Abwanderung aus ländlichen Gebieten zu bremsen. Landwirtschaftliche Betriebe schaffen sich ein zweites Standbein, indem sie einige Gästezimmer ausbauen. Es kann sich dabei um **Bauernhöfe, alte Gutshäuser oder Sommervillen des Adels** handeln. Meist liegen sie etwas außerhalb der Orte und sind am besten mit eigenem Fahrzeug zu erreichen. Die Atmosphäre ist familiär, Kinder sind willkommen. Häufig gibt es Tiere auf dem Hof, den Gästen stehen manchmal Reitpferde zur Verfügung. Fast immer wird landestypische Küche geboten. Viele Agriturismi haben sich in Dachverbänden zusammengeschlossen, einige betreiben Bio-Landwirtschaft. Auch Italiener schätzen diese Urlaubsform, eine rechtzeitige Reservierung an Wochenenden und in der Hochsaison ist ratsam!

Es gibt auch **schwarze Schafe,** mit Agritourismus verbindet sich manchmal Subventionsbetrug. Der eine oder andere Besitzer eines ländlichen Anwesens hat selbiges mit EU-Geldern fürstlich renoviert, ohne danach im gesetzlichen Sinn Tourismus als Zugeschäft zur Landwirtschaft zu betreiben. Es existiert aber auch die offizielle Form des kleinen Landhotels, dann spricht man vom **turismo rurale.**

Ferienwohnungen und Privatzimmer

Ialienische Familien verbringen Juli und August traditionell am Meer, meist in Ferienwohnungen. In der Nebensaison kann die Miete einer stilvollen (!) Ferienwohnung eine **günstige Alternative zum Hotelaufenthalt** sein, nicht zuletzt wegen der eigenen Küche.

- **www.airbnb.de,** auch in Kampanien haben längst viele gewerbliche und private Anbieter ihr Angebot auf diese Onlineplattform verlagert.

MEIN TIPP: **Cilentano,** www.cilentano.de, der Regensburger Cilento-Spezialist engagiert sich seit Jahren für einen umweltfreundlichen und nachhaltigen Tourismus im respektvollen Umgang mit den Einheimischen. Angeboten werden auch Erlebnisreisen aktiv & kulinarisch.

Zimmer mit Aussicht in Santa Maria di Castellabate

ama287 pa

Jugendherbergen – Hostels

Italienische Jugendherbergen haben neben Schlafsälen immer auch Doppelzimmer. Es gibt **keine Altersbeschränkung,** in jeder Jugendherberge kann man einen Ausweis erwerben. An der Amalfitana und in Salerno finden sich privat geführte *Ostelli,* eine **Alternative bei knapper Reisekasse.**

- **www.hostelsofnaples.com,** ein Zusammenschluss privater Hostels im Golf von Neapel und an der Amalfitana.
- **www.hostelworld.com, www.ostellionline.net,** private *Ostelli* und preiswerte Unterkünfte in Italien.

ama53 pa

Verhaltenstipps

→ Sicherheit

Über Geschmäcker lässt sich trefflich **streiten,** Cappuccino nach 12 Uhr ist jedoch ein Tabu. Warum? Weil er satt macht und daher kaum geeignet ist, um eine Mahlzeit zu beschließen. Ein No-go in Italien ist es auch, Pasta mit Fisch oder Meeresfrüchte mit Käse zu bestreuen, während es in Frankreich oder Griechenland durchaus Beispiele für solche Kombinationen gibt. Eine Pizza darf übrigens angebrannt sein, das wäre kein Grund, sie zurückgehen zu lassen.

Ampeln und Zebrastreifen sind im Verkehrsalltag optional, auch wenn in Italien ähnliche Gesetze gelten wie in Mittel- und Nordeuropa. Viel wichtiger ist die **Kommunikation** zwischen den Verkehrsteilnehmern, auch nonverbal. Taxis werden übrigens i.d.R. nicht an der Straße mit Handzeichen angehalten, sondern telefonisch bestellt, oder man geht zum Taxistand.

Trinkgeld *(mancia)* gehört in Süditalien zum guten Ton. Menschen, die in Dientsleistungsberufen arbeiten, sind häufig darauf angewiesen. Auch in der Bar machen Sie mit einem Trinkgeld *bella figura!* Legen Sie eine Münze auf Ihren *scontrino* (Kassenzettel), und erleben Sie, wie flott der *barista* Sie bedient.

◁ Amalfi – Zitrusfrüchte wie gemalt

Verkehrsmittel

→ Anreise
→ Autofahren
→ Sport und Aktivitäten/
Wandern und Radfahren

Ein eigenes Fahrzeug bringt Mobilitätsvorteile und macht unabhängig. Motorrad- und Radfahrer werden an vielen verkehrsarmen und kurvenreichen Landstraßen im Landesinneren Freude haben. Zwar lassen sich fast alle Orte mit Bus oder Bahn erreichen, doch liegen die schönsten Strände und interessantesten Wandergebiete oft fernab des öffentlichen Verkehrsnetzes. Züge halten oft außerhalb der Ortszentren.

- **Fahrpläne** für Bus, Bahn und Fähren stehen in Tageszeitungen! Auch Fremdenverkehrsämter halten meist Infos bereit.
- **Fahrplan-Italienisch:** *feriale* = werktags, *festivo* = sonn- und feiertags, *orario estivo* = Sommerfahrplan, *orario invernale* = Winterfahrplan, *scolastico* = während der Schulzeit.
- **Bahn- und Bustickets:** Schnell und unkompliziert sind Suche, Vergleich und der Erwerb von Bahn- und Bustickets mit Trainline – auch als App.

Mit dem Bus

Das Netz halbstaatlicher und privater Buslinien ist in Kampanien dicht geknüpft. An der **Amalfitana** erweisen sich die blauen Überlandbusse als perfektes und preisgünstiges Fortbewegungsmittel. Sehr viel mehr Geduld muss man im **Cilento** aufbringen, vor allem wenn man im Hinterland mit öf-

Wichtige Buslinien
an der Amalfiküste und im Cilento auf einen Blick

- **www.italybus.it, www.orariautobus.it,** Portale italienischer Busgesellschaften, die regional und überregional verkehren.
- **CilentoBus** (www.agenziainfanteviaggi.it), in der Saison zwischen dem Flughafen Neapel und den Küstenorten des Alto Cilento und des Cilento Centrale.
- **Curcio** (www.autolineecurcio.it), von Salerno über Eboli ins Vallo di Diano und am Golfo di Policastro.
- **FS Busitalia** (www.fsbusitaliait), Salerno und Umgebung, nach Vallo della Lucania und vor allem über Paestum und Agropoli in den Alto Cilento.
- **Infante** (www.agenziainfanteviaggi.it), ab Bhf. „Pisciotta-Palinuro“ nach Pisciotta, Palinuro und Marina di Camerota bzw. von Marina di Camerota an den Golfo di Policastro. Die Gesellschaft betreibt unter dem Namen **CilentoBus** eine Linie zum Flughafen Neapel via Salerno.
- **Lamanna** (www.autolineelamanna.it), vom Golfo di Policastro (Sapri) ins Vallo del Bussento (u.a. Morigerati und Caselle in Píttari) und ins Vallo di Diano.
- **SITA** (www.sitasudtrasporti.it), effizienter Nahverkehr an der Amalfitana mit Anschluss an Salerno (Bahn nach Neapel), Sorrent (Vorortbahn Circumvesuviana nach Neapel) und Neapel.

ama281 pa

fentlichen Verkehrsmitteln reist. Viele der abgelegeneren Orte werden nur einmal pro Tag angefahren, auch auf den Küstenstrecken gibt es selten durchgehende Busverbindungen. **Tickets** kauft man meist vorab im Tabacchi oder in der Bar, nur in seltenen Fällen können sie direkt beim Busfahrer gelöst werden. **Salerno** ist eine wichtige Drehscheibe für Busverbindungen.

Mit der Bahn

Bahnfahren in Italien ist immer noch **relativ preiswert.** Touristische Netzkarten für 8, 15, 21 und 30 Tage können nur außerhalb Italiens in einem entsprechenden Reisebüro gelöst werden. Die Kategorien der italienischen Züge heißen: **locale** (Lokalzug), **diretto** (der Name täuscht, es handelt sich um Bummelzüge), **interregionale** (Schnellzug) und **espresso** (Eilzug). Zuschlags- und reservierungspflichtig sind der **Eurostar** und die schnellen **IC** wie „Frecciarossa“, „Frecciabianca“ oder „Frecciargento“.

In **Salerno** halten schnelle IC und ebenso flotte Italo-Züge. Die Bahnlinie nach Reggio di Calabria setzt sich über Agropoli bis an den Golfo di Policastro fort. Die Züge halten u.a. in Paestum, Agropoli, Ascea, Pisciotta, Centola-Palinuro, Policastro und Sapri. Italo-Züge der Linie Turin – Reggio di Calabria halten auf dieser Strecke nur in Agropoli, Vallo Scalo und Sapri.

Bahnkarten erhält man an den Bahnhofsschaltern, in Reisebüros mit dem FS-/Trenitalia-Zeichen und online. Tickets vor der Abfahrt in den gelben Automaten am Bahnsteig **entwerten!**

- **Fahrplanauskunft:** Tel. 89 20 21 (nur aus Italien, 7–21 Uhr), www.trenitalia.com. Fahrplanauszüge gratis auch am Bahnschalter.

ama283 pa

Mietwagen

An Flughäfen, in größeren Städten und Touristenorten sind Fahrzeugverleiher gut vertreten. Eine **Vorausbuchung** ist fast immer günstiger, evtl. auch Flug und Mietwagen getrennt zu buchen. Reist man mit öffentlichen Verkehrsmitteln zum Urlaubsort und braucht ein eigenes Fahrzeug nur sporadisch, helfen lokale Vermieter weiter (Adressen in den Ortskapiteln). Vollkasko- und Diebstahlversicherung sollten im Mietpreis enthalten sein. Bei Buchung erst nach Ankunft in Italien wird man oft an den Haftungsrisiken beteiligt, und auf den Mietpreis werden auch noch 22% IVA (MwSt.) gerechnet.

- **Voraussetzungen:** Mindestalter 21 Jahre, ein Jahr gültiger Führerschein und Kreditkarte. Auch auf Motorrollern besteht Helmpflicht!
- **www.billiger-mietwagen.de**

Mit dem Schiff

Tipptopp sind die **Fährverbindungen** von Frühjahr bis Herbst zwischen Salerno und der Amalfiküste, in der Sommersaison verkehren zusätzlich Schiffe nach Capri, in den Cilento sowie nach Neapel.

- **www.alicost.it**
- **www.coopsantandrea.com**
- **www.travelmar.it**

< Die antiken Ausgrabungen von Paestum lassen sich wunderbar mit der Bahn erreichen

Zeit

In Italien gelten wie in Deutschland, Österreich und der Schweiz die **MEZ** (Mitteleuropäische Zeit) und die **Sommerzeit.** Ende März werden die Uhren eine Stunde vor- *(ora legale)* und Ende Oktober wieder eine Stunde zurückgestellt *(ora solare).*

Reisen im Süden Italiens – ein offenes Wort

Die Uhren im Mezzogiorno gehen anders, und manchmal muss man sich eben mit **Geduld** wappnen – **pazienza heißt das Zauberwort.**

Nicht selten passiert es, dass zunächst EU-Gelder oder andere Subventionen fließen, nach deren Versiegen aber die geförderten Wander- und Radwege, die restaurierten und neu eröffneten Kastelle, Museen u.Ä., die von Kooperativen betriebenen Info-Stellen, aufgehübschte Agriturismi usw. wieder ihre Pforten schließen bzw. im Falle der Wanderwege in ihren dornigen Naturzustand zurückverfallen. Das kann schnell gehen, und nicht immer hat der Autor in entsprechenden Fällen schlampig recherchiert. Daher: **Bitte nicht ärgern,** wenn Sie vor verschlossenen Türen oder inmitten wilder Brombeeren stehen. Wir freuen uns natürlich, wenn Sie eine entsprechende Nachricht an den Verlag oder Autor schicken.

Mille grazie per la Vostra pazienza!

ama208 pa

8
Land und Leute

◁ Mario Corrado, Winzer aus Leidenschaft

Geografie und Geologie

Golfo di Salerno, ein mit Gebirgen umgebener Meerbusen in der Neapelschen Provinz Principato Citra, hat den Namen von der Stadt Salerno.

P. L. H. Röder:
Geographisches Statistisches-Topographisches Lexikon von Italien, Ulm 1812

Im Süden des Golfes von Neapel öffnet sich der **Golf von Salerno,** in antiken Zeiten als Sinus Posidionates, „Meerbusen von Paestum", bekannt. Hier begegnen sich **Amalfiküste,** Piana del Sele sowie die Küsten und Berge des Cilento. Die beiden Golfe trennt die **Sorrentiner Halbinsel,** ein westlicher Ausläufer der **Monti Lattari,** die zugleich das Rückgrat der Amalfitana bilden – geologisch zählt auch die Insel Capri dazu. Der Name „Milchberge" beschreibt ihre Bedeutung als Weidegebiet seit alters her. Sie gehören zum kampanischen Vorapennin und sind aus mesozoischen, zuletzt im Quartär verfalteten Kalken aufgebaut. Mit steilen Flanken fallen sie zur Amalfiküste ab, die sie vor rauhen Nordwinden schützen. Höchster Gipfel ist der **Monte San Michele** mit 1444 m. Zahlreiche Sturzbäche entwässern ins **Tyrrhenische Meer:** Seit der Antike diente ihre Wasserkraft dem Antrieb von Mühlen und begünstigte im frühen Mittelalter die industrielle Revolution der Seerepublik Amalfi. Die Bäche fließen im Bereich der Küstenstädte kanalisiert unter dem Corso, nach schweren Regenfällen können sie große Zerstörungskräfte freisetzen. Es öffnen sich größere und kleinere **Kiesbuchten entlang der Steilküste,** einige nur mit Boot oder Kayak zu erreichen – Strandglück für Entdecker.

Mit einer Fläche von 2450 km² spannt sich der Golf von Salerno von der **Punta Campanella** an der Spitze der Sorrentiner Halbinsel bis zur **Punta Licosa** im nördlichen Cilento. Auf Höhe von Cava de'Tirreni fallen die Monti Lattari zur Küste ab, als **Piana del Sele** erstreckt sich die fruchtbare Schwemmlandebene bis über Paestum hinaus. Die Küsten säumen **kilometerlange Dünenstrände.**

Die wichtigsten Flüsse sind **Irno** und **Sele,** sie entspringen in den Monti Picentini bzw. den Bergen des Cilento. Seit der Antike liefern die tonhaltigen Böden den Rohstoff für die keramische Industrie. Im 19. Jh. siedelten sich im Hinterland von Salerno an den Ufern des Irno textilverarbeitende Betriebe an. Bei Paestum mündet der Sele ins Meer, in der Antike die Grenze zwischen etruskischem und griechischem Einflussgebiet. Er ist einer der wasserreichsten Flüsse Süditaliens, Wasser vom Oberlauf wird über den Acquedotto pugliese nach

Buchtipp

Zwei Reiseführer (der Vorliegende und der unten Genannte), zwei Golfe und zusammen die ganze Region Kampanien.

- *Peter Amann:* **Golf von Neapel – Amalfiküste,** Reise Know-How Verlag P. Rump, Bielefeld

[>] Wabenartig erodierter Fels an der Küste bei Santa Maria di Castellabate

Apulien geleitet. Die wichtigsten Zuflüsse des Sele sind **Tanagro** und **Calore,** der auf seinem Lauf eine Reihe spektakulärer Talschluchten durchquert.

Der **Cilento** erstreckt sich als gebirgige Halbinsel zwischen Golf von Salerno und Golf von Policastro. Das lang gestreckte Hochtal des **Vallo di Diano** bildet seine natürliche Grenze nach Osten. Geologisch zeigt der Cilento zwei Gesichter. Landeinwärts der gedachten Linie Capáccio – Sapri dominieren die parallel zum Apenninen-Hauptkamm verlaufenden hellen Kalksteinreliefs der **Monti Alburni** und des **Monte Cervati;** der Cervati ist mit 1899 m die höchste Erhebung Kampaniens. Der **Karst** ist ausgeprägt und besonders **formenreich,** dazu zählen Dolinen und Schlucklöcher auf den Hochebenen, aber auch gewaltige Grotten mit fantastischen Tropfsteinformationen. Niederschlagswasser, das hier versickert, tritt nach unterirdischem Lauf am Fuße der Berge wieder ans Tageslicht. Der gelöste Kalk fällt aus und es bilden sich mächtige **Travertin-Schichten,** Baumaterial des antiken Paestum. Aus meist dunklen Konglomeraten, Sandsteinen und Mergeln bauen sich die Berge meerseitig der oben erwähnten geologischen Trennlinie auf. Es handelt sich um emporgehobene Sedimentgesteine vom Boden des urzeitlichen Tethys-Meeres. In Anlehnung an ähnliche Formationen des Alpenvorlandes spricht man vom **„Flysch del Cilento“.** Die Böden verwittern tiefgründig, daher der Wald- und Wasserreichtum von Flyschbergen wie dem **Monte della Stella** oder dem **Monte Gelbison.** Flysch neigt zu Hang- und Erdrutschen, der Zustand der Straßen spricht Bände. Eindrucksvoll treten die Schichtgesteine an Punta Tresino, Punta Licosa oder den Ripe Rosse bei Agnone zu Tage.

Im Süden des Cilento ist wieder dolomitischer Kalk der Hauptbildner und verleiht dem **Capo Palinuro** und dem **Monte Bulgherìa** ihre markante Gestalt. Hohe Kalkfelsen, unterbrochen von ki-

ama209 pa

lometerlangen Sand- und Kiesstränden und verschwiegenen Buchten, kennzeichnen den **spektakulären Küstenabschnitt zwischen Pisciotta und Scario.** Hier gibt es zahlreiche Karstgrotten über und unter Wasser. Lösungswasser und Meeresbrandung haben ihre Kräfte vereint und faszinierende Formen geschaffen. Den Cilento durchzieht ein dichtes Netz an Wasserläufen, deren Erosionskraft den Gebirgen erst ihre markante Gestalt verleiht; gemeinsam ist ihnen ein kurzer Lauf. Ganzjährig wasserführend sind neben den oben genannten Flüssen auch der zu einem Stausee aufgestaute **Alento,** der **Mingardo** und der **Bussento.** Etwa 65 km von der Küste entfernt liegt der aktive **Unterwasservulkan Palinuro,** der zum vulkanischen System des Arco Eoliano gehört. An klaren Tagen sind von den hohen Bergen die Liparischen (Äolischen) Inseln zu sehen.

Klima

Auf den Inseln und an den Küsten Kampaniens herrscht ganzjährig ein **mildes mediterranes Klima mit trockenen Sommern und feuchten Wintern.** Die Niederschläge nehmen im Landesinneren mit zunehmender Höhe zu. Der Niederschlag fällt in den Hochlagen des Landesinneren im Winter als Schnee. Hier ist das Klima **subkontinental,** d.h. die Sommer sind wärmer und die Winter kälter als an der Küste.

Mai bis Anfang Juli sowie September und Oktober zählen zu den klimatisch begünstigten **Reisezeiten.** Die Erfahrung lehrt, dass auch der Spätherbst ideale Voraussetzungen für einen tollen (Wander-)Urlaub bietet (siehe „Klima und Reisezeit" im Kapitel „Praktische Reisetipps A–Z").

ama210 pa

ama213 pa

Flora und Fauna

Die landschaftliche Vielfalt Kampaniens spiegelt sich im **Artenreichtum** seiner Pflanzenwelt wider; mehr als 5600 Spezies wurden gezählt, davon 1900 allein im Cilento-Nationalpark. Zu den schützenswerten Endemismen zählt hier die seltene **Palinuro-Primel** (siehe Exkurs „Der Weg der zwei Primeln", S. 364). An Dünenstränden (siehe nebenstehenden Exkurs „Mysteriöse braune Bälle am Strand") trifft man auf die im Sommer weiß blühende **Dünen-Trichternarzisse,** an Felsstränden gedeiht **Meer-Fenchel. Aleppokiefern** und **Schirmpinien** formen im Cilento Reste mediterraner Küstenwälder, während die Pineta im Rücken der Strände von Paestum zur Zeit des Faschismus aufgeforstet wurde. In küstennahen Bereichen, sofern sie nicht zersiedelt wurden, dominieren bis in Höhen von 500 bis 600 m immergrüne **Macchia** und niedrige **Steineichenwälder.** Auffällig ist der Formenreichtum an **Orchideen,** die vor allem auf den kalkhaltigen Böden der Monti Lattari und des Cilento (siehe Info-Kasten „Orchideental Sassano", S. 383) gedeihen. An trockeneren Hängen und als Folge wiederholter Abholzung und Weidewirtschaft breiten sich immergrüne **Buschlandschaften** aus, die im Frühjahr in einem Blütenmeer explodieren. In der Höhe schließen sich **Eichenmischwälder** an. Auf nährstoffreichen Böden stehen **Kastanienhaine,** die häufig als Nutzwälder Brenn-, Stangen-, Bauholz und Maronen liefern. **Buchen** dominieren die höheren Berglagen. Bevor sich

[<] Die Palinuro-Primel ist ein Eiszeitrelikt

[<<] Capo Palinuro – die baumförmige Wolfsmilch wächst an warmen Standorten

Mysteriöse braune Bälle am Strand

An Badestränden wird zu Saisonbeginn kräftig sauber gemacht. Dann kommen große Bagger und schieben all den Müll weg, der im Winter angespült worden ist – Plastikflaschen, Styropor und jede Menge brauner Algen (denkt man). Doch die vermeintlichen Algen sind die **abgerissenen Blätter des See- oder Neptunsgrases** *(Poseidonia oceanica),* das unter Wasser große Wiesen bilden kann. Nur sauber und klar muss das Wasser sein. Beim Schnorcheln stellt man schnell fest, dass die **Seegraswiesen** die „Kinderstube" vieler Fische sind. Bis sie groß genug sind, um ins offene Meer hinauszuschwimmen, finden sie hier Schutz und Nahrung. An **Naturstränden,** wo die Blätter im Lauf des Sommers zerfallen, werden die übrig gebliebenen Fasern von den Wellen erst zu kleinen, dann zu immer größeren Bällen gerollt. Irgendwann bläst der Wind die **braunen Faserbälle** ein Stück weit ins Land. Dort sammeln sie sich zu großen Wällen und bilden den Dünen ein sicheres Fundament. Das kann man z.B. an den kilometerlangen Stränden vor Paestum und zwischen dem Capo Palinuro und Marina di Camerota beobachten. Doch Vorsicht – nicht die angelegten Stege verlassen, Dünen sind sehr trittempfindlich!

ihr Laub im April und Mai entfaltet, überziehen Frühjahrsblüher den Waldboden. Im Sommer halten Pilzesammler reiche Ernte.

Großsäuger wird man in freier Wildbahn nur selten zu Gesicht bekommen, obwohl Wolfsrudel durch die Gebirge streifen. In klaren Bergflüssen des Cilento leben die seltenen **Fischotter** – wie die Palinuro-Primel ein Emblem des Parco Nazionale. **Hirsche** (ital. *cervo*) haben dem Monte Cervati den Namen geliehen, Neandertaler zählten sie zu ihrer Jagdbeute. Nachdem sie wie die meisten Großsäuger gegen Ende des 19. Jh. ausgerottet waren, hat man vor einigen Jahren mit der Wiedereinbürgerung begonnen, auch um den Wolfsrudeln eine natürliche Nahrungsgrundlage zu bieten. Seit 2003 werden auch **Rehe** ausgewildert. Wilderer unterlaufen immer wieder die Bemühungen der Wildbiologen, Strafverfolgung ist selten. Häufig trifft man beim Wandern auf Spuren von **Wildschweinen;** die viel zu hohe Präsenz der *cinghiali* stellt Landwirte und

Keine Angst – Schlangen unterwegs

Oft trifft man in der Macchia oder auf Feldwegen auf die ungiftige **Gelbgrüne Zornnatter** (*Coluber viridiflavus,* ital. *biacco*). Die flinken tagaktiven Tiere, in Süditalien in schwarzer Pigmentfärbung vorkommend, werden in Ausnahmefällen bis zu 2 m lang. Die absolut harmlosen, ca. 2 m langen **Äskulapnattern** (*Zamesis longissimus,* ital. *colubro d'esculapio*) haben als Symbol des antiken Gottes der Heilkunst Eingang in die Kulturgeschichte gefunden. **Vierstreifennattern** (*Elaphe quatuorlineata,* ital. *cervone*), die ihren Namen vier schwarzen Streifen oder Fleckenreihen längs des ca. 150 cm langen Körpers verdanken, suchen die Wassernähe. Als fleißige Vertilger von Nagetieren wurden sie von den Menschen immer schon als nützlich angesehen und früher auch kultisch verehrt.

Der einzigen **Giftschlange** im Süden Italiens, der **Aspisviper** (*Vipera aspis,* ital. *vipera comune*), wird man nur sehr selten so nahe kommen, dass man ihren deutlich vom Körper abgesetzten dreieckigen Kopf, die aufgestülpte Schnauze und die senkrecht geschlitzten Augen erkennen könnte. Die Vipern sehen Kreuzottern ähnlich. Die bis zu 70 cm langen, tagaktiven Tiere bevorzugen trockene, steinige Lebensräume und fliehen bei Störungen (Bodenerschütterungen); knöchelhohe Wanderschuhe sind der beste Schutz. Ihr giftiges Sekret benötigen sie zum Jagen von Mäusen und Eidechsen. In aller Regel ergreifen sie vor großen Tieren und Menschen, die nicht in ihr Beuteschema passen, die Flucht. Fühlen sie sich direkt bedroht und sehen sie keinen Ausweg, heben sie ihren vorderen Körperteil und zischen zur Warnung deutlich hörbar. Im unwahrscheinlichen Fall, gebissen worden zu sein, gilt es Ruhe zu bewahren. Es kann zu Schwellungen, Übelkeit und Herzbeschwerden kommen. Die Wunde sollte man weder aussaugen, ausschneiden oder abbinden. Es ist wichtig viel Wasser zu trinken und möglichst unter Vermeidung größerer Anstrengungen schnell einen Arzt aufzusuchen, damit dieser ein Gegenserum spritzen kann.

Naturschützer vor eine schwierige Aufgabe. Nur selten bekommt man **Apenninen-Hasen** zu Gesicht; sie zählen zu den bevorzugten Beutetieren des Steinadlers. Die Monti Lattari, die Piana del Sele und der Cilento bieten ideale Möglichkeiten, um **Vögel** zu beobachten – es lohnt sich, ein Fernglas einzustecken.

Überraschend artenreich ist das **Meer,** wovon man sich beim Besuch der Fischmärkte oder beim Schnorcheln und Tauchen überzeugen kann. Hinweise finden sich in den Ortskapiteln.

Natur- und Umweltschutz

Neue Gesetze und ein **wachsendes Umweltbewusstsein** haben in den 1990er-Jahren zur Schaffung des Cilento-Nationalparks geführt, zugleich UNESCO-Biosphärenreservat. Die Kulturlandschaft der Costiera Amalfitana wurde 1997 zum UNESCO-Welterbe erklärt, seit 2003 besteht hier der Regionalpark der Monti Lattari. Durch privates Engagement, häufig unter Schirmherrschaft des italienischen World Wildlife Fund, sind weitere **Natur- und Vogelschutzgebiete** entstanden, so z.B. die Oasi di Persano, ein ehemaliges bourbonisches Jagdreservat am Sele, oder die Grotte del Bussento bei Morigerati. Als **Valle della Lontra** entsteht ein neues Schutzgebiet

[>] Wir haben nur diese eine Erde – Street-Art in Salerno

[v] Schwalbenschwanz auf Möhrenblüte

ama211 pa

ama214 pa

im Oberlauf des Fiume Bussentino. Wie in den Gole di Calore bei Felitto haben auch hier die seltenen Fischotter einen Refugium gefunden.

Längst ist **Mülltrennung** auch in Kampanien eine Selbstverständlichkeit, verantwortliche Betriebe, sogar ganze Kommunen, sind inzwischen **plastikfrei.** Aufgestellte Trinkwassersäulen sollen den Kauf von Einwegplastikflaschen überflüssig machen. Die Monti Lattari und die Berge des Cilento sind übrigens reich an guten Quellen!

Eine Zeit lang poppten **Radleihstationen und Ladestationen für E-Bikes** im Parco del Cilento auf, meist als Folge fehlgeleiteter oder nicht kontrollierter Subventionen. Die Corona-Krise hat der Förderung des Radverkehrs in der Provinz Salerno weiteren Aufwind beschert.

Als Auszeichnung für hohe Wasserqualität, Sicherheit und Umweltmanagement vergibt die *Foundation of Environmental Education* auch in Kampanien regelmäßig **„Blaue Flaggen"**, die meisten wehen über den Stränden des Cilento! Der italienische Umweltverband *Legambiente* verleiht den **Stränden** von Castellabate, Montecorice, Pioppi und Acciaroli, Pisciotta, Palinuro und Marina di Camerota zusätzlich die Höchstauszeichnung von „Fünf Segeln".

Geschichte, Wirtschaft und Politik

Faustkeile & Seemansgarn

Vor über 80.000 Jahren streifen **Neandertaler** als nomadisierende Jäger und Sammler durch den Cilento. Grotten in den Alburni, bei Marina di Camerota und am Capo Palinuro bergen Funde der Altsteinzeit. Dieselben Höhlen werden später vom **Homo sapiens sapiens** aufgesucht. Bereits in der Jungsteinzeit bilden sich die **Handelswege und Siedlungsräume** aus, die noch weit über die Antike hinaus Bestand haben. Obsidianfunde aus Lipari belegen ab dem 3. Jahrtausend v.Chr. den Handel übers Meer. Kenntnisse der Metallverarbeitung erreichen den Cilento, dessen Küsten in der Bronzezeit Begegnungsstätten mykenischer Seefahrer und einheimischer Völker der Apenninen-Kultur sind. **Kontakte und Kulturaustausch** intensivieren sich und finden literarischen Niederschlag in griechischen Epen wie der „Argonautensage" oder der „Odyssee", die wiederum in der „Aeneis" des römischen Dichters *Vergil* widerhallen. Im 1. Jahrtausend v.Chr. ist Kampanien Hauptsiedlungsgebiet der **Osker,** eines altitalisch-indogermanischen Volkes, zu dessen Sprachfamilie Samniten und Lukaner zählen.

☒ Theater vor Tempelkulisse in Paestum

Sehen & Erleben: Sireneninseln vor Positano (S. 128) und als Lektüre *Homers* „Odyssee“, Ausgrabungsfunde der Nekropole von Gaudo im Museo Archeologico Nazionale di Paestum (S. 170), Grotta della Cala in Camerota (S. 310) und Grotta di Pertosa bei Pertosa (S. 373).

Griechen bauen für die Götter

Im 8. Jh. v.Chr. beginnt die griechische Kolonisation am Golf von Neapel, **Euböer** gründen um 770 v.Chr. ihre erste Handelsniederlassung auf der Insel Ischia (siehe Exkurs „Go West!“, S. 500). Zur gleichen Zeit zeigen **Etrusker** Präsenz am Golf von Salerno. Die oskische Urbevökerung Kampaniens wird von Etruskern und Griechen z.T. assimiliert. Im 7. Jh. v.Chr. begegnen sich Griechen und Etrusker als Wirtschaftspartner in der Ebene des Sele, an dessen Mündung unterhalten Griechen einen Handelsposten, Keimzelle der späteren Stadt **Poseidonia (Paestum).** Im 6. und 5. Jh. v.Chr. erlebt die Stadt ihre Blütezeit. Im Verlauf des 5. Jh. v.Chr. erobern **Samniten** weite Teile Kampaniens, Poseidonia (Paestum) gerät um 400 v.Chr. unter **lukanischen Einfluss.**

Sehen & Erleben: Museo Archeologico Nazionale di Pontecagnano (S. 148), Parco Archeologico di Paestum (S. 164), Parco Archeologico di Velia (S. 276) und als Lektüre die Vorsokratiker.

Gladiatoren & Naturkatastrophen

Im Jahr 273 v.Chr. wird Paestum römisch, das ehemals etruskische Salerno entwickelt sich ab dem 2. Jh. v.Chr. zum wichtigen römischen Militär- und Wirtschaftszentrum. Nach dem Bundesgenossenkrieg 91–88 v.Chr. erhalten kampanische Städte **römisches Bürgerrecht**

ama215 pa

Go west!

Die Mythen des *Herakles* und Epen, die von den Irrfahrten hellenischer Helden berichten, erinnern an die ersten Begegnungen der Griechen mit den Küsten Unteritaliens und Siziliens. Bronzezeitliche Funde belegen die **frühen Handelskontakte mit der Ägäis,** ab dem 8. Jh. v.Chr. setzte eine massive **griechische Einwanderung,** verbunden mit der Gründung selbstständiger *poleis* (Stadtstaaten), ein. Vor allem Städte, die auf eine lange Schifffahrtstradition zurückblickten wie Megara oder Korinth, beteiligten sich an der Siedlungsbewegung. Über die Gründe kann man nur spekulieren. **Überbevölkerung** und **knappes Ackerland** mögen der Anlass gewesen sein, einen Teil der Bevölkerung dazu zu ermutigen, sich eine neue Heimat zu suchen. Zu den Auswanderern zählten verarmte Bauern, die jüngsten Söhne kinderreicher Familien und politisch Unzufriedene, die zum Verlassen der Heimat gezwungen wurden oder auf eigenen Wunsch fortgingen. Aus der Schicht der *aristoi* (Vornehmen) wurde ein *oikistai* als Anführer gewählt. In Delphi holten sich die künftigen Koloniegründer Rat. Dazu mussten sie noch nicht einmal das Orakel befragen, denn an diesem Ort trafen sich Reisende aus aller Welt und tauschten ihre Erfahrungen aus. Als idealer Siedlungsplatz galt ein Hügel in Meersnähe an einer schiffbaren Flussmündung. Das cilentanische Elea erfüllte diese Bedingungen bis aufs i-Tüpfelchen.

Unteritalien und Sizilien erwiesen sich für die Griechen als Land der unbegrenzten Möglichkeiten, wie Amerika für die Emigranten des 19. und 20. Jh. Die einheimischen Völker wurden häufig ins Hinterland zurückgedrängt, so sie sich nicht mit den Eroberen vermischten. Den hervorragenden Handelsmöglichkeiten, fruchtbaren Ackerflächen und einem wald- und rohstoffreichen Hinterland verdankten die jungen Griechenstädte ihren **raschen Aufstieg.** Eine der Erfolgsstorys schrieb **Sybaris.** Die Stadt am Golf von Tarent verdankte nach *Diodor* Wachstum und Wohlstand ihrer Bereitschaft, Einwanderern das **Bürgerrecht** zu verleihen – eine Fußnote zur Migrationspolitik heute. Dazu die deutsch-jüdische Philosophin *Hannah Arendt:* „Flüchtlinge repräsentieren die Avantgarde ihrer Völker". Sybaris gründete in Folge mehrere Tochterkolonien, darunter Poseidonia (Paestum) am Tyrrhenischen Meer.

Konkurrierende Handelsinteressen waren oft Anlass für Konflikte und nicht selten lagen Poleis miteinander im Krieg. Das **Ende der Megale Hellas** (lat. *Magna Graecia*) kam schleichend: durch Angriffe italischer Völker, die Expansionspolitik der syrakusanischen Tyrannen, den Feldzug des *Pyrrhos* und schließlich durch das siegreiche Vordringen der Römer im Zuge der Punischen Kriege.

ama216 pa

[<] Der Athena-Tempel von Paestum

und werden zur Aufnahme von Kriegsveteranen verpflichtet. Die Ursprünge der **Gladiatorenspektakel** sind in etruskisch-lukanischen Grabritualen zu sehen (siehe Exkurs „Gladiatoren – Superstars der Antike", S. 168). **„Panem et circenses"**, die Grundversorgung der Bürger mit Getreide und die Organisation von Massenvergnügungen, werden zu den Pfeilern römischer Innenpolitik. Der 73–71 v.Chr. von *Spartakus* angeführte **Sklavenaufstand** hält Rom in Atem. Die letzte Schlacht (siehe Exkurs „Spartakus und die soziale Frage", S. 192) soll sich am Oberlauf des Silarus (Sele) ereignet haben. In **römischer Kaiserzeit** wird der Golf von Neapel zum Hotspot eines gehobenen Tourismus und auch an der Steilküste am Golf von Salerno, die später als Costiera Amalfitana Weltruhm erlangen wird, entstehen luxuriöse Villen. Der **Vesuvausbruch** im Oktober 79 zerstört weite Landstriche, Tsunamis verwüsten die Küsten.

Sehen & Erleben: MAR Positano (S. 125), lukanische Grabfresken im Museo Archeologico Nazionale di Paestum (S. 170), Ausflug nach Pompeji.

Krieger & Mönche

Im 5. Jh. fallen die **Westgoten Alarichs** und die **Vandalen Geiserichs** am Golf von Neapel ein, 476 ist das Ende des Weströmischen Reiches besiegelt. Kaiser *Justinian* gliedert Süditalien seinem Oströmischen Reich ein, 552 besiegt ein byzantinisches Heer den letzten Gotenkönig am Mons Lactarius. Überlebende Goten werden im Tal von Tramonti angesiedelt. 568 überqueren **germanische Langobarden** die Alpen, übernehmen Norditalien beinahe kampflos und lassen sich in Kampanien nieder. Vom 7. bis 11. Jh. stehen das kampanische Binnenland und Salerno unter langobardischer Herrschaft, während an der Küste die **byzantinischen Herzogtümer Gaeta, Neapel und Amalfi** mit immer neuen Allianzen um ihre Unabhängigkeit ringen. **Griechisch-orthodoxe Mönche** aus Kleinasien, Ägypten, Sizilien und Kalabrien lassen sich ab dem 9. Jh. verstärkt im Cilento nieder. Sie kommen als Eremiten, aber auch mit Familie (der Zölibat war und ist in der Orthodoxen Kirche nicht verpflichtend) und sorgen mit ihren landwirtschaftlichen, organisatorischen und geistigen Fähigkeiten für einen **Entwicklungsschub.** Ihre **Klöster und** in Gemeinschaften organisierte **Einsiedeleien,** sogenannte Lauren – Ortsnamen wie Laurino oder Laureana Cilento erinnern daran – werden zu Keimzellen neuer Städte. Am Rande: Der letzte Anwärter auf den byzantinischen Kaiserthron lebt bis zu seinem Tod im 15. Jh. in San Mauro Cilento.

Sehen & Erleben: San Pietro a Corte in Salerno (S. 145), Badia di Pattano bei Vallo della Lucania (S. 285), Chiesa Santa Maria ad Martyres in Lentiscosa (S. 313) und Cenobio Basiliano bei San Giovanni a Piro (S. 321).

1001 Nacht am Golf von Salerno

Amalfi wird 920 als Seerepublik selbstständig, ein märchenhafter wirtschaftlicher Aufschwung beginnt. Während des 10. und 11. Jh. beherrscht Amalfi den gesamten Landstrich, der heute noch als

ama217 pa

Amalfitana bezeichnet wird, dazu weite Teile der Sorrentiner Halbinsel und Capri. Kontore und Niederlassungen amalfitanischer Händler bestehen in allen bedeutenden Städten des östlichen Mittelmeerraums. Arabische Chronisten beschreiben Amalfi als prächtigste Stadt des christlichen Süditalien. **Aus dem Orient** übernimmt Amalfi die Technik der **Papierherstellung,** von arabischen Seefahrern den Gebrauch des **Magnetkompasses.** Die charakteristische **Architektur** der amalfitanischen Küstenstädte, aber auch die Kultur der **Zitronen** (siehe Exkurs „Zitronen – ein gelbes Stück vom Paradies", S. 102), die bis heute die Terrassenlandschaft prägt, sind Ergebnisse dieses intensiven Kontaktes mit der arabischen Welt.

■ **Sehen & Erleben:** Arsenale della Repubblica (S. 95) und Chiostro del Paradiso in Amalfi (S. 96), Chiesa San Salvatore de'Birecto in Atrani (S. 88) sowie der Besuch eines Zitronengartens in Amalfi oder Minori.

Königreich im Süden

Anfang des 11. Jh. gelangen **Normannen** als Söldner der Langobarden ins Land. Innerhalb zweier Generationen unterwerfen sie Süditalien und Sizilien, von **Roger II.** im Jahr 1131 zu einem Königreich mit der Hauptstadt Palermo vereint. 1139 verleibt *Roger II.* Amalfi, Capua und Neapel seiner Monarchia sicula ein. Süditalien erlebt eine Blüteperiode. Der deutsche Kaiser und Staufer **Heinrich VI.** erwirbt durch seine Heirat mit *Konstanze von Hauteville,* einer Tochter *Rogers II.,* die Herrschaft über das Normannenreich. Deren Sohn, Kaiser **Friedrich II.** (1194–1250), gestaltet sein Südreich als zentralistischen Beamtenstaat und gründet 1224 in Neapel die erste weltliche Universität Europas. Salerno und damit der Cilento wird Lehen der mächtigen **Sanseverino.** Einen Aufstand der Barone, die sich 1246 bei Cápaccio gegen ihn versammelt hatten, schlägt *Friedrich II.* im gleichen Jahr blutig nieder. Konflikte zwischen Staufern und dem Papsttum nehmen zu, *Innozenz IV.* unterstützt *Karl von Anjou* im Kampf gegen *Friedrichs* Erben. Der Tod König *Manfreds* 1266 in der Schlacht bei Benevent besiegelt das Ende der Staufer-herrschaft.

■ **Sehen & Erleben:** Castello di Arechi (S. 141) und Dom von Salerno (S. 146), Ruinen von Cápaccio Vecchio (S. 176).

Vive la France

Die *Rufolo* – ehemalige Mitläufer der Staufer – unterstützen finanziell den Aufstieg *Karl von Anjous* zum König von Neapel. Als persönlicher Bankier des Herrschers behält **Matteo Rufolo** zeitweise die Königskrone als Pfand ein (siehe Exkurs „Gregorovius gefällt die Villa Rufolo", S. 80). **Karl von Anjou** verlegt seine Hauptstadt von Palermo nach Neapel. Der mit der **Sizilianischen Vesper 1282** begonnene Krieg zwischen *Anjous* und dem Haus *Aragón* zieht auch im Cilento blutige Spuren. Die *Rufolo* werden des Verrats angeklagt und ihr beträchtliches Vermögen eingezogen, während die *Sanseverino* wieder in ihre cilentanische Besitzungen eingesetzt werden. Sizilien fällt an das **spanische Haus Aragón,** Neapel wird zur Hauptstadt des **französischen Anjou-Königreiches Neapel** und auf Kosten der Provinz prunkvoll ausgebaut. Die im 10. Jh. gegründete **Scuola Medica Salernitana** erlebt eine letzte Blüte (siehe Exkurs „Die Medizinschule von Salerno", S. 150).

■ **Sehen & Erleben:** Villa Rufolo in Ravello (S. 78) und dort auf einer Gartenbank die 4. Novelle des 2. Tages aus *Bocaccios* „Decamerone" lesen (dazu den gleichnamigen Film von *Pier Paolo Passolini*), Giardino della Minerva in Salerno (S. 147), Festungsort Rocca Cilento (S. 255).

Mamma li Turchi!

Alfons V. von Aragón verdrängt 1442 den letzten Anjou-Herrscher vom Thron von Neapel und vereinigt als **Alfons I.** die Königreiche Neapel und Sizilien. Unter den Aragonesen entwickelt sich Neapel zur prachtvollen Renaissancemetropole. Nach dem Fall von Konstantinopel 1453 finden zahlreiche geflüchtete Gelehrte Aufnahme am Hof. 1503 ergreift General *Consalvo de Córdoba* im Namen *Ferdinand des Katholischen* die Macht in Neapel. Damit beginnt die lange **Herrschaft spanischer Vizekönige,** Süditalien und Sizilien werden zu Provinzen des spanisch-habsburgischen Weltreiches. **Pedro de Toledo,** von 1532–53 Vizekönig Kaiser *Karls V.,* lässt die Küsten zum **Schutz vor Türkenüberfällen** mit Wachttürmen befestigen. Im Cilento wird das Feudalreich der *Sanseverino* zerschlagen, an deren Stelle unzählige **Kleinbarone** treten. Diese entstammen nicht etwa alten Adelsschichten, sondern sind oft zu Geld gekommene Händler, die mit dem Kauf eines Titels ihren sozialen Aufstieg legitimieren. Die dazugehörigen Ländereien werden meist rücksichtslos ausgeblutet, die gemeinschaft-

◁ Chiostro del Paradiso in Amalfi

lichen Nutzungsrechte von Wäldern und Weiden stark eingeschränkt. Atrani rühmt sich, Geburtsort des neapolitanischen **Volkshelden Masaniello** zu sein, der **1647** in Neapel eine **Hunger- und Steuerrevolte gegen die Spanier** anführt. Dessen rote Fischermütze steht Modell für die Jakobinermützen französischer Revolutionäre von 1789.

Sehen & Erleben: Küstenwachttürme an der Costiera Amalfitana; einige dienen als private Luxus-Immobilien, andere als Edel-Ristoranti oder Künstlerateliers, z.B. die Torre Asciola in Marina di Praia (S. 120).

Wiege des Tourismus

Mit der Herrschaft König **Karls III. von Bourbon (1734–59)** beginnt am Golf von Neapel das **Zeitalter der absolutistischen Aufklärung.** Neapel ist wieder Hauptstadt eines Königreichs. Monumentale spätbarocke Palastanlagen werden errichtet, in Herkulaneum und Pompeji beginnen **archäologische Ausgrabungen.** Neapel avanciert zum bevorzugten Ziel der Kulturreisenden auf der **Grand Tour** in den Süden, und 1752 kommen bei Straßenarbeiten die Griechen-Tempel Paestums wieder zum Vor-

schein. Der **Klassizismus** erhält starke Impulse. 1787 besucht *Goethe* den Golf von Neapel und Paestum, 1802 folgt ihm *Seume* (siehe Exkurs „Die Rosen von Paestum“, S. 162).

Sehen & Erleben: Tempel von Paestum (S. 164) und im Säulenschatten *Goethe* und *Seume* lesen.

Küstenwachturm an der Costa degli Infreschi

ama212 pa

Blutige Revolten & Ein Italien

Am **21. Januar 1799** rufen aufgeklärte Aristokraten, inspiriert von den Idealen der Französischen Revolution, in Neapel die **Parthenopäische Republik** aus. Der Festungsort Rocca Cilento erklärt sich solidarisch mit der Hauptstadt. 1806 flieht Bourbonenkönig *Ferdinand IV.* vor napoleonischen Truppen erneut nach Palermo, um nach der Absetzung von *Joachim Murat* 1815 als **Ferdinand I.,** König beider Sizilien, an die Macht zurückzukehren. Drei weitere Bourbonenherrscher folgen ihm auf den Thron. Freiheitliche Ideen werden unterdrückt, Aufstände im Cilento brutal niedergeschlagen. **1860** zieht **Garibaldi** siegreich in Neapel ein – am 21. Oktober stimmt die Bevölkerung für den Anschluss an das **Königreich Italien.** Neapel und Süditalien profitieren kaum von der neuen politischen Ordnung, sondern erleiden soziale und wirtschaftliche Nachteile. Eine riesige Auswanderungswelle erfasst Ende des 19. Jh. Süditalien (siehe Exkurs „O Brigante, o Migrante“, S. 506).

Sehen & Erleben: Durch Capáccio (S. 176), Trentinara (S. 190) und Celso (S. 270) streifen und nach Marmortafeln Ausschau halten, die an die Opfer der Aufstände von 1828 und 1848 erinnern, Majolika-Fries am Ortseingang von Bosco (S. 322), Sacrario dei Trecento in der Chiesa della Santissima Annunziata in Padula (S. 385) und *Mario Martones* Film „Noi credevamo“.

O Brigante, o Migrante

Die Landbevölkerung des Cilento litt unter der **Unterdrückung durch die** neuen **Feudalherren im 18. Jh.** am meisten – ob Tagelöhner oder Kleinpächter machte wenig Unterschied. Die freiheitlichen Ideen der Französischen Revolution und die Ausrufung der Parthenopäischen Republik 1799 in Neapel trafen außerhalb der Städte und gebildeten Stände trotzdem kaum auf Widerhall. Vereinzelt aufflammende **Aufstände,** z.B. in Rocca Cilento, wurden schnell niedergemacht. Ein halbes Jahr später beendeten Banditentruppen des reaktionären Kardinals *Ruffo,* unterstützt vom neapolitanischen Plebs, das politische Experiment in der Hauptstadt in einem Blutbad. Nach (zu) kurzem Intermezzo aufgeklärter Herrschaft unter *Joachim Murat,* einem Schwager *Napoleons,* wurde 1815 die bourbonische Herrschaft restauriert. Das bedeutete jedoch nicht das Ende der Unruhen.

Für die **recht- und besitzlose Landbevölkerung** änderte sich auch in der Neuzeit wenig, und immer wieder kam es zu blutigen Revolten, so z.B. 1828. Der Aufstand wurde niedergeschlagen, an der Bevölkerung ein Exempel statuiert, der Ort Bosco niedergebrannt. Im europäischen Revolutionsjahr 1848 lehnte sich der Cilento unter der Anführerschaft von **Costabile Carducci** aus Cápaccio auf. Wieder versprach der König eine Verfassung, löste aber das neu gewählte Parlament nach nur einem Tag auf und entsandte Truppen. Die Aufständischen erlitten am 12. Juli bei Trentinara eine entscheidende Niederlage. In einem Fiasko endete auch die cilentanische Expedition des Neapolitaners **Carlo Pisacane,** eines aufgeklärten Adeligen, der zunächst die Militärlaufbahn im Dienste der Bourbonen einschlug und sich später zum glühenden Verfechter **radikal-republikanischer Ideen** wandelte. 1857 kaperte er mit Gleichgesinnten ein Liniendampfboot, befreite auf Ponza 300 Gefangene – darunter nur wenige „Politische" – und ging bei Sapri an Land. Es gelang ihm nicht, die Bevölkerung von der Notwendigkeit eines Aufstandes zu überzeugen. Sein Zug ins Hinterland endete im Massaker. *Pisacane* und seine Gefährten wurden bei Padula und Sanza vollständig aufgerieben. Ironischerweise wurden die bourbonischen Truppen dabei von der lokalen Bevölkerung unterstützt. Die unglückliche Expedition des *Carlo Pisacane* inspirierte zeitgenössische Poeten und Maler, posthum wurde er zu einem **„Che des Cilento"** stilisiert. 100 Jahre später fanden die sterblichen Überreste der „300" ihre endgültige Ruhestätte in der Chiesa della SS. Annunziata von Padula und werden als „Risorgimento-Reliquien" verehrt.

ama54 pa

Berauscht von den Versprechen *Garibaldis,* **revoltierten die Bauern 1860** schließlich doch noch gegen die Bourbonen, sahen sich aber in ihrer Hoffnung, Land zu erhalten, bald enttäuscht. Als 1861 nach dem Anschluss ans Königreich Italien im Süden Unruhen bislang unbekannter Heftigkeit ausbrachen, kam es zu einer eigenartigen Allianz zwischen landlosen Tagelöhnern und ihren einstigen Unterdrückern. Der Adel, bürgerliche Großgrundbesitzer und die Kirche verstanden es, die Aufständischen im **Kampf gegen den italienischen Einheitsstaat** zu instrumentalisieren. Von der Bevölkerung wurden die **Briganten** als Helden gefeiert. Der Staat verhängte 1863 in Süditalien das **Kriegsrecht,** die piemontesischen Truppen begegneten den Aufständischen mit beispielloser Grausamkeit. Als die Kämpfe Ende 1865 eingestellt wurden, hatte der Feldzug gegen die aufsässige Landbevölkerung geschätzt 18.000 Menschenleben gekostet und sich zwischen Nord- und Süditalien ein unüberwindbarer Graben aufgetan. Gesetze, die die sozialen Missstände als Ursache des Brigantenwesens hätten beheben können, ließen auf sich warten, während die Vorurteile gegenüber den als *cafoni* (Kaffern) beschimpften Süditalienern durch die pseudowissenschaftliche Arbeit des norditalienischen Professors **Cesare Lombroso** (1835–1909), dem Begründer der modernen Kriminologie, noch bestärkt wurden. Anhand von Fotografien gefangen genommener oder ermordeter Briganten glaubte er, die Grundtypen „geborener Verbrecher" illustrieren zu können.

Bei der **Wahl „o brigante, o migrante",** also zwischen Rebellion und Emigration, entschieden sich Ende des 19. Jh. viele für die Auswanderung nach Süd- oder Nordamerika. Zurück blieben oft Frauen, kleine Kinder und Alte.

Faschismus und sein Ende

Mit dem **„Marsch auf Rom"** und der Ernennung von **Benito Mussolini 1922** zum Ministerpräsidenten beginnt die faschistische Herrschaft in Italien. Neue archäologische Ausgrabungen in Pompeji und Paestum werden in Angriff genommen, *Mussolini* stilisiert sich dabei als „neuer Augustus". In Campagna besteht 1940–43 eines der vier **Konzentrationslager** Kampaniens, Juden aus Italien und anderen europäischen Ländern werden interniert. Die Certosa di Padula dient bis 1943 als Kriegsgefangenenlager für alliierte Soldaten. 1926 nimmt das *Consorzio di bonifica Paestum* die **Entsumpfung der Küstenebene** in Angriff. Unter dem Codenamen „Operation Avalanche" beginnt am 9. September **1943** die **Landung der Alliierten am Golf**

In den 1950er- und 1960er-Jahren suchten auch viele Gastarbeiter aus dem Cilento mit nichts als einem Pappkoffer als Gepäck ihr Glück in Deutschland und der Schweiz.

ama219 pa

von Salerno, einen Tag, nachdem Italien den Waffenstillstand unterzeichnet hatte. Die deutsche Armee leistet heftigen Widerstand. Ende September vertreibt die neapolitanische Bevölkerung die deutsche Besatzungsmacht aus eigener Kraft aus ihrer Stadt; als **„Quattro giornate di Napoli"** geht das Ereignis in die Geschichte ein. Die Alliierten marschieren einen Tag später, am 1. Oktober, ein. Der Schwarzmarkt blüht auf, das organisierte Verbrechen feiert Urstände. 1944 bricht der Vesuv aus.

■ **Sehen & Erleben:** Museum of Operation Avalanche in Eboli (S. 203), SW-Filme von der Landung der Alliierten im Museo Archeologico di Paestum (S. 170), *Norman Lewis'* „Neapel '44" und *Curzio Malapartes* „Die Haut" lesen.

Vincenzo De Luca greift gerne zu großen Geschützen

ama218 pa

Wirtschaftswunder & Bikini

Bei der **Volksabstimmung** über die zukünftige Verfassung stimmen 1946 80% der Neapolitaner für den Erhalt der Monarchie. Erster Präsident der Italienischen Republik wird dann doch ein Neapolitaner, *Enrico de Nicola.* Ende der 1950er-Jahre halten die **Filmstars,** der **Jet-Set** und Bikini Einzug an der **Costiera Amalfitana.** Positano ist Italiens mondänster Urlaubsort. Entwicklungsgelder der *Cassa per il Mezzogiorno* verschwinden zum Teil in den Kanälen und Kassen der **Camorra.** In einer zweiten **Auswanderungswelle** emigrieren bis in die 1970er-Jahre mehr als 800.000 Menschen aus Kampanien in den Norden. Am 23. November **1980** erschüttert ein schweres **Erdbeben** die Region. Bereitgestellte Gelder kommen nie an, der Wiederaufbau ist von **Korruption** geprägt. Der **Tourismus** wird zum wesentlich Wirtschaftsfaktor.

■ **Sehen & Erleben:** Posen in Positano (S. 123).

Die zweite Republik

Die **Mailänder Antikorruptionsprozesse „Mani pulite"** („Saubere Hände") 1992 verändern das politische Klima in Italien. In Neapel gewinnt 1993 der Ex-Kommunist *Antonio Bassolino* die Bürgermeisterwahl gegen die Duce-Enkelin *Alessandra Mussolini.* 1995 erlebt **Neapel** seine **„touristische Wiedergeburt",** die Altstadt wird von der **UNESCO** zum Weltkulturerbe erklärt. Auch Pompeji, Herkulaneum, die Reggia von Caserta und die Amalfitana werden in die UNESCO-Liste des Weltkulturerbes aufgenommen, 1998 auch die Certosa di Padula. 2010 erklärt die UNESCO die **dieta mediterranea,** als deren Wiege der Cilento sich versteht, zum immateriellen Weltkulturerbe. In Salerno wird **Vincenzo De Luca** (siehe Exkurs „Der Sheriff von Kampanien", S. 140) zum vierten Mal im Amt bestätigt und gewinnt 2015 die Wahl zum Präsidenten der Regione Campania. In der **Corona-Krise** ab 2020 macht er seinem Spitznamen „lo sceriffo" („der Sheriff") alle Ehre und setzt strenge Verordnungen durch. Zuletzt wurde es still um das politische Projekt **Grande Lucania,** das eine Abtrennung des Cilento von der Region Kampanien und eine politisch-wirtschaftliche Vereinigung mit der Region Basilikata vorschlägt.

■ **Sehen & Erleben:** Praktische Erkundungen zur *dieta mediterranea* in Pollica (S. 264) betreiben, einen Ausflug in die Nachbarregion Basilikata unternehmen.

Benvenuti al Sud

Seit 1991 besteht der **Parco Nazionale del Cilento, Vallo di Diano e Alburni.** Einer ungezügelten Bauentwicklung sind die Riegel vorgeschoben. Der Ausbau der Bio-Landwirtschaft und die Förderung des Slow-Food-Gedankens sind vor allem privatem Engagement zu verdanken. Während sich der Nationalpark beim Ausbau von Wanderwegen bislang kaum auszeichnet, treten verstärkt **private und kommunale Initiativen** in Erscheinung. Über den meisten Stränden des Cilento wehen „Blaue Flaggen" und die italienische Umweltorganisation *Legambiente* vergibt Bestnoten. Der **Cilento** ist seit den 1970er-Jahren ein bekannter „Geheimtipp" in Süditalien, spätestens mit der italienischen Filmkomödie „Willkommen im Süden" avancierte er 2010 zum Star. Starallüren sind der als „Costa divina" apostrophierten **Amalfiküste** nicht fremd, 1997 wird sie zum UNESCO-Welterbe erklärt. Die Corona-Pandemie 2020/21 verstärkt die Hinwendung zu einem **nachhaltigen Tourismus.** Das Kulturmanagement des Parco Archeologico di Pompei durch den jungen Direktor *Gabriel Zuchtriegel* setzt Maßstäbe!

■ **Sehen & Erleben:** In Begleitung eines zuverlässig guten Reiseführers und mit offenen Sinnen auf die Reise gehen.

Kunst und Kultur

Architektur, Skulptur, Malerei und Mosaikkunst

Antike

Kampanien ist reich an archäologischen Schätzen, im Umfeld der Provinzhauptstadt Salerno wurden interessante **Funde aus etruskischer Zeit** gemacht. Die außergewöhnlich gut erhaltenen **dorischen Tempel in Paestum** zeugen von der Größe der Magna Graecia, das Archäologische Museum birgt eine umfangreiche Sammlung: Das **„Grab des Tauchers"** ist das bislang einzige bekannte Beispiel griechischer Freskomalerei aus der Klassik. **Lukanische Kammergräber,** ein weiterer Höhepunkt an-

ama223 pa

tiker Malerei, verraten viel über das Leben und den Totenkult dieses kriegerischen Volkes (siehe Exkurs „Gladiatoren – Superstars der Antike", S. 168). Sehenswerte **Funde aus lukanischer Zeit** präsentieren auch das Museo Archeologico della Lucania Occidentale in der Kartause von Padula und das Antiquarium von Roccagloriosa.

Weltberühmt sind die im Jahr 79 verschütteten und seit dem 18. Jh. wieder freigelegten **Römerstädte am Fuße des Vesuvs.** Aber auch an der Amalfiküste verraten **Reste römischer Villen** einiges über das Luxusleben der oberen Zehntausend in der damaligen Zeit.

Mittelalter

Ab dem 9. Jh. bescheren aus Sizilien und Kalabrien eingewanderte orthodoxe Mönche dem südlichen Kampanien einen zweiten griechischen „Kulturfrühling". Ihre **byzantinische Freskenkunst** beeinflusst die **benediktinische Klostermalerei.** Versteckte Juwelen sind die freskengeschmückte Badia Santa Maria di Olearia an der Amalfiküste bei Maiori und die Grotta di San Michele Arcangelo bei Olevano sul Tuscanio in den Monti Picentini. Im Cilento sind die Badia di Pattano bei Vallo della Lucania und die Chiesa Santa Maria ad Martyres in Lentiscosa bedeutende Zeugnisse byzantinischer Kultur.

Die **Romanik** fällt in Süditalien mit der Normannenherrschaft zusammen. Vorbild kampanischer **Kathedralbauten** des 11. und 12. Jh. ist die unter Abt *Desiderius* errichtete, im 2. Weltkrieg zerstörte und wiederaufgebaute Basilika des Benediktinerklosters Montecassino. Kennzeichnend sind die Verwendung antiker Säulen sowie der byzantinische Einfluss in Malerei und **Mosaikkunst.** Die Nähe zum Orient zeigt sich in der Verwendung spitzer Bögen und **farbenprächtiger Steineinlegearbeiten.** Eindrucksvolle Beispiele sind die Dome von Amalfi, Ravello, Salerno und Teggiano. Der schöne Ambo in der Abbazia Benedettina della Santissima Trinità in Corpo di Cava stammt aus dem 13. Jh.

⌃ Paestum: Alberto Angela ist einer der klügsten Kulturvermittler Italiens

› Lentiscosa: Kirchenväter und Evangelisten im Deckengewölbe der Chiesa Santa Maria ad Martyres

Mit den *Anjous* erreicht Mitte des 13. Jh. die **Gotik** die Hauptstadt Neapel, Kirchen und Klöster werden im neuen französischen Stil errichtet. Unter *Robert d. Weisen* (1309–43) zieht der Hof von Neapel die bedeutendsten Künstler jener Zeit an. Die **prunkvollen Fürsten- und Königsgräber** aus der Werkstatt des *Tino da Camaino* werden in Süditalien vielfach nachgeahmt. Von 1328–34 ist **Giotto** als Hofmaler in Neapel beschäftigt. Seine Fresken sind verloren gegangen, doch sein Stil prägte nachfolgende Künstlergenerationen. Ein schönes Beispiel ist die *Roberto d'Oderisio* zugeschriebene Kreuzigung im Chiostro del Paradiso in Amalfi, der Einfluss *Giottos* zeigt sich auch in der Cappella di S. Lucia in Massaquano auf der Sorrentiner Halbinsel.

Renaissance und Barock

Mitte des 15. Jh. erlebt die **Renaissance** in Neapel ihren triumphalen Einzug durch *Alfons von Aragón*. Das 1471 vollendete Triumphtor am Castel Nuovo feiert den Sieg des neuen Herrschers und ist ein Höhepunkt des neuen Kunststils. Viele Renaissance-Paläste Neapels werden im nachfolgenden **Barock** modernisiert. Neben Rom entwickelt sich Neapel ab dem 16. Jh. zu einem Zentrum der Gegenreformation und damit des Barock. Wie auch in vorausgegangenen Kunstepochen finden sich in der Provinz meist nur schwache Echos der in der Hauptstadt geförderten Stile. Ausnahmen sind außer Salerno vor allem Teggiano, Residenzstadt der *Sanseverino,* und die bis zur Barockzeit prächtig ausgeschmückte Kartause von Padula, die zum UNESCO-Welterbe zählt.

Klassizismus und Romantik

Mit der Thronbesteigung *Karl III. von Bourbon* 1734 beginnt eine neue intensive Bautätigkeit am Golf von Neapel. Die sensationelle **Wiederentdeckung von Herkulaneum, Pompeji und Paestum** übt einen immensen Einfluss auf die

ama224 pa

Geistes- und Kunstentwicklung des 18. und 19. Jh. aus. Zahlreiche Adelsvillen in Neapel und in der Provinz werden im Stil des **Klassizismus** errichtet, die Ausstattung pompejianischer Häuser liefert die Vorbilder. Ansichten vom Golf, Vesuv und von Ruinenlandschaften wie Paestum verbreiten sich in Form von Stichen in ganz Europa und erhöhen die Popularität des ohnehin schon beliebten Reiseziels.

19. bis 21. Jahrhundert

Bleibenden Einfluss auf Formensprache und Dekor der **Keramik** an der Amalfiküste übt der sogenannte *periodo tedesco* aus; ein wichtiger Vertreter ist *Richard Dölker* (siehe Exkurs „Der Esel kam 1921 auf die Welt“, S. 40). Balsam für Augen und Seele sind die **Künstlergärten** in Ravello. Ein jüngeres Beispiel ist der Giardino Segreto dell'Anima in Campinola di Tramonti, modernen ökologischen Prinzipien folgt der private Landschaftsgarten Giardino di Hera in Giungano.

Der spanische Künstler **José Garcia Ortega** (1921–90), Schüler und Freund *Picassos* und glühender Antifaschist, verbringt einen großen Teil seines Lebens im europäischen Exil. Zeitweise lebt er in Matera, im cilentanischen Bosco findet er sein letztes Zuhause; ein Museum zeigt Werke der späten Schaffensphase. Als „cilentanischer *Gaudí*“ wird der Bauer **Guerino Galzerano** (1922–2002) apostrophiert. In seinem Heimatort Castelnuovo Cilento hat er ein erstaunliches Œuvre geschaffen und noch zu Lebzeiten 1982 sein Grabmal gestaltet.

Die **faschistische Architektur** der Ära *Mussolini* setzt auch in Salerno Akzente. Einige der im Faschismus geplanten Bauten werden erst in der Nachkriegszeit realisiert, so z.B. das Museo Archeologico di Paestum.

Die in den 1960er-Jahren im Arbeiterviertel Fratte in **Salerno** vom italienischen Stararchitekten **Paolo Portoghesi** entworfene Chiesa della Sacra Familia ist Beton gewordene Musik. Salerno verpasst sich Ende der 1990er-Jahre eine Verjüngungskur und vertraut sich dem

ama225 pa

▷ Stazione Marittima in Salerno – fließende Formen in Beton, Zaha Hadids letztes Meisterwerk

katalanischen Urbanisten **Oriol Bohigas** an, der bereits Barcelona für die Olympischen Spiele 1992 fit gemacht hat. Neben der britischen Stararchitektin **Zaha Hadid,** die ein neues Hafenterminal entwirft, realisieren auch **Santiago Calatrava** oder **David Chipperfield** Bauten für die aufstrebende Provinzhauptstadt.

Der 1939 in Caggiano geborene, international bekannte Kunsthistoriker und Kunstkritiker **Achille Bonito Oliva** liefert mit seinem 1980 veröffentlichten Werk „La Transavanguardia Italiana" den geistigen Überbau der aus der Arte Povera hervorgegangenen Kunstrichtung, zu deren Vertreten auch **Mimmo Paladino** zählt. Am Rande: Seit 2019 steht *Paladinos* „Cavallo di Sabbia" wieder in Paestum, dem Ort, für den es 1999 auch geschaffen wurde. Von 2002 bis 2003 kuratiert *Achille Bonito Oliva* in der Certosa di Padula viel beachtete Kunstausstellungen. Einige der Werke von **Sol LeWit** oder **Jan Fabre** sind immer noch an Ort und Stelle zu sehen.

Literatur, Musik, Theater und Film

Die **Literaturhinweise im Anhang dieses Buches** sind zwar nicht erschöpfend, aber eine Einladung zum Weiterlesen. Daher an dieser Stelle nur einige ergänzende kurze Skizzen: **Homers „Odyssee"** ist auch auf einer Reise in den Golf von Salerno ein exzellenter Begleiter.

Auch wenn die Lokalisierung vieler odysseischer Orte eher lieb gewonnene Gewohnheiten widerspiegelt, so bleiben doch Bezüge zum Mythos der Sirenen lebendig.

Als junger Mann verbringt der Florentiner **Giovanni Boccaccio** (1313–75) zwölf Jahre in Neapel, erst als Banklehrling, dann als Student des Kirchenrechts. Seine Liebe gehört allerdings der Poesie. Einige Novellen seines **„Decamerone"** spielen am Golf von Neapel, an der Amalfiküste und in Salerno.

Die zahlreichen Reisebeschreibungen des 18. und 19. Jh. sind die Vorläufer heutiger Reiseführer, **Goethe** reist mit seinem „guten und so brauchbaren Volkmann" und dem „trefflichen Riedesel" an den Golf von Neapel und nach Paestum. Seine **„Italienische Reise"** ist ein Best- und Longseller. Frecher ist **Johann Gottfried Seumes „Spaziergang nach Syrakus im Jahre 1802".** In den tiefen Cilento wagen sich damals nur einige abenteuerlustige Briten, z.B. **C.T. Ramage.** Wenige Wochen vor den heftigen Aufständen gegen die Bourbonen reist er im Jahr 1828 von Paestum bis Policastro. Entgegen weit verbreiteter Vorurteile gegenüber den in Süditalien lebenden Menschen findet *Ramage:* „I like everything I've seen of these people; nothing can exceed the goodness, courtesy and hospitality shown to me without distinction, by all those whom I have approached". Er verschließt jedoch nicht die Augen vor vielen sozialen Missständen. Einen wachen Blick für die soziale Lage in Süditalien beweist auch **Carlo Levi** mit seinem epochalen Erlebnisbericht **„Christus kam nur bis Eboli"** aus seiner Zeit in der Verbannung unter *Mussolini.*

Neapel gibt in Sachen **Musik und Theater** den Ton an, das Opernhaus „Giuseppe Verdi" in Salerno macht mit Opern- und Ballettinszenierungen auf hohem Niveau ebenfalls von sich reden. Auf Sommerfestivals im Cilento gibt es tanzbare *musica popolare* zu hören, z.B. auf dem „My Land Festival" in Marina di Camerota, der „Festa del Pane" in Trentinara oder dem „Festival degli Antichi Suoni" in Novi Velia.

Die **italienische Sommerkomödie „Benvenuti al Sud"** aus dem Jahr 2010, ein Remake des französischen Erfolgsfilms „Willkommen bei den Sch'tis", lässt in Italien die Kassen klingeln und macht den cilentanischen Drehort Castellabate berühmt. Der Cilento ist auch Bühne von *Mario Martones* groß angelegter **Risorgimento-Saga „Noi credevamo"** aus demselben Jahr. Das Zeug zum Klassiker hat *Silvio Soldinis* zauberhaft komischer **Kultfilm „Brot und Tulpen"** („Pane e tulipani") von 1999. In der Anfangsszene spielt Paestums Lokalcicerone *Nunzio Daniele* sich selbst und verlangt dafür nur sein übliches Honorar als Fremdenführer (siehe Exkurs „Ansichten eines Cicerone", S. 174). Die Amalfiküste liefert zahlreichen Kinofilmen die Kulisse, so für **„Good Woman – Ein Sommer in Amalfi"** von 2004, oder die Terrasse der Villa del Cimbrone in der Sisi-Verfilmung **„Schicksalsjahre einer Kaiserin"** aus den 1950ern. *Pier Paolo Pasolini* setzt 1970 an der Amalfiküste einige der Episoden von **„Il Decamerone"** ins Bild.

> Oliven, handgepflückt

Küche und Wein

Reisen bildet und Geschichte geht durch den Magen: **Pizza & Pasta** gelten als Synonym für die neapolitanische Küche. Dabei trat die Pizza von Tramonti aus ihren Siegeszug um die Welt an, und die Mozzarella auf der **Pizza Margherita** ist traditionell ein Fior-di-Latte-Brühkäse aus Kuhmilch, der ebenfalls ursprünglich von den „Milchbergen" stammt. Der Cilento ist stolz auf seine **Pizza cilentana,** die statt Mozzarella oder Fior di Latte den aus Ziegen- oder Schafsmilch hergestellten *caccioricotta* verwendet.

Eine schier unerschöpfliche Fülle gemüsebasierter **Antipasti** und satt machender **Primi** zeichnet die kampanische(n) Küchen(n) aus (s. Exkurs „Cucina amalfitana, limoni & vino", S. 38). Apropos **cucina amalfitana:** Aus Zitronen kann man mehr als nur **Limoncello** machen (siehe Exkurs „Zitronen – ein gelbes Stück vom Paradies", S. 102), und in Cetara ist die wichtigste Würzsoße der römischen Antike lebendig geblieben (siehe Exkurs „Garum, das Maggi der Antike", S. 56). Im Cilento wurden die wissenschaftlichen Grundlagen zur Erforschung der **mediterranen Diät** gelegt (siehe „Welterbe zum Essen", S. 226).

Hülsenfrüchte kommen in zahllosen Varianten auf den Tisch, in der Pasta und gerne auch in Kombination mit Meeresfrüchten. Im Cilento tragen die **Bohnen** von *Controne* und die **Kichererbsen** von *Cicerale* das begehrte Slow-Food-Siegel. Heiß geliebt werden im Winter brocoletti (von den Neapolitanern *friarielli* genannt – so heißen im Cilento wiederum Peperoncini), **Stängelkohl** auf gut Deutsch.

ama222 pa

Jazz in Flaschen

und andere gute Tropfen

Der Cilento ist uraltes und neues Rebland zugleich. Die griechischen Siedler der Antike nannten das Territorium der heutigen Basilikata, den Cilento mit eingeschlossen, zusammen mit dem heutigen Kalabrien **Oinotria,** „Weinland".

Tradition und Aufbruch des cilentanischen Weinbaus verkörpert wohl am besten **De Conciliis** (www.viticoltorideconciliis.it), Vorbild zahlloser Kleinwinzer. Das vielfach ausgezeichnete Familienunternehmen um den Revolutionär und Bewahrer *Bruno De Conciliis* (s.u.) und seine Schwester *Paola* hat sich früh auf autochthone Reben spezialisiert. Die engagierten Winzer setzen dabei nicht auf hohe Erträge, sondern auf Qualität und Bio-Anbau. Starke Sonneneinstrahlung und Meeresnähe verleihen dem weißen *Fiano* so viel Aroma, dass er wie Rotwein in großen Gläsern serviert werden sollte, damit er sich voll entfalten kann. Ein bewusst ungezähmter Wilder ist *Naima* (eines der Projekte des Jazz-Liebhabers *Bruno*), ein roter *Aglianico* – entweder er schmeckt oder eben nicht. Das entscheidet der Wein selbst, Jahr für Jahr. In der Kellerarbeit geht *Paola De Conciliis* neue Wege und experimentiert mit großen Terrakotta-Amphoren, in denen *Aglianicone* zu großer Eleganz heranreift. Ein Vergnügen sind auch der *Spumante Selim* (ein Anagramm für *Miles Davis*) und *Ka!*, ein holzfassgereifter *Muskat-Malvasia Passito.*

Bruno De Conciliis (siehe Abb.) ist inzwischen aus dem Familienunternehmen ausgeschieden und entfaltet seine ungezügelte Kreativität in mehreren Projekten, zu denen sein biodynamisch geführtes Weingut **Tempa di Zoè** (www.tempadizoe.it) in den Hügeln südlich von Agropoli zählt. Mit den *Supercampani Asterìas, Diciotto* und *Zero* begeistert er alte und neue Fans. Eine fruchtbare Zusammenarbeit verbindet ihn mit *Jack Lewens* und **Vigneti Tardis** (www.facebook.com/VinoCilento) – die beiden sind Garanten charakterstarker Naturweine für jeden Wochentag. Mit den **Vini Erranti** und der **Fabbrica del Vino Arcobaleno** wirft *Bruno* sein Netz noch weiter aus, erweckt aufgegebene Bauern-Weinberge zu neuem Leben, entdeckt dabei längst vergessene Rebsorten und bringt neue Impulse in abgelegene Orte Süditaliens – eine Grand Tour ganz nach meinem Gusto.

Wie *Bruno De Conciliis* ist auch **Mario Corrado** Architekt. Er betreibt mit Hingabe und viel Sachverstand die Restaurierung traditionell-cilentanischer Bauernhäuser, und das gleiche Engagement legt er im Weinbau an den Tag. Mit seiner Frau *Ida Budetta* und drei Kindern lebt und betreibt er gemeinsam seit 1999 in beneidenswert schöner, naturgeschützter Landschaft inmitten intakter Mittelmeer-Macchia auf der Halbinsel der Punta Tresino das Weingut **Azienda San Giovanni** (www.agricolasangiovanni.it). Auch hier heißen die Protagonisten *Fiano* und *Aglianico.* Auf Flaschen werden sie mit den Namen *Paestum, Tresinus, Castellabate* und *Maroccia* gefüllt. Nach Voranmeldung sind die von Slow Food hoch gelobten Weine an ihrem paradiesischen Entstehungsort zu verkosten. Zu kaufen gibt es sie ab Hof oder in gut sortierten Enotheken. *Mario* und *Ida* vermieten mitten im Weinberg ein entzückendes Ferienhaus.

Auf der Rückseite des Monte della Stella liegt das **Agrarstädtchen Rutino.** Im Ort sind auch mehrere Winzer ansässig, bekannt sind die Familienbetriebe *Rotolo* und *Barone.* Ein Quereinsteiger, der auf Naturweine setzt, ist **Salvatore Magnoni** (www.primalaterra.it). „Prima la terra, poi tutto il resto" lautet sein Leitspruch, „zuerst die Erde". Erst nach dem Tod seines Vaters

ama226 pa

tauschte er sein Leben als DJ in Neapel gegen das Landleben im Palazzo seiner Vorfahren ein. Er brachte die alten Olivenbäume wieder zum Tragen und pflanzte die organisch bestellten Weinberge neu an. Seinen Weinen setzt er weder Zuchthefen zu, noch werden sie gefiltert. Musik spielt weiter eine große Rolle in *Salvatores* Leben, unter dem Motto „Jazz, Funk e Aglianico" veranstaltet er in Rutino oder anderswo sinnenfrohe Abende.

Avantgarde und Werterhalt verbindet auch die **Azienda Agricola San Salvatore 1988** (www.sansalvatore1988.it) des Hoteliers *Giuseppe „Peppino" Pagano*. Die akkurat gepflegten Weinberge liegen in den Gemarkungen von Giungano und Stio. Dünger liefern die eigenen Büffelherden, die Bodenpflege folgt biologischen, z.T. sogar **bio-dynamischen Richtlinien,** die ultramoderne Kellerei in Giungano erhält ihren Strom aus Solarzellen. Es werden ausschließlich Weine aus den autochthonen Rebsorten *Greco, Fiano, Falanghina* und *Aglianico* gekeltert. Als Önologe liefert *Riccardo Cotarella,* einer der berühmtesten Weinberater Italiens, seine gefragte Expertise. Verkauf ab Kellerei, dort können die Weine nach Voranmeldung verkostet werden. Dazu können lokale Spezialitäten gereicht werden. *Giuseppe Pagano* ist auch Produzent autochthoner Hülsenfrüchte und setzt sich für den Erhalt alter, vom Verschwinden bedrohter Obstsorten ein.

Zu den jungen „Klassikern" zählt **Maffini** (www.luigimaffini.it) mit Rebflächen in den Gemeindegebieten von Castellabate und Giungano. Mit dem *Cilento Pietraincatenata,* einem hundertprozentigen *Fiano,* ist *Luigi Maffini* sicher einer der komplexesten Weißen gelungen, der 2021 erstmals abgefüllte *Siopè* wird als einer der besten Rotweine Kampaniens gehandelt.

Ein **bemerkenswertes sozial-wirtschaftliches Experiment** mit territorialer Bodenhaftung ist die 2003 aus der Taufe gehobene **Genossenschaftskellerei Tenuta del Fasanella** (www.tenutedelfasanella.it) aus Sant'Angelo a Fasanella. Auf Initiative des damaligen Bürgermeisters *Michele Clavelli* schlossen sich über 40 (Neu-)Winzer zusammen und produzieren vorzügliche Bio-Weine ohne Zusatz von Schwefel.

Ein Newcomer ist *Fabio Labruna,* der bei Camerota auf seinem fantastisch gelegenen Weingut **Eremo di S. Iconio** ([i]) den ersten Wein des Cilento mit Demeter-Zertifizierung erzeugt.

Birra campana

Im Weinland Kampanien gärt es. Industrielle Bierbrauereien à la *Perroni* & Co. sind Schaum von gestern. **Kleine Qualitätsbrauer,** die auf handwerkliches Können und Kreativität setzen, schießen zwischen Bozen und Palermo wie „Pilse" aus dem Boden, mittlerweile über 50 auch in Kampanien. Statt Deutschem Reinheitsgebot ist **Experimentierfreude** oberstes Gesetz, und so finden sich Lavendel, Maronen, Wildkirschen oder Zitronen als Aromageber in naturtrüben und charakterstarken Bieren. Die Zutaten stammen in der Regel aus biologischem Anbau. Die **Craft-Biere** erreichen durch Flaschengärung ihre besondere Spritzigkeit. Abgefüllt werden sie häufig in 0,75-Liter-Flaschen, und auch preislich liegen sie auf dem Niveau einer anständigen Flasche Wein. Angesagte Bars, Restaurants und Feinkostgeschäfte führen sie in ihrem Sortiment.

Voll im Trend liegt die Marke **Birrificio dell' Aspide** (www.birrificiodellaspide.it) aus Roccadáspide im Cilento. Im Jahr 2000 hat *Vincenzo Serra* angefangen zu brauen und seither eine Reihe von Mitstreitern gefunden. In Zusammenarbeit mit dem Winzer *Alfonso Rotolo* entstand „Dafne", ein aromatisches Bier auf der Basis von Weinhefe.

Um noch einige **Brauereien** zu nennen: *Arechi* aus Salerno, den *Birrificio di Paestum, Fieji* aus Castelnuovo Cilento, *Iris Birra* aus Palinuro und *SUD* aus San Marco di Castellabate. Längst hat die Kunst des Bierbrauens auch die Ufer der Amalfiküste erreicht. Aus Amalfi selbst stammen die süffigen Biere von *Melphi's* und in Maiori entpuppt sich die sympathische, auf den ersten Blick unscheinbare Strandbar *Chiosco-Bar San Francesco* als Bierquelle erster Güte. *Salute!*

Für **Fisch** musste man immer schon etwas tiefer in die Tasche greifen. Auch hier besteht das Geheimnis der Zubereitung darin, das feine Eigenaroma der Produkte perfekt zur Geltung zu bringen. Das gilt z.B. für **pesce all'acquapazza** („Fisch im verrückten Wasser"), zugleich ein Musterbeispiel für die in Süditalien verbreitete *arte di arrangiarsi,* die Lebenskunst, sich auch bei widrigen Umständen zu behaupten. Zur Umgehung einer Salzsteuer im 19. Jh. verwendeten die Neapolitaner zum Kochen einfach Meerwasser. Die Zubereitung ist simpel, das Ergebnis köstlich: Der Fisch wird in einem Sud aus salzigem Wasser, Olivenöl, Tomaten, Knoblauch, Peperoncini und Petersilie gedünstet. Eine lange Tradition an der Amalfiküste und im Cilento haben der Fang und die Konservierung von **Sardellen.**

Im Cilento werden in Haushaltung **Schweine** gezüchtet und ihr Fleisch zu **soppressata,** einer luftgetrockneten Presswurst, verarbeitet. Slow Food prämiert die *Soppressata di Gioi* und jene des Vallo di Diano.

Seit der Antike wird Kampanien als „Campania felix", als **fruchtbarer Obst- und Gemüsegarten,** beschrieben. Das frische Angebot der Märkte spricht für sich. Der *Fico bianco del Cilento D.O.P.,* die „weiße Feige des Cilento", hat vom *pane dei poveri* („Brot der Armen") zur Delikatesse auf königlichen Tafeln eine erstaunliche Karriere hingelegt. Getrocknet und mit Mandeln oder Nüssen und einem Stückchen Zitronenschale gefüllt, sind die Feigen ein absoluter Gaumenschmaus!

Ohne Hartweizenmehl wäre die Welt um vieles ärmer. Weder Pasta noch Pizza wurden am Golf von Neapel erfunden, aber hier erhielten sie ihre höchsten Weihen. Dass *Marco Polo* die **Nudeln** aus China nach Italien importiert hätte, wird nicht nur von Pasta-Patrioten ins Reich der Fabeln verwiesen. Bereits im Mittelalter kannte Amalfi die *pasta asciutta;* die Rezeptur für luftgetrocknete Nudeln stammte von den Arabern. Mit der Bevölkerungsexplosion in Neapel und der fortschreitenden Industrialisierung wanderte die Nudelproduktion im 18. Jh. von der Amalfitana an den Golf von Neapel. Seit Jahren erlebt der Cilento eine kulinarische Revolution, zu der Initiativen wie *Terra di Resilienza* und die *Cooperativa Nuovo Cilento* oder Feste wie die *Festa della Pizza cilentana* oder *Festa del Pane* ihren Beitrag leisten. Der **Anbau alter Getreidesorten** erfährt eine Renaissance.

Hätte *Kolumbus* sich nicht nach Amerika aufgemacht, wären Pizza und Pasta um eine wichtige Zutat ärmer geblieben. Seit dem 18. Jh. sind **Tomaten** die unangefochtenen Protagonisten der mediterranen Küche. Die spanischen Konquistadoren brachten außerdem **Kartoffeln, Mais, Chili** und **Schokolade** auf den kampanischen Speisezettel. Letztere findet an der Amalfitana kulinarische Verwendung in Kombination mit **Auberginen,** die wiederum im Mittelalter von Arabern aus Indien nach Süditalien importiert wurden. Bereits im 19. Jh. kombinierte der neapolitanische Meisterchocolatier *Isodoro Odin* nach Aztekenart Chili mit Schokolade. Zuckermäuler pilgern heute zu *Pietro Maccelaro* in den tiefsten Cilento nach Piaggine.

Zu den bekanntesten kulinarischen Erzeugnissen Kampaniens zählt zweifellos **Mozzarella di Bufala** (siehe Exkurs „Mozzarella – weißes Gold", S. 184). Ein Klassiker ist die *insalata caprese,* ein erfrischender Sommersalat aus Tomaten,

ama220 pa

Linguine al limone

Mozzarella und Basilikum. Beim Besuch einer der Büffelfarmen in der Küstenebene um Paestum kann man sich davon überzeugen, wie wunderbar frische Mozzarella mundet und wie wenig sie mit den nördlich der Alpen angebotenen „Gummikugeln“ gemein hat.

Kampanien blickt auf eine Jahrtausende alte **Weinbautradition** zurück. Engagierte Winzer verbinden Avantgarde mit Werterhalt. Bereits *Horaz* und *Plinius* sangen Loblieder auf die Weine dieser im Altertum größten Weinbauregion. Dass in Kampanien die Rebsorten der Antike bis heute kultiviert werden, ist der größte Trumpf der Region. Die **weiße Falanghina** verdankt ihren Namen dem antiken Weinbausystem (griech. *phalanx*, an den „Stützstock“ gebunden), der **rote Aglianico** trägt seine griechische Herkunft – *ellenico* – im Namen. Als Weinland ist Kampanien wie ein

großes Laboratorium unter freiem Himmel – mit Begeisterung und Kreativität entstehen großartige Weine, die manchmal erstaunlich preiswert sind. Die faszinierendsten **Weißweine** werden aus der **Fiano-Traube** gewonnen. Die vulkanischen Böden bei Avellino bringen fruchtige und säurearme Weine hervor, während der Wein im Cilento von einer exotischen Fruchtfülle und barocken Opulenz geprägt sein kann. An der Amalfitana wird Wein zum Teil in extremen Steillagen angebaut, in Italien als *viticoltura eroica* bezeichnet. Zu den WeinheldInnen zählt *Marisa Cuomo* aus Furore. Als größtes Weinbaugebiet der Amalfitana ist das **Tramonti-Tal** im Kommen, während sich der **Cilento** als dynamischste Weinzone Kampaniens erweist (siehe Exkurs „Jazz in Flaschen und andere gute Tropfen", S. 516); vor allem der robuste rote Aglianico hat hier zu neuem Ruhm gefunden.

ama221 pa

Caffè ist mehr als ein schneller Wachmacher, er repräsentiert ein Stück Lebensqualität. Der neapolitanische *caffè* ist ein Espresso so heiß wie die Hölle, schwarz wie der Teufel und süß wie die Liebe. Eine gute Tasse *caffè* erkennt man an der *crema,* in die der Zucker ganz langsam einsinkt. Stark geröstet ist er besonders magenfreundlich und wird zu jeder Tageszeit getrunken. Ein Glas Wasser wird dem Gast gratis dazu gereicht.

Die traditionellen Digestifs Kampaniens sind der **Zitronenlikör Limoncello,** um dessen „Erfindung" Capri und Amalfi streiten, und der dunkle **Walnusslikör Nocino.** Fast jede Familie kennt eigene Rezepte für die Zubereitung von **Rosoli,** wie Liköre ebenfalls bezeichnet werden. Dazu werden aromatische Früchte, Schalen, Blüten oder Blätter in hochprozentigem Alkohol eingelegt, und der gewonnene Auszug wird anschließend mit Zuckersirup verdünnt. Warum nicht einmal zu Hause probieren – mit Zitronen frisch von der Reise?

◁ Im Cilento reift der rote Aglianico zu großer Klasse heran

Lafcadio Hearn
Il mio primo giorno
in Giappone

9 Anhang

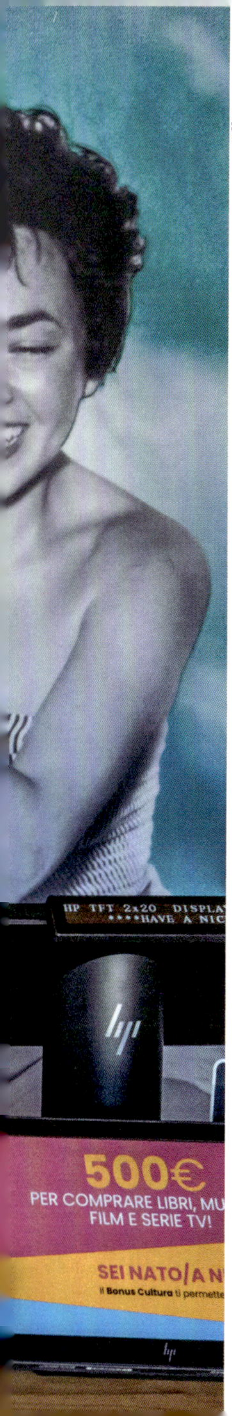

ama55 pa

Buchhandlung im Fischerstädtchen Acciaroli

Glossar

■ **Agora** (griech. Markt): Markt- und Versammlungsplatz griechischer Städte der Antike, oft von Säulenhallen umgeben; vergleichbar mit dem römischen → Forum.

■ **Akropolis** (griech. Hoch-Stadt): der am höchsten gelegene Teil griechischer Städte der Antike mit den wichtigsten Kultbauten.

■ **Altar** (lat. *alta ara*, erhöhte Opferstätte): in der Antike befand sich der Altar außerhalb des Tempels. Der christliche Altar steht als Ort der eucharistischen Feier im Inneren der Kirche, seit dem 6. Jh. konnte als Überbau das → Ziborium hinzukommen. Zu unterscheiden ist zwischen dem Hochaltar (Altar des Herren) und Nebenaltären (für die Heiligen).

■ **Ambo:** erhöhtes Lesepult an der Chorschranke frühchristlicher und frühmittelalterlicher Kirchen, an der Südseite für die Verlesung der Episteln, an der Nordseite für die Verlesung der Evangelien (→ Evangelistensymbole an Stützsäulen); ab dem 4. Jh. auch zur Predigt; weicht später der → Kanzel.

■ **Amphitheater** (griech. *amphi*, herum): römische Vergnügungsstätte für Gladiatorenkämpfe und Tierhatzen. Die elliptische → Arena umgeben ansteigende Sitzreihen. Mittels Hebebühnen, Rampen und Kränen konnten Kulissen ausgetauscht werden. Die ältesten Amphitheater stehen in Kampanien.

■ **Arena** (lat. Sand): ellipsenförmiger Kampfplatz im → Amphitheater.

■ **Apsis** (griech. Rundung): halbkreisförmige oder polygonale, mit einer Halbkugel überwölbte Ausbuchtung, die in Kirchen den → Altarraum nach hinten abschließt.

■ **Aquädukt** (lat. *acquae ductus*, Wasserleitung): römische Konstruktion für die Zuführung von Wasser über eine große Entfernung bei gleichmäßigem Gefälle. Zur Überquerung von Tälern wurden mehrstöckige Bogenbrücken errichtet.

■ **Basilika** (griech. Königshalle): römisch-antiker öffentlicher Bau (Gerichts-, Markthalle) mit drei oder mehreren durch Säulen oder Pfeiler voneinander getrennten Schiffen, wobei das Mittelschiff höher als die Seitenschiffe ist; endet in der → Apsis. In frühchristlicher Zeit als Bautypus für den Kultraum übernommen.

■ **Borgo** (ital. Ortschaft, Dorf): in der Regel befestigte Ansiedlung, meist als Borgo vecchio im Sinn von „altem Ortskern" verwendet.

■ **Campanile** (ital. *campana*, Glocke): freistehender Glockenturm, typisch für die Kirchenarchitektur des italienischen Mittelalters. Der Überlieferung nach gilt der hl. *Paulinus* aus Nola in Kampanien als Erfinder der Kirchenglocke (um 400).

■ **Cardo:** lateinische Bezeichnung der nord-südlichen Hauptstraße in römischen Militärlagern oder Städten. Im Schnittpunkt von *cardo* und → *decumanus* lag das Zentrum.

■ **Centro storico** (ital.): historischer Altstadtkern.

■ **Chor:** in der Kirche ursprünglich der Raum für den Chorgesang, seit dem 15. Jh. die übliche Bezeichnung für den Altarraum. In Kirchen mit Querschiff, der durch die Verlängerung des Mittelschiffs entstehende Raum östlich der → Vierung.

■ **Decumanus:** lateinische Bezeichnung der ost-westlichen Hauptstraße in römischen Militärlagern oder Städten. Im Schnittpunkt von *decumanus* und → *cardo* lag das Zentrum.

■ **Dom** (lat. *domus*, Haus): Abkürzung von Domus Dei (Haus Gottes), Bischofskirche.

■ **Evangelistensymbole:** Darstellung der vier Evangelisten als Löwe *(Markus)*, Stier *(Lukas)*, Adler *(Johannes)* und Mensch oder Engel *(Matthäus)*.

■ **Forum:** meist längsrechteckiger Marktplatz der antiken römischen Stadt, der auch politische Bedeutung hatte; vergleichbar mit der griechischen → Agora.

■ **Fresko** (ital. *fresco*, frisch): Wandgemälde auf den frischen, noch feuchten Kalkmörtelputz aufgetragen.

■ **Ikone** (altgriech. *eikón*, Ebenbild): byzantinisches, kirchlich geweihtes Kultbild; verehrt wird der/die darauf abgebildete Heilige.

■ **Ikonostase:** mit → Ikonen geschmückte Bilderwand der orthodoxen Kirche, die den Altar- vom Laienbereich trennt.

■ **Kanzel:** im 13. Jh. aus → Ambo und → Lettner entstanden; für das Abhalten der Predigt.

■ **Katakombe** (griech. *kata kymbas*, in der Höhlung): in den Fels geschlagene Grabkammern. Das Wort leitet sich vom lat. Flurnamen *ad catacumbas* für einen Tuff-Steinbruch im Süden Roms ab.

■ **Kathedra** (griech. *kathedra*, Sitz): Bischofsstuhl in der → Kathedrale.

■ **Kathedrale:** Bischofskirche, nach der → Kathedra (Bischofssitz) benannt.

■ **Kodex** (lat. *codex*, Schreibtafel aus gespaltenem Holz; griech. *byblios*): Vorläufer des Buchs, davor ein Block beweglich verbundener Schreibtafeln.

■ **Konvent** (lat. *conventus*, Zusammenkunft): Versammlung von Geistlichen oder Wohnbereich des Klosters. In der Antike Zusammenkunft des römischen Magistrats.

■ **Krater** (altgriech. *kráter*, mischen): im antiken Griechenland ein Gefäß aus Ton oder Bronze zum Mischen von Wasser und Wein.

■ **Krypta** (griech. *kryptein*, verbergen): meist unter dem → Chor liegender unterirdischer Raum für die Bestattung/Aufbewahrung von Reliquien, Märtyrern und Heiligen.

■ **Lettner** (lat. *lectorium*, Lesepult): niedrige Wand zwischen → Chor und Querschiff in → Dom, Kloster- und Stiftskirchen zur Trennung der Räume für Geistliche und Laien, mit Durchgängen und einer Tribüne zur Verlesung der Evangelien.

■ **Loggia:** offene Säulenhalle in oder vor einem Gebäude, auch freistehend.

■ **Municipium:** in den römischen Staatsverband aufgenommene Stadt, ab 42 v.Chr. besaßen alle Städte Italiens römisches Bürgerrecht.

■ **Nekropole** (griech. Totenstadt): groß angelegter antiker oder frühchristlicher Friedhof.

■ **Orchestra:** kreisrunde Fläche für kultische Tänze und Gesänge in einem antiken griechischen Theater. In späteren hellenistischen und römischen Theatern halbrund.

■ **Piano nobile:** italienische Bezeichnung für das Geschoss mit Repräsentationsräumen.

■ **Plagiat** (lat. *plagium*, Menschenraub): bewusste Aneignung fremden Geistesgutes. „Über Plagiate sollte man sich nicht ärgern. Sie sind wahrscheinlich die aufrichtigsten aller Komplimente.“ *(Theodor Fontane)*

■ **Presbyterium:** den Priestern vorbehaltener Raum im → Chor einer frühchristlichen → Basilika.

■ **Sinopie:** meist mit Rötel ausgeführte Vorzeichnung eines → Fresko. Der Begriff geht auf die gleichnamige Stadt in der heutigen Türkei zurück, die wegen ihrer Erdfarben berühmt ist.

■ **Spolie** (lat. *spolia*, Beute): bauliches Element eines älteren, meist antiken Baus (Säulen, Kapitelle, Friese), das in einem späteren Bau wieder verwendet wird.

■ **Stile Liberty:** italienische Form des Jugendstils.

■ **Tempel** (lat. *templum*): bezeichnet allgemein Gebäude, wie sie in vielen Religionen als Heiligtum dienen. Ursprünglich in der etruskischen und römischen Religion ein vom Profanen abgegrenzter Bezirk, in dem die Auguren die Beobachtung und Deutung des Vogelfluges oder meteorologischer Phänomene ausübten.

■ **Vierung:** Kirchenraum, der durch die Überschneidung von Quer- und Langhaus entsteht.

■ **Ziborium:** auf Stützen ruhender, baldachinartiger Überbau des → Altars.

Sprachhilfe Italienisch

Zusätzliche Vokabeln auf S. 454 („Wichtige Verkehrsschilder") und S. 460 („Kleiner kulinarischer Sprachführer").

Ausspracheregeln

- **ie, ai, eu** werden getrennt ausgesprochen, z.B. *chi-esa.*
- **c vor a, o und u** klingt wie k, z.B. *camera* (kamera).
- **c vor e und i** klingt wie tsch, z.B. *cielo* (tschelo).
- **ch wird wie k gesprochen,** z.B. *chiesa* (kjesa);
- **g vor a, o und u wie g,** z.B. *pagare* (pagare);
- **g vor e und i wie dsch,** z.B. *leggero* (led-dschero)
- **gh wie g,** z.B. *laghi* (lagi);
- **gli wie lj,** z.B. *maglia* (mal-lja);
- **gn wie nj,** z.B. *sogno* (ßon-njo);
- **h bleibt stumm,** z.B. *hanno* (an-no);
- **r wird gerollt,** z.B. *rapido* (rrapido);
- **s klingt zwischen Vokalen wie in Rose,** z.B. *rosa* (rrosa);
- **s am Wortanfang klingt wie in Straße,** z.B. *sole* (ßole);
- **sp klingt wie ßp,** z.B. *specchio* (ßpek-kjo);
- **st klingt wie ßt,** z.B. *strano* (ßtrano);
- **v klingt wie w,** z.B. *vado* (wado);
- **z klingt** je nach Zusammenhang **wie tß oder ds,** etwa *zio* (tßio) oder *zero* (dsero).

Zahlen

0	*zero*
1	*uno*
2	*due*
3	*tre*
4	*quattro*
5	*cinque*
6	*sei*
7	*sette*
8	*otto*
9	*nove*
10	*dieci*
11	*undici*
12	*dodici*
13	*tredici*
14	*quattordici*
15	*quindici*
16	*sedici*
17	*diciassette*
18	*diciotto*
19	*diciannove*
20	*venti*
21	*ventuno*
22	*ventidue*
23	*ventitré*
30	*trenta*
40	*quaranta*
50	*cinquanta*
60	*sessanta*
70	*settanta*
80	*ottanta*
90	*novanta*
100	*cento*
200	*duecento*
1000	*mille*
2000	*duemila*
100.000	*centomila*
1.000.000	*un milione*

Wichtige Fragen und Floskeln

ja / *sì*
nein / *no*
bitte (um etwas bitten) / *per favore*
Bitte schön! (etwas anbieten) / *Prego!*
Danke. / *Grazie.*
Guten Tag! / *Buongiorno!*
Guten Abend! / *Buona sera!*

Auf Wiedersehen! / *Arrivederci!*
Hallo! bzw. Tschüß! / *Ciao!*
Herzlich willkommen! / *Benvenuto!*
Einverstanden. / *Va bene.*
Entschuldige. / *Scusa.*
Entschuldigen Sie. / *Scusi.*
Tut mir leid. / *Mi dispiace.*
Ich heiße … / *Mi chiamo …*
Ich komme aus … / *Sono di …*
… Deutschland. / … *Germania.*
… Österreich. / … *Austria.*
… der Schweiz. / … *Svizzera.*
Sprechen Sie Deutsch, Englisch? / *Parla tedesco, inglese?*
Ich habe nicht verstanden. / *Non ho capito!*
Wiederholen Sie bitte. / *Ripeta, per favore?*
Sprechen Sie bitte langsamer. / *Può parlare più lentamente, per favore?*
Haben Sie …? / *Ha …?*
Wann? / *Quando?*
Wo ist …? / *Dove è …?*
Wie? / *Come?*
Wie bitte? / *Prego, come?*
Wie viel kostet …? / *Quanto costa …?*
Ich suche … / *Cerco …*

Wochentage und Zeitangaben

Montag / *lunedì*
Dienstag / *martedì*
Mittwoch / *mercoledì*
Donnerstag / *giovedì*
Freitag / *venerdì*
Samstag / *sabato*
Sonntag / *domencia*
Feiertag / *il giorno festivo*
Minute / *minuto*
Stunde / *ora*
gestern / *ieri*
heute / *oggi*
morgen / *domani*
morgens / *di mattina*
mittags / *a mezzogiorno*
nachmittags / *di pomeriggio*
abends / *di sera*
nachts / *di notte*
jetzt / *adesso*
täglich / *giornalmente*
früher / *più presto*
später / *più tardi*

Unterwegs

Straße / *via*
Kreuzung / *incrocio*
Platz / *piazza*
Fluss / *fiume*
Brücke / *ponte*
Marktplatz / *piazza del mercato*
Altstadt / *città vecchia*
Strandpromenade / *lungomare*
Kathedrale / *cattedrale*
Kirche / *chiesa*
Museum / *museo*
Rathaus / *municipio*
Taxi / *taxi*
Bus / *autobus*
Straßenbahn / *tram*
Haltestelle / *fermata*
Ampel / *semaforo*
nah / *vicino*
weit bzw. fern / *lontano*
geradeaus / *diritto*
gegenüber / *di fronte*
(nach) rechts / *(a) destra*
(nach) links / *(a) sinistra*
nebenan / *accanto*
zurück / *indietro*
Parkplatz / *parcheggio*
(un)bewachter Parkplatz / *parcheggio (in)custodito*
Tankstelle / *stazione di servizio*
Flughafen / *aeroporto*
Bahnhof / *stazione*
Zug / *treno*
Fähre / *traghetto*

Boot / *barca*
Hafen / *porto*
Fahrkarte / *biglietto*
Fahrplan / *orario*
Toilette / *gabinetto*
besetzt / *occupato*

Einkaufen

Lebensmittelgeschäft / *negozio di alimentari*
Kaufhaus / *grande magazzino, emporio*
Bäckerei / *panetteria, panificio*
Konditorei / *pasticceria*
Markt / *mercato*
Supermarkt / *supermercato*
Postamt / *posta, ufficio postale*
Tabakladen / *tabaccaio*
Briefmarke / *francobollo*
Briefkasten / *cassetta delle lettere*
Telefon / *telefono*
Kreditkarte / *carta di credito*
Geldautomat / *bancomat*
offen / *aperto*
geschlossen / *chiuso*
Angebot / *offerta*
zahlen / *pagare*
fester Preis / *prezzo fisso*

ama290 pa

Rabatt / *sconto*
zu viel / *troppo*
weniger / *meno*

Unterkunft

Hotel / *hotel, albergo*
Pension / *pensione*
Jugendherberge / *ostello della gioventù*
Einzelzimmer / *camera singola*
Doppelzimmer / *camera doppia*
Schlüssel / *chiave*
Bad / *bagno*
Dusche / *doccia*
frei / *libero*
Vollpension / *pensione completa*
zu vermieten / *affittasi*
Zimmervermietung / *affittacamere*

Notfall

Hilfe! / *Aiuto!*
Polizei / *polizia*
Arzt / *medico, dottore*
Zahnarzt / *dentista*
Krankenwagen bzw. Ambulanz / *ambulanza*
Krankenhaus / *ospedale, clinica*
Apotheke / *farmacia*
Schmerzen / *dolori*

Sprachführer

Ausführlichere Informationen und viele praktische Sprachbeispiele für den Reisealltag enthält der Kauderwelsch-Sprachführer **„Italienisch – Wort für Wort“** (Bd. 22) aus dem Reise Know-How Verlag P. Rump. Begleitend ist zu diesem Buch ein AusspracheTrainer als mp3-Download erhältlich.

Wer tiefer in die Sprache einsteigen möchte, findet weitere Vokabeln in **„Italienisch Slang – das andere Italienisch“** (Bd. 97), ebenfalls aus dem Reise Know-How Verlag P. Rump.

Lesen

Reisen

■ **Amann, Peter: Basilikata – mit Matera.** Kampaniens Nachbarregion Basilikata ist so klein, dass sie bei der Wettervorhersage oft vergessen wird. Trotzdem ist es ein Land voller Überraschungen, mit einer bewegten Geschichte, vielgestaltigen Landschaften und einer reichen (Küchen-)Kultur. Matera war 2019 die Kulturhauptstadt Europas! In der Antike zählte der Cilento noch zu Lukanien. Gute Gründe, die Entdeckungsreise in den Südosten des Bel Paese fortzusetzen. Reise Know-How, 2019

■ **Amann, Peter: Golf von Neapel – Amalfiküste.** Umfangreicher Reiseführer zur Region Kampanien – der Cilento wird im vorliegenden Band besprochen –, 2011 mit dem Premio ENIT als „Bester Reiseführer Italien" ausgezeichnet, 2015 mit dem Premio Salvatore Di Giacomo. Reise Know-How, 2023

■ **Amann, Peter: Liparische Inseln – Wandern und Genießen zwischen Ätna und Vesuv.** Der Weg zu den Liparischen Inseln, sieben Vulkanperlen im Tyrrhenischen Meer, ist weit und voller Überraschungen. Die Nachtfähre von Neapel bleibt die schönste Art der Annäherung, im Sommer verkehren auch Schiffe von Salerno und Sapri. Rotpunktverlag, 2023

■ **Goethe, Johann Wolfgang v.: Italienische Reise.** *Goethe* besuchte Paestum am 23. März 1787 und kehrte mangels Übernachtungsmöglichkeiten noch am selben Tag nach Salerno zurück. Hatte er keinen Reiseführer dabei? dtv (Tb) bzw. Insel (Tb)

■ **Homer: Odyssee.** Der ultimative Reiseführer! Nicht etwa weil hier Top-Restaurants, Hotels und Strände gelistet wären, sondern weil von Neugier und Gastfreundschaft die Rede ist. Ob die Sireneninseln wirklich vor Positano liegen? Keine Angst vor Reimen, der beinahe 3000 Jahre alte Versroman liest sich spannend wie ein Thriller. In der Übertragung von *Wolfgang Schadewaldt,* rororo (Tb), *Roland Hampe,* Reclam (Tb) bzw. *Kurt Steinemann,* Penguin (Tb).

■ **Marcolongo, Andrea: Das Meer, die Liebe, der Mut aufzubrechen – und was uns die Argonautensage erzählt.** Der jungen Autorin, die mit ihrem Erstling „Warum Altgriechisch genial ist. Ein Liebeserklärung an die Sprache, mit der alles begann" für Furore sorgte, hält ein flammendes Plädoyer für den Mut, zu einer (Lebens-)Reise aufzubrechen. Am Rand: *Jason,* Anführer der Argonauten, soll *Hera* an der Mündung des Sele ein Heiligtum errichtet haben, Keimzelle der späteren Stadt Paestum. Folio, 2020

■ **Morese, Maria Carmen: Gebrauchsanweisung für Neapel und die Amalfi-Küste.** Diese „Gebrauchsanweisungen" öffnen Augen und Herzen, liefern Hintergrundwissen zu Müll & Mafia und ergänzen einen Reiseführer ideal. Die in Pompei geborene Autorin ist Leiterin des Goethe-Instituts in Neapel. Eine liebens- und lesenswerte und nicht zuletzt respektvolle Einladung zu eigenen Entdeckungen. Piper, 2016

■ **Peterich, Eckart: Italien II. Rom und Latium – Neapel und Kampanien.** „Gleich hinter Rom beginnt Griechenland, aber Italien hört nicht auf", mit diesen Worten lockte *Peterich* nach Kampanien. Völlig begeistert ist er von seinem Besuch in Paestum. Auch im Abstand von über 80 Jahren bleiben seine klugen Beobachtungen, die Geschichte, Kunst und Landschaft als Einheit betrachten, lesenswert. Prestel, 1999

■ **Ramage, Craufurt Tait: Ramage in South Italy: The Nooks and By-ways of Italy – Wanderings in Search of Its Ancient Remains and Modern Superstitions.** Gekürzte Ausgabe der 1828 erstmals publizierten Reisebeschreibungen. Im selben Jahr war der schottische Pfarrer und Privatlehrer aufgebrochen, um den Cilento zu erkunden. Academy Chigaco Publishers, 1987

■ **Richter, Dieter: Costiera Amalfitana. Geschichte einer Landschaft.** Kluges Porträt der „Göttlichen Küste" und ihrer oft ungewöhnlichen Protagonisten. Wagenbach, 2024

■ **Seume, Johann Gottfried: Spaziergang nach Syrakus im Jahre 1802.** Kontrastprogramm zu *Goethe* & Co.: *Seume* reiste zu Fuß und war an der italienischen Gegenwart interessiert. In „Pästum" hielt sich *Seume* nur zwei Stunden auf und beklagte die Abwesenheit der berühmten Rosen. dtv (Tb)

Essen und Trinken

■ **Ferrigno, Ursula & Nassima Rothacker: Die Küche Amalfis.** 75 sonnige Rezepte, die den Urlaub zu Hause verlängern. Gerstenberg, 2023

■ **Gambero Rosso (Hrsg.): Vini d'Italia.** Das Standardwerk zum italienischen Wein und seinen Produzenten, Jahr für Jahr neu recherchiert. Mit „Drei grünen Gläsern" werden besonders umweltbewusst wirtschaftende Kellereien ausgezeichnet. Hallwag

■ **Peter, Peter: Cucina e Cultura: Kulturgeschichte der italienischen Küche.** Nicht nur die Pasta verspeisende *Sophia Loren* als Frontinspiz spricht für dieses heitere und vor allem geistig schmackhafte Buch. C.H. Beck, München 2012

■ **Pollan, Michael: Kochen. Eine Naturgeschichte der Transformation.** „Feuer", „Wasser", „Luft" und „Erde" lauten die Kapitelüberschriften. Elementar. Das kluge Buch lässt sich als Kommentar zu *Parmenides'* Lehre des Seins lesen. Kunstmann, 2014

■ **Schinharl, Cornelia: Süditalien. Küche & Kultur.** Mehr als ein gelungenes Kochbuch! Dass die Autorin den Süden Italiens liebt, merkt man jeder ihrer Zeilen an. Gerne begleitet man sie auf kulinarischen Streifzügen durch den Mezzogiorno. Appetitanregende Fotos von *Michael Schinharl, Stefan Braun* und *Peter Amann*. Gräfe und Unzer, 2002

■ **Slow Food (Hrsg.): Osterie d'Italia.** Alljährlich um neue Einträge ergänzte kulinarische Bibel. Jedem der besprochenen Lokale ist eine liebevoll formulierte Spalte gewidmet. Auch für die Anreise mit dem Auto wärmstens zu empfehlen, denn der Weg nach Kampanien ist lang und lecker. Hallwag

Natur und Aktivurlaub

■ **Amann, Peter: Cilento aktiv. Aktiv-Urlaub im ursprünglichen Süditalien – mit Costa di Maratea.** 30 Wanderungen mit Karten, Radtouren, Aktiv-Urlaubstipps zu Wasser und zu Lande und die besten kulinarischen Adressen. 100 gute Gründe für einen Urlaub im Cilento. Mankau Verlag, Murnau a. Staffelsee 2015

■ **Bottiglieri, Oreste: Klettern in Kampanien.** Kletterrouten an der Amalfiküste und im Cilento, dazu die App iClimbing von Versante Sud. Edizioni Versante Sud, 2024

■ **Fiorin, Alberto: La Via Silente in bicicletta.** Detaillierte Beschreibung des 600 km langen Radparcours durch den Cilento (siehe „Reiserouten und Touren, Tour 3", S. 21). Ediciclo, 2022

■ **La Bella, Caterina & Antonello Naddeo: Mountainbiken im Cilento. 52 Touren zwischen Meer und Felsen in Süditalien.** Mustergültig konzipierter Guide mit klugen Hintergrundtexten, präzisen Beschreibungen, exzellenten Karten und GPX-Tracks im Gratis-Download für Buchbesitzer. Kritisch anzumerken ist, dass einige der vorgeschlagenen Touren alten Wirtschaftswegen folgen und über schöne alte Treppenwege führen, wie auch die dynamischen Fotos es dokumentieren. Edizioni Versante Sud, 2017

■ **Rienzo, Settimio: Il Cammino di San Nilo.** Ebenso präzise wie anregende Beschreibung des 100 km langen Fernwanderweges, der in acht Etappen von Sapri bis Palinuro durch den Basso Cilento führt (siehe Exkurs „Folgt dem Mönch", S. 298). Terre di Mezzo, 2023

■ **Tippet, Julian: Sorrento, Amalfi, Capri. Car-tours and Walks.** Handlicher Klassiker mit guten Wanderbeschreibungen und Tipps zur Benutzung öffentlicher Verkehrsmittel. Sunflower Books, 2023

■ **Wille, Franz: Golf von Neapel und Cilento. 5775.** Kompass Wanderführer mit 60 detailliert beschriebenen Touren, gut lesbarer Extra-Tourenkarte und GPX-Tracks zum Download. Der zur Zeit wohl beste Wanderführer zur Gegend. Kompass, 2023

Archäologie und Kunst, Geschichte und Gesellschaft

■ **Antikenmuseum Basel und Sammlung Ludwig (Hrsg.): Gladiator. Die wahre Geschichte.** Der hervorragende Ausstellungskatalog räumt mit Klischees auf und berichtet über frühe Ursprünge der Kampfspiele im südlichen Kampanien. Wichtige Indizien liefern lukanische Grabmalereien aus Paestum. Mit Glück gibt es den reich bebilderten Katalog als Gratisdownload (http://gladiator.antikenmuseumbasel.ch/). Antikenmuseum Basel, 2020

■ **Bono, Salvatore: Piraten und Korsaren im Mittelmeer. Seekrieg, Handel und Sklaverei vom 16. bis 19. Jh.** Auch die Küsten Kampaniens waren v.a. im 16. Jh. zahllosen Übergriffen durch Korsaren ausgesetzt, wovon heute noch die zur Abwehr errichteten trutzigen Küstenwachttürme zeugen. Die Piratengefahr im Mittelmeer wurde erst Ende des 19. Jh. gebannt. Klett-Cotta, 2009

■ **Brilli, Antonio: Als Reisen eine Kunst war. Vom Beginn des modernen Tourismus: Die „Grand Tour“.** Vielleicht wird die eigene Reise auch zum Kunstwerk nach Lektüre dieses anregenden und mit reichlich hübschen Abbildungen versehenen Werkes, das ebenso heiter wie aufklärend ist. Neapel galt den meisten Grand Touristen des 17. und 18. Jh. als Höhepunkt ihrer Bildungsreise, die auch erotische Abenteuer nicht verschmähte. Als südlichste Etappe zählten nach ihrer „Wiederentdeckung“ 1752 die Ruinen von Paestum. Wagenbach (Tb), 2012

■ **Esders, Stefan: Die Langobarden – Geschichte und Kultur.** Der germanische Volksstamm hat auch in Kampanien seine Spuren hinterlassen. Das handliche Buch schließt eine Wissenslücke. C. H. Beck, 2023

■ **Raith, Werner: Spartacus. Wie Sklaven und Unfreie den römischen Bürgern das Fürchten beibrachten.** Der Sklavenaufstand und seine gesellschaftlichen Hintergründe werden packend beschrieben. Wagenbach (Tb)

■ **Strauss, Barry: The Spartacus War.** So spannend und locker erzählt kann Geschichte sein. Der berühmte Sklavenkrieg nahm in Kampanien seinen Ausgang und fand sehr wahrscheinlich hier auch sein Ende. Simon & Schuster, 2009

Belletristik und Krimis

■ **Andres, Stefan: Positano. Geschichten aus einer Stadt am Meer.** Nach der Machtergreifung der Nationalsozialisten zog *Stefan Andres* mit seiner jüdischen Frau 1933 nach Positano, wo er mit kurzen Unterbrechungen bis 1949 lebte. Piper

■ **Basile, Giambattista: Das Märchen der Märchen. Das Pentamerone.** Nach dem neapolitanischen Text von 1634/36 neu und erstmals vollständig übersetzt. Der „Cunto de li cunti“ ist von vielen Dichtern als Quelle für Märchenstoffe benutzt worden, u.a. von den Brüdern *Grimm*. Pralle Sinnlichkeit! Das gilt auch für die *sfogliatella* in der Geschichte „Der Kaufmann“. C. H. Beck, 2000

■ **Boccaccio, Giovanni: Das Dekameron.** Statt wie vom Vater gewünscht Bankkaufmann zu werden und Handelsrecht zu studieren, widmete sich der junge *Boccaccio* mit Leidenschaft der Literatur und der Liebe. Seine in Neapel verbrachten Jahre (ca. 1327–1340) fanden ihren Niederschlag auch in der Novelle „Fiammetta“. Einige der durchaus auch erotischen Erzählungen aus dem „Dekameron“ spielen in und um Neapel, z.B. an der Amalfiküste oder in Salerno. Von *Pier Paolo Passolini* stammt eine mehr als sehenswerte Verfilmung. Fischer (Tb)

■ **De Crescenzo, Luciano: Geschichte der griechischen Philosophie – Die Vorsokratiker.** Einige Kapitel widmen sich den Denkern der eleatischen Schule. Bei einem Besuch der Ruinen von Velia muss das kluge und witzige Buch einfach mit! Diogenes Tb

■ **de Giovanni, Maurizio: Der Winter des Commissario Ricciardi.** Der erste einer inzwischen auf über zehn Bände angewachsenen außergewöhnlichen Krimi-Reihe, deren Protagonist *Commissario Luigi Alfredo Ricciardi* im Neapel der 1930er Jahre unter den beständig wachsenden Restriktionen des faschistischen Regimes ermittelt. Der Autor ist waschechter Neapolitaner, sein literarisches Geschöpf ein Cilentaner: „Ho fatto nascere il mio commissario nel Cilento, nell'entroterra, perché volevo che avesse il carattere dei cilentani, che ascoltano molto, riflettono tanto e parlano quando devono." Suhrkamp (Tb)

■ **Lama, Diana Fiametta: Eine Leiche zum Ferragosto: Maresciallo Santomauro fischt im Trüben.** Der erste Krimi einer (kleinen) Reihe, die im sommerlichen Cilento spielt. Die Autorin kennt sich als ehemalige Herzchirurgin mit Blut bestens aus. Außerdem hat sie die Krimiplattform www.napolinoir.com mit ins Leben gerufen. Aufbau (Tb), 2011

■ **Levi, Carlo: Christus kam nur bis Eboli.** Das arme, unterentwickelte Lukanien (Basilikata), das *Levi* in den 1940er-Jahren beschrieb, gibt es so nicht mehr. Sein Buch hatte entscheidenden Anteil daran. Es bleibt ein großartiges Zeitdokument. Der titelgebende Ort Eboli liegt südlich von Salerno an der A 2. dtv (Tb), 2003

■ **Lewis, Norman: Neapel '44. Ein Nachrichtenoffizier im italienischen Labyrinth.** Als britischer Nachrichtenoffizier hielt sich *Lewis* (1908–2003) ein Jahr in und um Neapel auf, nachdem er am 9. September in Begleitung der Alliierten bei Paestum an Land gegangen war. Sein Bericht ist ebenso erschütternd wie amüsant. Mit Anteilnahme und respektvoller Distanz berichtet er von Gewalt, Not, Witz und Erfindungsgeist der Bewohner dieser fernen „orientalischen" Stadt am Ende eines großen Krieges. Als Reiseschriftsteller machte sich *Lewis* in den folgenden Jahrzehnten einen Namen. Folio, 2016

■ **Peter, Peter: Golf von Neapel. Literarische Entdeckungen zwischen Neapel, Sorrent, Amalfi und Capri.** Der Bogen spannt sich vom selbst ernannten Nachlassverwalter des Komikers *Totò* über kulinarisch-erotische Betrachtungen der *sfogliatella* bis zum Sirenengesang und den merkwürdigen Ansichten eines modernen Cicerone. Klug und amüsant. Mit Beiträgen von *Bernd Bierbaum* und *Katja E. Jaeckel*. SW-Fotos von *Peter Amann* und *Mimmo Jodice*. Klett-Cotta, 2003

Kinder lesen

■ **Amann, Peter: Cilento aktiv – mit Costa di Maratea.** In diesem Aktiv-Reiseführer erleben *Pinco* und *Pallina*© ihren ersten Auftritt, zwei neugierige Kinder, die Fragen stellen, die Erwachsenen oft gar nicht erst einfallen. Mankau, Murnau a. Staffelsee 2015

■ **Ascherl, Jolana: Diana, Merkur & Co. Römischen Göttern auf der Spur.** Und nebenbei erfährt man auch noch so einiges über das „Bodenpersonal", d.h. die Priester. Philipp von Zabern, 2007

■ **Böhr, Elke & Susanne Pfisterer-Haas: Odysseus.** Die Abenteuer des schlauen Helden spannend nacherzählt und farbenfroh illustriert. Philipp von Zabern, 2005

■ **Janßen, Ulrich & Ulla Steuernagel: Die Kinder-Uni. Forscher erklären die Rätsel der Welt. Zweites Semester.** Das Staunen geht weiter und wieder wunderbare Illustrationen. Keine Angst vor dem Besuch archäologischer Museen, denn wer wollte nicht immer schon mal wissen, warum griechische Statuen nackt sind? dtv (Tb)

■ **Junkelmann, Marcus: Gladiatoren. Kämpfer der Arena.** Den Band 82 der beliebten Reihe WAS IST WAS schrieb ein Archäologe und Historiker, der v.a. durch seine praxisnahen Experimente bekannt wurde. Nach der Lektüre sind Kinder schlauer als die meisten Reiseleiter. Tessloff, Nürnberg

■ **Richter, Dieter (Hrsg.): Briganten am Wege. Deutsche Reisende und das Abenteuer Italien.** Die Grand Touristen des 18./19. Jh. hatten mit allerlei Reiseunbilden zu kämpfen. Dazu gehörte nicht nur die „Lustseuche", sondern auch ein ausgeprägtes Straßenräuberwesen. Seine persönlichen Erlebnisse während einer mehrmonatigen Entführung in die Monti Picentini (1865) schildert z.B. der Schweizer *Johann Jakob Lichtenberger.* Insel (Tb)

■ **Ungaretti, Giuseppe: Süditalienische Reise. Reiseprosa.** Die Lyrikerin *Ingeborg Bachmann* übertrug das kürzeste und berühmteste Gedicht Ungarettis „M'illumino / d'immenso" mit den Worten „Ich erleuchte mich / durch Unermessliches". Essenziell auch die Reiseskizzen zu Kampanien vom Anfang der 1930er-Jahre. Übersetzt hat sie *Stefan Ruess,* inklusive der ungezügelten Kommasetzung (mir gefällt das!). Edition Taberna Kritika, 2013

Sehen und Hören

Zehn Jahre lang trat **Nello Rizzo** mit der Folkband „Rotumbè" auf den Bühnen Italiens auf, inzwischen ist er mit seiner Formation „Nello Rizzo & I Tarammurrìa" unterwegs. Rustikaler ist der Sound von **„Laternina Folk"** aus Piaggine oder **„RittAntico"** aus Novi Velia. Den alten Cilento „erzählt" musikalisch der Lautenbauer **Domenico Campitiello** zusammen mit seinem Zwillingsbruder *Luigi* – in Digital Stores, auf YouTube oder Festivals in Süditalien. Weitere Empfehlungen: **„Kiepò"**, manchmal auch als die „Beatles der cilentanischen Volksmusik" apostrophiert, **Angelo Loia** und der Liedermacher **Marco Bruno** aus Piaggine. Wer **Antonio De Vitas „Ciliento, Terra mia!"** von 1979 nicht mehr auf Vinyl findet, ist ebenfalls auf YouTube richtig. Der **Song „Brigante se more"** hat sich zur Universalhymne Süditaliens entwickelt, seitdem **Eugenio Bennato** ihn mit **Carlo D'Angiò** in den 1970er-Jahren komponiert hat. Er fehlt auf keiner *festa!*

■ **Benvenuti al Sud,** Regie: *Luca Miniero,* I 2010. Das Remake des französischen Erfolgsfilms „Willkommen bei den Sch'tis" war in Italien ein phänomenaler Erfolg. In diesem Fall wird der Postbeamte aus Norditalien in den Cilento versetzt. Castellabate und Santa Maria di Castellabate zehren heute noch vom Ruhm als romantische Filmsets.

■ **Il Decameron,** Regie: *Pier Palo Passolini,* I 1970. Wie schon der Barockmaler *Caravaggio,* holte sich auch *Passolini* seine Darsteller in Neapel von der Straße. Die ausdrucksstarken Laiendarsteller entzücken durch Gebisse, völlig unberührt von kassenzahnärztlichen Eingriffen. Die seinerzeit gescholtenen Sexszenen zeigen sich im Lichte heutiger Verhältnisse in unschuldiger Bukolik, sprachlich bleibt diese Verfilmung der Boccaccio-Novellen ein Sinnenrausch. Einige der Geschichten spielen an der Amalfiküste und wurden dort auch verfilmt.

■ **Good Woman – Ein Sommer in Amalfi,** Regie: *Mike Barker,* USA 2004. *Oscar Wildes* „Lady Windermere's Fan" wurde ins sommerliche Amalfi der 1930er-Jahre verlegt und vor Ort verfilmt. Neben *Scarlett Johansson* und *Helen Hunt* spielt daher v.a. die „Costa divina" die Hauptrolle.

■ **Noi credevamo,** Regie: *Mario Martone,* I 2010. Nach der brutalen Niederschlagung eines Aufstandes durch bourbonische Soldaten 1828 reift in *Domenico, Angelo* und *Salvatore* der Entschluss, gegen die Unterdrückung zu kämpfen. Sie schließen sich der Bewegung „Giovine Italia" von *Giuseppe Mazzini* an. In vier Episoden erzählt der Film die Lebenswege der drei aus dem Cilento stammenden Männer.

■ **Pane e Tulipani,** Regie: *Silvio Soldini,* I 2000. In der Anfangsszene von „Brot und Tulpen" spielt *Nunzio Daniele,* Paestums Fremdenführer und Hohepriester, sich selbst und spricht seinen berühmten „Chromosomenmonolog" (siehe Exkurs „Ansichten eines Cicerone", S. 174). In weiteren Rollen des Liebesfilms zu sehen sind die wunderbare *Licia Maglietta* als aufblühende abruzzesische Hausfrau und *Bruno Ganz* als in Venedig gestrandeter isländischer Kellner, dessen Italienisch mittelalterlichen Ritterepen entnommen ist.

Zugspitze, Foto: Aneta Niemitz

Register

A

B

C

N

R

U

V

W

Y/Z

Der Autor und Freunde

Peter Amann lebt in München und im Cilento. Jedes Jahr verbringt er mit ungebrochener Neugierde mehrere Monate in Süditalien, seinem „zweitgeborenen Land" (frei nach *Ingeborg Bachmann*). Nach dem Studium der Geografie, Botanik, Archäologie und Kunstgeschichte in München und Rom organisiert und leitet er Studienreisen. Im Cilento hat er Wurzeln geschlagen und legt mit wachsender Begeisterung mit seiner Lebensgefährtin einen Landschaftsgarten an (www.instagram.com/giardino_di_hera). Ihre Oliven pressen die beiden in der Mühle der *Cooperativa Nuovo Cilento* in San Mauro Cilento. *Peter Amann* hat zahlreiche Bücher zu Sizilien und Süditalien verfasst, darunter im Reise Know-How Verlag die Reiseführer „Apulien – Gargano, Salento" und „Basilikata – mit Matera". Der Band „Golf von Neapel – Kampanien, Cilento" erhielt 2005 den ENIT-Preis als „Bester Italien-Reiseführer" und 2015 den Premio Salvatore Di Giacomo – ein Preis, der sonst nur kampanischen Künstlern bzw. Journalisten vorbehalten ist.

- **www.cilento-aktiv.info**
- **www.instagram.com/sud.ebasta**

Peter Peter, Verfasser kluger Reisebücher und delikater Kulturgeschichten und anregender Begleiter maßgeschneiderter Studienreisen für Individualisten, streift seit Jahren literarisch und kulinarisch durch Italien. Für uns hält er die Erinnerung an den letzten großen Cicerone von Paestum wach.

- **www.pietropietro.de**

Danksagung

Den vielen alten und neuen Freunden, die mich begleitet haben, mir wertvolle Tipps gegeben, mich auf den rechten Weg gebracht und mir ihre Gastfreundschaft gewährt haben, möchte ich danken. Stellvertretend für viele seien genannt: *Pino Adinolfi, Gundula Anders, Francesco Arienzo, Michele Biondi, Carmela Bruno, Ida Budetta, Gianvito Capozzoli, Raffaele Casabona, Antonio Casaburi, Samuele Cella, Suela Cimino, Alì Coccaro, Mario Corrado, Titti Cortese, Stefano Crescenzo, Elena Crocco, Vincenzo Curcio, Enzo Cursaro, Peppino D'Amico, Nunzio Daniele, Pietro D'Aniello, Bruno De Conciliis, Paola De Conciliis, Andrea De Luca, Dionisia De Santis, Giuseppe Di Bello, Alessandro Di Muro, Ivan Di Palma, Angela Donantonio, Chiara Fontana, Marco Fusco, Marco Gambardella, Matteo Giordano, Antonalla Gorga, Nicola Gorga, Santa Gorga, Fabio Guerriero, Friederike Heumann, Peter Hoogstaden, Luigi Incarnato, Carlo Jovane, Birte Kokocinski, Pietro Manganelli, Salvatore Magnoni, Luciano Mauro, Antonio Maresca, Anna Marino, Bernardo Marmo, Giampiero Martucci, Domenico Monaco, Elena Monaco, Antonio Morinelli, Bettina & Rolf Müller, Mario Notaroberto, Cristina Novaç, Giuseppe Pagano, Paola Pagano, Carlo Palumbo, Roberto Paollilo, Gabriella Paolucci, Franco Perazzo, Peter Peter, Lea Pinto, Martina Piras, Gennaro Pisacane, Danilo Porro, Vito Puglia, Paolo Sandulli, Marco Sansiviero, Enza Scocca, Miriam & Roberto Simoni, Giovanni Sparano, Francesca Spera, Francesco Tammaro* und *Pasquale Tarallo.* Ein besonderer Dank gilt auch dem Automechaniker *Tonino Spinelli.*

Grazie sempre!

ama_amann

> Villa Cimbrone – der Autor als Monument

Schreiben Sie uns!

Wir hoffen, dass Ihnen dieser Reiseführer gefällt und er Ihnen ein guter Begleiter auf einer außergewöhnlichen und spannenden Reise ist.

Weil ein Reiseführer von Erfahrungen lebt, sind wir an Ihren Erlebnissen interessiert: Haben Sie in unserem Buch ein Restaurant entdeckt, das es nicht mehr gibt, eine Sehenswürdigkeit, die wir noch nicht aufgeführt haben, oder eine falsche Adresse? Dann schreiben Sie uns! **Wir nehmen jeden Hinweis und jede Kritik ernst und arbeiten kontinuierlich daran, die Bücher aktuell zu halten und immer weiter zu verbessern.** Jede Mail wird gelesen und beantwortet. Auch wenn wir nicht jeden Wunsch erfüllen können, machen wir uns immer Gedanken über Ihre Anmerkungen.

Schreiben Sie uns:
per Mail an info@reise-know-how.de oder an
Reise Know-How Verlag Peter Rump GmbH, Postfach 140666, 33626 Bielefeld

Wenn sich Ihre Infos direkt auf das Buch beziehen, würde uns die Angabe der Seitenzahl und der Auflagenzahl bzw. des Erscheinungsjahres Ihrer Ausgabe die Arbeit sehr erleichtern. Besonders hilfreiche Beiträge und Ergänzungen zu den Büchern belohnen wir mit einem Sprachführer Ihrer Wahl aus der über 240 Bände umfassenden „Kauderwelsch"-Reihe.

Herzlichen Dank und gute Reisen
Ihr Reise Know-How Verlag